中国社会科学院重大课题最终研究成果
『十二五』国家重点图书出版规划项目
二〇一二年度国家出版基金资助项目

国家出版基金项目
NATIONAL PUBLICATION FOUNDATION

中国社会科学院
台湾史研究中心丛刊

台湾史稿

上卷

Taiwan Shigao

张海鹏
陶文钊
主编

凤凰出版社

图书在版编目（CIP）数据

台湾史稿 / 张海鹏，陶文钊主编. -- 南京 : 凤凰出版社，2012.12（2024.12重印）
ISBN 978-7-5506-1644-8

Ⅰ. ①台… Ⅱ. ①张… ②陶… Ⅲ. ①台湾省－地方史 Ⅳ. ①K295.8

中国版本图书馆CIP数据核字(2012)第283505号

书　　名	台湾史稿
主　　编	张海鹏　陶文钊
责任编辑	陈晓清
责任监制	程明娇
出版发行	凤凰出版社(原江苏古籍出版社) 发行部电话025-83223462
出版社地址	江苏省南京市中央路165号,邮编:210009
照　　排	南京凯建文化发展有限公司
印　　刷	江苏凤凰通达印刷有限公司 江苏省南京市六合区冶山镇,邮编:211523
开　　本	718毫米×1005毫米　1/16
印　　张	60.5
字　　数	1087千字
版　　次	2012年12月第1版
印　　次	2024年12月第3次印刷
标准书号	ISBN 978-7-5506-1644-8
定　　价	248.00元　(上下卷)

(本书凡印装错误可向承印厂调换,电话:025-57572508)

目　录

上卷　台湾的古代与近代

下卷　台湾的现代

总　序

台湾是中国不可分割的一部分。在进入 21 世纪的今天，台湾与大陆的统一问题仍是中国最大的国家安全问题，涉及国家的核心利益。加强中国历史研究中的台湾历史研究、进一步认识台湾历史与中国历史不可分割的关系，认识百多年来台湾人民的苦难、奋斗和牺牲，对于理解台湾人民，进一步认识台湾与祖国大陆不可分离的关系的重要性，促进台湾史研究的学术繁荣，将有所裨益。

为此，中国社会科学院台湾史研究中心于 2002 年 9 月成立，意在推动、组织台湾史的学术研究，站在科学的立场上，对台湾历史进行综合研究，发展与台湾、香港、澳门地区和国外学者的合作，推动台湾史学科的建设，为祖国统一和学术进步服务。台湾史研究中心成立伊始，我们就设想为台湾史研究建设一个发表成果的园地。鉴于研究台湾历史的学者队伍状况，建立专业的台湾历史学术刊物的条件尚不够成熟。我们改变主张，决定建设《中国社会科学院台湾史研究中心丛刊》，努力推动台湾史研究，展示台湾史研究成果，使它成为为台湾史研究服务的平台。

《中国社会科学院台湾史研究中心丛刊》是一个公开的学术园地。凡中国社会科学院台湾史研究中心组织的台湾史研究的成果，以及其他学者所撰写的台湾史专著，愿意交由本丛刊发表者，经本丛刊委托的三名资深专家审定，认为达到出版水平者，本丛刊愿意刊载，公诸同好。本丛刊推出的研究成果，以专著为主，亦包括少量国外研究台湾史的译作。遴选纳入丛刊的著译，力求视点独到、资料翔实、方法科学、论证严密，学术上具有开拓性。

中国社会科学院台湾史研究中心为本丛刊组织编辑委员会，组成编辑部，并委托专人负责编务。纳入丛刊作品的体例、观点等，皆由作者文责自负。江苏凤凰出版传媒集团所属凤凰出版社担任出版任务。

中国社会科学院台湾史研究中心是中国社会科学院所属非赢利、非实体的学术社团，我们将一以贯之倡导、推动台湾历史的研究。我们缺乏经费支持，谨在此呼吁有识之士慷慨解囊，提供出版资金，欢迎国内外各界赞助，以共襄台湾史学科繁荣之盛举。

张海鹏

2010 年 4 月

序　言

台湾自古以来就是中国的土地。台湾历史是中国历史的一部分,台湾史研究是中国历史研究的一个分支。1918 年,台湾爱国志士连横(雅堂)愤于日本统治当局毁弃台湾历史文献、泯灭台湾人民的民族意识,倾注多年精力,依中国传统史书体例,撰成台湾第一部通史——《台湾通史》。这部书的问世,标志着台湾史研究和著述的开始。

上世纪五六十年代,中国大陆不少学者为配合我国政府在台湾问题上的斗争,纷纷撰写文章介绍台湾历史。这一时期的研究工作主要是围绕两个主题展开的:第一,论证台湾自古以来就是中国的领土,中国对台湾拥有主权,解放台湾是中国的内政;第二,揭露和批判美、日、法等帝国主义列强对台湾的侵略活动,颂扬中国人民的反抗斗争。其中,中国科学院近代史所刘大年、丁名楠、余绳武等先生 1956 年出版的《台湾历史概述》一书,是新中国建立后大陆发行的第一部台湾历史读物。此后相当长时间,台湾历史研究未能进入历史学者的视线。

1979 年以后,随着大陆对台工作的全面展开、"和平统一,一国两制"方针的提出,台湾史研究开始得到重视。1980 年,厦门大学台湾研究所建立,这是我国第一所设置于高校的台湾研究专门机构,台湾史研究为其重要任务和特色之一。1981 年,该所陈碧笙先生出版《台湾地方史》(自远古至台湾光复),为新时期大陆出版的首部台湾历史学术专著。

上世纪八九十年代,中国大陆多所大学相继建立台湾研究所。其中南京大学台湾研究所把研究重点放在 1949 年以后的台湾历史上,1988 年茅家琦先生主编的《台湾三十年》一书,是中国大陆第一部反映 1949 年以后台湾历史的书籍。

1996 年,在中国史学会和全国台湾研究会推动下,集中国大陆主要学者集体力量编纂、陈孔立先生担任主编的《台湾历史纲要》一书出版,此书全面记载了台湾古代、近代、现代(止于 1988 年)的历史,是一部比较全面和学术性较强的著作,代表了大陆当时的台湾史研究水平。该书对清代以前及清代统治时期的台湾历史叙述较深入,日据时期及其以后的历史叙述则显得相对不足。

在台湾地区和日本都有一些台湾史著作出版。"两蒋"时代,台湾史研究在台湾被称为“险学”，少人问津。随着“两蒋”先后谢世，台湾史研究在史学领域的地位发生变化，如今研究台湾史已形成趋势。由于“台独”意识形态的推动，“险学”变成了“显学”。近二十年来，台湾史研究越来越受到重视。台湾当局的推动是一个重要原因。1994 年台湾“教育部”公布新大学法，调整了课程，在中国史、世界史以外增加了台湾史，加强了师资力量，也加强了支持力度。有人统计，最近十多年，台湾各大学有关史学的硕士、博士论文中，有 70％的论文涉及台湾史。20 世纪 50—80 年代，台湾学者研究台湾历史，无论是古代史还是近代史，大多坚持中国主体性，认为台湾史是中国历史的一部分。近二十年来，风向发生变化，台湾主体性超过了中国主体性。过去说“荷据台湾”、郑成功收复台湾、康熙统一台湾、“日据台湾”，现在变成“荷领台湾”、“明郑领台湾”、“清领台湾”、“日领台湾”。一字之差，说明了台湾历史研究中基本立场的转变。可以说，以“台独”理念为指导的、脱离中国历史的、强调台湾主体性的台湾历史研究，在台湾各高等院校和科研院所已成气候。强调台湾主体性的台湾历史研究，正是“两国论”、“一边一国”、“台湾是一个独立的国家”在历史观和文化观上的反应，是“文化台独”走向深入的明显表现。

台湾地区关于台湾历史研究的这一走向也迫切要求中国大陆方面要有一部材料扎实、观点正确、行文流畅的台湾通史性著作，以便于广大读者正确、全面地了解台湾历史。中国大陆学者出版的台湾史著作，对于满足广大读者的需要来说，还是显得不够。换句话说，中国大陆的历史学研究中，台湾史学科尚未得到足够的重视，能够帮助读者全面了解台湾历史的著作甚感缺乏。我们知道，厦门大学台湾研究院正在组织学者撰写多卷本的台湾史。他们研究基础雄厚，相对而言，有较强的研究力量。我们期待着，并且祝愿他们早日推出有学术分量的著作。中国社会科学院台湾史研究中心、中国社会科学院近代史研究所也感到有编撰台湾历史的必要。有鉴于此，我们也尝试推动这一研究工作。

中国社会科学院台湾史研究中心是一个晚出的研究机构。2002 年，在中国社会科学院的大力支持下，中国社会科学院台湾史研究中心得以成立。同时，中国社会科学院近代史研究所组建了台湾史研究室。台湾史研究中心是中国社会科学院一个非实体的研究中心，它的任务，是要努力推动中国大陆的台湾史研究。这些年，尽管十分困难，我们仍然努力聚集人才、培养人才，台湾史研究室略具规模。与此同时，努力增购图书，加强与海内外特别是与台湾地区的台湾史学者交流。目前，台湾史研究室的研究人员，每人都有两个月或者两个月以上的时间到台湾访学，搜集史料，扩大眼界。还有几位到日本访问，了解日本学术界的研究状况。这些，对于我们年轻的台湾史研究人员提高学术素养，不无裨益。

2005 年，我们提出的“台湾历史研究”课题，通过了中国社会科学院重大科研课题的评审。我们的研究基础不够，我们努力在学习中、研究实践中提高自己。我们的这项研究，拟分成两项成果：一是两卷本《台湾史稿》，另一是一卷本《台湾简史》。《台湾史稿》较多从学术著作着眼，《台湾简史》则从学术普及的方面努力。

我们编撰的台湾史，将向如下四个方面努力：

第一，尽可能写成关于台湾历史的平实客观的著作，努力全面反映台湾历史。目前海内外关于台湾历史的论著很多，或者有明显的“台独”史观，或者描述比较肤浅，或者未能概括台湾历史发展的全貌。为了维护国家统一，论证台湾与祖国大陆发展的密切联系，探讨台湾社会的发展轨迹，我们借鉴已有的学术成果，在分析历史资料的基础上，对台湾历史，特别是近百年的历史作简明的概括与分析，探讨重大问题的成因，剖析台湾的发展走向。

第二，传播正确的台湾历史知识，正确解释有关台湾历史的观点，使读者了解台湾历史的由来，认识台湾自古以来就是中国版图的一部分的历史事实，正确理解台湾和大陆都是中国的一部分，一个中国的领土和主权不容分割的历史依据，这对于在新的世纪里解决祖国统一问题将有助益。了解台湾的历史，就是在理论上和历史事实上驳斥了“台独”谬言。

第三，说明台湾经济起飞的成因。台湾经济能够取得骄人的成绩，首先在于农业的发展。经过闽粤移民近二百年的努力耕耘，也经过台湾巡抚的着意经营，台湾从一荒芜之岛发展成为一个农业较为先进的地区。在此基础上，日本人对台湾展开大规模的调查，运用先进的技术，改良品种，建立水电站，进一步推动台湾农业的发展，建立了初步的工业体系。1949 年前后，伴随着成百万国民党党政军人败退台湾，大陆数万技术精英来到台岛，依靠美援，走计划式自由经济的道路，终使台湾经济迅速起飞，为落后国家和地区的经济成长提供了宝贵经验。

第四，研究西方列强侵略与台湾发展的关系。由于台湾特殊的地理位置，它成为西方列强侵略染指的目标，荷、西、英、美、法等国都曾侵略台湾，日本在台湾推行殖民统治长达 50 年。“台独”势力与美、日有着非常密切的关系。为了破坏中国统一、遏制中国发展，帝国主义惯于打台湾牌，以台制华。尤其是战后以来，日本与台湾始终保持着密切的双边关系，在美国的远东战略下形成的美、日、台三角关系成为“台独”势力的温床。我们的台湾史将对美台关系及日台关系的演变轨迹进行历史回顾和客观叙述。

《台湾史稿》是由我和陶文钊教授主持的。在通过中国社会科学院重大课题申请后，我们提出了编写大纲，邀请王建朗、汪朝光、王键等做了几次深入的讨论，形成了章节结构，在参与承担的研究者中间进行了分工。我们作为主持者，对原稿做了不同程度地修订和增删，统一全书的编写规范。原计划从远古时期写到 2000 年。在写作过程中，台湾发生了政党再次轮替，2008 年 5 月以后，台湾的局面有了新的积极的变化，两岸关系也随之出现新的积极的变化。我们改变了原来的想法，将台湾史的下限延长到 2010 年。

我们的研究集体尚在成长中，我们的研究成果尚很幼稚。本课题只是勾勒了台湾历史的最主要方面，建立起一个基本的研究框架。已经建立起来的框架，研究还不很深入，许多内容还难以涉及。为了求得台湾史学科的成长，我们愿意把我们研究台湾历史的心得拿出来，向读者请教，敬请方家里手不吝指正。

张海鹏

2011 年 7 月 31 日

重印序言

《台湾史稿》(上、下卷)是由中国社会科学院台湾史研究中心主持,主要由中国社会科学院近代史研究所台湾史研究室学者执笔,我与陶文钊共同主编。该书自2012年12月出版,已过去了12年。出版社认为有重印的必要,提出重新签约,予以重印。看来,这本书还是有读者的。我接受了这个提议。本书各位作者也赞成。

中国社会科学院台湾史研究中心在2002年成立后,曾经设想撰写10卷本台湾通史。几经斟酌,自觉我们的学术底气尚不足够,难以胜任。在作好充分的基础研究以前,要想完成10卷本台湾通史,是有困难的。过了几年,我们提出撰写一部《台湾史稿》的设想。这部书设计了两卷,与我们的学术能力大致相符。我们没有采用通史的名称,而是用了史稿的名义,表示还是一束书稿,尚未成熟,请学术界批评指正。

12年过去了,回顾下来,可以指出这部《台湾史稿》有如下特点:

一、《台湾史稿》是一部台湾简明通史,由台湾的古代史、近代史和现代史组成,是在学术研究基础上形成的大众性的台湾通史。它和《上海通史》《江苏通史》《广东通史》《湖北通史》《黑龙江通史》一样,都是中国通史的组成部分,各自反映了自身的历史特点。

二、《台湾史稿》有明确的历史分期。第1章到第3章是台湾通史的古代部分,第4章到第9章是台湾通史的近代部分,第10章到第20章是台湾通史的现代部分。1840年前的历史是台湾的古代史,1840—1949年的历史是台湾的近代史,1949年后的历史是台湾的现代史。这种分期的原则与中国史是大致相同的,这种分期又表达了社会形态的寓意。1840年前的台湾社会基本上是封建社会。1840—1949年的台湾社会是半殖民地半封建社会(其中,1895—1945年是日本占领下的殖民地社会)。1949年后的台湾社会包括两个时期,1979年前是美国控制下的半殖民地,1979年因中美建交,美军撤出台湾,美国与台湾当局断交后,台湾成为美式资本主义社会。这一点与中国大陆不同。中国大陆在1949年因革命成功,走上了社会主义道路,今天正在中国特色社会主义道路上,沿着中国式现代化方向大踏步前进。

三、从全书结构看,《台湾史稿》重点在近代史和现代史,本书本着详今略古的写作原则，突出了近代史和现代史。古代史部分，包括台湾的早期开发、荷据时期、明郑时期、清朝统治时期，学术界已有研究比较充分，专著有多种，上世纪90年代出版的陈孔立主编《台湾历史纲要》，这部分也写得比较充分，本书就简略了很多。《台湾史稿》出版前，我们先推出了一本《台湾简史》，这本简史第一章第一节是台闽史前文化，叙述了考古时期的台湾前史，《台湾史稿》为了节省篇幅，史前文化部分简略带过了。现在看来，本书有关台湾史前文化部分以及古代史部分，还可以加强一些。这要等待此后的再版机会。本书在日据时期的历史叙事上作了努力，包括甲午战争后日本占领台湾和台湾人民的反抗斗争在内，写了四章，全面叙述了日据时期的殖民统治和人民的反抗。台湾现代史部分，从1949年到2010年，写了11章，占了全书大半篇幅，仅台湾光复，台湾回归祖国以及二二八事件等内容就用了一章篇幅。除此以外，对于国民党退台后的改造与两蒋时期台湾的政治、经济、文化、社会以及对美对日关系，都有叙述；对李登辉时期"台独"势力的形成和发展，对民进党"执政"与"台独"危机，以及政党轮替、国民党再次上台，对20世纪80年代以来的海峡两岸关系，对光复以来台湾的教育与文化，都有专门研究，现代史部分写得比较充分。本书的近代史和现代史部分，比起同类著作，显得更加充实一些。

四、《台湾史稿》是在一个中国立场上撰写的台湾史，不是台湾400年史，与打出台湾名义的"台独"史截然不同。

台湾是中国的一个省，是中国的一部分，这是撰写台湾史的一条基本原则。一个中国是解决台湾问题的全部历史和法理依据。中华民族伟大复兴事业进入不可逆转的历史进程，国家统一大业也进入了新的历史方位。为什么把台湾问题与新时代中国统一事业紧密联系在一起，理由非常简单：台湾是中国不可分割的一部分，世界上只有一个中国，代表中国的就是中华人民共和国。

中国文明史几千年，主要是以一个统一的国家形态存在于世界上。中国历史上少有的几个分裂时期，也都是各势力在争夺国家统一的主导权。中国历史只有统一的传统，没有分裂的传统。

台湾从来不是一个国家，它进入中国的历史记载，有文字可考的是三国时期吴国人沈莹撰写的《临海水土志》。以后中国史书对台湾的记载多有续笔。元代开始设置澎湖巡检司，驻守澎湖，关注台湾治理。因为泉州居民来到澎湖，"编户甚繁"，才有政府出面管理的需要。明代万历年间绘制的《福建海防图》，已经标示了台湾岛上二十多个居民点，明确标示台湾是福建布政司海防的重要目标。万历年间，陈第随军征讨台湾海盗，返回后撰写了《东番记》，详细记载了台湾岛内居民的生活。颜思齐、郑芝龙等从事海上贸易，以台湾为据点，开始在台湾设官值守，行使管理责任。荷兰人初据台湾南部，也知道这是中国的土地。

郑芝龙的儿子郑成功于1661年从荷兰东印度公司手里收复台湾，唯一的理由就是台湾是中国的土地。郑成功收复台湾是以“大明招讨大将军”的名义，可见他是以中国的名义收复台湾。

在清朝统一全国的过程中，台湾明郑时期统治者想“援朝鲜例”以自立，拒绝清朝统一措施，在多次谈判无果、即和平统一条件失去后，康熙皇帝决定武力征讨，1683年正式将台湾收入版图。清朝统一台湾的理由也很简单，就是台湾与朝鲜不同，台湾历来是中国的土地，不能允许自立。清朝政府在台湾设府置县，加以开发治理。此后，福建、广东等各省人民大量涌入台湾，开发了台湾，促进了台湾生产力的进步。为了提高台湾的国防地位，1885年清政府正式将台湾从福建的一个府，提升为省，加强了对台湾的治理，促成台湾成为比较先进的省份。

1895年因中日甲午战争战败，清朝政府被迫将台湾割让给日本。日本殖民台湾50年，台湾人民始终保有中华文化传统，始终对日本殖民统治抱着反对、抵抗的态度。1943年中、美、英三国发表《开罗宣言》，明确战争的目的在于制止和惩罚日本的侵略，特别规定“日本所窃取于中国之领土，例如东北四省、台湾、澎湖群岛等，归还中华民国”。1945年7月的《波茨坦公告》全部接受了《开罗宣言》的立场。同年9月2日，日本在投降书上签字。1945年10月，中国政府正式从日本手里收回台湾，宣布台湾光复。中国政府收回台湾的理由，也是因为台湾是日本通过战争掠夺的中国土地。日本投降，台湾自然回归中国。台湾光复表明，台湾完成了主权回归，台湾与祖国不可分割。

1949年10月，中华人民共和国成立，国民党残余势力退踞台湾。从此，中华民国政府法统断绝，中华人民共和国继承了中华民国的国土和人民，正如历史上中华民国继承清朝中国的国土和人民一样，合法完成了政府继承，符合国际法。这个继承，不仅是继承了中国大陆，也包括台湾。台湾不存在独立主权，台湾的主权属于中国。这个立场，得到了联合国的肯定。1971年联合国大会通过的2758号决议肯定了一个中国包括台湾在内的原则立场。中美建交、中日建交公报以及与中国建立外交关系的所有国家都接受了这一立场。这就是一个中国的国际法根据。国际上不存在“两个中国”，也不存在“一中一台”。这是国际上最为明确无误的事实。今天，民进党赖清德当局叫嚷2758号决议不包括台湾，是在美国唆使下强调的“台独”立场。台湾是中国的一个省，怎么会出现在2758号决议中呢。叫嚷这个，无端无理至极，不啻痴人说梦。

退踞台湾的“国民政府”残余势力与大陆对抗，依靠美国的支持，抗拒中国政府对台湾的施治。在这种背景下，台湾逐渐培养了一股“台独”势力。近些年来，“台独”顽固势力抱住美国等国家的大腿，拒绝“一国两制”，拒绝“九二共识”，打出“中华民国台湾”旗号，大搞“去中国化”，切香肠似地推行“台独”法理措施，拒绝与大陆和平谈判国家统一问题，与和平统一国家的意志渐行渐远。党和国家尽一切可能争取和平统一国家的前景，2005 年全国人大通过《反分裂国家法》，规定了和平统一的条件，如果和平统一的条件失去了，就只有采取非和平方式完成国家统一。和平统一的条件很明确，就是台湾排除“台独”、排除外国干涉、排除发生不可遏制的社会动乱。如果这三个“排除”不存在了，和平统一的可能性就丧失了。

目前，岛内“台独”顽固势力仍很张狂，不放弃“台独”幻想，不断动员国际反华力量，试图造成外部势力干预和平统一的事实。和平统一的空间遭到“台独”势力进一步挤压。中国政府要完成国家统一，是完全合理合法的，是完全符合全体人民（包括台湾人民）意愿的。历史上，台湾人民反对外国干涉、侵略是一贯坚决的。只要包括两岸同胞在内的所有中华儿女同心同德、团结奋斗，就一定能够粉碎任何形式的“台独”分裂和外来干涉图谋，就一定能够汇聚起促进祖国统一和民族复兴的磅礴伟力。国际上一个中国的共识也是不可动摇的。

《台湾史稿》就是在这个立场上阐明台湾历史进程与历史特点及其与祖国的不可分离的关系，与台湾爱国同胞一起，驳斥“台独”的无理谬说，推动“反独促统”的步伐。

此次重印，本书作者合作检阅了原书稿，纠正了一些技术上错讹的地方，对台湾“民主化”进程的分析更准确了，对提高书稿的政治水平和学术质量是有帮助的。

借此次重印机会，感谢读者的阅读，敬祈读者不吝赐教！

张海鹏

2024 年 9 月 23 日

上 卷
台湾的古代与近代

第一章 台湾的早期开发及其与大陆的联系

第一节 三国至元代对台湾的探险与贸易

台湾与大陆的联系，早在旧石器时代已经开始①。约在距今11万年前大理冰期阶段，台湾与大陆尚联结在一起。旧石器时代的人类，很可能在距今5万年前时迁徙至台湾②。不过大约在1万年前，冰期结束，海平面上升，海水淹没了陆地，台湾与大陆又分隔开来。台湾重新成为一座海岛以后，整个历史的发展呈现新的变化。其中最关键的，则是海洋对这座岛屿的影响。因为不论是在新石器、金属器时代，台湾岛上的居民若要跟大陆、或跟东南亚原住民联络，都要透过舟楫才行。这已经说明了航海技术的进步与否，跟这座岛屿被人所熟知，甚至遗留下来的记录是同等重要。

根据大陆和台湾考古学者考证，台湾岛上的原始住民，一部分是由大陆东南沿海直接渡过海峡，进入台湾的，他们成为泰雅、赛夏、布农等族的祖先；另一部分与东南亚一些岛屿的古文化特质有许多相似之处，包括鲁凯、阿美、卑南等族，这部分土著民族的祖先是从菲律宾群岛及印度尼西亚各岛屿及中南半岛迁来的③。台湾岛上的早期住民，不管是来自大陆东南沿海的百越，还是一些岛屿上的原始居民，都只有语言，并没有发明文字，因此，对他们历史的了解，只能透过中外文献记载才能得知。

台湾作为地名，要到明末清初才见于记载。明末1635年(崇祯八年)何楷上《靖海疏》，提到台湾这个名称。1662年(康熙元年)李率泰《为密报郑氏内乱事本》提到台湾；1667年施琅上《为边患宜静乘便征取台湾事本》也提到"盖澎湖

---

① 陈国强、叶文程、吴绵吉主编:《闽台考古》，厦门:厦门大学出版社，1993年版，第1—4页。

② 刘益昌:《史前时代的台湾》，载《台湾400年的变迁》，桃园:台湾"中央大学"，2005年，第6—33页。

③ 参见陈孔立主编:《台湾历史纲要》第一章第一节有关台湾早期住民的论述，北京:九州图书出版社，1996年版，第4—9页。

为台湾四达之咽喉”[①]。1683年(康熙二十二年)清廷设立台湾府之后，台湾作为地名并且指称全岛，就固定下来了。台湾在清代以前尚有许多名称。清代《台湾府志》编修时，编纂者高拱乾认为台湾最早出现在文献上，可从《尚书·禹贡》追溯起，并且认为台湾属于“扬州”之域。《台湾府志》还引述《列子》、《山海经》、《史记》、《汉书》的说法。原因是这些古书中都提到东海的几座岛屿，例如：方壶、岱舆、员峤、雕题、瀛洲、东鳀，所以难免会让人附会这些地名指的就是台湾[②]。不过多数台湾史学者对此都持怀疑态度。很显然当时古人受限于海洋知识的不足，并不了解在太平洋西侧与大陆之间，其实是有一串岛链分布着。对台湾地理位置的认识，在三国以后有了重大的改变。

历朝的文献中，西晋陈寿所编《三国志》，可说是与台湾相关的首部正史，书中提到230年(吴黄龙二年)吴大帝孙权命令将军卫温、诸葛直浮海找寻夷洲与亶洲。亶洲根据描述，原来是秦始皇派遣徐福下海求仙药，结果徐福一去不返的地方。可是亶洲毕竟太远，所以孙吴的军队只到达夷洲，就掠数千人而还[③]。《三国志》极简略的描述，在历史考证上需要分成三个层面处理。

其一，孙权派出船队寻找亶洲与夷洲的动机为何？亶洲其实就是日本，在三国以前中日早有航线往来。当时中国前往日本，必定要从朝鲜半岛出发，再抵达本州岛西部或九州岛北部。可是步入三国时代，中日航线已经被曹魏所控制。如果孙权要与日本往来，势必要开辟新航线才可以[④]。

其二，孙权未派兵前已经知道海外有亶洲与夷洲吗？从前述来看，亶洲已经知道，只是不清楚船只若从东南沿海出发要如何抵达。但是夷洲知道与否，就是一个很大的疑问[⑤]。因为当时孙吴控制的港口，承袭两汉以来所开辟的“海上丝路”，船只都是从东南沿海驶向东南亚。当时还没有开辟一条航线，直接前

---

① 施琅：《为边患宜静乘便征取台湾事本》，《康熙统一台湾档案史料选编》，福州：福建人民出版社，1983年版，第78页。

② 洪敏麟：《台湾旧地名之沿革》第一册，南投：台湾省文献委员会，1999年版，第59—61页。

③ 《孙权传》，载《三国志校笺(下)》卷二，成都：巴蜀书社，2001年版，第1534页；同前注，卷一三《陆逊传》，第1850—1851页；卷一五《全琮传》，第1892—1893页。

④ 彭德清主编：《中国航海史》，北京：人民交通出版社，1988年版，第62—64页。

⑤ 吴壮达、张崇根教授认为陆逊、全琮以夷洲地方居民生活落后为由，向孙权提出规谏，阻止大军出航。由此推测东吴治下的沿海百姓，可能与夷洲有过联系，否则怎会知道夷洲的概况。诚然，如此的推测，符合正史的叙述。可是作者也推测，以三国时的海上航行技术，是否能开辟东南沿海到台湾的航线，还待研究。所以陆逊、全琮与孙权讨论的“夷洲”，指涉的对象应该是另有其地，并且以靠近日本的琉球群岛最有可能。如此才符合当时中日海洋史，以及孙权欲开辟长江以南至日本航线的历史发展。不料东吴的船队出发后，却抵达台湾。因而在《三国志》中留下了台湾的最早记录。参阅张崇根：《台湾四百年史》，北京：九州出版社，2005年版，第300—301页。

往一个被称为夷洲的地方①。所以作者推断孙权未发兵前，应该不知道夷洲就是台湾。可是既然如此，《三国志》把亶洲与夷洲并列的描述，又让人觉得孙权已经知道有台湾的存在，这是怎么回事？原来该书完成的时间是在公元 3 世纪末，距离孙权遣人出海的时间相隔半世纪(230—280)②。因此在著书的过程中，陈寿就用很简洁的文句，记下历史发生的实际情况。至于当中东吴群臣对夷洲的讨论，或者群臣讨论的夷洲，是否就是大军抵达的夷洲等考证，就不是正史所要处理的问题了。

其三，夷洲指的就是台湾吗？作者推论孙吴的船队，原本出发要去寻找前往亶洲的航线，但可能被风吹至他地。在这个过程中，有一位从军的随员名叫沈莹。他把所见所闻，记录在《临海水土异物志》上③。书中记下三个地名，有一处是夷洲。沈莹对于夷洲的描述最为重要，有十处重点值得注意：一、土地无雪霜，草木不死。二、四面是山，众山夷所居。三、男人皆削发穿耳，但女人不穿耳。四、当地人懂得纺织，能够织出斑文布。五、当地亦出铜铁，但是战斗时不用金属制武器，只用鹿觡矛作战；此外用磨制的青石做出箭簇、刃斧。六、喜食生鱼肉，以盐卤之，并且懂得酿酒、饮酒。七、夷王如有所召，取大空材，材十余丈以着中庭，又以大杵旁舂之。八、有馘首的习俗，而且把砍得的头颅，依次挂在中庭架上，以彰其功。九、住家居室建于栈格上。十、甲家有女，乙家有男，仍委父母，往就之居与作夫妻④。

从以上第一点了解，沈莹必定在夷洲停留了较长时间，才能知晓土地无雪霜，也就是热带或亚热带气候，故之后的纪录非道听途说，极具参考价值。第二点谈到"四面是山"，其地形只有盆地或纵谷最有可能，若夷洲是台湾，可能地方是台北盆地、台中盆地、埔里盆地、花东纵谷，前述都是众山夷所居之地。最关键的是第五点提到"青石"，第六点"以盐卤之"，以及第七点"材十余丈"，要符合这三点特质之地只有台湾，而且是花东纵谷。因为青石就是台湾玉，台湾玉只产在台湾东部。台湾亦盛产盐，但它是海盐，可见山夷必定住在近海之地，且掌握煮盐技术。材十余丈就是"神木"，三国时期度量衡一丈合 242 厘米(2.42 米)，约今一层楼高度。所以十余丈就是十几层楼高度，只有红桧、扁柏等柏科树种才能长成。而西太平洋仅日本、台湾地区出产"神木"，但日本位于温带，有雪霜，只有台湾位于热带与亚热带。因此卫温、诸葛直、沈莹的大军，很可能就

① 邱克：《海上丝绸之路与各国船舶》，载《中国交通史论》，北京：人民交通出版社，1994 年版，第 61—77 页。

② 缪钺等：《三国志导读》，成都：巴蜀书社，1988 年版，第 15—33 页。

③ 陈碧笙：《台湾地方史》，北京：中国社会科学出版社，1982 年版，第 20—23 页。

④ 沈莹撰，张崇根辑校：《临海水土异物志辑校》，北京：农业出版社，1988 年版，第 1—5 页。

是在台湾东部秀姑峦溪出海口登陆，当他们溯溪进入花东纵谷，才会看到“四面是山”。至于其他重点，则与花东原住民早期习俗颇为相似。总之，孙吴的大军来到夷洲后，因为与开辟新航线的目的不合，亦无久据当地的计划。因此就有如三国时代，战胜者视人口为重要的劳动力，往往在作战胜利后就强迫人民迁徙，也带回夷洲百姓数千而还①。不过这一次的行动，仅算是昙花一现的海外探险。

唐初纂修的《隋书》提到607年(大业三年)隋炀帝派遣羽骑尉朱宽入海，求访异俗。他们此行来到流求国，因为言语不通，只掠一人而返，向炀帝证明的确行抵流求。然而这一次的成果，却让好大喜功的炀帝充满海外探险的兴趣。608年，隋炀帝再派朱宽前往流求国招抚，但是流求人不从，于是朱宽取其布甲而返复命。610年，隋炀帝决心进讨流求国，遂命令武贲将军陈棱、朝请大夫张镇周率领甲士万余人，从广东潮州出海。船只航行月余，才抵达目的地。流求人初见船舰，以为是商旅，遂前去贸易。陈棱先遣军中懂得流求国语言的人招谕，然而流求人还是拒绝臣服。于是陈棱派遣张镇周为先锋，即刻展开攻击。史载这场军事行动极为顺利，除了阵斩土酋之外，还攻破其国，并掠男女数千人而还②。

由于唐初纂修《隋书》的时间距离炀帝派遣军队征讨流求国仅仅30年，所以书中所提到的内容应该都可信③。只是流求国是否为台湾？这个历史考证从日据以来，学术界看法极为分歧，多数学者认定是台湾。现不妨从中国海洋史的角度，以两个层面重新审视:第一，航海技术的发展。隋代的航海技术，继承六朝而越趋发达。当时的水手，对于制作不同结构的风帆，以及御风的技术都已成熟④。而从西沙群岛出土的六朝瓷器来看，也可证明当时中国的远洋船只，不需要沿着海岸线航行照样可以走远⑤。因此隋代朱宽与陈棱、张镇周一行，若想驾船穿越台湾海峡，在技术上是可行的。第二，流求国到底是今天的台湾，还是日本的冲绳？作者认为从朱宽两次抵达流求国的描述来看，当时船只对于前往流求国的航线，应该有所记录。其实《隋书》对于流求国的“距离”，亦有所描述，称它在福建福州的东方，水行五日可至⑥。不过既然五日可至，为何陈棱需

① 张泽咸、朱大渭编:《魏晋南北朝农民战争史料汇编》上册，北京:中华书局，1980年版，第1—52页。

② 《陈棱传》，《隋书》卷六四，北京:中华书局，1973年版，第1518—1519页;《流求国传》，《隋书》卷八一，第1822—1825页。

③ 吴天任:《正史导读》，台北:台湾“商务印书馆”，1990年版，第77—82页。

④ 席龙飞:《中国造船史》，武汉:湖北教育出版社，2000年版，第101—125页。

⑤ 中国国家博物馆水下考古研究中心、海南省文物保护管理办公室编:《西沙水下考古(1998—1999)》，北京:科学出版社，2006年版，第5—7页。

⑥ 《流求国传》，《隋书》卷八一，北京:中华书局，1973年版，第1823页。

要航行月余方能抵达？作者推断他们一行，出发之后因风受阻，可能又被吹回闽粤附近的港口，几经折腾，最后花费月余的时间才抵达目的地。然而正史著述的笔法要求简洁，不可能详细记录所有过程，因此只记下结果。最值得注意的是，陈棱还带了“翻译”前往，可见对于流求国当有所熟悉。所以朱宽、陈棱、张镇周抵达的流求国，应该指的都是同一个地方。事实上这篇文献记载，要确定是否为台湾的关键，就是这名翻译。书中称他为“昆仑人”，若按隋唐时期的用法，昆仑人指的就是来自中南半岛、南洋诸岛的人（唐代传奇亦有昆仑奴的故事）[①]。可见《隋书》记载的昆仑人，要不本身就是南洋诸岛的人，要不就是也懂得那些岛屿居民的语言。因此他随军从征流求国，可以用南洋诸岛的人的语言充当翻译。而台湾的少数民族住民中有来自于南洋诸岛的一支，今天冲绳的琉球人却不属于那些岛屿民族。可见朱宽、陈棱、张镇周抵达的流求国，应该就是台湾。

隋代的流求国，虽然已经确定是台湾，但这只是炀帝命令下的一次征伐，并没有在当地设官统治的计划。所以当战事胜利后，也就把台湾当地住民当作俘虏，强迫迁徙带回大陆[②]。八年之后隋朝就灭亡了，继起的唐朝没有经营流求的想法，所以在《旧唐书》、《新唐书》中都找不到台湾的记录[③]。不过有理由相信，整个唐代在大陆东南海域航行的水手，对于台湾这座岛屿应该不会感到陌生。原因有二：一是公元 8 世纪中叶，中国的水手终于开辟出从浙江的港口出发，直接穿越东海，先抵达九州岛以南的奄美大岛，后抵达九州岛南部的中日航线[④]。由于奄美大岛离冲绳不远，应有助于让当时的水手了解，今天的冲绳与台湾是不一样方位的岛屿。二是唐代四大港——扬州、明州（今宁波）、泉州、广州的兴起，这些船只来往于台湾海峡，多少会望见一水之隔的台湾[⑤]。这些有利的条件，果然带给下一个阶段中国海洋史发展的新契机。

公元 10 世纪初五代十国时期，从泉州开辟出一条新航线。船只先向东航行到澎湖，再向东航行至台湾；再从台湾南部沿着海岸线航行，抵达台湾最南端的恒春半岛后，穿越巴士海峡抵达菲律宾的明多洛岛（Mindoro）[⑥]。这是中国海

---

① 方豪：《台湾早期史纲》，台北：学生书局，1994 年版，第 24 页。

② 《流求国传》，《隋书》卷八一，北京：中华书局，1973 年版，第 1825 页。

③ 《东夷传》，《旧唐书》卷一九九上，北京：中华书局，1975 年版，第 5319—5342 页；《东夷传》，《新唐书》卷二二〇，北京：中华书局，1975 年版，第 6185—6212 页。

④ 彭德清主编：《中国航海史》，北京：人民交通出版社，1988 年版，第 136—138 页。

⑤ 张巽主编：《中国航海科技史》，北京：海洋出版社，1991 年版，第 347—357 页。

⑥ 曾少聪：《东洋航路移民——明清海洋移民台湾与菲律宾的比较研究》，南昌：江西高校出版社，1998 年版，第 47—48 页。

洋史划时代的记录，因为当时的水手已经能掌握台湾海峡捉摸不定的潮流，并且可以途经台、澎抵达菲律宾。从台北十三行遗址出土的文物上看，此说法应可以得到支持①。这条航线虽已开辟，但是利润价值却不高。因为当时从泉州开行的另一条航线，其获利比穿越台湾海峡的航线更高。

这条航线从泉州出发，沿着海岸向南航行至广州。再按照“海上丝路”旧有的航线，先航至中南半岛、马来半岛。在此地穿越南中国海，继续向东北航行，抵达婆罗洲北部，最后也是抵达明多洛岛②。从地图上看这条航线，可说以逆时针的方向，绕了南中国海一大圈。虽然花费的时间很久，但是沿途经过许多朝贡国与东南亚的土邦，在商人的眼中获利更大。因此台、澎在东南沿海的海商当中，可能已经广为人知，但是实际抵达贸易的人却不多。

然而海上贸易长足的发展，也开始让地方官员留心海防的重要。特别是公元 12 世纪的南宋，鉴于北方有金国的强大压力，而且还必须支付庞大的“岁币”，广开财源成为南宋朝廷的当务之急。南方的海舶贸易，在很大程度上满足了南宋朝廷的需要。不过为了保护航线，占领附近的岛屿是必须的。13 世纪，泉州市舶提举赵汝适所著《诸蕃志》，记载 1225 年（宝庆元年）南宋把澎湖并入版图，并隶属于晋江县治理③。重要的是该书除了记载澎湖入宋版图外，还提及毗舍耶一事。书中云澎湖与毗舍耶密迩烟火相望，时至寇掠。1174 年到 1189 年（淳熙年间）国之酋豪常率数百辈，猝之泉之水澳、围头等村，恣行凶暴，戕人无数，淫其妇女，已而杀之④。有趣的是《诸蕃志》不是第一本记载毗舍耶的史书，另有南宋曾任参知政事（副宰相）的楼钥替泉州知府汪大猷所做的《行状》。文中提到 1171 年（乾道七年）泉州滨海中有沙洲数万亩，号平湖（澎湖）。忽为岛夷号毗舍邪（耶）者奄至，尽刈所种，他日又登岸杀略，擒四百余人，歼其渠魁，余分配诸郡。公（指汪大猷）即其地造屋二百间（指澎湖），遣将分屯，军民以为便，不敢犯境⑤。

可见在南宋初期，澎湖与泉州同时受到毗舍耶人的侵扰。而且经过年代的比对，似乎是毗舍耶人无法前至澎湖生事，遂转往泉州为乱。现在的问题是何者为毗舍耶人？由于这两条记录差异年代仅三年（1171—1174），故所指称的毗

① 臧振华：《十三行遗址抢救与初步研究》，台北：台北县文化局，2001 年版，第 76—86 页。

② 林德荣：《西洋航路移民——明清闽粤移民荷属东印度与海峡殖民地的研究》，南昌：江西高校出版社，2006 年版，第 1—8 页。

③ 赵汝适著，杨博文校释：《诸蕃志》，北京：中华书局，1996 年版，第 149—150 页。

④ 方豪：《台湾早期史纲》，台北：学生书局，1994 年版，第 32—34 页。

⑤《敷文阁学士宣奉大夫致仕赠特进汪公行状》，《攻媿集》卷八八，台北：台湾“商务印书馆”，1965 年版，第 817 页。

舍耶人应是同一群。了解到当时的人不会把毗舍耶人与非毗舍耶人混淆后，再审视最关键的记载，则是1232年（绍定五年）泉州知府真德秀在《西山先生真文忠公集》一文记载：

> 永宁寨（地名水澳），去法石七十里。初，乾道间，毗舍耶国人寇杀官民，遂置寨于此。其地阚临大海，直望东洋，一日一夜可至彭（澎）湖。彭湖之人，遇夜不敢举烟，以为流求国望见，必来作过。[①]

透过上述，方知毗舍耶国航抵澎湖要一日一夜，故不是在台湾本岛西侧。而南宋沿袭隋代以来的用法，称呼台湾为流求至为关键。可是当时澎湖居民缺乏准确的地理知识，以为毗舍耶国人“住在”台湾，故夜间不敢烧火照明（举烟），恐惧毗舍耶国人寻着亮光夜袭。若以当时中国海洋史的知识，称毗舍耶国“直望东洋”，方知应是台湾本岛东侧，或者台湾南北方的岛屿，才能望见东面的海洋（太平洋）。但从台湾本岛东侧，要先向南航行绕过恒春半岛或穿越巴士海峡，难度都很大。仅一日一夜可抵澎湖，似乎太过勉强。再者，台湾北面的琉球群岛，自唐代以来中国的航海家大概不陌生，不会分不清楚到底是否为毗舍耶人。所以，只有台湾南面菲律宾所属的巴丹群岛（Batan Islands），或者巴布烟群岛（Babuyan Islands）可能性最大，因为岛上的土著可以循着黑潮北上至澎湖、泉州。由于《西山先生真文忠公集》是记1232年（绍定五年）时的泉州知府真德秀，并写1165年至1173年（乾道年间）的事情。故澄清了1225年（宝庆元年）赵汝适所著的《诸蕃志》，声称澎湖与毗舍耶密迩烟火相望，时至寇掠的错误。不过有一事可以确定，即是中国历史上首次把澎湖并入版图的大事。虽然占领澎湖所得到的土地面积不大，但却是代表海洋史发展的成熟结果。

1370年（洪武三年）明代纂修的另一部正史——《元史》问世，书中提到1291年（至元二十八年）元世祖忽必烈派遣船队以澎湖为中继站，招谕瑠求的过程。然而这一次的招谕，最后竟无功而返。于是到了1297年（大德元年）元成宗在位时，福建地方官就近以该省兵力征讨瑠求，生擒130余人返回复命。来年成宗恩准这些被俘虏的瑠求人，可以回到故乡（人数不明）；但是必须带着朝廷的口信，谕令该地归顺[②]。虽然二事距离《元史》成书已有70年之久的时间，

---

① 《申枢密院措置·海事宜状》，载《西山先生真文忠公文集》卷八，台北：台湾“商务印书馆”，1965年版，第161页。

② 《世祖本纪》，《元史》卷一六，北京：中华书局，1976年版，第350—351页；同前注，《成宗本纪》，《元史》卷一九，第408—409页、414页、416—417页；同前注，《瑠求传》，《元史》卷二一〇，第4667—4668页。

但福建的水手对于瑠求所指何座岛屿应早已知晓，它正是台湾殆无疑问。不过另一件重要的事《元史》却没有记载，14世纪中叶，元代航海家汪大渊所著《岛夷志略》，首次提到1335年至1340年(顺宗至元年间)，“至元间立巡检司，以周岁额扮盐课”，并将澎湖隶属于泉州晋江县，遂成为澎湖最早有职官的记录①。至于设立巡检司的具体年代，学术界有许多讨论，台湾历史学者张崇根考证，当在1279年至1281年(元世祖至元十六年到十八年)之间。台湾历史学者许雪姬、戚嘉林认为，元朝在澎湖设置巡检司的时间是1281年。那以前，泉州居民到澎湖定居据说已达到“编户甚蕃”的程度，以至于知泉州府汪大猷还在澎湖建房200间，“遣将分屯”，可见已经在澎湖驻军巡逻了。据研究，那时驻军及其家属已逾千人。

若按当时客观形势发展下去，或许台湾在元末也会设官驻军也不一定。然而历史的发展却在此时有重大转变，原因是继之的明代，在中国海洋史发展上做出了严重倒退的决定。

第二节　明代抵台的海盗、渔人与岛上住民

1368年(洪武元年)朱元璋称帝于南京，建国号“明”。同年明军北伐成功，元顺帝从大都逃往漠北，元朝对中原的统治结束②。然而甫建立的明帝国对于海洋的发展却很保守，1372年(洪武五年)明太祖朱元璋发布禁海令，来年信国公汤和以澎湖居民“叛服难谌”为由，强迫他们迁往福建③。1397年(洪武三十年)明朝政府再颁布有系统的禁海律令与惩罚条文，使得远洋航海事业遭受重挫。此时除了成祖、宣宗时期曾派遣郑和七下西洋，以及私自下海的“奸商”之外，明中叶以前的海洋发展乏善可陈④。此阶段的台湾，只有两件事值得一提：一是琉球王国开始向中国朝贡。为区别今天的冲绳与台湾的不同，明朝政府遂称今天的冲绳为大琉球，称台湾为小琉球。两国使臣往来之中，台湾北部的基隆、淡水，因为成为船舶中途的停靠站，所以被绘制在航海地图上，称为鸡笼山、

① 汪大渊著，苏继庼校释：《岛夷志略》，北京：中华书局，2000年版，第13—14页。

② 南炳文：《明史》(上)，上海：上海人民出版社，1985年版，第61—66页。

③ 欧阳宗书：《海上人家——海洋渔业经济与渔民社会》，南昌：江西高校出版社，1998年版，第69页。

④ 黄顺力：《海洋迷思——中国海洋观的传统与变迁》，南昌：江西高校出版社，1999年版，第60—61页。

淡水山[①]。二是明代倭寇与海盗为患严重。16 世纪中叶，来自日本的倭寇(部分是中国海盗假扮的“倭寇”)逐渐被扫荡，虽然这些海盗甚是顽强，但其根据地仍以东南沿海的小岛为主。直到海盗曾一本出现，他开始以澎湖作为巢穴，台海的情势才有新的变化[②]。

1567 年(隆庆元年)，福建巡抚涂泽民奏准有限度开放海禁，依规定商船仍不能前往日本贸易，但可前往东南亚。此时被约束近二百年的远洋事业再度活跃起来，其中最重要的是东洋航路的崛起[③]。东洋航路的前身，就是公元 10 世纪开辟的泉州—澎湖—台湾—菲律宾的航路。它为什么到了明末突然变得活跃起来，主因是靠 1565 年(嘉靖四十四年)西班牙人开辟北太平洋航线的拉抬。原来西班牙商人从墨西哥运来的白银，吸引无数的中国商人前往菲律宾贸易。而从中国东南沿海前去菲律宾的快捷方式，即是渡过台湾海峡与巴士海峡的航线[④]。简言之，澎湖与台湾的战略地位，变得比以前更加重要。然而开放海禁没多久的明朝政府，完全忽视这两个地方的存在，这使得海盗又有了可乘之机。

1569 年(隆庆三年)，曾一本被闽粤水师合力围剿于广东潮阳外海，重伤被俘身亡。在他之后，又有林道乾继之而起。曾一本与林道乾是旧识，林道乾势力壮大后，也以澎湖作为巢穴。不过这一次，明朝水师采取主动出击的策略，由将领俞大猷率兵前往澎湖缉拿。林道乾不敌，逃往台湾南部的高雄藏匿。不料明军又至，林道乾从此远遁，一说流窜到马来半岛并死于当地[⑤]。

林道乾之后，又有海盗林凤的崛起。西班牙人记载他以澎湖为据点，四处剽掠[⑥]。1574 年至 1575 年(万历二年至三年)林凤甚至从澎湖出发，南下进攻马尼拉。西班牙人险些抵挡不住，幸好获得援军反击，才迫使林凤逃往台湾，此后下落不明[⑦]。直到 16 世纪末，当时海盗着眼于澎湖居于东洋航路的优越位置，往西可以剽掠东南沿海，往东或往南可以退保后路，因此纷纷把根据地设在

---

① 陈宗仁:《鸡笼山与淡水洋——东亚海域与台湾早期史研究》，台北:联经出版社，2005 年版，第 1—77 页。

② 戴裔煊:《明代嘉隆间的倭寇海盗与中国资本主义的萌芽》，北京:中国社会科学出版社，1982 年版，第 46—53 页。

③ 郑永常:《来自海洋的挑战——明代海贸政策演变研究》，台北:稻乡出版社，2004 年版，第 205—222 页。

④ 何芳川:《澳门与葡萄牙大商帆——葡萄牙与近代早期太平洋贸易网的形成》，北京:北京大学出版社，1996 年版，第 64 页。

⑤ 郑广南:《中国海盗史》，上海:华东理工大学出版社，1998 年版，第 225—234 页。

⑥ 门多萨(J. G. de Mendoza)著，何高济译:《中华大帝国史(*The History of the Great and Mighty Kingdom of China and the Situation there of*)》，北京:中华书局，1998 年版，第 161 页。

⑦ 包遵彭:《中华民族的海洋发展》，载《包遵彭文存》，台北:“中央图书馆”，1980 年版，第 17 页。

澎湖。不过明朝水师出洋海战的能力,也随着征剿海盗而逐渐增强。澎湖越来越不是海盗眼中的安全处所,故17世纪以后,海盗都把巢穴移往台湾,也有令人意想不到的新情况出现。1602年(万历三十年),福建将领沈有容率战舰出奇不意地渡海征剿这群海盗。从征将士中有一位陈第,他把来到台湾的过程,撰写成《东番记》,遂成为台湾史上最宝贵的一篇实地见闻录①。

透过《东番记》的描述,我们了解到当时台湾名为"东番",土著的聚落称为"社"。一社有千百人之谱,性情凶悍,十分好斗,无事昼夜习走,奔跑的速度不落后于马。当地人有馘首的习俗,所得头颅悬于住家门上,多者为雄。他们不知水田,但懂得旱作,亦懂得酿酒、饮酒。婚姻是男子嫁入女方家中,故喜生女,不喜生男②。可见,当时台湾中南部的土著民社会正处在原始社会的母系氏族时期。1739年(乾隆四年)清代编修的《明史》定稿,书中亦提到澎湖、台湾之事,但是与前述的《东番记》相比,史料价值不可相提并论③。原因是《东番记》为陈第本人亲自观察体验之后撰述的著作,它不像正史,都是隔代的历史编写。因此犹为真实,台湾原住民早期的生活,透过《东番记》的记录跃然纸上。

在17世纪早期,《东番记》之后对台湾早期住民的记录,主要是荷兰与西班牙的文献。然而当时荷、西殖民者对台湾土著,仍是以社来命名,还没有发明所谓的"泛称"④。台湾土著最早的泛称,出现在17世纪中叶。当时在郑氏统治之下,台湾土著被称为"土番"⑤。17世纪末期,也就是步入清初的时候,除了土番之外又发明"野番"一词。从"土"、"野"二字来看,区分土著是以居住地为标准。土番表示居住在平原,野番表示居住在山地⑥。18世纪初期,土著的泛称又改为"熟番"与"生番"。何谓熟与生?很显然这种区分是以汉化为标准。不过所谓的汉化,并不只在服饰、饮食习惯上学习汉人。当时最重要的标准,在于去除馘首的习俗,以及缴纳番饷⑦。如果已经汉化的熟番,私底下又去猎人头,清廷就会以"化番"来称呼他们,有别于熟、生番⑧。1895年(光绪二十一年),台湾割让给日本后,台湾总督府最初沿用清代的称呼,不过在字眼上稍做更改,称为

---

① 盛清沂主编:《台湾省开辟资料汇编》,台中:台湾省文献委员会,1972年版,第158—163页。

② 方豪:《台湾早期史纲》,台北:学生书局,1994年版,第139—142页。

③《外国传》,《明史》卷三二三,北京:中华书局,1974年版,第8376—8377页。

④ 中村孝志:《近代台湾史要》,载《荷兰时代台湾史研究(上)——概说·产业》,台北:稻乡出版社,1997年版,第6—13页。

⑤ 杨英:《从征实录》,台湾文献丛刊第32种,第186—194页。

⑥ 郁永河:《裨海纪游》,台湾文献丛刊第44种,第32—33页。

⑦ 柯志明:《番头家——清代台湾族群政治与熟番地权》,台北:"中央研究院"社会学研究所,2001年版,第169—184页。

⑧ 王慧芬:《清代台湾的番界政策》,台北:台湾大学历史研究所硕士论文,2000年,第4—26页。

“熟蕃”与“生蕃”[①]。20世纪初期，日本学者对台湾土著做过全面的调查与研究，认为“熟蕃”、“生蕃”之名不适合作为泛称。因此，再以语言作为分类的标准，把原住民分为两大类——平埔族、高砂族[②]。平埔族与高砂族就是相对于早期的熟、生番，若按语言可再细分为数个族群。然而1945年台湾光复以后，政府认为平埔族都已汉化，不必另行称呼。再者，高砂族一词东洋味十足，亦不适合继续使用，故1946年更名为“高山族”[③]。伴随着高山族一词的出现，同年还有“山地同胞”的用法[④]。

至于在风俗习惯上，昔日台湾的少数民族，除了台东兰屿的达悟族没有馘首的习俗之外，本岛的原住民全都有此习俗。不过猎首之风在日本殖民时期已完全革除[⑤]。由于平埔族汉化程度的提高，今日很难看到往日的风貌。只有在今天的台南部分西拉雅族后代的村落，可见到所谓“阿立祖”信仰的公廨[⑥]。另外，南投县埔里镇曾是中部平埔族的移民区，当地基督教会仍用巴宰族语（清代与官方关系密切）吟唱歌曲[⑦]。噶玛兰族原居于宜兰，清代受到汉人移入的压力，迁居至花莲、台东，现今噶玛兰语仍在当地被继续使用[⑧]。

高山族的文化可以分成四项重点叙述：其一，在社会型态上，只有卑南族、阿美族属于母系社会，其余都不是[⑨]。其二，在宗教观念上，各族均有祖先亡灵与神灵崇拜两种。祖灵皆有法力，祭之可以降福，亦可以驱逐恶灵作祟；但如果触怒祖灵，也会受到处罚。神灵可以分为宇宙神（日月、星辰）、自然神（山神、水神）、司理神（农神、生育神）、精灵（矮人灵魂或动物幻化）[⑩]。其三，在生活技能上，各族皆懂得耕种，并兼事狩猎与采集，惟达悟族食用芋头和捕鱼。衣着的材质以皮革、树皮纤维、苎麻为主。尤其是利用苎麻织成布匹的技术，已被列入文

---

① 台湾总督府警务局：《理蕃志稿》第一卷，台北：南天书局，1995年复刻版，第1—25页。

② 台湾总督府警务局：《高砂族调查书》(1)，台北：南天书局，1994年复刻版，第16—17页。

③ 傅宝玉等：《台湾原住民史料汇编（第三辑）——台湾省政府公报中有关原住民法规政令汇编》，南投：台湾省文献委员会，1998年版，第1页。

④ 今天台湾少数民族的族群数目，总共有14族，他们是泰雅族、赛夏族、布农族、邹族、阿美族、卑南族、排湾族、鲁凯族、达悟族、邵族、噶玛兰族、太鲁阁族、撒奇拉雅族、赛德克族。见卢梅芬：《台湾当代原住民艺术发展》，台北：艺术家出版社，2007年版，第219—226页。

⑤ 铃木作太郎：《台湾の蕃族研究》，台北：南天书局，1988年复刻版，第87—99页。

⑥ 石万寿：《台湾的拜壶民族》，台北：台原出版社，1992年版，第169—216页。

⑦ 钟幼兰：《平埔族群与埔里盆地——关于开发问题的探讨》，载《平埔族群的区域研究论文集》，南投：台湾省文献委员会，1998年版，第97—140页。

⑧ 李壬癸：《台湾平埔族的历史与互动》，台北：常民文化事业，1997年版，第36—101页。

⑨ 黄应贵：《台湾土著族的两种社会类型及其意义》，载《台湾土著社会文化研究论文集》，台北：联经出版社，1986年版，第3—43页。

⑩ 铃木质：《台湾蕃人风俗志》，台北：武陵出版社，1991年复刻版，第134—162页。

化遗产，由各族保存与维护。此外达悟族、邵族亦懂得使用独木舟航行；而居住较富特色者，有鲁凯族、排湾族所搭建的石板屋。其四，在艺术创作上最大的特征，即是部分族群有纹身的现象。例如泰雅族、太鲁阁族、赛夏族有纹面的习俗，鲁凯族、排湾族与卑南族则是在肢体纹身。至于木雕以鲁凯族、排湾族、卑南族手艺较精，图案多是蛇形、鹿形与人形纹。制陶除了泰雅族、太鲁阁族、赛夏族之外，各族皆懂得制作；其他如泰雅族的藤编、达悟族的银盔也颇为知名①。

透过对福建族谱的研究，可以梳理16、17世纪之际汉人移民台湾的历史。明嘉靖年间(1522—1566)，已有移民迁台，甚至有埋葬在台湾的记录。尔后在天启、崇祯年间(1621—1644)，陆续有人来台②。当然从另一个层面来看，前文提到的海盗，也是属于一种另类的"移民"。不过除此之外，在当时还有两种移民值得注意，那就是来往于两岸之间的渔夫与走私者。对于渔民来说，来到台湾的目的，主要是捕捞乌鱼。乌鱼的汛期是在冬季，所以渔民会在秋季来台湾小住，等到捕到足够数量的乌鱼，就启航返回福建，等到来年再前往台湾③。对于后者来说，明末自1567年(隆庆元年)开放海禁之后，到了1593年(万历二十一年)因日本侵略朝鲜，再度实施海禁。1599年明廷鉴于日本已经从朝鲜退兵，遂又开放海禁，允许船只至东南亚贸易，但是仍不准前往日本。因此位于大陆东南沿海的台湾，就成为从事中日走私贸易者的一个理想会合点④。简言之，大陆对于台湾的认识，从明初中断之后，又从明末变得热络。可是这股力量是来自平民阶层，而把它推向高峰者，则是传奇人物郑芝龙。

郑芝龙在历史上的评价不高，这是因为在南明时期，他最后选择投降清朝⑤。可是从中国海洋史的角度审视，郑芝龙却是非常重要的人物。事实上当时东南沿海私下从事中日贸易者多如过江之鲫，郑芝龙在这股潮流下，也从故乡福建南安出发，转道广东澳门、菲律宾马尼拉，远赴日本九州岛发展⑥。初到日本的郑芝龙结识了当时的大海商李旦、颜思齐，1624年(天启四年)他更在李旦的推荐下前往澎湖，为占领该岛的荷兰人充当翻译。同年李、颜二人先后病逝，郑芝龙趁机收编李旦在日本九州岛以及颜思齐在台湾云林的势力⑦。值得

① 阮昌锐：《台湾的原住民》，台北：台湾博物馆，1996年版，第167—246页。

② 庄为玑、王连茂：《闽台关系族谱数据选编》，福州：福建人民出版社，1984年版，第4—6页。

③ 曹永和：《明代台湾渔业志略》，载《台湾早期历史研究》，台北：联经出版社，1981年版，第157—174页。

④ 曹永和：《中国海洋史话》，载《中国海洋史论集》，台北：联经出版社，2000年版，第113页。

⑤ 《逆臣传》，载《国史逆臣传》卷四，北京：九州出版社，2004年版，第385—408页。

⑥ 汤锦台：《开启台湾第一人——郑芝龙》，台北：果实出版社，2002年版，第47—74页。

⑦ 江树生主译：《荷兰台湾长官致巴达维亚总督书信集(1)(1622—1626)》，台北：南天书局，2007年版，第15—28页。

注意的是，在1626年至1628年，台湾总共有三股势力存在。他们是盘踞中部的郑芝龙，占领南部的荷兰人，以及占领北部的西班牙人。郑芝龙在台湾设置佐谋、督造、主饷、监守、先锋等官职，对台湾军民进行管理[①]。由于明军水师无法剿灭羽翼已丰的郑芝龙，遂想出以毒攻毒的策略：招抚郑芝龙以后，再命令他征讨其他的海盗。1628年（崇祯元年），郑芝龙接受招抚，离开台湾返回阔别已久的福建。他在完成朝廷交付给他的任务之余，也从中壮大自己的声势[②]。到了1644年明亡时，郑芝龙已经成为全中国海商中最有财富与最有武力的人。甚至当时船只航经台湾海峡，若没有插上郑氏授予的旗帜，定会遭到抢劫[③]。明亡以后，郑芝龙做出错误的判断。虽然他曾拥立唐王于福州，表面效忠于明室，但清军南下时还是投降[④]。其实在鼎革之际，明臣投降清廷者亦很多，并非只有郑芝龙一人。但是关键在于其子郑成功，继续投入反清复明的事业，使得清廷怀疑郑芝龙降清的动机。1661年（顺治十八年），清廷以郑成功长期以来招抚不成，郑芝龙亦无保全之必要为由，遂将其弃市于北京[⑤]。

17世纪台湾的历史，在郑芝龙离台后进入一个新的阶段。除了"海盗巢穴"至此已经结束之外，台湾开始成为西方向海外拓展殖民地的舞台，荷兰与西班牙把大航海时代在欧洲点燃的战火延烧到台湾来。

第三节　闽粤移民在荷、西殖民时期对台湾的拓垦

1602年（万历三十年），陈第与沈有容在剿捕海盗成功之后，即返回福建复命。当时的明朝政府并无在台湾设官治理的计划，遂给了西方殖民者可乘之机。1624年（天启四年）、1626年（天启六年），荷兰人与西班牙人相继占领台湾。

据记载，宋时闽粤沿海汉族人已到台湾贸易、渔猎。随着历史向前发展，大陆汉族人到台湾的越来越多，这中间既有农民、渔民，也有生意人，还有在海上从事武装贸易的人群（俗称海盗）。据台湾史学者研究，到荷兰人、西班牙人占据台湾前，在台湾的汉族人已逾10万。台湾学者曹永和认为，在欧洲人占据台

---

① 江日升：《台湾外纪》，福州：福建人民出版社，1983年版，第13—14页。

② 秦就：《台湾第一世家——船王郑芝龙》，台北：实学社，2002年版，第189—221页。

③ 曹永和：《环中国海域交流史上的台湾和日本》，载《台湾早期历史研究续集》，台北：联经出版社，2006年版，第22—27页。

④ 朱景和：《开拓台湾的先驱——郑芝龙传奇》，北京：华文出版社，2004年版，第412—421页。

⑤ 陈福郎：《海峡枭雄——开台先驱郑芝龙》，北京：九州出版社，2007年版，第309—329页。

湾以前,汉人早已熟悉台湾的情形,并以货物与台湾土著交易,建立了密切的关系。1626 年(天启六年),西班牙人绘制了一张《台湾岛荷兰人港口图》,图上标注有"中国渔夫和海贼村落",港口人口中,荷兰 220 人,中国汉族人 5000 人,日本人 160 人。

1602 年(万历三十年)荷兰倾全国之力,成立股份制的荷属东印度公司(Verenigde Oostindische Compagnie,简称 V. O. C.),并得到联省议会颁给的特许状,让东印度公司代表荷兰向海外拓展商务与建立殖民地①。

荷属东印度公司最高权力机构称为"十七人董事会"(Heren XVII)。在特许状之下,该公司拥有六项特权——贸易垄断权(印度洋、太平洋海域)、条约签订与媾和权、招募军队与宣战权、司法审判权、征税权、殖民地行政统治权②。为防止组织庞大的荷属东印度公司出现指挥系统的紊乱,1609 年(万历三十七年)开始任命总督统筹海外一切事务③。1619 年荷兰人占领巴达维亚(Batavia,今名雅加达 Jakarta,印度尼西亚首都),充做荷属东印度公司在亚洲的总部④。为便于指挥调度,公司把所有在亚洲的据点分成三种类型:其一,公司人员必须遵守当地主权者的法令,和其他国家商人一同贸易,例如日本九州岛的平户、长崎。其二,公司已经与当地主权者签订条约,享有贸易上的特权,例如波斯。其三,征服当地人,夺其土地与统治权,例如巴达维亚与台湾。由于第三种类型可谓殖民地式的治理,故调派的人员阵容最齐。计有政务员、商务员、地政人员、税务人员、工务人员、法务人员、医务人员、市政人员、水手、军人、牧师、教师,平常约有 1000 人以上驻扎当地⑤。向海外拓展需要军队,根据文献记载,荷兰军队人数历年不一。1610 年保守估计约有 2 万名,由英国人、法国人、日耳曼人等佣兵组成。有趣的是士兵们没有统一的制服,除了盔甲之外,有时一联队戴同一种颜色的围巾来区别⑥。

1601 年(万历二十九年),荷兰人首次派出船队来到中国,欲开辟贸易管道,但未获成功。1603 年荷属东印度公司派出两艘船,前往葡萄牙人占领下的澳门

---

① 大川周明:《近世欧罗巴殖民史》,东京:庆应书房,1942 年版,第 431—439 页。

② 汤锦台:《前进福尔摩沙——十七世纪大航海时代的台湾》,台北:猫头鹰出版社,2001 年版,第 111—112 页。

③ 永积昭:《オランダ东インド会社》,东京:近藤出版社,1971 年版,第 61—62 页。

④ 朝仓纯孝译注:《オランダ黄金时代史(*Nederlandse Gouden Eeuw*)》,东京:大学书林,1980 年版,第 62—65 页。

⑤ 江树生:《荷兰联合东印度公司及其档案》,载《郑成功和荷兰人在台湾的最后一战及换文缔和》,台北:汉声杂志社,1992 年版,第 86—91 页。

⑥ 保罗·祖姆托著,张今生译:《伦勃朗时代的荷兰》,济南:山东画报出版社,2005 年版,第 217—220 页。

寻求互市，仍然没有成功。第二年，公司再命韦麻郎(Wijbrant van Waerwijck)为司令，率领船队来到中国沿海。不料他们在广州附近遇到暴风雨，遂在毫无预期的情况下，驶向澎湖并据之。由于澎湖已属明帝国的版图，故荷兰人此举已侵犯中国的领土权。福建当局初始并没有大动干戈的打算，先派遣都司沈有容前往澎湖，沈凭借外交手段成功劝退荷兰人。1607年，东印度公司第三次派遣船队来到中国，他们抵达广东南澳谋求通商，结果还是无功而返[①]。

1609年荷属东印度公司终于在日本平户设立了商馆，首任商馆馆长柯克斯(Richard Cocks)第一次向公司报告台湾的情况。1613年平户商馆馆长布鲁瓦(Hendrick Brouwer)建议东印度公司应该派军队占领台湾。不过从东印度公司的立场来说，如何打开与中国的贸易，或者了解闽粤沿海情势才是当务之急。1620年荷兰与英国共组联合舰队，出没于台湾海峡，打劫葡萄牙与中国的商船。1622年(天启二年)，巴达维亚总督顾恩(Coen)下达命令，由舰队司令雷尔生(Cornelis Reijersz)率领荷、英舰只12艘(荷舰8艘、英舰4艘)、士兵1024名，偷袭澳门。因葡萄牙防守得宜，荷、英两军以失败收场。此时雷尔生与英舰分道扬镳，独自率领荷军北上澎湖，再度占领之[②]。

占领澎湖的雷尔生，仍不放弃与中国通商，而且有久踞当地的计划。这批荷军在澎湖本岛西南方的风柜尾建筑棱堡，由于该群岛极度缺乏木材，荷兰人频频抢劫中国商船，并拆卸船上的木材用于修建棱堡[③]。荷兰人也开始改变策略，驾船闯入漳州海域烧杀掳掠，欲以武力迫使福建当局与之通商。可是这一次福建官员不想再以妥协的方式解决问题，南居益取代商周祚成为福建巡抚之后，出兵的行动更为积极。1623年(天启三年)又有一支荷兰舰队从巴达维亚来到澎湖，该舰队司令弗伦克(Christian Francx)再率领4艘荷舰转往福建浯屿(金门)，当时福建官员邀请其上岸，趁其不备将其擒获[④]，由此可见福建地方官力主驱荷的决心。1624年2—6月明军分批登陆澎湖，一部分先抵澎湖本岛北方的吉贝屿，再往南抵达白沙岛的镇海港。一部分抵达澎湖本岛东南方的龙文港，后再向北推进与镇海港的明军会合。

1624年5月，荷军司令雷尔生请辞。同年8月，新任司令宋克(Martinus

---

① 曹永和:《荷兰与西班牙占据时期的台湾》，载《台湾早期历史研究》，台北:联经出版社，1981年版，第28—29页。

② 曹永和:《荷兰时期台湾开发史略》，载《台湾早期历史研究》，台北:联经出版社，1981年版，第50—51页。

③ 威·伊·邦特库著:《东印度航海记》，北京:中华书局，2001年版，第76—105页。

④ 曹永和:《澎湖之红毛城与天启明城》，载《台湾早期历史研究续集》，台北:联经出版社，2006年版，第155—157页。

Sonck)抵澎。此时澎湖已聚集明军1万人、船只200艘[①];而荷军仅有850人,全部集中在风柜尾的棱堡,尽显坐困愁城的态势。不过明军在发动主动攻击前,仍有以外交谈判解决问题的想法。正在日本九州岛经商的李旦,扮演了重要的角色。南居益透过李旦转告宋克,要求荷兰人自行拆毁棱堡并撤离澎湖。宋克权衡情势,感到明军舰只布满海面,“我们若不肯离开,他们将诉诸武力,……直到将我们从澎湖逐出中国境外为止”[②],遂接受南居益的要求,将荷军全部撤退至台湾。从最早期的中荷关系史来说,荷属东印度公司欲以武力胁迫与中国互市的计划失败了,荷方阻挠闽南商人前往菲律宾贸易的企图也没有得逞(在台湾海峡劫掠)[③]。但荷兰人却得到了一块预期之外的土地,开启了殖民台湾的时期。

荷属东印度公司在台湾台南修筑热兰遮城(Zeelandia,今台南市安平古堡)、普罗文蒂亚城(Provintia,今台南市赤嵌楼),作为政治与商业据点。当时荷兰人称呼这个地方为Tayouan,汉译为“大员”[④]。不过它指的是今天台南市安平一带,还没有全岛的意思[⑤]。荷属东印度公司十分看重商业获利,这成为荷兰在1624—1662年殖民台湾的最高指导原则。

一、行政体系。法律上,台湾是联省共和国透过东印度公司领有的一个属邦(Nederlandtsche staat),由台湾领邦政府(Formosanse landtregeringe)治理。由荷兰本土的“十七人董事会”下达命令给在巴达维亚的亚洲总部,再由巴达维亚总督与东印度公司议会下达命令给台湾长官与议会。台湾议会(Raad van Formosa)为本岛最高治理机构,成员总共有5人——台湾长官、长官副手、最高阶军官、2名上级商务员。台湾议会有颁布告令、统率军队、制定贸易与统制策略、派任低级议会成员的权力。

台湾议会之下有4个低级议会:法务议会、婚姻家事议会、孤寡管理议会、教务议会。二十年之后,在台湾长官与议会之下,又衍生出两种治理方式:一是每年在普罗文蒂亚城召开一次地方会议(Landtag)。该会议最早在1641年(崇

---

① 杨彦杰:《荷据时代台湾史》,南昌:江西人民出版社,1992年版,第27—28页。

② 村上直次郎译注、中村孝志校注:《巴达维亚城日记》第1册,东京:平凡社,1974年版,第68页。转引自陈孔立主编《台湾历史纲要》,第40页。

③ 包乐史(J. L. Blussé)著,庄国士、程绍刚译:《中荷交往史(1601—1989)》,阿姆斯特丹:路口店出版社,1989年版,第44—46页。

④ 高祥雯:《荷据时期大员的空间变迁》,台南:成功大学建筑研究所硕士论文,2007年,第19—77页。

⑤ 币原坦著,李苍降译:《台湾名称考》,载《台湾省通志馆馆刊》,1948年创刊号,第30—33页。

祯十四年）召开，参与会议者都是土著各社的长老，处理与高山族住民相关的事务[①]。为便于管理，荷兰人将台湾分为北部、南部、卑南地方会议区。1642 年荷兰人北上驱逐西班牙人成功后，又设立淡水地方会议区[②]。二是在热兰遮市成立常设机构——市参议会，统治公司员工、自由市民、汉人居民。该机构在 1644 年成立，也称为市政法庭，可以审理民、刑事案件。荷兰人的两种不同治理方式，被解读为对土著是授与"封臣"身份，对其他住民是要制造"市民阶层"[③]。

二、征伐与探险。荷兰殖民台湾期间有所谓四大平埔族住民番社——新港社（今台南县新市乡）、麻豆社（今台南县麻豆镇）、目加溜湾（今台南县安定乡）、萧垄社（今台南县佳里镇）。他们与殖民者关系密切，并在荷军出征其他原住民聚落时助战[④]。荷军曾重兵征讨的原住民部落有：南部外海的小琉球社（今屏东县琉球乡）。起因是 1622 年，一艘名为"金狮子"号的荷兰船在当地遭风遇难，船员全数被岛上住民所杀，荷兰人为悼念他们，遂命名此岛为金狮子岛（t' Gouden Leeuw Eiland）。1633 年、1636 年荷军两次征伐该岛，对当地原住民展开杀戮，当这座小岛原住民被杀光后，荷兰人就把岛屿出租给汉人开垦，以增加收益[⑤]。

南部屏东平原的放索社（今屏东县林边乡）、恒春半岛的琅峤社（今屏东县恒春镇）。放索社的男子被荷兰人形容为高大强壮，琅峤社的男女则被荷兰人形容为在本岛所见穿着最得体的原住民。两地的原住民，都在 1636 年被荷兰人降伏[⑥]。接着，荷兰人讨伐中部的虎尾垄社（今云林县）。该社常与北方彰化平原的东螺社联合，反抗荷兰人的统治[⑦]。1641 年台湾长官调动荷军 400 名、四社归顺平埔族住民 1400 名进攻虎尾垄社。虎尾垄社力战不敌，请降，东螺社亦降，荷兰人的势力从台南一举北上扩展至今云林、彰化[⑧]。

另外，雄峙于中、北部的"柯达王"（Quataong）也是荷兰人讨伐的目标。此

---

① 郑维中：《追寻西洋古书中的台湾身影——制作福尔摩沙》，台北：如果出版社，2006 年版，第 133—135 页。

② 江树生译注：《热兰遮城日志》（第二册），台南：台南市政府，2002 年版，第 1—5 页。

③ 韩家宝（Pol Heyns）、郑维中译著：《荷兰时代台湾告令集 · 婚姻与洗礼登录簿》，台北：曹永和文教基金会，2005 年版，第 47—63 页。

④ 江树生译注：《热兰遮城日志》（第一册），台南：台南市政府，2000 年版，第 2—5、135、156 页。

⑤ 曹永和：《小琉球原住民的消失——重拾失落台湾历史之一页》，载《台湾早期历史研究续集》，台北：联经出版社，2006 年版，第 185—237 页。

⑥ 江树生译注：《热兰遮城日志》（第一册），台南：台南市政府，2000 年版，第 229、231、156 页。

⑦ 江树生译注：《热兰遮城日志》（第二册），台南：台南市政府，2002 年版，第 5、10—11 页。

⑧ 台湾省文献委员会编：《台湾史》，台北：众文图书公司，1996 年版，第 74—77 页。

人可能是清代台湾民间传说的“大肚番仔王”，全盛时期统治的区域，包括今桃园以南、彰化以北沿海。1642 年荷兰人在北部击败西班牙人之后，很快调动兵力征讨柯达王。1645 年柯达王不支战败，在传教士居中调停下，表示臣属东印度公司，参与地方会议，表示服从[①]。

荷兰人征讨台湾北、中、南部原住民，均取得显赫战果，最后把兵锋转向东部。对东部的征讨，实则与勘查金矿有关[②]。荷兰人最早知道台湾蕴藏黄金，是在 1622 年占领澎湖时从一位中国商人口中得知。1636 年荷军征讨琅峤社时，获悉恒春半岛与“北方”之地盛产黄金[③]。因此在 1636 年至 1646 年之间，至少有 17 次探险记录，前往今宜兰、花莲、台东寻找黄金，且在哆啰满（今花莲县新城乡）有重大收获[④]。在此过程中不断遭到原住民的抵抗，荷兰人也都以武力讨平。例如：1641 年、1642 年征服大巴六九社（今台东县卑南乡），1642 年征服马太鞍社（今花莲县光复乡），1644 年征服奇立板社（今宜兰县壮围乡）[⑤]。

三、传播新教。17 世纪的荷兰信奉卡尔文教派。他们殖民台湾时，亦传播福音至土著各社[⑥]。新港社是传播新教的开始[⑦]，荷兰传教士先学会新港语，然后再以罗马拼音翻译祈祷文字与基督要理。再以拼音法教平埔族住民读书识字；而写出来的文字，就是汉籍文献所称的“红毛字”。日据时期日本人搜集早期台湾史料，发现这些用红毛字写成的契约、账册等，以新港社为最多，故将其命名为“新港文书”[⑧]。

四、行使土地地权。上文提到荷兰人统治期间，将土著视为“封臣”也可从行使地权加以说明，荷属东印度公司承认土著各社对于祖传地有利用与保有的权利。研究显示，此做法与 1620 年《荷兰法学》中提及的“封建领地”定义相同。

---

① 翁佳音：《被遗忘的台湾原住民史——Quata（大肚番）王初考》，载《异论台湾史》，台北：稻乡出版社，2001 年版，第 51—70 页。

② 赖永祥：《十七世纪荷人勘查台湾金矿纪实》，载《台湾史研究初集》，台北：作者自行出版，1970 年版，第 39—82 页。

③ 中村孝志：《十七世纪荷兰人在台湾的探金事业》，载《荷兰时代台湾史研究（上）——概说・产业》，台北：稻乡出版社，1997 年版，第 165—217 页。

④ 中村孝志：《荷兰人的台湾探金事业再论》，载《荷兰时代台湾史研究（上）——概说・产业》，台北：稻乡出版社，1997 年版，第 219—249 页。

⑤ 江树生译注：《热兰遮城日志》（第二册），台南：台南市政府，2002 年版，第 7—8、13—14、355—368 页。

⑥ 徐谦信：《荷兰时代台湾基督教史》（前篇），台北：台湾基督长老教会，1965 年版，第 1—14 页。

⑦ 村上直次郎译注：《附录一——台湾基督教教化关系史料》（二），载《巴达维亚城日记》，台北：众文图书公司，1991 年版，第 332—364 页。

⑧ 台北帝国大学理农学部：《新港文书》，台北：捷幼出版社，1995 年复刻版，第 1—15 页。

原来荷兰人欲把中古欧洲领主与封臣的概念移植到台湾。透过对于土著各社土地的承认，换取他们对于统治者的效忠[①]。不过对于汉人土地地权的行使，则是经过一番折冲才确定。事实上，巴达维亚当局并不愿意汉人移民到台湾。东印度议会认为台湾议会无法有效管理汉人，难以鉴别他们是否对公司效忠。可是台湾长官着眼于开发土地，栽植米、糖所带来的征税的利益，倾向接受汉人移民来台[②]。最后，台湾长官取得了胜利。在授予汉人土地地权上，有三种模式：第一，公司颁授土地所有权给汉人，汉人地主可以自行招佃开垦。授予土地的范围，以北不能超越台南县新化镇，以南不能越过二仁溪，并且要课以重税。第二，公司拥有土地所有权的官员，可以自行招募汉佃开垦土地；这些汉佃，只有土地的使用权而无所有权。第三，土著各社不能自行招募汉人开垦土地，不过汉人可以支付权利金给他们，获得竹林地的砍伐权[③]。

巴达维亚当局的担心不是多余的，因为大批汉人移民台湾，时常联合土著反抗东印度公司的统治。例如上文提到的“柯达王”、虎尾垄社，就暗结汉人对抗荷兰当局。再者，部分汉人移民在开垦过程中，时常越界侵犯土著住民的利益，致被杀身死。这给力求土著各社稳定的荷兰人，造成很大的困扰。当然，这些汉人若主动挑战荷兰人的统治权威，也一定会遭到强烈的报复。1652 年(顺治九年)在今二仁溪附近开垦的郭怀一，欲起而驱逐荷兰人。不料事泄，荷兰殖民者先发制人，再加上有四大社原住民支持，郭怀一等汉人事败[④]。荷兰人诛戮无辜，有人甚至被施以马拖尸之刑，荷属东印度公司似乎要把这作为杀一儆百的案例。今天的美国纽约，当时也是荷兰殖民地之一，曾刊登过记录此种酷刑的文章[⑤]。

五、商业贸易。荷属东印度公司据有台湾，原想利用优越的地理位置，取得来自大陆的商品，再携往日本交换白银。可是这种“转运中心”的作用却没有发挥出来，反倒是台湾本岛的生产事业蒸蒸日上，开启了台湾经济发展的先声[⑥]。

---

① 韩家宝(Pol Heyns)著，郑维中译：《荷兰时代台湾的经济·土地与税务》，台北：播种者出版社，2002 年版，第 75—125 页。

② 中村孝志：《荷兰时代之台湾农业及其奖励》，载《荷兰时代台湾史研究(上)——概说·产业》，台北：稻乡出版社，1997 年版，第 43—80 页。

③ 韩家宝(Pol Heyns)：《荷兰时代台湾的经济关系模式(1624—1662)》，台北：台湾大学历史研究所硕士论文，2001 年，第 45—76 页。

④ 江树生译注：《热兰遮城日志》(第三册)，台南：台南市政府，2003 年版，第 283—286 页。

⑤ 甘为霖(William Campbell)英译，李雄挥汉译：《荷据下的福尔摩沙(FORMOSA UNDER THE DUTCH)》，台北：前卫出版社，2004 年版，第 60—72 页。

⑥ 陈国栋：《转运与出口——荷据时期贸易与产业》，载《福尔摩沙——十七世纪的台湾·荷兰与东亚》，台北：台湾“故宫博物院”，2003 年版，第 53—74 页。

为了发展贸易，公司在热兰遮城设立商馆。台湾出口的货物，早期是以鹿皮为大宗。1638 年曾创下出口 15 万张的纪录，平常亦有年出口 7 万至 8 万张的数量，而外销地主要是日本[①]。1636 年以后蔗糖成为出口的重要商品，贸易对象以中国大陆、日本、柬埔寨、波斯为主，换取生丝、丝绸、瓷器、药材、盐、米、铜、银回台湾[②]。

若从 1622 年雷尔生占据澎湖开始，直到 1662 年郑成功驱逐台湾的荷兰人为止，荷属东印度公司总共派出 13 任台湾长官主持政务[③]。台湾长官大多身兼商馆馆长，故有振兴商业之职责。不过若商务处理不当，也很容易引起外交纠纷。例如：第四任台湾长官奴易兹(Pieter Nuijts)，跟日本商人滨田弥兵卫在税收上有纠纷，导致个人恩怨。1628 年滨田弥兵卫趁荷人不备，竟然绑架奴易兹逃往日本，造成喧腾一时的"滨田弥兵卫事件"[④]。事后公司着眼于与日本互市之利，不愿意事态扩大，遂在 8 年之后遣使至日本谈和，赎回奴易兹，结束此案[⑤]。虽然在东印度公司统治台湾期间发生了这么难堪的事件，但是对荷兰人来说，日本还不是最具威胁的国家。在 1642 年以前，真正让历任台湾长官芒刺在背的，则是占据台湾北部的西班牙人。

西班牙曾经是 16 世纪欧洲最强盛的国家，辉煌时代的缔造，始于 1492 年哥伦布(Cristóbal Colón)发现新大陆。1502 年，哥伦布第四次航海结束，西班牙的水手们已经熟知穿越大西洋前往美洲的航路。接下来，西班牙军队在中、南美洲进行了一连串的征服。而北从今天美国的加州，南到阿根廷，除了巴西与少数地方不属于西班牙的领土之外，其余都是它的殖民地[⑥]。

1516 年卡洛斯一世(Carlos I)登基成为西班牙国王，西班牙进入哈布斯堡家族统治时代。他在位期间对海外地理大发现做出的最重要贡献，就是大力支持航海家麦哲伦(Fredinand Magellan)[⑦]。1521 年至 1522 年麦哲伦率领 5 艘船只从西班牙出发，成功地环绕世界一周。虽然麦哲伦本人在今菲律宾的马克丹

---

① 陈哲三：《鹿在台湾史上的地位》，载《台湾史论初集》，台中：国彰出版社，1983 年版，第 55—62 页。

② 林伟盛：《荷据时期东印度公司在台湾的贸易(1622—1662)》，台北：台湾大学历史研究所博士论文，1998 年，第 68—115 页。

③ 郑维中：《荷兰时代的台湾社会——自然法的难题与文明化的历程》，台北：前卫出版社，2004 年版，第 23 页。

④ 兰伯特·凡·德·欧斯弗特(Lambert van der Aalsvoort)著，林金源译：《福尔摩沙见闻录——风中之叶》，台北：经典杂志，2002 年版，第 35—36 页。

⑤ 台湾省文献委员会编：《台湾史》，台北：众文图书公司，1996 年版，第 106—108 页。

⑥ 关哲行、立石博高编译：《大航海の时代——スペインと新大陆》，东京：同文馆，1998 年版，第 237—265 页。

⑦ 徐斌译：《西班牙文化史》，台北："中华丛书委员会"，1958 年版，第 192 页。

岛(Mactán)遇害,但他还是成为首位横渡太平洋的航海家。1556 年卡洛斯之子菲利普二世(Philip II)即位,此人也是雄才大略型的君主。1559 年他命令西班牙船队向太平洋进军。1565 年西班牙军队占据菲律宾宿雾岛(Cebu),1571 年又往北占领吕宋岛(Luzon)。这表示循着麦哲伦的足迹,西班牙的势力已经插足到东亚[①]。也因为如此,明末中国海洋史的发展,不可避免地也会与西班牙发生关系。例如:第二节曾提到的海盗林凤,在 1574 年至 1575 年袭击马尼拉,很显然就是趁西班牙人在菲律宾根基未稳,所进行的一次军事冒险行动[②]。不过在菲利普二世任内,最困扰他的还是荷兰寻求独立。此事一直未能妥善解决,等到 1598 年他的儿子菲利普三世(Philip III)即位,荷兰竟成为西班牙在海外争夺殖民地最大的竞争对手。不过这一对父子,在西班牙的海外开拓上仍具有贡献。特别是从 1580 年至 1621 年,他们因为皇室联姻的关系,又身兼葡萄牙国王[③]。使得葡萄牙王国在海外的殖民地,也落入西班牙的控制。

1621 年菲利普三世之子菲利普四世(Philip IV)即位,此人仍旧承袭西班牙、葡萄牙国王的双重头衔。而且在他在位期间,西班牙的势力也进入台湾。1626 年 5 月菲律宾总督西华尔(Fernando de Silva),命令指挥官法尔代斯(Antonio Carreno de Valdes)率领 2 艘军舰、12 艘中国帆船与 200 名士兵,从马尼拉甲米地(Cavite)军港出发[④],沿着台湾的东海岸向北航行,抵达该岛东北角的海湾,旋命名为圣地亚哥(Santiago,今台北县贡寮乡三貂湾)。同月,船队继续向北航行,发现一处形势良好的港湾,再命名为"圣三位一体"(la Santisima Trinidad,今基隆港)。同时在港湾外的一个小岛(今和平岛),各兴建一座城堡、棱堡,并把城堡命名为圣萨尔瓦多(San Salvador)[⑤]。此举开启了西班牙人统治北台湾的时代,直到 1642 年被荷兰人驱离为止,有三个重点值得注意。

首先,在行政体系方面。当时西班牙人称呼这座岛屿为 Hermosa,汉译为"艾尔摩莎"[⑥],岛上最高阶的统治者称地区司令官(Capitanias genesales)。可是该国与荷兰不同的是海外殖民事业,非组成一个公司来负责[⑦]。在 16、17 世

① 王慧珍:《中国与西班牙早期关系史略》,台北:作家出版社,1965 年版,第 10—12 页。

② 张铠:《中国与西班牙关系史》,郑州:大象出版社,2003 年版,第 72—78 页。

③ 王忠和:《新编西班牙葡萄牙王室史话》,天津:百花文艺出版社,2003 年版,第 151—177 页。

④ 李毓中:《从西班牙古地图看十七世纪的西班牙与台湾》,载《台湾博物》,2005 年第 86 期,台北:台湾博物馆,第 10—11 页。

⑤ 陈宗仁:《鸡笼山与淡水洋——东亚海域与台湾早期史研究》,台北:联经出版社,2005 年版,第 202—205 页。

⑥ 李毓中:《香料、葡萄牙人、西班牙人与艾尔摩沙》,台北:南天书局,2007 年版,第 23 页。

⑦ 徐斌译:《西班牙文化史》,台北:"中华丛书委员会",1958 年版,第 197 页。

纪，它是由设在泽维尔(Seville)的印度理事会(Council of the India)总管其事。其下分辖两个总督区：一称新西班牙(New Spain)，统治今墨西哥、中美洲、西印度群岛、委内瑞拉与菲律宾；另一称秘鲁(Peru)，统治今秘鲁、智利、阿根廷、哥伦比亚、厄瓜多尔[①]。故台湾北部的领土，属于圣萨尔瓦多司令官管辖。然后该员又受到菲律宾总督管辖，而菲律宾又受到墨西哥总督的管辖，最后墨西哥再受到印度理事会的管辖。

其次，在探险与传教方面。西班牙人与荷兰人不同，其实他们在海外探险的背后，也有极强烈的传播天主教的动机。1624年西班牙军队占领今基隆，随军而来的道明会神父巴特罗美·马地涅斯(Bartolomé Martínez)，旋在和平岛兴建一座教堂[②]。来年马地涅斯返回马尼拉参加管区会议，会中他提出设立教区于台湾一案获得通过。1627年他将准备前往最有兴趣的淡水地方(今台北市、新北市)传教[③]。不过当时西班牙人对于淡水还是一无所知，虽然同年曾派遣探险队前往淡水一带勘查，但遭遇土著的袭击。西班牙人为展开报复，遂在1628年派遣海军提督嘉烈纽(D. Antonio Carennio)，率领5艘船只、100名士兵征讨。他们在取得胜利后，即在今淡水河口兴建另一座城堡，命名为圣多明哥(San Domingo)[④]。

1629年荷兰人听闻西班牙人已在台湾北部建立两处据点，旋发兵北上攻击。该役荷军惨败收场，但是马地涅斯神父在赴圣萨尔瓦多城，欲鼓舞守军士气时，不幸溺水身亡。尔后淡水地方的传教，就由爱斯基委神父(Jacinto Esquivel)一肩挑起。1632年西班牙人组织一支探险队，首次溯淡水河而上，进抵武朥湾(台北县板桥市)。之后又沿着淡水河的另一条支流，名为基马逊河(Kimazon，今基隆河)继续溯行，抵达里族(今台北市内湖区)[⑤]。爱斯基委神父随着探险队的脚步，在今淡水河下游原住民聚落传播福音。不过他对后世最大的贡献，则是学会平埔族的凯达格兰语，并以罗马拼音的方式，翻译出《台湾淡水语基督教理书》，以及编写《台湾岛淡水语词汇》。这两部巨著，现已

---

① 王曾才：《西洋近世史》，台北："国立编译馆"，1993年版，第20—21页。

② 荷西·马利亚·阿瓦列斯(José María Alvarez)著，李毓中、吴孟真译：《西班牙人在台湾(1626—1642)》，台北："国史馆"台湾文献馆，2006年版，第62—63页。

③ 赖永祥：《十七世纪西班牙人在台湾的布教》，载《台湾史研究初集》，台北：作者自行出版，1970年版，第122—123页。

④ 陈国栋：《淡水红毛城的历史》，载《台湾的山海经验》，台北：远流出版社，2005年版，第152—153页。

⑤ 赖永祥：《十七世纪西班牙人教士在台传教史略》，载《中国与西班牙文化论集》，台北：中国文化学院西班牙研究所，1965年版，第68页。

亡佚[①]。

至于东部地方的探险，也是跟黄金有关。对于台湾蕴藏黄金的消息，西班牙人可能从北海岸咖茉利人（Quimarri）口中得知。1632 年西班牙的远征军，初次前往传说中的产金地——哆啰满。但是当地的住民全逃入山区；远征军无法取得黄金，遂无功而返。同年有一艘属于西班牙王室的船只，在噶玛兰（今宜兰县）外海遇难。生还者凫水上岸后，均被当地住民杀死。此举激怒圣萨尔瓦多当局，故派出一支远征军进讨。不过初次的用兵，并没有让当地的住民臣服。因此在 1635 年，再派出为数 600 人组成的远征军前往。由于大举进讨与传染病蔓延的结果，平埔族纷纷请降，噶玛兰最终进入西班牙的势力范围[②]。

其三，在商业贸易方面。西班牙人来到东亚，其船只所航行的路线，跟荷兰人不同。荷兰的船只都是沿着非洲海岸线航行，再抵达南非好望角后，就进入印度洋，最后到达东南亚与东亚[③]。可是西班牙在环印度洋没有殖民地，故船只在此处航行会有受攻击的风险。因此西班牙船只的航行路线，即直接穿越大西洋，抵达墨西哥东岸的维拉库兹（Veracruz）；然后人、货均上岸，以陆路的方式进抵墨西哥西岸的阿卡普尔科港（Acapulco）[④]。最后从阿卡普尔科港出发，循着所谓的北太平洋航线，途经关岛（Guam）、宿雾，抵达马尼拉。若船只要返回墨西哥，则从马尼拉出发北上，途经台湾北部、日本、阿留申群岛、加拿大与美国西海岸，最后抵达阿卡普尔科港[⑤]。

事实上西班牙之所以会占领台湾北部，除了在军事上要牵制在台湾南部的荷兰人外，最主要是以圣萨尔瓦多为据点，作为对中国与日本传教的跳板，并且试图吸引华商前来，以促进该港的繁荣。不料日本在 1604 年进入锁国时代，幕府下令驱逐所有的西班牙人，使得对日传教面临中断。再加上从墨西哥运往台湾北部的白银数量不如预期，华商前往圣萨尔瓦多的兴趣缺乏，这使得西班牙人想要经营台湾的希望落空[⑥]。1637 年菲律宾当局开始检讨对台政策，不过为顾及西班牙王国在东亚的声誉，还不敢贸然全数撤军。然而台湾北部驻军的开

---

① 方豪：《台湾早期史纲》，台北：学生书局，1994 年版，第 215—216 页。

② 李毓中：《西班牙人在艾尔摩莎》，载《艾尔摩莎——大航海时代的台湾与西班牙》，台北：台湾博物馆，2006 年版，第 69—79 页。

③ 汤锦台：《大航海时代的台湾》，台北：果实出版社，2001 年版，第 50 页。

④ 陈其南：《十七世纪的台湾与世界》，载《艾尔摩莎——大航海时代的台湾与西班牙》，台北：台湾博物馆，2006 年版，第 11—16 页。

⑤ Julian B. Ruiz Rivera：《航行太平洋》，载《帝国相接之界——西班牙时期台湾相关文献及图像论文集》，台北：南天书局，2006 年版，第 123—155 页。

⑥ 李毓中：《北进与南进：西班牙东亚拓展政策下的艾尔摩莎岛（1565—1683）》，载《台湾博物》，2006 年第 91 期，第 7—13 页。

支非常庞大，对菲律宾的财政形成压力。因此西班牙人决定放弃圣多明哥城，只留下圣萨尔瓦多作为象征性的防守①。

根据道明会修士迪亚哥·阿度阿尔特(Diego Aduarte)先前的记录，圣多明哥城缺乏大口径的火炮与炮弹，以及毛瑟枪(mosquete)与火绳枪(arcabuz)②。现在西班牙守军更为不足，遂给了荷兰人可乘之机。1640年、1641年荷兰船只连续向台湾北部侦察，直到再次北征的机会成熟。1642年荷军指挥官哈劳哲(Henrick Harrousee)率领7艘军舰、690名士兵出发。此时据守圣萨尔瓦多城的西班牙军士仅有80名而已。在寡不敌众的情况下，西班牙人在苦战5天之后，终于开城投降。至是西班牙的军队退出台湾，在南部的荷兰人把势力伸向北部③。

1642年以后台湾就为荷属东印度公司占领，荷兰人对台湾土著的征伐脚步也在加快。当然征伐之后的土地开发，没有汉人移民带来的农耕技术是不行的。然而从1644年以后，中国大陆的局势变得复杂。虽然明朝已经灭亡，清的大军也进入关内。但是还有一群遗臣，在长江以南拥立前明宗室。这段被称为“南明”的历史，很快就会影响到在台湾的荷兰人。

---

① 陈宗仁：《西班牙占领时期的贸易活动》，载《艾尔摩莎——大航海时代的台湾与西班牙》，台北：台湾博物馆，2006年版，第60—68页。

② 李毓中、黄翠玲：《1632年迪亚哥·阿度阿尔特(Diego Aduarte)修士所写“艾尔摩莎岛事务报告”(*Memorial de las cosas pertenecientes a Islas Hermosa*)》，载《台湾文献》，2007年第58卷第3期，台北：“国史馆”台湾文献馆，第295—308页。

③ 曹永和：《荷兰与西班牙占据时期的台湾》，载《台湾早期历史研究》，台北：联经出版社，1981年版，第32页。

第二章　郑成功收复台湾与明郑时期的台湾经营

第一节　郑成功的抗清与收复台湾

郑成功是明末清初的历史人物，他一生最重要的功绩就是击败荷兰人而收复台湾。

郑成功，1624 年生于日本九州岛长崎，为郑芝龙的长子，一生当中有许多姓名。由于他在日本出生，最初从母姓田川，取名福松①。1630 年田川福松被接回南安，恢复汉姓郑，改名森。郑森入学后，字明俨，号大木。1645 年唐王即位，赞赏郑森之忠心与才能，遂赐姓朱，改名成功②。有趣的是历史上从未有一位叫“郑成功”的人物活动，只有名曰“朱成功”者。只是后世以讹传讹，竟把朱成功的姓名给拆换混淆③。

赐姓之后的郑成功也被尊称为国姓爷。1646 年唐王再封成功为忠孝伯，赐上方宝剑与招讨大将军银印。特别是“招讨大将军”的头衔，日后郑成功从事反清复明的战争，对外所做的宣传都是这个名号④。然而来年郑芝龙降清，唐王身死，郑成功抗清受到打击。最重要的是以往郑芝龙的旧部，并不听命于郑成功，反而趁着郑芝龙的投降，纷纷自立割据一方⑤。郑成功面对如此困境，遂在部将施琅、施显等人的陪同下，前往广东南澳岛招募士卒，并返回福建鼓浪屿重新训练营伍⑥。1647 年至 1660 年的抗清战争中，有三项重点值得注意：其一，郑成功有办法与清军持续对抗，主要的策略是先兼并东南沿海，昔日效忠其父的残

---

① 黄典权：《郑成功的名讳及赐姓问题》，载《台湾郑成功研究论文选》，福州：福建人民出版社，1982 年版，第 228—238 页。

② 华廷献：《闽事纪略》，台湾文献丛刊第 239 种，第 32—33 页。

③ 李天根：《爝火录》第五册，第 708 页；李天根：《爝火录》第六册，台湾文献丛刊第 177 种，第 800、819、954 页。

④ 也有一说“招讨大将军”是郑成功自称，非授封。参阅邵廷采：《东南纪事》，台湾文献丛刊第 96 种，第 133—134 页；William Campbell 著，李雄挥译：《荷据下的台湾（FORMOSA UNDER THE DUTCH）》，台北：前卫出版社，2006 年版，第 467—469 页。

⑤ 顾炎武：《明季三朝野史》，台湾文献丛刊第 106 种，第 40 页。

⑥ 邵廷采：《东南纪事》，台湾文献丛刊第 96 种，第 134 页。

余势力，包括:金门的郑鸿逵、厦门的郑彩、东山的朱寿[①]。其二，郑成功与桂王的关系。1647年桂王即位于广东肇庆，但随即受到清军的追击而颠沛流离，故有“走皇帝”之称。1648年桂王册封郑成功为延平王，这是郑成功一生所受的爵位最尊贵的称号[②]。此后郑成功改变战略，以勤王为己任，逐渐把兵锋从福建转往广东，计划与李定国合攻广州。可惜李定国部先被清军所败，迫使郑成功不得已回师金门[③]。其三，郑成功的战果，遍及广东、福建、浙江、江苏4省，而且看似胜多败少。但决定性的大战失败，才是郑氏的致命伤。

1646年至1660年15年间郑清交战，郑军胜利24场，清军胜利18场。不过，1651年以前，每年清军获得胜利的次数较多;但从1652年开始，郑军每年获得胜利的次数增多[④]。特别是1655年的6场战役，郑军获胜5场，清军仅获胜1场。这或许可以解释，1647年郑成功投入反清复明战争之初，并没有临阵的经验。因此在战争的初期阶段，只能从战败的经验中去学习与磨练。虽然这个代价必须用鲜血与大量的军费换来，但郑成功还是可以在东南沿海，继续与清军周旋。可是从1656年开始，郑清彼此的战况出现胶着。同年总共爆发9场战役，是为郑清交战过程中最多的一个年份。可是胜负结果，郑军获胜5场，清军获胜4场。整体观之，郑军的获胜次数虽多，但不及清军总是取得决定性的胜利重要。例如:1651年3月清军渡海进攻厦门，大掠郑芝龙海上纵横以来的财货，让郑成功损失惨重。1656年7月郑军将领黄梧，开漳州府海澄县城投降清军。城中所贮藏都是郑军最重要的辎重、军械，遂全部资敌。所有战役中，只有郑成功北伐南京，大败而归最为关键。

1659年(顺治十六年)的南京战役是郑、清交战规模最大的一次。然而郑成功所率大军，却误中清军缓兵之计而大败，使得10余年来累积的实力一次耗尽[⑤]。此时郑成功面对的情况非常险恶，不仅反清复明的壮志无法达成，还要化解清军趁胜大举进攻闽南的危局。幸好1660年清军渡海袭击厦门，也遭到郑成功水师的痛击;但是郑氏所部元气大伤，必须要重新寻找新的根据地休养生息[⑥]。

其实1659年郑成功新败于南京时，台闽就有传闻郑成功要东征台湾。为何会有这种流言?原来南京败战的郑氏官兵，有部分逃往台湾，遂引起台海一

---

① 凌雪:《南天痕》第三册，台湾文献丛刊第76种，第420—421页。

② 钱澄之:《所知录》，台湾文献丛刊第86种，第38页。

③ 郭廷以:《台湾史事概说》，台北:正中书局，1954年版，第40—41页。

④ 倪在田:《续明纪事本末》第二册，台湾文献丛刊第133种，第150—175页。

⑤ 张煌言:《北征纪略》，转引自查继佐:《鲁春秋》，台湾文献丛刊第118种，第81—91页。

⑥ 三余氏:《南明野史》，台湾文献丛刊第85种，第153—155页。

阵紧张[①]。荷兰末代台湾长官揆一(Frederick Coyet),相当重视这项传闻,亦开始积极备战。然而在这历史的关键时刻,却出现一位特别的人——何斌(一名何廷斌)。旧说何斌是郑芝龙的旧部,因为厌恶荷兰人在台湾的暴政,遂潜渡至金门往见郑成功,并献出台湾水道图,导引郑氏的军队攻台。不过根据荷兰人的文献记载,何斌在台湾担任的职位是通事(高山族语言的翻译),而且也是荷属东印度公司一名贌社商。1657 年何斌奉揆一的命令,两次前往金门与郑成功谈判;荷兰人希望郑氏不要阻拦福建商人前来台湾贸易。由于郑成功发兵南京在即,对于荷兰人的试探表面答应。何斌与郑成功因这次会面而相识,并且何斌还替郑成功在台湾"征税"。1659 年,荷属东印度公司查获何斌与郑氏的私事。按照公司法律,何斌要缴纳 300 里尔(Real)罚金。情急之下的何斌遂密绘地图,逃往金门献于郑成功,并强烈建议郑氏发兵进攻台湾[②]。

揆一当时坐镇台南,且猜测到郑成功迟早将要进攻台湾。为此常向巴达维亚总督告急,希望加派援军赶赴台湾。巴达维亚当局认为郑成功攻台的传闻,非一朝一夕的新闻,总觉得揆一太过于紧张[③]。不过也担心局势有变,最后总督还是派遣由 12 艘船只所组成的舰队,前往台湾巡弋。荷兰人的构想是郑氏真的来袭,可以在洋面拦截;若郑氏没有进攻台湾,这支舰队将要奇袭澳门。1660 年 7 月 17 日,舰队在司令官 Jan van der Laan 率领下从巴达维亚启航,并在 9 月 20 日抵达台湾。同年 11 月,巴达维亚也派出特使前往厦门,刺探郑成功攻打台湾的意图,结果让巴达维亚当局感到安心。但这当中只有揆一坚持,这些都是郑成功的招术,来台的这支舰队决不能轻言离开。然而舰队司令官 Jan van der Laan 对揆一的胆怯深感不满,因为他在乎的是奇袭澳门,若成功他将"名垂千古"。由于揆一的阻止,使得原定 10 月奇袭澳门的计划,拖到来年 2 月才进行。可是在澳门的葡萄牙人已经听到风声严加防守,这支舰队在无成功把握的情况下,直接返回巴达维亚[④]。

1661 年(顺治十八年)3 月,郑成功在荷兰舰队撤出台湾的情况下,开始招集兵马远征台湾。然而郑军当中也发生问题,原来大多数的将领,都不认为这次的远征会取得胜利。不过郑成功东征台湾心意已决,他命令长子郑经留守厦

---

① C. E. S.:《*Verwaarloosde Formosa*》,载《郑成功收复台湾史料选编》,福州:福建人民出版社,1962 年版,第 139—152 页。

② 欧阳泰(Tonio Andrade)著,郑维中译:《福尔摩沙如何变成台湾府?》,台北:远流出版公司,2007 年版,第 410—421 页。

③ 陈锦昌:《郑成功的台湾时代》,台北:远足文化,2004 年版,第 192—195 页。

④ C. E. S. 著,李辛阳、李振华译:《郑成功复台外记》,台北:中华文化,1955 年版,第 50—68 页。

门，族兄郑泰留守金门，其余不欲成行各将驻守湄洲、南日、崇武、铜山、南澳巩固后防[①]。他本人亲率1.7万名大军，战船300艘出击。同年4月21日，郑氏大军从金门料罗湾启航，隔日即开航至澎湖。4月29日郑成功再从澎湖出发，30日大批船队已经抵达鹿耳门外海。由于郑成功有何斌献上的地图，知晓港道水深与沙线分布，战船鱼贯通过鹿耳门水道，进入台江内海登陆[②]。当时驻守台南的荷军约有2000人，分防热兰遮城与普罗文蒂亚城。可是郑军出奇不意来袭且安全上岸，让在登陆地点附近的普罗文蒂亚城立刻成为攻击的目标。5月1日荷军派出250名士兵，以及3艘战舰出战于台江，但是被郑军击败。5月2日普罗文蒂亚城守将猫难实叮(Jacobus Valentyn)开城投降，残余未降的荷军蜂拥往一水之隔的热兰遮城撤退[③]。

郑成功在正式进攻前，致函荷兰台湾长官揆一，严正指出澎湖诸岛距离漳州诸岛不远，因此隶属漳州。同样，台湾邻近澎湖诸岛，因此，台湾也应隶属中国。中国人自古即已据有这些土地，并已开垦。以前荷兰人西来请求通商时，在此地任何地方都无寸土之地，是郑芝龙出于友谊，暂借台湾予荷人。故此次率大军前来，是占领原为其父所有之土地，复其故土，荷兰人不得续占此地，要求荷兰人投降，撤出城堡，否则将无一幸免。5月2日，郑成功还对荷兰方面派出的使者说：台湾“一向是属于中国的。在中国人不需要时，可以允许荷兰人暂时借居，现在中国人需要这块土地，来自远方的荷兰客人，自应把它归还原主”。郑成功坚定不移的目的是要荷兰人离开台湾全岛。荷兰人没有选择和平谈判，而是选择了武装抵抗[④]。

5月5日郑成功亲率士卒，第一次强攻热兰遮城。揆一在城内不断鼓舞士气，再加上荷军的火炮威力惊人，热兰遮城没有立刻陷落[⑤]。此时郑军内部的问题，倒不是考虑如何与荷军硬拼，而是害怕乏粮引起哗变，引发军心不安。5月27日，郑成功决定以围城取代攻城，然后把半数的兵力，调往附近的田园垦殖，

---

① 毛一波：《台湾的初次沦陷与郑成功的复台》，载《台湾郑成功研究论文选》，福州：福建人民出版社，1982年版，第14—24页。

② 翁佳音：《荷兰时代台湾史的连续性问题》，台北：稻乡出版社，2008年版，第207—232页。

③ Daghregister van Philip Meij 著，江树生译注：《梅氏日记——荷兰土地测量师看郑成功》，台北：汉声杂志社，2003年版，第21—33页。

④ 参见戚嘉林：《台湾史》，台北：海峡学术出版社，2007年版，第80页。其实台湾是中国的土地，占据台湾的荷兰人是清楚的。早在荷据初期，因为缴税问题，荷兰人与日本人发生争执，荷兰人明确告诉日本人：“台湾土地不属于日本人，而是属于中国皇帝。”参见陈孔立主编：《台湾历史纲要》，第42页。

⑤ 村上直次郎译注，中村孝志校注，程大学翻译：《巴达维亚城日记》，台北：众文图书公司，1991年版，第265—275页。

准备做长期抗战[①]。

郑成功入台的消息，巴达维亚当局很快在6月24日已经得知。惊慌之余，立刻调配9艘战舰、725名士兵火速赶往台湾。可是舰队司令官高雅各(Jacob Caeuw)却因风受阻，只卸下部分粮食与军需，整支舰队就驶往澎湖避风。郑成功看到荷兰援军抵达，一时也紧张万分，但没想到这支舰队会被风吹到澎湖，遂有时间再召集屯垦出去的兵马作战。9月16日，高雅各从澎湖率舰队来援，遂与郑氏的战船交战于台南外海。荷舰被击沉5艘，损失兵丁与水手300余名，其余残舰急忙停靠热兰遮城岸边避难[②]。

10月份驻防在淡水、基隆的荷军也南下支援，他们分乘3艘军舰南下，不料遭遇暴风被吹至福建沿海。这群荷兰人最后被送至福州面见清靖南王耿精忠，双方谈起郑成功攻台之事，认为可以合作，趁机攻打金门、厦门。这项消息传至热兰遮城，又引起守军的一阵振奋。12月3日，高雅各再率领荷兰在台湾的残舰5艘，驶往福州准备与清军会师。不料船队出发后遇风飘散，高雅各借故命令船只转舵南航，途经泰国逃回巴达维亚。

在热兰遮城的守军，看到高雅各的旗舰往南，而非往北航行，士气日渐低落，常有逃兵投降郑军。其中有一名军士 Hans Jurgen Radis van Stockaert，逃至郑军处提供重要的情报。他告诉郑成功热兰遮城的弱点，在旁边高地的乌特勒支堡(Utrecht)。于是1662年1月25日，郑成功发起总攻击，大军强攻乌特勒支堡，是夜成功攻克。揆一知道大势已去，两天后开始与郑氏议降。2月1日揆一开城投降，并在当天缔结条约。这项条约有4项重点值得注意：其一，虽然荷兰人已向郑军投降，但条约载明签订的是"和约"非"降约"。其二，郑成功在条约上，以致于与荷兰人往返的任何书信，全部自称"大明招讨大将军国姓"，非"延平王"。其三，条约以荷文与中文写成，荷文所写的条约共有18条，但翻译成中文成为16条。其四，条约内容显示出郑成功宽大的胸襟。因为只要是荷属东印度公司的财产均要全部留下，然而个人物品，甚至于公司的档案、文书都可以带离台湾。特别的是郑成功还允许，撤离台湾的荷军亦可以高举旗帜、鸣笛吹号，士兵们全副武装，很有尊严地撤出台湾。同年2月17日，近2000名荷军分乘8艘大船撤离台湾，结束了对台湾近40年的统治[③]。

---

① 陈汉光：《郑氏复台与其开垦》，载《台湾郑成功研究论文选》，福州：福建人民出版社，1982年版，第25—38页。

② 程绍刚译注：《荷兰人在福尔摩莎(De VOC en Formosa 1624—1662)》，台北：联经出版社，2005年版，第539—544页。

③ 江树生译注：《郑成功和荷兰人在台湾的最后一战及换文缔和》，台北：汉声杂志社，1992年版，第22—81页。

事实上,1661年4月底郑成功率军来到台湾,已经开启台湾史的新页。学术界多称呼这段由郑氏统治的历史为“明郑时期”。不过明郑一词,却是在光复初期,由台湾省通志馆倡议编修台湾省通志时才创造①。虽然郑成功初到台湾,马上跟荷兰人进行战斗,但同时期他更改台湾的行政制度,使得台湾出现最早的府县。5月29日,郑成功改普罗文蒂亚城为东都明京,并设一府二县——承天府、天兴县、万年县②。驱逐荷兰人没多久,1662年6月23日,郑成功病逝于台湾,死因很可能是得了疟疾(也有谓忧愤其父郑芝龙受戮或桂王败于云南)③。

第二节 郑经对台湾的经营

郑成功死后,其弟郑袭伪造郑成功遗言,阴谋在台湾自立。故台湾大学历史系教授杨云萍考证这次内变,认为是郑袭的心腹蔡云、李应笼等人发起,并获得“实力派”将领黄昭、萧拱宸的支持。根据日文史料《华夷变态》记载郑经致日本“长岐王”的书信,提到参加这次阴谋者,还有驻防金门的大将,也是郑经的伯父——郑泰。1662年10月30日驻防厦门的郑经,得到谋臣陈永华、大将周全斌的协助,发兵进讨台湾。他们先占领澎湖,然后招谕台湾,欲以离间的方式,瓦解郑袭麾下的战斗意志。12月初郑经发动奇袭,一战而克定东都④。事后,郑经处理的方式很有技巧。他原谅了自己的叔父郑袭,只追究蔡云、李应龙、萧拱宸的责任,其余人等不问⑤。

明郑的史料,在台湾史研究中,可谓最稀少、最不易收集者。不过作者在卢若腾著《岛噫诗》中,发现到与此事有关的珍贵的记录。卢若腾,字闲之,福建同安金门人。1640年(明崇祯十三年)进士,明亡后投入福王、唐王政权。郑成功兴起于海上后,又依附之。他在1662年代郑经撰写一篇“露布”,应是郑经对台湾发布最早的文告。内容摘要如下:

……惟我先王竭忠贞以报国,殚劳瘁以诘戎……爰辟东都之新宇……

---

① 台湾省通志馆:《台湾省通志假定纲目》,载《台湾省通志馆馆刊》,1948年创刊号,第13页。

② 李汝和主修:《台湾省通志》卷一《土地志·疆域篇》第一册,台北:台湾省文献委员会,1970年版,第21页。

③ 彭孙贻:《靖海志》,台湾文献丛刊第35种,第59页;翁洲老民:《海东逸史》,台湾文献丛刊第99种,第77页。

④ 郑袭又名郑森,在台湾事败后投降于清。参阅厦门市郑成功纪念馆、厦门市郑成功研究会:《郑成功族谱四种》,福州:福建人民出版社,2006年版,第177页。

⑤ 杨云萍:《郑经入台湾嗣位始末考》,载《南明研究与台湾文化》,台北:台湾风物杂志社,1993年版,第431—433页。

叛将黄昭显肆不轨，颜行初逆，倾刻就歼；故先王之灵爽可凭，亦将士之忠诚不惑。……招徕土番，咸受戎索；抚绥流寓，胥庆乐郊。既无东顾之忧，遂振西归之旅，念沿海疆土，矧岛上遗黎……兵以严为纪，其有不加训练、攫掠公行者，杀无赦！民以农为本，以商为佐，其有包藏祸心，外勾内叛者，杀无赦！饷以正为式，以杂为权，其有指一科十，侵渔肥囊者，杀无赦！[①]

从上文来看，郑经认为这次萧墙之祸，元凶是黄昭。不过此人已在战斗中阵亡。而这起事件能够迅速平定，被刻意宣传是郑成功在天之灵的保佑。当然也合理化作为子嗣的郑经，来台夺回政权的正当性。此后的内容非常重要，是郑经初抵台湾，发表对岛内事务轻重缓急的看法。首先，提到高山族住民（土番）与汉移民（流寓），认为是稳定内部的两个重要对象。其次，必须严惩的事情有三：一为兵士违犯军纪；二为农商私通清廷；三为官吏课税贪污。其三，郑经平定郑袭之反后，没有久住台湾的打算。“既无东顾之忧，遂振西归之旅”，可见在初掌郑军大权时，对于南明沿续下来的反清战争，郑经认为仍有责任。于是在 1663 年 2 月，郑经又率领陈永华、周全斌等军士返回厦门。

郑经回驻厦门后，就要处理与伯父郑泰的矛盾。事实上郑经在台湾靖乱时，也曾在黄昭营中搜得与郑泰来往的文书。无论如何，郑经决意严惩郑泰。1663 年 7 月在参军陈永华的计划下，诓郑泰前去厦门郑经处赴宴，旋被军士捉拿，投入狱中，郑泰随后自缢。当时的情势，郑成功甫逝，又有郑袭、郑泰事件，郑军将佐多生二心。而清廷在江苏、浙江、福建、广东 4 省，皆设有专人专司招抚郑军军士。其法是不问真假，投降之后可以降四级调用，或以武职换文职，于是郑军人心浮动。郑经军威摇摇欲坠[②]。

1664 年初郑经在东山岛已穷蹙，清廷仍暗中招抚，密许生擒郑经者，可以封为同安侯并镇守泉州。此时驻守广东南澳岛镇将杜辉、厦门岛镇海镇将林顺先后出降，仅剩郑经孤守铜山。兵官洪旭建议郑经必须立刻过台，迟则变生肘腋。于是郑经再率领余部东撤台湾，自此从郑成功抗清以来的所有岛屿据点，亦尽失矣[③]。虽然郑经继承延平王的金印，以及招讨大将军的银印，但是退往台湾就表示抗清之战已全面失败。复加上清廷已经实施迁界政策，刻意要封锁郑氏。故日后的发展，郑经开始把注意力放在台湾。

1664 年至 1681 年是郑经治台的阶段，在这近 20 年不算短的时间，有非常

---

① 卢若腾：《代延平王嗣子告谕将士》，载《岛噫诗》，台湾文献丛刊第 245 种，第 74—75 页。

② 倪在田：《续明纪事本末》第二册，台湾文献丛刊第 133 种，第 181 页。

③ 徐鼒：《小腆纪年》第五册，台湾文献丛刊第 134 种，第 969—970 页。

多的施政项目是划时代的,值得一一细究。首先在政治方面,地方行政制度再次更改。1664 年郑经把东都改称东宁,并撤销县的层级,改称为天兴州、万年州,仍以新港溪为界(今名盐水溪)。此外还添设南、北路与澎湖安抚司各一,分掌垦务。另外乡治也出现,承天府被划分为 4 个坊,天兴州、万年州总共统辖 24 个里。至于中枢的职官,早在 1655 年郑成功时代即已创立。当时分设六官——吏、户、礼、兵、刑、工。郑经来台后新设咨议参军,以备询军国大事;设立察言司,以掌吏治官箴;设立承宣司,以掌德泽禁令;设立审理司,以掌除暴安良;设立中书科,以掌书写笺奏[①]。

明郑统治的重心,仅局限在台南县、市,以及高雄县北一带而已。以乡治数目来看,万年州下辖 19 个里,比起天兴州下辖 5 个里多出近 3 倍。可见在行政地位上,万年州比天兴州重要许多。至于当时的人口数有多少?德国学者 Alar Wirth 著《台湾史》载:"受荷兰人贸易之引诱,约有 10 万中国人前往台湾,郑成功带来军士 25000 人以上(仅 17000 人),并有多人流亡入台,使岛上人口再行增加。总计 17 世纪末叶,台湾大约有 20 万至 25 万人。"[②]这样的估计可能还是多了些,原因是日后三藩之乱,郑经从台湾再度出兵,但兵源已经不继(参阅第四节)。据已故台湾人口学者陈绍馨的研究,得知汉人约在 12 万左右[③]。值得注意的是明郑统治的重心,虽在台南县、市,以及高雄县北一带,但汉族移民开垦的脚步,却远超过这个范围。

明郑时期南路开垦的地点仅有 15 处,但北路开垦的地点多达 40 处。可见南路,特别是新港溪以南的万年州,虽是明郑统治的重心,但是大多数移民选择开垦的区域,却是往北觅地重于往南发展。再者,所谓"民垦"的类别,它主要可以分为两种:其一,各姓、各族移民自行前往开垦的地区。例如:高雄县冈山镇、阿莲乡、六龟乡、杉林乡、甲仙乡,台南县南化乡、官田乡,高雄市旗津区,屏东县佳冬乡,嘉义县太保市、六脚乡、朴子市,台中县大肚乡等地。其二,所谓的"招佃开垦"。在此模式下又可以细分成三种方式:一为平民百姓招佃开垦,例如:台南县盐水镇、云林县古坑乡、桃园县桃园市。二为朱明宗室、官员、部将招佃开垦(也称文武官田),例如:高雄县湖内乡、路竹乡、仁武乡、大树乡,屏东县林边乡,台南县六甲乡、柳营乡、新营市、盐水镇,嘉义市、嘉义县水上乡,南投县竹山镇。三为下级军官中的屯弁招佃开垦,例如:高雄县仁武乡、凤山市,高雄市

---

① 黄典权:《郑延平台湾世业》,载《台湾史论丛》第一辑,台北:众文图书公司,1980 年版,第 118—144 页。

② 郭海鸣:《清代以前台湾土地之开垦》,载《台湾文献》,1958 年第 9 卷第 2 期,第 47—48 页。

③ 方家慧、林崇智监修,陈绍馨纂修:《台湾省通志稿》卷二《人民志·人口篇》,台北:台湾省文献委员会,1964 年版,第 117 页。

楠梓区、小港区，屏东县车城乡，台南县新市乡、左镇乡、新营市，嘉义市，嘉义县水上乡、民雄乡，云林县古坑乡、水林乡、斗南镇、大埤乡、林内乡，南投县竹山镇，彰化县，彰化市，台北县金山乡。以上民垦者，皆称“私田”①。

在这些开垦类别下，最特别的就是“解甲归农”的屯弁招佃开垦，总计开垦地点有20处之多，几乎占民垦地点的一半。证明明郑时期台湾开垦的主力，应以军人为主。上一节已经讨论过，1661年5月郑成功首度围攻热兰遮城未果，即把大多数的军队调往各处耕种，开台湾军队开垦地域之滥觞。当时郑成功发布八款军令，已被学界视为明郑对台湾垦殖最早的文书：

> 一、文武各官与总镇大小将领家眷暂住于此，随人多少圈地，永为世业。以佃以渔，及经商取一时之利。但不许混圈土民及百姓现耕田地。
>
> 二、各处地方，或田或地，文武各官随意选择创置庄屋，尽其力量，永为世业。但不许混圈土民及百姓现耕田地。
>
> 三、文武各官与总镇大小将领，设立衙门，亦准圈地创置庄屋，永为世业。但不许混圈土民及百姓现耕田地。
>
> 四、文武各官圈地之处，所有山林及陂泽，具图来献。本藩薄定赋税，便属其人掌管。须自照管爱惜，不可斧斤不时，竭泽而渔，庶后来永享无疆之利。
>
> 五、各镇及大小将领官兵派拨汛地，准就彼处择地起盖房屋。开辟田地，尽其力量，永为世业。以佃以渔及经商，但不许混圈土民及百姓现耕田地。
>
> 六、各镇及大小将领官兵派拨汛地，其处有山林陂池，具启报闻，本藩即行给赏。须自照管爱惜，不可斧斤不时，竭泽而渔，庶后来永享无疆之利。
>
> 七、沿海各澳，除现在有网位、罟位，本藩委官征税外，其余分与文武各官及总镇大小将领前去照管，不许混取，候定赋税。
>
> 八、文武各官开垦田地，必先赴本藩报明亩数而后开垦。至于百姓必开亩数报明承天府，方准开垦。如有先垦而后报，及少报而垦多者，察出定将田地没官，仍行从重究处。②

“本藩”就是指郑成功本人，他慷慨地规定麾下文、武各官，可以随意圈地，

① 台湾省文献委员会编：《台湾史》，第185页。
② 杨英：《从征实录》，台湾文献丛刊第32种，第189—190页。

面积大小不限，用于农耕、渔场、经商或建筑亦都可以。唯要注意两件事情：一是尊重在地汉人与平埔族住民财产的权益，决不许侵占他们的土地。另一是圈地固定之后，只要是文武各官与老百姓的私田都要课税。只是前者（文武官田）须向郑成功报备，后者须向承天府报准（第四、八款）。重要的是大多数规定，都涉及到武官与各镇大小将领官兵，可见军人在明郑开垦台湾所扮演的角色，是很突出的。另外，原本属于荷属东印度公司官员的田地，现在都被郑成功没收，成为郑氏的私产，改称为"官田"。但在土地上耕种的汉佃并没有被驱离，反而转换身份变成官佃。再者，官田不需要课税，私田则需要课税。私田税率根据考证如表2-1：

表2-1 明郑时期的私田税率

地　则	一甲税率	地　则	一甲税率
上则田	3石6斗	上则园	2石4升
中则田	3石1斗2升	中则园	1石1斗2升
下则田	2石4升	下则园	1石8升

数据来源：邓孔昭：《郑氏文武官田租税考》，载《郑成功与明郑台湾史研究》，北京：台海出版社，2000年版，第87—94页。

另外还有一种土地，也不需要课税。就是引文所提到"各镇及大小将领官兵派拨汛地"，"开辟田地"（第五款），亦是后世所称的军屯或营盘田。而表2-2即是这些军屯分布的地区。

表2-2 明郑时期军屯屯垦区域

编号	地区	屯垦地点	屯 垦 缘 由	今日地名待考证
1	南路	营前与营后庄	郑氏设屯之所	高雄县路竹乡
2	南路	三镇庄	郑氏戎旗三镇屯垦之所	高雄县路竹乡
3	南路	北岭旗庄	郑氏侍卫领旗协屯垦之所	高雄县永安乡
4	南路	援剿中庄	郑氏援剿中镇屯垦之所	高雄县燕巢乡
5	南路	援剿右庄	郑氏援剿右镇屯垦之所	高雄县燕巢乡
6	南路	角宿庄	郑氏角宿镇屯垦之所	高雄县燕巢乡
7	南路	前锋与后协庄	郑氏前锋镇与先锋镇后协	高雄县冈山镇
8	南路	中冲庄	郑氏中卫镇屯垦之所	高雄县冈山镇

续　表

编号	地区	屯垦地点	屯垦缘由	今日地名待考证
9	南路	左营庄	郑氏宣毅左镇屯垦之所	高雄市左营区
10	南路	前镇庄	郑氏中提督前镇屯垦之所	高雄市前镇区
11	南路	中权庄	郑氏中权镇屯垦之所	高雄县凤山市
12	北路	后营庄	郑氏设屯开垦之处	台南县西港乡
13	北路	大目降	原住民西拉雅族居地，郑氏讨平后设立军屯开垦	台南县新化镇
14	北路	中营与下营	郑氏设屯开垦之处	台南县下营乡
15	北路	下营庄	郑氏设屯开垦之处	台南县佳里镇
16	北路	二镇庄	郑氏戎旗二镇	台南县官田乡
17	北路	中协庄	左先锋镇中协开垦之所	台南县官田乡
18	北路	北势洲与山仔顶	郑氏设屯开垦之处	台南县山上乡
19	北路	小新营庄	郑氏设屯开垦之处	台南县善化镇
20	北路	果毅后庄	果毅后镇所开垦	台南县柳营乡
21	北路	五军营庄	五军戎政所开垦	台南县柳营乡
22	北路	查亩营庄	郑氏设屯开垦之处	台南县柳营乡
23	北路	本协庄	郑氏设屯开垦之处	台南县后壁乡
24	北路	鹿仔草庄	郑氏设屯开垦之处	嘉义县鹿草乡
25	北路	大甲社	附近之铁砧山为郑氏设屯开垦之处	台中县大甲镇
26	北路	新港仔	郑氏左先锋援剿后镇、智武镇、英兵镇、虎卫右镇设屯开垦之处	苗栗县竹南镇
27	北路	北港仔	郑氏设屯开垦之处	苗栗县后龙镇
28	北路	营盘坑	郑氏设屯开垦之处	桃园县芦竹乡
29	北路	哄里岸地区	1681年北路总督何佑，北戍今基隆、淡水，时有屯弁郑长奉命开垦哄里岸	台北市北投区

数据来源：盛清沂：《明郑内政考略》，载《台湾文献》，1976年第27卷第2期，第83—85页。

从表2-2内容可知，军屯分布的地方还是以北路居多，共有18处(编号12至29)，南路仅有11处(编号1至11)。因此从这态势与民垦比较，可说着重北路的脉络发展是相一致的[1]。不过军屯在北路的分布，还是跟民垦有细微的差别。那是军屯在北路主要分布的地点，都是在台南县居多(编号12至23)，而台南以北的军屯只有6处(编号24至29)。它显示出这些军队平日虽已务农，但驻防地方的责任仍没有改变。特别要卫戍东宁与承天府，故南、北路军屯所部不能调离太远。明郑民垦与军屯的历史，从开垦的区域上看，会误以为很有成就[2]。然而实情却并非如此，其症结在于水利灌溉系统的开凿。以台湾农作物栽培的特性，除了甘蔗之外，就属水稻最为重要。可是水稻栽培的前提，必须要开凿水利设施。所以有水利设施的地方，才是明郑粮食生产的重地。按照此道理观之，当时只有万年县有开凿陂塘。因此可以说万年县的新丰、文贤、维新、嘉祥、长治、仁寿里等，才是明郑粮产最重要的地方。其范围在台南县归仁、仁德、关帝乡，以及高雄县路竹、弥陀、田寮、湖内乡，凤山市与高雄市楠梓区一带。

再从现今台闽留传下来的族谱，考察当时移民渡台开垦的情况。事实上台湾今日可以找得到明郑时期的族谱，可谓少之又少。现可见到的是台南《登瀛陈姓伯壹房私谱》，内容记载1655年泉州府同安县人陈登昌，渡海来到荷兰人统治下的台湾开垦。明郑以后23岁的陈登昌开始参与拓垦，其田地遍及南、北路。入清之后陈登昌依旧住在台湾，并在1698年去世，葬于大目降牛嵕埔大山岭内(台南县关庙乡牛长山)[3]。福建可以找得到当时沿海百姓迁台的族谱也不多，在有限的数据中可以见到者，都是墓葬的记录。例如：葬于鬼仔山(台南市南区桂子山)1人、演武厅前1人、大南门外下林仔(台南市南区荔宅里)3人、东门外观音亭(台南市东区)1人、演武亭山1人、洲仔尾(台南县永康市)1人、凤山伶舍埤3人、凤山槺榔林(高雄县路竹乡)1人、诸罗赤山(嘉义市)1人、淡水北势湖海岛1人[4]。值得注意的是明郑古墓的分布，向来都认为仅能在南部地区找到。不过1936年6月，台北帝国大学文政学部史学科助手宫本延人，曾在淡水火车站(台北县捷运淡水站)附近的公共墓地，发现一块“明己酉黄妈陈氏之墓”碑。己酉年可能是1609年(明万历三十七年)，也可能是1669年(清康熙八年)。不过前者可能性不高，盖因于1609年还没有汉人开垦北台湾的记录。所以最有可能的年代应是1669年，而在明郑统治之下，纪年仍以“明”为准。同

① 庄金德：《郑氏军粮问题的研讨——从郑氏的缺粮征粮到屯田台湾》，载《台湾文献》，1961年第12卷第1期，第55—66页。

② 曹永和：《台湾早期历史研究》，台北：联经出版社，2002年版，第278—282页。

③ 卢嘉兴：《明郑时来台开拓的陈登昌与其后裔》，载《台湾文献》，1981年第32卷第1期，第93—94页。

④ 庄为玑、王连茂：《闽台关系族谱数据选编》，福州：福建人民出版社，1984年版，第8页。

样的道理，郑成功的两位子嗣——第三子郑明、第十子郑发，去世后葬于仁和里鞍子庄（台南县仁德乡田厝村），其墓碑亦镌刻“皇明圣之、省之二郑公子墓”。1930年日据时期台湾总督府举办“台湾文化三百年纪念”，陈列一张彰化八卦山明郑古墓照片。碑文正中书“明故显考邓公讳显祖神”，左书“原籍江西□□府宜黄县”，右书“永历三十六年十二月”①。可见，明郑时期台湾墓志镌刻“明”或“皇明”迨无疑问，更重要的是落款年代仍用永历年号。而永历三十六年亦是康熙二十一年（1682），也是清廷命令施琅发兵至台的前一年。郑氏始终奉明正朔，在明郑这段历史上是必须注重的事②。

在教育方面，1666年台湾建立起第一座孔庙，庙旁并仿明设立国子监。同时广设社学，并设立府学与州学。每三年举行一次考试。州试录取者移入府试，府试录取者移入院试，院试录取者移入国子监。每位监生都有廪膳，月课一次；三年大试，选拔成绩优秀者出任官职③。

在宗教方面，亦遵循明制，崇尚道教真武大帝信仰（亦称玄天上帝，祖庙在湖北省武当山紫霄宫，倍受明代帝王尊崇），根据统计当时建庙8座。不过建庙数目最多的是关帝庙。关圣帝君即是三国时代的关羽，1605年（万历三十三年）被明神宗封为三界伏魔大帝。明郑时期台湾建庙高达9座，可能跟当时台湾移民都是军人居多，并崇祀战神有关。妈祖庙的数目不若想象中多，仅在澎湖有一座。根据学者考证，台湾热衷妈祖信仰是清代以后的事。其他神明另有田祖庙2座、城隍庙1座、大道公庙（医神保生大帝）6座、岳帝庙1座、马王庙1座、圣公庙（漳泉信仰，主祀海舶总管倪圣公）1座、开山王庙（郑成功）1座、玉皇太子宫4座、福德祠（土地公）1座、佛教寺院7座④。

在少数民族事务方面，郑成功、郑经对于荷兰人统治时期，所谓原住民的祖传地，全部给予尊重与承认。南明鲁王旧臣查继佐，曾在抗清失败后著有《罪惟录》一书，曾提及当时台湾高山族之事，颇为珍贵：

> 台湾……亦多苗峒，不化，多土目，不通语言。……时诸峒岁有常贡，不过獐、鹿、虎、豹之类。毋委界口，不知所为礼也。披皮掩下体，界口中国人有店。以嬉戏小具悬壁，听峒人来观。峒人把弄移时，以形语上值，辄取

① 廖汉臣：《台湾明墓杂考》，载《台湾文献》，1955年第6卷第2期，第31—39页。

② 杨云萍：《郑氏三世与台湾》，载《南明研究与台湾文化》，台北：台湾风物杂志社，1993年版，第466页。

③ 盛清沂：《明郑的内治》，载《台湾史论丛》第一辑，台北：众文图书公司，1980年版，第129—130页。

④ 卢嘉兴：《明郑有无奉祀妈祖考》，载《台湾文献》，1983年第34卷第3期，第45—57页。

去。必委所有于界口，任取之，不失信也。[①]

上述引文有一个错误，原来台湾产獐、鹿、云豹，但是不产老虎。但查氏为何要如此描写？有可能福建出产华南虎，所以也把云豹误传为老虎。但之后的叙述则很重要。首先把高山族看成与云贵苗峒少数民族一样，虽言语不通，但酋长称为"土目"。其次汉人与原住民在活动领域上有划分，双方接触都在"界口"进行。最后所谓的接触就是商业交易，地点在界口附近的店家。交易方式为以物易物，而且双方互动密切，还能做到"不失信也"。这里面透露出一个线索，则是明郑时代的汉人，对于台湾山林之地，已有"界"的概念。界东，由于汉人不熟悉地形，故不轻易进入丛林密箐。所以展开交易时，都等高山族自己"出界"，然后在界西的店家进行。这条珍贵的记录，交待了日后在清代实施"番界"政策时，这条"界"最早的雏形出自何处的争议。

不过明郑之时，还没有发明少数民族或"原住民"之词。当时的泛称为土番，或者冠上地名称呼。当然对于其他未归服的土番聚落，郑经亦派出军队征讨。当时重要的战事有 5 处——1664 年讨伐阿狗番（台中县大肚乡）、1670 年讨伐沙辘番（台中县沙鹿镇）、1677 年讨伐水沙连番（南投县竹山镇）、1682 年讨伐竹堑与新港番（新竹市、苗栗县后龙镇）、1683 年讨伐卑南觅番（台东市），另有不知年代的战事 2 处——讨伐斗尾龙番与岸里社番（南投县国姓乡、台中县神冈乡）[②]。

总之，在郑经统治台湾时期，明郑的制度运作与垦务，均次第进行。更重要的是，也绘制出史上第一幅中文的全台舆图。说明明郑对台湾全岛面貌与地理形势，应该是有所掌握的[③]。

第三节　明郑对外关系与商务

明郑 40 年间（1644—1683），郑氏之所以有办法与清廷长期对抗，全靠繁荣的商务所累积的财富。前已提到在郑芝龙时代，他已是明末中国最有势力的海

---

① 查继佐：《罪惟录》，台湾文献丛刊第 136 种，第 254—255 页。

② 台湾省文献委员会编：《台湾史》，第 177—179 页。

③ 此图可能已经失传，但图上的文字，却被 1684 年奉命来闽、建议在台设立一府三县的工部尚书杜臻所记录。参阅田中克己著，陈乃蘖译：《郑氏之地图》，载《台湾文献》，1955 年第 6 卷第 1 期，第 51—56 页；方豪：《"郑氏の台湾地图"汉译正误》，载《台湾文献》，1955 年第 6 卷第 4 期，第 107 页。

上商人[①]。在郑成功时代，虽然抗清战争损失不少战力；但靠着绵密的商业触角与网络，又可以在短时间内得到补给。而这其中的关键，就是所谓的海、陆各五大商。

"五商"之名，始见于1656年郑成功之海澄守将黄梧降清后对清廷所做的献策，后公开于世。海五商名为仁、义、礼、智、信，总部设于厦门，任务是调度海舶运载商品，前往日本与东南亚。陆五商名为金、木、水、火、土，总部秘密设立于浙江杭州，透过当地的交易网络，大量收购丝绸，然后交给海五商运送出去[②]。不过这十商所做的工作，也不是只有商务。黄梧在给朝廷的疏文中曾说："……近且其子弟营钻举人、生员，阴通犯禁百货，泄漏内地虚实……本爵在中左时所目击。"本爵即是黄梧本人，他在降清之后被封为海澄公，同时也告诉清廷这一条重要的消息。原来郑成功手下的十商商人，也会取得举人、生员等功名，掩护在大陆进行的谋略、策反、情报等工作。不过黄梧的检举，并没有得到真正的破坏。因为有如疏文所称，他只在中左（厦门）看到而已，并没有参与实际的运作。而对郑氏致命性的打击，则是1663年的郑泰事件。郑泰担任户官之职，掌握粮饷大权，更是十商的经理人。故郑泰自缢于狱，其弟郑鸣骏降清后，把十商的底细公开给清廷[③]。这与同年年底，郑经在金、厦的速败大有关系。

另外，郑氏的财货，除了十商赚得的利润外，从郑芝龙以来"化公为私"的征税也很重要。1575年（万历三年）明神宗时期福建巡抚刘尧海，请准税舶以充饷，于是开始设立商引，名为引税。不料崇祯末年，郑芝龙就抚后，尽把公税纳为私税。当时名目有四：其一，引税——商船出口许可证的规费。其二，水饷——依船舶大小征收的税金。其三，陆饷——依货物多寡征收的税金。其四，加增饷——征收中、外币值的差额。郑成功兴起后，四项征税名目，仅剩水饷还可以掌握，但改称为"牌饷"。值得注意的是牌饷之名，不见于南明其他文献，只见于郑成功寄往日本的亲笔书信。由于南明抗清时，郑成功占领东南沿海重要岛屿，故当时商船出海，若没有先纳牌饷取得牌票，绝对无法顺利成行[④]。当时规定，东洋（航路）牌饷大者2100两，小者500两。西洋（航路）牌饷大者3000两，小者700两或800两。沿岸商船纳银50两，渔船纳银15两。以上各

---

① 邓孔昭：《郑芝龙的一生》，载《郑成功与明郑台湾史沿究》，北京：台海出版社，2000年版，第176—184页。

② 盛清沂：《明郑的内治》，载《台湾史论丛》第一辑，台北：众文图书公司，1980年版，第151页。

③ 南栖：《台湾郑氏五商之研究》，载《台湾银行季刊》，1965年第16卷第2期，第255—263页。

④ 张菼：《关于台湾郑氏的"牌饷"》，载《台湾银行季刊》，1968年第19卷第2期，第1—20页。

款,皆为每年征收一次①。

1661年清廷开始实施迁界,1664年郑经退守台湾,前述对大陆的贸易方式悉数中断。明郑为了要突破清廷的封锁,必须要以走私贸易加以因应。当时有两种方式:其一,在广东省潮州府潮阳县达濠港。该港被当地豪强邱辉盘踞,他暗中接受郑经策封的"义武镇"头衔,专门从事走私、偷渡的任务。其势力之大,清朝驻防当地的文、武官员不敢闻问②。重要的是达濠在南澳岛附近,此地有一条航线,是在15世纪明初永乐年间(1403—1424)开通,直接从南澳开航至澎湖。有理由相信,郑经要跟邱辉联络,一定要利用这条航线。当然处于台、粤中继站的澎湖,地理形势也变得更加重要③。其二,在广东珠江口外的十字门。十字门就是澳门水域的旧称④。当时澳门已是葡萄牙的殖民地,故明郑的船只也可以前来,暗自与广东商人交易,并把台湾出产的砂糖换取丝绸。最后他们把丝绸运回台湾,再与英属东印度公司人员交易,取得火枪与大炮,或把丝绸再转运日本赚取利润。

至于明郑统治台湾期间,所使用的货币可谓五花八门,分成三种:外国银元、银锭、铜钱。外国银元下分4种——重9钱的剑钱、重7钱2分的圆钱(花栏钱)、与圆钱同重的方钱(番饼)、重1钱8分的茇。银锭则是郑氏发放军饷所用,下亦分成4种——50两大元宝银、10两钟形中锭、5两馒头形银饼、1两馒头形银饼。铜钱分为3种——从日本流入的"宽永通宝"、1666年郑经商请日本代铸的"永历通宝"。有趣的是永历通宝还分为4类——大篆字体、小篆字体、行书字体、草书字体。最后是南明时期,在广东肇庆即位的桂王,下令开炉所铸的"永历通宝"。这款永历通宝也分为4类——铸印户字、铸印工字、铸印五厘、铸印一分。按理这款铜钱,才是真正的永历通宝。郑经在日本所铸,只是奉明正朔而已。不过桂王朝廷所铸永历通宝,在明郑治下台湾流通很少⑤。

然而郑经此举,已经说明明郑对外关系上,日本是最重要的国家。日本不

---

① 张菼:《台湾郑氏牌饷(梁头税)的征收》,载《台湾银行季刊》,1968年第19卷第3期,第1—20页。

② 尹章义:《台湾客家史研究》,台北:台北市政府客家事务委员会,2003年版,第8—9页。

③ 许毓良:《清代澎湖妈宫的发展——航线与海防变迁的历史观察》,载《澎湖研究第七届学术研讨会论文辑》,马公:2008年版,第105页。

④ 十字门形成"十字"水域的4座岛,分别是路环迭石塘山、凼仔小潭山、大横琴山和小横琴山。然而今日广东省珠海市与澳门特区政府填海造陆,已把大、小横琴山南北联结,也把路环迭石塘山、凼仔小潭山南北联结,故不复见"十字"水域旧景。参阅维科百基——十字门 http://zh.wikipedia.org/wiki/

⑤ 王京良:《郑氏时代台湾货币流通之探讨及考证》,载《台湾银行季刊》,1961年第12卷第1期,第209—213页。

仅从郑氏三代——郑芝龙、郑成功、郑经以来关系密切，本身对台湾早期历史的发展更值得注意。1603 年德川家康在江户开设幕府，日本历史进入江户时代。江户初期日本不少海商对向外扩张充满兴趣。例如：曾任长崎代官的村山等安，了解台湾的贸易与战略地位，建议第二代将军德川秀忠出兵台湾。可是当幕府否决该议后，1616 年村山即率领 13 艘船只来台湾谋求占领。这支舰队被盘踞在西部海岸的淡水、安平、打狗等港的海盗所击退，最后也没有完成计划[①]。尔后的发展，鉴于天主教传教将与幕府对立，以及海外贸易将会破坏领主经济等问题。从 1633 年至 1639 年间，幕府前后总共发布五次锁国令。最后的结果是禁止日人出海经商、迁徙，更禁止天主教的传播。而外国人来日本者，只允许荷兰与中国的船只，航抵九州岛长崎港贸易[②]。

根据日本史料的记载，从 1641 年开始，幕府对郑芝龙派往日本的船只，有较清楚的记录。当年来日的中国船只共 97 艘，属于郑芝龙本身有 6 艘，属于郑氏有 7 艘。简言之，后二者所占比例达总数七分之一左右。郑成功抗清战争时期，理当有更多的郑氏船只前往日本，但未寻得确切的数据记录。直到郑经退守台湾后，所派往日本经商的船只，又出现在日方的记录中。例如：1666 年总共有 35 艘来日的中国船，郑氏占 11 艘。1670 年总共 36 艘，郑氏占 18 艘。1676 年总共 29 艘，郑氏占 9 艘。1677 年总共 24 艘，郑氏占 10 艘。1678 年总共 26 艘，郑氏占 7 艘。1681 年总共 9 艘，全属郑氏[③]。事实上所谓的“中国船”，不管是郑氏还是非郑氏，全都是由台湾开航过去。因为当时清廷实施迁界政策，在“片板不许入海”的情况下，对日贸易的所有利润全由明郑独揽。再根据记录，明郑载往日本贩卖的糖与鹿皮，都以高出成本 3 倍的价格售出。然后他们就地购买刀剑、盔甲与金、铜。当货品运回台湾之后，金、铜再与英属东印度公司人员交易，换取火枪与大炮，而英国人则把金、铜带往印度销售[④]。

如同运往广东十字门的台湾糖，台湾糖销往日本也大受欢迎。日本文献对台湾糖有深刻描述：“白砂糖者，凡大宛为极上……冰砂糖，大宛为上，黑砂糖，交趾（越南北部）为上，大宛次之。”[⑤]“大宛”就是台湾，可见得不管是哪一种糖品，台湾糖都以优质著称。另外，从台湾前往日本的水程约为 640 里，航海时间

---

① 白坂义直：《大南洋史》，东京：田中诚光堂，1942 年版，第 311—312 页。

② 吴廷璆：《日本史》，天津：南开大学出版社，2004 年版，第 233—240 页。

③ 大庭修著，徐世虹译：《江户时代日中秘话》，北京：中华书局，1997 年版，第 18—19 页。

④ 中村新太郎：《日中两千年——人物往来与文化交流》，长春：吉林人民出版社，1980 年版，第 210—211 页。

⑤ 朱德兰：《清康熙年间台湾长崎贸易与国内商品流通关系》，载《东海大学历史学报》，1988 年第 9 期，第 65—66 页。

约 10 至 20 余日，以当时风帆的速度来说，算是相当近的距离[1]。这也说明了郑氏与日本，为何一直能持续保持密切关系的原因。

不过郑氏与日本在商务上保持密切关系之余，对于军事与外交的互动也需要注意。史载南明抗清战争时期(1644—1661)，鲁王、唐王、桂王政权，分别由部属前往日本乞师的记录，至少有 17 次之多[2]。这当中包括郑成功向日本乞师的记录，就高达 6 次——1647 年、1648 年、1651 年、1658 年、1660 年，另加上不明年代 1 次。事实上德川幕府透过停留在长崎的中国人、琉球派往中国的贡使或留学生、朝鲜派往中国的贡使，或者来到长崎贸易的荷兰人身上，也取得许多南明与清廷对抗的情报。但是当时的日本已经实施锁国政策，无意再对外扩张经营；更要紧的是幕府深怕被卷入中国的动乱中，故屡次拒绝南明的乞师[3]。

再者，1663 年郑泰事件的余波，竟让日本也成为明郑、清角力的地方。原来郑经清查郑泰留下的财产清册，发觉他有一笔巨款私自储存在长崎，准备抗清失败后亡命日本之用。郑经怀疑这笔巨款，其实是郑氏在日贸易所得的利润。所以从 1663 年至 1675 年间，郑经向长崎奉行提出 6 次要求，定要日方归还这笔款项。郑泰之弟郑鸣骏，闻讯也派人前往日本，要求日方把这笔巨款归还给自己。于是双方开始在日本进行长达 12 年的“诉讼”，最后幕府判决把总数高达 26 万两的存银归还给郑泰遗族，其关键原因是他们握有与日贸易的“勘合”。虽然郑泰遗族得到胜诉，但当时朝廷已实施迁界，故不能立刻赶往长崎取款。更重要的是 1673 年三藩之乱已经爆发，郑经率师重回福建。尚居住在泉州的郑泰遗族大佬——郑缵绩，为避免兵燹之祸，主动与郑经达成和解。愿意献出勘合，让郑经去日本取回这笔巨款，以保遗族身家之安全。最后郑经同意，日方也归还巨款，该案才获得解决[4]。

当然明郑与日本的互动，也不是都维持在友好状态。1670 年明郑的水师在福建海潭岛(今名平潭)，截获一艘由琉球开往福州的贡船，并强制押往台湾。由于琉球也从属于日本九州岛萨摩藩，故告知藩主岛津家，再由岛津回报到幕府。第四代将军德川家纲深表重视，来年明郑船只 1 艘甫到长崎贸易，遂被长崎奉行扣住，纳银 300 贯以补偿琉球。郑经闻讯大怒，遂主动断绝与日本之贸

---

① 朱德兰:《明郑时期台湾海商经营日暹贸易之研究——以胡秋官、蓝泽两艘商船为例》，载《东海学报》，1987 年第 28 卷，第 93 页。

② 黄玉斋:《明郑成功等的抗清与日本》，载《台湾文献》，1958 年第 9 卷第 4 期，第 109 页。

③ 林呈蓉:《国姓爷“日本乞师”之再考》，载《台湾风物》，1995 年第 45 卷第 1 期，第 15—32 页。

④ 林子侯:《明郑对日关系与存银事件》，载《台湾文献》，1974 年第 25 卷第 4 期，第 47—53 页。

易。直到三藩之乱起,才又与日本重修旧好[①]。

另外,在明郑与西班牙的关系上,通商与“虚惊式”的战争发起,总是左右两者的互动。自16世纪末北太平洋航路开辟之后,菲律宾的首府马尼拉逐渐成为东南亚贸易中心。西班牙人可以在此地,购买到中国的布匹与丝绸、来自日本的面粉与咸肉,由葡萄牙商人从摩鹿加群岛运来的香料、从孟加拉国运来的宝石,从印度运来的酒与蜜饯、从波斯运来的毯毡。或者婆罗洲土著载来的奴隶、棕榈席,从柬埔寨与暹罗载来的奴隶、象牙、胡椒[②]。事实上西班牙统治菲律宾是成功的,从1565年派军占领宿雾岛开始,只花费不到30年时间,就在菲律宾设立了267处庄园(Encomiendas),实施所谓的领地制。这当中有31处属于哈布斯堡王室所有,236处分配给统治菲律宾有功的西班牙军人、官吏与天主教教会[③]。

菲律宾人在受西班牙统治期间,认为从军是一项荣誉,故踊跃加入军队。可是大量菲律宾人入伍的结果,使得西班牙军队白人比率严重下降。例如:1596年西班牙殖民者调派240名西班牙军人、1500名受洗成天主教徒的菲律宾士兵,大举进攻南部第一大岛——岷答那峨(Mindanao)的回教徒,而西班牙人仅占全数七分之一左右。1606年菲律宾总督阿古那(Pedro Bravo de Acuña),亲自率领1423名西班牙军人、1613名菲律宾士兵远征摩鹿加群岛(Maluku Islands),这是可以看到西班牙军人,人数最多的一次记录[④]。菲律宾士兵效力西班牙军队,并随之转战各地,甚至在1626年至1642年,西班牙统治北台湾期间,也要借重他们的力量才能固守。不过从上述的例子来看,在马尼拉的殖民者,主要把群岛南方的回教徒视为大敌。如果台湾北部的贸易经营不如预期,只凭借战略地位来取舍,他们会选择经营菲律宾群岛南部,而放弃北台湾。这也可以说明1642年西班牙战败于基隆,日后也不会想再谋思反攻的原因。不过当1662年郑成功在台湾击败荷兰人,整个东亚海上形势突变,西班牙人开始注意大陆与台湾之间的战事,以及对自身的影响。

明郑治下的台湾,因为与大陆对抗之故,逐渐对菲律宾群岛上的西班牙人,发展出一种亦友亦敌的暧昧关系。在经济上明郑与西班牙人必须相互依存,西班牙人需要明郑销往马尼拉的中国商品,而明郑需要西班牙从墨西哥运来的白

---

① 台湾省文献委员会编:《台湾史》,台北:众文图书公司,1996年版,第211页。

② 何晓东:《菲律宾古近代史》,台北:三民书局,1976年版,第57—60页。

③ 尤波辉:《菲律宾》,北京:世界知识出版社,1957年版,第21页;中山大学历史系东南亚历史研究室:《菲律宾史稿》,北京:商务印书馆,1977年版,第23页。

④ 金应熙主编:《菲律宾史》,开封:河南大学出版社,1990年版,第116页;何晓东:《菲律宾古近代史》,第133页。

银，支付内外所有开销。可是在军事上，明郑几次计划把菲律宾作为反清的另一个据点，也都让西班牙人严阵以待[①]。当然历史证明这些战争都是“虚惊式”，但17世纪中叶到末期，东亚海上势力风云却不能不注意。由于西班牙占据台湾北部时期较短，再加上自日据时期以来，台湾学界着重的是荷兰人与台湾的历史关系，故对于早期西班牙与台湾历史的研究成果有限。然而自1990年代以后，台湾学界开始培养人才，加强对该领域的研究。结果发现在西班牙塞维亚(Sevilla)印度档案馆、墨西哥国家档案馆、菲律宾国家档案馆，都有相当丰富的郑成功与郑经的史料。特别的是这些史料，除了西班牙殖民的官方档案外，也有不少天主教教会留下的记录[②]。

这当中对于郑成功与郑经的叙述值得注意，西班牙人称郑成功为“本藩”(Punpuan)，非荷兰文献所提到的“国姓”(Koxinga)，称呼郑经则为“世藩”(Sipuan)。而且只要官方文件提到郑氏父子，多半与他们准备要攻打菲律宾有关[③]。其实1661年至1662年对荷兰与西班牙人来说是风声鹤唳，原来早有消息指出郑成功在北伐南京失败后，一定会找寻新的根据地，以代替形势局限的金、厦二岛。不过当时的人并不清楚，郑成功会选择攻击台湾或菲律宾。当然事后明白在何斌的帮助下，郑成功“先选择”进攻台湾，并且一战成功。可是这并不代表菲律宾没有在郑成功的计划之内。果然在1662年4月，只不过荷兰人退出台湾两个月后，郑成功立刻遣人前去马尼拉，“招谕”西班牙总督Don Sabiniano Manrique de Lara。西班牙人获悉郑成功即将来袭，大为惊恐，因为马尼拉的西班牙人军队仅百余人，菲律宾士兵也只有500余人。由于总督把大多数精锐部队，调往岷答那峨岛西部重镇——三宝颜(Zamboanga)，所以郑氏大军若立刻发兵，仅有600余名的马尼拉守军绝对无法抵挡。未料同年6月郑成功去世，明郑时期首次远征菲律宾的计划落空[④]。

对此“招谕”天主教道明会神父李科罗(Victoiro Ricci)所著《在中国的传教史》一书中有深刻地描述。原来郑成功给西班牙总督的招谕，就是委由在厦门传教的李科罗送往马尼拉的。Manrique总督回绝招谕，也亲笔写了一封措词强

---

① 李毓中：《西班牙与台湾早期关系史研究的回顾与展望》，载《台湾文献》，2001年第52卷第3期，第357—370页。

② José Eugenio Borao著，李毓中译：《有关台湾的西班牙史料》，载《台湾风物》，1995年第45卷第3期，第174—188页。

③ 李毓中：《塞维亚印度总档案馆中有关郑经的西班牙文史料译述》，载《台湾风物》，1999年第49卷第1期，第137—145页。

④ 赖永祥：《明郑征菲企图》，载《台湾风物》，1954年第4卷第1期，第17—33页；金应熙主编：《菲律宾史》，第120页。

硬的书信，再委由李科罗带回给郑成功。大意是告诉郑氏，台湾虽然已被郑军攻克，但没有来自菲律宾的白银与稻米，明郑亦无法支撑庞大的军事支出。1662 年 9 月李科罗先回到厦门，并在那里得知郑成功的死讯。之后的日子李科罗与亲近天主教的郑泰交往，反倒与对天主教抱持敌意的郑经关系较疏。不过1663 年 7 月郑经在处置郑泰后，亦深觉有交好菲律宾的必要。再度委由李科罗为使节，前往马尼拉面见总督，希望修复彼此的关系。Manrique 总督也提出善意的响应，包括：归还先前华人被没收的财产、重新让华商来马尼拉贸易等。可是同月李科罗完成任务返厦，数月后就遇上清、荷联军攻陷厦门，遂成为俘虏。

李科罗之后，有关郑经的记载，多出自也是道明会神父 Arcadio 等人之手。1673 年 8 月他们从马尼拉出发，竟在没有西班牙总督推荐信的介绍下，径自来到台湾传教。正巧前一年郑经又有计划准备秘袭马尼拉，不料 Arcadio 等人甫到，以为是西班牙人派来的间谍，就把他们全下放狱中。时值"三藩之乱"爆发，靖南王耿精忠密信邀请郑经返回福建。1673 年 11 月郑经前往澎湖整顿舟师，于是秘袭马尼拉的计划就终止。不过因为耿精忠的暂缓出兵，使得隔月郑经先返回台湾；之后就释放 Arcadio 等人，让其返回菲律宾。1674 年西班牙总督派出方济会 Losada 神父来台，表面与明郑交好，实际刺探郑经想要参加"三藩之乱"，或是南征菲律宾[①]。当然郑经最后选择前者，而明郑最后一次出兵菲律宾的计划，要到 1683 年澎湖海战失败后。

至于在商务方面，以往大部分研究皆认为，郑氏三代——郑芝龙、郑成功、郑经，对菲律宾的贸易越到后期，越呈现衰退的现象。根据最新的研究显示，从1657 年至 1684 年《马尼拉海关登记簿册》，反映出来的数据并非如此[②]。非常值得注意的是 1664 年以后，郑经退守至台湾，其实更依赖与菲律宾的贸易。每年 3 月至 5 月，则是台湾商船前往菲律宾最多的时候[③]。不过当时台湾开航到菲律宾的船只，不像开航至日本的都是三桅的大船，大多是单桅平底的舢舨船。在所有记录中，1670 年台湾前往菲律宾的船只次数最多，总共有 8 次。单就同年 4 月 1 日为例，就有 3 艘舢舨船进入马尼拉。1665 年有 5 次记录，1668 年、1672 年、1673 年，甚至于"三藩之乱"失败后的 1681 年，都各有 4 次记录。当时台湾运往马尼拉的热门商品，首推毯子与麻布。前者数量最多、贸易额最大。

① 李毓中：《明郑与西班牙帝国：郑氏家族与菲律宾关系初探》，载《汉学研究》，1998 年第 16 卷第 2 期，第 29—58 页。

② 方真真：《1664—1670 年从台湾大员到马尼拉的船只文件》，载《台湾文献》，2003 年第 54 卷第 3 期，第 59—105 页。

③ 方真真：《从西班牙史料考察十七世纪末期环台湾海域的暴风雨纪录》，载《台湾文献》，2007 年第 58 卷第 4 期，第 131 页。

其种类分成日本毯、交趾支那毯、(福建)安海毯、广东毯。后者种类有(福建)安海麻、Taupac 麻、Inzon 麻。另外,从广东十字门转运过来的生丝,日本转运过来的铜、铁也很抢手[①]。

在明郑与荷兰关系上,自 1662 年以后荷兰一直是郑氏的大敌,已不需赘言。1664 年 5 月荷兰人见郑经新败于金、厦二岛,遂从巴达维亚派遣战船 11 艘,北上占领台湾北部的基隆。当时约有 240 名荷军固守基隆,荷属东印度公司还派出代表抵达福州,准备一面开拓北台湾商务,一方面与清军再次联合挥师台湾。1665 年 12 月,福建水师提督施琅首次率兵征台,当时荷军战船 10 艘从基隆南下澎湖,准备与清军水师会合。不料双双遇到风浪铩羽而归。此时是明郑危亡之际,郑经见荷军挫于澎湖,遂在 1666 年调派战船 60 艘、军士 6000 人,大举北上基隆讨伐荷军。然是役郑军竟大败而还,主将林凤阵亡。可是 1668 年清廷放弃渡海征台的计划,驻守在基隆的荷军战略目标随之丧失。同年 10 月荷兰人考虑到后援不继,也自行辙兵[②]。

由于明郑与荷兰关系紧张,故在郑经时期双方没有贸易往来。不过这并不代表荷兰的船只不能停靠台湾。例如:1680 年担任荷兰军医的佛兰克(Christopber Fryke),曾搭乘帆船从巴达维亚前往日本九州岛,因风浪太大而停靠西兰堡(Fort Zelandia)[③]。西兰堡即是荷治时期的热兰遮城(Zeelandia),明郑改称"安平城",因郑氏三代——郑成功、郑经、郑克塽都居于此,民间习惯称为"王城"。

明郑与荷兰互动虽不密切,但同时期荷兰人在东南亚活动却很重要。因为这跟准备要来亚洲发展的英国人有关,值得加以说明。1602 年荷属东印度公司成立以前,荷兰人就开始远征东南亚各地。总计共派遣 63 艘船只,损失 11 艘船只与为数众多的水手,才完成全球航行与探勘航路。也因为如此才了解,除非能倾全国之力组成大公司,否则不足以对抗葡萄牙与西班牙。不过东南亚的诸岛中,仍有许多土邦。由于他们都自成一国,而且信仰回教。所以荷兰人若要垄断东南亚的贸易,还必须笼络或攻占这些国家才行。这当中以爪哇岛的万丹王朝(Banten/Bantam)、淡目王朝(Demak)、马塔兰王朝(Mataram)、帕章王朝(Bacahan),势力最大也最重要。

---

① 方真真:《明郑时代台湾与菲律宾的贸易关系——以马尼拉海关纪录为中心》,载《台湾文献》,2004 年第 55 卷第 3 期,第 321—352 页。

② 林子侯:《清荷联军谋取台湾之始末》,载《台湾风物》,1974 年第 24 卷第 4 期,第 134—142 页。

③ 黄素封、姚枬合译:《十七世纪南洋群岛航海记二种》,商务印书馆,1935 年版,第 161—162 页。

万丹在所有土邦中表现很特殊，因为它善用纵横捭阖策略，来对付西方殖民者。1618 年万丹与英国人结盟，出兵攻打雅加达。英、万联军先胜后败，荷军得到增援大举反攻。来年荷兰人在巴达维亚根基稳固，遂把荷属东印度公司的亚洲总部设立其中①。不过万丹是爪哇西部要港，又跟英国人交好，荷兰人深感芒刺在背。1633 年至 1639 年、1651 年至 1652 年、1682 年至 1683 年，荷兰人 3 次攻打万丹，最后宣告胜利。1686 年荷属东印度公司与万丹王朝签约，获得从苏门达腊岛以南到万丹的所有胡椒专卖权②。虽然英国人在这场战争中，支持万丹王朝，仍不免于败。1683 年英属东印度公司在万丹的商馆关闭③。不过这一年英国人的损失还不止于此，因为充满期待的台湾商馆，也因明郑的降清而结束④。然而英国人在东亚的发展，还是要从英属东印度公司谈起。

1588 年西班牙无敌舰队征英失败后，一群伦敦商人呈递请愿书给伊莉莎白女王，同时被允许可以航向印度洋发展。1600 年英属东印度公司成立，最初它被王室给予 15 年在亚洲经商的特权⑤。当然随着历史的发展，特权的年限一再延长。1608 年英属东印度公司首次在印度西岸要港塞拉特（Surat）建立贸易据点⑥。1613 年英属东印度公司，也在日本九州岛平户设立商馆。虽然这所有的一切，对照上述西班牙、荷兰的商务成就，英国也有急起直追的趋势。但实际的发展，英国的阻碍却不小。特别在日本的据点，原本想透过中国大海商李旦之助，开拓对明末东南沿海的贸易。不料却被李旦所欺骗，加上本身营运不善，亏损累累。最后英国终于在 1623 年封闭商馆，撤出日本⑦。不过英王查理二世还是支持该公司，并在 1670 年给予六大特权——海外领土取得后行使的自治权、铸币权、军事权、结盟权、媾和或宣战权、司法审判之权⑧。查理此举对照明郑统治者郑经大力对外招商的企图，两者的目的正好吻合，故在当时英国就是与台湾互动最密切的西方国家。

---

① 王任叔：《印度尼西亚古代史》（下册），北京：中国社会科学出版社，1987 年版，第 811—822 页。

② 陈鸿瑜：《印度尼西亚史》，台北："国立编译馆"，2008 年版，第 187、191—192 页。

③ 萨努西・巴尼（Sanusi Pane）著，吴世璜译：《印度尼西亚史》（上册），北京：商务印书馆，1972 年版，第 271、286—290 页；History—http://en. wikipedia. org/wiki/Honourable_East_India_Company。

④ 台湾省文献委员会编：《台湾史》，第 206 页。

⑤ British East India Company—http://www. newworldencyclopedia. org/entry。

⑥ The East India Company—http://www. sscnet. ucla. edu/southasia/History/British。

⑦ 曹永和：《英国东印度公司与台湾郑氏政权》，载《台湾早期历史研究续集》，台北：联经出版社，2000 年版，第 248 页。

⑧ History—http://en. wikipedia. org/wiki/Honourable_East_India_Company。

1670年6月,英船万丹号(Bantan)、珍珠号(Pearl)航抵台湾,此为英国人首次来台。当时英国人称郑经为"台湾王"(King of Tywan),郑经也对于他主动邀请后,英人履行承诺抵台而感到高兴①。同年9月,明郑与英国人交换双方贸易条件,包括英国提出的20款事项,明郑提出的17款事项②。

从交换贸易条件来看,郑经对英国人来台贸易,可谓相当大方。他自己所提出条件,比英国人少三款不说,在条件上也很优厚。例如:英国人所提台湾商民拒绝向英属东印度公司付清债务时,必须要以国法严办,但却没有规定英国人拒付债务时,是否也比照办理。英国人可以把任何东西销往台湾,郑氏还无禁止的权力。郑氏所提向英国人课征关税,出口货物可以免征,就算是进口货物,也是销售后才需要课征。事实上郑经如此礼遇英方,最主要的目的是英属东印度公司可以满足明郑最重要的需求——火器。因此英方留下炮手、铁匠替郑军服务之外,每次来台的任何一艘船只,在商品之外,更要运来枪支与火药。重要的是当时支付的货币,不是银两,也不是铜钱,更不是荷兰银元,而是西班牙银元。这证实明郑与西班牙人贸易,跟明郑与英国人贸易是同等重要。

上述37款事项非正式条约,郑经本来想与英方缔结条约,然而英属东印度公司没有缔约的特权。不过专责处理台湾商务的万丹(Banten)商馆,已把此事汇报给英国伦敦的总部。1670年10月英方见时机成熟,遂与明郑签订正式的条约,其内容总共13款,大部分都与两年前双边所提事项一致③。英国人为何最终还是与明郑缔约?其实英属东印度公司在意的不是台湾,而是日本④。然而日本已经实施锁国政策,英国想要透过台湾,再间接打开日本的商务完全不得要领。再加上荷兰人从中作梗,英方在日本的活动又一次失败。但令人意外的是1673年一件大事的发生,让英属东印度公司有了预期外的收获。原来这一年郑经决定参加"三藩之乱",三年后郑经也同意英方可以在新占领的厦门开设商馆。可是随着明郑军队在福建的挫败,英方计划持续对中国的贸易越来越不乐观。1680年福建水师提督万正色率军攻陷厦门,英属东印度公司商馆被大肆抢劫,损失惨重。1683年福建水师提督施琅挥师渡台,明郑大军在澎湖惨败,

① 赖永祥:《台湾郑氏与英国的通商关系史》,载《台湾文献》,1965年第16卷第2期,第1—2页。

② 台湾银行经济研究室:《十七世纪台湾英国贸易史料》,台北:台湾银行,1959年版,第6—7页。

③ 赖永祥:《台湾郑氏与英国的通商关系史》,第6—7页。

④ 杨佳瑜:《从英国东印度公司史料看郑氏来台后国际贸易地位的变化(1670—1674)》,载《台湾风物》,1998年第48卷第2期,第25页。

并于同年降清。英属东印度公司又丧失在台湾的商馆[①]。加上 1683 年万丹商馆又在荷兰人压力下关闭。所以 17 世纪末英国在东亚商务的扩张全面失败，因此才把焦点转移到南亚的印度。而下次再把势力伸向中国，又是 19 世纪以后的事了。

最后在明郑与其他亚洲国家的关系上。对朝鲜来说，其史料所记载关于郑芝龙、郑成功的事情较少，但对于郑经的记录较多。不过明郑始终和朝鲜未有往来，顶多只有航向日本的船只，受到暴风雨的袭击漂流到朝鲜。对于这些人，朝鲜史书记载为“漂汉”[②]。至于在东南亚方面，柬埔寨、暹罗二国是与明郑交往最密切的国家。明郑的船只前去的目的，都是购买米粮运送回台。可惜缺乏柬文、泰文直接史料，并不清楚每年前去的船只数量有多少。从日文史料《华夷变态》来看，1683 年明郑鼎革之际，还有 8 艘船只前去暹罗，可以想见承平时期数目当不止如此[③]。总之，明郑经营下的台湾，这座岛屿已成东亚海运的中继站。特别是对日本、菲律宾与英属东印度公司[④]。然而，中国大陆的情势还是深深地影响着明郑。虽然迁界的封锁，透过走私仍然可以得到突破。但是对于变局的掌握，稍一做出错误的判断，则如棋局般满盘皆输。

第四节　明郑与清廷的对抗——迁界、“三藩之乱”

郑氏的部队如果从郑成功参加南明抗清算起，在大陆、台湾、澎湖各地转战，也有 30 余年的时间(1647—1683)。由于时代与地理环境的特殊，使得郑部成为兼有郑芝龙旧规、明朝遗制、郑成功军事构想的综合体。郑部的军政系统，可以分成两类——野战部队、保安部队。前者就是史料常见的督、镇、协、营。后者虽也可以视为反清复明的武力，但员额过少，对于郑氏兴衰没有关键性影响，故不如前者重要。

郑成功时代(1647—1662)，军队编制的最高职称是“五军戎政”和“五军戎务”。1655 年始设五军戎政之职，不过它不是驻防在郑成功的根据地——金门、厦门，而是移驻浙江舟山群岛，为当地最高将领。1656 年始设五军戎务之职，它

---

① 曹永和:《英国东印度公司与台湾郑氏政权》，第 254—256 页。

② 林子侯:《明郑对日关系与存银事件(附郑氏与朝鲜之关系)》，载《台湾文献》，1974 年第 25 卷第 4 期，第 50 页。

③ 郑瑞明:《台湾明郑与东南亚之贸易关系初探——发展东南亚贸易之动机、实务及外商之前来》，载《“国立台湾师范大学”历史学报》，1986 年第 14 期，第 68—70 页。

④ 简蕙盈:《明郑时期台湾之海外贸易及其转运地位之研究》，台北:台北大学经济系硕士论文，2000 年，第 60—65 页。

才是郑成功之下，总领闽、粤军务的最高将领，有时也称为“五军”。如果再把二者做一比较，五军戎务要高于五军戎政。

五军戎务、五军戎政之下，分设前、中、后、左、右提督。在提督所部方面，设提督 1 人，左右协理各 1 人，正副旗鼓、领兵、坐营等参谋人员若干人。提督的直属部队，在郑成功时代有中、左、右镇，再加上亲随营与操作火器的神威营。提督下辖的单位称为“镇”，它可以再分为亲军系统与非亲军系统。

在亲军系统方面，1647 年郑成功最早在南澳招兵时，先成立亲丁镇。1649 年又成立戎旗亲随中军。不过 1652 年漳州府城之战时，亲丁镇全军覆没，该部即废编。1654 年郑成功扩大亲军编制，又成立左右武卫、左右虎卫 4 镇。1656 年戎旗亲随中军升格为戎旗镇，之后亲军镇下辖的单位，又多出“协”的名称。尔后每个亲军镇，都管辖 5 个协。另外，亲军也统辖一些较为特殊的部队，除了前述的神威营外，亦有神机营、火攻营；骑兵组成的骁翊营、随征营；偶尔混编的戎旗一、二、三营与殚忠营。

在非亲军系统方面，仍以镇为单位。各镇设镇将 1 人，下辖旗鼓、领兵、坐营等参谋人员若干人[①]。虽然他们不是“嫡系”部队，但编制其实最庞大，员额人数也最多。郑经时代(1662—1681)，明郑军队的组织没有太大变化，可是在编制与员额上，有些许的扩充。特别是 1673 年郑经率部参加“三藩之乱”，提督所部大肆增编。每位提督除了原本直辖的中、左、右 3 镇外，再加上前、后 2 镇，以及亲随协、领兵协、领旗协、前锋协、总理中协、总理前协、总理后协，最后补上原本亲军的骁翊营，与操作火器的管炮、大炮 2 营[②]。其次，在亲军系统上。郑经模仿明崇祯时代的京师勇卫营，新成立侍卫镇、勇卫镇，位阶高于先前的左右武卫、左右虎卫 4 镇。值得一提的是从郑成功来台湾以后，郑氏的部队一直有外国人组成的“佣兵”。他们名为“护卫镇”，成员都是收编荷兰人的黑奴，而且全部操作火枪。不过自 1664 年郑经退守台湾后，大部分郑氏的军队都投入屯垦的工作(参阅第二章第二节)。除了留下黑人组成的护卫镇驻守安平城内；左、右先锋驻守安平城外；勇卫、侍卫、左武卫、左虎卫、右虎卫 5 镇驻守承天府；礼武营驻守柴头港(台南市西区)；英兵镇、智武营驻防二赞行(仁德乡二行村)，其余各部全都外调屯田。至于水师，郑氏的部队编制不若陆路复杂，只分为中、左、右、前、后军。可是 1659 年郑成功南京之战，以及 1663 年、1664 年郑经在闽粤的挫败，郑氏水师战力不复以往。故 1664 年郑经退回台湾后，就裁撤水师 5

---

① 石万寿:《明郑的军事行政组织——明郑兵制研究之三》，载《台湾文献》，1976 年第 26 卷第 4 期与第 27 卷第 1 期合刊，第 50—54 页。

② 石万寿:《明郑的军事行政组织——明郑兵制研究之三》，第 51 页。

军的编制[①]。

郑经在闽粤沿海的失败，使得上述部队名称组织仍在，但员额与战力已没有郑成功举兵之初兴盛。如此的兵马让郑经退守台湾，稳定明郑的内治还是足够。特别是 1665 年、1666 年福建水师提督施琅两次出兵台湾失败，更让明郑得到喘息的机会。然而，不容忽视的是当时清廷还实施一项重要的政策，企图透过它来切断明郑与大陆的往来，但无形中也造成两阵营军事的僵滞，那就是 1661 年的迁界令。

清初严防沿海百姓与郑氏接触，但其实防不胜防。1656 年户科给事中王益朋上疏建议命令将沿海百姓搬移内地，这是清初最早“内徙”沿海人民的记录。然王益朋的疏言，牵涉范围过广，清廷没有立刻准行。直到同年郑氏海澄守将黄梧降清，提出“平海五策”，其中包括内徙沿海人民、寸板不许下水杜其接济，清廷才开始深思此策略[②]。由于黄梧是郑成功的旧部，所以他提出的建言极具参考价值，清廷立刻命令兵部尚书苏纳海南下勘查。1659 年郑成功北伐南京大败而归，1661 年郑成功率师东渡台湾，清廷认为时机已经成熟，遂开始实施迁界[③]。迁界实施的地区，沿海除了关外、直隶之外，山东、江苏、浙江、福建、广东 5 省沿海全属迁界范围。不过“内徙”海岸线的距离，各省、各地倒是很不相同。有谓内徙 2—3 里，或 3—5 里，也有谓内徙 30—40 里。大抵山东、江苏距离台湾较远，明郑船只不易到达，内徙距离较短。可是浙江、福建、广东距离台湾较近，内徙距离就很长[④]。

从官书的记载来看，朝廷对于迁界后沿海百姓的生活，早有所注意，还命令各省督抚亲自妥善安排，不得交由属员虚应故事。但实际执行的结果，私家著述记载沿海百姓的情况，远非设想的平和。《台湾郑氏始末》记：“尽驱沿海居民入内地，筑墙为界；纵军事大淫掠，杀人山积，海水殷然。”[⑤]明郑遭遇到清廷迁界的封锁，亦苦思对策应付。利用葡萄牙殖民的澳门进行转运也是一个方法。此外暗自走私突破封锁，更是郑经出奇不意的策略。当时的走私口岸有江苏省长

---

① 石万寿：《论郑成功北伐以后的兵镇》，载《台湾文献》，1973 年第 24 卷第 4 期，第 17—21 页。

② 金成前：《郑氏黄姓将领之忠奸事录》，载《台湾文献》，1971 年第 22 卷第 1 期，第 144—146 页。

③ 苏梅芳：《清初迁界事件之研究》，载《成功大学历史学系历史学报》，1978 年第 5 号，第 367—378 页。

④ 浦廉一著，赖永祥译：《清初迁界令考》，载《台湾文献》，1955 年第 6 卷第 4 期，第 109—112 页。

⑤ 沈云：《台湾郑氏始末》，台湾文献丛刊第 15 种，第 60 页。

江出海口的沙洲及崇明岛，以及浙江省外海舟山群岛的普陀山[①]。

清廷对于迁界，以严刑峻法来加以实施。《钦定大清会典事例》规定："福建、浙江、江南三省，沿海境界，凡有官员、兵民违禁出界贸易，及盖屋居住、耕种田地者，不论官民俱以通贼论处斩，货物家产俱给讦告之人。该管文武官不能查获，俱革职从重治罪。地方保甲知情不首者，处绞。其违禁出境之人，审明系何地方出口，将守口官兵知情者，以同谋论立斩，不知情者从重治罪。"[②]迁界的实施达到清廷预期的效果。在郑成功时代，当时郑军粮饷的来源地，是福建省的福州、兴化、漳州、泉州，以及广东的潮阳、揭阳，与浙江省的台州、温州[③]。明郑虽在江苏、浙江有走私港，但在清军严密戒备下，能走私的物品与数量，想必不会太多。所以在饷源不继的情况下，只能调遣军队前往台湾各处屯田来维持。而整个迁界政策的落幕，要到 1683 年（康熙二十二年）福建水师提督施琅征台成功后，才完全废除展界[④]。

迁界令虽然影响明郑的发展，但对其历史造成关键性的影响，却是 1673 年郑经决定参加"三藩之乱"。清军平定南明的战争很顺利。1654 年清廷命令平南王尚可喜镇守广东，1659 年命令平西王吴三桂镇守云南，1660 年靖南王耿继茂（1649 年耿仲明畏罪自尽）被命令镇守福建，于是三藩形势乃成[⑤]。

清初三藩对于平定南明虽有功绩，但异性封王不免会造成与朝廷的矛盾，特别是表现在军事权、财政权上。对于军事权来说，清初全国额兵总共 80 万人，三藩所控制者有 5.5 万余人。对于财政权来说，平西王吴三桂在云南可以自征盐课、矿税，也可以自铸货币。靖南王耿继茂可以私立关卡、径自抽税，也可以放出高利贷，赚取暴利。平南王尚之信专设私市、私税，又遣人专营盐铁、木材生意，被形容富甲于天下。由于三藩势大，1670 年康熙帝亲政后谋思削藩。1673 年吴三桂为试探康熙帝是否对自己信任，遂上表假意撤藩安插，未料康熙帝真的准许。同年 12 月吴三桂在"世守云南"的幻灭下，决意起兵造反；并改国号为周，自称"天下都招讨兵马大元帅"，开启长达八年乱事的序幕[⑥]。

---

① 朱德兰：《清初迁界令时明郑商船之研究》，载《史联杂志》，1985 年第 7 期，第 34—35 页。

② 朱德兰：《清初迁界令时中国船海上贸易之研究》，载《中国海洋发展史论文集》第二辑，台北："中央研究院"三民主义研究所，1986 年版，第 106 页。

③ 杨佳瑜：《以英国东印度公司史料看郑经对大陆用兵前的对外贸易及其困境（1670—1674）》，载《台湾历史学会通讯》，1998 年第 6 期，第 18 页。

④ 万仲良：《清初迁界与台湾开发之关系》，载《台湾文献》，1980 年第 31 卷第 4 期，第 1—7 页。

⑤ 杨陆荣：《三藩纪事本末》，台湾文献丛刊第 149 种，第 52—70 页。

⑥ 刘凤云：《清代三藩研究》，北京：中国人民大学出版社，1994 年版，第 114、137、181—190 页。

“三藩之乱”的战场扩及清帝国半壁江山，包括：云南、贵州、四川、广西、广东、湖北、湖南、福建、浙江、江西省。整个战局清廷先败后胜。

1673 年吴三桂起兵云南昆明后，兵锋势如破竹，连克贵州、四川、广西、湖南 4 省[①]。事实上 1673 年 8 月耿精忠密差黄镛前来台湾，密谋共同出兵反清。郑经闻讯即在同年 11 月亲往澎湖整顿舟师，准备进发福建。不过 12 月吴三桂起兵云南，清廷急欲安抚耿精忠，暂停先前撤藩的命令。耿精忠见状，遂按兵不动，郑经获悉后，亦在同月返回台湾。1674 年 4 月耿精忠在福州举兵叛清，并自称“总统兵马上将军”。

清廷对于明郑虽采迁界封锁，但吴三桂与耿精忠已叛，对明郑的动向更加注意。1674 年 1 月有间谍自台湾归，取得一本小册子。内容记载东宁地形险要，某处山礁、某处水门。官员现任、休致，兵马屯扎多少。文武官员如：陈永华、冯锡范、柯平、薛进忠、洪磊诸人的才干评价。以及天兴、万年二州与各城廓、濠堑、军器、储积。并且明郑事事修整，时时讨练，没有一天忘记还要西返，不过朱明子孙在台湾虽众，但没有一人被重用[②]。

1674 年 4 月郑经应耿精忠之邀，从台湾亲自率兵至厦门。台湾内部政务，全交由东宁留守总制陈永华负责[③]。先前黄镛来到台湾与郑经密见时，探知明郑军队兵不满万人，船不满百艘，耿精忠闻讯立刻起了轻侮之心。再加上一个月内，全闽皆为耿精忠所据，耿氏不免又有了自大之心。所以当郑经抵厦后，耿精忠只回应：“郑世藩来，甚喜；但兵多饷少，各分地自战可以。”[④]初始郑经仍不知道耿氏态度已变，不断遣人至福州，议拨地方安插船只、兵丁，但耿氏皆不回答。其实郑经一直想到漳、泉二府募兵，但耿精忠一直为难，故耿、郑二人开始交恶[⑤]。

同年 6 月郑经调派军队，袭取漳州海澄、泉州同安，并一路攻下泉州府城。8 月，驻防广东潮州府的清军将领刘进忠遣人来投降郑经。于是郑经一时也得到漳、泉、潮三府，实力大增。由于占领土地日广，军饷皆取自于台湾已经不足。尔后郑经任命郑省英为宣慰使，总理闽粤各府州县钱粮。凡百姓 16 岁以上、60 岁以下，每人每月纳银 5 分，名曰“毛丁”。船舶则丈尺纳税，名曰“梁头”。又在各府设立盐司，分管盐场，以掌兵食[⑥]。

① 刘健：《庭闻录》，台湾文献丛刊第 248 种，第 41—49 页。
② 李天根：《爝火录》第八册，台湾文献丛刊第 177 种，第 1244 页。
③ 王国璠、邱秀堂：《台湾丛谈》，台北：台湾史迹研究会，1977 年版，第 354 页。
④ 彭孙贻：《靖海志》，第 74 页。
⑤ 川口长孺：《台湾割据志》，台湾文献丛刊第 1 种，第 66 页。
⑥ 彭孙贻：《靖海志》，第 77 页。

1674年10月耿精忠以步骑2万，南下进攻泉州府城。郑军以刘国轩为主帅，亦率师在兴化府枫亭抵御。11月双方往南会战于泉州府惠安县涂岭，耿部大败，刘国轩急追残部至兴化府城外[①]。随后郑经部大破清军于饶平县黄冈，于是郑经所得三府地盘始固。12月吴三桂遣使至耿、郑二人处调停，并以“同室操戈、贻笑敌国”为戒。1675年2月耿精忠见郑经羽翼已丰，只能以媾和代替战斗。双方商议互约以枫亭为界，通商贸易，有事相援，毋得侵伐，从此耿、郑交好[②]。

1676年郑经在吴三桂的协调下，与尚之信划分势力范围。双方以东莞、新安、石龙为界，郑经又控制整个惠州府辖境[③]。同年郑经又攻陷福建省汀州、邵武、兴化三府，郑经所控制的地区，已经比其父郑成功还要广阔。虽然此时郑经的势力得到前所未有的扩张，但他现在面临的问题却很严峻。因为清军已大举反攻，1676年耿精忠出师浙江屡遭不利，又闻郑经已经攻占闽西，耿部将领多怀异心，遂密款清军投诚献关。同年10月，清军急速进兵攻抵福州，耿精忠出降[④]。

耿氏失败后，郑经北面“屏障”已失。郑经不得已只能采取守势。1677年1月，清军采迂回战略，不急于从福建沿海南下，反而潜师袭取闽西。1677年2月，清军攻占兴化府。3月清军又南下攻取漳、泉二州，郑经从漳州府城仓皇逃出，抵达海澄时也不愿意坚守，直接坐船前往厦门。4月，明郑在福建的败兵全部逃往厦门，先前在闽所得土地，可谓一夕全部失陷[⑤]。

7月，已降明郑的清将刘进忠，又占据潮州府城复叛。此时驻防惠州的明郑大将刘国轩，有被断去退路的危险。郑经乃调拨水师，前往粤东接回刘国轩至厦门。当时明郑诸将残部汇集于厦门，军饷奇黜。于是再学习郑成功采游击策略，攻取沿海小岛或小港，延长整个厦门的防卫纵深，以及多增饷源。郑经命令虎卫林升密取晋江县东石港，水师四营将领陈升、水师五营将领蔡冲琱、水师七营将领石至、水师八营将领陈胜，袭取泉州府小港蚶江、祥芝、崇武、獭窟等。水师一营密夺兴化沿海小岛，水师五营再分遣一部密夺海坛岛，欲控制福州府福清、长乐一带海域。楼船中镇将领萧琛率部北上攻占舟山群岛，危宿营将领陈起万亦率师北上攻占闽北福宁。总制后协将领林日慧、吴调纲，分头攻占闽北福安、宁德。

至于援剿后镇镇将陈起明攻占同安，后提督吴淑坐镇厦门，扬威前镇镇将

① 南炳文：《南明史》，天津：南开大学出版社，1992年版，第347页。
② 金成前：《郑经与明郑》，载《台湾文献》，1972年第23卷第3期，第125页。
③ 金成前：《郑经与明郑》，第126页。
④ 李之芳：《平定耿逆记》，载《明亡述略》，台湾文献丛刊第244种，第42—48页。
⑤ 阮旻锡：《海上见闻录》，台湾文献丛刊第24种，第51—52页。

陈昌、扬威左镇镇将陈福分守漳港。戎旗一镇镇将林应驻守漳州府小港井尾。奇兵镇镇将黄应、英兵镇镇将李隆、殿兵镇镇将林奕、房宿营将领杨兴，分驻漳州府铜山、诏安，以及潮州府南澳、潮阳、揭阳等①。跟第一阶段相比，虽然明郑的部队只能局限于各小岛、小港，但是清廷实施迁界已逾10年，沿海根本没有战船可供使用，所以此阶段郑经所部仍能负隅奋战。

1678年2月，郑经把军国大事委由刘国轩负责，刘氏正筹谋一个反攻的计划，即是密袭海澄，并从海澄袭取漳州府城。福建总督郎廷相、宁海将军喇哈达、平南将军赖塔、福建陆路提督段应举率师来援，不料清军所部皆败。同年4月，刘国轩再攻取平和、漳平二县。7月，清廷擢升福建按察使吴兴祚为巡抚、福建布政使姚启圣为总督，命令赴援海澄。可是其他清军各部怯战不应援，海澄遂被攻破，段应举战败自缢②。

不过从大局来看，战况还是渐渐对清廷有利。尤其是江南财富之区，并没有被战火波及，使得长期消耗战中，清廷较占上风。再者，1677年4月尚之信也降清，只剩下吴三桂部独自苦战。1678年4月，吴三桂在湖南衡州称帝，改元为昭武。可是同年9月，吴三桂旋病死于衡州，其孙吴世璠接帝位，改元洪化，"大周"的命运如风中残烛③。

第三阶段的1679年至1681年，是郑经与吴世璠顽抗的终期。由于段应举已经身亡，故清廷改调江南提督杨捷为福建陆路提督④。此外，清廷又开始严行迁界的政策。不过考虑到穷苦之人一旦迁徙，舍弃田舍难以维生。所以将一年的地丁、钱粮、差徭、杂项尽行豁除⑤。清军的水师也在此时重新整顿，首要攻击目标就是舟山群岛。郑军失败后，闽北的屏障仅剩海坛岛。而清军水师为何能在短时间复振？原来重用在湖南洞庭湖大破吴三桂水师的万正色，并调此人为福建水师提督⑥。明郑的部队仅剩刘国轩在漳州战场苦撑。1679年11月刘国轩以万余人，对抗清军10余万之师。由于郑军善用火炮，每次轰击，无不披靡。清军夺气，兵不敢出阵。加上善用间谍，清军情形纤悉必知，故清军仍无法越雷池一步⑦。福建总督姚启圣认为对付刘国轩只能智取，所以兴建"修来馆"，招降明郑官兵悬以重赏。明郑文武官兵降者，一日有数百人之多。但是郑军缺乏粮

---

① 佚名：《闽海纪略》，台湾文献丛刊第23种，第40—41页。
② 川口长孺：《台湾郑氏纪事》，台湾文献丛刊第5种，第67页。
③ 刘凤云：《清代三藩研究》，第272、288—291页。
④ 彭孙贻：《靖海志》，第85页。
⑤ 台湾银行经济研究室：《平定三逆方略》第二册，台湾文献丛刊第284种，第282页。
⑥ 陈碧笙：《台湾人民历史》，台北：人间出版社，1996年版，第114页。
⑦ 杨捷：《平闽记》第一册，台湾文献丛刊第98种，第69—72页。

饷，故刘国轩并不禁止麾下前去领赏。因此造就明郑部队中，员弁与兵丁长发与薙发的奇怪现象。但也因为如此，刘国轩的兵额不因乏饷而短少①。

1680年2月福建水师提督万正色率师出福州闽安镇，大举进袭海坛岛。虽然明郑海坛守将林升调拨战船30艘反击，但海坛还是被清军顺利攻克。林升遂率战船60艘，退据泉州外港臭涂湾。隔月万正色再南下追入泉州，并配合陆师攻势，把明郑部队一举赶出泉州。此时姚启圣密书郑经的亲信施亥，想以他做内应生擒郑经。不料刘国轩及早发觉，通报郑经先擒斩之②。可是这起事件，已让郑经胆颤心惊。时值清军准备进攻金、厦，郑经旋仓皇奔离，逃往澎湖。在英属东印度公司记录中，对明郑在厦门的失败有生动的描述。事实上1678年刘国轩攻克海澄的成功，让英国人又抱着一丝希望。但来年清廷厉行迁界，又让他们对沿海贸易毫无商机。1680年3月郑经在厦门惨败前，英国人认为郑军还有抵抗的力量，只是郑军内部分派对立，加上少数将领背信、怯懦，才会使大局一变而不可收拾③。

郑经败退回台湾后，丧失志气并开始寄情于酒色，不理政务。他在洲仔尾（今台南县永康市）建造庭园，移诸嬖幸于内，再与文武官将围射酣乐。1681年3月郑经病逝④。此时清廷还没有时间理会明郑的动态，因为大军正深入云南作最后决战。1681年11月攻入昆明城，吴世璠出降，“三藩之乱”遂平。台湾在郑经死后陷入夺权的震荡中，明郑的未来也是风雨飘摇。

① 彭孙贻：《靖海志》，第89—90页。

② 郑达：《野史无文》第二册，台湾文献丛刊第209种，第167—168页。

③ 曹永和：《英国东印度公司与台湾郑氏政权》，载《台湾早期历史研究续集》，台北：联经出版社，2000年版，第255页。

④ 台湾省文献委员会编：《台湾史》，台北：众文图书公司，1996年版，第232页。

第三章　康熙帝统一台湾与清代前、中期的台湾社会

第一节　清郑谈判与统一台湾

1683年7月福建水师提督施琅，亲率大军渡海征讨台湾，不管从中国海洋史或清史的角度来看，都写下了新页。的确，在施琅之前，亦有郑成功率师东渡的例子；但是郑氏的水师跟荷兰人的战船，所爆发的海战规模尚小。这一次施琅的挥师，在澎湖与明郑的水师决战，估计双方总共动员500艘以上的风帆战船，可谓中国历史上最大规模的一次跨海海战。不过这所有的一切，还需从施琅的生平，开始追溯起。

施琅，本名施郎，1621年生于福建晋江县南浔乡，其父施大宣在邻里有美名。南明郑芝龙立足于闽海时，施琅曾投入其麾下成为部属。1647年郑芝龙降清，施琅转而拥护郑成功，并成为得力的大将。史载施琅追随郑成功时，是所有将领中最年轻，并且知兵善战，自楼橹、旗帜、阵伍之法，皆施琅启之[①]。由此可知施琅的能力，应该比郑成功还要强。郑成功收并厦门的郑彩，多依赖施琅从旁协助才能完成。此外施琅为厦门的防御，还立下汗马功劳[②]。1652年3月，清军趁郑成功亲征广东省惠来、揭阳时，趁其不备偷袭厦门，大掠自郑芝龙累积下来的金银珠宝。当时负责防守厦门的主将是郑成功的叔叔郑芝鹏（一说郑芝莞），不料此人不战而逃，使得郑成功之妻董氏也险些遭俘。施琅与郑鸿逵稍早前受郑成功的军令，从广东南澳引师回防厦门，本欲帮助郑芝鹏共同协防厦门。然舟师返棹厦门时正好遇见饱掠而去的清军，施琅见状首先带兵杀人，立下头功[③]。因此以施琅的才能，称为郑成功的股肱亦不为过。来年郑、施二人因一小过，彼此结下深仇大恨。原来施琅麾下士兵曾德，犯下军法之后逃入郑成功营帐，被郑氏拔擢为亲丁。施琅查明此事后，仍捉拿曾德正法。郑成功闻讯驰令

① 施伟青：《论施琅的功过》，载《沤汪·将军·施琅——将军乡乡名溯源暨施琅学术研讨会论文集》，台南：台南县将军乡公所，2002年版，第95—96页。

② 安然：《平定台湾传奇——施琅大将军》，北京：台海出版社，2006年版，第3、31—40页。

③ 王思治：《施琅平议》，载《施琅与台湾》，北京：社会科学文献出版社，2004年版，第55—56页。

勿杀，施琅仍抗令杀之。郑成功以此事逮捕施琅下狱。施琅恐惧郑成功会对己不利，遂逃出郑营暗渡至泉州安平港。孰料郑成功竟迁怒其父施大宣、其弟施显，双双收押后处死。由于郑成功仍追捕施琅甚急，施琅在走投无路，并且要报父仇的情况下才投降清廷[①]。

史书提到施琅与郑成功的关系，常谓施琅过于恃才傲物，最后与郑成功发生冲突。有学者认为，除了施琅的自负性格之外，他对于郑成功反清复明的战略也常提出质疑。特别是郑成功想南下至广东勤王，会同李定国的军队共同伐清。施琅不认为这是高明的计划，公开反对这项军事行动[②]。总之施琅降清后，清军得到一名战将，这对郑氏阵营来说是致命的。郑成功听到施琅北归后，亦后悔说："自此不复安食。"[③]果然施琅反过来在与郑军的战斗中，连战皆捷；累官至福建水师提督，成为清军最熟知洋面作战的将领。

1665 年 12 月施琅首次率师出征台湾，他选择从金门出发，可能受到郑经的影响。原因是施琅麾下还有一员投清的将领周全斌，此人正是 1662 年跟随郑经来台平定郑袭的骁将。作者推测施琅囿于航道不够熟悉，只能借助也是郑氏降将的帮助。然而初次的征讨却很不顺利，施琅回报康熙皇帝，声称受阻于风浪[④]。1666 年 4 月施琅第二次率师出征台湾，此次康熙帝特授靖海将军印信以壮声势。而出发的地点仍选择在金门，所属部队与第一次雷同。根据施琅的回报，他的船队自 4 月底出发后，因海面风浪过大，中途三次折返回金门。同年 5 月中旬，船队终于航至澎湖群岛。不料又遭遇更大的风浪，情势更加危急。最后这支船队全部被风吹散，部分收舶于福建漳州府铜山、悬钟、陆鳌；施琅所在的舰船则被吹至广东潮州府南澳，6 月初返回厦门[⑤]。

由于施琅二次征讨台湾失败，清廷遂改变策略以招抚为主。1667 年施琅以福建水师提督的名义上疏给康熙皇帝，希望再次率师出征台湾。可是康熙帝已经把重点转移到"三藩"上，无意再对台湾用兵。来年康熙皇帝召施琅入京，授内大臣，编入镶黄旗汉军。同时谕令裁撤福建水师提督之职，并尽焚闽省水师

---

① 金成前：《施琅、黄梧降清对明郑之影响》，载《台湾文献》，1966 年第 17 卷第 3 期，第 151—166 页。

② 徐晓望：《论施琅与清廷的关系》，载《施琅与台湾》，北京：社会科学文献出版社，2004 年版，第 217—221 页。

③ 黄宗羲：《赐姓始末》，台湾文献丛刊第 25 种，第 17 页。

④ 陈在正：《施琅以战逼和统一台湾的决策》，载《台湾研究集刊》，1996 年第 4 期，第 60 页。

⑤ 中国第一历史档案馆编辑部、厦门大学台湾研究所：《康熙统一台湾档案史料选辑》，福州：福建人民出版社，1983 年版，第 50—52 页。

战船,以为无东进之意[①]。1673 年“三藩之乱”爆发,郑经率领明郑的军队攻入福建。在清军平定靖南王耿精忠,以及抵抗郑经入侵的过程中,隶属镶红旗汉军的浙江温处道姚启圣表现突出。1678 年 7 月已升任福建布政使的姚启圣,认为要消灭明郑的水师,海战必不可少。当今最熟悉海战的将领,还是以施琅莫属,所以首度举荐施琅[②]。同年 6 月,姚启圣升任福建总督,统筹闽省军政、民政,有了更大的权力。10 月,姚启圣建议朝廷复设福建水师提督,得到正面的响应。两个月后康熙帝谕令裁撤福建水陆提督,另设福建陆路提督与水师提督二职[③]。不过复设后的水师提督却不是施琅,原因是姚启圣查出施琅的子侄在郑经的麾下任官。因此对于保举施琅复出,遂有了疑虑。

1680 年施琅养子施齐、侄儿施亥,在厦门密谋生擒郑经未果被杀,福建总督姚启圣详查此事确定无误后,才又大力保举施琅出任福建水师提督。除了姚启圣之外,内阁学士李光地也是关键。李光地,福建泉州府安溪人,1670 年考取进士后任翰林院编修。1673 年李光地回乡省亲,竟于来年遇上“三藩之乱”,身陷其中。郑经攻入泉州后,亦遍寻李光地,希望诱之以降。不过李光地非但没有投降,还给康熙皇帝提供确切的前线情报而得到奖赏[④]。1680 年李光地升任内阁学士后,亦保举施琅复出准备平台。施琅与李光地相识,早在李光地进入翰林院之时。现李光地已成为康熙的近臣,他认为康熙帝想要再度发兵台湾的计划,只有施琅能完成这项任务[⑤]。

1681 年 3 月郑经病逝于台湾,福建总督姚启圣与内阁学士李光地,都分别上疏请求征台。可是此时却遇到一个阻力,原来福建水师提督万正色坚决反对。万正色亦为福建泉州府晋江县人,在“三藩之乱”中屡挫明郑的军队。他的海战能力与施琅似乎不相上下。清军攻占金门、厦门与海坛、南日、湄州岛,把郑经再赶回台湾,可说全赖万正色一人之力。然而不知是深恐于施琅复出后,削夺其军权,或者在与明郑水师作战过程中,自忖清军的水师还无法驶入大洋。总之,此人自 1680 年以来,即一直抱着反对征台的态度。这使得康熙皇帝认为有必要调整万正色的职务。1681 年 9 月,上谕任命施琅为福建水师提督,万正

---

① 叶高树:《三藩之乱期间郑经在东南沿海的军事活动》,载《“国立台湾师范大学”历史学报》,1999 年第 27 期,第 6—7 页。

② 邓孔昭:《论姚启圣在统一台湾过程中的作用》,载《郑成功与明郑台湾史研究》,北京:台海出版社,2000 年版,第 158—169 页。

③ 中国第一历史档案馆编辑部、厦门大学台湾研究所:《康熙统一台湾档案史料选辑》,第 164—165 页。

④ 台湾银行经济研究室:《清奏疏选汇》,台湾文献丛刊第 256 种,台北:1968 年,第 33—35 页。

⑤ 施伟青:《关于施琅复出前夕的若干问题》,载《台湾研究集刊》,1997 年第 3 期,第 79—82 页。

色补授福建陆路提督。康熙帝平定台湾的计划，已经是箭在弦上[①]。

1681年11月施琅抵厦门视事，同月福建总督姚启圣上给康熙帝的奏本，提到最新拟定的征台策略。他认为征台出发的港口，不应该只是金门，也可以从福州进发。原因是福州距离台湾北部的上淡水（今台北县淡水镇），只有约四更的水程（一更约2个小时）。所以部分军队应该利用北风直攻台湾本岛，在抵达上淡水之后联络当地的原住民。然后趁台湾冬季是河川的枯水期，透过陆路南下袭取东宁。姚启圣的看法是发挥钳形攻势的效用，南、北路都有军队进袭。特别是登陆上淡水成功后，可以牵制明郑后方的水师，让清军的主力在进攻澎湖时可以多一点胜算[②]。可是施琅对于这项计划，却有不同的看法。

1682年4月7日，福建水师提督施琅密陈征讨台湾的方案，他向康熙帝报告现在福建的军情，总共有五项重点：其一，明郑的间谍潜伏福建甚多，所以必须使用反间，乱其党羽而让他们彼此猜忌。其二，实施声东击西的策略，刻意放出假消息，声称清军要利用北风进兵。其三，明郑的水师已经在澎湖加强布防，可能驻屯的地方是西屿南端的两个港口——内崭、外崭（今澎湖县西屿乡内堎、外堎），以及澎湖的最大港——娘妈宫（今澎湖县马公市）。其四，施琅这一次发兵的地点，已不再是金门，也不是姚启圣主张的福州，而是漳州府诏安县的铜山（今东山岛）。铜山的纬度，比起澎湖稍微偏南；但比起明郑的行政中心——东宁（今台南市），纬度还要偏北。因此施琅想要利用南风，趁其不备直攻澎湖。其五，福建水师各将领都是一时之选，例如：同安总兵官吴英、兴化总兵官林承、金门总兵官陈龙、平阳总兵官朱天贵、海坛总兵官林贤等。使得施琅第三次的征台，显得比前两次还更有把握[③]。

虽然施琅此次征台志在必得，而且还预计同年6月就要进兵台湾。但在作战计划的拟定上，却遭遇到许多人的质疑。原来1682年4月13日，镇守福州的宁海将军喇哈达邀集施琅、姚启圣等，同在泉州公议商讨出兵大计。会中喇哈达要求施琅出具疏稿，此一奏文公开之后，立刻引起姚启圣不满。原来施琅在文中指出，姚启圣生长于北方，虽有经纬之才，但海战并非所长。姚启圣认为施琅是他保举才有复出的机会，现在施琅竟在背后打他的小报告，姚启圣的愤

---

① 邓孔昭：《李光地、施琅、姚启圣与清初统一台湾》，载《台湾研究集刊》，1993年第1期，第68—69页。

② 中国第一历史档案馆编辑部、厦门大学台湾研究所：《康熙统一台湾档案史料选辑》，第233—234页。

③ 施琅：《靖海纪事》，台湾文献丛刊第13种，台北：1995年，第11页。

懑可想而知[①]。1682 年 5 月初施琅在厦门操兵完成，移请喇哈达前往校阅。随后在同年 6 月 10 日施琅与姚启圣，共同督率水师南下前往铜山，准备候风进攻澎湖。可是在 6 月 26 日姚启圣密奏康熙，极力强调利用北风发兵的重要。他指出台、澎多处港澳可利于北风停泊，如果直捣澎湖一时不能取胜，还可以分队停泊于各澳。可是利用南风，可以湾舶的港口只有娘妈宫，如果不能取胜，则整个船队无停泊之处就很危险。同年 7 月，施琅为了试探明郑的防卫，先遣提标随征总兵董义，率领战船 32 艘攻击澎湖，但被守军击退[②]。

姚启圣担心自身的力量不足以改变施琅的计划，遂联合宁海将军喇哈达、福建陆路提督万正色，共同上疏称南风不如北风的主张。此举使得施琅想要利用南风，选定在夏季发兵的计划暂时展延[③]。8 月 15 日，施琅得悉是前述官员掣肘后，也上疏抗辩。这个利用南风或北风的争执，在福建前线越演越烈。事实上姚启圣虽然也赞同出兵台湾，但他认为如果明郑可以主动受抚，最后的结果会更好。于是在 1682 年 10 月至来年 2 月，明郑与福建方面一直展开谈判。值得注意的是透过谈判，冀图与郑氏化解兵戈，则是从郑成功举兵以来，清廷的一贯宗旨。总计郑氏三代——郑成功、郑经、郑克塽，清廷与之谈判总共有 15 次（见表 3－1）。

表 3－1　1652—1683 年清、郑谈判始末

编号	年　代	清廷派遣代表	郑氏谈判对象	谈　判　内　容	结果
1	1652	郑芝龙旧部周继武	郑成功	持家书往厦门试探招抚，但被郑成功拒绝	失败
2	1653.6—1653.9	郑芝龙旧部周继武、黄征明	郑成功	清廷许以海澄公一爵，以及漳州府一地，但被郑成功所拒	失败
3	1653.12—1654.3	郑芝龙旧部周继武	郑成功	携带海澄公印一颗，清廷再许福建以漳、泉州府，以及广东惠、潮州府，交给郑部安插兵马	失败
4	1654.7—1654.12	内院学士叶成格、满员阿山、郑芝龙次子郑世忠	郑成功	与第三次相同	失败
5	1655.10—1655.12	世子济度统率大军	郑成功	清军列阵于厦门对岸，要求郑成功接受招抚	失败

① 中国第一历史档案馆编辑部、厦门大学台湾研究所：《康熙统一台湾档案史料选辑》，第 243—244 页。

② 施琅：《靖海纪事》，第 13—14 页。

③ 中国第一历史档案馆编辑部、厦门大学台湾研究所：《康熙统一台湾档案史料选辑》，第 245—246 页。

续表

编号	年　代	清廷派遣代表	郑氏谈判对象	谈　判　内　容	结果
6	1656.12	郑芝龙旧部	郑成功	郑芝龙旧部跪求郑成功接受议和	失败
7	1662.8—1663.1	都司王惟明、李振华、副将林忠	郑经	郑经正与郑袭互争继承大位，闽浙总督李率泰趁机招降	失败
8	1663.11	—	郑经	郑经在金门、厦门战败，逃往铜山岛，闽浙总督李率泰再次招降	失败
9	1667.1—1667.6	第一次由道员刘尔贡、知州马星来台，第二次由候补总兵官孔元章来台	郑经	第一次清廷许郑经只要接受招抚，立刻册封八闽王，并将沿海岛屿交予管辖；第二次郑经提出"援朝鲜例"，严拒薙发。同时也不称臣奉贡、不以子入京为质	失败
10	1669.7—1669.10	第一次兴化府知府慕天颜、都佥事季佺来台，第二次郑经派礼官叶亨、刑官柯平前往泉州，第三次慕、季二人再来台湾	郑经	清廷允许郑氏可以封藩，也可以世守台湾，但一定要薙发。郑经再提出"援朝鲜例"，严拒薙发	失败
11	1677.4—1677.5	佥事道朱麟、臧庆祚	郑经	"三藩之乱"第二阶段郑经在闽、粤大败，清康亲王杰书趁机招抚	失败
12	1677.8—1677.10	泉州府知府张仲举、兴化府知府卞永誉、泉州乡绅黄志美、监生吴公鸿	郑经	清廷允许郑经可以"援朝鲜例"，不薙发，也可不称降。但要交出在福建沿海所占领岛屿并退回台湾。郑经严拒	失败
13	1678.11	中书张雄	郑经	福建总督姚启圣要求郑经交出海澄，郑经严拒	失败
14	1679.6	中书苏理	郑经	清廷允许郑经可以"援朝鲜例"，不薙发，也可不称降。但要交出在福建沿海所占领岛屿并退回台湾。郑经提出以海澄作为郑、清往来公所，清廷严拒	失败
15	1682.10—1683.2	—	郑克塽	郑氏派遣总稿黄学、翼将蔡猷雄前往福州，与福建总督姚启圣谈判。姚氏坚持明郑官民必须削发上岸	失败

参考数据：(1) 童怡：《郑清和议之经纬》，载《台湾文献》，1955年第6卷第3期，第29—35页。

(2) 庄金德：《郑清和议始末》，载《台湾文献》，1961年第12卷第4期，第1—40页。

(3) 邓孔昭：《论清政府与台湾郑氏集团的谈判和"援朝鲜例"问题》，载《郑成功与明郑台湾史研究》，北京：台海出版社，2000年版，第111—125页。

从表 3－1 得知，在清郑的谈判中，在郑成功时代有 6 次，郑经时代有 8 次，郑克塽时代仅 1 次。初始清廷派出的谈判代表，都是以郑氏旧识为主。但从第 7 次开始，清廷都是派出官员；而层级最高者，则是第 4 次的内院学士。至于受抚后的爵位，清廷授与郑成功“海澄公”一衔还不是最高，而是准备给予郑经的“八闽王”较高。不过郑氏也自有盘算，终郑成功一世，始终没有对清廷提出任何要求，一律严词回绝。但是到了郑经主政时，对清廷的谈判要求，一直环绕在“援朝鲜例”的问题上。虽然第 12 次谈判，清廷也允许“援朝鲜例”的要求，但郑经又改变议题，希望保有“三藩之乱”在福建沿海所占领的土地。此举让清廷决意使用武力，把郑氏的军队再赶回台湾。不过可以发觉的是从第 13 次开始，福建总督姚启圣扮演的角色越来越重要。

在施琅还未出师前，姚启圣总管对明郑的所有事务。然而施琅还是在持续练兵中，当时聚集于东山岛的水师官兵，总共有 2.1 万余人、战船 238 艘。由于没有立刻进兵台湾，过多的军队集中在东山岛，会使得平常汛防的勤务废弛。因此施琅仍亲率提标战船，前往厦门、泉州海口巡弋演练。至于海岸的戒备，移咨给福建陆路提督万正色，请他调拨营伍协防金门、厦门与铜山①。

施琅对于姚启圣剿抚未定的结果感到不解。不过 1683 年 2—5 月间，的确有许多明郑的将领或百姓，私自驾船前来投诚。透过他们清军可以得知台、澎的虚实，特别是台湾米价腾贵，每担已有五六两之谱。亦有平埔族反抗明郑统治，台湾形势日蹙。这些投诚之人所透露出来的情况可靠。因为郑经病逝后，明郑的内部呈现紊乱。自从 1674 年郑经率师参与“三藩之乱”，台湾统治大权就交由长子郑克臧负责。郑克臧是咨议参军陈永华的女婿，个性刚直果决，又有陈永华辅佐，内政尚属修明。不过此举引起权臣的不满，其中以侍卫冯锡范最具野心②。郑经的次子郑克塽，即是冯锡范的女婿。冯锡范认为郑克臧为郑经的螟蛉子，没有资格继承明郑的大统。因此说服郑成功之妻董太妃，假意召郑克臧议事，然后宣布由郑克塽取代。不料冯锡范另密谋行刺，郑克臧竟被所弑。因此郑经之后，反而由 12 岁的郑克塽继承大统，明郑内外大权背后由冯锡范操纵。董太妃得知被冯锡范利用，于同年 7 月郁郁以终，郑氏之业遂不可为③。

明郑的基业摇摇欲坠，此时尚有大将刘国轩独撑大局。刘国轩，为福建汀

---

① 中国第一历史档案馆编辑部、厦门大学台湾研究所:《康熙统一台湾档案史料选辑》,第 254—256 页。

② 金成前:《陈永华、冯锡范与明郑后期之成败》,载《台湾文献》,1966 年第 17 卷第 4 期,第 145—156 页。

③ 徐鼒:《小腆纪年》第五册,台湾文献丛刊第 134 种,第 984—985 页。

州府武平县人。原为清军漳州城守弁，之后投降郑成功，被授予护卫后镇之职。不过他的锋芒，却是在“三藩之乱”中才显露。当时他屡败靖南王耿精忠、平南王尚之信、福建水陆提督段应举所部，威镇闽南数年（见第二章第四节）。然而在冯锡范夺权的阴谋中，刘国轩虽然早已知道，但却托病不出，被人讥为一丘之貉。据施琅上奏朝廷的疏文，1683 年刘国轩亲率卒伍 2 万人、战船 200 余艘戍守澎湖[①]。同年 2 月，清、郑第 15 次谈判，也是最后一次谈判在福州结束。由于姚启圣对明郑的招抚没有结果，康熙决定支持施琅，利用南风征讨台湾。

1683 年 7 月 8 日，福建水师提督施琅，统率营伍 2 万人、战船 300 艘，浩浩荡荡向澎湖出发。为了严明军令，施琅特别要求每位将弁，把自己的名字写在船帆上，以便对阵时明辨赏罚。隔天下午，船队抵达澎湖群岛西南方的猫屿、花屿。明郑水师数十余艘战船侦察到后，没有立刻接战，直接反棹奔回澎湖本岛。于是施琅指挥船队进驻澎湖群岛正南方的八罩岛（今澎湖县望安乡），并在该岛北方的水垵澳停泊。7 月 10 日早上，施琅命令提标右营游击蓝理等官弁，先率领 7 艘大型战船北上进入澎湖湾。此时刘国轩统帅的明郑水师，已经列阵等待。澎湖湾周围岛屿，刘国轩亦赶筑炮城作为掩护，它们包括：娘妈宫炮城 2 座（今马公市）、风柜尾炮城 1 座（马公市风柜里）、四角山炮城 1 座（今四角屿）、鸡笼山炮城 1 座（今鸡笼屿）、西蒔与东蒔炮城 4 座（马公市新复里与案山里）、西堑与外堑炮城 4 座（西屿乡外堑村与内堑村）、牛心湾山头顶炮城 1 座（西屿乡内堑村）。根据施琅的形容，明郑陆师筑造短墙，安置腰铳，环绕 20 余里，星罗棋布，坚如铁桶[②]。

不过首战蓝理等却旗开得胜，先击沉明郑水师战船 10 余艘。然而此时潮流改变，渐不利于往北进攻的清军水师。施琅惟恐战局有变，急忙趁黑夜前，收队暂时停泊于西屿洋面。总计初次作战，明郑水师阵亡或溺毙者，约有 2000 余人之多。可是施琅的右眼也被铳伤，幸好没有失明之虞。7 月 11 日早晨施琅率领船队，返回八罩岛水垵澳停泊。7 月 12 日清军水师从八罩开航，北上大举进逼，占领北面的虎井屿、桶盘屿。隔日，施琅乘坐小船，前往内、外堑与东、西蒔侦察，谋思破敌之道。7 月 16 日早上施琅发动决定性的一战，他把船队做以下的布置：

命令提标随军都督陈蟒等，率领 50 艘战船为一股，直攻鸡笼屿、四角山为

① 据阮旻锡《海上见闻录》，刘国轩麾下仅 6000 人、铳船 19 艘、战船 60 余艘。阮氏是郑成功、郑经旧部，又精通理学，写史应有一定客观性。三藩之乱，郑氏出兵闽粤损失惨重，澎湖守军可能没有这么多。

② 施琅：《靖海纪事》，第 27 页。

东侧疑兵。提标随征总兵董义等，率领 50 艘战船为一股，直攻牛心湾为西侧疑兵。集中大型战船总共 56 艘，分为 8 股，每股 7 艘，分别由施琅等 8 位将领指挥，直接猛攻娘妈宫。而这 56 艘大型战船之后，再留 80 余艘战船作为后应。施琅想以数次舟波的战术，直扑刘国轩统率的水师；然后再以数艘攻敌一艘的方式，歼灭明郑的战船。此役刘国轩没料到清军水师如猛虎出柙般扑来，明郑水师的本阵立刻陷于混乱。战至黄昏，刘国轩知道大势已去，仅率领残舰 30 余艘，先向北航行至西屿与白沙岛间的海峡——吼门，然后往东南开航逃回台湾。是役，施琅获得全面的胜利。再根据他的奏报，明郑水师阵亡或溺毙者，约有 1.2 万余人。至于明郑陆师残存的 4800 多名官兵，亦全部投降[①]。

7 月 17 日刘国轩逃抵东宁，台湾军民闻败，风声鹤唳。但是直到 7 月 27 日为止，明郑的官员多没有主张投降。当时包括侍卫冯锡范等，主张偷袭西班牙人统治的菲律宾，若成功占领可以保存明郑。此时施琅派遣刘国轩旧部来台招降，并密许刘国轩在事成后，可以透过施琅保举担任总兵官。刘国轩闻讯，力排众议，决定投降。郑克塽依议，遂遣中书舍人郑德潇撰写降表一份，送至澎湖施琅处[②]。9 月 9 日，施琅派遣下属至台湾晓谕薙发。9 月 17 日，郑克塽先缴出延平王印，送至澎湖呈递给施琅。10 月 1 日施琅从澎湖出发，亲自来台纳降。两日后抵达鹿耳门，郑克塽携带招讨大将军印与明郑官员，以及朱明宗室前来迎接[③]。施琅在台湾处理明郑投降事宜，并回报朝廷善后工作。康熙皇帝最后决定封给郑克塽安汉公的爵位，并拨入正黄旗汉军，刘国轩则授予天津镇总兵官[④]。1684 年 1 月 8 日施琅在台处理事务完毕，命令同安总兵官吴英暂时镇守台湾，自己先返回福建[⑤]。

1683 年施琅已经是 62 岁的宿将，征台成功以后，他本可以为报父仇对郑氏展开杀戮。可是施琅并没有如此，而且听闻廷议想要放弃台湾，仅戍守澎湖的计划，立刻上了有名的《恭陈台湾弃留疏》，阻止康熙皇帝做出错误的决定[⑥]。事

① 这场海战旧说都以为是“天气”因素，施琅才获得胜利，但有学者抱持不同看法。参阅周明德：《天气对“澎湖癸亥海战”之影响》，载《台湾风物》，1987 年第 37 卷第 3 期，第 63—76 页；施伟青：《关于癸亥海战的气候问题》，载《台湾研究集刊》，1997 年第 2 期，第 74—77 页。

② 黄玉斋：《郑克塽》，载《台湾文献》，1966 年第 17 卷第 3 期，第 107—140 页。

③ 万仲良：《明郑败亡原因之探讨》，载《台湾文献》，1981 年第 32 卷第 3 期，第 1—8 页。

④ 1726 年郑克塽再移入正红旗汉军，去世后葬于北京卢沟桥西东王左。参阅厦门市郑成功纪念馆、厦门市郑成功研究会：《郑成功族谱四种》，福州：福建人民出版社，2006 年，第 203 页。

⑤ 施琅来台后对于昔日的朋友，也是仇人的郑成功，其死后的坟墓如何处置？从史料上看，施琅应该没有对郑成功墓做出毁坏泄恨之举。参阅潘文贵、聂德宁：《施琅“挈棺入京、行献俘礼”质疑——郑成功墓真伪附考》，载《台湾研究集刊》，1999 年第 1 期，第 74—78 页。

⑥ 施琅：《靖海纪事》，第 59—62 页。

实上朝臣多主张放弃台湾，然而保和殿大学士李霨等人却支持施琅的看法。施琅认为，如果台湾弃而不守，势必重落荷兰人之手，将成为中国百年大患。他指出，台湾："北连吴会，南接粤峤，延袤数千里，山川峻峭，港道迂回，乃江、浙、闽、粤四省之左户……台湾虽属外岛，实关四省之要害。"[①]被誉为"筹台宗匠"的蓝鼎元对台湾海防的重要性有精辟论述："台湾海外天险，日本、荷兰素所朵颐之地，东南风顺利，十日可至关东，此齿唇密迩之区，未可以遐荒海岛目之"[②]；"万一为盗贼所有，或荷兰、日本所据，则沿海六七省皆不得安枕而卧，关系东南半壁治乱，非浅鲜也。"[③]福建总督姚启圣也指出，如果弃金、厦而不守，置台湾而不问，则"五省之界不能还，六省之海不能开"；"况台湾广土众民，户口十数万，岁出钱粮似乎足资一镇一县之用，亦不必多费国帑，此天之所以为皇上广舆图而大一统也，似未敢轻言弃置也"[④]。这些言论均认为守住台湾，才能永绝海滨之祸患。康熙帝认同施琅等人意见，表示"台湾弃取，所关甚大。……弃而不守，尤为不可"[⑤]。清政府对台湾战略地位的早期认识如此。

最后康熙帝决定把台湾并入版图，并设立一府三县，开启清廷统治的时代[⑥]。

第二节 清初的治台政策

台湾作为清帝国海疆的重镇，不论从职官、驻兵制度，还是对渡、移民、番界、铁禁政策来看，都能体现出清廷治台着重海防的特色。1684 年 5 月户部侍郎苏拜上疏，建议在台湾分设台厦道、台湾府、台湾县、凤山县、诸罗县治理，并隶属福建省管辖。因此在 1875 年以前，整个台湾仅在一个府——台湾府治下发展。在这 191 年的时间中，台湾地方行政区域与职官的演变如表 3-2：

---

① 施琅：《靖海纪事》，台湾文献丛刊第 13 种，台北：台湾银行经济研究室，1995 年编印，第 60—62 页。

② 蓝鼎元：《台湾水陆兵防第三》，载《鹿洲全集》第 23 册，《鹿洲奏疏》，1988 年誊印漳州图书馆藏闽漳素位堂代印行刊本。蓝鼎元：《鹿洲全集》（蒋炳钊、王钿点校本），厦门：厦门大学出版社，1995 年版。

③ 蓝鼎元：《东征集》，载《与制军再论筑城书》，《文渊阁四库全书》史部 369—604，台北：台湾"商务印书馆"印行。1988 年誊印漳州图书馆藏闽漳素位堂代印行刊本。

④ 《姚启圣题为舆图既广请立洪远规模事本》，载《康熙统一台湾档案选辑》，福州：福建人民出版社，1983 年版，第 300—301 页。

⑤ 《汉文起居注》，载《康熙统一台湾档案选辑》，第 330 页。

⑥ 台湾银行经济研究室：《清奏疏选汇》第四册，台湾文献丛刊第 230 种，第 593 页。

表 3-2 1684—1875 年台湾府行政区域变革表

年代	行政区域	厅县与官员职称						
1684—1722	一府	台厦道						
		台湾府知府						
	三县	台湾县知县		凤山县知县	诸罗县知县			—
1723—1811	一府	台湾道						
	二厅	台湾府知府						
	四县	台湾县知县	澎湖厅通判	凤山县知县	嘉义县知县	彰化县知县	淡水厅同知	—
1812—1874	一府	台湾道						
	三厅	台湾府知府						
	四县	台湾县知县	澎湖厅通判	凤山县知县	嘉义县知县	彰化县知县	淡水厅同知	噶玛兰厅通判

参考数据：张胜彦：《清代台湾厅县制度之研究》，台北：华世出版社，1993 年版，第 5—26 页。

在职官制度方面，有不少新制首度出现在台湾。首先是道员，事实上在 1885 年（光绪十一年）台湾未建省以前，道员是此地品秩最高的文官（正四品），不过在名称上分为台厦道与台湾道两个阶段。1684 年至 1727 年为台厦道阶段，道署设在台湾府城（今台南市）；此时道员除了治理台湾之外，也分管厦门①。1727 年以后为台湾道阶段，清廷以为改制后的道员，仅专管台湾、澎湖即可，因此把厦门移交给兴泉永道管辖。按照清制，道员的职权主要是纠举下属有无失职。不过虑及台湾属于海防重地，故加重道员的权力。例如：授予密奏、兵备、岁科二试、督造水师战船之权②。

其次是知府，虽然该职在明郑时已出现过，但在清代对其职权的要求更为清楚。台湾知府为仅次道员的高官（从四品），府署亦设在台湾府城（今台南市）；改制后的台湾道，所治理的地区跟台湾知府重叠。他的职权首重地方教化，以及督征租税、盘查钱粮仓库。然而跟台湾道一样，台湾知府也有因地制宜的权力，例如：主管盐务、支放台湾绿营兵饷③。

其三是同知与通判，清代才出现在台湾。此二职都在厅治办公，充作知府

① 刘良璧：《重修福建台湾府志》，台湾文献丛刊第 74 种，第 29—30 页。
② 余文仪：《续修台湾府志》，台湾文献丛刊第 121 种，第 119 页。
③ 周元文：《重修台湾府志》，台湾文献丛刊第 66 种，第 65—67 页。

的副手，治理边陲之地，故又称为“分府”。在1875年以前，台湾知府有三个分府——淡水厅同知（正五品）、澎湖厅通判（正六品）、噶玛兰厅通判（正六品）。同知与通判的日常政务，主要是刑名与税收。既然分府所管之地，向例都在边陲，因此也有政务重点上的要求。例如：淡水厅同知与噶玛兰厅通判，着重钱粮与捕务（治安）；澎湖厅通判着重海防①。

其四是知县，不管于清帝国的何处，其职一向都被称亲民之官（正七品）。因此台湾府所属的四个县，自然也不例外。知县的职权，主要是刑名与税收；不过奖励文风、除暴安良也是重点。而这四个县若照重要性排列，依序为台湾县、凤山县、诸罗县（1787年改称嘉义县）、彰化县②。

值得注意的是台湾远隔重洋，亦有特殊职官为内地省份少见的。例如1723年至1781年加派巡台御史来台，让远在北京的皇帝能够监视台湾官员③。事实上巡台御史满、汉各有1人。1731年上谕巡台御史新旧兼用，满汉御史均留任一年，遂成两年一换④。不过两位巡台御史都留在台湾，又有监察密奏之权，有时也会产生权力矛盾。1740年巡台汉御史杨二酉自爆内幕，他指出满、汉御史，彼此性情多不相投。若遇事则挟怨偏私，使得文、武员弁亦随之各立崖岸，诸事掣肘，贻误地方⑤。此后闽浙总督、福建巡抚对巡台御史密参的个案开始出现。1747年福建巡抚陈大受疏言指出，巡台御史出巡南、北二路，向派台、凤、诸、彰4县人夫，又滥准词讼、额设胥役，并有奸民挂名依附生事确有不法⑥。于是该案交由大学士、九卿详议后，鉴于不以个案而因噎废食，应维持旧制不须撤回。只是日后巡台御史为避免扰民，每年于农隙时分路各巡察一次即可，毋庸多带仆隶以省烦费⑦。1752年上谕巡台御史从两年一换，改为三年一换；事竣即刻回京，不需在台湾停留⑧。

另外在台湾府城设立海防同知，让他可以与厦防同知协同稽查走私与偷渡。不过考其地位，台防同知比厦防同知地位更重。盖因于台湾府城是当时整个台湾最大的聚落，更是军事防御的重心，其海防重要性不言而喻。更重要的是它可以与台湾府经历、诸罗县笨港县丞、诸罗县佳里兴巡检、凤山县典史，组

---

① 范咸：《重修台湾府志》，台湾文献丛刊第105种，第97—98页。

② 尹士俍：《台湾志略》，北京：九州出版社，第13—16页。

③ 台湾银行经济研究室：《台湾通志》第二册，台湾文献丛刊第130种，第341页。

④ 台湾银行经济研究室：《清会典台湾事例》，台湾文献丛刊第226种，第192页。

⑤ 乾隆朝汉文录副（军机处录副），档号：0062—002，微缩号：003—2248，中国第一历史档案馆藏。

⑥ 李桓：《国朝耆献类征》第一三八册，台北：明文书局，1985年版，第839页。

⑦ 洪安全主编：《清宫廷寄档台湾史料》第一册，台北：台湾“故宫博物院”，1998年版，第9页。

⑧ 台湾银行经济研究室：《清会典台湾事例》，第193页。

成一个海防的稽查网络[①]。最后仿照广东理瑶同知之例，亦在台湾设立理番同知，专责处理少数民族的事务[②]。这里所谓的“番”，指的是熟番的意思，故理番同知处理的事务以熟番为主。不过作者在中国第一历史档案馆抄录到 1782 年，巡台满御史塞岱、巡台汉御史雷轮汇报给乾隆皇帝，说明防堵生番不得力官员的清单。除了淡水厅同知、凤山县知县被参劾外，理番同知李本楠也因生番在安溪寮庄（今彰化市）杀害 17 条人命未破案，而被降一级调用[③]。可见得理番同知的事务，也有防范中部地区生番的责任。

在驻兵制度方面，清代官方的武力是绿营与八旗，可是在台湾从未驻防过八旗，因此绿营就成为主力。绿营实行募兵制，然驻防台湾的绿营，却不是在当地招募；而是从福建各营散丁抽调，以三年一换班的方式抵台，再听从台湾镇总兵官的指挥，这种特殊的兵制，名为班兵制[④]。考其班兵制实施的年代，最早为 1686 年。该制实施的原因，作者归纳总共有三点：其一是清廷对在台湾募兵有疑虑，惧其昔日明郑反清者混入营伍造成不安。其二是清初台湾人口过少，无法招募到足够的兵源。其三是绿营兵饷均要就地发给，但清初台湾土地未全面开发，不足以负担全额兵饷，故不宜在台募兵。1875 年清廷准许台湾绿营就地招募，班兵制废止[⑤]。而从 1684 年台湾首次有绿营驻防，直到 1875 年台湾男丁可以进入绿营服役[⑥]。绿营兵力驻防台湾的人数如表 3 - 3。

表 3 - 3　清代台湾绿营人数

编　号	年　代	台湾绿营人数
1	1684 年	10000 人
2	1735 年	12670 人
3	1795 年	13376 人
4	1847 年	14657 人
5	1869 年	7700 人
6	1875 年	7700 人

数据来源：许毓良：《清代台湾绿营的再析论》，载《台湾文献》，2005 年第 56 卷第 1 期，第 80—81 页。

① 许毓良：《清代台湾的海防》，北京：社会科学文献出版社，2003 年版，第 50 页。

② 周玺：《彰化县志》，台湾文献丛刊第 156 种，第 67—68 页。

③ 许毓良：《清代台湾军事与社会》，北京：九州出版社，2008 年版，第 323 页。

④ 许雪姬：《清代台湾的绿营》，台北："中央研究院"近代史研究所，1987 年版，第 259—276 页。

⑤ 许毓良：《清代台湾绿营的再析论》，载《台湾文献》，2005 年第 56 卷第 1 期，第 56—63 页。

⑥ 洪安全主编：《清宫谕旨档台湾史料》第六册，台北：台湾“故宫博物院”，1997 年版，第 4858 页。

从上表来看，台湾绿营人数的高峰是在19世纪中叶。1684年平台后，清廷认为福建已不需要驻扎过多的军队。因此把原驻8万余人的绿营，裁减成6万余人[①]。另外在清廷的设想下，台闽的防卫需要联成一体，故驻防福建的6万余人绿营，必须派遣1万人戍守台湾、澎湖，这就是台湾绿营最早的由来。此后台湾绿营不断增兵，意谓着福建绿营，必须不断地减兵以应付需求。例如：1735年朝廷酌改台湾绿营营制，故增兵2000余名[②]。1795年台湾甫经林爽文事件，乾隆皇帝认为需要加派军队巩固台湾的统治，又增兵近1000人。1847年鸦片战争刚结束不久，战争爆发时台湾以海疆重镇的地位，又让福建紧急移驻1000余人协防。此举让台湾绿营的人数创下历史新高[③]。不过碍于一再增兵台湾，也会削弱福建绿营本身的防务，故1847年以后就没有再对台湾增兵。1869年闽浙总督左宗棠认为台闽绿营战斗力下滑，已不需要保留太多无用的军队。所以在他的奏准下，开始进行"裁兵加饷"的计划：整个闽台绿营裁兵半数，而存留的兵丁让他们提高待遇以维持士气。也因此台湾绿营人数，一下子被裁减成7000余人，直到1875年皆是如此[④]。

至于在台湾绿营的分布上，台湾府城是防御的重心；未裁兵加饷前，通常有多达3000余名的军队驻守在该地[⑤]。其次是澎湖，当地有2000余名军队驻守。其余的地方绿营分防较为零散，举其大要者有驻防今天的屏东、嘉义、彰化、新竹、台北、宜兰等地。值得注意的是今天花莲、台东两地，从未驻防过绿营[⑥]。另外台湾绿营战船数量极多，也是一大特色。清廷为此还设立台湾船厂(今台南市)负责修造，船政业务统筹由台湾道办理。以下则是台闽水师战船数目，而台湾船厂所建造的战船，占有台闽水师战船比例高达40%。可见台湾作为海防要地，绝非虚名(参见表3-4)。

表3-4　台闽水师战船船厂建造数目表

台湾船厂	泉州船厂	漳州船厂	福州船厂	台闽船厂造船总数
96艘	48艘	52艘	46艘	242艘
40%	20%	20%	20%	100%

数据来源：陈寿祺：《福建通志·台湾府》第二册，台湾银行文献丛刊第84种，1960年8月，第336—337页。

---

① 赵尔巽等：《清史稿》，北京：中华书局，1998年版，第1045页。
② 尹士俍：《台湾志略》，第17—22页。
③ 丁绍仪：《东瀛识略》，台湾文献丛刊第2种，第41页。
④ 刘铭传：《刘壮肃公奏议》，台湾文献丛刊第27种，第287页。
⑤ 许毓良：《清代台湾的海防》，第11—17页。
⑥ 许雪姬：《清代台湾的绿营》，台北："中央研究院"近代史研究所，1987年版，第38页。

在对渡政策方面，清廷基于对台湾海防的考虑，一改荷西、明郑时期，台湾船只可以自由航行岛外的态势，厉行所谓的限定航线。其法是在台、闽二地，设立允许通航的港口称为“正口”。台湾的船只航向岛外，必定要从台湾的正口出发，先抵达福建的正口之后，再前往第三地。由于正口初设时，都是闽台各选择一个港口配对出现，因此来往于正口的航线，又被称为对渡航线[①]。而从正口开放的时间来看，可以划分成两大阶段：

其一，1684 年至 1783 年的二处正口时期。在这 100 年当中，台、闽二地仅各开一个正口实施对渡。这是福建泉州府厦门，途经澎湖，再航向台湾府鹿耳门的航线。有趣的是这条航线，即是 17 世纪从福建出发，前往台湾的旧有航线。使用过这条航线的历史人物，有如前几节曾提到过的郑成功、郑经、施琅等。更重要的是这条航线经过的地点，也可以解释上文提到的，为何台湾绿营要部署重兵于台湾府城与澎湖的重要原因[②]。

其二，1784 年至 1874 年的八处正口时期。在这 90 年当中，闽、台二地在厦门与鹿耳门之外，又加开六处正口投入对渡。这是 1784 年开放台湾府彰化县鹿港、泉州府蚶江（今福建省石狮市）的航线，以及 1788 年开放台湾府淡水厅八里坌（台北县八里乡）、福州府五虎门（今福州市）的航线[③]。

清廷在 1784 年、1788 年，连续这么短的时间，再加开四处正口，原因是着眼于台湾中、北部已逐渐开发。由于原本集中在南部的人口开始往北移动，使得中、北部需要正口作为因应。不过当时所设立的六处正口，船只航行于闽、台二地，必须谨守“对渡”的规定。也就是说从厦门出发的船只，不能直接航向鹿港或八里坌，这要求可适用于其他的正口。所以若从地图上看闽台的对渡航线，刚好是三条并行线，横亘于台湾海峡之上。如此严格的措施，到了 19 世纪初得到转圜。1810 年清廷明令闽台六个正口可以不拘对渡，意谓着两地的船只，可以交叉航行于台湾海峡。1826 年清廷再开放台湾府嘉义县五条港（今云林县台西乡）、噶玛兰厅乌石港（今宜兰县头城镇），作为第四、五个正口加入对渡。因此就形成福建三处正口，对渡台湾五处正口的局面[④]。

在对渡政策实施时期，只要船只没有按照对渡航线航行，就会视为有走私、偷渡之嫌。不过此举在 1858 年《天津条约》、1860 年《北京条约》签订后，就显得

① 许毓良：《清代台湾的文武口——兼谈“消极治台”说的适切性》，载《中国现代史专题研究报告——台湾与中国大陆关系史讨论会论文集》第 22 集，台北：“中华民国史料研究中心”，2001 年版，第 175 页。

② 徐怀祖：《台湾随笔》，载《台湾舆地汇钞》，台湾文献丛刊第 216 种，第 5、7 页。

③ 伊能嘉矩：《台湾文化志》中卷，台中：台湾省文献委员会，1985 年版，第 401—409 页。

④ 台湾银行经济研究室：《台案汇录丙集》，台湾文献丛刊第 176 种，第 283—286 页。

毫无意义。原因是这两个不平等条约，规定台湾必须开放淡水（台北县淡水镇）、基隆（今基隆市）、安平（今台南市安平区）、打狗（今高雄市）为通商口岸。因此外国轮船可以不受对渡航线的限制，自由航行于台湾与大陆沿海已被开埠的港口[①]。反而闽、台二地风帆船只受到对渡的限制，非常不利于在海运的竞争。因此1874年牡丹社事件发生时，来台与日军交涉的钦差大臣沈葆桢，了解整个情况后奏报朝廷废除对渡，立刻获得善意的响应。同时，也结束了近200年闽台对渡的历史[②]。

在移民政策方面，与对渡做法类似。1683年平定台湾之后，同年康熙皇帝命令展界。这让东南沿海因迁界之故，而被迫向内地徙居的百姓可以回到故乡[③]。不只如此，由于展界的关系，海洋贸易又得到恢复，商舶又可以开航前往外地互市。然而此时却有一尴尬的问题出现，原来台湾虽被置于福建省之下，但是其地远隔重洋。因此就福建百姓来说，要前往台湾移民或经商，不能如同前往福建辖下其他的府县简单。他们必须要遵守海防的规定，要先向官府申请执照，核准后才能出发。不过在治台的初期，官府核发的执照，条件颇为宽松，其中的关键在于没有禁止携眷过台[④]。可是这样和缓的局面，很快就要面临改变。

1702年清廷认为要强化对台湾的控制，需要从来台的人数上做出管制才行。因此开始规定日后过台者，必须要单身前往[⑤]。可是在传统男尊女卑的社会，女子单身前往远地是少有的事。故清廷的这条规定实施下来，所谓的“单身”来台，就变成“单身男子”来台。这对台湾社会的人口成长，以及性别的比例产生重大的影响。事实上如此的规定，亦不符合福建甚至广东，欲来台之人的期望。所以可以说单身抵台、禁止携带家眷的政策一提出，也是两岸偷渡猖獗的开始。闽台官员体认到问题的严重性，数次向朝廷反应移民政策必须调整；故在18世纪末以前，曾出现三次短暂的“搬眷”。

搬眷不同于携眷，它必须是入籍于台湾府之人，主动向官府提出申请，经过核准之后，才能把亲属接往台湾。而实施的时间仅在1732年至1739年、1744

① 叶振辉：《清季台湾开埠之研究》，台北：标准书局，1985年版，第63—118页。

② 沈葆桢：《福建台湾奏折》，台湾文献丛刊第29种，第12—13页。

③ 王之春：《国朝柔远记》，台北：学生书局，1985年版，第113页。

④ 旧说皆认为1684年清廷统治台湾以后，就依照福建水师提督施琅的建议，立刻实施单身渡台的政策。然而从康熙初年台闽史料来看，都找不到类似的记录。参阅庄金德：《清初严禁沿海人民偷渡来台始末》上篇，载《台湾文献》，1964年第15卷第3期，第1—20页；庄金德：《清初严禁沿海人民偷渡来台始末》下篇，载《台湾文献》，1964年第15卷第4期，第40—62页。

⑤ 邓孔昭：《清政府禁止沿海人民偷渡台湾和禁止赴台者携眷的政策及其对台湾人口的影响》，载《台湾研究十年》，台北：博远出版社，1991年版，第345—370页。

年至1748年、1760年至1761年[①]。这样严格的移民政策，使得台湾社会汉人女子的数目很少。因此来台的汉人男子，在进行婚配时不一定能找到汉人女子成婚，故多与平埔族的女子通婚。因此，从清代台湾社会就留传一句俗谚："有唐山公，呒唐山妈。"[②]意思是家族男性的祖先，都是从大陆迁徙来台；但女性的祖先，就不一定了。

1788年林爽文事件结束后，清廷重新检讨治台政策，官员普遍认为单身抵台、禁止携眷的做法，已经不合时宜。故废止这项规定，改采给照携眷的做法。因此只要闽粤之人想要过台，主动向官府申请核准后，即可携带家眷一起随行[③]。不过从大处上来看，清廷对闽粤来台者处处设限的原因，关键在于官方并不鼓励人民出洋。虽然台湾已成为福建的一府，但是其地远隔重洋，不可避免要受到海防的限制。可是清廷的做法，到了19世纪末却面临挑战。原来从1847年闽粤开始出现"苦力贸易"，到了1860年《北京条约》签订时，已经给予合法化[④]。所谓的合法化，指的是清廷同意英、法两国可以在华招募华工出洋。因此从另外一个层面来看，昔日清廷不鼓励百姓出洋的局面已经被打破。既然如此，清廷若还要坚持闽粤移民来台必须受到管制，这就已经无多大意义。所以有如对渡政策般，当1874年钦差大臣沈葆桢奏报废止给照携眷时，也马上得到清廷的同意[⑤]。日后大陆迁徙来台者，完全不受限制，采取自由移民的方式。

在番界政策方面，既然清廷对台湾的统治，着重于控制，理当对于开垦的区域会有所限制。19世纪末以前，法律规定移民只能在平原或丘陵开垦，其目的在于防止他们利用进入山区的机会，聚众滋事或与高山族住民发生冲突。禁止人民进入山区的政策，最早出现在1722年朱一贵事件结束后；但方法极为简单，仅在进入山区的道路立碑公告而已[⑥]。只是如此的做法，无法有效阻止人民前仆后继进入山区。因此在往后的30余年之间，汉移民已入据在今台中、南投丘陵区垦殖。由于太过于逼进高山族住民领域的结果，遂在这些地方发生层出不穷的馘首事件。这些激增的人命案件，严重破坏当地的治安秩序。

---

① 许毓良：《清代台湾的文武口——兼谈"消极治台"说的适切性》，第176—178页。

② 吴瀛涛：《台湾谚语》，台北：台湾英文出版社，1986年版，第80页。

③ 台湾银行经济研究室：《台案汇录庚集》第二册，台湾文献丛刊第200种，第156—159页。

④ 朱寰、王恒伟：《中国对外条约辞典（1689—1949）》，长春：吉林教育出版社，1994年版，第190、232、291页。

⑤ 沈葆桢：《福建台湾奏折》，第11—13页。

⑥ 王慧芬：《清代台湾的番界政策》，台北：台湾大学历史学系硕士论文，2000年，第35—42页。

1761年清廷为解决此问题，动员平埔族的人力，修筑一条更明确的界线，谓之番界。当时在地图上它北起鸡笼(今基隆市)，南至枋寮(今屏东县枋寮乡)。事实上番界也被视为防御线，其具体形状是片段的人工建物：由一段土牛(立方体的土堆)、一段濠沟，逶迤相邻组成。可是这一条番界，从1760年闽浙总督杨廷璋的奏文来看，只修筑在淡水厅、彰化县的沿山地带。而且修筑之法，如遇溪圳、山脉等自然地形，则竖立界碑即可，不必另外挑沟筑牛。至于台湾、凤山、诸罗3县，因无私越问题，亦没有挑沟筑牛，仅单纯竖立界碑①。可是作者在中国第一历史档案馆，抄得1777年巡台满御史觉罗图思义、汉御史孟邵的奏折。他们建议在台湾、凤山、诸罗3县，也仿照彰、淡，一体挑沟筑牛。来年再由台湾镇总兵官董果，以及台湾道张栋悉心办理②。可见番界虽不像"长城"，蜿蜒在台湾400余公里的山区，但南、北均有土牛与濠沟，应是可以确定的。

另外，番界沿途皆设有望寮，并由平埔族负责看守，以防止高山原住民越界馘首。而选择险要之处设隘，也是番界上重要的布防③。19世纪初以前，守隘之人多以平埔族为主；19世纪中叶以后，汉人加入守隘的行列逐渐增多。值得注意的是番界被修筑之后，它也带有族群隔离的意涵。原因是番界以东，成为高山原住民活动的范围；番界以西，成为汉人与平埔族活动的范围。汉人与平埔族除非获得特许，例如：为建造战船所需木料，可跟随军工匠入山砍伐树木；或者为开凿水圳寻找水源等，否则私自偷越而被拿获须被定罪④。当然，高山原住民若想越界馘首，也会被番界沿线的望寮与隘阻止。

再者，番界的界址也非一成不变。原因有二：一为1761年筑界时，当时台湾府的辖地只到淡水厅，因此北部番界的起点，就从鸡笼开始⑤。可是到了1812年噶玛兰设厅后，番界就必须延伸到台湾的东北部，囊括整个兰阳平原。故19世纪番界的起点，就移往苏澳(今宜兰县苏澳镇)。然而特别的是兰厅的番界，并不像西部平原沿线挑沟筑牛，它仅在山区险处设隘而已。因此所谓噶玛兰厅的番界，充其量只是在地图上的一道界线；若回到兰厅的山区，并无真实的界址可寻⑥。

另一个原因为1761年筑界后，虽然官府一再谕令，严禁百姓越界开垦。但

① 柯志明：《番头家——清代台湾族群政治与熟番地权》，台北："中央研究院"社会学研究所，2001年版，第386—388页。

② 许毓良：《清代台湾军事与社会》，第117页。

③ 丁绍仪：《东瀛识略》，台湾文献丛刊第2种，第48页。

④ 柯志明：《番头家——清代台湾族群政治与熟番地权》，第237—276页。

⑤ 陈培桂：《淡水厅志》，台湾文献丛刊第172种，第85—86页。

⑥ 陈淑均：《噶玛兰厅志》，台湾文献丛刊第160种，第6—7页。

实际的情况是禁不胜禁，番界东侧仍有许多私垦的土地。1788 年林爽文事件结束后，清廷沿着番界大规模清查土地，发现了许多“隐田”，结果是一律没收充公[①]。有趣的是这些土地既然都被没收，那就表示番界的界址已向深山推进。因此清廷为了在地图上区别番界旧址与新址的不同，遂把旧址以红线标示，把新址以蓝线标示，故地图上的番界又可称为“土牛红、蓝线”[②]。由于番界以东，清廷没有设官驻兵。所以到了 19 世纪末，常被列强质疑，作为清廷没有实质统治全岛的证据。再加上外国轮船，时常在番界以东的海岸线遭到海难；而劫后余生的船员，在凫水上岸后又会遭到高山住民的馘首。使得清廷为了处理这些涉外事件，常疲于奔命。最后到了 1874 年，也是在钦差大臣沈葆桢的奏准下，清廷同意废止百余年的番界政策[③]。

在铁禁政策方面，1683 年清廷展界后，虽然商舶可以开往外地互市，但是对于船上携带的物品，法律规定甚严。其中最严格限制的物品，即是军器。军器就是武器，大部分以铁铸成。简言之，清廷对于铁器的出洋格外谨慎；而台湾在重洋之外，自然在用铁上也会受到管制[④]。1706 年为现可考台湾铁禁最早的年代，当时规定台湾府、县，可以向省垣报请设立烟户；并把这些烟户，分为大、中、小三等。每年每季给各烟户执照一张（未几四次改成二次），允许他们前往福建漳州、龙海等县购买铁器。可是购买数量上有明文限制：大户准买铁锅 4 口、中户 3 口、小户 2 口；又每户准买犁锄农具二三件；煎糖之大鼎，每大户十户准买大鼎 1 口，中户十五户准买大鼎 1 口，小户二十户准买大鼎 1 口，大鼎两年准买一次。

从这样的规定来看，清廷对台湾移民抱持高度防备心理。深恐他们获得过多的铁器，会把铁器熔铸成武器，威胁到官方统治的权威。可是法条细致到，连购买几口锅鼎都要管制的话，对于移民开垦土地的效率，肯定会带来不便。1749 年福州将军马尔拜奏报朝廷，每年福建销往台湾铁器的数目，少则 3 万—5 万件，多则 8 万—9 万件不等。每件铁器重量，约重 3—4 斤，或至 20—30 斤不等，大概平均一年运至 10 万斤左右。10 万斤铁换算后约有 5 吨重（1 吨＝2000 斤），

---

① 台湾银行经济研究室编：《台湾私法物权编》，台湾文献丛刊第 150 种，第 400—410 页。

② 施添福：《红线与蓝线——清乾隆中叶台湾番界图》，载《台湾史田野研究通讯》，1991 年第 19 期，第 46—50 页。

③ 沈葆桢：《福建台湾奏折》，第 12—13 页。

④ 许毓良：《清代台湾社会用铁与硝磺考——兼谈火器的使用》，载《台湾文献》，2004 年第 55 卷第 4 期，第 108—110 页。

对比福建每年约 9000 吨的铁产量,清初台湾的用铁可谓福建的九牛一毛①。

19 世纪以后台湾土地渐辟,旧时对用铁的管制,已经不符合现况,故又有新措施出现。1832 年清廷调整部分规定,从每年给照两次,改成给照三次;每照定以 9000 口铁锅为率,须在漳州府龙海县统一采购便于管理②。1833 年张丙事件之后,官府对于台湾用铁有更详细的报告。此时台地每年给照,前往漳州采买铁锅以 2.7 万口为率。另外,全台湾铁店数目被限定在 27 户,均集中在府、县、厅城之内,并由地方官取结具详。不过他们如果再取得布政使发给的执照,可以在台湾就地收买废锅旧铁,或是回收台湾船厂用剩的余铁③。

当然以台湾社会,在拓垦过程中对于用铁的渴求,区区的 27 家铁店,不可能满足民众的需要,故铁器的走私极为猖獗。再加上每次发生民变,举事者都不是揭竿而起;且事败后都被官府缴获大量兵器来看,私铁在清代台湾非常泛滥。1874 年来台的钦差大臣沈葆桢体认到,铁禁的确不符合台湾现实环境的需求,而在法令的执行上更不能落实,遂奏准废止这项政策④。

从清初的治台政策看,清廷对台湾统治的主轴,还是建立在防御的思维上。由于清代台湾的绿营,充其量也只有 1 万余名的人数,因此可以判断在统治之初,其实清廷不欲过多的人口过台,造成统治上捉襟见肘的压力。故在航线、移民、番界划定、用铁政策上百般限制。不过闽粤百姓既然移民台湾,对这块新土地的拓垦自然充满期待。官方规定的诸多限制,不但不能使百姓乐于遵守,还会造成极大的反弹。因此清代台湾的社会,官方与百姓的互动一向极不和谐,这就是整个清代移民社会发展的背景。

第三节　台湾移民社会的结构与特征

清代台湾历史在整个台湾史的发展过程中,被视为一个非常重要的关键阶段,就是把原住民的社会转化为汉人的社会。事实上在 17 世纪以前,移民到台湾的汉人人数并不多。可是从 1684 年台湾成为福建的一个府之后,就彻底改变了这样的局面。在这 211 年(1684—1895)当中,根据官方文献的记录,台湾汉人人数呈现倍数的成长(参阅表 3-5)。

---

① 国学文献馆主编:《台湾研究资料汇编》第一辑第二十八册,台北:联经出版社,1993 年版,第 11977—11982 页。

② 佚名:《福建政事录·正项钱粮》,清道光九年(1829)蓝丝栏钞本,北京:国家图书馆分馆藏。

③ 洪安全主编:《清宫谕旨档台湾史料》第五册,台北:台湾"故宫博物院",1997 年版,第 4039—4041 页。

④ 沈葆桢:《福建台湾奏折》,台湾文献丛刊第 29 种,第 13 页。

表 3-5　清代台湾汉人人口数

编　号	年　代	台湾汉人人数
1	1684 年	约 5 万—7 万人
2	1722 年	约 30 万人
3	1735 年	约 44 万人
4	1756 年	约 66 万人
5	1773 年	约 76 万人
6	1777 年	约 83 万人
7	1781 年	约 90 万人
8	1790 年	约 106 万人
9	1811 年	约 178 万人
10	1824 年	约 250 万人
11	1875 年	约 300 万人

数据来源：许毓良：《清代台湾的人口估量》，载《兴大历史学报》，2008 年第 20 期，第 75—108 页。

从上表的数据来看，可以归纳出一个重点，原来清代台湾汉人人口增加速度最快的阶段，不是在清初（1684—1790），而是在清中叶（1790—1824）。原因是前者经过 106 年（1684—1790），人口才增加 101 万（编号 1、8/106—5＝101）。可是后者在短短的 34 年（1790—1824），人口就激增了 144 万（编号 8、10/250—106＝144）。为何有如此的发展？主要是跟移民政策有直接的关系。上一节曾提及 1788 年以前，清廷对于闽粤之人过台，只允许单身而不允许携眷。可是 1788 年以后，清廷废止这项规定，改采给照携眷。由此可以想见，当时闽粤必定兴起一股移民台湾的热潮，这才让台湾汉人的人口，在短时间之内成长至 200 多万人①。

另外，移民大量涌入台湾，也说明清代台湾人口成长的关键，非出于自然增加，而是得自于外地人口的移入。这些闽粤移民来到台湾的动机，都是要追求比原乡更好的环境。因此他们来台所抱持的心态，全是在追逐利益、累积财富。为此可以说，清代台湾社会很早就形成所谓的“功利社会”。它反映了一个非常重要的现象，就是这些移民来到台湾之后，绝不可能只固定在一个地方发展。

① 许毓良：《清代台湾军事与社会》，北京：九州出版社，2008 年版，第 42—43 页。

对于他们来说，只要听闻哪里有荒地可以开垦、哪里有工作需要雇工，一定都蜂拥前往该地。更重要的是这种人口流动有一个趋势，即是逐渐由南往北发展。这其中的关键，亦跟对渡政策有关。上一节也提过，1684 年至 1783 年闽台仅各开一处正口。若非透过偷渡管道来台者，都一定要从鹿耳门上岸，这使得台湾南部的人数逐渐增多。这些过多的人口，在 1735 年以后，开始往中、北部移动。不过从区域人口的分布来说，直到 1895 年为止，台湾南部的人口还是比中、北部人口为多①。

另外汉人在移民台湾的过程中，虽然在岛内会出现四处迁徙的现象，但是每一处落脚之处的选择，还是会以乡谊、方言作为群居的考虑。汉人的原乡以福建、广东两省为主，不过在地方"民系"的划分上却颇为复杂。以福建而言，大致上可以划分为六大民系——福州人（福宁府、福州府）、闽北人（建宁府、延平府、邵武府、永春州）、客家人（汀州府）、龙岩人（龙岩州）、兴化人（兴化府）、闽南人（漳州府、泉州府）②。然而就移民台湾的人数上来说，却以闽南人的数量最多。主要原因是厦门长期作为渡台正口，该港又属泉州府管辖，故闽南人占有地利之便③。

以广东而言，来台者多是东部几个府、州的移民。例如：嘉应州客家人（蕉岭、平远、五华、兴宁县）、惠州府海丰与陆丰县的客家人、潮州府饶平与大埔县的客家人，以及潮州府潮阳、汕头的潮州人④。

上述的移民来到台湾以后，经过百余年的历史发展，竟演变成为按照祖籍别的方式来群居。以客家人为例，由北至南的分布：台湾的北海岸多是福建汀州客家人群居区域，桃园与苗栗的丘陵地带则多是广东嘉应客家人，新竹丘陵地带多广东海丰、陆丰客家人，台中丘陵地带多广东饶平、大埔客家人，彰化与云林的丘陵地带多是福建漳州客家人（漳州多是闽南人，但与广东交界处亦有客家人，称为漳州客）。高雄、屏东丘陵地带多为广东嘉应客家人⑤。

福建闽南移民来台，在南部地区多采混居的方式，但在中、北部地区按照祖籍别群居较为明显。例如：漳州人分布区域在宜兰县、台北县板桥市、土城市、中和市、永和市、台北市士林区、桃园县大溪镇、台中市、彰化县内陆平原。泉州人若居住在台北盆地，则按照各县又细分成数个区域。例如：泉州三邑人（南

① 陈绍馨：《台湾省通志稿》卷二《人民志·人口》，台北：台湾省文献委员会，1964 年版，第 159—160 页。

② 陈支平：《福建六大民系》，福州：福建人民出版社，2000 年版，第 72—134 页。

③ 李金强：《清代福建史论》，香港：香港教育图书公司，1996 年版，第 1—23 页。

④ 谢重光：《客家源流新探》，福州：福建人民出版社，1997 年版，第 42—75、159—193 页。

⑤ 邱彦贵、吴中杰：《台湾客家地图》，台北：猫头鹰出版社，2001 年版，第 36—79 页。

安、惠安、晋江县)分布在台北市万华区,泉州同安人分布在台北市大同区,泉州安溪人分布在台北市文山区、台北县深坑与石碇乡。不过笼统来说,泉州人在台北以外的地方,多群居于沿海地带[①]。

20 世纪台湾史学界对于清代移民祖籍别的分布,有一个粗浅的看法,就是认为有所谓三层式的分布法则——泉州人喜欢选择居住在海边、漳州人喜欢选择居住在平原、客家人喜欢选择居住在丘陵[②]。从上述的讨论来看,似乎是有点道理。不过值得注意的是这种看法认定,只能以台湾中部地区(今台中县市、彰化县)较为明显,其余地方都能找到相异的个案反驳,如:汀州客居于北海岸非丘陵区[③];漳州人居于桃园大溪,属于丘陵而非平原[④];台北的泉州人都居于内陆平原,也非海岸地区。

这些汉人来到台湾之后,也都把原乡的生活习惯一起带入,其中对台湾社会发展影响最深远的就是宗教信仰。事实上当时闽粤移民渡台,其过程之艰辛困难远超乎现代人的想象;关键在于台湾海峡多船难,以及本岛天灾人祸、疾病的频繁。因此当时流传的俗谚,曾提到十个人移民来台,只有六个人成功定居,三个人不幸死于途中,一个人失败返回原乡[⑤]。这种在垦荒过程中多添的变量,使得移民的心灵更需要慰藉,故清代以来台湾社会对于神佛、鬼怪一向深信。举例来说,妈祖与王爷是台湾社会普遍的信仰。前者是航海的守护神,后者是瘟神,二者都反映出移民祈求旅途平安的渴望[⑥]。至于各别原乡信仰的出现,可以随着移民按照祖籍别分布来判别。例如:泉州三邑人信奉观世音菩萨,因此只要是他们群居之地,定有建筑雄伟的龙山寺(观音庙)[⑦]。另外,泉州同安人信奉保生大帝(医神)[⑧],泉州安溪人信奉清水祖师(平安神)或尪公(守护神,唐代

---

① 潘英:《台湾拓殖史及其族姓分布研究》上册,台北:南天书局,2000 年版,第 1—398 页;潘英:《台湾拓殖史及其族姓分布研究》下册,台北:南天书局,2000 年版,第 1—246 页。

② 邱荣裕:《论客家人开拓台湾之历史》,载《客家文化论丛》,台北:“中华文化复兴运动总会”,1994 年版,第 104—106 页。

③ 尹章义:《台湾客家史研究》,台北:台北市政府客家事务委员会,2003 年版,第 1—5 页。

④ 洪敏麟:《台湾旧地名之沿革》第二册上,南投:台湾省文献委员会,1997 年版,第 89—100 页。

⑤ 黄荣洛:《渡台悲歌——台湾的开拓与抗争史话》,台北:台原出版社,1989 年版,第 1—20 页。

⑥ 石万寿:《台湾妈祖信仰概说》,载《台湾庙宇文化大系(二)——天上圣母卷》,台北:自立晚报社文化出版部,1994 年版,第 10—31 页;刘枝万:《台湾之瘟神信仰》,载《台湾民间信仰论集》,台北:联经出版社,1995 年版,第 235—284 页。

⑦ 曾勤良:《台湾民间信仰与封神演义之比较研究》,台北:华正书局,1985 年版,第 52—54、76—79 页。

⑧ 阮昌锐:《保生大帝的信仰与传说》,载《台湾庙宇文化大系(五)——保生大帝卷》,台北:自立晚报社文化出版部,1994 年版,第 6—11 页。

的张巡与许远)[1]。漳州人信奉开漳圣王(守护神)[2]。广东潮州人信奉三山国王(山神),广东客家人信奉三官大帝(自然神,天官、地官、水官)等[3]。当然也有出自于台湾本土的信仰,其中最重要的是郑成功与厉鬼崇拜。郑成功在台湾历史上的重要性,早在17世纪就已经定位,故死后被人尊奉为"开台圣王"[4]。至于厉鬼崇拜,则是基于移民恐惧于客死他乡的鬼魂作祟而祀奉,最著名的是"义民爷"的信仰。事实上所谓的义民,都是在发生民变与械斗时,效忠于官方所战死的勇丁。可是当朝皇帝为奖励他们的忠勇,都会御赐封号给予奖励[5]。

清代所建立的寺庙,除了能提供精神层面的服务外,另一个重要的功能,就是充当人际关系的平台[6]。既然台湾是一个移民社会,又受到特殊移民政策的影响,故这些移民之间血缘的关系并不深厚。所以从清代存留下来的族谱来看,所谓大家族出现的时间很晚。大概要到19世纪中叶以后,才有能媲美内地省份的家族。而它所造成一个迥异于内地的现象,即是祠堂的建立与分布并不普遍。因此在维系人际关系上,寺庙就取代祠堂,地缘就取代血缘,扮演起整合区域人际最好的角色。如此的特色,学术界称为"祭祀圈",并认为聚落的发展与祭祀圈有直接的关系[7]。

至于讨论到原乡与台湾的关系上,农垦方式的带入也是重要的现象。虽然台湾面积不大,但是土地开垦与经营的形态却很复杂。1684年清廷统治台湾后,把明郑时期的官田与军屯全部没收,更名为"官庄"[8]。不过原本在这些土地上耕作的农人,清廷并没有驱赶,而他们也转换身份成为官佃。官庄的收入,全部作为衙门支出的主要来源。值得注意的是明郑时期的官田与军屯,大多分布在今嘉义、台南、高雄、屏东一带,所以官庄的分布也以这三个地方为主。除了官庄是文官衙门的产业之外,武官衙门也有类似的土地地权。1730年台湾绿营将弁,开始以公款购买田园、糖廍,并把这些产业称为"隆恩庄",其收成就作为

---

① 董芳苑:《台湾人的神明》,台北:前卫出版社,2008年版,第221—224页。

② 仇德哉:《台湾之寺庙与神明》第二册,台中:台湾省文献委员会,1984年版,第62—67页。

③ 仇德哉:《台湾之寺庙与神明》第四册,台中:台湾省文献委员会,1983年版,第116—124页。

④ 铃木清一郎著,高贤治、冯作民译:《台湾旧惯习俗信仰》,台北:众文图书公司,1984年版,第461—464页。

⑤ 片冈岩著,陈金田、冯作民译:《台湾风俗志》,台北:大立出版社,1981年版,第22—23页。

⑥ 林美容:《台湾人的社会与信仰》,台北:自立晚报社文化出版部,1993年版,第171—198页。

⑦ 温振华:《清代台北盆地汉人社会祭祀圈之演变》,载《台北文献》,1989年第88期,第1—42页。

⑧ 中国第一历史档案馆:《清代查勘台湾官庄民地佃租史料》,载《历史档案》,1987年第1期,第28—35页。

士兵赏恤的来源[①]。

至于中、北部土地经营形态，则与南部的官庄不同，它是闽粤移民从原乡带来的“业户制”。业户制又名业主制、垦户制，其法是汉业户在开垦前，必须先向官府申请垦照，才得以开垦土地。然清初台湾待垦之地极多，汉业户常会以抢占大片土地的心态请垦。然而这些土地都已经超出一己开垦的能力，故汉业户还必须再向下赎给所谓的佃户，由佃户们帮他做实际的开垦。不过鉴于清初台湾劳动力极度缺乏，汉业户为吸引佃户的效力，还会跟佃户签订带有“永佃权”的契约，让他们更有意愿开垦。可是永佃权的出现，使得汉业户仅能保有土地的所有权，而把土地的使用权转移给佃户。此时佃户会按情况，再把土地分割，赎给所谓的现耕佃人，至此这块土地就变成“一田二主”的形态[②]。

一田二主的土地经营模式，在闽粤原乡称为“田骨”(所有权)与“田皮”(使用权)。实际上它对于土地的分配极不公平，但是可以在短时间之内，招募到足够的劳动力，并且也可以让土地尽早开发。而它在台湾运作之后，其管理方式由现耕佃人向佃户缴纳小租(佃户又称小租户)，再由佃户向汉业户缴纳大租(业户亦称大租户)，最后由汉业户向官府缴纳正供以裕国课[③]。

业户的身份，并不限于汉人。平埔族也可以把土地赎给汉人，自己充当番业户。上述提到的岸里社，就学习到汉人的这种土地经营形态，适应了商品经济的游戏规则[④]。再者，业户有时也不是指一个人，而是指一群人。因为土地开垦是一件耗费金钱的事业，当时为募得资金起见，常会组织垦号充作开垦的团体。这种合股的方式，可以把开垦失败的风险，均分给垦号内的所有成员；当然成功之后，也必须按照股份多寡均分土地。清代出现的知名业户或垦号，例如：台北的陈赖章垦号、新竹业户王世杰、台中的张振万垦号、彰化的施长龄垦号等，都是清初的开垦先锋[⑤]。

另外有两种比较特别的土地经营方式，都是在台湾发明而原乡所没有。这就是18世纪末的结首制，以及19世纪中叶的垦户首制。对于前者来说，1796年它首次出现于噶玛兰(今宜兰县)，其运作有三个特色：一是架构呈现金字塔

---

① 曾新容：《清代台湾隆恩租的形成、管理及用途》，台北：台湾大学历史学系硕士论文，2002年，第10—19页。

② 黄富三：《清代台湾汉人之耕地取得问题》，载《台湾史论丛》第一辑，台北：众文图书公司，1980年版，第193—220页。

③ 黄秀政、张胜彦、吴文星：《台湾史》，台北：五南出版社，2007年版，第86—91页。

④ 陈秋坤：《清代台湾土著地权——官僚、汉佃与岸里社人的土地变迁(1700—1895)》，台北：“中央研究院”近代史研究所，1994年版，第17—38页。

⑤ 尹章义：《台湾开发史研究》，台北：联经出版社，1999年版，第1—285页。

形状,大结首只有一人,居于发号施令的地位。小结首若干人,分成数股;接受大结首的命令,并率领为数众多的现耕者。二是典型武力开垦的组织,目的是为了与噶玛兰族战斗。三是所有的人(大结首、小结首、现耕者)均是自耕农的身份,不像业户与佃户少有务农[①]。在结首制运作之下,土地开垦的效率极高,而且能应付高山族住民的挑战,所以在清末也被引进到今台北、桃园、新竹、苗栗部分山区[②]。

对于后者来说,1835年它首次出现于新竹山区。垦户首制又名垦首制,从名称上看,它与垦户制很相似。其实在组织架构上,二者可谓雷同。但最大的不同点在于,垦首是众多垦户再一次募集资金之后推派出来的人物。原来当时汉人开垦新竹山区时,遭遇到泰雅与赛夏族顽强的抵抗。个别的垦号、垦户无法凭借一己之力,单独面对原住民的攻击。故最好的方法是团结起来,并推派垦户首来领导。因此在沿山地区设隘,防止原住民越界馘首,成为垦首制运作中最重要的工作,而最知名的团体就是"金广福垦号",以及辖下的"金广福大隘"[③]。由于这种土地经营形态,也很适应山区险恶的环境,故1875年以后也被推行到今南投埔里、花莲、台东一带[④]。

最后在社会动乱方面,清代台湾乱事之频繁,可谓对这一段历史最强烈的印象。甚至于当时亦有"三年一小反、五年一大反",或者是"无十年不反"的俗谚流传下来[⑤]。所谓动乱,实际上大多是反抗官府的民变。可是仔细考证这二句俗谚出现的时间,都是在19世纪中叶以后。那时候,不仅在台湾,且在大陆,也是动乱频繁,农民起义不断。这正是清代社会进入它的晚期以后所呈现出来的衰退的征象。可见用它形容17、18世纪台湾社会的情势,是并不恰当的。清代台湾社会的动乱,依据性质可以分成两大类——民变与械斗。

对于民变的讨论,早在19世纪末期,台湾社会就有所谓五大乱事的说法(参阅表3-6)。

---

① 王世庆:《结首制与噶玛兰的开发》,载《中国海洋发展史论文集》第七辑下册,台北:"中央研究院"中山人文社会科学研究所,1999年版,第476、495页。

② 淡新档案,第三编刑事,第三类财产抢劫,第三款强盗,案码33301—33307,页码308231—308232,台湾大学图书馆藏。

③ 吴学明:《金广福垦隘与新竹东南山区的开发(1834—1895)》,台北:台湾师范大学历史所,1986年版,第27页。

④ 周翔鹤:《垦首考辨——清代台湾后期土地文书研究之一》,载《台湾研究集刊》,1989年第2期,第37—41页。

⑤ 徐宗干:《斯未信斋文编》,台湾文献丛刊第87种,第97页。

表 3-6　清代台湾五大民变

编号	事件名称	波及区域	年代与时间	参与乱事人数	动用军队人数
1	朱一贵事件	今台北以南、屏东以北	1721.4.7—1721.7.30 总共 116 天	至少 20000 人	兵丁 21700，熟番 500，义民 12500，总共约 34700 人
2	林爽文事件	今台北以南、屏东以北	1787.1.10—1788.3.11 总共 426 天	包含被裹胁者 200000 人	兵丁 100000，义民、番 61500，总共约 161500 人
3	蔡牵袭台事件	今嘉义、台南	1804.5—1804.6 1806.1.21—1806.4 总共约 100 天	有记录者 2500 人	—
4	张丙事件	今云林、嘉义、台南	1832.11.16—1833.1 总共约 48 天	有记录者万余人	兵丁 16500，义民 500，总共 17000 人
5	戴潮春事件	今苗栗、台中、南投、彰化、云林、嘉义、台南	1862.4.13—1865.1.18 总共 1012 天	包含被裹胁者 200000 人	兵丁 21916，番屯 4000，义民至少千名，总共约 26916 人

数据来源：许毓良：《清代台湾军事与社会》，第 222—281 页。

从表 3-6 来看，这五项民变各有特色。首先在朱案上，朱一贵祖籍漳州府长泰县，移民台湾凤山县罗汉门（高雄县内门乡）养鸭为生。以台湾知府王珍暴虐为由揭竿而起，自称“中兴王”。朱一贵率领的军队，攻克台湾除了淡水（台北县淡水镇）之外的西部所有地方，几乎势拔全岛。可惜朱一贵阵营发生闽南与客家的内讧，再加上今屏东一带有自称“六堆”的义民助官，清军反攻，仅花费月余的时间就平定该乱①。

其次在林案上，林爽文祖籍漳州府平和县，移民彰化县大里杙（台中县大里市）成为地主。不过林爽文还有一个更重要的身份，即是台湾天地会的领袖。当时官府派兵至当地捉拿会党分子，林爽文被会众拥戴对抗之。他在自称“顺天大盟主”后，率领部众所向披靡、屡次重创清军。可是清廷调派福建、广东、广西、江西、浙江、江苏、湖南、湖北、四川、贵州等十省军队围剿，以及六堆与新竹、台北地区义民的助阵。最后林爽文仍不支失败。事后乾隆皇帝以平定林案自豪，列为十全武功之一②。

其三在蔡案上，蔡牵祖籍泉州府同安县。1803 年他厚贿福建各民间船厂造出巨舰后，开始横渡台湾海峡抢劫闽台的船只。不过他并不满足海上的掠夺而

① 台湾客家公共事务协会主编：《新个客家人》，台北：台原出版社，1993 年版，第 96—97 页。

② 许毓良：《台湾史上规模最大的战争——乾隆朝林爽文事件临阵人数的讨论》，载《两岸发展史研究》，2006 年创刊号，第 21—66 页。

已，让他感到有兴趣的地方，还是孤悬一隅，但却相当繁荣的台湾府城。前后的两次大掠，让台湾府海港机能元气大伤。特别是1805年至1806年，自称“镇海王”的蔡牵，还占据洲仔尾（台南县永康市），并勾结山贼谋攻府城。幸好清军派出大批水师赴台支持，才把蔡牵驱逐出台湾。1809年蔡牵在浙江温州外海遭到清军战船围攻，由于无法冲破包围圈，遂自轰坐舰殒命于海上①。

其四在张案上，张丙祖籍漳州府南靖县，移民嘉义县店仔口（台南县白河镇）务农。从波及地区与时间来看，实为五大乱中规模最小。案发的导火线，则是张丙气愤官府在地方发生械斗时，刻意偏袒广东移民，故打出“开国大元帅”的旗号造反。不过清军为平定此乱，还是动员福建绿营助剿才得以成功②。

其五在戴案上，戴潮春祖籍漳州府龙溪县，移民彰化县四张犁（台中市北屯区）成为地主。值得注意的是戴潮春亦为台湾天地会的领袖，并假借团练之名行事。东窗事发后，戴潮春自称“东王”举兵抗清。由于当时大陆也有太平天国举事，故清廷没有多余的兵力平乱。故戴案的时间才会长达3年，成为清代台湾民变时间最久的一案。尔后清廷命令先前被调入浙闽转战的台勇，在福建陆路提督林文察的率领下回乡平乱；复加彰化鹿港、新竹、台中东势地区的义民相助，才得以敉平该案③。

民变的确是困扰清廷对台统治的大患，特别是几次的案件都有“天地会”成员的参与，让清廷必须留意这些会党分子带来的威胁。不过在清代官方并不使用“民变”这个字眼，而是使用“竖旗”。竖旗指的是竖立反旗之意。反旗的颜色不一，有时用红色，有时用青色。但代表官方旗帜的颜色，多用白色。除了颜色不同外，双方还会在旗面书写文字，以区分敌我。这种对于专有名词的解释必须精确，因为它也出现在械斗的问题上④。

清帝国境内械斗最严重的省份，以福建、广东为代表。随着闽粤移民过台，多少也会把这种以武犯禁的风气带往台湾。不过闽粤二省械斗的形态，大多以家族为主⑤。可是上文已经提及，在19世纪中叶以前，台湾家族势力不太发达。因此台湾械斗的形态，也发展出一种迥异于原乡的形式：以祖籍别作为分类，名

---

① 许毓良：《清代台湾的海防》，第162—171页。

② 许毓良：《清代台湾军事与社会》，第445—446页。

③ 许毓良：《再论同治初年台湾戴潮春事件（1862—1864）——从参与人数来观察》，载《台南文化》，2006年第60期，第87—114页。

④ 施列格（Gustave Schlegel）：《天地会（*Thian Ti Hwui, The Hung League, or Heaven—Earth League: A Secret Society with the Chinese in China and India*）》，台北：古亭书屋，1975年版，第1—44页。

⑤ 莫里斯·弗里德曼（Maurice Freedman）著，刘晓春译：《中国东南的宗族组织（*Lineage Organization in Southeastern China*）》，上海：上海人民出版社，2000年版，第132—137页。

为“分类械斗”。

从清初的历史来看，台湾最早有械斗的记录，应该在 1721 年（康熙六十年）。当时朱一贵事件方炽，六堆义民反攻时，在高雄、屏东一带不问良莠，只要是来自福建的移民一律杀之。这种不分青红皂白的做法，也激起闽籍聚落的反抗，故造成台湾首次闽粤械斗①。值得注意的是这次最早的械斗，虽然有按照祖籍别互斗，但还没有冠上“分类”之名。之后台湾各地，因为争夺水源、耕地而发生的械斗时有所闻，但还未有严重到跨厅县的态势。直到 1782 年彰化县发生的械斗，最后的结果竟波及到嘉义县，遂揭开械斗燎原的序幕。1784 年台湾地方官处理此次械斗完毕，注意到台湾的械斗以祖籍别来进行，显得非常特殊。故在呈报给朝廷的奏折时，发明“分类械斗”的名词②。18、19 世纪台湾总共有五次跨厅县的械斗，它造成的破坏力，实不亚于民变（参阅表 3－7）。

表 3－7　清代台湾五大械斗

编号	事件名称	波及区域	年代与时间	参与乱事人数	动用军队人数
1	漳泉械斗	今彰化、云林、嘉义	1782.10.5—1783.2.9 共 128 天	拿获 489 人	兵丁 1440
2	漳泉械斗	今台北、桃园、新竹、苗栗、台中、彰化、云林、嘉义、台南	1809.5.22—1810.2.15 共 270 天	有记录者 380 人	兵丁 6400，番屯 700，总共 7100 人
3	闽粤械斗	今宜兰、台北、桃园、新竹、苗栗、台中、彰化、云林、嘉义、台南	1826.5—1826.12.25 共约 208 天	有记录者数千人	兵丁 6200
4	闽粤械斗	今台北、桃园、新竹、苗栗、台中	1833.2—1833.4.13 共约 44 天	—	—
5	漳泉械斗	今台中、彰化、云林、嘉义	1845.9.7—1846.1.24 共 140 天	有记录者 238 人	兵丁 1200

数据来源：许毓良：《清代台湾军事与社会》，第 282—309 页。

从表 3－7 来看，每次波及的地方，今彰化、云林、嘉义都很难避免。这是因为它们刚好坐落于中部地区，因此械斗发生时，不管往南或往北，一定会受到燎原之苦。只是为什么一旦发生分类械斗，就常会出现跨厅县的态势呢？最主要

① 种村保三郎著，谭继山译：《台湾小史》，台北：武陵出版有限公司，2000 年版，第 118 页。

② 陈孔立：《清代台湾移民社会研究》，厦门大学出版社，1990 年版，第 250—252 页。

的原因,即是有一群名为“罗汉脚”的游民,常会闻风造谣,然后趁火打劫。在这种风声鹤唳的情况下,使得械斗的火苗逐渐蔓延开来[①]。故从表3-7编号3得知,1826年台湾历史上规模最大的一次械斗,竟从今天的宜兰,一路拼斗到台南。其间死事之惨烈,到了令人匪夷所思的地步。由于分类械斗造成身家性命财产的损失巨大,唯一的办法就是让所有来自同一祖籍的人群居。如此可以在发生事端时,互相保护与照应。然而这样的做法,又会让先前移民按照祖籍别分布的态势更加确立,成为另一种意想不到的结果。

19世纪末台湾跨厅县的分类械斗消失,取而代之的是职业别、姓氏别,甚至于同籍之间的械斗。这象征着自17世纪以来,这群早期移民的后代,对于原乡的观念已不如祖先们浓厚。所以引发械斗的条件,已不再是空泛的原乡概念,而是必须是与切身利益相关的事务,才会让他们考虑参与械斗。如此的发展,也正说明19世纪末的台湾社会,已经有所改变。而这种种的改变,就要从列强叩关说起。

第四节　汉族居民与高山族住民的关系

台湾原本是高山族住民的世界,在清代汉人透过大量移民,逐渐把它转化为汉人的社会。相对于清廷来说,台湾高山族住民也是它首次面对的子民,故采取什么样的统治策略,考验着清廷治台的能力。清初台湾的高山族住民称为野番与土番,对于他们的治理,在乾隆时期一度也想仿照云贵,改成土司制来管理。但考虑到番人彼此语言、习俗并不统属,所以还是照旧以各番社的通事、土目领之[②]。通事就是熟悉各原住民语言与官话、闽客方言之人,他的工作是承官府之命向原住民宣达政令,同时也可把各社的意见上传给官府。土目等同于酋长,他与通事都必须取得官府的认可,再被授予印戳之后,才有治理番社的权力[③]。由此可见通、土是各番社的灵魂人物,尤其官方想要动员番社人力时,均要透过他们调拨才有办法。

不过通、土所在的番社,都是已经归化的番社。这些归化的番社,绝大部分都分布在平原地区,只有少部分分布在山区。对于这些归化的番社,清廷在乾隆朝以后,都泛称为熟番。至于还未归化的番社,就称之为生番。值得注意的

① 林伟盛:《分类械斗蔓延全台的分析》,载《台湾风物》,1988年第38卷第3期,第27—47页。

② 乾隆朝汉文录副(军机处录副),档号:1096—048,微缩号:076,中国第一历史档案馆藏。

③ 洪丽完:《台湾中部平埔族群古文书研究与导读——道卡斯族崩山八社与拍瀑拉族四社》下册,台中:台中县立文化中心,2002年版,第276—277页。

是 1761 年番界修筑以后，原住民看似被分隔成两个区域——平原与山地。所以常误以为在平原部分全是熟番，在山地部分全是生番。事实上前者的说法固然无误，但番界东侧的山区也有归化番社分布。只是他们名义上归化，私底下还保有馘首的习俗，故清廷又称他们为化番（参阅第一章第二节）。

当然从与官府的互动来看，熟番远比生番、化番还重要。清代台湾熟番番社的数目，总共有 154 个之多。不过它们不是一开始就全部归化，大抵是由南往北依次就抚。其中凤山县八社、台湾县四社、诸罗县十二社，则是清初与官方来往较密切的熟番。而所谓来往"比较密切"的意思，就是被官府役使。1694 年台厦道高拱乾的一篇《禁苦累土番等弊示》，透露了当时熟番们需为官府张罗花红、抽拨牛车、勒派竹木等事[①]。这些役使的负担有多重呢？按照番社大小不同而定，每年大社或纳 280 两，或 120 两；小社或纳 80 两、60 两、40 两不等（知县每年俸银 45 两）。为什么会有花红？其实就是县官向通事索费，通事再向番社索费的结果[②]。由于官员无法以身作则，因公出巡循例都要熟番携带弓刀作为前导，私底下也要番社派买芝麻、鹿皮、鹿脯作为己用，如此众番都疲于奔命[③]。

除了通事之外，常与番社交易的社商也需注意。由于原住民各族语言殊异，清初不一定都有足够的通事可用，故与熟番常有生意往来的"社商"，也时常被官府委任，执行宣达政令或勘界等任务。这些社商的足迹，并不局限在南部。1687 年的记录显示，他们最常交易的番社是中部的二林社（今彰化县二林乡）、猫罗社（今彰化县芬园乡）、大武郡社（今彰化县社头乡）、半线社（今彰化市），以及北部的竹堑社（今新竹市）[④]。这些社商的引路相当有用，透过他们，清廷可以了解一些未知的番社。

1699 年吞霄社（今苗栗县通霄镇）举事，1721 年朱一贵事件爆发，清廷都调动熟番投入战局。然而在日后的战争中，数度协助清廷平定台湾动乱的熟番，以岸里大社（台中县神冈乡）最为重要。1732 年至 1733 年台湾中部前后发生二次熟番举事，是为台湾历史上规模最大的高山族住民起事[⑤]。第一次是在 1732 年 1 月 21 日至来年 5 月，由大甲西社（台中县大甲镇）所领导。起事的原因透过巡台满御史奚德慎、汉御史高山的调查，实为淡水厅同知张弘章"秉性燥率"激变所致。这场历经一年的乱事，即将落幕之际，不料台湾道倪象恺的表亲贪功，径自杀害助官的熟番邀赏，遂又一发不可收拾。于是，1732 年 6 月 23 日至

① 高拱乾：《台湾府志》，台湾文献丛刊第 65 种，第 249 页。

② 丁宗洛：《陈清端公年谱》，台湾文献丛刊第 207 种，第 63 页。

③ 孙元衡：《赤嵌集》，台湾文献丛刊第 10 种，第 18 页。

④ 诸家：《澎湖台湾纪略》，台湾文献丛刊第 104 种，第 56 页。

⑤ 许毓良：《清代台湾军事与社会》，北京：九州出版社，2008 年版，第 314 页。

1732年12月，在沙辘社（台中县沙鹿镇）、牛骂社（台中县清水镇）、南大肚社（台中县大肚乡）的带领下，又爆发更大规模的战斗。而总计参加二役的熟番约6000人，平乱的绿营兵丁也在6000人左右[①]。

清廷在这两场战斗中，苦于中部还未完全开发，皆是一片丛林榛莽，非常不利于用兵。直到岸里社、日南社（台中县大甲镇）、大甲东社（台中县外埔乡）、后垄社（苗栗县后龙镇）投效，才改变整个战局。事后清廷论功行赏，并以岸里社出力最多，故得到今台中平原近一半的土地作为赏赐[②]。所以日后汉人要开垦台中地区，必须先和熟番达成协议取得土地，才有办法开垦。有一种刻板印象认为，汉人在日后开垦的过程中，总是千方百计地骗取高山族住民的土地据为己有。官方在这个过程当中，似乎都袖手旁观没有做出保护的动作，其实是不完全符合事实的。

1724年（雍正二年）以前清廷规定，汉人不能直接开垦番社的土地，就是一种保护番地、避免流失的做法。不过如此的规定，亦不利于土地开发与增加生产。所以清廷大胆地改弦易辙，允许汉人开垦番地。但规定汉人要帮番地住民缴纳"番饷"给官府，而且同一块地也要缴纳正供给官府。由于汉人每耕种一块番地，同时要缴纳两种名目的税金，故逃漏税情况严重，隐田也变得更多。1732年清廷决定以减少正供的数额，让汉人主动投首报升，解决土地隐匿的问题。番地开垦，除了有隐田之外，还有抗租问题。原来大多数汉人，"不情愿"缴纳番饷、正供给官府后，将蒙受很大的损失。为了减少土地投资或开垦的成本，即抗拒缴纳地租给熟番。事实上汉人向熟番民赎耕土地，熟番就是地主，故汉人本需缴纳地租。可是一旦汉人长期抗租，官府又无力主持正义，熟番生计就很难维持。最后出现官府意想不到结果，则是番地既然已经开放开垦，毫无疑问就被视为商品。既然番地已成为商品，那么就可以买卖或典赎，此举让番地的流失速度更快。因为当熟番生计出现困难时，首先想到的解决方式就是典押或出售土地，而汉人在这个游戏规则中，往往都是获利的最大赢家[③]。

不过土地的开发是相当耗费成本的，光有土地还不足以成事，因为当中的关键在于如何把荒埔变成水田。开凿大规模水圳的技术，显然汉人的能力要高超许多。所以从18世纪初开始，将近有一百年时间，台湾正兴起一项"水田化"

---

① 张士阳著，邓孔昭译：《雍正九、十年台湾中部的原住民叛乱》，载《台湾研究集刊》，1991年第2期，第79页。

② 张嗣昌：《巡台录上卷・密陈事宜》，乾隆元年（1736）刻本，北京大学图书馆藏。

③ 柯志明：《番头家——清代台湾族群政治与熟番地权》，台北："中央研究院"社会学研究所，2001年版，第85—125页。

运动①。而此运动的展开，最早出现在彰化平原，之后往北部、东北部发展，最后达到今日南部的高雄(参阅表 3 - 8)。

表 3 - 8 清代台湾较具代表性的大规模水圳

编号	兴建年代	水圳名称	开凿代表人物	流经区域
1	1709—1719 年	八堡圳	施世榜	彰化县二水、溪湖、埤头、福兴、秀水、埔盐、埔心、永靖、大村乡、田中、北斗、二林、鹿港、员林、和美镇、彰化市
2	1723、1732 年	猫雾捒圳	张达京	台中县神冈、大雅、潭子乡、丰原市
3	1760—1765 年	瑠公圳	郭锡瑠	台北县新店市、台北市文山、中正、万华、大安、中山区
4	1807 年	金结安圳	陈奠邦	宜兰县员山、壮围乡、宜兰市
5	1827—1829 年	曹公圳	曹瑾	高雄县大寮、林园乡、凤山市、高雄市前镇、前金、盐埕、小港区

数据来源：(1) 王崧兴：《八堡圳与台湾中部的开发》，载《台湾文献》，1976 年第 26 卷第 4 期、27 卷第 1 期合刊，第 43 页。

(2) 陈秋坤：《清代台湾土著地权——官僚、汉佃与岸里社人的土地变迁 1700—1895》，台北："中央研究院"近代史研究所，1994 年版，第 52—59 页。

(3) 尹章义：《台北平原拓垦史》，载《台湾开发史研究》，台北：联经出版社，1999 年版，第 116—125 页。

(4) 黄雯娟，《清代兰阳平原的水利开发与聚落发展》，载《台湾文献》，1992 年第 43 卷第 3 期，第 215—275 页。

(5) 刘育嘉：《曹公圳概述》，载《高市文献》，1997 年第 9 卷第 4 期，第 89—111 页。

这些水圳的开凿有两大特点：其一，每条水圳可以灌溉的面积，都多达千百余甲。由于流经区域辽阔，所以定会经过熟番的土地。简言之若没有熟番的协力，这些水圳也很难成功。特别是猫雾捒圳的开凿，主事者张达京曾跟岸里社熟番，达成所谓"割地换水"的协议。更说明高山族住民也主动参与水圳开凿的功劳②。其二，清代台湾水田化的地区，以今天的行政区来看，只有云林、嘉义、台南、屏东四地没有包括。至于花莲与台东，由于受限于番界政策，清廷还不允许开垦。所以清代台湾农业发展的区域分野已经形成，彰化以北直到宜兰，以及高雄的水田化地区，多以稻作为主。云嘉南与屏东因缺乏水源灌溉，故多种

① 黄富三：《清代台湾的拓垦》，载《台湾 400 年的变迁》，桃园：台湾"中央大学"，2005 年，第 108—114 页。

② 陈秋坤：《清代台湾土著地权——官僚、汉佃与岸里社人的土地变迁(1700—1895)》，第 52—59 页。

植甘蔗[①]。

然而清初役使番力太过的问题，时至18世纪还是没有解决。1752年（乾隆十七年）诸罗县一块《严禁派拨累番碑记》，透露着该县熟番被差役、弁兵役使，担任解饷、载运、跟巡苦差的工作[②]。既然这些工作都是熟番额外的负担，那什么才是他们的任务呢？从1745年绘制的《番社采风图考》来看，跟公务有关的是负责瞭望、哨望与守隘。对于瞭望，官府在淡水厅竹堑（今新竹市）、南嵌（今桃园县芦竹乡）、芝包里（今桃园县中坜市）、八里坌（台北县八里乡），由通事、土目搭建望楼，每日派拨麻达（番语，意为番丁）巡视，以防生番出草或杜绝偷割稻谷。对于哨望，则是社番觅地自搭望楼，在上持械击柝彻晓巡视以防奸宄。对于守隘，亦由通事、土目派拨番丁，持械巡守隘防以防生番[③]。其实大多数的公务内容还不仅于此，台大图书馆典藏的《岸里社文书》中，保留了大量官方征调熟番的案例。他们包括：土牛沟番界挑挖完成后，协同乡保至界外拆毁私越番界的草寮；跟随军工匠出入山区搬运木料或护卫安全；偶尔会被调派维修已经损坏的土牛沟等[④]。

上文所提到熟番的工作，以守隘的危险性最大。因为所有的隘防都逼近生番处，所以生番若要出界馘首，守隘的隘丁可能是第一个对象。有趣的是守隘虽具有危险性，但却可以作为一项事业来经营。而且经营的好，除了收取隘租，还可以深入山区伐樟抽藤，甚至私越番界开垦土地获取暴利。例如：1795年由竹堑社番卫阿贵成立的连际盛垦号，就是一个代表性的个案。已经汉化的卫氏家族，在美里庄（今新竹县关西镇）担任隘首的工作[⑤]。1797年（嘉庆二年）卫阿贵出任新兴庄垦户隘首后，事业做得更大。辖下的9个汉、番隘首，或者当地佃户，都必须向他缴纳隘租[⑥]。时至1820年，淡水厅竹北二保的九钻头、山猪湖、猴洞、十股林、石壁潭、水坑、南河、燥坑、上下横坑、山猪湖洞、新兴庄（今新竹县

---

① 今天云、嘉、南三县之所以成为台湾的谷仓，全归功于1930年乌山头水库与嘉南大圳的兴建，但在清代这三县的农地，只能靠时有时无的埤塘水源来灌溉。

② 台湾银行经济研究室编：《台湾南部碑文集成》，南投：台湾省文献委员会，1994年版，第380—382页。

③ 《番社采风图考》，台湾文献丛刊第90种，第23、69、95页。

④ 岸里大社文书出版编辑委员会：《“国立台湾大学”藏岸里大社文书》第三册，台北：台湾大学，1998年版，第1003—1052页。

⑤ 陈运栋等：《斗葛族人——道卡斯族研究导论》，苗栗：苗栗县立文化中心，1998年版，第113页。

⑥ 张炎宪、李季桦：《竹堑社势力衰退之探讨——以卫姓和钱姓为例》，载《平埔研究论文集》，台北：“中央研究院”台湾史研究所筹备处，1995年版，第180、194页。

芎林乡、横山乡、关西镇)生番猖獗，于是更需要设隘防番[①]。此时卫阿贵的孙子——卫寿宗，就向淡水同知胡振远，禀举竹堑股户陈长顺为合兴庄业户。胡氏答应请求并给予陈长顺谕戳，准许他就地设隘并建造炮柜[②]。当然卫氏家族的势力，也就从新竹北部山区，逐渐往新竹南部山区发展。

但是像新竹卫氏家族这样幸运的熟番，毕竟例子太少。大部分的熟番，都因土地地权流失严重，或者被官府役使过重，过着无以为继的生活。1800 年理番同知郭恭发出的一道示谕，透露出熟番苦于汉人的高利贷、滥葬毁坟、抬尸勒索、诱奸番妇、驱番拆屋、窝容盗匪等恶行[③]。看来 18 世纪汉民欺番的问题，到了 19 世纪仍很严重。在大环境无法改变的情况下，熟番们兴起“出走”的念头。整个清代熟番大规模岛内迁徙总共有 4 次，分别位于北、中、南三处地方，而且全部都违犯禁令，迁徙到番界以东之处。

第一次迁徙是在 1804 年(嘉庆九年)，在岸里社(台中县神冈乡)熟番潘贤文的带领下，率领同社以及阿里史(台中县潭子乡)、阿束(今彰化市)、东螺(今北斗镇)、北投(今南投县草屯镇)、大甲(台中县大甲镇)、吞霄社(今苗栗县通霄镇)番约 1000 余人，翻越台湾北部的雪山山脉，进入噶玛兰(今宜兰县)成为“流番”[④]。

第二次迁徙是在 1823 年(道光三年)，也是以中部熟番为主。不过这次迁徙的地方，则是往中部的水沙连(南投县埔里镇)。加入这一次迁徙的熟番社，包括:吞霄社、苑里社(今苗栗县苑里镇)、大甲社、双寮社(今台中县大甲镇)、岸里社、乌牛栏社(今台中县丰原市)、朴子篱社(今台中县丰原市)、阿里史社、牛骂社、沙鹿社、大肚社、猫雾捒社(今台中市南屯区)、半线社、东螺社、柴里社(云林县斗六市)[⑤]。

第三次迁徙是在 1829 年(道光九年)，是为居住在屏东的马卡道族——武洛社(今屏东县里港乡)、搭楼社(今屏东县里港乡)、阿猴社(今屏东市)，其社域受到客家人的侵垦。故在族长杜四孟、陈溪仍、潘阿枝的率领下，约有 300 余人

① 吴学明:《金广福垦隘与新竹东南山区的开发(1834—1895)》，台北:台湾师范大学历史研究所，1986 年版，第 27 页。

② 张炎宪、王世庆、李季桦主编:《台湾平埔族文献资料选集——竹堑社》上册，台北:“中央研究院”台湾史田野研究室，1993 年版，第 68—69 页。

③ 台湾银行经济研究室编:《台湾私法物权编》，台湾文献丛刊第 150 种，第 315—316 页。

④ 洪丽完:《台湾中部平埔族——沙辘社与岸里大社之研究》，台北:稻乡出版社，1997 年版，第 93—94 页。

⑤ 伊能嘉矩著，杨南郡译注:《台湾踏查日记》下册，台北:远流出版社，1997 年版，第 174—179 页。

离开故土，翻越中央山脉南段至东海岸的巴塱卫（台东县大武乡）定居[①]。

第四次迁徙是在1842年（道光二十二年），是为居住在宜兰的噶玛兰族，饱受汉人大举开垦，以及1804年西部“流番”入徙占有土地的压力，也谋思往南迁徙到今花莲、台东一带。这次行动由加里宛社（今宜兰县五结乡）带领，结合打朗巷社（今宜兰县五结乡）、打那美社（今宜兰县冬山乡），分为陆路与海路前进，最后在今花莲新城乡嘉里村卜居[②]。

然而值得注意的是，虽然熟番饱受欺凌，但从1732年至1733年中部熟番举事之后，就再也没有发生叛乱之事。甚至于清廷在平定汉人发动的民变过程中，还数度征调熟番加入平乱。由于熟番极为听命，所以1788年6月林爽文事件敉平后，钦差大臣福康安即上奏朝廷，模仿四川屯练，组织台湾番屯。同年7月，福康安再提出较详细的章程，包括：屯丁人数定额、屯弁人数的定额、屯丁与屯弁的待遇、清查即将要发给他们的埔地、武器的使用、免去徭役征调[③]。有趣的是在《清史稿·兵志》中，只有见到川甘、湖广、云贵土兵的叙述，并无台湾“土兵”的记载[④]。不过这支由熟番组成的武力却非常重要，因为它们是绿营之外，清廷可以调动的戍台军队。

福康安的奏折在经过廷议后通过，台湾番屯设置大屯4处，每处400名；小屯8处，每处300名。这12个屯4000名屯丁中，各屯分设一员指挥，4个大屯再分设把总各一员指挥，南、北路屯再分设千总各一员指挥。番屯成军的目的是为了在本社防守地方，稽查盗贼之用；因此不让他们远离乡井，在校验或调派时才容易齐集。至于在管理上，就将屯务交由北路协副将、南路营参将就近负责，不过花名图册交南、北路理番同知稽核。点检屯丁、拨补屯弁统归台湾镇总兵、台湾道管辖，再详报督、抚后给与札附，报部存案。然番丁们素习技艺，战斗力比起绿营招募的新兵还强，所以可仿四川屯练例，不必归营操演[⑤]。

至于在待遇上，每位番弁、番丁，都可享有双饷的待遇。原来林爽文事件结束后，清廷查出汉人潜越番界私垦许多的土地，其面积约有1.12万甲（1甲＝11.3亩）。官府把这些土地全部没收，但虑及土地已辟，不应放弃这些土地以

---

① 潘继道：《清代台湾后山平埔族移民之研究》，台北：稻乡出版社，2001年版，第111—112页。

② 詹素娟、张素玢：《台湾原住民史——平埔族史篇（北）》，南投：台湾省文献委员会，2001年版，第72—73页。

③ 中国第一历史档案馆、中国人民大学清史研究所：《天地会》第五册，北京：中国人民大学出版社，1986年版，第47、79—83页。

④ 赵尔巽等：《清史稿》，北京：中华书局，1998年版，第1055—1059页。

⑤ 台湾银行经济研究室：《台案汇录壬集》，台湾文献丛刊第227种，第2—3页。

致荒芜。所以,没有驱离在土地上耕作的佃人。只是随着土地的没官,他们也转变成官佃。每年农作物的收成,官府向他们收租;而收租得到的银两,就是番屯屯丁军饷的来源。其标准是屯千总每年发给番银 100 元(约银 70 两),屯把总发给番银 80 元(约银 56 两),屯外委发给番银 60 元(约银 42 两),屯丁发给番银 8 元(约银 5.6 两)。此外,清廷还查出台湾有未垦及没收埔地约 8800 余甲。所以每名屯丁在坐领军饷之余,也可以分配到土地作为报酬。按规定屯丁每员拨给 1 甲,屯外委每员拨给 3 甲,屯把总每员拨给 5 甲,屯千总每员拨给 10 甲土地。这些土地可以让他们招佃开垦,收取租谷,故又名为养赡地①。

有了军饷与养赡地的番屯,应该都可以照顾到熟番的生活才对。但实际运作的结果并不然,因为番屯制运作顺利的前提,则是不能出现抗租。这个老问题,依然发生在贌耕养赡地的汉佃上。由于他们的刁抗,甚者采取欺诈、霸占方法侵蚀养赡地,使得番丁往往收不到租谷②。1810 年闽浙总督方维甸发觉事态严重,其苦累情况已影响到 4000 名番丁是否足额,因此决心加以整顿③。嘉庆皇帝针对此事发出上谕,指派方维甸与福建巡抚张师诚查照旧章清厘屯地。尔后历朝总少不了加意整顿、清厘屯务的事宜,但奇怪的是屯弁、丁苦于欠租,却不曾发生哗变④。这或许可以解释,屯丁除了养赡地之外,也还有其他土地贌耕给汉人。故养赡地租收取不到,仍可从其他土地取得供给。

至于在生番方面,直到 1874 年番界政策废除前,生番居住的山地,都谈不上大规模的开发。清廷在这段时期,虽然在少数的民变上,例如:1721 年的朱一贵事件、1788 年的林爽文事件、1805 年海盗蔡牵袭台,曾请调生番下山出力敉乱。但大部分的时间,都在番界提高警觉,避免生番越界出草杀人。甚至于生番为患太剧,清廷也会主动用兵攻击。时至 1874 年(同治十三年)以前,清廷对生番用兵共有 4 次(参阅表 3-9)。

---

① 台湾银行经济研究室:《台湾私法物权编》,台湾文献丛刊第 150 种,第 400—410 页。

② 洪安全:《清宫谕旨档台湾史料》第四册,台北:台湾"故宫博物院",1997 年版,第 2980—2983 页。

③ 洪安全:《清宫廷寄档台湾史料》第二册,台北:台湾"故宫博物院",1998 年版,第 1047 页。

④ "岸里社文书"收有不少借据,年代从嘉庆至道光(1796—1861),参阅岸里大社文书出版编辑委员会:《"国立台湾大学"藏岸里大社文书》第一册,台北:台湾大学,1998 年,第 573、586、590、746、748、857—858、861、894—897 页。

表 3-9　1684—1874 年清廷对生番用兵

编号	事件名称	波及区域	年代与时间	参与乱事人数	动用军队人数
1	讨伐水沙连番	彰化县	1726.11—1727.1.5 共 22 天	俘获土目 22 人	兵丁 830、熟番 930、民壮 250，总共 2010 人
2	讨伐傀儡番	凤山县	1729.3.15—1727.4.29 共 46 天	500—600 人	兵丁 350、熟番 200、乡勇 160，总共 710 人
3	讨伐屋鏊、狮子社	淡水厅	1766.9.30	300 余人	—
4	讨伐直加未南、目怀社	淡水厅	1786.2.16—1786.2.25 共 10 天	148 人	—

数据来源：许毓良：《清代台湾军事与社会》，第 310—326 页。

在这 190 年间（1684—1874），从发动的战争只有 4 次来看，可说清廷非万不得已，不会轻易对生番用兵。除了生番越界猎人头的情况太严重，例如：1786 年讨伐直加未南、目怀社，原因是前两年生番越界馘首，竟然杀害行经途中的淡水厅同知潘凯[①]。故清廷才调动大军，命令福建水师提督黄仕简、台湾镇总兵官柴大纪、台湾道永福三路进剿[②]。

当然，汉人在私越番界侵垦土地时，若遇到生番阻挠，也会以武力解决问题。此一个案以 19 世纪初，在水沙连发生的郭百年事件最为著名。该案原委是 1814 年水沙连隘丁首黄林旺，勾结嘉义、彰化县民人陈大用、郭百年，以及台湾知府门丁黄里仁。他们诓得台湾知府熊一本发出的府示，欲进入属于界东的水沙连开垦。来年再由彰化县衙门申请到垦照，遂拥众大举出界，占垦属于社仔、水里、沈鹿（今南投县埔里镇、鱼池乡）等生番社地。由于生番不服，双方相持月余，郭百年等决定以武力解决争端。他们先透过番割诈称罢垦，再趁生番不备后大肆焚杀，幸存者逃依眉社、赤嵌（俱在南投县埔里镇）而居。这场流血冲突，惊动了台湾镇总兵官武隆阿。他严饬地方官要审慎办理。1816 年彰化知县吴性诚驱逐众佃出山，并拆毁耕佃建筑的房舍、土城，再重新立碑禁入，结束整起事件[③]。

郭百年事件是落幕了，但此过程中有一特殊的人物出现——番割。番割就

① 洪安全：《清宫廷寄档台湾史料》第一册，台北：台湾“故宫博物院”，1998 年版，第 227—240 页。

② 中国第一历史档案馆编：《乾隆朝上谕档》第十三册，北京：档案出版社，1991 年版，第 24—29、34、41、91 页。

③ 姚莹：《东槎纪略》，台湾文献丛刊第 7 种，第 34—35 页。

是与生番交易的商人，首见在 1788 年的林爽文事件中。当时林爽文得到通事杜美的帮助，想要联络水沙连的生番，计划若事败逃往深山可以相助。杜美为何有此人脉，因为他本人就是番割[①]。19 世纪以后，官府开始注意到这群番割带给番界沿线的困扰。1817 年噶玛兰厅通判翟淦提到，沿山一带有学习番语，贸易番地者名为番割。他们以铁锅、盐布诸货，与生番以物易物交换鹿茸、鹿筋、鹿脯、鹿角，获取暴利。可是交易若引起纠纷，番割常会欺骗生番，嫁祸附近村庄，指为某人拖欠货品，遂引发杀机。至此生番出草的机会又变得更大[②]。

19 世纪中叶，新竹开垦的案例显示，如果在官方的许可下，汉人可以越过番界进入深山。1834 年金广福大隘成立，标示着汉人想以武力与生番一较高下的决心。因为先前的隘防，都是沿着番界设立，比较偏向守势。可是金广福的隘丁都主动出击，直接进入深山数里，建立起隘寮。之后开始拓垦隘防之后的土地，并以这种蚕食法逼进内山。由于金广福大隘对新竹南部山区生番的活动造成极大威胁。所以从 1835 年至 1849 年间，汉番在金广福隘防附近激战数次，彼此死伤数百人。最后生番先胜后败，退出今新竹县北埔镇、峨眉乡、宝山乡山区。至此金广福隘防，终于可以与北面由卫氏家族建立的隘防连成一气，巩固了新竹山区垦务的安全[③]。

生番归化后，到底有无上京面见皇帝？历史上可以找到的记录，仅有一次是 1785 年，由福建巡抚徐嗣曾带领 30 个归化生番番社的通事、土目，入京觐见乾隆皇帝。这些番社包括：屋鳌总社、攸武乃社、狮头社、打铁寮社、虾骨社、合欢社、蛤仔烂社、阿里山总社、珠母乐社、踏邦社、兰仔濑社、大规佛社、涧仔雾社、阿拔泉社、鹿珠社、皂罗社、大武垄总社、内攸社、藤桥社、美笼社、岸社、万斗笼社、傀儡山总社、枋寮社、乐里北社、柴乐篱社、加那仑社、八里蒙孩社、礁浓社、大的吉社[④]。大多数的化番番社，都已经考证不出地方。然而这些化番、生番在事隔 90 年后，将会遇到朝廷更严厉政策的挑战。那就是 1874 年的“开山抚番”政策。届时全岛山区将沦为战场。高山族住民被迫拿起武器，与进入深山的湘、淮军周旋。

---

① 中国第一历史档案馆、中国人民大学清史研究所：《天地会》第一册，北京：中国人民大学出版社，1980 年版，第 409 页。

② 陈淑均：《噶玛兰厅志》，台湾文献丛刊第 160 种，第 236 页。

③ 吴学明：《金广福垦隘研究》上册，新竹：新竹县立文化中心，2000 年版，第 30—60 页。

④ 《军机处录副奏折——民族类》，案卷号：635；胶片号：17，中国第一历史档案馆藏。

第五节　台湾的文教发展与社会流动

社会流动又分上、下两种，向下的社会流动，最常看到的现象是参与民变、械斗者，失败以后被官府缉拿，最后是身份与财富尽失。相反的帮助清廷助剿有功的“义民”、“义番”，会因得到朝廷的赏赐趁时而起[①]。不过向上的社会流动，管道颇为多元，而最重要者是参加科举，考取功名。

明郑时期台湾也举行科考，但局促一隅，整个流程没有入清之后复杂。清代沿袭明制，科举考试分为文、武两科。不过受到官场文高于武的影响，文科比武科还受到重视。

清代台湾文科科举，考中进士者有 29 人，中举人者有 251 人[②]。虽然 1757 年（乾隆二十二年）台湾始有考取进士的记录，但这是福建士子寄籍台湾的结果。若以台湾本地士子，由童试一路到殿试的成绩来看，要到 1823 年（道光三年）淡水厅举人郑用锡考上进士才算数（史上第三位），故他也得到“开台进士”的美誉。因此若用进士登科作为一个地方文风是否兴盛的指标，台湾要到 19 世纪初才逐渐走向文治。至于这 29 名进士中，担任官职最高者有二：一为彰化县籍进士曾维桢，1826 年朝考后担任翰林院庶吉士，最后外任湖北省孝感县知县。另一位也是彰化县籍进士施炳修（原名施葆修），1874 年朝考后任兵部员外郎，最后外任江西省宁都直隶州知州[③]。

有趣的是虽然科举，文科较重于武科，但有清一代，台湾文科进士终究没有人考上一甲。可是在武科的成绩上，台湾的武生员、武举人却表现不凡。总计有 10 名武进士，当中有 1 名武探花；297 位武举人，当中有 3 名武解元。武探花是 1793 年淡水厅的周士超，他金榜题名之后旋被授二等侍卫，之后外放从游击做起，累官至广东香山协副将。不过担任副将的武进士，还不只周士超一人。1796 年考取武进士的吴安邦，最后也累官至福建海坛镇闽安协副将。武解元是 1717 年中举的王桢镐（本姓李）、1765 年的张方武、1777 年的黄奠邦。然而这三人，后续的科举皆不如意，并没有考中武进士[④]。

另外，文科科举之路若不顺遂，走“贡举”这一条管道，也可以取得功名。贡举重要者有岁贡、恩贡、拔贡、优贡、副贡，不过只有岁贡、恩贡，可以进入官学的

① 丁光玲：《清代台湾义民研究》，台北：文史哲出版社，1994 年版，第 20—35 页。

② 台湾省文献委员会：《台湾史》，台北：众文图书公司，1990 年版，第 308—309 页。

③ 林文龙：《台湾的书院与科举》，台北：常民文化出版社，1999 年版，第 72—73、192—195 页。

④ 许毓良：《清代台湾军事与社会》，北京：九州出版社，2008 年版，第 175—176 页。

最高学府国子监就读，再参与考试分发任官。岁贡，即是具有廪生资格达 10 年以上者，每年可以由各省提督学政，在府学、县学中，拔擢一、二人到北京的国子监就读。恩贡，凡国家有庆典，如：皇帝登基、大婚、皇帝或皇太后寿诞，也可以如岁贡之例拔擢廪生。总计清代台湾岁贡生有 644 人、恩贡生 200 人、拔贡生 90 人、优贡生 6 人、副贡生 20 人①。但是对于他们在文官体系的表现，目前学术界还没有研究成果。

由于台湾孤悬海外，所以有一些科举的规定与内地不同。例如：院试与岁、科二试，各省皆由提督学政主持。但台湾远隔重洋，提督学政不便亲临台湾府城，故由台厦道主持。可是到了 1727 年（雍正五年），雍正皇帝命令由巡台汉御史取代台厦道，主持这项任务。1752 年（乾隆十七年）乾隆皇帝再命令，让已经改制后的台湾道，恢复主持试务②。再者，福建乡试对台湾府生员有"保障名额"的优待。如：1687 年福建陆路提督张云翼奏准，在闽省乡试字号中，另编"台"字号 1 名，鼓励台湾府生员进取。不过 1697 年闽浙总督郭世隆，以此举不公遂又奏准废止。1729 年巡台汉御史夏之芳，再奏准恢复"台"字号优待。1735 年福建巡抚卢焯奏准，可以取"台"字号 2 名。1807 年上谕废除"台"字号，另改名为"至"字号，而且准录取 3 名。1828 年上谕台湾府旧有"至"字号 3 名，皆录取（原籍）闽籍生员，现再另编"田"字号 1 名，录取（原籍）粤籍生员。1855 年上谕台湾府绅民捐输助饷，故从优奖励可以录取"至"字号 4 名。1858 年上谕再奖励台湾府捐输，"至"字号录取增至 6 名。所以在台湾建省以前，福建省乡试对台湾府生员的保障名额，总共有 7 名之多③。

的确，科举是入仕最重要的途径。透过此管道者，在官场上才会被视为"正途"。可是清代台湾循正途入仕的官员，品秩都不高。相反地当上知府以上的官员，都是透过另一种管道——捐赀。捐赀就是买官，这在清代是被允许的。特别是发生战乱，朝廷急需筹措大笔经费平乱，就会开出许多官缺"待价而沽"。不过透过捐赀任官者，在官场上被视为"异途"，常受到"正途"官员的轻视④。然而清代台湾人在官场上担任的高官，都靠"异途"取得。较著名者为板桥林家的第二代——林平侯，此人在 19 世纪初就已是北台湾的富商。1806 年先捐赀补

---

① 庄明水、谢作栩、黄鸿鸿、许明：《台湾教育简史》，福州：福建教育出版社，第 93 页。

② 庄金德：《清代台湾教育史料汇编》第一册，台中：台湾省文献委员会，1973 年版，第 24 页。

③ 庄金德：《清代台湾教育史料汇编》第二册，台中：台湾省文献委员会，1973 年版，第 470—475 页。

④ 郭建：《帝国缩影——中国历史上的衙门》，上海：学林出版社，1999 年版，第 36—37 页。

授广西浔州通判，日后累官至柳州府知府，并在 1816 年致仕返台[①]。另一是台湾府学生员郑锡金(本姓吴)，1795 年他考中举人后，捐赀取得内阁中书衔，也累官至云南丽江府知府[②]。

台湾文风要到 19 世纪才比较发达，考其原因除了与移垦社会中，大多数的人多把金钱投入土地开发，较吝于供其子弟读书。事实上在清代的台湾，读书是一件极耗成本的事。原因是文房四宝——笔、砚、墨、纸，台湾多不出产。特别是会大量使用的纸，台湾大概要到 19 世纪中叶才学会制造。而台湾最早制造的纸，则是出自南投山区的“沙连纸”[③]。由于所有的纸都要仰赖进口，可见得出版、印刷亦不发达。书籍、纸张费用价昂，也是影响文风缓起的关键因素。然而外在环境虽有不利，但台湾地方官员对于兴学却十分有热忱，这当中以建立书院最为重要[④]。整个清代，台湾总共设立 62 座书院，最早设立者是在 1683 年，由福建水师提督施琅所建的府城西定坊书院。规模最大者是 1750 年，由台湾县县署改建的海东书院，此书院也是清代全台藏书最丰富的地方。最后一座是 1893 年，由基隆厅民人江呈辉兴建的崇基书院[⑤]。

上文介绍科举、捐赀都是入仕管道，可是清代台湾历史上，二品以上的高官，任官的途径都不是靠此得来。他们的方法有二：一是投身行伍，二是动乱时助官平乱，之后以军功入仕。前者代表人物为陈林每，18 世纪中叶累官至台湾镇总兵官[⑥]。后者在 18 世纪有林黄彩，累官至署广东省碣石镇总兵官；杨恩，累官至浙江省温州镇总兵官；魏大猷，累官至福建省海坛镇总兵官[⑦]。不过这些人还不是品秩最高的官员，真正的高官是嘉庆年间的王得禄，以及同治年间的林文察。

王得禄，台湾府嘉义县人，武生员出身。1787 年至 1788 年林爽文事件时初试啼声，募勇与台湾镇总兵官柴大纪死守嘉义县城，事平后以军功叙千总之职。不过真正让王得禄一展长才，则是 1800 年至 1809 年，在海上追剿粤海盗朱渍，以及闽海盗蔡牵。由于前后戡平海盗的祸患，他由南澳镇总兵官，累官至福建水师提督、浙江提督。1822 年王得禄致仕返台，1842 年鸦片战争爆发时，亲率乡勇渡海戍守澎湖，最后病逝于军中，享年 72 岁[⑧]。

---

① 许雪姬：《板桥林家——林平侯父子传》，南投：台湾省文献委员会，2000 年版，第 15—18 页。

② 林文龙：《台湾的书院与科举》，第 153 页。

③ 陈大川：《台湾纸业发展史》，台北：台湾区造纸工业同业公会，2004 年，第 32—33 页。

④ 李镇岩：《台湾的书院》，台北：远足文化事业，2008 年版，第 10—25 页。

⑤ 王启宗：《台湾的书院》，台中：“台湾省政府”新闻处，1987 年，第 6、12—17、50—51。

⑥ 谢金銮：《续修台湾县志》，台湾文献丛刊第 140 种，第 225、230—231 页。

⑦ 许毓良：《清代台湾军事与社会》，第 174、179 页。

⑧ 王文裕、蔡相辉：《王得禄传》，南投：台湾省文献委员会，1997 年版，第 91—125。

林文察，台湾府彰化县人，亦是雾峰林家的成员。1851 年因报杀父之仇，手刃仇家被捕。官府本欲治罪，但当时内地正发生太平天国举事，未几台湾北部也受到小刀会攻击。所以在台湾镇总兵官邵连科、台湾府知府孔昭慈作保下，林文察率勇敉平基隆小刀会之乱。随后更带领台勇内渡，在闽、浙二地与侍王李世贤的太平军激战。由于战功卓著，一路由游击擢升至福宁镇总兵官、福建陆路提督。1863 年台湾发生戴潮春事件，林文察再率部回台湾平乱。可惜在 1864 年第二次回闽时，于同年 12 月在漳州万松关，遭到李世贤部围攻殒命，得年 37 岁[①]。

清代有回避制度，该省之人决不能在该省当官。可是从台湾人担任武官的案例上看，如：吴安邦、陈林每、魏大猷、王得禄、林文察，都是在福建省任官。可见得他们的能力与忠诚度，倍受清廷的信任。

时至清末，台湾社会流动又多了两个管道。1858 年《天津条约》、1860 年《北京条约》确定台湾开港，故洋商可以来到台湾设立洋行[②]。此时台湾传统的商业团体——郊商，面临强大的竞争对手挑战。在未开港前，台湾受限于对渡航线的约束，故船只只能先前往福建，才能转往第三地。所以郊商只要掌握对渡航线的人、货，就可以垄断所有的利益[③]。但开港后洋商不受对渡限制，同时他们也为了要与郊商竞争，必须在台湾找到合伙人才行，于是有一新兴身份的人趁时而起——买办。当时台湾有所谓六大洋行——Dodd & Co.（宝顺洋行）、Tait & Co.（德记洋行）、Brown & Co.（水陆洋行）、Boyd & Co.（和记洋行）、Jardine. Matheton & Co.（义和洋行/又译怡和洋行）、Case & Co.（嘉士洋行）[④]。每个洋行都有与自己联系的买办，在这当中以台北大稻埕的李春生最为重要。李氏本为福建厦门人，同治初年才来台湾。他除了勤学英文与洋商接触外，还受洗成为基督徒，拉近与洋商的距离。台湾建省前后，他与宝顺洋行，以及规模较小的怡记洋行（Elles & Co.）有密切往来，成为台北知名的富户[⑤]。

另一新出现的身份，则是“官商”。特别是台湾建省以后，首任巡抚刘铭传需要台湾士绅们的捐输与支持，才能兴办新政。故常奏请朝廷给一些原本就有功名

---

① 黄富三：《雾峰林家的兴起——从渡海拓荒到封疆大吏（1729—1864）》，台北：自立晚报社文化出版部，1987 年版，第 132—139、170—178、275—321、340—346 页。

② 林满红：《茶、糖、樟脑业与台湾之社会经济变迁（1860—1895）》，台北：联经出版社，2001 年版，第 1—18 页。

③ 卓克华：《清代台湾行郊研究》，台北：扬智文化事业，2007 年版，第 10—44 页。

④ 东嘉生：《清朝治下台湾の贸易と外国商业资本》，载《台北帝国大学文政学部政学科研究年报》，1936 年第三辑第二部经济篇，第 315—395 页。

⑤ 张季琳、古伟瀛：《李春生相关大事年表》，载《李春生的思想与时代》，台北：正中书局，1995 年版，第 274—289 页。

的士绅授予官职，并让他们参与“开山抚番”时，也可以经商获利，增加对新政的兴趣[①]。这期间也有两位代表性人物——林维源、林朝栋。林维源是林平侯之孙，中法战争时捐输达20万两，取得二品衔的功名。台湾建省之后受到刘铭传的保举，出任帮办抚垦大臣。由于林维源早就是富户，此时再出任职官就成为“官商”，同时负责北部山区的开山抚番[②]。至于林朝栋为林文察之子，中法战争时募勇前往基隆帮助刘铭传抗法。战争结束后被刘铭传任命为栋军统领，负责中部的戍防与开山抚番。由于他获得樟脑的交易权，摇身一变也成为“官商”[③]。

19世纪台湾社会逐渐从移垦的粗放，走向文治的细腻后，也开始着重精神领域的生活。它主要表现在三方面——诗社与文学作品、书法与绘画、庭园造景。

在诗社与文学作品方面，台湾历史上第一个诗社，创立于1684年台湾府城，名为东吟社。可是整个清代，台湾诗社可考者仅有12个，而且绝大部分都在建省前后才设立。然其中最负盛名者，则是1878年台湾府城的崇正社，因为成员中有三个进士——许南英、丘逢甲、施士洁[④]。至于在作品的取材上，本地的士子、乡绅，开始注意风土民情、时势发展、社会问题。19世纪以后，亦有著名诗文集传世（如表3-10）。

表3-10　清代台湾本地文人留世作品

编号	姓　名	取得最高功名身份	所在地方	成书年代	文集名称	备　注
1	郑用锡（1788—1858）	1823年进士	淡水厅	—	北郭园集十卷 周礼解疑	—
2	蔡廷兰（1801—1859）	1844年进士	澎湖厅	1878	骈体文杂著	由澎湖厅文石书院主讲林豪搜集成书
3	陈维英（1811—1869）	1859年举人	淡水厅	—	太古巢联集 偷闲录	创办噶玛兰厅仰山书院，同时担任淡水厅学海书院主讲

① 黄富三：《从刘铭传开山抚番政策看清廷、地方官、士绅的互动》，载《“中华民国”史专题论文集第五届讨论会》，台北：“国史馆”，2000年版，第1161—1189页。

② 黄富三：《板桥林本源家与清代北台山区的发展》，载《台湾史研究》，1995年第2卷第1期，第5—49页。

③ 黄富三：《清季台湾外患、新政与雾峰林家——林家之际遇与绅权性格之转变》，载《故宫学术季刊》，2001年第19卷第1期，第21—37、297—298页。

④ 王文颜：《台湾诗社之研究》，政治大学中国文学研究所硕士论文，1979年，第15、67、92页。

续 表

编号	姓 名	取得最高功名身份	所在地方	成书年代	文集名称	备 注
4	施琼芳(1815—1868)	1845 年进士	台湾县	—	春秋节要 石兰山馆遗稿	担任府城海东书院山长,施士洁为其子
5	吴子光(1819—1883)	1865 年举人	淡水厅 彰化县	1875	一肚皮集十八卷 三长赘笔十六卷 经馀杂录十二卷	担任彰化县文英书院主讲
6	林占梅(1821—1868)	1841 年例贡	淡水厅	1877	潜园琴馀草	—
7	陈肇兴(1831—?)	1859 年举人	彰化县	—	陶村诗稿六卷 咄咄吟二卷	担任彰化县白沙书院山长
8	吴德功(1850—1924)	1895 年岁贡	彰化县	—	瑞桃斋诗稿 瑞桃斋文稿 瑞桃斋诗话	1921 年吴德功把著作捐给台湾总督府图书馆
9	许南英(1855—1917)	1891 年进士	台湾县	—	窥园留草	—
10	施士洁(1855—1922)	1876 年进士	台湾县	1965	后苏龛合集	担任彰化县白沙书院、府城海东书院山长,施琼芳为其父
11	丘逢甲(1864—1912)	1889 年进士	淡水厅	1937	岭云海日楼诗钞十三卷	担任建省后台湾县衡文书院主讲
12	洪弃生(1866—1929)	1889 年生员	彰化县	—	寄鹤斋诗集 寄鹤斋诗话 寄鹤斋文稿 谑跡集	原名洪攀桂,日据以后改名洪繻,号弃生

在书法与绘画方面,清代台湾深受闽浙地区画风之影响,也流传“浙派”、“闽习”的风格。它的特色是“狂态邪学”、“失之浓浊”,虽有点贬抑之意,但却符合台湾草莱渐辟的环境①。不过清代台湾书法兼绘画家最知名者仅一人——台湾府城的林朝英。林氏家财万贯、才华洋溢,可惜考运不佳,未考取任何功名。1807 年嘉庆皇帝以林朝英造福乡梓,谕令修筑“重道崇文”牌坊一座表

① 萧琼瑞:《图说台湾美术史——渡台赞歌Ⅱ荷西 · 明清篇》,台北:艺术家出版社,2005 年版,第 58 页。

扬。林朝英最擅长行草,字体苍劲,人称“竹叶书”;绘画画风类似明中期大师徐渭,喜用狂逸线条①。19世纪中叶以后,由于有不少福建书法家与画家来台客居,遂带给台湾新的艺术视野。其中最重要的是金门县举人吕世宜,以及诏安县人谢管樵②。

1834年吕世宜渡台,受聘为板桥林家的家庭教师。不过来年又返金门,主讲浯江书院。1838年他再次渡台,客居板桥林家至1854年,才又再返回金门③。吕世宜擅长篆书与隶书,他的书法风格“融篆隶于一炉,尽去前人作隶之夸张”。甚至有谓以金石智识启发台人,从吕世宜才开始④。1857年谢管樵渡台,1859年也受板桥林家礼聘前往寓居,并与吕世宜交好⑤。尔后他担任福建陆路提督林文察的幕宾,也在1864年战死在漳州万松关。谢管樵的遗作颇多,而且以花鸟画为主。不过受到当时台湾临摹之风的影响,画家只喜欢追求笔墨之趣,并无另立新表现的创作精神,故他的作品仍以临摹之作最多⑥。

在宅邸庭园方面,根据研究,清代台湾造景庭园总共21处⑦。面积最大者,首推台中雾峰林家建筑群。据考雾峰林家的第一间房,兴建于18世纪林爽文事件结束后不久。1858年林文察将其扩建,且由于日后以福建陆路提督身份战死沙场,被清廷下诏赠予“太子少保”,故这些建筑又名“宫保第”。1870年至1883年其子林朝栋又大规模扩建,完成第四与第五进院落。整个建筑群还包括宴席使用的大花厅、林文察之弟林文明一家使用的二房厝、充作台勇兵房的廿八间与跑马场⑧。

不过论其雕饰精美,以台北富户林安泰古厝,或桃园大溪举人李腾芳古厝为代表⑨。然知名的庭园,要到19世纪中叶才出现。这当中首推台湾府城富商

---

① 林海标等:《一峰亭林朝英行谊录》,高雄:林氏族谱编辑委员会,1980年,第1—12、116页。

② 林熊光:《吕世宜、谢管樵、叶化成三先生遗墨》,台北:板桥林家自印,第1—28页。

③ 吴守礼、林宗毅:《吕世宜西�武研究资料、台湾林本源家文物及资料合编·乾册》,台北:定静堂,1976年版,第15—26页。

④ 麦墀章:《台湾地区三百年来书法风格之递嬗(二)》,载《台湾美术研究论文选集1——“闽习台风”明清时期台湾美术之研究》,台北:台湾美术馆,2008年版,第29—30页。

⑤ 黄富三:《雾峰林家的兴起——从渡海拓荒到封疆大吏(1729—1864)》,第340—341页。

⑥ 陈琼花:《台湾光复以前之传统绘画(一)》,载《台湾美术研究论文选集1——“闽习台风”明清时期台湾美术之研究》,台北:台湾美术馆,2008年版,第38—39页。

⑦ 李乾朗:《台湾建筑年表》,台北:北屋出版事业,1980年版,第5—10页。

⑧ 台湾大学土木工程研究所都市计划研究室:《台湾雾峰林家建筑图集下厝篇》,台北:自立晚报社文化出版部,1988年版,第10—11页。

⑨ 李重耀:《中国闽南建筑之个案研究——林安泰古厝:林安泰古厝拆迁计划》,台北:作者自印,1985年,第51—77页;康锘锡:《台湾古厝图鉴》,台北:猫头鹰出版社,2003年版,第64—67页。

吴商新兴建的“紫春园”(今不存)①。淡水厅城士绅林占梅所建的“潜园”,以及同城进士郑用锡所建的“北郭园”(今皆不存)②。19世纪末,台北府城有更美丽的庭园出现,此为板桥林家帮办抚垦大臣林维源所建的“林本源园邸”③。

① 藤岛亥治郎:《台湾の建筑》,东京:彰国社,1948年版,第112页。
② 李乾朗:《台湾建筑史》,台北:北屋出版事业,1979年版,第146—149页。
③ 吴守礼、林宗毅:《吕世宜西郇研究资料、台湾林本源家文物及资料合编·坤册》,台北:定静堂,1976年版,第36—108页。

第四章　中国边疆危机与台湾建省

自1840年鸦片战争以来，中国逐渐沦为西方列强凌辱瓜分的对象。光绪初年，外国侵略势力已不再限于在沿海口岸通商，而是通过军事、经济、宗教等途径逐渐深入到中国边疆各民族地区。首先有沙俄对新疆的侵扰，接着是英国图谋西藏，塞防危机骤现。同时，海防形势亦非常严峻，1874年日本首次武力侵扰台湾，并迫使清政府赔款；1883年爆发中法战争，法军一度侵占基隆等地，并实施对台湾的海上封锁，中国边疆的塞防与海防危机日趋严重。由于台湾重要的地理位置，丰富的物产资源，一直成为帝国主义国家觊觎的目标。美、英、法、德以及日本等国先后采取军事、经济、宗教等手段，企图长期侵占并掠夺台湾的物产资源。中国塞防、海防危机是促使台湾建省的直接动力，在外国势力对台湾的多次入侵中，清政府逐渐认识到台湾在中国东南海防上的重要性，开始重视台湾的战略位置与近代化建设。1885年（光绪十一年）10月，清政府宣布台湾建省。台湾行省的建立，促进了岛内社会经济的发展，扩大了与内地的联系，加强了清政府对台湾的行政管理，有利于国家的统一，从而也增强了抵御外来侵略的力量。

第一节　边疆危机与台湾

一　鸦片战争后中国的海防与塞防形势以及朝廷的决策

1840年（道光二十年），英国以中国严禁鸦片输入为由，发动了第一次鸦片战争。1842年8月，清政府在英军的炮口下，被迫签订了严重损害中国主权的《南京条约》。

鸦片战争是中国有史以来第一次遭到由远洋而来的大规模外敌入侵，一向较为安全平静的东南沿海成为中国海防前线，海防危机成为清政府必须对待的首要问题。中国沿海大门被强迫打开的同时，沙俄在西北的侵逼活动也日甚一日。俄国通过1860年《北京条约》和1864年中俄《勘分西北界约记》，强占巴尔喀什湖以东以南约44万平方公里的中国领土，新疆北部岌岌可危。中亚浩罕国的军事头目阿古柏与南疆喀什噶尔回族封建主相勾结，在南疆建立"哲德沙尔汗国”得到了俄国和英国的支持。1871 年，俄国借口北疆回民起义，以“安定边境秩序”为名，出兵占领新疆伊犁地区。

正当俄英勾结阿古柏企图分裂我国新疆领土而使西北“塞防”告急的时候，1874 年(同治十三年)，中国东南沿海由于日本武力侵台也同时出现“海防危机”。“蕞尔小国”日本竟敢发兵中国台湾，并迫使中国清政府赔款了事。东南海疆危机的骤现，不能不使清政府大为震惊，再次正视海防问题。为此，1874 年底至 1875 年春，在清王朝内部引发了“海防”与“塞防”的大争论。

“海防”与“塞防”的大争论，在另一方面说明自太平天国农民起义被镇压下去之后，中国的内部矛盾相对趋于缓和，而外部矛盾日益激化，清王朝的“政治路线”从镇压内乱为主转为抵御外侮为主。

在这次争论中，大体说来，有主张专事海防经营而放弃塞防、主张注重塞防放弃海防建设和主张海防塞防并重这三种观点。以直隶总督李鸿章为首的海防派认为“海防”重于“塞防”。以湖南巡抚王文韶为首的塞防派认为沙俄的威胁最大，力主以全力加强西北“塞防”。所谓“海防”与“塞防”之争，其争议双方都主张要加强边防，但在如何加强防务上有根本分歧。争议的焦点，实质是要收复新疆还是放弃新疆。陕甘总督左宗棠则认为“东则海防，西则塞防，二者并重”①。他既反对李鸿章暂缓西征、节饷以备海防的意见，又不赞成王文韶全力注意西征的建议，主张二者并重，收复新疆。

经过反复斟酌、权衡利弊，左宗棠海防、塞防并重的观点为清政府采纳。清政府决定收复新疆，同时加强海军建设。

1875 年(光绪元年)5 月 3 日，清政府任命左宗棠为钦差大臣，仍任陕甘总督兼督办新疆军务，乌鲁木齐都统金顺为帮办新疆军务，“速筹进兵，节节扫荡”。同时决定筹建海军，加强海防，“着派李鸿章督办北洋海防事宜，沈葆桢督办南洋海防事宜”②。

1878 年(光绪四年)1 月，左宗棠所部收复了被阿古柏侵占达 13 年之久的全部南疆国土，为早日收回伊犁创造了条件。1882 年沙俄被迫归还中国伊犁地区以后，清朝政府采纳左宗棠的建议，于 1884 年宣布新疆建省。

通过海防塞防的战略大讨论，中国海军建设开始受到高度重视。鉴于海防经费有限，难以筹措三洋海军，清政府未采纳同时发展三洋海军的设想，而是采用了南北洋分洋、分任，齐头并进的格局，即北洋海军与南洋海军同时建设。实

---

① 《复陈海防塞防及关外剿抚粮运情形折》，载《左文襄公全集·奏稿》卷四六，第 32 页。

② 《光绪元年四月二十六日总理各国事务衙门奕䜣等奏》，载《洋务运动》第 1 册，上海：上海人民出版社，1961 年版，第 146—153 页。

际上李鸿章的北洋海军一直处于举足轻重的优先地位。

1885年(光绪十一年),鉴于中法战争失败的教训,清廷决定"大治水师"[①],并宣布成立总理海军事务衙门(简称海军衙门),由醇亲王奕譞总理其事,但实权却操在李鸿章手中。李鸿章利用海军衙门,以整顿海防为名,加速北洋海军建设。1888年10月,清政府批准《北洋海军章程》,明令以丁汝昌为北洋海军提督,林泰曾为左翼总兵,刘步蟾为右翼总兵。至此,北洋舰队正式成军。

二　英、美、日等觊觎台湾

鸦片战争期间,英国试图打开台湾门户　1840年7月,英国兵船试图停泊鹿耳门外,旋即被台湾镇、道派兵赶走。此后,路过台澎北上的英国兵船不时在台湾海峡往来。清政府加派水师,在籍提督王得禄会同台湾镇、道协力严防。1841年8月,英军进犯厦门、定海,同时窜扰台湾。9月底,英舰"纳尔不达号"驶近鸡笼(基隆),炮轰三沙湾炮台。在中国守军的英勇反击下,英舰桅折索断,退出口外,触礁沉没。台湾军民取得歼敌32人、俘敌133人、捞获大炮10门的战绩,此为台湾第一次抗击英军侵略的胜利。10月中,英军占领镇海、宁波之后,英军派一艘三桅兵船至鸡笼港外,派兵乘舢板入港,声言赎回被俘英军,守军置之不理。下旬,英舰闯入港内,猛轰二沙湾,击毁炮台石堡及炮位5门,烧毁营房2处、哨船1只。守军开炮,迫其退出。

1842年(道光二十二年)3月,英军一艘二桅兵船驶近彰化、淡水交界的大安港外,被台湾渔船诱进土地公港,触礁搁浅。守军乘势发炮攻击,打死英军数十名,俘虏54名。此为大安港之役。但是,台湾取得的局部胜利,并不能挽救清军在鸦片战争中的颓势。

1842年《南京条约》签订后,英国发现五个开放的通商口岸(广州、厦门、福州、宁波、上海)中,福建港口的地理位置并不理想。英国希望增加与台湾岛的通商,同时对购买鸡笼(今基隆)煤炭发生兴趣,多次派船到鸡笼洋面游弋勘视。1850年(道光三十年),英使兼香港总督文翰(Bonham)先后照会钦差大臣、两广总督徐广缙和闽浙总督刘韵珂,提出购买基隆煤炭的要求,但遭拒绝。

1867年"罗佛号"事件——美国侵扰台湾　美国早就注意到台湾地理位置的重要性和丰富的物产资源。1854年,美国东方舰队司令贝里(M. C. Perry)就以营救遇难美国人为名,派军舰前往台湾并对岛内进行详尽的调查。贝里并积极建议美国占领台湾。1856年,美国公使巴驾(P. Parker)向美国国务院建议:

---

① 《光绪十一年七月初二直隶总督李鸿章奏》,载《洋务运动》第2册,上海:上海人民出版社,1961年版,第565页。

"法占朝鲜、英占舟山、美占台湾。"

1867年(同治六年)3月,美国商船"罗佛(Rover)"号从汕头开往牛庄(今营口)途中,遭遇海上飓风,漂流至台湾岛南端的七星岩触礁沉没。"罗佛号"船长亨特夫妇及船员10余人乘小舢板仓皇逃生。在琅桥一带登陆后,闯入龟仔角土著科亚人地区,遭到科亚人的袭击。科亚人将这些闯入部落领地的白人全部杀死,仅有一名中国籍水手侥幸逃脱。这名中国水手逃至打狗(今高雄)向英国领事馆报告了事件的经过①。英国领事立即照会台湾道吴大廷,要求调查真相,又向北京的英国公使馆报告并转告美国公使。英国领事馆还随即派出停泊在安平港的英国军舰"柯鹰"号赶赴出事地点,对台湾官府施加压力。"柯鹰"号到达龟仔角,派英兵登陆搜索。但是,英勇善战的科亚人隐蔽在山岩、密林中,用原始的火器向英国入侵者射击。一筹莫展的英军用舰炮猛烈轰击后撤离。

4月初,美国驻厦门领事李仙得(Le Gendre)奉命赶赴福州,要求闽浙总督和福建巡抚严惩凶手。李仙得又赶赴台湾府城,照会台湾镇总兵刘明灯、台湾道吴大廷,请求拨兵会剿,遭到拒绝。4月下旬,美国公使蒲安臣(A. Burlingame)闻讯,一方面向总理衙门提出抗议并要求总理衙门查办,一方面通知美国舰队派军舰赴当地会同地方官查办。6月间,美国海军部命令美国海军少将贝尔(H. H. Bell)率领两艘军舰、181名海军陆战队员前往台湾。美军登陆龟仔角,并偷袭科亚人部落,但美军遭到科亚人的迎头痛击。他们将美军引至山区进行还击,利用熟悉的地形,依靠灵活的战术,埋伏在丛莽中、悬崖上,从四面八方袭击敌人,迫使美军退回海上。

美国武力侵台失败后,再次逼迫清政府查办"罗佛"号事件。欲息事宁人的清政府遂令台湾镇、道查办。9月,台湾镇总兵刘明灯率兵勇500名由陆路向"番地"进剿;南路理番同知王文启率洋枪队陪同李仙得由水路赶赴琅桥。在危急时刻,科亚人与清军议定罢战。在台湾镇总兵刘明灯的同意下,并征得科亚人的认可,10月上旬,李仙得进入"番地",与科亚人首领卓杞笃面议和约。在李仙得的软硬兼施之下,科亚人与其约定:卓杞笃所属部落善待西方国家难民,外国船员不得进入村庄和射猎区山岭②。

1874年牡丹社事件——美日合谋侵扰台湾 众所周知,近代日本对外大举殖民扩张,虽然始于明治维新以后,但是,日本国内很早就产生了这种对外扩张

① 当时在台湾打狗(高雄)及沪尾等地仅有英国领事馆,美、德、法、荷等国则主要通过英国领事馆处理有关事务。

② 李仙得后来还多次进入台湾,成为所谓的"台湾通"。因对岛内土著居民问题较为熟悉,1874年被日本政府聘请为"征台"顾问,充当日本侵略台湾的帮凶。引自陈孔立:《台湾历史纲要》,北京:九州图书出版社,1997年版,第282—283页。

的思想，其中，侵占台湾始终是日本坚持不懈的对外扩张战略目标。

进入19世纪，日本对台湾的关注有增无减。在日本国内不断有人发出“北则割据中国东北的领土，南则掠取中国台湾”[①]、“先取台湾”[②]之类的论调。1870年和1872年，日本政府两次派员来华，诱使清政府签定类似中国与西方列强签定的不平等条约。日本的企图遭到了清政府的拒绝。1871年两国在天津签定《中日修好条规》和《中日通商章程》。这两个条约总的说是平等的。因此，日本政府非常不满，曾要求修改，但清政府没有同意。后日本政府勉强批准条约。

1871年(同治十年)发生的“牡丹社事件”(也称琉球漂流民事件)，为日本提供了侵占台湾的口实。事件的起因是，是年12月，清朝的藩属琉球王国两艘渔船被风刮至台湾，船上66个渔民上岸求救时，误入少数民族领地，其中54人被牡丹社、高士佛社土著居民杀害，其余12人得到当地汉族居民的保护，逃脱得救，被辗转送到福州。中国当局给予抚恤，遣送回国。1872年2月，福州将军兼署闽浙总督文煜向清廷奏报琉球国漂流船民在台湾被杀一事：“据难夷岛袋供：同船上下六十九人，伊是船主，琉球国太平山岛人，伊等坐驾小海船一只，装载方物，往中山府交纳，事竣，于十年十月二十九日由该处开行。是夜陡遇飓风，漂出大洋，船只倾覆，淹毙同伴三人。伊等六十六人凫水登山，十一月初七日，误入牡丹社生番乡内。初八日，生番将伊等身上衣物剥去，伊等惊避保力庄地方，生番探知，率众围住，上下被杀五十四人，只剩伊等十一人，因躲在土民杨友旺家，始得保全。二十一日，将伊等送至凤山县衙门，转送台湾县安顿，均蒙给有衣食，由台护送来省，现在馆驿等供，由布政使潘蔚造册，详情具奏，声明：牡丹社生番，围杀球夷，应由台湾文武前往查办等情前来。”[③]琉球漂流民被台湾土著杀害事件，实属中琉间的刑事案件，原本与日本无涉。但这一事件却成为日本政府出兵台湾的借口。

1873年(同治十二年)，日本政府欲以两年前发生的“牡丹社事件”为由，发起侵略台湾、挑衅中国的军事行动，于是日本统治集团兴起了一股“征台论”。美国在日本的侵台活动中扮演了不光彩的角色，美国驻华公使德朗(C. E. DeLong)一再怂恿日本“征台”。德朗对日本外务大臣副岛种臣说：“台湾气候宜人，且土地膏腴，米、蔗糖等产量丰富，矿坑也有几所，港口亦佳，对外国人是极

① 井上清：《日本军国主义》第二册，北京：商务印书馆，1985年版，第7页。

② 王芸生：《六十年来中国与日本》第二卷，北京：三联书店，1979年版，第64页。

③ 中国第一历史档案馆编：《清代中琉关系档案选编》第一卷，北京：中华书局，1993年版，第1079—1080页。

为方便的地方。外国人(欧美人)之中动脑筋者亦有。台湾番地虽系中国所管辖的区域,政令却不行,可谓无常主之地,谁敢取之则谁均可据为己有。”[①]德朗还为日本政府推荐了熟悉台湾番地事务的美国前驻中国厦门领事李仙得(C. W. Le Gendre),副岛种臣随即聘请李仙得为日本外务省“征台顾问”(外务省二等出仕),为其“征台”出谋划策。副岛种臣还积极向美国人请教,并向德朗索取贝尔入侵台湾的资料。李仙得确实不负“期待”,极力教唆日本政府占领台湾。他说:日本应“占有北起桦太南至台湾一连串的列岛,用半月形包围中国大陆。若无朝鲜与满洲的立足地,(日本)将无法保障帝国的安全,并控制东亚的时局”[②]。同时李仙得也提醒日本政府,在对台湾采取武力占据之前,要先与清政府就处理台湾土著居民问题进行谈判,以证实清政府对此缺乏行使权力的能力。是年 3 月,副岛种臣前往中国交换《中日修好条规》批准书时,天皇特别授意:“朕闻台湾岛生番,数次屠杀我国人民,若弃之不问,后患何极。今委尔种臣全权,尔种臣当前往伸理,以副朕之保民之意。”[③]日本天皇又下达敕语称:“清国政府若以台湾全岛为其所属之地,接受这一谈判,并采取处置,则应责其为遭到残杀者采取充分伸冤处置。……清国政府若以政权之不及,不以其为所属之地,不接受这一谈判时,则当任从朕作处置。”[④]由此可见,副岛此次来华换约以及参加同治皇帝亲政大典,实乃心怀叵测。日方也完全承认:“副岛大使之适清,换约为名,谒帝也为名也。惟因筹划征伐生番而有此行。”[⑤]

1873 年(同治十二年)4 月,副岛种臣一行抵达天津,随行人员有美籍顾问李仙得、外务少丞平井希昌、柳原前光,以及“龙骧”、“筑波”两舰水兵 600 余人。日本宣称:“我国派遣大使,驾本国军舰出海,以今为始,本国军舰航行海外,也以今为始。更何况,各国众人所闻者,大使已奉伐番之旨,将有事于台湾。”[⑥]6 月上旬,副岛种臣在北京会见英国驻华公使时言称:“清国未向生番之地派过官吏,地图上也未点载生番地名,前年美国人与生番交战,也未曾告诸清国,清国不知生番与美国人缔结条约之事,清国何能谓之为属地耶?”[⑦]公然否定中国对

---

① 日本外务省编:《日本外交文书》第七卷,第 5—8 页。

② 李仙得协助日本政府制订出侵台计划《台湾番地征伐要略》。该“要略”谎称台湾乃清政府政令不及的“无主之地”,建议以军事手段为主,外交手段为辅,征伐台湾,为日本“在亚洲大变动中奠定霸略”。见井上清:《日本军国主义》第二册,北京:商务印书馆,1985 年版,第 104 页。

③ 东亚同文会编:《对华回忆录》,胡锡年译,北京:商务印书馆,1959 年版,第 24 页。

④ 东亚同文会编:《对华回忆录》,胡锡年译,第 24—25 页。

⑤ 《明治文化资料丛书》第 4 卷,《外交编》,第 44—45 页。

⑥ 《副岛大使适清概略》,载《明治文化全集》第 11 卷,《外交篇》,东京:日本评论新社,1956 年版,第 66 页。

⑦ 《明治文化全集》第 11 卷,《外交篇》,第 69 页。

台湾的领土主权，并极力制造舆论，使正在筹划的侵台行径合法化。6月下旬，副岛种臣派柳原前光前往总理各国事务衙门进行试探。柳原前光会晤总理各国事务衙门大臣毛昶熙、董恂等，向清政府提出交涉称："台湾之地……贵国所施治者仅及该岛之半，其东部土番之地，贵国全未行使政权，番人仍保持独立状态。前年冬我国人民漂流至该地，遭其掠杀，故我国政府将遣使问罪。唯番地与贵国府治接壤之处犬牙交错，如不预先告知贵国而遽兴此役，倘或波及贵国辖地，有伤于两国之和。思虑及此，故预先妥作说明。"[①]清政府官员驳斥了柳原前光的无理指责，但又说："杀人者皆属'生番'，姑且置之化外，未便穷治。"[②]心怀叵测的日本政府立即抓住中国官员的这句"失言"，开始积极准备侵台战争。

当时，正值日本统治集团内部围绕是先发展国内经济还是先"征韩"的问题发生重大争议，争论最终导致西乡隆盛等一大批高官辞职，一度引起中央政权的震荡。为缓解其内部矛盾，日本政府欲将侵占台湾作为其解决国内"士族"问题的途径，遂决定发兵进犯台湾[③]。得到李仙得的出谋划策，日本政府内务大臣大久保利通与大藏大臣大限重信等共同拟订出《台湾番地征伐要略》，并于1874年2月公布。其要点为：一、台湾生番之部落系清朝治权未及之地，此事可由清朝所刊印之书籍中求证。尤其是去年(1873年)副岛种臣使清之际，清廷官员亦答以生番系化外之民，故将番地视为无主之地，不无道理；二、琉球系日本之藩属，为琉球人民复仇是日本帝国政府的义务；三、清廷官员倘若主张琉球尚按时入贡，亦为中国之藩属，日本应回避争论此事。因为控制之实权已操在日本，且

---

① 日本外务省编：《日本外交文书》第六卷，第178页。

② 据中方记载，毛、董等人对称："二岛俱我属土，属土之人相杀，裁决之权固在于我。我抚恤琉人，自有措施，事与贵国无关，何需烦为过问。"见王芸生：《六十年来中国与日本》卷一，第59页。但在日方通译郑永宁的记述中，却只有毛、董曰："此岛之番民，有生熟两种。从前服我王化者为熟番，设府县而治之，其不服者为生番，置之化外，未甚治理。"见《明治文化资料丛书》第4卷，《外交编》，第40—41页。此外，中文记载，当时毛、董二人还曾答以"杀人者皆属生番，姑且置之化外，未便穷治。日本之虾夷、美国之红番，皆不服王化，此亦万国之所时有"。见王芸生：《六十年来中国与日本》卷一，第59页。其实，清政府官员在与日本特使的谈判中所说的"化外之地"并不指台湾全岛，而仅为大致中央山脉以东的小片"番地"。见王芸生：《六十年来中国与日本》卷一，第64—65页。

③ 对此，学术界历来有不同的说法，台湾学者梁华璜指出："……如果真正为了转移士族对内政的不满情绪，在'征台'之役的准备工作上，大久保对征韩派的士族应该有积极的表示才对。可见'征台'之役的重要原因，与其说是在转移内政的危机(士族的叛乱)，毋宁说，纯粹是为了侵略台湾。"日本政府是"对台湾的经济价值与战略地位已有甚高的评价，才决定出兵台湾。对于占领台湾，虽然尚无具体的计划，可是垂涎于台湾的物产、资源，以及战略价值的意识已经很明显，所以解释'征台'之役的动机，不能对于解决士族问题加以高估，而将掠夺台湾资源，或侵占领土的动机矮小化"。见梁华璜：《台湾总督府的"对岸"政策研究》，台北：稻乡出版社，2001年版，第8页、第15页。

台湾问题解决之后，若有意制止琉球之入贡中国，此刻不必与清廷争论琉球之宗主权；四、清朝属下之台湾地方官，若抗议日军之登陆，日军应采集证据坚持番地为无主之地。若争论趋于复杂，则促其向日本本国政府谈判；总之，借故推托，迟延时日，而乘机造成占领台湾的事实[①]。

1874 年 4 月，日本政府公然设立“台湾番地事务局”[②]，由大藏大臣大隈重信担任事务局长官，陆军中将西乡从道任统帅兵权的事务都督，并组成“台湾生番探险队”即征台军，先后动员兵员 3000 多人，由正规常备兵及“殖民兵”等组成[③]。美国在此次日军侵台行动中，给予了异常的全面支持。“台湾番地事务局”成立后，李仙得被聘为台湾事务局二品官，现役美海军少校凯塞尔为参谋，指挥 9 艘日军舰只，退役美军工兵中尉华逊负责指挥日军构筑工事，美国“纽约号”船还受雇为日军运兵[④]。

是年 4 月，日本侵台军队由长崎出发，发动了所谓讨伐台湾“生番”的侵略战争。此次侵台战役共集结日军 3600 余名，除携带各类武器装备外，还专门带上大量的农耕器具和各类粮菜种子，摆开一举侵吞并永久占领台湾的阵势。5 月上旬，日军在琅桥（今恒春）登陆。200 余名日军大举进攻石门，牡丹社首领阿禄父子等 16 人在阻击日军侵袭时牺牲，日军伤亡 26 人。6 月初，日军主力 1300 余人分三路围攻牡丹、高士佛两社，遭到当地民众的顽强抵抗。日军攻占牡丹社，并在龟山建立所谓“台湾番地都督府”，还修建医院、军营、开辟道路，并向后山各处番社分发日本国旗，欲为久踞之计。

获悉日军侵入台湾，清政府即派出船政大臣沈葆桢为钦差大臣、福建布政使潘蔚为帮办，率领轮船兵弁入台，增兵设防。潘蔚还亲临琅桥侵台日军“阵地”，与西乡会谈三次，逼其退出台湾。在台湾民众的坚决打击下，以及受岛内疾病的困扰，侵台日军日趋陷入困境[⑤]，“台湾地方热甚，兵士多病”、“该国此役

---

① 清泽洌：《外政家としての大久保利通》，东京：中央公论社，1942 年版，第 54 页。

② 这里，笔者特别想强调的是：日本竟然公开设立以中国领土名称命名的政府官厅，乃空前罕见，则充分显示其独霸台湾的野心。

③ 藤井志津枝：《近代中日关系源起》，台北：金禾出版社，1992 年版，第 105—106 页。

④ 当时的美国驻日公使德朗与前驻厦门领事李仙得等人积极协助日本政府的“征台”，但美国政府随后改变策略，反对日本的侵台行动，甚至撤换了驻日公使德朗，又禁止美国商船参加“征台”之役。此外，英国、俄国、西班牙等国也提出反对。参见清泽洌：《外政家としての大久保利通》，东京：中央公论社，1942 年版，第 62 页。

⑤ 据日本方面发表的统计数字：侵台日军占领琅桥一带 7 个月，在兵员 3658 人中，死亡 593 人（战死 12 人，病亡 581 人，负伤 17 人），动用军舰 5 艘，运输船 13 艘，支出军费 361.6 万余元。引自陈碧笙：《台湾地方史》，北京：中国社会科学出版社，1990 年版，第 153 页。

糜费百余万元，雇用西人充兵头，皆给重价，约六个月为期”[①]。而且，除美国以外的欧洲各国也反对日军出兵，因为久拖将严重影响这些国家在台湾的经济利益。日军的侵台行径未能如愿，在英、法、美三国的调解下，日本政府被迫与清政府举行谈判，10月底，中日签订《中日台湾事件专条》[②]，除以“抚恤”及付给修道建屋费用为名50万两白银外，《专条》还实际上承认琉球是日本的属国；随即侵台日军于12月1日撤出台湾[③]。由此，历时三年的牡丹社事件才算平息下来。日本入侵台湾是对中国在台湾的主权和领土完整的一次重大挑战。日本出动大军企图以“无主之地”为由加以侵占，所以具有空前严重的含义。对中国来说，这是一次严重的边疆危机。经过这场斗争，日本的挑战受到挫败，《中日台湾事件专条》表明整个台湾岛的主权都属于中国[④]。

日本欲占据台湾的图谋并没有就此罢息。中国的屈服外交，使得日本政府

---

① 李鸿章：《致总署论台湾兵事》，载国家清史编委会编：《李鸿章全集》(31)信函三，合肥：安徽教育出版社，2007年版，第57页。

② 《中日台湾事件专条》，又称《中日北京专条》，签订于1874年(同治十三年)10月30日。这是在牡丹社事件后，在美英等国别有用心的“调停”下，清政府被迫与日本签订的文书。全文共三款：一、日本国此次所办，原为保民义举起见，中国不指以为不是。二、前次所有杀害难民之家，中国定给抚恤银两，日本所有在该处修道建房等件，中国愿留自用，先行议定筹补银两，别有议办之据。三、所有此事两国一切往来公文，彼此撤回注销，永为罢论；至于该处生番，中国自宜设法妥为约束，以期永保航客不能再受凶害。依据此约，清政府给日本人抚恤金十万两，修道建房费四十万两(条约原文见王铁崖编：《中外旧约章汇编》第一册，三联书店，1957年版，第343页)。所谓的“保民义举”和“中国不指以为不是”的始作俑者，是英国公使威妥玛。除了上述三条专约之外，中日双方还签字画押了“会议凭证”。其内容是：“台番一事，现在业经英国威大臣同两国议明，并本日互立办法文据。日本国从前被害难民之家，中国先准给抚恤银十万两。又日本退兵，在台湾所有修道建房等件，中国愿留自用，准给费银四十万两，亦经议定，准于日本国明治七年十二月二十日，日本国全行退兵；中国同治十三年十一月十二日，中国全数付给，不得愆期。日本国兵未经全数退尽之时，中国银两亦不全数付给。立此为据，彼此各执一纸存照。”见《明治文化全集》第11卷，《外交篇》，东京：日本评论新社，1955年版，第146页。这个凭证，又见王铁崖编前引书，王书题为《会议凭单》，文内文字次序略有差异。

③ 1874年11月7日，大久保利通抵达上海，从上海税关先行攫取10万银两。尔后，前往台湾琅峤港，向西乡从道通报交涉结果，日军始开始撤兵。11月27日，大久保回到东京，受到日本政府的隆重迎接。天皇敕语称：“其功可谓大矣。”见岩仓公旧迹保存会：《岩仓公实记》下卷，1906年发行，1927年再版，第210页。

④ 张振鲲：《关于中国在台湾主权的一场严重斗争》，载《近代史研究》，1993年第6期。

的侵台气焰愈发膨胀，但由于其实力尚不强盛，遂采取了渐次的扩张策略①。1875年6月，日本强迫琉球改奉日本年号；1879年日本将琉球国王掳往东京，改琉球为冲绳县，完成了侵台战略的重要前期部署②。

三　中法战争与台湾保卫战

19世纪80年代，法国发动入侵越南和中国的中法战争。法国挑起的这场战争起于1883年（光绪九年）12月，止于1885年4月。1884年6月，法舰队侵入台海，台湾危急，京畿震动。在这“战阵忧危之际”③，清廷诏命一等男爵、前直隶提督刘铭传进京，“赏给巡抚衔督办台湾事务，全台镇道以下各官，均归节制”④。刘铭传随即入台，筹备抗法。中法战争分为前后两个阶段，第一阶段在越南北部及中越边境进行；第二阶段战火扩大到台湾海峡两岸，有陆战和海战两个战场，尤以台湾陆战最为激烈。这是台湾进入半殖民地半封建社会以来一次规模最大、历时最久、战斗最为激烈的反抗殖民侵略的战争。

1883年（光绪九年），在越南战场上，法国入侵军遭到刘永福率领的黑旗军的迎头痛击。法军无奈派出军舰到中国沿海示威。1884年5月，李鸿章不顾广大抗法军民的抗议，竟与法国代表福禄偌（E. Fournier）在天津签订《中法会议简明条约》（又称《李福协定》），承认法国对越南的保护权。但法国入侵军肆意制造“北黎冲突”⑤（又称“观音桥事变”），并将占据台湾基隆当作赔款的抵押。在刘铭传的指挥下，进犯台湾的法军遭到台湾军民的顽强抗击。

---

① 对此，台湾学者许介鳞指出：日本虽然未能实现其强占台湾的图谋，但从后来看还是很合算的，因为清政府自1874年至1894年，为台湾投下20年的建设成本，“而日本之前未曾对台湾投资一毛钱，经由《马关条约》的‘台湾割让’，日本立即收割清朝20年的投资心血。加上，从1860年台湾开港起，外资势力在台也有相当的投资利益，这些投资利益，其后全部为日本的强盗集团夺得”。引自许介鳞：《台湾百年来历史的断层与连续》，台湾日本综合研究所网 www. japanresearch. org. tw/twhistory－22. asp。

② 1879年，在前美国总统格兰特（V. S. Grant）的调解下，中日曾经均表示琉球由中日分治。日本愿意将宫古、八重山两群岛划归中国，而以修改中日通商条约，允许日本商人与欧美人一例进入内地为条件；清政府则主张分琉球为三：北部诸岛归日本，南部诸岛归中国，中部诸岛恢复琉球统治，后亦不再坚持。

③ 《法兵已退请开抚缺专办台防折》，载《刘壮肃公奏议》卷一。

④ 《大清德宗景皇帝实录》卷一八五，载《清实录》卷五四。

⑤ 1884年5月11日，李鸿章与法国代表福禄偌（E. Fournier）在天津签订《中法会议简明条约》，同意将各路中国军队分别撤回。6月23日，法国入侵军突然到谅山附近的北黎（中国称观音桥）地区“接防”，蛮横要求清军立即退回中国境内。中国驻军没有接到撤防命令，要求法军稍事等待，法军骄横异常，要求继续前进，并枪杀清军代表，清军被迫还击。法国以这次事件为扩大战争的借口，威胁要从中国索取赔款，占领中国一两个海口当作赔款的抵押。参见丁名楠、余绳武等：《帝国主义侵华史》第一卷，北京：人民出版社，1973年版，第294—295页。

基隆失陷 1884年4月中旬,法国巡洋舰"哇尔大"号侵入基隆港内,舰上法军水兵3人上岸测绘要塞地图,法舰还欲强行进入炮台,受到守军的阻拦。法军舰长随即向基隆的中国官员发出照会,蛮横要求台湾官府立即赔礼谢罪,并低价售予煤炭60吨,否则"立即开炮"。台湾兵备道刘璈一面加紧防备,一面奏请朝廷增援。7月中旬,刘铭传率部到基隆港口要塞巡视,布置防务,并在基隆、沪尾、安平、澎湖增筑炮台、护营,加强台北防务。

是年8月初,法国远东舰队司令孤拔和副司令利士比(Lespes)率舰逼近基隆港,限令基隆守将总兵曹志忠翌晨交出炮台,守军置之不理。法舰猛烈炮击基隆炮台,基隆守军以急速而准确的炮火予以还击。法舰"加尼桑尼亚"号连中3弹,"维拉斯"号也被守军数颗开花炮弹击中。随后,法舰强大的炮火摧毁了基隆炮台,在伤亡弁勇60多人的危急情况下,基隆守军被迫退出。刘铭传命令守军各部撤出海滩,退守山后,诱敌陆战。法军随即占领基隆港,将港内各种设施和炮台尽行破坏。

8月6日,法军陆战队向基隆市街搜索前进,并攻击附近高地,企图一举歼灭守军主力,在基隆建立"桥头堡"。在刘铭传亲自统率下,入侵法军遭到守军总兵曹志忠、章高元、苏得胜等部的三面伏击,逐渐缩小包围圈。在无法得到舰上远程炮火的支援下,经过几小时的激战,法军受到中国守军的重创,伤亡100多人,被迫撤回舰上,侵占基隆的计划破产了。

法军侵犯基隆首战即告失败,于是又向清政府提出新的和议条件,清政府再次拒绝。此时,法舰已有预谋地将10艘军舰驶入福州马江。8月23日下午,法军舰艇突然向毫无作战准备的南洋舰队发动突然袭击,南洋舰队的11艘战舰被击沉击伤,阵亡官兵近800人,南洋水师全军覆没。然后炮轰马尾造船厂和马江沿岸各炮台。从此,法军就牢牢地掌握了台湾海峡的制海权,得以随心所欲地全力侵台。26日,清政府颁发上谕,对法国宣战。

10月1日凌晨,孤拔率法军主力,在10余艘军舰、百余门大炮的猛烈炮火掩护下再犯基隆。刘铭传令台湾守军各部迎敌,往复冲荡,互有伤亡。守军奋勇抵抗约两小时后,伤亡百余人,最后被迫后撤。法军乘势登陆进攻,基隆港湾及周围阵地尽失,基隆市区告危。这时,法军在利士比的指挥下正进攻沪尾。刘铭传在得到大批法军猛攻沪尾,沪尾不断告急要求增援的消息后,考虑到台北府城是统帅部所在地,军资饷械集中于此,不可稍有疏虞。为保台北,沪尾重于基隆,于是决定撤离基隆,移师沪尾,借保省城。遂下令各部退出基隆,只留三营兵力扼守狮球岭。2日,基隆失陷,法军欲以基隆实现其"据地为质"的图谋。

沪尾保卫战 法国入侵军在进犯基隆的同时,以8艘军舰猛攻沪尾(今淡水)。守军进行了坚决的反击,多次击中法军主力舰。法军陆战队600人四路上岸，进逼守军炮台。但法军不惯于陆战，一进丛林，便失去了统一指挥，只得各自为战。在前沿指挥的湘军提督孙开华的亲督下，预先埋伏在各处的清军从北、东、南三个方向分路迎击，奋起截杀。在短兵交战中，守军充分发挥自己的优势展开近战，而法军却溃不成军，伤亡累累。至午刻，法军弹药告罄，全线崩溃，只得奔向海滩，逃回舰上。守军尾追，法舰开炮掩护，反自毙法兵数名，击沉小艇 2 艘，法兵数十人落水。

在这场战斗中，法方自认死 27 名，伤 49 名；刘铭传在给朝廷的奏折中说："我军阵亡哨官三员，死伤兵勇百余人，法军被斩首二十五级，枪杀三百余人。此外又俘获法兵十四名，枭首示众。"通过这次战役，法国人不得不承认："淡水的败战突然发生，它一方面使我们看出中国兵力的强大，一方面使我们明白局势的危险。这次败战是难以补救的。"沪尾保卫战以中国守军取得大捷而结束。自此以后，法国舰队只能轮流在淡水河口对这个海港实施封锁，再没有能力发动进攻了。

法军的封锁使台湾对外贸易交通中断，生产停滞，粮饷支绌。在这种情况下，全台军民同仇敌忾，有钱出钱，有力出力，支援前线。许多大陆大小船只，不顾风浪和被截捕的危险，采取夜航、偷渡或在东南海岸登陆等方式，突破法军封锁线，把 3000 名淮军、60 门钢炮、9000 支步枪、200 万发弹药、40 只鱼雷和 10 万两饷银安全运到台湾。沿海地方当局也纷纷"协饷馈械，南洋最多，北洋次之"。此外，云南、广西两省军队也相机向安南边境的法军阵地进攻，以为牵制。在全国上下的大力支援下，台湾终于度过了法军封锁所引起的社会经济危机，使法军的封锁计划完全破产。

法军自沪尾惨败后，再次集中兵力向基隆发起进攻。从 1884 年 11 月以来，双方冲突时断时续。1885 年 1 月以后，战事加剧。3 月初，法军援兵大批到达，3 日，法军派出精锐 1300 余名猛扑月眉山，5 日，又出动 2000 名直攻戏台山。守军腹背受敌，抵挡不住，月眉山失守，退守基隆河南岸，基隆河河北地区悉为法军占据。两军隔河对峙，直至战争结束。在守军的顽强抗击下，法军虽然多次进攻，而始终局促于基隆港周围一隅之地。为了摆脱进退维谷的困境，法军于 3 月底向澎湖发起进攻，并占领澎湖岛。与此同时，法军在镇南关大败，导致法国政府茹费理内阁倒台。

清政府决定"乘胜即收"。1885 年 4 月 4 日，清政府与法国签订停战协定。4 月中旬，法国舰队解除对台湾的海上封锁；6 月 9 日，中法《越南条约》在天津正式签订，中国承认越南为法国的保护国，开放蒙自、龙州两地与法国通商，法军撤出基隆、澎湖，并撤销对中国海面的封锁。第 9 款规定："此约一经彼此画押，法军立即撤出基隆，并除去在海面搜查等事。画押后一个月内，法兵必当从台湾、澎湖全行退尽。”6月，法军从基隆撤走；7月，法军撤出澎湖，台湾危机到此结束。

在中国军民的英勇抵抗下，法国侵占台湾的战争以失败而告结束。刘铭传领导台湾军民顽强坚持战斗，苦战数月，为中法战争最终取得胜利做出了重大贡献。

四　从“防内为主”到“御外为主”——清朝治台政策的战略性转变

由于受“以陆制海”等落后观念的困扰，在同治以前，台湾军事防御设施的改进缓慢。随着洋务运动的开展，西方新式武器如后膛枪和后膛炮开始引入中国。清军配备最多的是英制阿勿斯郎炮和美制的格林炮①。与此同时，清政府对台湾海防的重视程度渐次提升。就台湾来说，清廷治台政策的最大转变在于从防内为主转变为御外为主。台湾一再遭受外国军事入侵，说明危险主要来自外部而不在内部。外国军事势力入侵的危机促使清廷检讨其治台政策的利弊得失。在这个意义上来讲，外来威胁成了台湾内部革新的催化剂。以往，清廷认为“台湾之患率由内生，鲜由外至”，因此主张加强弹压巡防，便可日久相安。1880年(光绪六年)，闽浙总督何璟、福建陆路提督罗大春各奏准在基隆、淡水筹建洋式炮台1座。1883年，台湾兵备道刘璈在淡水的油车埠修建第二座洋式炮台。中法战争期间，清政府开始将毛瑟枪、哈乞开思枪、大吉枪、云林得马枪等先进枪械拨交台湾守军使用。

面对日、法等国的武力侵扰，清廷日趋重视台湾海防。沈葆桢、丁日昌等多次奏请对日本侵台应严密设防；总理衙门也称“经营台湾实关系海防大局”，这是清廷高层对台湾战略地位的一种新认识。日本侵台事件刚刚沉寂，沈葆桢就针对台湾海防上奏称：“此次之善后与往时不同，台地之所谓善后，即台地之所谓创始也。”②之后，沈葆桢相继提出并实施了一系列治台政策和改革措施，如建议实施福建巡抚“冬春驻台湾、夏秋驻福州”③。他的这个建议对清政府治理台湾有着全局性的影响。1875年1月，沈葆桢提出三大改革：(1) 废除严禁内地民人渡台的旧例；(2) 废除严禁台民私入“番界”的旧例；(3) 废除严格限制“铸户”、严禁私开私贩铁斤及严禁竹竿出口的禁例④。这些改革使大陆人民可以自

---

① 苏文森：《台湾古炮普查大发现》，载《历史月刊》第40期，1991年5月。

② 沈葆桢：《请移驻巡抚折》，《沈文肃公政书》卷五，第1页。

③ 沈葆桢在《请移驻巡抚折》中提出的建议是“仿江苏巡抚分驻苏州之例，移福建巡抚驻台”。见《清实录》第52册，北京：中华书局，1985年版，第322页。

④ 沈葆桢：《台地后山请开旧禁折》，《沈文肃公政书》卷五，第15—16页。转引自陈孔立主编：《台湾历史纲要》，第288页，陈书的概括是准确的。

由迁台；打破台岛西部滨海平原所谓“山前”（占全岛面积三分之一）与东部“山后”（占全岛三分之二）间的人为壁垒，使汉族居民与土著居民间得到往来交流的自由；打破岛内经济生活中的桎梏，使人民的物质生活与物资流通得到自由；打破地方官借禁例滋扰百姓，变防民为便民[①]。

在沈葆桢、丁日昌的主持下，治台政策的转变与具体措施均得到清廷的允诺，因而加强和改进了清廷对台湾的治理，密切了大陆与台湾及岛内居民的关系，促进了台湾的开发，对台湾的“外防内治”起了积极作用。

刘铭传认为台湾陆防和海防互为表里，必须集中解决海防舰船和岸炮设施，对台湾沿海防务做了全面调整。他根据台湾环海的特点，重点解决海防船只和修筑炮台的问题。1886 年（光绪十二年）正月，刘铭传开始着手修造新式炮台，聘用洋人鲍恩士为监工，“俱仿外洋图形”，“重用铁水泥层累坚筑”。两年后，即至 1888 年春夏，在基隆扩建与添建 6 座炮台、在旗后大坪山添建 1 座炮台[②]、在沪尾添建 2 座炮台、在澎湖添建 4 座炮台，并整修了安平“亿载金城”炮台，共用铁水泥 15.6 万桶。9 月，刘铭传上疏称“海防利器，水雷与炮台相资为用”，全台必须配置各式水雷 200 枚，“差能分布”。鉴于经费问题，刘铭传花费 3 万两白银，先购沉雷 60 枚、碰雷 20 枚，以及“洋硝黄火药等军火所需物品”[③]，并在基隆、沪尾设水雷营，在海港入口处安放水雷。

在领导台湾军民赢得台湾保卫战的胜利后，刘铭传深刻地认识到巩固和提升台湾海防的重要性。他主动提出愿辞去“地大而权尊”且安逸舒适的福建巡抚之职，专办“一有外患，辄当其危”的台防[④]，以“固七省海疆锁钥”[⑤]，“为朝廷建远大之谟”[⑥]。刘铭传花费 60 万两向英国怡和洋行购买 31 门“阿马士庄”新式后膛钢炮，以加强各炮台的防守力量。

在战火的硝烟余味犹存、省内经费极不宽裕的境况中，刘铭传毅然以大笔款项来加强海防建设，原因即在于他以深邃的眼光认识到：“诚虑疆场之事，瞬息万端，必有备乃可言战，必能战乃可言和”，否则，“猝有兵端，何以自保？”[⑦]刘铭传这种既重视“标”，又重视“本”，两者齐头并进的海防建设思想，符合台湾海防的实际需要。

---

① 陈孔立：《台湾历史纲要》，第 288—289 页。

② 《修造炮台并枪炮厂急需外购机器物料片》，载《刘壮肃公奏议》卷二。

③ 《拟购水雷矿药附请核议片》，载《刘壮肃公奏议》卷二。

④ 《法兵已退请开抚缺专办台防折》，载《刘壮肃公奏议》卷一。

⑤ 《卷首序・陈澹然》，载《刘壮肃公奏议》卷一。

⑥ 《谟议略序二》，载《刘壮肃公奏议》卷一。

⑦ 《遵筹澎防请饬部拨款折》，载《刘壮肃公奏议》卷二。

第二节　开港后的台湾社会

一　台湾的开埠及其影响

依据《天津条约》，1862年（同治元年）7月，淡水口以沪尾作税关，正式开关征税。次年，福州税务司法国人美理登（Meritens）致函总理衙门，请求以鸡笼口（今基隆市）作为淡水子口，打狗港（今高雄市）作为台湾府子口。总理衙门奏准后同意了。1863年10月，鸡笼口开港。次年5月，打狗港开放，由英国人麦克尔（William Maxwell）任首任税务司。打狗港从子口变为正口。安平分关到1865年1月才开始征税，属打狗港管辖。以后、鸡笼、打狗又变为正口。至此，台湾名为开放两口，实际上南北四个口岸全部开放。开埠之后，外资洋行大规模进入。他们凭借不平等条约给予的种种特权和武力保护，把持了台湾的对外贸易，垄断了台湾与大陆间的沿岸贸易和航运，控制了台湾地方的经济命脉，将台湾变成他们倾销鸦片、洋货和掠夺农产品原料的市场。由于外国资本的残酷掠夺和高利贷的盘剥，台湾外贸和生产带来的大量财富，都转化成商业利润和利息流进外商和买办的钱包。台湾人民受到外国资本主义和本国封建势力的双重剥削，台湾社会半殖民地化程度加深了。

台湾开埠之后，各国商人纷纷来台开行设业，进行贸易活动。其中以英资洋行势力最为庞大（如怡和洋行和宝顺洋行等）。外资洋行凭借其雄厚资金，以及持有多项特权的优势，控制了台湾岛内的进出口贸易。开埠后，利用买办、贷款预购货源，进而控制整个出口贸易是外国洋行惯用的手法之一。当时台湾的出口物产主要以糖、茶、樟脑及煤炭等为大宗；进口货物则以鸦片为大宗，还有棉织物及日用杂货等。根据海关统计，1865年台湾进出口总值为2262436万海关两，到1894年已增加到12694495万海关两，为原来的5.6倍，年平均增长率达6.5％，远超过同期全国对外贸易年平均3.4％的增长速度[①]。

台湾是在中国的领土和主权完整进一步遭到破坏，半殖民地化程度加深的情况下，依据不平等的《天津条约》等被迫开埠通商的。开埠后，原来以封建经济为主体的台湾社会经济，发生了一系列重大变化。首先，台湾沦为西方列强廉价工业品的倾销地和原料农产品的掠夺市场。受国际市场的影响，岛内稻田多改蔗田；种植茶叶也很快成为台湾农民的经营重点。由此，不仅稻米产量及输往大陆的出口量大为锐减，同时由于洋货的大量倾销，来自大陆的日用轻工

① 参看陈孔立：《台湾历史纲要》，第248页。

产品的比例也大大下降。以往由台湾向大陆提供稻米、大陆向台湾提供日用轻工产品的互补型传统经济联系被严重削弱甚至被打断。台湾的进口贸易，由开港前的依赖大陆市场转变为基本上依赖国际市场了。其次，岛内阶级关系发生了新变化。开港后，由于对外贸易的需要，岛内出现一批以帮助洋行推销洋货、收购土货的买办。他们既是洋行的帮手，同时也兼营商业。其中不乏一些买办变成巨富。如陈福谦集买办、商人、高利贷于一身，不仅专营蔗糖抵押贷款，还从事打狗地区的糖业贸易；沈鸿杰先与英国洋行合资建商行，继又与德国洋行营运洋货、土货，后又在南投集集地方经营樟脑而大发其财；林春生先在淡水协助英国德记洋行拓展台湾茶叶，台湾建省后，又与台湾富绅林维源在大稻埕合建千秋、建昌街供洋商居住。这些人物代表着新的历史条件下兴起的新的社会阶层，他们有比较雄厚的经济实力、有较高的社会地位，受到台湾官府的重视。如林维源曾被台湾巡抚刘铭传委任负责开山抚番事宜；林春生也被刘铭传任命为桑蚕局副总办。

19 世纪 90 年代初，台湾岛西南至西北的沿海平原地带形成连片的农业区，米糖产业发展迅速。台湾经济分布特点是：首先，经济重心北移。以台北市（艋舺）为中心，包括台北县、淡水县、新竹县、宜兰县，已初步形成北部经济重心；其次，以台南为米糖生产中心；第三，安平、高雄（打狗）、淡水（沪尾）、基隆（鸡笼）四个口岸（1858 年《天津条约》的订立，将此四个口岸相继定位为开放商埠），成为同大陆和其他地区对外经济联系的枢纽；最后，以近代交通运输业、邮电事业的开发为对内经济联系的管道①。

二　茶、糖、樟脑的贸易

台湾的茶叶贸易　台湾开埠后，台湾茶叶成为新兴的出口商品。台湾原产水沙连茶，但产量很少，这种茶树生长“在深山中，众木蔽亏，雾露蒙密，晨曦晚照总不能及，色绿如松萝，性极寒，疗热症最效，每年通事于各番议明入山焙制”②。嘉庆年间（1796—1820），柯朝将福建的武夷茶传入台湾，“植于鲽鱼坑，发育甚佳，即以茶子二斗播之，收成亦丰，遂互相传植”。台湾开埠后，英国德记洋行发现在台北发展茶叶有利可图，于是“乃自安溪配至茶种，劝农分植，而贷其费。收成之时悉为采买，运售海外”。自此，台湾茶叶种植发展很快，台湾的茶业开始勃兴。刘铭传任台湾巡抚时，“复力为奖励，种者愈多”③，台湾遂成为

① 李家泉：《台湾省经济地理》，北京：新华出版社，1991 年版，第 36 页。
② 黄叔璥：《台海使槎录》卷三。
③ 连横：《台湾通史》卷二七，《农业志》，第 350 页。

我国重要的产茶区。

台湾的出口茶叶有乌龙茶及包种茶，而以乌龙茶为大宗。乌龙茶的主要输出市场是美国。1869 年（同治八年），德记洋行以帆船运载台湾产乌龙茶 2139 担直销美国，独得台北风味之优质芳香的台湾茶，受到美国消费者的极大喜爱，自此“销途日广”。随后，台湾茶叶对美国的出口量迅速提高，由 1866 年的 1356 担，增加到 1878 年的 80261 担，12 年间增加了近 60 倍，年平均递增 40%[①]。

除乌龙茶的出口以外，1881 年前后又有许多厦门、汕头茶商也来台湾开设茶行，他们开设制茶场制作包种茶，茶工多为安溪人，包种茶以南洋地区为主要出口市场。包种茶的外销极为旺盛，年外销量达 40 万—50 万元左右。茶叶出口的旺盛，极大地刺激了岛内茶叶种植与制作的发展，茶园面积不断扩展，当时位于台北大稻埕的大小茶行就多达 150 多家，其中多为大陆厦门、汕头籍茶商。根据 1881 年《淡水海关报告》记载，美国、英国、南洋约占该年台茶出口的 90%、5%及 5%。运往美国的台茶主要由厦门转口，运往英国的主要由香港转口。再据《海关报告》记载，1872 年至 1891 年间，厦门、香港进口台湾乌龙茶的比例分别是 98%和 2%[②]。可知乌龙茶主要输出地是美国。1860 年至 1865 年间，台湾茶商还以台茶与福建红茶配制成茶砖，运销俄罗斯[③]。

为赚取台湾茶农更多的利润，洋行也改变以往直接给茶贩、茶农贷款的做法，改为通过“妈振馆”（以茶叶为抵押贷放资金的买办机构）向大陆茶行贷款，再由茶行预借给农民。茶农和茶行所制茶叶，必须出售给妈振馆。妈振馆的茶叶则必须卖给洋行。洋行利用这一借贷关系，牢牢地控制了茶叶贸易。这样，台湾茶叶出口量虽然猛增，但是台湾茶叶贸易几乎都是由英美洋行（德记、怡记、旗昌、怡和）所控制。从 1866 年到 1878 年的 12 年间，台湾茶叶出口从 1000 多担增加到 8 万担。1878 年，台湾茶叶出口占出口总值的 90%[④]。

据不完全统计，至 1895 年日本占据之前，台湾种茶面积已达 2 万多公顷，台湾茶叶出口量高达 15 万—16 万担，占淡水口岸土货出口总值的 90%以上，而且超过台糖成为当时最大宗的出口货[⑤]。

台湾的砂糖贸易 清代台湾经济最大的一个特征就是较为发达的制糖业。岛内盛产甘蔗，直接促进了制糖业的发展。甘蔗种植因受气候、土壤等条件的

---

① 陈孔立：《台湾历史纲要》，第 249 页。

② 《1881 年淡水海关报告》，第 7 页。转引自林满红：《茶、糖、樟脑业与台湾之社会经济变迁（1860—1895）》，台北：联经出版事业公司，1997 年版，第 21 页。

③ 台湾总督府民政局殖产部：《台湾产业调查表》，东京：金城书院，1896 年印行，第 75 页。

④ 田珏：《台湾史纲要》，福州：福建人民出版社，2000 年版，第 114 页。

⑤ 陈孔立：《台湾历史纲要》，第 250 页。

限制，它喜温多水，而成熟期则喜干晴，畏寒不耐霜雪，故只能在亚热带地区种植，我国以闽粤台蜀最适宜。“台海土壤肥沃、生殖滋丰”，“三县皆称沃壤”①，最宜甘蔗种植。郁永河在《稗海纪游》中记载称：“台人植蔗为糖。”②朱仕玠的《小琉球漫志·序》则称：“糖之息倍于谷。”③这说明台湾大量种植甘蔗就是为了加工砂糖，甘蔗从一开始就具有商品生产的意义。台糖运销天津、上海、苏州、宁波等地，往往“糖斤未出，客人先行定买，糖一入手，即便装运”④。种植甘蔗、熬制粗糖，并大量向岛外输出，兼跨工农业及商业，是当时台湾最具活力的民族产业。“说明台湾已经出现了资本主义因素的萌芽”⑤。糖利甚巨，商人纷纷染指，一些糖商预付资金订购蔗糖，表示着商人资本已渗入台糖的生产和销售中去。“糖之息倍于谷，台地富户每岁货糖吴越，所息不赀”⑥。经营砂糖贸易的台湾糖商大发其财。

开埠后，外国洋行利用买办，实行贷款预购糖源，控制大部分货源，从而把持了砂糖贸易。利用买办，实行贷款预购，控制货源，进而控制砂糖出口贸易。“洋商皆预发资本，交华商代办”。台湾糖商自洋行买办处获取贷款，再转贷制糖作坊——糖廍，糖廍最后转贷给蔗农。在洋行与买办、台湾糖商、糖廍与蔗农之间，还依次订立购糖契约，台湾糖商若不能按约交货，则须向洋行买办负担每笼二元的所谓“违约金”；若有货囤积不卖，则须负担二分的“手续费”，否则不得转售他人。如此，不论在任何情况下，洋行均可保证有充足货源⑦。台湾海关报告亦指出：“往时，此地的糖可以输到欧洲、美洲及澳洲殖民地，每年所产的糖的大部分皆被此港的外国公司或厦门的外国公司代理商，以挂账或委托的方法买去。”⑧

开埠之前，台湾砂糖的主要出口地区是大陆及日本。开埠之后，外销市场更扩大至澳洲、西欧、北美及南美等地。但日本继续是台湾砂糖的主要出口市

---

① 《台湾府志》卷一七，《物产》。

② 郁永河：《裨海纪游·台湾竹枝词》，杨和之译注：《遇见300年前的台湾——裨海纪游》，台北：圆神出版社有限公司，2004年重印。

③ 朱仕玠：《小琉球漫志》，台北：台湾银行经济研究室，1957年重印。

④ 黄叔璥：《台海使槎录》卷一，台北：台湾历史文献丛刊，1996年重印。

⑤ 陈碧笙：《台湾地方史》，第111页。

⑥ 徐方璥：《清代台湾之糖业》，转引自许涤新、吴承明：《中国资本主义发展史》第一卷，北京：人民出版社，1985年版，第354页。

⑦ 根岸佶：《买办制度之研究》。转引自聂宝璋：《中国买办资产阶级之发生》，北京：中国社会科学出版社，1979年版，第141页。

⑧ P. H. S. Montgomery：《1882—1891年台湾台南海关报告书》，载《台湾银行季刊》第9卷，第1期。

场,原因有三:一是日本自身产糖不多;二是日本的地理位置接近台湾,交通方便;三是日本消费者偏好台湾砂糖[①]。其次是澳洲,在1870年至1883年间进口台糖总量已占1868年至1895年间外国进口台糖总量的11.11%。其他还有英国、美国、加拿大等国进口台糖。1860年至1895年间,台湾出口的糖有赤糖与白糖两种,出口则以赤糖为主。1860年至1895年间,中国大陆及日本一直是台糖的主要市场。台糖进入大陆的口岸以芝罘(烟台)、天津、上海、宁波、牛庄五个口岸为主。1869年至1895年间,这五个口岸进口台糖总量分占此期间中国大陆进口台糖总量的44.59%、24.02%、19.49%、9.24%、1.21%,其他口岸如厦门、福州、镇江、汕头等均在1%以下[②]。

由于台湾砂糖价廉质高,出口量增长很快,1874年至1884年的10年间是台湾砂糖对外出口的最盛时期。这一时期由于毛里求斯、西印度群岛的甘蔗和法国的甜菜歉收,食糖产量剧减,而国际市场(尤其是日本、英国等国)对食糖的需求量却日渐大增,导致糖价飞涨、市场供不应求。外国洋行趁此良机把台湾砂糖大举出口世界各地,赚取暴利。当时,台糖年平均出口额达46万担,最多时达75万多担,占输出总额的75%。

开埠后,砂糖是台湾的主要外销商品之一,有很重要的经济地位,几占工业产值的一半左右,占出口总值的45%。年产100万吨,成为世界上重要食糖出口地之一。至1885年之后,世界糖产量供过于求,糖价暴跌,台湾砂糖出口锐减,出口市场也多丧失,仅限于日本、香港等地,年出口额仅为20万—30万担[③]。

台湾的樟脑贸易　樟脑为台湾的主要物产之一,在人造樟脑出现以前,台湾出产的樟脑占世界樟脑总产量的70%—80%[④]。1722年(康熙六十一年),衔命巡台的黄叔璥在所著《台海使槎录》中,就详细记载"淡水厅八里坌堡、竹北二堡等地,皆有以制脑发轫的街庄"[⑤]。鸦片战争期间,英国洋行就进入淡水、基隆等地收购樟脑。开港前两年,台湾运往香港的樟脑已经达到10万担[⑥]。

---

① Davidson:《台湾之过去与现在》(1903年版),蔡启恒译,台北:台湾银行经济研究室,1972年重印,第312页。转引自林满红:《茶、糖、樟脑业与台湾之社会经济变迁(1860—1895)》,台北:联经出版事业公司,1997年版,第26页。

② 参见林满红:《茶、糖、樟脑业与台湾之社会经济变迁(1860—1895)》,台北:联经出版事业公司,1997年版,第23—26页。

③ 参考陈孔立:《台湾历史纲要》,第249页。

④ 台湾樟脑究竟产于何时,已不可考。最早记载台湾樟脑的历史文献,是康熙五十六年(1717)刊印的《诸罗县志》中的《物产志》。转引自周宪文:《台湾经济史》,台北:开明书局,1980年版,第259页。

⑤ 黄叔璥:《台海使槎录》。

⑥ 台湾总督府史料编纂委员会编印:《台湾樟脑专卖志》,台北:台湾总督府,1924年。

1855年(咸丰五年),美国洋行开始经由香港赴台湾收购樟脑,后在台湾西海岸设代办店,包揽樟脑输出,经香港输往欧洲,每年输港樟脑“数在万担以上,获利至厚”[①]。至1861年,英国怡和洋行与邓特洋行亦进入岛内从事樟脑贸易。开埠初期,樟脑的贸易基本上为这两家英国洋行垄断,每年的出口量约七八千担。其中,怡和洋行自19世纪40年代起就从香港贩运鸦片至台湾,用以交易当地的樟脑、樟木等特产[②]。至1865年(同治四年),在台湾从事樟脑贸易的外国洋行计有5家(英国3家,美国1家,德国1家)。

台湾开埠初期,樟脑成为台湾北部最大宗的出口商品,“每担价十六元,配赴欧洲”[③]。樟脑贸易利润丰厚,是当时外国洋行在岛内争夺最为激烈的出口商品。1869年(同治八年),随着利用樟脑制造无烟火药实验获得成功和赛璐珞工业的崛起,樟脑日益成为一种重要的工业原料,欧美等国对樟脑的需求量大增,国际市场供不应求,价格陡涨。

由于樟脑贸易利润丰厚,1863年(同治二年),台湾道台宣布樟脑官营,实行专卖。官府规定的樟脑收购价为每担6元,再以16元价格卖给洋行,洋行运到香港只能卖18元,利润剧减,由此引发外国洋行的极力抵制。为保护英国洋行的垄断利益,1869年,英国不惜发动“樟脑战争”,以武力迫使台湾官府取消樟脑专卖,“任从华洋商民自行买卖”。此后,“私煎之风,又复大盛”[④],外国洋行更是深入岛内深山樟脑产地,通过“脑丁”(台湾当地的樟脑收购与生产者)进行采买,进而控制樟脑的生产和收购。樟脑的输出额迅速增加,1868年至1870年,每年输出樟脑1.4万多担,比“樟脑战争”前增加1倍。19世纪60年代,台湾樟脑产量达700多担,到70年代猛增到1.4万多担。而洋行一方面大量收购樟脑,一方面却极力压低价格,牟取暴利,洋行获利颇丰,而台湾官府财政收入则大为减少。

1885年(光绪十一年)台湾建省后,首任巡抚刘铭传为增加台湾官府的财政收入,于1886年5月奏请朝廷将樟脑、硫磺两项“归官收买出卖,发给执照出口”[⑤],获准。刘铭传遂对樟脑再次实行专卖。他在台北设樟脑硫磺总局,并在大嵙崁及中路彰化设脑务总局,各地产脑由脑务局以每担8元收购,再以12元转卖洋行,台湾官府收入激增。但在外国强权的压力下,清政府户部被迫在

---

① 周宪文:《台湾经济史》,第332—333页。

② 黄富三:《台湾开港前后怡和洋行对台贸易体制的演变》,载《台湾商业传统论文集》,台北:“中央研究院”台湾史研究所筹备处,1999年。

③⑤ 连横:《台湾通史》卷一八,《榷卖志》,第271页。

④ 周宪文:《台湾经济史》,第261页。

1890年颁令取消樟脑专卖，责令刘铭传“即将樟脑一项改为民办，官府但可征税”[①]，于是“废官办，撤防勇”[②]，刘铭传的樟脑买卖政策失败。即使在前后两次专卖期间，洋行亦完全无视台湾地方官府的专卖制度，私自进入深山樟林进行大批收购，仍然控制着樟脑贸易。

台湾樟脑出口主要以欧美、印度为主。1893年至1897年间各国进口台湾樟脑的数量为：德国2240917磅；美国1835533磅；英国1722664磅；法国1204847磅；印度1002155磅。德国占居首位[③]。1860年至1895年的35年间，运往中国大陆的台湾樟脑，多由厦门转口；运往欧美、印度的樟脑，则由香港转口。香港转口数量为台湾樟脑出口总量的93.37%，厦门则占6.63%[④]。

自1891年至1894年，台湾每年平均出口樟脑27310担，1894年最多时达39547担[⑤]。全世界仅台湾为出产天然樟脑之最大地区[⑥]，故樟脑呈供不应求之势，香港市场上樟脑的价格扶摇直上，德国公泰洋行在台湾以每担12两左右的价格揽购樟脑，运至香港后“每担可售二十两，多至二十余两”[⑦]。

在茶叶、砂糖与樟脑之外，台湾煤炭也是出口物产之一，尤其是产煤较丰的基隆煤矿曾是欧美资本极感兴趣的侵吞对象。开埠之后，台湾煤炭开始输往香港、上海及其他通商口岸，主要供应外国轮船做动力燃煤。但由于采煤技术、设备落后，产量不多，出口量亦少。1875年台湾官府设立官营采煤工场后，采煤量有所提升，但出口情况仍不显著，出口最多的年份也仅有4.6万余吨。在进口贸易方面，台湾主要以输入鸦片、纺织物和杂货等为大宗。海关贸易统计，1864年，台湾进口鸦片2344担，至1873年增至3592担，比1864年增加了1.5倍。1874年后，进口量猛增，至1881年达到最高峰，是年鸦片净进口额为5881担，为1864年的2.5倍[⑧]。

英国洋行控制了绝大部分的鸦片贸易。华商缺乏足够的资金与洋行竞争。洋行向岛内输入鸦片一担仅需纳关税银30两，而华商运进鸦片，每担则需要缴

---

① 周宪文：《台湾经济史》，第263页。

② 连横：《台湾通史》卷一八，《榷卖志》，第272页。

③④ Davidson：《台湾之过去与现在》（1903年初版），蔡启恒译，台北：台湾银行经济研究室，1972年重印，第305页。转引自林满红：《茶、糖、樟脑业与台湾之社会经济变迁（1860—1895）》，台北：联经出版事业公司，1997年版，第37页。

⑤ 陈孔立：《台湾历史纲要》，第250页。

⑥ 日本与台湾曾是世界两大樟脑产区，但日本由于过量开采，其樟脑储藏量与产量已日趋下降，1890年后，台湾成为世界唯一的樟脑产区。参见薛绍元：《台湾通志》（1892年初版），台北：台湾银行经济研究室，1959年重印，第259—260页。

⑦ 连横：《台湾通史》卷一八，《榷卖志》，第271页。

⑧ 陈孔立：《台湾历史纲要》，第251页。

纳厘金 80—96 两。关税比厘金轻得多,华商无法进行竞争,洋行从香港等地大量输入鸦片,不到 20 年,台湾鸦片进口量激增 6 倍多(从 1863 年的 786 担到 1881 年的 5881 担)。据估计,台湾吸食鸦片的人,约占全岛人口的半数以上、百万人左右。每人每日吃烟须银 2 钱,每日耗银达 20 万两[①]。洋行进口鸦片攫取了台湾的大量资金,也严重地毒害着台湾民众的健康。

纺织品的进口也多为洋行所独占,开埠后,英国洋布大量输入岛内,1864 年为 8747 匹,至 1871 年增至 107719 匹,7 年中增长了 11 倍,到 1879 年更增至 16 万多匹。其他洋货如金属、杂货等进口数量不多,也多为洋行所独占。金属中最多的是铅,供制作茶叶箱子的衬里之用。杂货包括粮食、日用品、建材等,其中以煤油、火柴、面粉等价值最多。

在帝国主义的武力威逼下被迫开埠的台湾,尽管与帝国主义各国进行着不平等的交换,但在一定程度上,促进了进出口贸易量的增长,带动了岛内市场的扩大和社会生产的商品化,呈现出一种缓慢演进的发展态势。

三 沈葆桢等的改革实践

1874 年(同治十三年),日本首次出兵台湾,清廷特派福建船政大臣沈葆桢来台办理海防事务。为此,朝廷不仅令所有福建镇、道等官,均归沈葆桢节制,而且江苏、广东沿海各口轮船,归沈葆桢随时调用;台湾筹防所需款项亦令福州将军文煜、闽浙总督兼福建巡抚李鹤年"源源救济"[②]。沈葆桢接到朝廷任命后即贯彻依托大陆、台闽联防的海防战略。首先,他建议"架设台南至厦门的跨海电线及厦门至福州的陆路电线,使消息能尽快畅通,不致坐误战机"[③];其次,为加强台湾的海防力量,他派人赶赴欧洲购买铁甲船、水雷、洋炮、洋枪等西洋新式武器,装备驻台清军。接着,聘请外国工程师,在安平、旗后等处修筑炮台,安放新式大炮。如在 1875 年底建成的规模最大的安平炮台内,就装备了 5 尊 18 吨安蒙土唐洋炮,40 磅和 20 磅小炮各 4 尊,还有 100 余杆里明敦后膛洋枪。沈葆桢取名为"亿载金城"。为协调闽台防务,沈葆桢建议将福州马尾造船厂制造的 10 余艘船舰用于闽台沿海,其中,"扬武"、"飞云"、"安澜"、"靖远"、"振威"、"伏波"6 艘兵轮常驻澎湖,"福星"轮驻台北,"万年青"轮驻厦门,"济安"轮驻福州,战时互相接济。为清除台湾原有班兵之积弊,采取"分汛裁撤"、"并营操练"的办法,整编在台戍防的 15 营班兵。还以洋将哥嘉在澎湖操练水师,都布阿在

① 田珏:《台湾史纲要》,第 115 页。

② 《同治甲戌日兵侵台始末》,台湾文献丛刊第 38 种,第 8 页。

③ 《同治甲戌日兵侵台始末》,台湾文献丛刊第 38 种,第 16—18 页。

台南训练洋枪队。

沈葆桢赴台后，除大力推动军备外，还积极推进岛内的经济开发，如大力推动开采鸡笼（基隆）煤矿，上奏朝廷要求“台煤减税以广招徕”，“以分东洋之利”①。他还积极建议引进西方先进技术装备并由官营大规模开采。他雇洋工程师翟萨勘探矿位，引进西洋开采设备，坚持“权自我操”的原则，经营鸡笼煤矿。1877年，鸡笼煤矿正式开业，成为洋务运动时期台湾第一家近代采煤企业。煤矿聘英国人台扎为技师，并购置机器装置八堵，开采并出口。1878年，鸡笼煤矿产煤量为14029吨。

由于当时台湾的垦殖活动主要局限于台湾西部，沈葆桢大力实施“开山抚番”，开辟通往东部的山路，发展台湾的垦殖业。为此，自1874年（同治十三年）9月起，山路的开辟建设分南、北、中三路同时进行，至1875年（光绪元年）10月完工，全长近430公里②。开山初步打通了东西部的联系，扩大了台湾开发活动和清政府管理台湾的空间。打开通往台东的道路后，沈葆桢随即组织大批移民前往开垦。他力言：“余开山不先招垦，则路虽通而仍塞；余招垦而不先开禁，则民裹足而不前。”同时奏请弛开旧禁，废除严禁内地民众渡台的6条禁令和3条严禁汉民私入“番界”的旧例，允许大陆沿海人民自由渡台垦殖，并能开发土著部落居住地区。1875年2月15日，清廷颁旨正式废止内地人民入台垦殖的禁令，废除了将近200年的“禁渡”政策。沈葆桢鼓励大陆和台湾平原地区的民众进山开垦，并下令设置抚垦委员，专司开垦政务。规定“凡应募者与以便宜，日给口粮，人授地一甲，助以牛种农器，三年之后，始征其租”③。这样，就打破了台湾东西部的隔离状态，加速了经济发展。沈葆桢先后在厦门、汕头、香港各设招垦局，招募大陆移民赴台垦殖。这些措施促进了台湾近代经济的开发与建设。

1875年8月，沈葆桢调任两江总督，福建巡抚王凯泰兼理台湾政务。不久，王凯泰在台患病去世，遂由丁日昌继任。

丁日昌是李鸿章办理洋务新政的得力助手，曾参与江南机器局的开办和第一批留美学生的派遣等洋务运动。丁日昌通晓时务，他清楚地认识台湾在东南

---

① 沈葆桢：《台煤减税片》，《沈文肃公政书》卷五，第17页。

② 南路自赤山（屏东万峦赤山村）、狮头山、昆仑坳，经内埔至卑南（台东），全长约120公里。北路自苏澳、东澳、大南澳（南澳）、大浊水、清水、新城、加礼宛（新城）、秀姑峦至花莲港北岸，全长115公里。中路自林圯埔（南投竹山）、社寮至大坪顶（南投鹿谷），自林圯埔贯穿中央山脉，再经玉山群的八同关（八通关）至璞石阁（玉里），全长约150公里。参见戚嘉林：《台湾史》修订本，台北：海峡学术出版社，2008年版，第217—218页。

③ 连横：《台湾通史》卷一五，《抚垦志》，第239页。

沿海防卫中的重要性，曾建议曾国藩把南洋海防的中心置于台湾。赴台履任后，丁日昌提出购买铁甲船、练水雷军和枪炮队、修造新式炮台等建议，以加强海防；丁日昌还主张修铁路、架设电报线、购机器，硫矿、煤油、樟脑、茶、铁诸利，亦应逐渐招商开拓，或借官本，或集公司，以图拓展台湾的洋务事业。

丁日昌主张修筑台湾铁路。1876 年 12 月，他建议将已拆下来的吴淞铁路铁轨全部运至台湾，修筑台北至台南的铁路。同时，聘请修建吴淞铁路的英籍工程师玛理逊来台，台湾铁路的修筑计划逐渐具体化。由于修筑铁路耗资巨大，此一筑路计划终因经费缺乏被迫放弃。1876 年，丁日昌设立中国第一所电报学堂——台南电报学堂。1878 年，丁日昌主持架设第一条由中国人施工和掌管的电报线。他指派游击沈国先率领福州船政学堂的学生进行施工，以台湾府治（后为台南府安平县）为起点至安平海口，另一条从台湾府治至凤山的旗后港，两条陆路电线全长 95 公里，仅用 55 天就宣告竣工①。丁日昌还同时设立台南、安平、旗后电报局，于 11 月对外营业。这是中国最早出现的电讯业。

丁日昌继续实施沈葆桢“开山抚番”政策，将奖励大陆移民来台垦殖作为施政重点。丁日昌巡视岛内南北各地，注重高山族住民的教与养，提出《抚番开山善后章程》21 款，把“开山抚番”法律化。要求高山族住民改变旧习，剃发穿衣，送子弟入学；派人教高山族住民种植多种作物，以增加收入改善生活；派人为高山族住民设医施药，以改变医疗条件；还禁止汉族移民欺压高山族住民，以同心协力开发建设台湾。为进一步招募移民，丁日昌继续在香港、厦门、汕头设立抚垦局，官方派船接运移民，允许移民携眷入台。移民入台后，还配给耕牛农具和房舍。为使开垦活动更有计划地进行，丁日昌派人分别调查内山各高山族住民村落丁口、界址及土地肥瘠情况，了解可招移民开垦的村庄及各村社安置移民的数量。丁日昌不仅提倡垦荒和种植粮食作物，还鼓励和组织种植经济作物，开采矿产。丁日昌锐意改革并不懈地努力，但因财力不足和统治集团内部矛盾等多种因素制约，许多改革计划无法确实施行。然而，台湾近代化的步伐并未停止，1885 年后经刘铭传的努力，又将台湾的改革和建设推向新的阶段。

---

① 徐万民、周兆利：《刘铭传与台湾建省》，福州：福建人民出版社，2000 年版，第 180 页。

第三节 台湾建省及早期现代化事业的启动

一 台湾建省的决策与实施

1885年(光绪十一年)10月,清廷批准左宗棠奏请将福建巡抚改为台湾巡抚,福建巡抚事即着闽浙总督兼管。刘铭传随即被任命为首任台湾巡抚。台湾正式成为中国的一个行省,这既是台湾本身的开发、建设及社会经济发展的必然结果,同时也是加强海防建设、防御外来侵略的重要举措。

自1885年10月下诏建省,至1888年实现福建、台湾分治,台湾建省最后完成,台湾成为中国的第20个行省。如此曲折,主要与刘铭传主张暂缓建省有关。鉴于台湾财政的窘迫,刘铭传急呈《台湾暂难改省折》。他认为台湾还不具备建省条件,要求从缓三五年办理。因为中法战争刚刚结束,善后工作才开始,防务急需筹设,军政急宜加强,赋税急宜清理,"生番"急宜招抚。而当时台湾财政收入仅为90万两,而军政开支一项就达150万两。因此,刘铭传奏请三五年内,台湾先办防、练兵、清赋、抚番,等到财赋充裕时才能分省①。刘铭传的建议符合台湾的实际,但清政府急于实现台湾建省分治,否决了刘铭传从缓改设巡抚的建议。同时,清政府也同意刘铭传关于台湾全恃福建为根本的看法。考虑到台湾的特殊地位,清政府进一步确定了建省原则:"台湾虽设行省,必须与福建联成一气,如甘肃、新疆之制,庶可内外相维。"②

经刘铭传与闽浙总督杨昌睿协商议定,在1886年(光绪十二年)7月14日会衔上奏,正式提出闽台分省方案16条,谕准施行。主要内容有:应援新疆例,台湾巡抚名为福建台湾巡抚;台湾建省经费由闽海关每年照旧协银20万两,闽省各库协银24万两,粤海、江海、浙海、九江、江汉5关每年共协济银36万两,共成80万两,以5年为期。清政府户部以经费无着,未予照拨。经力争,1886年户部同意一次性调拨36万两,所以,建省经费主要靠福建每年协银44万两,至1891年春按期分拨完毕,共220万两③。

闽台分省方案确定后,刘铭传开始到台湾各地巡视、查勘,经过调查论证,认为台湾"建制方法,形势为先;制治之方,均平为要"。他将台湾省城设在漳化的"下桥头仔庄,以控制南北"。改台湾府为台南府,台湾县为安平县,升台东厅

① 王廷熙:《皇朝道咸同光奏议》卷三九,《洋务类》,上海:久敬斋,1902年印行,第10—11页。
② 《清德宗实录》卷二二一,光绪十一年(1885)十二月。
③ 陈孔立:《台湾历史纲要》,第298—299页。

为直隶州。另外，将基隆、澎湖、埔里社等海防重地，一律设置为厅，以重事权。

就此，台湾脱离福建省的管辖，实行“闽台分省”。台湾建省的提出及其实现，是在19世纪70年代初至80年代初海疆危机的一再刺激下促成的，带有明显筹防御外的性质。自建省分治后，全面推行自强新政，加强海防，推动了台湾社会经济的发展，加速了近代化的步伐，台湾作为东南海疆屏藩的作用也越来越明显。短短数年之间，台湾由原来相对落后的地区一跃成为中国最先进的省份之一。

二　建省后的行政设施

1887年（光绪十三年）10月，刘铭传开始实施新的行政区划方案。新的行政区划将全台分为中、南、北、后山路：中路，分彰化东北之境设台北府，新设台湾、云林、苗栗3县，合原有的彰化县及埔里社厅，共领4县1厅；南路，改原台湾府为台南府，台湾县改为安平县，合原有的嘉义、凤山、恒春3县及澎湖厅，共领4县1厅；北路，台北府仍领淡水、新竹、宜兰3县及基隆厅；后山，将原属台北府的卑南县升为台东直隶州，辖卑南、花莲港2厅。1894年又添设南雅厅①。

由此，台湾建省初期确定的行政区划是：1州（台东直隶州）、3府（台湾、台南、台北）、4厅（澎湖、基隆、埔里社、花莲港）、11县（台湾、淡水、新竹、宜兰、彰化、云林、嘉义、苗栗、安平、凤山、恒春）。新的行政区划使台湾各地连成一气，便于清政府对台湾的有效管理，也奠定了后来台湾地方行政区划的基础。

在行政管理上，清政府以“台湾南北袤延甚远，拟设台北道以分管理”。但刘铭传奏复“添设台北道，不如添设藩司”，为清政府认可。于是，添设布政司1员，首任布政司邵友濂于1887年9月到任。为确保台湾财政，经清政府准可，向归福州将军管辖之旗后、沪尾两海关改归台湾巡抚监督，于1887年10月起实行。

三　刘铭传新政——台湾早期现代化的开展

台湾的早期现代化从1874年（同治十三年）沈葆桢时就开始了。1885年（光绪十一年）10月台湾建省后，刘铭传更全面推行以现代化为中心，以加强海防、建成自立之省为目的的自强新政。刘铭传是一位思想比较开放的洋务派官僚，他认为中国如果不改革，势必陷入不可救药的境地。而要改变“古先朝之政”，在他看来，莫过于向西方学习，不仅要学习西方“制器造术之本原”，还要“究其治军、交邻之要政”，提倡政治、经济、军事、文化诸方面仿效西方。由此，

① 参见许雪姬：《洋务运动与建省》，台北：自立晚报社，1993年版，第38—65页。

刘铭传大力实施“自强新政”,着手振军经武,全面规划台湾建设。他大兴洋务,设立军械机器局、火药局、抚垦局、樟脑局、炼务局、水雷局等机构,进而修筑炮台,铸造新币,发展工商,建立保甲,兴办西学堂。开采矿山,开辟邮路,架设电线,开通横贯台湾山脉的山路。冀以“一隅之设施,为全国之范”。刘铭传发起的“自强新政”运动,是台湾建省后第一次早期现代化事业,也是清朝统治台湾200年中最重要、也是最后的一次现代化努力,其主要内容如下:

兴办新式教育 刘铭传很早提出“变西法、罢科举、火六部例案、速开西校、译西书以历人才”[①]。由此,他积极推广新式教育。1887年,为培养推行新政的人才,刘铭传在大稻埕创办台湾第一所新式学堂——西学堂,聘请洋教习,“择全台聪彗之子弟而教之,课以英、法之文,地理、历史、测绘、算术、理化之学”。同时,也聘请中国教习,“分课汉文及各课程,学生皆给官费,每年约用一万余两”。培养通晓近代科学技术、善于对外交涉的人才。至1891年共培养60多人,“成效大著,台湾教育为之一新”[②]。1890年在大稻埕又创办了电报学堂,拨取西学堂优秀学生18人,转入电报学堂,为电报局培养通讯业务人才。两校虽小,但却是台湾新型社会精英成长的摇篮,其意义非同小可。与此同时,刘铭传重视原住民的教化工作,自1887年起,先后创办了楠仔脚蔓番学、峦大社番学、大嵙崁番学、恒春县义塾、顶破布乌庄番学等,1890年4月,又在台北创办番学堂。这些番学堂招收高山族子弟入学,授以汉文、算术、官话、台湾语和汉族起居礼节等知识,为土著居民培养骨干和通事人才[③]。台北番学堂经常组织学生与汉族人民接触,了解汉族的生活习俗等。刘铭传还时常视察台北番学堂,查验诸生功课,极力奖励,学习成绩优秀者还破格给予“番秀才”称号。

刘铭传还充实调整府厅州县的教育行政官署,新建成或改建英才书院(1886年)、篷壶书院(1886年)、宏文书院(1889年)等。刘铭传又于1890年奏请增加台湾学额,“臣查台湾自隶版图,涵濡圣泽二百余年,土地日增,人文日盛,各属应试之童,多至逾千,少亦数百。三府属粤童,数以加增,不少于内地大中等学。以前台南府属所定学额,尚不悬殊,台北府属,额已过少。台中蔚萃人文,冠于南北,且台湾府县为省会首学,尤与外府县不同。彰化、嘉义、新竹三县,辖地虽分,幅员犹广。自清丈后,赋额增加,统计全台溢出数倍。现当分省伊始,供赋既清,学校鼓励人才,不能不亟为筹议”[④]。刘铭传特别指出,台湾文

---

① 《谟议略》,载《刘壮肃公奏议》卷二。

② 连横:《台湾通史》卷一一,《教育志》,第152页。

③ 田珏:《台湾史纲要》,福建人民出版社,2000年版,第144—145页。

④ 《增设府县请定学额折》,载《刘壮肃公奏议》卷二。

风日盛，人口、钱粮增加，都是增加学额的有力理由。依据刘铭传的建议，台湾秀才的录取由 1889 年的 128 名增加到 208 名，贡生名额也相应增加。清代学政主持的考试有两种：岁试与科试。刘铭传将两试经费增加到 1.2 万元，台南、台北两府各 6000 元。新设台湾府，于 1891 年分棚开考，也给 6000 元。台湾秀才去福州参加乡试，例由海东书院发给旅费，建省后有轮船往来，改发船票。台湾举人进京参加会试，也发给 40 元到 100 元的旅费，使贫困的士子不致因无路费缺考。1889 年，刘铭传主持了台南、台北两府岁试，4000 文童、600 武童参加。考试前，有人怀疑，武将主持，能否选拔有真才实学的人。刘铭传严守考场规则，一扫往届考试钻营舞弊的积习。结果，录取者大都为公众认可的优秀人才，持怀疑论者欣然敬佩。科举与书院有利于传统文化的继承，能培养治理国家的知识精英。但刘铭传认为科举制度的弊端也是明显的，科举人才缺少近代科学文化知识，又无经营新政、管理新式企业的能力，对台湾的国防建设、经济开发用处有限，应该引进西学，开办学校，培养新式人才。

开山抚番与垦殖　刘铭传认为，加强招抚深山土著部落是巩固台湾防务的重要措施之一。刘铭传的抚番政策为恩威并用，剿抚兼施。恩抚不从，方行威剿，威剿之后，仍归恩抚。如有官吏凌虐番民，汉人夺占番地，均予惩处，绝不偏袒。1885 年首抚北路淡水东南马来番，为其定规约，命其遣子弟至城读书，薙发归化。生番地界，各归各业，不许军民侵占。从 1885 年冬至 1886 年夏，半年之间招抚 400 余番社，归化 7 万余人。1887 年春夏之间，后山抚 218 社，番丁 5 万余人；前山抚 260 余社，番丁 3.8 万余人，田园数十万亩。全台大定，于是广招福建贫民扩垦，使番众与内地人民共处杂居，逐渐改变他们的习俗，同时改进他们的经济情况，使“耕织自精，货财自殖”。

1886 年 5 月，刘铭传“奏设台湾抚垦大臣，差抚兼任”，并设立全台抚垦总局，以台湾富绅、在籍太仆寺正卿林维源[①]为帮办，驻大嵙崁。分全台番地为三路，自埔里社以北至宜兰为北路，以南至恒春为南路，台东一带为东路。并在大嵙崁、东势角、埔里社、苏澳、花莲等重要番区各立抚垦分局，“设番市司事，以理

① 林维源（？—1905）：字时甫，林国华次子，台湾板桥人。1857 年其父去世后，继承林家产业，苦心经营，历 50 年寒暑，使林家成为台湾首富，田园数量也居台湾第一。1877 年、1879 年、1884 年多次捐献巨款，用于建筑台北府城，充作中法基隆战争的军费，被清政府封为太仆寺卿。林维源曾充任台北建城董事、台湾垦务兼团防大臣，帮办全台抚垦局，全力支持刘铭传设防、抚番、清赋等项措施，并率先示范，使各项计划得以完成。1895 年“台湾民主国”成立时，被推为“议院议长”，他辞而不就。后内渡祖国大陆，定居福建厦门。1898 年，由于日本一时无法对付台湾抗日勇士的抵抗，日本国内传出要将台湾标价卖出的消息后，林维源积极联络台湾巨富，准备捐资赎回台湾，因李鸿章梗阻，才无结局。1905 年 6 月病卒。

贸易，振兴茶脑，充其经费。以是拓地日多，租税骤赠，台湾局面为之一新”[①]。抚垦总局中有医生、教耕、教读等人员，开义塾，教番人童子读书。另外在台北特设番学堂，供给他们衣食，教以汉文、算术、官话、台语、起居礼仪，并常让他们与汉人接触以起潜移默化的作用。让他们消除疑忌，不以异类自居。为了抚番，刘铭传“三亲绝域，蒙瘴涉险，不骑而徒。彼其不知暇逸哉，其所志者远也”。至1889年3月，刘铭传奏称：“全台生番，一律归化。”抚垦局共招抚“归化生番806社，男妇大小丁口合计148479人”[②]。这一切都有利于台湾社会的现代化发展。

兴办现代企业 在1890年代以前，中国大陆各省的现代工业以官办军事工业与官督商办民用工业两种形式为主，台湾则有所不同，刘铭传比较重视民营，重视招募商股特别是侨资。在他的主持下，基隆煤矿就两次出现官商合办的形式。刘铭传就任后，认识到煤矿为动力之来源、轮船铁路工厂所必需，首先抓紧修复在中法战争中遭到破坏的基隆煤矿。他派人积极整顿矿务，筹资购置新机器，聘用洋工程师指导生产，以增加煤炭产量。1887年设立台湾煤务局，采取官督商办方式，投资购买新式机器开采，日可产煤万余斤。但因管理不善，时有亏折，清廷也反对“一切事宜，悉授权于商人”，1888年，商股退出，收归官办。刘铭传曾希望与英商合资开采煤矿，他认为这样做，“台湾同该商均有利益”[③]。但清政府以恐别生枝节为由驳斥不准，仍由官办。煤矿由于管理不善，加之无力开辟新矿，一直陷入半停顿的歇业状态。刘铭传还抓紧樟脑和硫磺的生产。1887年，台湾脑务总局在台北设立，管理全台樟脑事务，实行樟脑官营制度。脑务总局在各主要产销地设置分局，北路有大嵙崁、三角涌、双溪口三局，中路有云林、埔里社、罩兰三局。各分局设委员一人，巡查、脑灶官、书记数人，局勇、巡勇8至60人不等。“此设置成为台湾有史以来规模最大的樟脑官营机构”[④]。此时樟脑生产以新法熬制。脑务局为鼓励发展制脑业，将各地生产的樟脑悉数收购，转售于特许经营的商人，商人再将樟脑运销香港等地。初时，樟脑每百斤官局收购价为8元，转售价为12元。1889年，因海外脑价上涨，改为收购价12元，转售价30元，商人将樟脑运至香港等地可售至20—80元。1890年出口6480余担，1891年出口15980担，获利颇多。在硫磺生产方面，1886年，刘铭传在沪尾设立官办硫磺厂，用新法熬制获利甚多。1887年在台北设立磺务总局，

① 连横：《台湾通史》卷一五，《抚垦志》，第239页。
② 伊能嘉矩：《台湾文化志》下卷，南投：台湾省文献委员会，1991年重印，第270页。
③ 中国史学会：《洋务运动》第7册，上海：上海人民出版社，1961年版，第82—84页。
④ 黄福才：《台湾商业史》，南昌：江西人民出版社，1990年版，第126页。

统一管理硫磺产销，各地所采硫磺送到沪尾硫磺厂加工后，运到上海转售各省。1888 年 2 月至 1890 年 1 月，共采硫 12239 担，年纯利三四千两。1888 年，刘铭传设立全台盐务总局，并在台南府治设置台南分局，开始实施食盐专卖制。全台盐务分成南北两局，南归台湾道掌管，北由布政使掌管，督办盐场与盐馆。

刘铭传重视台湾制糖业的发展，并采取措施促使旧式手工制糖业向现代化方向转变。据记载，1891 年前有商人购外国造糖铁磨进口，用畜力牵引，以为台地糖户试用。商人商鸿杰从德国引进新式制糖机器，以取代旧式糖廍生产。1893 年，苗栗地区有商人引进日本脑灶，进行樟脑生产，可见 80 年代后期，台湾已先后出现由民族资本家经营的现代工业。刘铭传治台期间还创办了其他现代企业，如 1887 年设立官办机器锯木厂，日产 500 条铁路枕木。同年又设煤油局生产煤油。

发展铁路与邮政　刘铭传可谓近代中国大倡兴修铁路的第一人，在担任直隶提督期间，刘铭传就曾向清政府上过一个《筹造铁路以图自强折》，主张以北京为中心，分修南北干线四条。“查中国要道，南路宜修二条：一由清江经山东，一由汉口经河南，俱达京师；北路宜由京师东通盛京，西通甘肃”[①]。他始终认为：“若谋富强、图久安，尤非铁路不可。”[②]在台湾推行“新政”中，尤其重视致力于岛内交通的建设，他认为：“台疆千里，四面滨海，防不胜防。铁路一成，则骨节灵通，首尾呼应”，“铁路一事，为安内攘外刻不容缓之急图。”[③]由此，他以整顿海防和兴筑铁路为第一要义，制定了“兴造铁路为网纽、辅之以电线邮政”的方针。1887 年 7 月，刘铭传创立“全台铁路商务总局”，聘英、德两国人为工程师，集资修建基隆至新竹间的铁路，前后历时六年完成了基隆至新竹全长 106.7 公里的铁路。1891 年竣工通车，是中国早期修筑的铁路之一，也是中国人自办自建的第一条铁路[④]。它比 1881 年完工的大陆唐胥铁路晚 10 年，而比 1909 年完工的著名的京张铁路早 20 年。这条铁路的修筑，促进了台湾北部经济的发展。曾任台湾总税务司的马士说：“这条铁路的修筑，并非纯然为了军事的原因，其线路也不是着眼于战略的观点，而是为了有助于台北—大稻埕—艋舺三区合成的商业中心地的贸易，这三个地区共同构成了淡水港的贸易基础。”[⑤]修筑铁路，

---

① 《筹造铁路以图自强折》，载《刘壮肃公奏议》卷二。

② 《遵筹整顿海防讲求武备折》，载《刘壮肃公奏议》卷二。

③ 《抚台论事折》，载《刘壮肃公奏议》卷二。

④ 参见潘君祥：《试论近代前期台湾铁路的倡导和开筑》，载《中国近代经济史研究资料(6)》，上海：上海社会科学院出版社，1987 年版。

⑤ 《1882—1891 年台湾淡水海关报告书》，载《台湾经济史》六集，台北：台湾银行经济研究室，1955 年印行，第 85 页。

得到台湾富绅的大力协助，正如刘铭传所言：“台湾与内地情形不同，兴修铁路，商民固多乐从，绅士亦无异议。”①

为加强台湾与大陆的电讯联系，刘铭传又于1887年设立电报局，德国泰东洋行承包铺设了台北沪尾至福州川石的海底电线（全长117海里）；台湾省与福建省首次实现电报联络；同时铺设了台南平安至澎湖、马公的海底电缆（全长53海里）。另外，1888年3月，铺设基隆到台南的陆上电线（全长1200多公里）；又将台湾电线与伦敦—香港—上海的海底电缆接通，加入了国际通讯网。在邮政方面，也效仿欧美，于1888年开设台北邮政总局，任命张维卿为总办，丹麦人汉生为总技师，并且在岛内各地设分局，还开始发行邮票，推行邮递事业的普及②。有“南通”、“飞捷”两艘邮船定期往来于台湾与大陆之间，邮路远至厦门、福州、广州、上海、香港等地。台北邮政总局是我国最早的自办邮政业务，比清政府成立的邮政官局早了9年，初步建立起现代邮政系统。

巩固海防　1884年5月，刘铭传莅台后，继承和发展了沈葆桢筹划台湾海防的思想与策略。刘铭传充分理解清政府加强东南海防的意图，他根据台湾岛四面环海的地理特点，集中解决防务中炮和船两大问题。为制定切实可行的海防计划，他乘船环绕全岛考察海防。是年6月，刘铭传上奏《遵筹整顿海防讲求武备折》，对中国面临的边疆危机做了总结：“台湾和而琉球坐失，越南和而藩服无存”，由此，台湾必须“始终不懈，卧薪尝胆，奋发图存。整顿海防，以济当时之急，讲求武备，以立自保之基。”③他提出筹划海防十策：即：(1)沿海设防宜分缓急重轻，以期扼要；(2)各海口炮台亟宜改建，以严防守；(3)洋面水师兵轮宜次第筹办，以固海疆；(4)长江太湖水师急宜改制，以收实用；(5)福州船政局、上海机器局宜加紧整顿，以求实际；(6)请求筹购大批枪炮，以节经费而免期蒙；(7)督查军械，整顿矿物，宜特设军器局切实经营，以专责成；(8)酌筹募勇，参用练军，以节饷需；(9)严定赏罚，以求将才；(10)请设局译刻西书，引导后进，以广人才④。

刘铭传还与杨昌睿联名上奏，建议在台湾建立海军，但清廷以“已有南北洋海军和经费短绌”为由不予采纳。刘铭传以澎湖作为海防建设的重点，派淮军

① 中国史学会：《洋务运动》第6册，上海：上海人民出版社，1961年版，第191页。

② 台湾邮政总局发行的邮票有两种：官用邮票不收费，民用邮票以百里为一站，信函重量在二钱以内者收费二十钱，发往岛外的信函用邮船递送，另外收费。开业以来，营业情况良好，年收入约银一万两……刘铭传创办的独立经营的邮政，在全国也是一个创举。引自陈碧笙：《台湾地方史》，北京：中国社会科学出版社，1990年版，第175页。

③④ 《遵筹整顿海防讲求武备折》，载《刘壮肃公奏议》卷二。

总兵水师吴宏洛率宏字三营驻扎澎湖。还陆续添购了“威利”、“威定”、“飞捷”等兵舰，改变了台湾“水师无船”的状况。至 1888 年 7 月，他聘请德国技师重建基隆炮台，兴工加固安平、旗后、沪尾、妈宫、西屿、大城北诸炮台，配备 31 尊新式后膛炮，火力增强数倍。此外还先后创办机器局、军械所、火药局，自制枪弹，兼修军械，“制出枪子，能与外洋来者无二也”[①]。同时在基隆和沪尾设水雷局和水雷营，使水雷与炮台相资为用。此外，他还进行整军、练兵，防军全部改用洋枪，聘请外国教习，加强训练。在台北设总营务处，统辖全台军务。刘铭传于 1884 年至 1885 年先后购买南通、北达等几艘小船，供缉捕、运输兼通文报之用，并雇洋匠自造驳船一艘，用以运炮械、安置水雷。在他的大力整顿下，台湾防务已日见充实。

创办航运，拓展农商　刘铭传充分认识到发展航运业对于台湾近代化事业的重要性。他认为“欲自强必致富，欲致富必经商”，并提出“招集殷商富户”“分头认办”。在刘铭传的主持下，岛内与外界的联系也大大扩展。由于台湾对外航运一向为英国洋行所独占，为了打破洋行垄断，有组织地发展商务，1886 年台湾设立商务总局，先后向英、德购买“威利”、“威定”两艘旧轮作为商船，经营台湾的航运业，开始连接台湾与大陆沿海地区的定期航路[②]。随即刘铭传又派部属李彤恩等到新加坡设立招商局（后改为通商局），通过向华侨招募商股计 36 万两白银，并以招募来的 32 万两白银向英国购买“斯美”、“驾时”两艘商轮。此时，台湾增购轮船 8 艘[③]，除航行至大陆港口外，又开辟往返于西贡、菲律宾、新加坡等地的国际海上航线。但招商局随即与垄断台湾航运的英国道格拉斯汽船公司展开了激烈的竞争[④]。据台湾总督府 1905 年出版的《台湾产业略志》记载：刘铭传来岛以来，为加快台湾经济的发展，促使岛内物产对外贸易的便捷，急速开办海运，由招商局购入新式汽船，从本岛至香港或上海等地开始发展定

---

① 《刘壮肃公神道碑》，载《刘状肃公奏议》卷首。

② 汪敬虞：《中国资本主义现代企业产生的地区研究一例——建省前后的台湾经济》，载《历史研究》，1987 年第 5 期。汪敬虞：《汪敬虞集》，北京：中国社会科学出版社，2001 年版，第 287—289 页。

③ 台湾招商局先后向德国定购轮船 2 艘，在香港定制 4 艘，并由侨商集资购买 2 艘，共计 8 艘，航驶于台湾与澎湖、上海、香港之间，有时亦航往吕宋、西贡、新加坡等地。台湾通商局的崛起，引起清政府官办的招商局的干涉，各轮或沉没，或失修，只剩“斯美”、“驾时”两轮“照旧搭客载货”。参见陈碧笙：《台湾地方史》，第 175 页。

④ 台湾招商局与道格拉斯汽船公司竞相降低运费。其后，道格拉斯汽船公司在台湾设立定期航路，于是达到航运权的独占。见台湾省文献委员会编印：《台湾省通志·经济志·交通篇》，南投：1957 年，第 262—263 页。

期航海，有如一级汽船公司的船舶，办理普通的货物及船客搭载事宜①。

台湾航运业与商业的发展并驾齐驱，在此阶段，台湾岛内不仅商业迅速发展，商品流通量和流通范围扩大，商业城镇增加，两岸贸易加强，对外贸易也明显发展。台湾几种主要商品形成了台湾出口的大宗商品，据统计，1891 年乌龙茶输出量达 18055149 磅，砂糖输出量为 75808670 磅，樟脑输出量达 2793266 磅。刘铭传还公开提倡“商战”，“与敌争利”②，其积极意义值得肯定。台湾商人也在商贸活动中进一步提高商品竞争意识，如台湾茶商组织了茶业商会——“永和兴”，在大稻埕设立茶行，通过订立章程等办法，努力提高茶的质量。该会还支持和保护福建同安等地茶商发展包种茶生产，产量由 1881 年的 370 担增加到 1889 年的 12450 担，出口量也猛增了 33.65 倍。

刘铭传还非常注意改进传统的农业和手工业，1889 年台湾官府派员赴江浙购买桑苗蚕种。台湾的稻米产量开始自给有余并运销大陆。岛内蔗糖的产量也开始增加，1865 年向外出口 68 吨，1893 年为 8197 吨，27 年间增加了 119 倍，在出口中占第一位。银元 1 元的重量单位，由有地方特色的 6 钱 8 分改为与大陆一样的 7 钱 2 分。在工农业发展的基础上，对外贸易大为改观，1865 年至 1893 年，出口总额由 219.5 万元增加到 1472.7 万元，进口总额由 144.6 万元增加到 754 万元，分别增加 5.7 倍和 4.2 倍，并由 1856 年入超 74.8 万元变为 1893 年出超 718.6 万元③。

建设现代城市 台湾建省后，台北渐次发展为全台的政治、经济中心。刘铭传的巡抚官署长驻台北，北部的贸易总额已超过南部，刘铭传推行的自强新政也以台北为重点，因此他非常重视台北的市政建设。1886 年，刘铭传动员台湾富商林维源和李春生等人出资，仿西洋城市建设规划，合建台北大稻埕千秋、建昌两条大街，“略仿西式，为民倡，洋商多僦此以居”④。这是台北市区洋楼建筑的开端。1887 年，刘铭传组织江浙商人，集资 5 万元，在台北成立兴市公司，投资旧市街的改造建设，主要的是新建石坊、西门、新起三条宽阔的街道。刘铭传主持修建了大稻埕新式铁桥，购买了第一台蒸汽碾路机，并设立新式医院。首次聘请日本人在台北开凿新式公共水井，使用自来水，并于 1888 年在巡抚衙门、布政各署、机器局和大街装设电灯，据史料记载：“当是时，省会初建，冠盖云集，江、浙、闽、粤之人，多来贸易，而糖、(樟)脑、茶、金出产日盛，收厘愈多……

① 台湾总督府民政部殖产局编印：《台湾产业略志》，台北：1905 年，第 120—121 页。
② 中国史学会：《洋务运动》第 6 册，第 249 页。
③ 赵德馨：《中国近现代经济史(1842—1949)》，郑州：河南人民出版社，2003 年版，第 357 页。
④ 连横：《台湾通史》卷三五，《列传七·货殖列传》，第 529 页。

台湾商务乃日进矣。"[①]刘铭传治台时期，台北市初具近代城市气息，迅速取代台南的地位，而成为台湾省的政治和经济中心。

清赋增税，扩大财源 建省初期，百废待兴，兴办各种近代新式军民用企业也须大量资金。因此，扩大财源、增加官府财政收入，解决建省之后经费的严重不足，希望做到"三五年后以台地自有之财，供台地经费之用，庶可资成一省，永保岩疆"[②]。田赋是当时台湾最重要的财政来源，刘铭传加紧整理赋税，主要就是田赋的清理。以往的台湾田赋杂乱无章，"强者有田无赋，弱者有赋无田"，"田去粮存"[③]，求免无路。虽然土地开垦面积较以往增加数十倍，但田赋收入年仅白银 1.5 万余两，银元 1.8 万余元，谷 19.8 万余石，而民间负担并不比内地为轻。1886 年 5 月，刘铭传奏请实行清赋，并在台北、台南两地设立清赋总局，先办保甲，清查户口，限两月报竣；接着实行清丈，化甲为亩（一甲等于十一亩三分余），计亩升科，分田园为四则三等，编立字号，登记册籍，并仿江南一条鞭法，将所有丁税耗羡等项一律折包招收；原有大租户减四留六，四成归小租户纳赋，六成仍由业户坐收[④]。这就是所谓的"减四留六法"。

整个丈量清赋的工作从 1886 年开始至 1888 年结束，花费三年时间。清丈核定的田亩比原额多出 400 万亩，新核定的课征赋额增至 674448 两，比清赋前的旧额溢出 491502 两[⑤]。台湾田地面积从赋前 7 万余甲增加了 4 倍，共约 30 万甲。清赋不但使过去相当于地下经济的隐田数目大幅减少，去除了 100 多年来大租户与小租户之间包揽欺瞒的积弊，也使当时台湾官府的收入增加大约 3 倍[⑥]。此外，刘铭传还对税收进行整顿，并取得一定成效。茶税年增 13 万两，盐税增 12 万两，樟脑、硫磺税增 30 万两，鸦片税增 40 万两。据记载，刘铭传治台以来，由于增田赋、榷百货、采矿、蒸脑、淘金、开煤等各项治理措施的实行，使财政收入每年从建省以前的 90 万两增至 300 万两[⑦]。国防、交通诸项建设经费至是始有着落，财政收入的增加为台湾近代化建设创造了有利条件。

这样，通过大力推行土地丈量，清查隐田，确立了大租户的地权，同时规定"小租户"是业主，是纳税义务者，确立了近代土地制度。"许多新式事业集于台湾一省，使这个原来是偏处东南海上的荒岛后来居上，成为 19 世纪末，全中国自强运动中的先进楷模"[⑧]。

---

① 连横：《台湾通史》卷二五，《商务志》，第 336 页。

②③⑤ 《台湾清赋全功告成，汇请讲叙员绅折》，载《刘壮肃公奏议》卷七。

④⑦ 加上其他各项收入，财政总收入从 90 万两激增至 300 万两，最高时达到 450 万两。引自陈碧笙：《台湾地方史》，第 177 页。

⑥ 宋光宇：《台湾史》，北京：人民出版社，2007 年版，第 126 页。

⑧ 宋光宇：《台湾史》，第 99 页。

刘铭传推行"新政"的目的，是希冀以台湾"一隅之设施为全国之范"，以促使台湾的面貌焕然改观。鉴于刘铭传的治台"功绩"，日据时期任教于台北帝国大学的日本学者东嘉生称其为"台湾资本主义开发的先驱者"①。大陆学者称其是"台湾近代化的实干家与集大成者"②。由此可见，晚清时期的台湾经济形势是非常顺畅的，既开始了台湾经济近代化的进程，也加速了台湾经济与大陆经济融为一体的内地化进程，这就是台湾建省后至1895年前台湾经济发展的基本走向。

但是，刘铭传的清赋直接触犯了地主豪绅的利益，腐败的清朝政权也不支持刘铭传"自强新政"的顺利施行。在岛内外顽固势力的多方抵制下，最终使刘铭传的新政遭受挫败③。1891年(光绪十七年)，刘铭传开缺离职，由邵友濂继任巡抚。这样，由于刘铭传新政的骤然中断，"使台湾社会经济未能超越前资本主义之阶段，主要生产仍停留在小农制农业和手工业之基础之上"④。邵友濂长期在总理衙门任事，懂洋务，知新政。他上任后，采取措施改善、提高洋枪和炮台的使用效果，设立金沙抽厘局，扩建台北机器局的枪子和火药两厂，还计划兴建一家造船厂，以巩固台湾海防。邵友濂千方百计筹集到25万两白银，完成基隆至新竹铁路的修筑，还将基隆煤矿改为官商合办等。由于当时面临福建协饷5年期满中止和47万两财政赤字的困境，邵友濂无奈采取紧缩政策，撤废刘铭传所推行的部分新政，如撤废清理街道、煤油、伐木等局，停止官煤采掘，裁撤西学堂、番学堂、电报学堂等，放慢了台湾近代化的步伐⑤。

---

① 东嘉生著，周宪文译：《台湾经济史概说》，台北：海峡学术出版社，2000年版，第68页。

② 陈孔立：《台湾历史纲要》，第309页。

③ 日本学者东嘉生认为，刘铭传新政的失败，一个重要的方面就是由于刘铭传推行以增加税收为目的的土地调查，推行过程又过于苛酷，引发地主与人民的反抗。至1892年终于被迫废止。参见东嘉生著，周宪文译：《台湾经济史概说》，台北：海峡学术出版社，2000年版，第61页。台湾学者宋光宇也认为，主要是刘铭传的举动"大大的得罪了地方的豪族，引发反抗，终至挂冠求去"。参见宋光宇：《台湾史》，第126页。大陆学者陈碧笙则指出：刘铭传所任用的人员多数是贪官污吏，往往利用职权，上下其手，勒索害民，如彰化知县李嘉堂就因为迫领丈单，激起民变，刘铭传于一片攻讦声中不得不称病辞职，这也是原因之一。参见陈碧笙：《台湾地方史》，中国社会科学出版社，1990年版，第177页。美国学者何保山则认为：缺乏北京在政治上和财政上的支持，很可能是刘铭传失败的主要原因，部分原因是当地居民的态度。参见何保山：《台湾的经济发展(1860—1970)》，上海：上海译文出版社，1981年版，第26—27页。

④ 黄静嘉：《春帆楼下晚涛急——日本对台湾的殖民统治及其影响》，北京：商务印书馆，2003年版，第29页。

⑤ 有大陆学者认为，即使在邵友濂时期，"近代化事业仍在缓慢地前进"。参见陈孔立：《台湾历史纲要》，第307页。但也有大陆学者对邵友濂持批评态度，"1891年刘铭传辞职后，继任台湾巡抚的邵友濂眼光短浅，思想僵化，尽废铭传新政，清代所实行的唯一有计划、有成效的改革就从此夭折了"。参见陈碧笙：《台湾地方史》，第178页。

刘铭传推行的“新政”，是台湾早期现代化事业的壮举，其内容广泛，涉及军事、经济、行政、文化等领域，许多新式事业集中于一省，成效蔚然可观。台湾出现了全国最早自办的电报业和新式邮政，全国最早投产的新式大煤矿；全省出现了第一条铁路、第一部电话、第一枚邮票、第一盏电灯、第一所新式学校，出现了自己经营并敢于与外人竞争的轮船航运，出现了有数以千计现代工人的矿区，也出现了最初的民族资本。台湾后来居上，成为全国洋务运动中的先进省份。全国洋务运动从 1861 年设置总理衙门开始，而台湾则始于 19 世纪 70 年代初，时间晚了 13 年。大陆的洋务运动先创办军用工业，以后才经营民用工业，而台湾则军用工业与民用工业同时进行。此外，大陆的洋务运动兴办军事工业，对镇压太平天国和捻军起过恶劣的作用。而台湾的自强新政则是保卫海防与建设台湾同时进行，整个活动带有明显的御外性质①。

台湾早期现代化事业能较顺利地推行有种种原因：首先，与当时海防危机有密切关系。法、日两次军事入侵，对清政府产生强烈刺激，朝野更重视台湾的防卫和建设，这为台湾求强求富活动提供了有利条件。其次，洋务思想的影响。大陆洋务运动经过十余年的发展已初步被人们认同，洋务派举办新政所带来的各种效益和产生的社会影响也渐为世人所注目，因此，刘铭传等在台湾推行自强新政所遇到的阻力较小。其三，台湾民众的配合与支持。当时台湾社会刚由移民社会转为定居社会，民众绝大部分是来自大陆的移民及其后裔。移民社会的民众更具开拓、进取精神，对新环境、新事物有更强的适应接纳能力，因此新式事业的举办得到广大民众和富绅的普遍支持。如林维源捐资 50 万两办路矿，李春生投资开发淡水商埠等；其四，当时主持新政者均为较开明的洋务派官僚。刘铭传与台湾建省前的沈葆桢、丁日昌等人均是大陆洋务运动积极的宣传者和实践者，积累了办理洋务的经验，这为他们在台推行新政创造了更有利的条件。沈葆桢是台湾现代化的倡导者和奠基人，丁日昌提出全面具体的发展计划并积极落实，而刘铭传则是台湾近代化的实干家和集大成者。台湾早期现代化的成就，与他们不懈的努力有着密切的联系。

但是，台湾的早期现代化事业与大陆的洋务运动一样，存在严重的腐败现象和衙门作风，效率低下，弊端迭出。

---

① 陈孔立:《台湾历史纲要》，第 308 页。

第五章　台湾的割让及人民的反割让斗争

日本明治维新后，资本主义迅速发展，对外扩张领土的野心日益膨胀。1874年首次出兵侵略台湾，虽殖民台湾的野心没有得逞，但为吞并琉球奠定了基础。1879年日本完全吞并了琉球。此后，一直在寻找对外扩张借口。1894年1月，朝鲜国内爆发了东学党起义，6月，朝鲜国王请求清政府派兵镇压。日本认为这是千载难逢的好机会，一方面劝诱中国“何不速代韩戡乱”，另一方面又以保护使馆、侨民为由，大量出兵至汉城。7月中旬，入朝日军已达近2万人，大大超过了赴朝清军人数。这时，日本政府便训令驻朝公使，“促成中日之冲突”[①]。7月25日，日军在牙山口外丰岛海面不宣而战，对中国船队发动了突然袭击，清政府被迫于8月1日对日宣战。此战日方蓄谋已久，准备充分，而清政府方面却是仓促上阵。黄海海战后，日军很快就占领了大连、旅顺，并发动了对威海卫军港的袭击，北洋海军瓦解。不久，牛庄、田庄台、营口相继失陷。清政府被迫派李鸿章赴日本“议和”。

第一节　甲午战争中日本是怎样谋取割让台湾的

一　日本谋取割让台湾

日本窥伺台湾，早于西方列强，从倭寇开始，只是倭寇之侵犯、日商之来台，属个人行为，以国家力量计划侵台的，以丰臣秀吉为开始。明治维新后，日本虽积极谋求与中国缔结修好条约，但其企图却是为突破日韩外交僵局，仿列强跟中国签订“一体均沾”条约，以提高自己的国际地位。同时，日本也确定了领土扩张政策，即是北部，必先占领朝鲜，南进，先侵占台湾。1874年，日本借口“山原号难船事件”，发动了侵台之役，最后虽在中国因循畏事及外国的反对声中，没有达到殖民台湾的目的，但其对外殖民扩张的野心，却开始得寸进尺，乃有灭琉球、侵朝鲜等一系列事件发生，更为乙未(光绪二十一年，1895)割台种下了恶果。

甲午战争后期，日本政府内部开始酝酿获取中国之土地，陆军方面认为：

---

① 陆奥宗光著，陈鹏仁译：《甲午战争外交秘录》，台北：海峡学术出版社，2005年版，第25—27页。

“辽东半岛既为我军流血暴骨结果所取得，不得与我军足迹未至之台湾比较，且该半岛抚朝鲜之背后，扼北京之咽喉，为国家将来之长计，主张必须予以占领。”[①]故在1894年11月，大连、旅顺相继失陷后，以山县有朋为代表的军部，主张继续攻占山海关及直隶，直逼北京皇城。但海军方面则明确提出割让台湾之主张，认为：“割让台湾全岛比割让辽东半岛重要。”[②]而财政当局切望获得更多的赔款。驻华公使青木周藏则主张割让不与俄国接壤的吉林及直隶。这些说明日本政府内部及军方，就割让领土一事，存在着不同意见。但为什么最后只锁定台湾，此与俄国关注远东利益密切相关。

日本驻俄公使西德二郎探悉，俄国特别反对割让辽东半岛，预测“辽东半岛之割让，尤其接近朝鲜国境部分之割让，俄国绝不可能坐视”[③]。而俄对台湾之让与不持异议，故先向外务大臣陆奥宗光建议政府索取台湾。

日本首相伊藤博文汇总各方意见，也认为取得台湾是最可行之策。12月4日，伊藤博文向日本大本营递交了《攻陷威海卫略取台湾之方略》，提出：留下相应的部队驻守占领地，其他的部队与海军一起，攻击威海卫，彻底摧毁北洋舰队，同时向台湾派出军队，并占领之，以此作为将来讲和的条件，奠定割让此岛的基础[④]。

另外，他还对各列强干涉占领台湾的态度，进行了具体的分析：“虽然列国中也有垂涎台湾并伺机染指的国家，对于我方占领台湾或许会感到不快，但我方并不妨碍各国的通商权利，且我方也不会给他们留下保护商民的借口。另外我军逼近直隶重地，彼方将陷入无政府状态，即使各列国共同干涉，也不可同日而语，况且最近朝野上下多数人主张，战争的结果，就是台湾诸岛必须归属我方。割让台湾，是和平条约的一个要件，如果不先行武力占领的话，就会丧失割让的基础。”[⑤]

从伊藤博文的“方略”内容来看，作为日本首相的伊藤本人，极力主张以武力占领台湾，使割让台湾成为和平条约之要件。另外，从“方略”中也可看出，日本朝野中想要拥有台湾的人很多。

当时负责财政的松方正义，也批评大本营不应当把作战方向指向直隶，认为占领北京虽然声名赫赫，但在实际利益上却不如占领台湾重要，因为“台湾之

① 陆奥宗光著，陈鹏仁译：《甲午战争外交秘录》，第102—103页。

② 陆奥宗光著，陈鹏仁译：《甲午战争外交秘录》，第102页。

③ 陆奥宗光著，陈鹏仁译：《甲午战争外交秘录》，第103页。

④ 春亩公追颂会、金子坚太郎：《伊藤博文传》（下卷），东京：日本株式会社统正社，1940年版，第136—137页。

⑤ 春亩公追颂会、金子坚太郎：《伊藤博文传》（下卷），第137页。

于我国，正如南门之锁钥，如欲向南发展，以扩大日本帝国之版图，非闯过这一门户不可，占领了台湾，既可使日本的势力伸向东南亚及南洋群岛，还可防止其他国家插足。今日不能占领（台湾），则将永远失去占领的机会”①。

日本的舆论界，此时对割地赔款的呼声也日益高涨，“把台湾永久割让给日本”，几乎是当时日本各阶层人士的共同要求。明治启蒙思想家、有“日本的卢梭”之称的福泽渝吉在中日开战后不久，便连续在报刊上发表文章，主张：“应首先占领盛京、吉林和黑龙江三省，……纳入我国版图”、“把旅顺口变成东亚的直布罗陀，……把金州、大连港变成属于日本的华北的香港”，并希望“除占有威海卫，山东省和台湾之外”，“即使要求几十亿的赔偿也并不苛刻。”②另外，前首相大隈重信、众议员岛田五郎等，都有类似的意见。

显然，在媾和条件中包括割让台湾等土地，是日本内部既定的方针。但为了确保不受列强干涉，日本政府内部还确定：“清国诚实来求和以前，我方绝对隐藏要求条件，严格将时局限于清日之间，使第三国事先毫无作任何交涉余地之方针。”③故 1895 年 1 月 27 日，日本大本营召集在广岛的阁员及高级幕僚，就两国媾和问题举行御前会议，所确定的媾和条约方案为：“以此次中日两国开战主因之朝鲜独立、割让土地、赔偿军费及将来帝国臣民在中国通商航海之利益等问题为重点。”④

此方案没有明确规定割让哪一块土地。但日本军方却采纳了伊藤博文的建议，12 月 4 日，大本营决定了派遣军队夺取台湾，以迫使清国割让台湾。日本海军大臣西乡从道，即命令其常备舰队司令官海军中将伊东佑亨，率“松岛”、“千代田”、“高雄”3 舰，以“游历”为名到台湾沿海一带活动，并在淡水窥探多日。

1895 年 1 月 14 日，日本内阁秘密决议，攻占台湾附属岛屿，为进攻台湾本岛作准备。3 月中旬，抽调东京湾、下关海峡的守备队，组编南方部队，即日本联合舰队，绕过台湾南端，开进澎湖列岛，占领了该岛的所有炮台，并以此岛为据点，进行攻占台湾的准备⑤，为确保割让台湾成功做保证。

二　攻占澎湖，强制割让台湾

澎湖列岛位于东经 119°32′0″、北纬 23°30′5″，是中国台湾海峡断裂带中喷

---

① 藤村道生：《日清战争》，上海：上海泽文出版社，1981 年版，第 179 页。

② 藤村道生：《日清战争》，第 133—134 页。

③ 陆奥宗光著，陈鹏仁译：《甲午战争外交秘录》，第 105 页。

④ 王芸生：《六十年来中国与日本》第二卷，北京：三联书店，2005 年版，第 201—204 页。

⑤ 鞠德源：《日本国窃土源流——钓鱼列屿主权辨》，北京：首都师范大学出版社，2001 年版，第 149 页。

出的玄武岩台地，经海浪侵蚀分割成的一片岛群。列岛呈团块状，东西45公里，南北70公里，面积127平方公里。由64个大小岛屿组成。其中马公岛最大，又名澎湖岛，面积64.3平方公里。澎湖岛与北面的白沙岛、东面的渔翁岛环成一内湾即澎湖湾。马公港水深港宽，但风大、浪大、潮急。澎湖列岛地理位置优越，东隔澎湖水道，与台湾岛相对，最短距离约24海里，西面与福建省厦门市隔海相望，最短距离约75海里。过去横渡台湾海峡，往来于大陆与台湾岛之间的船只，常常进入澎湖岛上的马公港停泊。从这里出发，往北可抵达马祖列岛、大陈岛和舟山群岛，往南可去东沙群岛、南沙群岛，并可通往菲律宾和东南亚各国。澎湖列岛居台湾海峡的中枢，扼亚洲东部的海运要冲，被称为“东南锁匙”。

澎湖很早以前就是台湾岛的军事要冲，同时也是舰船登陆台湾本岛的必经之所。故早在清政府统一台湾之前，平台功臣施琅就上奏朝廷，提出了台湾海防的重点，强调台澎相互戍防，对于屏障东南的重要。此种观点一直是康熙、雍正、乾隆朝的海防政策。由于“澎湖乃台湾之门户，而鹿耳门又台湾之咽喉”①。加之清政府战胜明郑政权的经验，使清政府认识到澎湖对于控制台湾的重要性。于是清初台湾防御的措施得以明确，决定厚结兵力于澎湖、鹿耳门，借助守军熟悉港湾优势，以逸待劳地迎战敌人。

1884年中法战争中，澎湖大部分防御设施遭到法军破坏。清政府从1887年至1889年间，重新修建了防御工程。甲午战争爆发前，澎湖岛已修建了拱北、天南、东南、西屿东和西屿西5座炮台，配置各种火炮14门。岛上驻有果毅军、宏字练军3个营。战争爆发后，清廷为加强澎湖的防御力量，令闽浙总督谭忠麟增募兵勇，岛上防军陆续有增加，至1894年底，驻军达13个营，另有保护粮台亲兵百余人，分别由澎湖镇总兵周振邦和知府朱上泮统领。

为了确保割让台湾的成功，日本军方大本营方面，早在甲午战争爆发后，就开始对澎湖驻军情况进行侦察。当大本营确定出兵澎湖时，即评估此情况而编组了日本远征军，由后备步兵第一联队长比志岛义辉兼任“混成支队”司令官，总计约5508名士兵②。

1895年2月中旬，当日本大本营获悉，清政府北洋舰队滞于山东威海卫的其余战船，已经全部被日军消灭后，便下令“千代田”、“近江丸”、“相扑丸”、“元山丸”等舰，集结于日本九州岛的佐世保军港，又令混成支队与常备队在此集

① 高拱乾：《台湾府志》卷一，南投：台湾省文献委员会，1993年版，第25页。

② 郑天凯：《攻台图录》，台北：远流出版事业有限公司，1995年版，第11页。

结，等待出兵澎湖[①]。大本营3月13日正式下达攻占澎湖岛的命令。

15日清晨，日本常备舰队由佐世保起锚出发，绕经台湾南方海域，于20日午前到达澎湖近海将军澳屿附近，日军在仓岛抛锚休息，并马上派出“吉野”及“浪速”两船开赴澎湖岛，侦察预定的上陆地点及全岛炮台的情况。午后5时，“吉野”、“速浪”返回，向东乡报告认为：里正角附近为最佳登陆地点，附近没有炮台，只有3艘帆船停泊，居民也只有100多户；角湾以北二点的高地上，有新筑的炮台，圆顶山上亦有炮台，圆顶湾里停泊着5艘帆船，附近海湾有法国军舰3艘停泊，其附近陆上有大小5座炮台，大炮台各有4门大炮，其他炮台炮数不详[②]。

但由于天气不佳及风浪过大，日军一直等到23日，才将登陆澎湖的作战计划付诸行动。此日，风浪渐停，早6点，日本“西京丸”及载有混成支队的运输船出航。各舰沿既定之阵形，渐次靠近登陆点。9点49分，日舰向澎湖阵地之炮台开火。中国炮台当即还击，并企图遏止日军，但由于火炮射程远不及日炮，没有击中日舰，反被日炮击中了炮台。日军从里正角开始登陆。

7时，日本舰队又开始攻击里正角海湾西侧的拱北炮台，守台清军以岸炮还击，炮战持续数小时，清军炮兵击伤日舰1艘。11时许，日军步兵在里正角西侧海岸登陆，清军炮兵猛烈轰击登陆的日军步兵，日舰也用猛烈炮火压制清军炮台，掩护步兵抢占了拱北炮台以北的太武山，因兵力军火未齐，日军没有立即进攻拱北炮台。驻马公城的总兵周振邦，要求知府朱上泮率圆顶半岛守军支援拱北炮台。朱上泮顾虑日军攻打圆顶半岛，没有及时赴援。周振邦率宏字军、果毅军和亲兵，进至拱北炮台西面的东卫社，见朱上泮没有到来，就停止前进。日军火炮猛轰拱北炮台，守军伤亡很大。

24日天未明，日军即向太武山背后的马公城进攻。日军兵分两路，步兵首先攻打拱北炮台，而以占领马公城为最后目标；陆战队负责阻挡澎湖西方圆顶半岛上的清军，使他们无法赶赴马公城救援。朱上泮率军在大城北社抗拒日军。日军从太武山来攻，日舰从海上发炮支援。清军占据民房，凭壁抵抗，伤亡甚众，朱上泮受伤，率部西走。周振邦派军来援，见朱军已退，便只身逃往白沙岛。朱上泮退回马公城，乘舟逃往西屿，后雇船渡海至厦门。这时，马公城及火烧坪守军尚在拒守。闻统帅已逃，纷纷丢弃阵地，逃往白沙岛和吉贝屿。在圆顶半岛坚守的清军被日军围困，于25日投降。守卫西屿东、西两炮台的清军，见日军入城，乃卸下炮栓，尽投海中，于翌晨退往吉贝屿，转赴厦门或台湾，澎湖沦于日军之手。

事实上，自2月威海卫北洋舰队覆没的消息传来，不论澎湖还是台湾皆非

---

①② 《联合舰队出征第26号报告》，JCAHR：C08040482400。

常紧张，澎湖更是严加戒备。但由于清军将领内部的矛盾，在大敌当前的最关键时刻，不能相互援助，甚至彼此猜疑，抵抗力量降低，致使日军很快就占领了澎湖。

日军随即以澎湖镇署为行政厅，展开招抚居民的工作，并在澎湖镇署内巡捕房旧址，开设第一野战邮局。这样澎湖就沦为日军之占领区。

日军占领澎湖岛，使台湾失去了地缘上的屏障，直接处于与日军敌对前沿。特别是日军攻下澎湖之时，正值马关谈判不断拉锯，相互折冲，且俄、德、法三国积极干涉还辽，使日本认识辽东半岛归还清朝是形势所逼。特别是当时清军全部精锐都驻扎于辽东半岛，日本主力船队又全部集结于澎湖，国内海陆军空虚，日本无力对抗三国联合之海军。故日本决定“绝不可与第三国撕破脸，以不新增敌国为上策”①。

为保证台湾的割让，日军先行攻下澎湖，并于 4 月 1 日谈判停战地区时，刻意提出不包括台湾，从武力上保证实现夺取台湾的目标。

第二节　马关谈判与台湾的割让

一　西方列强对割让台湾之态度

随着甲午战争的发展，日本开始评估割取台湾的可能，特别是各西方列强的反应。西方对日本觊觎台湾，也有一定的了解，曾有一位英国人对日本割台之动机，作过详细的分析：“日本觊觎台湾的原因是多方面的。从地理上看，地理学家可能这样说，台湾是日本以琉球群岛为终点的岛链上继续延伸的一部分，健全这条岛链对组成日本帝国十分必要。从感情上说，三百七十多年前，在中国人获得任何立足之地以前，日本已试图在台湾岛上培植一块殖民地。若不是荷兰冒险者凭诡计占有了这块殖民地，并把日本人驱逐出去，日本本来可以长期占领整个岛屿的。从经济上说，台湾岛对日本将来的潜在价值几乎是不可估量的。再就战略而言，日本不用多少年就能够在岛上建成军事基地。万一将来中国恢复了足够的国力，并试图为目前遭受屈辱而对日本进行报复时，该基地不仅对包括汕头、厦门、福州等重要而富裕的城市在内的整个中国南海岸构成真正的威胁，而且将使经过台湾海峡的中国南北口岸之间的海岸贸易线可能随时被切断。这样，日本南有不亚于旅顺的海军基地的台湾岛，北有派驻精兵把守的辽东半岛，就再也不用担心中国东山再起。无论其未来的命运如何，日

① 陆奥宗光著，陈鹏仁译：《甲午战争外交秘录》，第 142 页。

本都可以高枕无忧了。”[①]这一分析，准确地说明了台湾在近代日本对外扩张中的作用，在甲午战争中日本要求割取台湾，并非是出自其当政者的一时心血来潮，而是有着长远的战略考虑的。

随着战局的发展越来越有利于日本，西方各列强，为了自己的利益，开始转变态度，以寻求自己的最大利益。最先转变的是英国，基本上转移到日本一侧。平壤战役之后，英国舆论表现了对日本一边倒的倾向。伦敦《泰晤士报》刊文称："日本的军功不愧享受战胜的荣誉，吾人今后不能不承认日本为东方一方兴未艾的势力，英国人对于这个彼此利害大体相同，而且早晚要密切相交的新兴岛国人民，不可有丝毫妒忌之意。”[②]

战争后期，英国政府曾暗示“对由清国割让土地一事，并无非常之异议”[③]。甚至认为日本割占台湾等处将使英国受益："割让台湾、澎湖列岛和盛京省的一部分，会给日本在这些地区带来管理上的好处，但日本的贸易本身并不很大，而且即使在它占领后有所增长，也不会具有直接的重要意义。据《泰晤士报》的电讯，长江和广州河流将对所有国家开放，这倒大有文章可做。看来，在条约的所有条款中，这一条才是最重要的。我们将按最惠国条款得到好处。”[④]

1895 年 2 月，日本提出的一个主要议和条件，就是中国必须派出有商让土地之全权的大臣。李鸿章得到消息后，连日奔走于各国使馆，寻求支持。早在李鸿章赴日议和之前，他即曾密访英国公使欧格讷，请求英国的支持，但欧格讷根本不作正面的回答。于是，李鸿章便向欧格讷出示了一份《中英同盟密约草稿》。此稿系英国传教士李提摩太草拟，自称为“救急之法”，由张之洞奏明，奉旨“不妨一试”[⑤]。告以中国所持的基本立场："承认朝鲜独立和战争赔款不会有太大困难，惟要求割地则成为缔结和约之严重障碍。”并提出："特别希望英国出来帮助中国，我国将会以德报德，准备让出最有价值的重要权利。”[⑥]

英国外交部解密档案《中英同盟密约草稿》中，开列了中国欲出让的“重要权利”。其中包括四项条款，其主要内容是：英国政府应代表中国政府同日本交涉，即由英国出面结束战争，挽救中国，使之不丧失任何领土。中国政府为报答

---

① 王芸生：《六十年来中国与日本》第一卷，第 64 页。

② 陆奥宗光：《蹇蹇录》，北京：商务印书馆，1963 年版，第 87 页。

③ 日本外务省编纂：《日本外交文书》第 27 卷（第 2 册），东京：日本国际联合会，第 483 页。

④ British Documents on Foreign Affair—Reports and Papers from the Foreign Office Confidentiel Print，Part I，Series E，Vol. 5，p. 179。

⑤ 《张文襄公全集》第 77 卷，北平：1937 年，第 14 页。

⑥ British Documents on Foreign Affair—Reports and Papers from the Foreign Office Confidentiel Print，Part I，Series E，Vol 5，p. 234。

这一援助，将实际上在若干年内将整个国家的管理权交给英国，并由英国独揽改组和控制陆海军、修筑铁路、开采矿山的权利，而且还为英国通商增开几个新的口岸。但是，欧格讷极其郑重地声称："我只能最真诚地提醒中堂，不失时机地开始和谈是极为适宜而重要的。和谈的基础，也只能以日本可能接受为准。"①不仅拒绝了清政府提出的订立"同盟"的请求，而且还催促中国完全接受日本割地的要求。

李鸿章又电令驻英公使龚照瑗，求助英国外交大臣金伯利，回答竟然如出一辙："李鸿章应得到就所有问题，包括割地问题，进行谈判的全权。中国的处境非常危险，所以有可能签订和约显然是有利的。"②

从以上内容来看，当时中国甚至以国家管理权及军事权出让给英国，以保全领土的完整，都未能得到英国的同情和支持。英国为什么会如此绝情，这不应当仅从商贸上来分析，更应当从地缘利益上来分析。当时英国的东亚外交方针，是把防俄放在第一位，其他问题都是次要的，一切都要服从于防俄的需要。甲午战争前一个相当长的时期内，从英国的防俄战略看，和中国有着广泛一致的利益，是把中国的存在看作它防俄战略计划的一个组成部分。但是，甲午战争爆发之后，随着清军在战场上的节节失利，英国看到中国根本无力抵御俄国的东进和南下，为了防俄的战略需要，英国的东亚政策也在调整，转而将日本视为准军事同盟，其"支持日本的意识是在不断地强化，终于成为英国远东政策的指导思想"③。这也正是清政府为对抗日本的割地要求，多次努力争取英援，而英国始终不肯施以援手的真正原因。另外，英国认为日本割占台湾，对英国并无害处，反倒会从最惠国条款中，享受到种种好处。

在马关议和期间，欧洲国家也曾出现反对日本割占台湾的呼声。俄国对于日本要求中国"割地"的问题有所不满，甚而表示了反对的态度。俄国新任外交大臣罗拔诺夫称："俄国反对日本拟议中的领土获得，当然会尽力加以阻止。……可以预见，一旦日本在大陆得到一块立足地，它便会得寸进尺，直至形成与俄国接壤之势。这自然是俄国所不愿看到的。"④

俄国反对日本在中国大陆获得土地，但其范围主要是指日本意欲占领的辽

① British Documents on Foreign Affair—Reports and Papers from the Foreign Office Confidentiel Print, Part I, Series E, Vol 5, pp. 234—235。

② British Documents on Foreign Affair—Reports and Papers from the Foreign Office Confidentiel Print, Part I, Series E, Vol 5, pp. 92—93。

③ 戚其章：《甲午中日战争与远东国际关系》，《中华文史论丛》，第54辑，第23页。

④ British Documents on Foreign Affair—Reports and Papers from the Foreign Office Confidentiel Print, Part I, Series E, Vol. 5, pp. 209—210。

东半岛,似乎并不包括台湾。因为对于俄国来说,日本割占辽东,会使日本势力接近俄国边境,造成"日本之占领南满,直接威胁俄国,因为此一地区会成为日本进攻俄国阿穆尔边区的基地。占领南满以后,日人将逼近俄国边界,在我们有必要重划阿穆尔疆界时,将使我们非常困难"。反对日本割占却有意外的收获,即"我们就成为中国的救星,中国会尊重我们的效劳,因而会同意用和平方式修改我国的国界"①。辽东半岛与俄国具有特殊的利益,但是台湾对于俄国来讲就没有什么利益关切了。

除俄国之外,法国和德国也对英国的对日政策不满,发出了类似的反对呼吁。德国外交大臣马沙尔对英国驻德大使马来特(Edward Malet)警告说:从长远看,日本据有澎湖列岛、台湾和旅顺港,对欧洲在东方的商业利益构成真正的威胁。现在正是列强应该发出一致呼声之际,如果丧失了这一时机,恐怕此后欧洲会发现自己犯了一个严重的错误。

德国对台、澎未来的态度,既不希望日本割取,也反对其他国家染指,因为这都会影响到德国在远东的利益。法国对日本割台的态度前后有所变化。最初反对日本占领台、澎。其驻日公使哈尔曼称:"日本若作为媾和条件要求割让台湾和澎湖列岛,法国就会抗议侵犯了其利益。"②但后来态度稍有变化,通过其驻英大使柯赛(Baron de Courcel)表示:"法国将不反对把台湾割让给日本,却坚决反对割让澎湖列岛。"③

由于欧洲列强间的利益难以调和,法国只好放弃初衷,与俄、德两国协商,要求日本政府"承认台湾海峡为公共航路,并不归日本管辖,亦非日本所得独自利用,且不将台湾及澎湖列岛让与他国"④。法国虽不想台、澎落入日本手里,无奈力不从心,只得退而求其次,遏制日本在台湾海峡航运的专权,使之成为列强共有物。

以上史料证明,列强都是从自己的利益角度,来审度日本对中国之索取。面对日本割台在即,虽然西方列强态度不一,但没有国家真正站在中国一边。日本也是在权衡国际形势于己有利之后,才要求割让垂涎已久的台湾。伊藤博文曾言:"英国的政略是一点也不反对的,以前英国全权大使也只说过,好久以来就等待着在台湾占有根据地的时机的到来。现在在占领台湾的问题上,还没

① 邵循正等编:《中日战争》第7册,上海:上海人民出版社,1961年版,第314—316页。

② British Documents on Foreign Affair—Reports and Papers from the Foreign Office Confidentiel Print,Part I,Series E, Vol. 5,p. 252。

③ British Documents on Foreign Affair—Reports and Papers from the Foreign Office Confidentiel Print,Part I,Series E, Vol. 5,p. 143。

④ 邵循正等编:《中日战争》第7册,第392页。

有看到另外从哪个方面有带来什么障碍的情况。如果早一点干会很顺利地结束,可是做什么事情都不能保证不会发生什么故障。”①显然,日本是评估各列强的态度后,才坚持要割让台湾的。

二　马关谈判中割台之议

马关议和时,日本已经基本上探明了西方各列强对其要求割让领土的态度。最让日本担心的是俄罗斯。但日本驻俄公使西德二郎从俄国外交部探悉,俄国特别反对割让辽东半岛,对台湾之让与不持异议。

驻俄公使西德二郎向外务大臣陆奥宗光建议政府索取台湾:“既然我得此机会不能不索取土地,依本官之见,莫如以军费赔偿之一部指望于台湾,因此岛今后可给我以重大利益,且久被清国搁置,让之,对其国运之兴衰并无重大影响。即使对于俄国,亦无任何关系。虽可推知英国有所举动,然若俄国不加反对,恐英国亦必不强争之。”②

西德二郎的建议具有很强的说服力。为了确认西德二郎情报的准确性,日本外相陆奥宗光亲自会见俄国驻日公使希特罗渥,告以割地为讲和条件之一,希特罗渥则明确地表示:“俄国对合并台湾并不表示异议。”③

因此陆奥采纳了西德二郎的建议,在《媾和预定条约》草稿乙案的第二项列入了“中国将台湾全岛割让予日本”④。此一主张得到日本海军方面的支持,他们声称:“与其割取辽东半岛,不如割取台湾全岛。”⑤

日本政府于10月公开提出割台方案。11月底前后,陆奥宗光接受了内阁总理大臣伊藤博文的意见,在草稿的基础上,按通常的条约形式,正式写出了《媾和预定条约》第一稿。此稿凡十条,其第三条:“清国将台湾全岛及……岛之主权,并该地方所有堡垒及官属对象永远割与日本,作为赔偿军费,清国军队即从该地方撤退。自本约批准交换日起,日本国得任便占领上述地方。”⑥此稿中台湾的割让,是以“赔偿军费”的名义。这种避免采用武力攻取的方式,明显地是来自西德二郎的如意算盘。

12月,日本政府已经探知,俄、英等国对日本割台不会提出反对意见,于是在《媾和预定条约》第二稿中对“将台湾全岛及……岛之主权”等字样仍保持不

---

① 戚其章主编:《中日战争》第7册,北京:中华书局,1994年版,第128、170页。

② 《日本外交文书》第27卷,日本国际联合会,1953年,第837页。

③ 戚其章主编:《中日战争》第10册,北京:中华书局,1994年版,第60页。

④ 陆奥宗光:《蹇蹇录》,第106页。

⑤ 陆奥宗光:《蹇蹇录》,第114页。

⑥ 《日清媾和始末附辽东半岛还付始末》,JCAHR:A04017264600。

动。其中的删节号显然是暗指澎湖列岛，因日本当局一时尚摸不准法国的态度，故暂时空了起来[①]。可见，割取台湾也好，割取澎湖列岛也好，日本在何时提出方案，主要是根据西方列强的态度而定。

广岛谈判[②]破裂后，日本方面认识到："严加限制事局于清日两国间，使第三者无任何干涉余地之方针，已恐难维持永久。但今若要得欧洲列强国之秘密承诺、默认，时机不仅已迟，情况亦不许我卒然变更既定方针。故我以不如设法诱导清国政府，早日再派媾和使臣，迅速息战恢复和平，以一新列国之视听。然要如此作，则不能如从前对清国政府隐秘我一切媾和条件，至少在再派来清国使臣之前应将最重要条件知照清国，使其有心理准备。"[③]这说明，日本方面已经知道，如果再以什么国际法为借口，破坏谈判，必将遭到列强的反对，故也希望尽快息战，并不再隐藏媾和条件。

1895 年 3 月 19 日，李鸿章在得到清政府"商让土地"的权力后，带着美国前国务卿科士达来到日本马关，与日方议和。日本在谈判开始采取了欲擒故纵策略，在 3 月 20 日首次与李鸿章会谈时，要求提出媾和谈判之前先议定停战事项。在次日谈判中，提出非常苛刻之停战条件："日本国军队占领大沽、天津、山海关及其城堡，驻各该处清国军队之一切军器、军需交付日本国军队，天津、山海关铁路归日本军务官管辖，停战中，清国要负担一切日本军事费用，对此清国如无异议，可提出实行停战之细节。"[④]

日本知道李鸿章不可能接受这样严苛的停战条件，伊藤称希望清国提出修正案，以将李鸿章引到媾和问题上。3 月 24 日，第三次谈判时，李鸿章真的提出希望撤回休战问题，立即开始媾和谈判。在此次谈判中，伊藤博文试探性地问李鸿章："我国之兵，现往攻台湾，不知台湾之民如何？"[⑤]李则答曰："贵大臣提及台湾，想遂有往踞之心，愿停战者，固此。但英国将不甘心。"[⑥]狡猾的伊藤博文，摸清了清政府妄想依靠列强保台的想法，也有意隐藏了觊觎台湾的企图，更隐瞒了日军正攻取澎湖、向台湾开进的事实，企图在日军占领台湾成为既成事实后，再逼李鸿章就范。

也就在当天下午 4 时，中日第三次谈判结束后，满怀心事的李鸿章步出春

---

① 戚其章：《甲午战争国际关系史》，北京：人民出版社，1994 年版，第 358—395 页。

② 1895 年 1 月，清政府派出侍郎张荫桓和湖南巡抚邵友濂，在日本广岛与日本首相伊藤博文和外相陆奥宗光谈判议和。日方借口张荫桓等地位不高，拒绝谈判，并且指名李鸿章作为全权代表来日，方可开谈。

③ 陆奥宗光著，陈鹏仁译，《甲午战争外交秘录》，第 116—117 页。

④ 陆奥宗光著，陈鹏仁译：《甲午战争外交秘录》，第 117 页。

⑤⑥ 《日清媾和始末附辽东半岛还付始末》，JCAHR：A04017264600。

帆楼，乘轿返回驿馆时遭日本浪人刺杀，所幸没有危及性命。日本政府本来拟就的谈判方略，是借战争逼迫清政府签订不平等条约，然后见好就收。伊藤博文最担心的，就是有什么把柄落在列强手中，让一直虎视眈眈的西洋各国从中干涉，坐收渔翁之利。而浪人小山六之助的刺杀行为，无异于授人以柄。为缓和形势，日本天皇出面下令停战，并提出随时可签订停战协议。30日，中日停战条约签字。停战协议规定："日本政府除在台湾、澎湖列岛及其附近从事交战之远征军外，同意在其他战地停战。"①

李鸿章对此也提出异议，要求日本方面将停战效力及于南征军所在的台湾诸岛，但日本没有答应。此时正值日军攻打澎湖之时，李鸿章或许不知道，日军已经攻占了澎湖，这使台湾地区实际上成为日本占有优势的战区，日本可随时登陆台湾本岛。如果在停战协议包括台澎，日本就可能会丧失其现在的军势优势，更不能保证在割让土地问题上，达到自己的要求。故停战区域不包括台澎，一来企图迫使清政府尽早签订条约，二来为割占台湾预作准备。

4月1日谈判时，日本明确提出割地之范围，其和约底稿第二款，即要求将"奉天省南部之地、台湾全岛及其附属诸岛屿与澎湖列岛"②永远让与日本。李鸿章对此提出长篇意见书进行反驳，言"日本所提出媾和条约案绪言云：缔结媾和条约以除两国及其臣民将来纷议之端，然若强割让此次要求割让之土地，不啻不能除争议，将来必继生纷议，两国人民子子孙孙永远互相仇视，吾辈既为两国全权大臣，为两国臣民深谋远虑，该缔结持永久和好，互相援助之条约，以保持东洋之大局。清日两国为比邻之邦，历史、文化、工艺、商业无一不相同，何必如此仇敌。盖数千百年来，国家历代相传基业之土地一朝割弃时，为其臣者，将饮恨含冤日夜图复仇乃为势力之所必然，何况奉天省为我朝发祥之地，以南部为日本国所有且为海陆军根据地后，随时得攻北京，凡清国臣民观此条约必谓：日本国取我祖宗之地为海陆军根据地，则欲为我久远之仇敌者"③。伊藤博文不但不听，反而在接下来的谈判中，施恫吓手段，声称："广岛有六十余只运船停泊，计有二万吨运载，今日已有数船出口，兵粮齐备，若中国不肯相让，当即遣兵至台湾。"④

4月9日，李鸿章代表清政府提出一个修正案，在割地部分并不包括台湾，主要是："割地，在奉天省内为安东县、宽甸县、凤凰厅、岫岩州，在南方限于澎湖

① 陆奥宗光著，陈鹏仁译：《甲午战争外交秘录》，第125页。
② 陆奥宗光著，陈鹏仁译：《甲午战争外交秘录》，第127页。
③ 陆奥宗光著，陈鹏仁译：《甲午战争外交秘录》，第128—129页。
④ 佚名：《马关议和中日谈话录》，《东行三录》，上海：上海书店，1982年版，第238页。

列岛。”①

日本顾及各列强责其苛酷，对原提案进行了修改，10日作为最后提案交给李鸿章，关于领土部分修正为：“台湾及澎湖列岛照原案，奉天省南部之地减为自鸭绿江口溯该江至安平河口，自该河口至凤凰城、海域及营口折线以南之地。但包括前述之各城市、辽东湾东岸及黄海北岸而属于奉天省之岛屿。”②

对此，李鸿章再次提出强烈反驳，特别在割让台湾上，强调：“台湾为未经日本军侵略之地，日本竟要予以割取颇为非理，故不能割让台湾。”③日方强言：“至于台湾，割地之索求未必限于攻取之地，惟顾战胜者之意向，例如山东省为我所攻取之土地，然此次并未包含于割地部分，且清国从前对俄国割让吉林、黑龙江地区，此亦非俄攻取之地，果尔独怪我要求割让台湾全岛。”④并强硬地表示，10日所提出的为最后条款。

15日第六次谈判时，李鸿章打出台民反对割台这张牌，冀有一线之转机：“我接台湾巡抚来电，闻将让台湾，台民鼓噪，誓不肯为日民。”⑤伊藤的回答很干脆：“听彼鼓噪，我自有法。中国一将治权让出，即是日本政府之责。我即派兵前往台湾，好在停战约章，台湾不在其内。”⑥然日本侵略者割取台湾的决策已定，李鸿章之争辩只能是徒费唇舌。

1895年4月17日，李鸿章与日本代表签订了《马关条约》。台湾、澎湖列岛及附属岛屿被迫割让给日本。日本趁着清政府无力回天的羸弱局面，借助于西方近代文明旗号，施展恃强凌弱的殖民手段，通过一系列的阴谋行径，台湾全岛及所有附属岛屿完全被纳入日本殖民者的囊中。

三　签约前国内反割台斗争

《马关条约》签订以前，欧美各国报纸纷纷猜测日本的媾和条件，日本索割台湾之说，已经成为街谈之议。1895年2月，当李鸿章奉召入京商议和约条款之时，两江总督兼南洋大臣张之洞认为割台之事断不可行，直接致电李鸿章，指出：“台湾万不可弃，从此为倭付翼，北自辽，南至粤，永无安枕，且中国水师运船终年受其挟制，何以再图自强？台湾每年出产二百万，所失更不可数计。”提出：“与其失地赔费求和与倭，不如设法乞援于英、俄，饵以商务利益。”他分析此策

① 陆奥宗光著，陈鹏仁译：《甲午战争外交秘录》，第134页。

② 陆奥宗光著，陈鹏仁译：《甲午战争外交秘录》，第135页。

③④ 陆奥宗光著，陈鹏仁译：《甲午战争外交秘录》，第136页。

⑤ 佚名：《马关议和中日谈话录》，《东行三录》，《甲午战争外交秘录》，第245页。

⑥ 《马关议和中日谈话录》，《东行三录》，《甲午战争外交秘录》，第238、245、252—253页。

的利弊说:"英、俄本强,我虽吃亏于英、俄,而不屈倭,中国大局尚无碍,兵威亦尚未尽损,犹可再图自强雪耻之策,似与古语远交近攻之义相合。总之,与倭和而能不索地最妥;如必索地,则无论他事中国如何吃亏,总胜于弃台湾与倭矣。"①

同时,他还上书力陈台湾不可割让:"传闻倭有索台湾之说,或去借台湾开矿十年等语,未知确否?即使倭真有此意,朝廷权衡至当,知亦必断然不允。查台湾极关紧要,逼近闽、浙;若为敌踞,南洋永远事事掣肘。且虽在海外,实为精华;地广物蕃,公家进款每年二百余万,商民所入数十倍于此,未开之利更不待言。"②张之洞还给清政府提出一个避免割让台湾的办法,即是利用"外洋各国艳羡重视台湾之至",建议以台湾为抵押,向英国借款,或允许英国以台湾开矿之利,以保存台湾:"似可与英公使、外部商之,即向英国借款二三千万,以台湾作保。台湾既以保借款,英必不肯任倭人盗踞,英必自以兵轮保卫台湾,台防可缓。借款还清,英自无从窥伺台湾,其权在我。如照此办法,英尚不肯为我保台湾,则更有一策,除借巨款外,并许英台湾开矿一二十年,此乃于英国家有大益之事,必肯保台湾矣。"③张之洞提出的办法,也许可能会使英国长期占有台湾,未必是好的办法,但却说明,朝廷大臣对割让台湾是有不同意见的。

3月1日,翰林院编修丁立钧、徐世昌等8人,也上书条陈割台之不可行:"近日李鸿章来京,外间复传有奉使求和之说,并谓倭人要挟之意,偿费而外,割地为先。窃惟兵败求成,亏损固不能免,然即以偿费论,国家岂能竭有限之脂膏,填无穷之欲壑?为数过巨,断不能迁就曲从。至于割地之举,则尤有必不可行者。……倭人所垂涎者,台湾也。台湾……论形势,是我先朝所经营,以屏南服;论规制,则我皇上所增廓,以控重瀛;论物产,则赋税有过于边省;论民情,则输将几埒于常供,何罪何辜而沦为异域?"④

马关谈判期间的4月1日,日本刻意提出规定谈判中停战地点不包括台湾,从武力上保证实现夺取台湾的目标。6日,翰林院侍读学士文廷式,针对李鸿章的以京畿为重之言论,上奏力陈,反对割让台湾:"今日台湾之事,尤为存亡所关。李鸿章之行也,其秘计在割台湾;曾与孙毓汶、徐用仪密议于美国使署,虽大臣秘之,而举国皆知之。其言谓:以散地易要地。夫奉天固要地矣;台湾关系江、浙、闽、广之得失,可谓散地乎?乃近日有停战二十一日之说,曰:'停北不

① 《张文襄公全集》第139卷,第31—32页。

②③ 《清光绪朝中交涉史料》卷三四,北平:故宫博物院,1921年,第12页。

④ 《清光绪朝中交涉史料》卷三四,第18页。

停南。'……此李鸿章父子恐台民之不爱割，而劝倭人专力攻之也。其心路人所知，其事天下所骇！夫战而失地，出于势之无可如何；百姓虽死，亦无所怨。若朝廷隐弃之而不言，奸臣巧割之而不恤，四方之人谁不解体？不独各国环起之可虑。……应请旨饬李鸿章与倭辩论，若不能一律停战，则毋庸虚受此名，堕其术中。倭之欲离间民心久矣，安可复授以隙！"[①]

4月8日，江南道监察御史张仲炘也上书，举历史之证，陈反对之意："石晋燕云之割，终宋世不可复还，而金人即乘之以覆宋，反客为主。"他请求皇帝"统筹全局，深维后患，勿为敌人之所挟，勿为群言之所蒙，断自宸衷，严为驳斥"[②]。

随着谈判的深入，上书阻止割让者越多。4月15日，割台问题已经到了最后阶段。翰林院编修丁立钧、华辉、沈曾桐、黄绍第及阎志廉等5人，疏陈割地赔款之害[③]。同日，吏科掌印给事中余联沅亦上折力陈[④]，吏部给事中褚成博亦于16日上书[⑤]，江西道监察御史王鹏运、督办东征军务的刘坤一等，都上书劝阻割让台湾。

光绪皇帝也深知割台之危害，当李鸿章在马关议和之时，曾针对其重视辽东而直接训示："南北两地，朝廷视为并重，非至万不得已，极尽驳论而不能得，何忍轻言割弃。……所交说帖，但云奉天南边割地太广，而于台澎如何置办，并未叙及。"[⑥]

从光绪帝的训示来看，清廷实不想割让台湾与日本。但身为直隶总督兼北洋大臣的李鸿章，其重北轻南之思维一定存在。虽文廷式所说李鸿章"劝倭人专力攻之"之说法不可信，但"以散地易要地"之语，实击中了李鸿章之软肋。

在李鸿章心目中，辽东半岛实乃北洋的外唇，为保其北洋势力，也必须确保辽东半岛。北洋为李鸿章多年之经营，虽甲午之役惨败，但京师不保，怎可复兴北洋。在马关议和的最后阶段，李鸿章面临着确保辽东、解除京师危机、割让台湾等三大难题。其中关于割让辽东半岛，其割让面积已经较原案减少了约二分之一，且俄国亦曾暗示会出面干涉，辽东不割让，即可确保京师无危，如果在台湾割让问题上不妥协，以日本占领澎湖之现状，战争将无法结束，也许还将再战。4月10日，日方提出最后方案，要求中方"但有允不允两句话而已"。4月14日，光绪帝回复李鸿章："原冀争得一分有一分之益，如竟无可商改，即遵前旨

① 《清光绪朝中交涉史料》卷三七，第22页。
② 《清光绪朝中交涉史料》卷三七，第26页。
③ 《清光绪朝中交涉史料》卷三八，第5页。
④ 《清光绪朝中交涉史料》卷三八，第7页。
⑤ 《清光绪朝中交涉史料》卷三八，第10页。
⑥ 吴汝纶编录：《李文忠公全集·电稿》第20卷，合肥：李氏，1926年，第32—33页。

与之定约。”这样,李鸿章随即在《马关条约》上签字。

第三节　清朝官民的反对割台与“台湾民主国”的成立

一　马关签约后的反割台之议

1895年4月17日(旧历三月二十三日),《马关条约》签订,其第二款第二项规定“台湾全岛及所有附属各岛屿、澎湖列岛,即英国格林尼次东经百十九度起、至百二十度止及北纬二十三度起、至二十四度之间诸岛屿”[①]割让给日本。“条约”除割地赔款之外,且许以商利,因之朝野同声反对,拒绝批准条约的奏折纷纷上递。根据故宫博物院所编的《清光绪朝中日交涉史料》第三十三至四十四卷,共收录上奏文稿达140件,署名之人数达数千。

从收录的奏文来看,朝野对《马关条约》的签订反对声一片。内阁是清政府的中央政府中心,其内阁大学士的言论,是代表中央阶层的重要意见。4月25日,以额勒和布、张之万等170人,上《内阁大学士额勒和布等代奏侍读奎华等条陈折》,力陈割让之流弊:“今割台湾、割辽东,不能易其已陷之一城一邑,复举其力所不能得者割以畀之,是益寇兵而斋盗粮也。”其结果势必“我之卑屈愈甚,则彼之要挟愈多。今日割五城,明日割十城,窃恐欲为南宋之偏安不可得也”[②]!至4月30日,内阁侍读学士贵贤上递《内阁侍读学士贵贤奏倭夷和款贻害无穷亟须集议以冀挽回折》,认为割地赔款是“厝火积薪之举,止渴饮鸩之为”,奏请光绪皇帝“饬下廷臣通盘筹议,俾广益思而免贻悔”[③]。

内阁的反对意见,主要是从政治及外交层面上进行阐述的。认为割让台湾等土地,将失去天下人心,他日边疆有事,将不再有人肯死力为皇上守土;同时台民忠义,割台恐有发生内乱之虞;更有以割台将有亡国之祸,不下十余年,恐欲为小朝廷而不可得。从外交上说,割地求和,为国际法中无此例,台湾为日本兵力所不及,却拱手相让之,异时更有似此之举,何以应之!

吏、户、礼、兵、刑、工六部,为清代中央政府之行政机关,其成员于《马关条约》签订后,上《吏科掌印给事中余联沅请勿允许倭奴奢款并速定大计力筹远谋折》、《吏部给事中褚成博请严拒割地议和折》、《礼科掌印给事中丁立瀛等奏和议条款未可轻许请饬廷臣集议折》、《户科掌印给事中洪良品请力黜和议专修战

---

① 《清季外交史料》(二),第109卷,第1853页。

② 《清光绪朝中日交涉史料选辑》(全),台北:大通书局,1995年版,第198页。

③ 《清光绪朝中日交涉史料选辑》(全),第264—265页。

备折》、《吏部代递郎中廷熙等呈文折》、《户部代递主事邓福初条陈时务呈文折》、《户部代递主事邓福初条陈时务呈文折》、《户部代递主事邓福初条陈时务呈文折》等折，从各方面阐述反对割让台湾的之意见。

翰林院是清政府最高的学术机构，汇聚着中国最高层的知识分子。当他们得知条约订约后，于4月23日上《翰林院呈递编修李桂等条陈时务呈文折》给光绪皇帝，呼吁朝廷暂缓批准《马关条约》，认为："台湾虽僻在一隅，控扼南洋，实当倭地三分之一，户口繁衍，物产饶沃。今既割让倭，而居民势不两立，固不甘役属外夷，亦未易迁之内地。若任其用兵攻击，刬雉禽弥无有孑遗，非特无以对忠义之民，海内闻之，谁不解体？"[①]

都察院是国家最高的监察机关。《马关条约》签订以后，都察院官员以职责所在，纷纷上奏诤争，其重要者如左都御史裕德、署左副都御史沈恩嘉、左副都御史寿昌等，因"事机至迫"，于5月1日，联合上奏，从国际公法、增加赔款、固结台民、廷议会商、激励将士、延缓批准和约六事，筹谋割台的"挽回之术、补救之方"[②]。同日，礼科掌印给事中丁立瀛等也联合上奏，提出台湾"若果弃之，是失民心也；民心一失，何可复收"[③]？

另外，各地方总督、巡抚、提督、道员等，也纷纷上折表示反对意见。两江总督兼南洋大臣张之洞反对割让台湾。早在传闻日本有谋取台湾之说时，即上书明确表示反对意见，特别提出联合中外势力，以确保台湾。在得知诸外援均拒绝后，又支持唐景崧成立台湾民主国，抵御日本军队的进入。除张之洞之外，原闽浙总督杨昌睿，亦发电报力陈台湾不可割让。

广东巡抚马丕瑶、陕西巡抚鹿传霖及山东巡抚李秉衡等都上书反对割让土地。特别是山东巡抚李秉衡，因山东威海卫被日本占领，更是强烈反对日本割让台湾，认为："台湾为东南藩蔽，无论要害一失，沿边各省不能安枕，且其地入版图者数百年，物产丰饶，户口蕃息，士农工商各安其所，一旦使之弃祖宗富饶之旧业，责令迁徙，必至流离失所，怨言繁兴，谁非朝廷之赤子，而忍令罹荼毒乎？况安土重迁，人之恒情，设有凭恃形势，铤而走险，以与倭相抗者，将遏其义愤，强令臣服于倭乎？抑责其负固不服而加之罪乎？不然，倭又将与我为难也。"而"割辽河而北洋为所据，割台湾而南洋为所据，复驻兵威海以扼中权之要，是倒持太阿之柄以授人，而使之厚其力以图我，即欲求旦夕之安，不可

---

① 《清光绪朝中日交涉史料选辑》(全)，第182—183页。

② 《清光绪朝中日交涉史料选辑》(全)，第296页。

③ 《清光绪朝中日交涉史料选辑》(全)，第187页。

得矣！”[①]

此外，最大的反对力量是来自各省的举人。4 月 30 日，都察院代递各省举人呈文折中，就包括了奉天举人奉生等呈文，湖南举人文俊铎、谭绍裳、任锡纯等呈文，广东举人梁启超等呈文，江苏举人顾敦彝等呈文，四川举人林期圻等大量奏文。这些奏文往往都是几十人，甚至上百人联名上书，以力陈表达反对割让中国土地给日本。这其中，影响最大的是 4 月 22 日，康有为、梁启超书成 1.8 万字的“上今上皇帝书”，全国 18 省举人响应，1200 多人连署。5 月 2 日，由康、梁二人带领，18 省举人与数千市民集“都察院”门前请代奏，即所谓的“公车上书”。

台湾在京师任职的 5 名官员叶题雁、李清琦、汪春源、罗秀惠、黄宗鼎，在 4 月 28 日，联名上书都察院，强烈反对割让台湾，代表了台湾人民的心声。他们表示：“夫以全台之地使之战而陷、全台之民使之战而亡”，“与其生为降虏，不如死为义民。”[②]是为台湾五举子上书。

《马关条约》签订的消息传到台湾，台湾人民对清政府的卖国罪行，恨入骨髓。4 月 20 日，台北人民鸣锣罢市，表示抗议。他们发出檄文，坚决表示：“我台民与李鸿章、孙毓汶、徐用仪不共戴天”，无论在车上、船上、街道上、旅馆里、衙署内，只要碰到李鸿章等卖国贼，一定要把他们杀死，“以为天下万世，无廉无耻，卖国固位，得罪天地祖先之炯戒”[③]。台湾绅民致电清政府，坚决反对割地求和，表示“桑梓之地，义与存亡”[④]，要与侵略者展开决死的斗争。

二　清政府试图拖延交割台湾

《马关条约》签订后，来自翰林院、都察院、内阁及六部，许多有识之士上书反对割让台湾，各省的总督、提督、藩司、道员也纷纷上书反对，特别是以康有为召集各省举人的“公车上书”，更是在社会上引起强烈反响。

1895 年 4 月 17 日，即《马关条约》签订的当天，台湾道员姚文栋拜见英国驻淡水代理领事金璋(Lionel C. Hopkins)，对其进行游说。姚称奉两江总督张之洞和台湾巡抚唐景崧的委托来拜访，并表示台湾军民“强烈反对割让”，言“这一变化对其他国家损害极大，特别是对英国及其殖民地香港，它不仅会影响香港的贸易，而

① 《清光绪朝中日交涉史料选辑》(全)，第 272—273 页。

② 《都察院代递户部主事叶题雁等呈文折(光绪二十一年四月初四日)》，《清光绪朝中日交涉史料选辑》，台中：台湾文献丛刊第 210 种，第 230—232 页。

③ 《台湾人民抗战檄文》，《中日战争》第六册，上海：上海人民出版社，2000 年版，第 449—450 页。

④ 《申报》，1895 年 5 月 15 日。

且会使该殖民地的安全受到威胁。与其让日本得到上述利益,不如让英国这样的友好国家得到"[1],暗示要以特别利益请英国护台之意。当时金璋的体会为"似乎是把该岛实际上转交给大不列颠,由大不列颠负责该岛的保卫"[2]。

4月20日,即条约签订后的第三天,唐景崧也约见英国驻淡水代理领事金璋,并向他介绍一个由15人组成的台湾绅民代表团。他们向金璋提出了具体的建议,其主要内容是:"台湾全体民众不愿归顺日本。他们希望请求英国保护台湾疆土及居民。金、煤、硫、樟脑及茶制品税金由英国征收。人口、土地税、疆土及管辖权仍为中国所有。"[3]唐景崧则敦请金璋从速将此建议电告欧格讷。

4月27日,庆亲王奕劻偕徐用仪、孙毓汶两位总理衙门大臣访问欧格讷,探问是否收到台湾绅民提出的建议,但又解释道:"这个建议是台湾绅民自发提出来的,并不是中国政府方面提出的正式建议。"欧格讷则回答:"将该岛割让给日本,在任何方面来看,肯定都是英国所不能同意的。……(但)在目前的时候,我看不到任何采取直接干涉的实际可行的办法。"[4]含蓄地暗示此建议是不可行的。

张之洞力持异议,反对割台。当得知条约签订后,他于4月22日,致电唐景崧,提出"守口聘英将,巡海乞英船"的"庇英自立"之策,当龚照瑗于5月1日会见金伯利商请保台时,金伯利便"坚以办不到辞"之。求英国不成,张之洞又将希望转向了法国。

三国干涉还辽后,法国地位提高,张之洞、唐景崧等希望其将干涉范围扩大到台湾。4月下旬至5月上旬,清政府通过赴俄专使王之春和驻英法公使龚照瑗与法国接洽,法方一度有意介入,表示愿派舰船前往基隆、淡水护商,并遣员与唐景崧等面商机宜。

起初龚照瑗的态度很乐观。5月1日,他致电唐景崧,告"法有保台澎不让倭意"。2日,又致电总理衙门说:"密商保台澎办法,现台湾吃紧,法已派人护商,先遣员晤台抚,面商机宜,有兵登岸。请电台抚晓谕地方勿警疑。"[5]确实,法国有染指台澎之意,曾经研拟了禁止在澎湖建设作战的具体提案,并拉拢西班牙与之联合,使中国军民增强了法国保台的期待。

---

① British Documents on Foreign Affair—Reports and Papers from the Foreign Office Confidentiel Print, Part I, Series E, Vol 5, pp. 353—354。

② 戚其章主编:《中日战争》第6册,北京:中华书局,1994年版,第685页。

③ British Documents on Foreign Affair—Reports and Papers from the Foreign Office Confidentiel Print, Part I, Series E, Vol. 5, p. 356。

④ 戚其章主编:《中日战争》第6册,第694页。

⑤ 《清光绪朝中日交涉史料选辑》(全),第364页。

但此举遭到了德国的坚决反对，致使法国无法在三国干涉时提出保台提案[①]。德国外交大臣马沙尔竟代为日本出谋划策，以抵制法国。他对青木周藏说："如法兰西或西班牙致送照会，可以明确答复，日本将决心占领台湾及澎湖岛。"[②]

由于德国的反对，法国占领台澎的图谋也就无法实现。4 日，法国外交部长阿诺托借口条约批准而收回了原先的"保台"许诺，至 5 月 11 日，正式通知清廷干预之事作罢。

在一系列外交求援受阻后，张之洞暂缓换约的建议，又没有被清廷所采纳。他深知"屡次电奏沥陈，深遇时忌"，深知电阻割台难有实效，于是转而鼓动台民自主保台。在《马关条约》签订不久，张之洞即向唐景崧提出了"台能自保，不累中"的建议。

李鸿章面对国内反对声浪，也加入到游说英国的行列中来。5 月 2 日，李鸿章趁英国驻天津领事宝士德(Henry B. Bristow)来探望伤情之机，首先直言英国"希望扶助日本变得强大，从而成为其与俄国抗衡的得力盟友"，断定英日之间"显然已达成默契"。宝士德则极力否认和辩解。于是，李鸿章重提以押台换保台的建议，请宝士德转告欧格讷。宝士德问："这是不是要我们兼并台湾?"李鸿章答道："不是这样。根据士绅们的建议，你们只接管所有矿井、樟脑和煤油井等等。这只是一种保护关系，领土仍归中国所有。"同时，他还请宝士德函邀欧格讷到天津来，并保证说："欧格讷先生同我在这里会很快达成协定。"此时，欧格讷已经接到外交部的机密电训："上峰已经作出允许日本占领台湾的暗示。"[③]这样，李鸿章的游说也同样未能取得成功。

随着条约批准，换文期限将至，李鸿章于 5 月 3 日致电伊藤博文："台湾人民激愤动乱，应将台湾一事重为考虑。"[④]但日本已经积极开始武力征服的准备[⑤]。

5 月 7 日，日本大本营决定派遣近卫师团与常备舰队前往接收，并迅速在 5 月 8 日交换了条约批准书[⑥]。5 月 10 日，日本政府任命海军大将桦山资纪为第一任台湾总督，兼任台湾军备司令官及台湾接收全权委员。同时，发布了《施政

---

① 许世楷：《日本统治下的台湾》，台北：玉山出版事业股份有限公司，2000 年版，第 45 页。

② 《日本外交文书》第 28 卷，第 812 号。

③ British Documents on Foreign Affair—Reports and Papers from the Foreign Office Confidentiel Print, Part I, Series E, Vol. 5, pp. 404—406。

④ 《日本外交文书》第 28 卷，第二册，第 403—404 页。

⑤ 《日清战史》第七卷，台北：文海出版社，1976 年版，第 3 页。

⑥ 《日清战史》第七卷，第 2 页。

大纲》的训令,规定了有关接收台湾、接收政府财产及有关清政府撤军的条款。在接收方面规定:"万一彼方于期限内不简派全权委员,或拒绝移交,或移交怠慢时,则条约上之割地,在批准换约之后,当然已在我主权之下,自应临机处理。遇有不得已之情事,可用兵力强制执行。"①不惜武力为代价坚决实现占有台湾的目标。

11 日,李鸿章再次致电伊藤博文:"台湾人民普遍非常激昂,推断终将引发内乱。"故"有必要考虑采取救济策略"②。日本对此给与了更强硬的回应。外务大臣陆奥宗光通知中国,桦山资纪将于两周内前去接收,伊藤博文也复电李鸿章:"我国已任命总督,则日本政府将负起维持和平秩序之责。"③直接回绝了中国就台湾问题进行的交涉。

15 日,台湾发布以全台绅民名义死守台湾的电文,李鸿章再度致电伊藤博文:"有必要尽快将台湾事态交付两国全权大臣会议商讨。"④希望以此迫使日本延后桦山资纪来台接收的决定。伊藤回应道:"勿庸两国合议。"并表示桦山已于 17 日自京都出发前往台湾⑤。

清政府迫于全国上下强烈反对,曾电谕李鸿章"再行熟查情形"、"详筹挽回万一之法"⑥。5 月 16 日也因接"台民不服属倭,权能自主"之奏,当日又电谕李鸿章"台湾难交情形",再次命其"熟筹办法"⑦。

5 月 18 日,李鸿章复奏,谓接伊藤博文电告,日本新任台湾总督桦山资纪,已于 17 日起程赴台,而且"词意甚为决绝"。李担心:"此处恐开衅端,并连累他处,务祈慎重筹办,大局之幸!"⑧清政府顾虑日本对京畿的武力威胁,为了"免致日人借口",只好接受事实,便一面电令唐景崧开缺"来京陛见"、"台省大小文武各员内渡",一面谕李鸿章饬令李经方迅速前往商办,以示"中国并无不愿交割之意"。

这些说明,即使条约签订甚至换约之后,清政府也未放弃努力,特别是三国干涉还辽的成功,让清政府官员及台湾士绅,重新燃起了保台的一线希望。当然,这种希望,在条约换约以后很快幻灭。

---

① 井出季和太:《南进台湾史考》,东京:诚美阁,1943 年,第 4 页。
② 《日本外交文书》第 28 卷,第二册,第 460 页、556 页。
③ 《日本外交文书》第 28 卷,第二册,第 557—559 页。
④ 《日本外交文书》第 28 卷,第二册,第 560—562 页。
⑤ 《日本外交文书》第 28 卷,第二册,第 563—564 页。
⑥ 王彦威:《清季外交史料》第 112 卷,外交史料编纂处,1935 年,第 12 页。
⑦ 王彦威:《清季外交史料》第 112 卷,第 11 页。
⑧ 《寄译署》,《李文忠公全集·电稿》第 20 卷,合肥:李氏,1926 年,第 60—61 页。

张之洞仍极关心台湾情况，不断致电唐景崧询问。及至获悉台湾民主国成立，他一面汇银 30 万两以示支持，一面致电唐景崧，告以违旨留台“自系万不得已”，“然自处须有分寸”，可见张之洞之良苦用心。

三　台民自主保台——“台湾民主国”的成立

“台湾民主国”的方案，是台湾省内外的官绅共同酝酿而成的。台湾绅民由于历经一连串争取朝廷重视、地方大吏支持和列强援助，在反对割台无果的情况下，开始筹划自主保台，酝酿以自立民主政体的形式，反抗日本的占领。他们根据万国公法“民不服某国，可自立民主”①之条，认为只要台湾独立成为一国，再向外国求援，或许可以避免被割让的命运。这个方案与台湾布政使陈季同有着密切关系。

1895 年 3 月，署理台湾巡抚唐景崧电调陈季同赴台。唐景崧调陈赴台，目的是争取法国援助保台行动。陈经南京赴台，显然是与时任两江总督张之洞商议行动方略。考虑到当时清政府尚未与日本完成签字手续，台湾仍是中国的一个行政省，此时如以台湾省名义宣布抗日，日本政府必然会对中国政府施加压力，导致抗日失败，所以陈季同设计出一个依照国际法规则的保台策略。他援引《国际公法》第 286 章“割地须问居民能顺从否”，“民必顺从，方得是为易主”②等有关条文，提出了以民政独立、遥奉正朔、以拒敌人的策略。这样，台湾的绅民们，就以陈季同设计的方案，开始积极筹划以民主国的形式抵制日本的占领。

4 月 17 日，《马关条约》正式签订，台湾割让已成事实。台湾巡抚唐景崧与张之洞商议民主国方案，得到了张的支持。4 月 20 日，唐景崧致电张之洞称：“台本未失，今民又不服倭，皆公法所可争者。”③翌日，张之洞复电，称：“西人言普法议和，普索法两省地，法以两省人不愿属普，普不能驳，中国可援例，听台湾民自便。”④表示赞同唐景崧的意见。29 日，唐景崧电称：“台民自主，可请各国保护。”⑤

烟台换约以后，台湾绅民皆知让台之事已无可挽回。5 月 15 日，丘逢甲率领台湾士绅与唐景崧等，集议于台北筹防局，众皆认为：“万国公法有‘民不服某国，可自立民主’之条，全台生民百数十万，地方二千余里，自立有余。”⑥这是自主保台之议的初步酝酿。与议者决定按照陈季同的策略，以“台湾民主国”的形

① 《台海思痛录》，《近代史资料》1983 年第 1 期，第 7 页

② 《公法会通》卷三，《论辖地之权》，第二百八十六章，1880 年同文馆聚珍版本，第 4—5 页。

③ 《张文襄公全集》第 144 卷，第 28 页。

④ 《张文襄公全集》第 144 卷，第 27—28 页。

⑤ 《张文襄公全集》第 145 卷，第 7 页。

⑥ 《台海思痛录》，台北：台湾银行，1959 年，第 7 页。

式谋取抗日保台。议后发布“台民布告”，宣布自立，表示“愿人人战死而失台，决不愿拱手而让台”。布告内容如下：

我台湾隶大清版图二百余年。近改行省，风会大开，俨然雄峙东南矣。乃上年日本肇衅，遂至失和。朝廷保兵恤民，遣使行成。日本要索台湾，竟有割台之款。事出意外，闻信之日，绅民愤恨，哭声震天。虽经唐抚帅电奏迭争，并请代台绅民两次电奏，恳求改约，内外臣工，俱抱不平，争者甚众，无如势难挽回。绅民复乞援于英国，英泥局外之例，置之不理。又求唐抚帅电奏，恳由总理各国事务衙门商请俄、法、德三大国并阻割台，均无成议。呜呼惨矣！查全台前后山二千余里，生灵千万，打牲防番，家有火器。敢战之士，一呼百万，又有防军四万人。岂甘俯首事仇？今已无天可吁，无人肯援。台民惟有自主，推拥贤者，权摄台政。事平之后，当再请命中国，作何办理。倘日本具有天良，不忍相强，台民亦愿顾全和局，与以利益。惟台湾土地政令，非他人所能干预。设以干戈从事，台民惟集万众御之。愿人人战死而失台，决不愿拱手而让台。所望奇材异能，奋袂东渡，佐创世界，共立勋名。至于饷银军械，目前尽可支持，将来不能不借贷内地。不日即在上海、广州及南洋一带埠头，开设公司，订立章程，广筹集款。台民不幸至此，义愤之伦，谅必慨为佽助，泄敷天之恨，救孤岛之危。

如肯认台湾自立，公同卫助，所有台湾金矿、煤矿以及可垦田可建屋之地，一概租与开辟，均沾利益。考公法：让地为绅士不允，其约遂废；海邦有案可援。如各国仗义公断，能以台湾归还中国，台民亦愿以台湾所有利益报之。台民皆籍闽、粤，凡闽、粤人在外洋者，均望垂念乡谊，富者挟赀渡台，台能庇之，绝不欺凌；贫者歇业渡台，既可谋生，兼同泄愤。此非台民无理倔强，实因未战而割全省，为中外千古未有之奇变。台民欲尽弃其田里，则内渡后无家可依；欲隐忍偷生，实无颜以对天下。因此椎胸泣血，万众一心，誓同死守。倘中国豪杰及海外各国能哀怜之，慨然相助，此则全台百万生灵所痛哭待命者也。①

同时，台湾士绅又发电报给总理衙门、北洋大臣、南洋大臣、闽浙总督、福建布政使及全台官员，表明独立的意图：“伏查台湾为朝廷弃地，百姓无依，惟有死守，据为岛国，遥戴皇灵，为南洋屏蔽。”②

① 连横：《台湾通史》，商务印书馆，1996年版，第93—94页。

② 黄昭堂：《台湾民主国研究》，台北：前卫出版社，2006年版，第61页。

5 月 21 日，丘逢甲、候补道林朝栋、内阁中书教谕陈儒林等，在台北筹防局聚会。陈季同再申前议，于是决定成立民主国。遂铸金印一颗，文曰“台湾民主国总统之印”，制长方形“蓝地黄虎”旗，“虎首内向，尾高首下”，以示臣服于清朝。丘逢甲等共议，推唐景崧为民主国总统。

与此同时，陈季同通过法国人士寻求各国承认“台湾民主国”，介绍法国兵舰军官见唐景崧，洽商保护。23 日法国军官会见唐景崧，允诺会立刻动身前往当时法国舰队驻在地长崎与提督商量，并作出令人安心的答复：“如果是为了清国要夺回领土，实属不易，但如果是为了保护台湾人民，则较为容易。前提是台湾非独立不可，假使台湾本身拥有主权，法国将立刻派遣使节前来缔结条约。”[①] 经过不断与法国接触，台湾军民非常相信法国会帮助台湾。其实，这时法国政府顾及德国的压力，已决定拒绝介入，只是先期赴台的海军军官不知形势有变。

在此鼓舞下，原本犹豫不决的唐巡抚遂于 5 月 23 日发布“台湾民主国独立宣言”如下：

> 照得日本欺凌中国，索台湾一岛，台民两次电奏，势难挽回。知倭奴不日即将攻入。
>
> 吾等如甘受，则吾土吾乡归夷狄所有。如不甘受，防备不足故，断难长期持续。屡与列强折冲，无人肯援，台民惟有自主。台民愿人人战死而失台，决不愿拱手而让台。台民公议自立为民主之国。决定国务由公民公选官吏营运。为达计划且抵抗倭奴侵略，新政府机构中枢必须有人主持，确保乡里和平。素敬仰巡抚承宣布政使唐景崧，会议决定推举为台湾民主国总统。[②]

24 日，将宣言译成外国语并送至各国驻台领事馆，25 日上午 9 时举行独立典礼，宣布成立“台湾民主国”。唐景崧被推为台湾民主国总统、刘永福被推为大将军、丘逢甲则为义勇军统领。台湾民主国制定“黄虎旗”为国旗，刻有“民主国宝印”为国玺，建年号为“永清”，台北为其首都。

“台湾民主国”的成立，是迫于当时急迫形势的需要。民主国一成立，便立即任命新的官职以填补空缺。这样，台湾抗日的领导体系才得以维持，并对其后台湾的反割台武装斗争起了组织保证作用。按照设计，“台湾民主国”名义上为“国家”，实质上属于中国之下。它的成立，是台湾人民反抗日本侵略斗争的一个步骤，其后的对日抗战，更是中华民族抗日战争的原点及重要组成部分。

---

① 《张文襄公全集》第 145 卷，电牍 24，第 27 页。

② 黄昭堂：《台湾民主国研究》，第 67 页。

第四节　台湾民众抗击日本侵占和"台湾民主国"的覆亡

《马关条约》签订之后，日军大本营即预料接收台湾时可能会遭遇抵抗，虽对镇压反抗所需要兵力尚无判断，但还是决定以一个师团，作为台湾驻屯军。1895年5月7日，北白川宫能久亲王所率领的近卫师团第一混成旅，内定为派驻台湾的军队。5月22日，日军派出"浪速"、"高千穗"两舰先行至台湾侦察情势。24日，首任台湾总督桦山资纪，率领文武官员300余人，自日本宇品港搭乘"横滨丸"出发，准备接收新领土——台湾。5月29日上午，日本军舰到达台湾东北海岸附近的澎佳屿之南约5海里处。来不急等待清朝政府将台湾交割过来，日军径自在基隆外海的三貂角海岸附近登陆。6月2日，清政府派出的钦差大臣李经方在基隆外海"横滨丸"上，向桦山资纪办完了台湾移交手续，匆匆离开基隆外海，驶往上海。

一　台北府的保卫战

日本入岛前台湾有绿营军十几个营，另外，还有一些土勇，兵力大约有5万人，分四路扼守。北路守备为步兵七十四营四哨及要塞炮兵三队十二哨，统领为唐景崧；中路守备为步兵二十九营二哨，统领为林朝栋、丘逢甲；南路守备为步兵四十一营及要塞炮兵三队，统领为刘永福；后山守备为步兵四营，统领为袁锡中①。

1. 守卫基隆

基隆是台北的门户，是台湾最好的港湾。由于此处是中法战场最重要的战役之地，当然也是台湾北部防御的一个重点。中法战争以前，这里就有了相当的防御设备，后来，又增加了数处炮台。其中主要的炮台有社寮炮台、顶石阁炮台、小炮台、仙洞炮台及狮球岭炮台等。绝大多数炮台的炮口都面对港湾内，能对港湾内外形成有效的火力控制。而当时守备部队是铭字军五营、定海军二营、广勇二营、田字营、水雨田营及炮台炮队。张兆连为总督②。

"民主国"在基隆有重兵驻守。特别是基隆港湾的背面即是叠嶂山岭，道路险恶，是难以攻守的天险。唐景崧告诫张兆连等加强基隆港的守备，一方面为防备日军从其他方面登陆出现在港湾背后，命统领陈尚志的尚字军三营

---

① 《台湾抗日运动史》(1)，台北：海峡学术出版社，2000年版，第83—84页。

② 《台湾抗日运动史》(1)，台北：海峡学术出版社，2000年版，第86页。

及劲字营驻扎在金包里，铭字军后营驻扎在东面的八斗庄，简字营驻扎在六仔寮，并命其沿着三貂湾沿岸侦察。但“民主国”军队侦察认为日军可能在澳底和蚊仔坑两地登陆。于是，唐景崧便命提督曾喜昭率领连胜军三营赴九份与蚊仔坑守备。

但唐景崧的判断并不准确，日军选择了三貂湾作为登陆之地。当时，日本近卫师团的主力已经集结在三貂湾附近的海面上，5 月 25 日，东乡平八郎率领的两艘侦察舰，开抵淡水港外进行侦察。日军通过打探得知，淡水河右岸的沪尾炮台，有大批清军守卫，且发现军营中有水雷等各种器具。日本小汽船驶回途中，还遭清军枪击。据此，东乡平八郎认为淡水港并不是最佳登陆之地。于是再派舰去三貂角附近侦察登陆地点。此时，“台湾民主国”已然宣布成立。日军在 26 日，从英国船“福尔摩沙”号上得知这个意外的情报。桦山资纪得知这个消息后，对和平接收台湾已经不抱任何希望了。

5 月 29 日，日军“松岛”号军舰引导运输船到达三貂角，根据对岸上的观察，发现没有守兵防备，于是下午 1 时开始登陆，只用了两个小时，其先遣部队即登陆完毕，并迅速设立滩头指挥所。之后马上趁夜色进攻台北通往宜兰的要道——顶双溪。日军登陆台湾岛似乎没有受到任何阻碍，这可能是由于台湾岛内的官员，根本就没有想到日军这样快就登陆上岛，另外，他们所估计的日军登陆地点与真实登陆地点并不相同。故在日军登陆之时，没有军队守卫，虽有百余人的民主国军队与日军遭遇，但很快就被日军击败。

次日，唐景崧将日军开始登陆台湾本岛的消息电奏北京。殊不知发电的同时，日军早已从顶双溪出发，攻陷台湾岛东北角战略制高点——三貂岭，并在隔日夜袭基隆河上游大聚落——瑞芳。6 月 2 日的瑞芳之战是日军入台后首次遭遇的大规模街头巷战。清军兵勇及附近百姓英勇抗战，日军伤亡惨重。日军担心以后遭遇更强烈的抵抗，特别是担忧军需粮食接济不够，且对当地道路陌生，若想快速占领全岛，惟有攻下台湾北部第一大港——基隆，而后靠着海军运输舰的支持，方可解决问题。

基隆港附近的海防建设，在巡抚刘铭传的规划下，已经形成规模。此港仿效西洋海防要塞的建筑设计，共修筑洋式炮台 5 座，并配有 9 门英制阿姆斯脱朗后膛炮，以及 4 门德制或英制的山炮。各炮台所配备火炮及炮台配置如表 5－1：

表 5-1 基隆港附近各炮台配置

炮　台	火炮种类	炮数	兵员	守将
社寮炮台	十二英寸安式加农 十英寸安式加农 八英寸安式加农	一 二 二	三哨	陈华挺
沙元小炮台	八英寸安式加农 六英寸安式加农	一 二	二哨	庄长胜
顶石阁炮台	二十一英寸米克式加农 八英寸安式加农	二 一	三哨	陈荣才
仙洞炮台	十二英寸米克式加农 十五英寸米克式加农	一 二	一哨	刘　燕
狮球岭炮台	十二英寸前装加农 六英寸前装加农	一 一	一营	包定光

* 此表根据《台湾抗日运动史》(1)第 87 页改制。

日军若要从其港口正面进攻,势必受到严重损失。所以日军避开这些炮台的射程范围,将炮台后方作为主攻区。

6 月 3 日,基隆保卫战开始。日军以 4000 人之众,采用钳形攻势夹击基隆。日军舰队则在外海岸炮轰,一方面牵制炮台守军,一方面佯攻以欺蒙守军。日军从瑞芳出击后,先进攻规模较小的沙元小炮台,不料该炮台兵勇施放数炮后,竟全数阵前脱逃。接着其余 3 座炮台——顶石阁、仙洞、社寮炮台见状,也加入脱逃的行列。日军不费吹灰之力,就占领 4 处炮台与大半个基隆。此时残余的守军撤退到最后方的狮球岭炮台。

狮球岭是扼守基隆与台北间交通的要隘,其下有铁路隧道穿越,自南而北绵延 500 米,上面置有数座炮台,可俯瞰整个基隆港区。不管对日军还是对台湾守军来说,狮球岭之战,都是攻防战中的决定性战役。

在三貂岭、九份、瑞芳市街等地连续失守后,唐景崧下令诸军全力扼守龙潭堵及狮球岭。在日军的节节进逼下,从各地败退下来的守军,最终汇合到狮球岭,想利用狮球岭自然之险,作为据守基隆的最后据点。当时此地究竟驻有多少兵勇,没有准确的记载。

日军在下午开始进攻狮球岭。狮球岭正面急峻陡峭,断崖处处且榛莽遮蔽,由下往上看,无法探知炮台上的情况,下午突如奇来的大雨,更对日军形成绝大的阻滞。日军在大雨中,使用大炮连续轰击,协同作战,由于雨越下越大,视线模糊,连续几个小时都毫无进展。有一部分日本兵开始向岭上攀爬,台籍兵勇发现后,就“群隐伺敌”。但其左翼的广东兵勇，误以为台湾兵勇怯敌躲避，竟然对自己人开枪射击，而台籍兵勇则以为广东兵勇敌前叛变，也开火还击，狮球岭上顿时乱作一团。一小队日军，趁机从右翼空虚处登上狮球岭，守军被迫弃防[①]。

狮球岭失守后，日军很快占领了基隆。6 月 6 日，近卫师团完成全部港口内扫雷工作后，台湾总督桦山资纪下令以基隆为陆海军根据地，并在基隆旧税关内展开台湾总督府的公务。

日军占领基隆，在战略上有着非常重大的意义。首先，占领基隆，以桦山为首的总督府官员终于登上了台湾的土地，旧税关总督府业务的开展，标志着日本对台湾殖民统治的开始；其次，日军占领基隆，日军军舰可以直接从海上进入基隆港，不必再担忧军队的各项补给问题；第三、占领基隆，便控制了直通台北、新竹及南下之铁路线；第四，占领基隆，在战略上可以直接产生“不战而屈人之兵”之效果。

以狮球岭失守为标志，日军对基隆的占领，是“台湾民主国”的一个转折点。同日，“台湾民主国”总统唐景崧，奔向淡水河口的出海港口沪尾，急忙内渡回大陆，台湾的抵抗运动从此群龙无首。此后与日军对抗的主要力量，除了台南刘永福所部清军，就是台湾民间义民军组成的地方武装。

2. 台北城的失守

日军在狮球岭得手后，马不停蹄地开始向台北方面进发。6 月 6 日，近卫师团的第一个联队就推进到了汐止附近，但由于对台北城内情况不明，所以未敢贸然前进。台北城内，由于唐景崧回渡大陆，一片混乱。当地士绅与洋商公推“瑞昌成”号商人辜显荣，前往基隆商请日军进城维持秩序。辜显荣行抵水返脚时被日军扣留，他向日军提供了台湾最新的情报：“民主国”军队现在以新竹与彰化为多，铁路均无损坏，机车（火车头）都停放在台北，电报线均无损坏，台北至基隆的桥梁亦无损坏，台北城内的大稻埕有英国与德国驻军 30 余名，沪尾港现况不知等[②]。另外，台北大稻埕的洋商李春生、士绅刘廷玉与陈儒林等人，亦请欧美德商人先行去迎接日军。当时美籍战地记者戴维森（Davidson）、英籍茶商汤姆逊（Thompson）、德籍商人奥利（Ohly）等 3 人前往汐止，请日军速赴台北以维持治安[③]。日军获悉后大喜，于是近卫师团便于当天深夜朝台北城进发，7 日早晨进抵台北府城。

6 月 7 日清晨，近卫师团的前锋部队兵临台北城下，除了来自城墙上零星的

---

① 郑天凯：《攻台图录》，台北：远流出版事业公司，1995 年版，第 62 页。

② 龙逸：《谁请日军入台北城补遗》，《台北文物》，第 10 卷第 1 期，1961 年，第 53 页。

③ 戚嘉林：《台湾史》，台北：海峡学术出版社，2008 年版，第 247 页。

火力反击之外，日军基本没有受到抵抗，就攻上了台北城。隔日，日军调派偏师，赴淡水接收沪尾守军。日军所派遣的2000人的部队，并没有遭到任何抵抗，就占领沪尾炮台与市街。这样，日军仅用几天，就顺利地占领了淡水河以北的广大地区。在侵略者凌厉的攻势下，象征着开启殖民统治的“始政式”，也迅速在3天后登场。

6月17日，日军在旧台北府巡抚衙门，举行始政式典礼，并暂设基隆支厅与台北县，开始各种民政事务。

台北失守后，候补道林朝栋、义民军统领丘逢甲和官员人等也纷纷离开台湾内渡。此后，台湾抗日义民蜂起，一些地方首领组织义民军走上抗日战场。著名的有苗栗客家人吴汤兴募勇5000人，新竹客家人姜绍祖与苗栗客家人徐骧各募勇千人组成义民军，继续推动台湾人民的抗日斗争。

3. 新竹之战

6月12日，日军派遣两个中队总共400多人，沿着铁路分成两批南下进行侦察。他们穿过桃园后，在新竹枋寮，与当地数十名守军进行了交锋。日军不敌，撤回大湖口。“民主国”军队据守在附近的高地，以便伺机突击日军。日军不敢恋战，趁着半夜由铁路向北突围，最后逃回台北城。

新竹应战日军的军队由几部分组成。它们是北上途中听说台北沦陷而解散的林朝栋部下栋字右营，吴汤兴统领的台湾土勇700多人，还有丘逢甲部下的后垄诚字营，另外还有苗栗北埔的姜绍祖也率领敢字左右营与之相呼应。他们计划再率师支持台北。可得知唐景崧已经内渡，遂折返回到新竹。

但新竹枋寮之役，让日方觉得此地区的作战不比以往。始政典礼完成后，日军组成步兵、骑兵、工兵、炮兵、卫生兵、辎重兵的联合大队，配有山炮与重机枪，人数约为2000人的混成支队，在6月19日，由近卫师团长北白川宫能久亲王率领，向新竹出发。

6月21日，台湾守军600多人，在陈超亮、徐骧等人带领下，分三路环攻刚刚抵达杨梅坜的日军。双方正在激战之时，吴汤兴又率援军从大湖口赶至。在他们的共同努力下，将日军击退至中坜。

第二天，日军大部队到来，以优势火力作为掩护，将杨梅坜夺回，并很快攻下大湖口。当时杨梅坜几乎被大火焚毁，而大湖口的200多家店面，亦几于瞬间成为焦土[①]。至此，从大湖口至杨梅之铁路线，完全被日军所控制。义民军据守在铁路东侧枋寮高地。为避免义民军切断后方的补给线，日军以大部队消灭了这一带的守军。此后，日军开始进攻新竹县城。6月22日攻进新竹，这座地

---

① 戚嘉林：《台湾史》，台北：海峡学术出版社，2008年版，第247页。

位仅次于台北府城的城池也宣告陷落。

6 月 20 日至 7 月 2 日的新竹保卫战异常激烈，虽然日军最后攻下新竹县城，但却付出了代价。日军战死 11 人，伤 20 多人。新竹县攻防战的失败，代表着在主要交通线与城市的对决上，义民军无法敌过日军。

此后，日军开始激烈的扫荡清剿行动，以消灭藏匿在北部山区的抵抗者。这次的扫荡分成前、后二期。前期在 7 月的 12 日至 23 日，主要目标为今台北县境内之大嵙崁及三角涌地区。

7 月 12 日，近卫师团第二旅团长山根信成少将率领混成部队 2600 多人，沿台北铁路南下，13 日夜宿中坜。14 日攻陷龙潭，是时胡嘉猷及黄娘盛率义军抵抗，义军战死过百人，胡嘉猷亦战死。13 日下午，日军入侵三角涌，并向大嵙崁地区前进，义军在日军经过德坑庄长形溪谷地之时，进行突然袭击，日军伤亡较重，又遇夜雨，两天都没有突破，只好派员求援。16 日，山根信成立即率日军前往救援，并于傍晚占领了大嵙崁，并纵火焚烧了大嵙崁附近的房屋。17 日，坊城少佐率队与山根支队会合，后进军三角涌，沿途捕杀形迹可疑之人。19 日，山根等日军 3 个支队，再次对大嵙崁进行扫荡。

7 月 22 日，山根少将率领 2000 人，从大嵙崁向三角涌进兵。同日，内藤大佐率领 1000 人，从海山口向三角涌进兵。松原少佐率领 600 人，从台北出发向福德坑进兵。在这场扫荡中，日军宣称击毙 250 名敌军，本身伤亡 23 名士卒，而大汉溪一带的抗日力量被彻底镇压。

日军第二次扫荡是在 7 月 28 日至 8 月 2 日，主要用兵于今桃园与新竹县境。由于先期的大扫荡，义军全都撤退回到龙潭陂、铜锣圈等地，总数约有 1000 人左右。此时，新竹县内山咸菜硼，也有枋寮退回来的守军 1000 人左右。

日军对这两个地方的清剿，以山根支队与近卫师团本队为主。山根少将从大嵙崁出发，近卫师团本队从中坜出发，彼此以平行进击的方式，往南扫荡桃、竹山区的守军。近卫师团一路往南，先进军至大湖口；山根支队则进攻龙潭陂、咸菜硼。此时义军皆集于新埔街准备抵抗。8 月 1 日，日军侦察新埔有义军厚集兵力，遂不敢轻进。隔日，调派炮兵先施以猛轰，然后命骑兵与步兵冲锋。是日傍晚，日军完全占领新埔街。至此北部抗日军队的抗争，基本上告一段落。而日军占领新竹县境后，迅速向台湾府推进。

二　台湾府的坚守与失败

台湾府主要范围约是今天台湾的中部地区，包括今天的苗栗、台中、彰化、南投、云林等地。当时台湾府的总兵力多达 2 万多人。它们主要是原先台湾府的驻军，即新楚军及栋军，加上从北部新竹县败退下来的吴汤兴、徐骧的土勇，另外一支则是从台南府北上增援的黑旗军吴彭年麾下。

日军占领台北后，台湾南部的官绅重整旗鼓，推拥移回凤山县旗后的“民主国”大将军刘永福为总统，并铸有“台湾民主国总统”银印，虽然刘永福辞不接受，但他允诺，以军务帮办、南澳镇总兵之名义抗击日军，并将指挥营移至台南府城办公。刘永福随即成立议会，重新部署民主国的兵力，并积极设法筹饷。军饷的来源以发行官银票、邮票为主；并命黑旗军开赴苗栗、彰化等最前线抵御；以举人许献琛为议长，以许南英、林际春、徐元焯、谢鹏翀及陈凤昌等人为议员①。除了刘永福之外，南部坚持抗日的还有新楚军统领杨载云及吴彭年、义民军统领吴汤兴、客家土勇义民首徐骧及台湾府知府黎景嵩等人。

1. 尖笔山、八卦山之役

1895年8月8日，日军以5000人之优势兵力，分三路夹击新竹县客仔山、鸡卵面的台湾守军。徐骧及吴汤兴恐被日军合围，故撤防南方，扎大营于新竹县南方的尖笔山。尖笔山位于竹南街附近，是往来苗栗、新竹的重要通道。黑旗军将领吴彭年也前来增援。这样尖笔山的台湾守军，以杨载云的新楚军为主，吴汤兴、徐骧等率领客家土勇营为辅，总人数约有4000人。

8月9日，北白川宫能久亲王亲自指挥，日军以9000人，分成三路进攻尖笔山，先以炮轰，再以步兵及骑兵抢攻，义军不敌，节节败退，山路上义军尸体不知凡几，副将杨载云不避身险，从尖笔山转战至头份，最后身中数枪壮烈牺牲。

尖笔山战役的结束，台北府境内的抗争，才真正接近了尾声。虽然日军占领了台北府境，但义军英勇的抵抗，使之不敢再轻敌。于是日军右翼扎营于中港溪北岸中港，等待北白川宫能久亲王从新竹县城来会，左翼军则前进至头份，与攻占当地的山根支队会合。

8月12日，日军侦察到新楚军统领吴汤兴退守至苗栗县城，13日便大举渡过竹、苗县界的中港溪，分成两路直扑苗栗县境内。一路在阪井大佐的指挥下，约有2000人沿着海岸线推进，先攻克县城西北方的后垄②。另一路在山根信成少将指挥下，再沿着山区朝苗栗县城进攻。

14日，山根支队在县城与吴彭年的七星队交火，日军先攻占县城东侧丘陵，之后架起大炮遥击守军。吴汤兴坚持到下午，不敌火炮威力，便趁夜色撤军于台湾县之牛骂头街。但当地士绅蔡占鳌怕战火秧己，强迫吴彭年率部离开，吴不得已再退至彰化县内。而此时，尖笔山战败后的李惟义、吴汤兴及徐骧等人，早已先一步撤至彰化县。

---

① 王国璠:《台湾抗日史》(甲篇)，台北市文献委员会，1981年，第296—303页。

② 《台湾总督府警察沿革志》(第二编)，台湾总督府警务局，1938年，第97—98页。

这样从苗栗、台湾县败退的台湾军队，就都汇集在彰化县城附近，欲与日军决一死战。日方的情报显示，抗日军队总数约4000人，包括黑旗军、新楚军、从新竹南撤的客家土勇及从彰化县增援而来的客家人团练。他们将防御的重点放在彰化县城的西北方与八卦山，分布为：黑旗军营官王得标率七星队，驻守县城西北方的中寮，营官刘得胜率先锋营，驻守县城东北方的中庄仔。孔宪盈率一营，驻守离县城西北方较近的茄苳脚。李炳士率一营，沈福山率亲兵营，以及吴汤兴、徐骧驻守县城东侧的八卦山。彰化县知县罗树勋与吴彭年，率队驻守县城内的市仔尾①。

8月28日上午，日军三路合攻沈福山、吴汤兴、徐骧驻守的炮阵地。守军顽强抵抗，终无法扼阻日军的进攻，沈福山当场中弹阵亡，吴汤兴撤退至东门外亦中弹而死，只有徐骧率领残勇速出西门，向台南府退去。此时正在市仔尾督战的吴彭年，眼见八卦山失守，欲独自骑马冲锋迎敌。日军在八卦山架起大炮，以制高的优势轰击山下的守军，吴彭年中炮，壮烈牺牲。

尖笔山、八卦山之役，使台湾军队受到了重创。黑旗军七星队统领吴彭年，以及台民军统领吴汤兴的阵亡，对军队士气与战力影响最大。吴汤兴是此次割台战争中牺牲的最高军事将领。八卦山一役，日军近卫师团长能久中将、旅团长山根信成少将均受重伤，不久毙命。这道防线突破以后，日本很快就攻下了鹿港。至此，台湾中部三座最重要的城市——台湾府城、彰化县城、鹿港，都已被日军强行占领。

2. 大莆林战役

八卦山之役后，台湾守军即从彰化县渡过浊水溪，穿越云林县后，再渡过石龟溪进入台南府嘉义县境内。这样，从彰化县南、云林县全境至嘉义县北，这块纵深约70公里的地区就基本没有军队的设防，日军直接推进到今天台南附近。

9月1日，日军渡过浊水溪，占领溪南重要渡口——莿桐乡，旋即南下进入云林县城。9月2日，日军占领云林县南方之他里雾，并渡过石龟溪，驻扎在嘉义县北之大莆林②。日军到达大莆林后，竟得意忘形地要求当地头人简精华，献出妇女200人供其玩乐。简氏原本有归顺之意，闻之此事后震怒，遂发动偷袭，重创日军。简组织500多土人利用地理优势，将日军团团包围。日军撤至他里雾。此时，他里雾的日军也正被台湾军队袭击，两股日军汇合后，仍然不敌，于是趁夜北逃到莿桐乡避难。是役，简、黄二人率领的义军获胜，各取日军首级10

① 吴德功：《让台记》，北京：九州出版社，2004年版，第60页。

② 《台湾总督府警察沿革志》(第二编)，第106—107页。

余个，向嘉义知县孙育万请功，刘永福获悉亦拨洋银千元给予奖赏[①]。

而死守在大莆林的日军一部，一直硬撑到9月6日才收到师团本部的命令撤回彰化。日军在隔日凌晨4时开拔，不料行踪被义军发现，义军二次进攻日军阵地。日军不得已又退回大莆林，后北逃至他里雾。由于日军不明云林战情，为顾虑到整体的安全，全军北撤回至彰化县[②]。

大莆林战役的胜利，鼓舞了台湾守军的斗志，守军大举从嘉义开拔，很快收复云林县。黑旗军七星队统领王得标，先移回驻至斗六街坐镇指挥，再北上抵达最前线的云林县莿桐乡。黑旗军的翊安军，驻守在斗六街，庆字营驻守云林县西南方的北港街，福字镇海军驻守云林县中部的土库庄，其他地方团练，驻守他里雾。

3. 云林之战

日本在接收台湾之初，对台湾岛的兵力并未予以足够重视，自信以一个师团，就可以征服全岛。尖笔山之战后，深感兵力不够，急请东京大本营，速调混成第四旅团前来支援。再经过大莆林之战，北白川宫深知，必须调派大军前来，否则难以占领台南府境。

日本政府急调乃木希典中将率第二师团自辽南来援，9月16日，在台北编成南进军，以台湾副总督、陆军中将高岛鞆之助为司令官，分三路进攻台南。日军混成第四旅团1万多人，由少将贞爱亲王指挥，由军舰“浪速”、“济远”、“海门”护送至嘉义县布袋口。第二师团兵力总数约1.5万人，由中将乃木希典率领，在“吉野”、“秋津洲”、“八重山”、“大和”等军舰的护送下，在台南府凤山县枋寮登陆[③]。

日军以4万多人的总兵力，分三路大军合围困守在台南的刘永福。由于混成第四旅团、第二师团，均从台南府境内上岸，他们要与近卫师团汇合，必须冲破台湾军队横亘在云林的防线。

近卫师团部以三路攻入云林，左翼3000人从永靖街出发，直至云林县东北方的芎蕉脚庄，转攻西南方的斗六门街。右翼从北斗街出发，向西南方攻向中部的土库庄。中路3000人由北斗街出发，直攻正南方的他里雾[④]。

10月6日，日军在他里雾与守军交火，守军由徐骧、黄丑、简氏一族指挥。他们利用地形优势，给予日军迎头痛击，但终因日军炮火猛烈，他里雾最后失

① 吴德功:《让台记》，第63页。

② 《攻台战纪》，台北:远流出版事业公司，1995年版，第249—251页。

③ 《台湾总督府警察沿革志》(第二编)，第108页。

④ 洪弃生:《瀛海偕亡记》，台中:文听阁图书有限公司，2007年版，第16页。

守。残暴的日军,竟然烧掉整个西螺庄街区。他里雾的沦陷,对守军来说,极为不利,其构筑的防线被从中割断。守军在云林县的阵地,只剩下土库、斗六县城。此后,日军猛攻由黑旗福字镇海军驻守的土库,最后放火烧掉土库街区。台湾守军与进攻斗六县城的日军展开激烈巷战,双方死伤惨重。斗六县城的失陷,标志着整个台湾府境被日军占领①。

台湾守军在台湾府境内的反抗,前后经历了两个多月,极其英勇壮烈。日军先后两次增兵,以绝对的兵力及武器优势,最终才得以达到目的。值得注意的是,此时期的抗日队伍,大部分都是台湾当地的土勇、义民及客家人等,他们虽然被迫潜藏逃离,但日军烧杀掠抢的暴行,更加激起他们的斗志,成为武装抗日的潜在力量。

三　刘永福率台湾中南部军民的最后抵抗与失败

台湾驻军,除了台北府之外,以台南府的人数最多,当时抗日军队还有 60 余营,人数在 2.6 万人左右,由刘永福统领②。

日军攻克云林县后,分三路向嘉义县推进。守军为简氏一族、黄丑、林猫生等,虽然仓促成军,但善用地形与房屋之势狙击敌人。日军调集炮火进行猛烈轰击,义军死伤惨重,前驻防大莆林的统领杨泗鸿不幸阵亡,嘉义县北部被日军控制。

1895 年 10 月 9 日,日军再分三路同时进攻嘉义。日军采用声东击西之策略,用山炮轰击嘉义西门的守军,作为佯攻,而以中路与左翼,偷偷进攻北门、东门,将嘉义城攻下。

日军第四混成旅主力从布袋口登陆完毕后,与占领嘉义县的近卫师团,分成两路,向八掌溪中游的后壁进军,并沿着八掌溪而下,配合第四混成旅,攻取了盐水港。

在嘉义县失守之后,抗日军侯西庚余部仍在坚持斗争。占领布袋口的日军,派遣偏师北攻东石港。侯西庚率部突然袭击,双方激战半天,日军不敌,急从海面逃逸。布袋口日军获悉赶来支持,侯西庚寡不敌众,率部穿越日军防线出走。

10 月 15 日,在枋寮登陆的乃木希典所部,渡过下淡水溪向东北方的凤山县城,以及西北方的打狗港前进。凤山县城几无防备,日军顺利取得,但打狗守军顽强抵抗,炮台火力十分强大,日军派遣地面部队,绕道进攻炮台的后方,同时

① 许佩贤译:《攻台见闻》,台北:远流出版事业公司,1995 年版,第 269—275 页。
② 许佩贤译:《攻台战纪》,台北:远流出版事业公司,1995 年版,第 396 页。

以“吉野”、“秋津洲”、“大和”、“八重山”、“浪速”、“济远”及“海门”等多舰炮轰打狗港。守军不敌，打狗港被日军占领。同日，凤山县城也被攻克。16日，日本海军陆战队又攻陷左营庄。伏见宫贞爱亲王所部，从盐水港往西南攻向急水溪下游之学甲。近卫师团一支也向前推进，攻入溪南之湾里等地，抵台南府城的东门。另一支攻占急水溪、茅港尾、麻豆、湾里及洲仔尾后，到达台南府城的北门。19日，混成第四旅团开始攻城，守军包括地方团练，顽强抵抗，死伤惨重。日军仅攻下了萧垄。是日夜，刘永福见防守台南无望，竟撇下抗日军民，乘英舰内渡回厦门。刘永福走后，抗日军民陷入群龙无首状态，虽有数员战将与日军决一死战，但终寡不敌众。台南书吏陈修五联络多人，以及英国籍牧师宋忠坚、巴克礼，前赴日军第二师团营区请降[①]。隔日，日军进入台南府城，“台湾民主国”的抗战最后终结。

10月22日，日军终于以强大的武力控制台湾。桦山资纪接获南进军司令高岛中将的报告后，于10月26日经海路进入台南。当时日军认为除蕃地之外，仅有恒春及台东地方尚未归属，特别是浊水溪以南虽仍有残余抗日军队，但已无大型反抗力量，未来的勘剿行动以第二师团及后备兵即已足够，遂由总督下令近卫师团凯旋归国。11月13日至22日间，近卫师团分批返回日本。桦山资纪于10月27日发布布告，宣布“台湾全岛已全部平定”[②]。

桦山总督虽然宣布已平定台湾，但台湾各地台民武装与日军的小规模冲突，仍此起彼落。

台南陷落后，六堆客家军分别在10月底及11月初于潮洲寮庄、顶子林庄袭击日军侦察队。日军全力攻击位于火烧庄的六堆客家军大本营。日军以优势的武器及火力击退反抗军，并放火烧毁邻近各聚落。该役后，日军完全摧毁了六堆地区的抗日力量，亦有称此为乙未战争最后一场战役者[③]。

腐败的清政府虽然将台湾割让给日本，但台湾人民却从来没有停止反抗。正是由于台湾人民的浴血反抗，日本用了近半年的时间才得以平定全岛。为此日本在台湾总共投入两个师团与一个混成旅团，总计有5万人、军夫2.6万人，马匹9400匹，相当于日本陆军7个师团的三分之一，另外还出动约占半个联合舰队战力的7艘军舰[④]。有中国学者估计，日军在这半年间，战死者4600人，负

---

① 朱锋：《台湾民主国在台南二三事（下）》，《台南文化》第3卷第1期，1953年，第29—33页。

② 河村植等：《日清战争实记》第47编，第25页。转引自《中国近代通史》第三卷，江苏人民出版社，2007年版，第430页。

③ 许佩贤译：《攻台战纪》，第359—361页。

④ 吴廷璆主编：《日本史》，天津：南开大学出版社，1994年版，第491页。

伤者达2.7万人①。这个数字远远大于中日甲午战争中日本伤亡的数量。“台湾民主国”虽然被迫终结，但其鼓起的反抗精神已经深藏于台湾人民的心中，成为其后武装抗日及非武装抗日的火种。“台湾民主国”的抗日，也是中华民族反抗日本侵略的重要组成部分，是中国人民抗日战争的原点。

① 中国社会科学院近代史研究所：《日本侵华七十年史》，北京：中国社会科学出版社，1992年版，第53页。中国社会科学院近代史研究所：《中国近代史稿》第二册，北京：人民出版社，1984年版，第404页。引据竹越与三郎：《台湾统治志》(Yosaburo Takekoshi, Japanese Rule in Formosa, London: 1907)第91页载，伤病死亡达3万余人。陈孔立主编：《台湾历史纲要》，记载死亡官兵4800人，负伤2.7万人。据井出季和太：《台湾治绩志》(台北：南天书局，1997年版)第226页所载，日军阵亡164人，伤515人，病亡4642人，在台病患5246人，后送日本就医者21748人。

第六章　台湾总督府统治体制与台湾政治

第一节　总督府的建立与“生物学原理”的警察政治

1895年4月17日，清政府被迫与日本签订了《马关条约》。根据《马关条约》，清政府将“台湾全岛及附属岛屿澎湖列岛，即格林威治东经119度起至120度止，北纬23度起至24度之间的岛屿”①割让给日本。5月10日，日本政府任命海军大将桦山资纪为第一任台湾总督，兼任台湾军备司令官及台湾接收全权委员。同时，发布了《施政大纲》的训令，规定了有关接收台湾、接收政府财产及有关清政府撤军的条款：“万一彼方于期限内不简派全权委员，或拒绝移交，或移交怠慢时，则条约上之割地，在批准换约之后，当然已在我主权之下，自应临机处理。遇有不得已之情事，可用兵力强制执行。”②

一　台湾总督府的建立与初期的殖民统治

1895年6月5日，桦山资纪一行人等，在基隆上岸，6日，在基隆旧税关内设置台湾总督府，同时设立基隆支厅，由福岛大佐处理民政事务，此为台湾总督府施政之肇始。但台湾总督府的各项官制还都在酝酿之中。5月21日，桦山资纪根据渡台途中之构思，制定了《台湾总督府临时条例》，规定了总督府的组织结构。

当时确定的总督府职员有：“民政局长官、陆军局长官、海军局长官、内务部长、外务部长、殖产部长、财务部长、学务部长、通信部长、司法部长、参事官、秘书官、书记官、技师、属（文官）、技手。”总督府的基本组织结构为：民政局下设“内务、外务、殖产、财务、学务、通信、司法”七个部；内务部掌理地方行政、警察、监狱、土木、地理、户籍相关事务；外务部掌理通商贸易及外国人相关事务；殖产部掌理租税及预算、决算相关事务；学务部掌管教育相关事务；通信部掌理铁

---

① 《讲和条约·别约议定书·追加休战定约·御批准书》，公文书馆藏档（JACAR）：A03033009900。

② 井出季和太：《南进台湾史考》，东京：诚美阁，1943年版，第4页。

道、邮政、电信、船舶及灯塔等相关事务；司法部掌管民刑相关事务①。

6月7日，日军先头部队占领台北。9日，在原台北府旧址设县厅，厅员开始办理事务。14日，桦山资纪从基隆转到台北。17日，举行始政式，日本正式开始统治台湾。

6月28日，总督府仿照日本内地的府县制，核定了《地方临时官制》，规定：台湾置台北、台湾、台南三县，澎湖列岛设岛厅，县之必要之地设支厅；各县设置知事、书记官、警部长、参事官、技师、属、警部、技手；各县设内务部及警察部；内务部掌管街村、税收、土木、地理、殖产、学务、会计、民事相关司法裁判事务及其他庶务；警察部掌管高等警察、行政警察、监狱、卫生及刑事相关司法裁判事务；支厅设置支厅长及属②。

虽然总督府根据“地方官制”设置了三县十二支厅，也制定了地方行政区划，但总督府的行政，仅在台北县管辖区域内得以实施。

日本刚刚接收台湾时，总理大臣伊藤博文便训令第一任总督桦山资纪，赋予总督“临机专行”的权力，以应付台湾瞬息万变的情势③。由于台湾人民的激烈反抗，打乱了日本人对台湾立法制度的构想。原先设计来治理台湾的民政机构，除了在台北地区外，皆无法运作，故在8月6日，台湾被纳入台湾事务局（隶属于内阁）及大本营（日本战时最高军令组织）共同管辖，以强化军事统治，并使得军事命令（日令）成为台湾最初的法律来源。8月6日，大本营发布了《台湾总督府条例》，在台湾设置陆军局、海军局、民政局，台湾全岛开始实施军政。

在实施军政的同时，总督府民政事务也开始实施。早在6月3日，由民政局长议决的《台湾总督府民政局记录规则》及《台湾总督府民政局记录分类规则》就已经颁布，民政事务开始进行。9月，发布《砂金署章程》，设置了砂金署，对全岛矿业进行管理。月底，又颁布了《官租收纳处理办法》、《官租征收谕告》，规定了各种官租及罚则。其罚则相当严苛：“逾限未完者应罚加租二成；过催之后再过十日尚未完纳者，查出该租户或佃户资产案等抵租并加其五成；故意隐实谋脱者，全征该租户或佃户一切资产充公。”④

为治理台湾，10月以后，总督府陆续颁布了《总督府诸收入收纳处理规程》、《度量衡器贩卖规则》、《官有林野及樟脑制造业处理规则》、《官有林野及樟脑制造业处理规则处理办法》、《清国及其他外国渡航台湾岛及澎湖列岛的内地人处

---

① 台湾总督府警务局编：《台湾总督府警察沿革志》（第一编），台北：南天书局，1995年版，第2页。

② 《台湾总督府警察沿革志》（第一编），第7—10页。

③ 伊藤博文：《秘书类纂台湾资料》，东京：原书房，1977年版，第434—439页。

④ 《台湾总督府民政事务报告第二号》，JACAR：B03041509400。

理规则及处理相关办法》、《清国人上陆条例施行规则》[1]等一系列民政措施。

为了更好地控制台湾人民，日本人纠集一些亲日人士于8月8日成立了台北保良局，主理是刘廷玉，副主理为叶为圭，李春生为会办。此后各地设置分局30多处，以期获取民间机密，求得疏通民情[2]。

经过几个月的征伐，10月22日台南城陷落，桦山向大本营报告台湾已经平定。总督府也开始就官制及其他法案进行调查。当时由于有在内阁设置拓殖务省来管理台湾行政事务的设想，委任立法制度也在孕育之中，大量的成案被报给总督，诸如《台湾总督府官制案》、《台湾条例案》、《拓殖务省官制案》、《拓殖务会议规则案》、《台湾地方官官制案》等。这些成案历经数次修正后，在次年3月发布，4月复归民政。

当初，台湾总督府全心致力于抵抗运动的镇压工作，总督也由武官来担任。为了岛内镇压的便利，总督府主张伊藤内阁应给予总督以统治台湾的最大权力，俾能有效统治近300万与日本人习俗不同、且对日本帝国忠诚度可疑的台湾住民[3]。伊藤内阁也因台湾早期的镇压事业及对所随军队支配的考虑，接受了总督府的意见。1896年3月，日本政府颁布了作为台湾法源法的《有关应施行于台湾法令之法律》（“六三法”）和《台湾总督府条例》，确定了恢复民政后总督府新的组织架构。依据条例，台湾总督由陆海军大将或中将充任，管辖台湾岛及澎湖列岛；主管事务，依其职权或特别之委任，发布总督府令等[4]。随后，《民政局官制》、《台湾总督府民政局各部分课规程》、《民政局内务部处务细则》、《民政局总务部处务规程》等相继发布。

“六三法”是日本统治台湾时期殖民地法律的基本法，由日本帝国议会以法律第63号发布，1896年4月1日正式实施，有效期为3年。“六三法”明确规定：“台湾总督得发布在其管辖区域内具有法律效力之命令”，但是，这一命令“须取得台湾总督府评议会之议决，经拓殖务大臣提请敕裁。”同时又规定“临时紧急状况下”，台湾总督可以不经总督府评议会的议决，“而径为发布第一条之命令”[5]。

“六三法”最大的特点就是确认了委任立法制度。“委任立法”主要是指台

① 《台湾总督府民政事务报告第四号》、《台湾总督府民政事务报告第五号1》，JACAR：B03041509600、B03041509700。

② 《台湾总督府民政事务报告第三号》，JACAR：B03041509500。

③ 中村哲：《殖民地统治法の基本问题》，东京：日本评论社，1943年版，第105—109页。

④ 《御署名原本·明治二十九年·敕令第八十八号·台湾总督府条例》，JACAR：A03020232800。

⑤ 《台湾ニ施行スヘキ法令ニ関スル件ヲ定ム》，JACAR：A01200243200。

湾总督在其管辖区域内，得制定具有与帝国议会之“法律”同等效力之“命令”，此项命令特别称呼为“律令”。

从法理学上讲，日本帝国议会将其对台湾的立法权力委任给台湾总督行使，故称之为“委任立法”。其实，这是把“面子”留给帝国议会，承认其对台湾事务拥有立法权，但却把它“委任”给了台湾总督，实际上总督得到了真正的权力。除了“六三法”的律令制定权外，按《台湾总督府条例》的规定，台湾总督还掌有在台行政权（包括对司法机关的行政监督权），及在台驻军的指挥权[①]。这样就使得台湾这块地域成为日本帝国领域内的一个特别法域。台湾总督府在日本中央政府及其殖民地统治政策的监督下，可在台湾地域自行制定法律并督促其执行，不受日本帝国议会或任何设置在台湾之议会的牵制。

由于“六三法”本身存在着违宪问题，日本国内对其法律地位争议不断。但日本殖民统治当局为了便于统治，3年的期限一延再延。1906年10月，终于以法律第31号对其进行了修改，也就是世称的“三一法”[②]。“三一法”对“六三法”中有关总督享有律令制定权力的规定并未改变，仅就法令的效力做了补充性的规定，即律令不得违背根据“施行敕令”而施行于台湾的日本法律（指由帝国议会所制定者），及特别以施行于台湾为目的而制定的日本法律及敕令。事实上在“三一法”发布后，日本的法律或敕令施行于台湾者依旧不多，特别是“法的成立形成”仍然以“六三法”规定的律令为原则，故“三一法”实质上仍是“六三法”的延续。“三一法”亦附有5年的有效期，不过仍然一再延长，直到1921年底“法三号”的出台。因此，由“六三法”所建构的“律令立法”这种殖民地立法制度，事实上在台湾延续了25年。

由“六三法”确立的“委任立法”，是一种典型的殖民地法律模式。由此法源，总督可以不必受日本法律的限制，根据台湾的特殊情况颁布各种严刑酷法。根据这个律制定权，桦山资纪立即制定《台湾总督府法院条例》，设立各级法院，并任命法官与检察官。帝国议会又于1897年3月，制定《台湾总督府特别会计法》，据此，台湾总督也授有财政权，如此一来，总督可以不受议会的监督，除了军政与军令之外，更掌握行政、立法、司法、财政等，所有的权力都集中在一身。总督利用这种权力，制定了《犯罪即决例》、《匪徒刑罚令》、《台湾阿片令》、《罚金及笞刑处分例》、《台湾流浪者取缔规则》等大量苛酷恶法。

① 《台湾总督府条例ヲ定ム》，JACAR：A01200796100。

② “三一法”于1906年10月由日本帝国议会制定，1907年1月1日起开始实施，规定有效期为5年，1911年3月以法律第50号第一次延长，1916年3月以法律第28号第二次延长，至1921年12月31日止，存续有效期为15年。参见：黄静嘉：《春帆楼下晚涛急——日本对台湾的殖民统治及其影响》，北京：商务印书馆，2003年版，第92—94页。

"六三法"使得台湾总督不但是行政长官,且有独断独行的权力,有如土皇帝一般,这在行政上滋生出日本在台官民高度强调台湾的特殊性,不肯与台湾人提携共享,造成在台日本人成为特权阶级,完全以台湾人的主人自居,导致总督府内部官界"疑狱事件"频繁发生,并引发了"高野孟矩法院长非职事件"[①]。

二 后藤新平的"生物学"殖民理念与警察政治的确立

日本统治台湾初期,各地反抗不断,总督府内部"疑狱事件"频发。这些致使乃木希典总督产生了怨愤,甚至产生了将台湾出卖的想法。陆军大臣儿玉源太郎坚决反对,认为台湾系日本南部的屏障,军事价值甚大,如果将台湾卖给他国,不利于日本的远期发展,表示自己愿意前往台湾,并发誓要治理好台湾。这样伊藤博文就任命儿玉为第四任台湾总督,乃木被迫辞职。1898 年,新任总督儿玉源太郎与民政长官后藤新平在基隆登陆。后藤新平以殖民地经营铁腕而出名,早年他曾经提出过混合社会契约论、国家有机体论、社会进化论的"生物学国家论",认为无论人类还是国家,都必须将其放在适应其环境的"习惯"中来考察,也必须重视这种"习惯"。后藤认为:"所有的殖民政策都必须尊重殖民地的民情、风俗及习惯这一原则。"[②]这就是所谓的"生物学"理论。

后藤新平的"生物学"原则,是他作为留德医学博士对于自然生物属性的认知。他认为所有生物均有其自然的生活习俗,不加了解地以外力改变生物的习惯属性,反而容易引起反应过度而导致矛盾出现,"就好比比目鱼的眼睛不可能一下变为鲷鱼的眼睛一样"[③]。这种思想是受自然的"进化论"思想的影响,更是"社会达尔文主义"的思维。这种"生物学"原则认为,实施政治的对象,不可能是单纯为一的概念,而是被统治的整个社会体系,不切实际的统治政策和法律

① 日本占领台湾之初的总督府官吏非常腐败,渎职事件即官界的"大疑狱事件"频繁发生。大的疑狱事件就有第一次疑狱事件、第二次疑狱事件、第三次疑狱事件和凤山县疑狱事件等。当时台湾的法院实施高等法院、复审法院和地方法院三审级制度。高野孟矩时任高等法院的院长,他毫不留情地把台湾官界里的贪官一一揭发出来,使包括敕任官在内的十几名高官被逮捕,致使民政局长水野遵被免职。高野被召回东京,松方首相劝其辞职。高野拒绝了劝告而被处分"非职"。高野以日本宪法第五十八条第二项规定:司法官的升迁进退都有明文保障为由,认为"非职"处分为不当之举,把"非职"辞令书退回,并回到台湾向乃木提交了归任书。乃木却以"足下乃是非职处分者,毋需再服勤务"为由,将归任书驳回。高野仍然到法院上班,因此总督府派警察把高野逐出法院,支持高野的台北地方法院院长山田藤三郎,新竹地方法院院长户口茂里等受牵连,也被迫辞职,这就是震惊日本朝野的所谓"高野孟矩事件"。由此事件所显露出来的法官身份保障问题,导致了有关"在台湾是否适用日本帝国宪法"的论争。参见:《台湾总督府警察沿革志》(第一编),第190—203 页;黄昭堂:《台湾总督府》,台北:自由时代出版社,1889 年版,第 81—82 页。

② 鹤见佑辅:《正传・后藤新平》,东京:藤原书店,2006 年版,第 41 页。

③ 鹤见佑辅:《正传・后藤新平》,东京:藤原书店,2006 年版,第 39 页。

制度，对当时的社会风俗与习惯，则一文不值且利大于害。日本如无视台湾人千百年来固有的风俗习惯，不尊重台湾各民族的风俗习惯，强行将日本的成法运用于台湾，则将是文明的逆政，绝非台湾岛民之幸福。他认为，新领土统治之初，应排斥极端的同化主义，而朝渐进主义出发。他拟以生物学为基础，设置临时台湾旧惯调查会及其他种种研究调查机关，网罗日本内地学者对台湾进行调查研究。对后藤新平而言，改造台湾人的性格习俗并非易事，而施政并不一定要先订立施政方针，宁可先设立调查研究机关，于研究之后再定政策，施政一定要立基于生物学原则上。因此，在儿玉与后藤时代，确立了以生物学原则为主的"无方针"的殖民地统治政策。

后藤认为台湾人的特点是怕死、爱钱、重面子，这样就可以采取高压恐吓、小利诱惑、虚名笼络手段来进行统治，高压可以使人民有所不敢，小利可使台湾人民内部分裂并产生对立。为此他提出《台湾统治救急案》，提出现今实际施政上最为急迫的三要件是："土匪的镇定，和平的实现；在军政民政过渡时期，明确文职官员的权威，确立民政主义；明确地籍（土地调查）及人籍（户口调查），确立诸般行政的基础。"[①]此三要件的要谛是"土匪的镇定"和"民政主义"。在当时台湾军民抵抗烈焰尚未平息之时，既完成剿灭抗日义军，又能辅助民政主义的最好的手段，就是发展警察力。据此，确定了殖民地"生物学"理念的核心即是以警察力为中心。他改革了原来的警察制度，将警察机构从一个"不见经传"的下属机关，扩张到位于民政部各局之首的机构，使民政部能够直接执行警察事务，实现了总督府的行政官厅与警察官厅的一体化，警察可以参与一般的行政管理，并与保甲制度密切结合起来，其触角也能深入到社会的各个阶层。这样仅四年间，总督府就杀害台湾抗日人士1.2万余人，扭转了日本殖民当局在台湾的被动局面，开始了"儿玉—后藤"时代，造就了台湾殖民地统治史上"警察政治"最为恶劣的时期。

警察政治的确立　儿玉总督首先以对后藤新平的绝对支持，来削弱军方的统治力量[②]。随后修改了《台湾总督府官制》及《台湾总督府评议会章程》，强化和统合民政部门的权力，并将军方的影响力限制在其本职上，使民政长官可以

① 《台湾布政の急要问题》，水泽市立后藤新平纪念馆编：《后藤新平文书》，胶片R23·7—2。

② 儿玉总督及后藤新平台湾赴任后的第三个月，总督召集各地方长官、幕僚参谋长及各旅团长在台北大稻埕的清凉馆举行新任庆贺会，后藤新平因工作来迟，台中旅团长松村务本少将不满，与后藤新平发生肢体冲突，被后藤击打头部。儿玉对后藤全力支持，认为做得对。并在自己召集的宴会中批评了松村："虽然主人说可以随意，但以此为由醉倒不是绅士的行为，尤其是作为陆军将领，应是国家的柱石，作为国家柱石的军人，在台湾这块新版图上醉倒，与文官相互倾轧，进行格斗，真是令人非常遗憾。"参见：鹤见佑辅：《正传·后藤新平》，第146—147页。

放开手脚拓展民政事务。同时逐步废止了三段警备制，全岛皆划归为警察行政区①。

后藤还有意对警察力量进行加强，把台湾内地巡查的员额削减三分之一，而代之以两倍员额以上的本岛人巡查补②。设置巡查补，是既能扩充警察力量，又能节省财源的双赢之策。到1901年末，已有警部173人，警部补296人，巡查3469人，巡查补1734人，警察力量逐年得到补充。至于警察的配置，也实现了由以往重点集中的集团制变为散在制③。

警察力量的加强，除了人员数量的增加外，还包括警察质量的提升。总督府于1897年4月，在台北城外龙匣庄设立巡查看守教习所，后改为警察官及司狱官练习所。练习所成立的目的，是教授警察官和司狱官在官职业务上必备的学识、教养及实务，指示职务执行的方针及锻炼身心等等。该所分为警察官、司狱官二部，各部分为甲、乙二科，甲科为警部、警部补和监吏人才的培训班，入学资格为一般的志愿者及成绩优良的巡查、看守，修业年限为一年，毕业后即取得普通文官的资格。乙科为巡查、看守的培训班，学员主要招自日本内地，修业年限六个月。专门培训，使台湾的警察质量大大提升。自1898年到1906年，共培养了甲科生523人，乙科生5435人④。

警察力量得到加强以后，如何整合运用这种警察力量，实现以警察为中心的民政主义，开始成为总督府改革制度的重点之一。总督府计划对总督府官制进行大幅度修改，改正的重点是在民政部内设置警察本署，使警视总长成为各部门之首，可就警察事务直接指挥各厅长。这样警察机构从一个"不见经传"的下属机关，一下子扩张到民政局位于各局之首的机构。这是实现警察组织纵向指挥高度统一的重要步骤。后藤为实现此次改革甚至以辞职相坚持。

儿玉总督对后藤鼎力相助，使此提案终于过关。修正后的官制规定，民政部设警察本署及总务、财务、通信、殖产、土木五局。警视总长为警察本署首长，秉承总督及民政长官之命令，掌理管辖事务。事态紧急时，得就以其主管事务资格，指挥厅以下人员。这不仅实现了警察组织指挥系统上的高度统一，也为警察政治确立了组织指挥基础。

随后，总督府通过支厅制度巧变"警察管区"成为"行政管区"。

1901年11月，总督府对《台湾总督府地方官官制》进行大幅修改，断然废除

① 《台湾总督府警察沿革志》(第一编)，第460页。
② 《台湾总督府警察沿革志》(第二编)，第188—189页。
③ 井出季和太:《台湾治绩志》，第312页。
④ 井出季和太:《台湾治绩志》，第313—314页。

了县厅及办务署，重新将全岛划分为 20 个厅①。同时又制定了为配合警察事务的执行视察，而将全岛分为两个大的区域、以警视为管区长的“台湾警察管区”。各警察管区设置区长，由台湾总督府警视担任。当时的警察管区的区域为：

第一警察管区：台北厅、基隆厅、宜兰厅、深坑厅、桃园厅、新竹厅、苗栗厅、台中厅、南投厅、彰化厅。

第二警察管区：斗六厅、嘉义厅、盐水港厅、台南厅、蕃薯寮厅、凤山厅、阿猴厅、恒春厅、台东厅、澎湖厅②。

从地方行政区划及“警察管区”内容来看，其行政区划与“台湾警察管区”完全相同。同时警察管区长有指挥厅长的权力。这样尽管厅长没有像后藤新平所设计的那样由“警部”来担任，但却处于“警察系统”的控制之下。

这次改革的另一个重点，是废止办务署，代而设置支厅，并规定支厅长由属、警部、技手等来充任。根据《台湾总督府警察沿革志》记载，支厅长全部由警察来担任，“警部以外的支厅长一个也没有，课员也一概都由警察来充任”③。这样，总督府又通过“支厅”的设立，“支厅”业务的不断加大，将台湾的“行政管区”巧妙变为“警察管区”。警察管区成为事实上的行政管区。支厅制度将地方行政警察化了。

支厅的业务也由最初的“蕃人蕃地相关事项；森林原野相关事项；命令传达相关事项；人民向本厅提出申报意见书的受理相关事项；矿山相关事项；税务相关事务的一部分”④等，逐渐将其业务扩大到国税及学租之征收、砂糖检查、地方税之赋课征收、船舶测量、纺织品消费税、稻作改良及驱除虫害、水利坑道及量水标识之监视、命令公医紧急出差、公学校所属财产之保管及其所衍生的金钱物品之征收、公学校经费收支相关等事项⑤。

以警察为主体的支厅，其主管的业务虽然很广泛，但开始时并没有对外行文的权力。1906 年，民政长官下发通知，正式明确了支厅长的对外交涉权⑥。1909 年，随着地方制度的改革，总督府开始将认可报告委任行政事务变为普通行政事项。这样，各支厅的行政业务又大量增加。包括各项请愿书受理审核、兵事上物资及劳力征用、行旅病人救护、水难救护漂流物、灾难救助及其他救

① 20 个厅为：台北厅、基隆厅、宜兰厅、深坑厅、桃园厅、新竹厅、苗栗厅、台中厅、彰化厅、南投厅、斗六厅、嘉义厅、盐水港厅、台南厅、蕃薯寮厅、凤山厅、阿猴厅、恒春厅、台东厅、澎湖厅。

② 《台湾总督府警察沿革志》(第一编)，第 104 页。

③ 《台湾总督府警察沿革志》(第一编)，第 521 页。

④ 《台湾总督府警察沿革志》(第一编)，第 522 页。

⑤ 《台湾总督府警察沿革志》(第一编)，第 523 页。

⑥ 《台湾总督府警察沿革志》(第一编)，第 524—525 页。

恤、害虫驱除计划上的调查、水利、道路桥梁保护等事项。此外,支厅还需接受各项委任事项,包括支厅职员内部管理诸事项,以及依据即决令的罚金、课料金、没收金及追征金的制定、收纳和属于台湾地方税的日税、屠畜税、手续费及小学校授业的赋课征收相关事项等①。

这样,随着支厅行政业务的不断增大,台湾地方第一线的行政人员几乎都是由警察来充任,地方行政业务便藉由这些警察来分别执行。后藤借助于中央官制的改革,实现了高度统一的警察指挥体系,又通过地方警察支厅的行政化,来使他的以警察为中心的民政主义思想得以实现。而所谓"警察政治"的关键,即是通过支厅警察力的渗透,使警察参与普通的民政事务。随着支厅业务范围不断加大,"万能之支厅"制度带来了"警察万能"主义思想。而这种"警察政治"体制下,警察的任务并不仅限于一般的警察事务,包括社会生活的各方面的管理,也都由警察掌理。

警察政治的特点 对于台湾这一特殊的殖民地警察体系,殖民统治者自己的评价是:"台湾的警察官是一手提剑,一手持经典,于捕盗断讼之余,还见其从事教育、慈善这些高尚的事业。因此,今日台湾的警察官,为因应新领土的状况,不唯在固有的警察事务方面,其职务范围还较我国内地广泛,其对于其他一般民政事务,助力也不少。彼等不仅从事普通的警察、卫生事务,我国内地户政官员从事的事务,彼等亦从事之。其拥有的犯罪即决权权限较我国内地为大,其所管业务不仅包括保甲事务、鸦片行政、笞刑处分的执行、蕃人蕃地的管理、清国劳工的管理,且还包括利用保甲制度协助征税、土木工程、奖励殖产,特别是促进糖业发展,即连教育、救恤措施也是无所不与。台湾现时的情况是,若不借用警察之力,大概就无法推行任何业务。此种警察万能的制度并非无其长处,大凡要达到家长政治的效果,警察万能制度是不可或缺的手段。实际上,过去台湾各方面之所以有长足的进步,借助此种警察制度之力者必然居多……倘若警察官不得其人,则此种警察万能的制度难保不会沦为虐政压迫苛刻人民的手段。这是台湾施政根本上必须深思熟虑之事情。"②殖民统治者自己尚且认识到此制度给台湾人民带来的压力,可见此制度对日本统治台湾的成功所起的作用,所以统治者自己也明言:"不知台湾警察制度之体用,即不足以理解台湾殖民政策之性质。"③

---

① 《台湾总督府警察沿革志》(第一编),第526—527页。

② 持地六三郎:《台湾殖民政策》,台北:南天书局,1998年版,第80—82页。

③ 持地六三郎:《台湾殖民政策》,第67页。

令殖民统治者自己都觉得过分的“警察政治”，其特征首先是总督府集行政官厅与警察官厅于一身。在日本内地，内务省是这些官厅中唯一的警察官厅，但其他各省与内务省属平行关系，执掌着自己份内事务，他们之间的关系是相互协调、制约、限制。而台湾总督府作为行政官厅，总督府的行政权范围涉及非常广，诸如日本的内阁、内务、文部等各省相关行政事务全部集于总督一身掌理，特别经过后藤新平的努力，使民政部成为警察事务的直接执行机构，总督府也自然成为最高的警察官厅。作为第二级官厅的知事、厅长及第三级官厅的郡守、警察署长、警察分署长及支厅长，也具有行政官厅与警察官厅的性质，行政事务多借助警察力量来完成，警察行政成为日本统治台湾的最显著的特点。

其次，“六三法”又使台湾总督有律令制定之权力。警察命令权的一部委任给了警察担任的州知事、厅长、支厅长、郡长、町村长等。这就使得警察的“下命权”能与普通行政密切结合起来，使得警察执行上行政与法律的结合密切化。总督府通过行政及警察法规的相互结合，将总督威猛的权力，交托给警察，使警察成为法律的化身，政治的代言人。

第三，警察主要以日本人为主，“台湾人警察仅占总数的20%到30%，而且都是最下级的职位，所负责的工作都属于‘辅佐’性质”[①]。这是民族差别待遇的明显体现，日本人性格偏狭，视台湾人为劣等民，不相信台湾人民，另一方面也说明殖民统治者对警察系统所寄与的厚望。

第四，日本的警察制度与台湾本地原有的保甲制度的密切结合，是日本殖民统治台湾的一大特点，也是“警察政治”繁荣的支点。

第二节　台湾人民的武装抗日斗争

一　1896—1902年台湾民众的反抗斗争

台南失陷，日本总督府在台湾的统治并没有获得安定的环境。当时有5万支枪和10万发子弹散在民间，加上台湾人民强烈的反日情绪，致使此后的日本统治仍旧不能稳定。“台湾民主国”武装抵抗日军接收的斗争，以1895年8月9日新竹尖笔山战役的失败为标志，整个北部地区全部被日军占领。此后，台湾民众的武装抗日开始以团体化、地下化、游击化的方式出现。台北大安庄的道士兼医生吴得福，揭开了新的抗日运动的序幕。吴在割台战争时加入义军，后

① 盐见俊二：《日据时代台湾之警察与经济》，载《台湾的殖民地伤痕》，台北：帕米尔书店，1985年版，第92页。

被俘虏。他趁隙逃至三角涌，后潜回大安庄，与同乡黄赐暗中联络，秘密抗日。

以吴得福起事为标志，台湾新的自发式的抗日运动蓬勃展开。1895年12月28日，宜兰的林大北、林李成发动新的抗日起事。金包里的简大狮、锡口的詹振、文山的陈秋菊与陈捷升、石碇的卢振春与许绍文、新竹的胡嘉猷等积极响应，一时声势浩大。林大北率领义军，从台北与宜兰内山之间的大聚落顶双溪出击，先往北一举攻下采金重地——瑞芳，然后再从山林攻向兰阳平原，收复罗东、头围、礁溪等地。1896年1月1日，林大北的义军包围宜兰城的日军长达一个星期。总督府察觉情势危急，急忙调派大批军队登陆苏澳，援助宜兰之围。义军不敌，林李成逃至台北，林大北向南逃往花莲奇莱。

宜兰之役虽功亏一篑，但北部义军的联合起事，却让总督府深有"土匪蜂起"之感。1895年12月至1896年12月，各地义军反抗不断，台湾总督府把整个台湾分成八个重要镇压地区——北海岸、淡水、台北城、士林、松山、三峡、桃园、新竹①。

在北海岸方面，日方派出6名宪兵前往追捕，但是义军闻讯遁走。1895年10月，义军又骚扰三芝一带，日军驻淡水分队派出宪兵与步兵进行扫荡，但仅捉拿到3名义军，其余逃脱。12月31日，金包里义军首领许绍文，以及追随者约500人，趁地方举行迎神庙会之际，攻击金包里宪兵驻屯所。此屯所宪兵除了2名突围逃至基隆报警，其余9名均被击毙。许绍文乘胜追击，隔日进攻基隆。但由于轻敌，在半路遭到日军伏击，许部死伤惨重。日军遂大举攻入金包里，并屠村、焚屋泄恨②。

在淡水方面，1895年12月31日，北部各路义军密约，以大屯山举火为号，夜袭各处日军据点。对各处反击，日军死守，义军弹药用罄无从补充，只能放慢攻势。日军不意出阵反攻，义军纷纷弃守战场遁入山林。蔡白、蔡池见局势不佳，渡海逃往厦门。简大狮与其他人逃入大屯山③。

在台北城方面，根据宪兵、警察的回报，来自新店街、深坑街、水返脚、和尚洲义军，或以300人、500人、1000人为群向台北城靠近，攻击台北的西门与小南门。1896年1月1日，日军调派大军出城扫荡，在古亭庄、艋舺二地与义军爆发激战。陈秋菊部撤退，日军亦尾随至深坑内山——旺躭、升高坑追捕，熟悉小径的陈秋菊得以逃脱。

---

① 竹越与三郎：《台湾统治志》，东京：博文馆，1905年，第154页。

② 台湾宪兵队著，王洛林译：《台湾宪兵队史》（上），台北：海峡学术出版社，2001年版，第64—70页。

③ 李汝和主编：《台湾省通志稿·革命志·抗日篇》，台北：台湾省文献委员会，1971年，第15页。

在士林方面,有所谓“芝山岩国语传习所事件”。1896 年 1 月 1 日,传习所的 6 名日本教师欲前往总督府庆祝新年,不料在途中遇袭,全部被杀。闻讯赶来的日本步兵 14 名,也在路途中伏,其中有 10 名被打死。总督府调派大军围剿士林地区,并且捉拿可疑人士,不经审判即予杀害①。

在松山方面,1896 年 3 月,当地义军领袖詹振,会同从宜兰逃亡过来的林李成,率部 200 人袭击锡口宪兵驻屯所。然而义军因弹药不足,最后还是撤退逃至山区。

在三峡方面,1896 年 11 月 11 日,三角涌宪兵驻屯所与守备队联合出击,主动攻击辖区内的犁舌尾、十三店、打铁坑,并逮捕嫌疑犯 13 人。不料抗日义军约 300 余名随后来攻,日军立刻调集大嵙崁守备队来支持。22 日总督府调集军、宪、警百余人,三路包夹抗日义军的根据地——暗坑、十六寮。抗日义军不敌,纷纷退往番地躲藏②。

在桃园、新竹方面,1896 年 2 月初,日军得到情报,得知在龙潭坡一带有抗日义军出没。总督府主动出击,先攻破铜锣圈义军的根据地。然后由北往南扫荡至咸菜瓮,之后又尾随义军的行踪,往南追至北埔③。

当时,总督府首要征讨的目标,即是活动于台北盆地东南侧的陈秋菊、徐禄部。1898 年 2 月,日本宪兵进入大坑庄进行搜索,之后军、警形成合围进剿之势,陈秋菊在四面被围的情况下,无奈在 10 月接受台北县知事村上义雄的劝说,带领部众 1354 人投降④。

1898 年 7 月 28 日,后藤新平亲自赴宜兰主持林火旺、林少花等 700 多名义军的归顺仪式。之后,儿玉总督还亲自巡视台湾各地,接见地方参事、街庄长及父老,亲自宣示总督府当局的主旨。日本人这种软硬兼施的诱降政策,取得了“辉煌”的成果。次年,斗六柯铁所部陈权、林亲庆、林朝海等,首先于 3 月“归顺”。继之,柯铁、张吕赤等又被诱降成功。接着南投的李鹿、陈猜、庄禄,台中的林显、王式金,彰化的陈粪番、陈炉,苗栗的张程材、刘进发等义军也先后投降。

陈秋菊、林火旺等被总督府招抚后,北部抗日力量的领袖只剩下简大狮。他与中部的柯铁、南部的林少猫合称为“抗日三猛”。1898 年 3 月,简大师先发制人,率部攻打金包里璜溪宪兵驻屯所。该所宪兵不敌,向基隆日军求援,简大

---

① 铃木明著,谢森展译:《外国人眼中台湾真相》,台北:创意力,1991 年,第 105—1106 页。

② 《台湾宪兵队史》(上),台北:海峡学术出版社,2001 年版,第 84 页。

③ 程大学编译:《台湾前期武装抗日运动有关档案》,台湾文献委员会,1977 年,第 151 页。

④ 陈慧玲:《反抗、妥协与认同——以日据初期陈秋菊的抗日与归顺为例》,《东南学报》第 27 期,2004 年 12 月,第 353—367 页。

狮恐遭到反包围，又率部撤离。由于根据地已经暴露，所以日军、警大举包围竹仔湖。简大狮把所部化整为零，独自突围到更内陆的内寮山。5月中旬，简大狮计划攻击金包里、基隆，可惜事泄，日军已有防备，游击队反遭到袭击。9月，简大狮苦于孤掌难鸣，亦率部下出降。总督府分配他们修筑士林到金山的道路。不料工程进行当中，简大狮的部下与日警发生冲突，简氏愤恨日警残暴，又图率众举事。简大狮以台北非抗日长久之地，暂时南下至桃园、新竹交界山区继续抵抗。11月简大狮又潜回台北山区躲藏，并招集旧部以图再举①。

尽管日本人的本意是消灭、瓦解抗日义军，并非真心地爱护义民，但由于经过一次归顺后，日本当局对义军的性质、实力、实体所在位置已经十分了解，警察可以顺藤摸瓜。1898年12月，总督府调派步兵400名、宪兵50名及若干骑兵与炮兵，向烧焿寮及附近的抗日据点进攻。由于日军攻势猛烈，游击队几未接战即仓皇撤离。简大师幸运地潜逃出境回至福建，不料日方与清廷交涉，引渡简大狮回台受审。1899年简大狮被总督府处死，而他的死，为割台五年以来台湾北部的抗日运动画上了句号②。

二　1903—1919年台湾民众的反抗斗争

1902年，总督府以诱惑、欺骗、强迫等手段，残酷杀害武装抗日首领及同志数千人后，台湾各地开始平静，但实际上各地反日义士慑于日本人的威权，反日情绪处于隐蔽期，一旦有导火线，反抗运动就像火山一样爆发。

北埔事件　北埔事件爆发之日，正值佐久间总督加紧征讨山地，派遣一批批军队及警察队讨伐番人之时。当局拟召北埔管内之隘勇，援助大溪嵌，隘勇们不愿意前往，心存怨气。居住在北埔支厅月眉庄的蔡清琳，素来仇恨日本人。他到处宣扬已经与祖国军队约定好，祖国大军将从旧港登陆，先攻占新竹，渐次扩展到全岛，最后光复台湾。隘勇们皆信以为真，表示愿意参加。蔡清琳采取同样的方法，劝说山地同胞，山地同胞更是表示支持。特别是五指山一带的泰雅族总头目赵明政，顾念自己的官职乃是清政府所授，更是率领族人共同参加。

1907年11月14日夜，蔡清琳招何麦荣、何麦贤及同志100多人，攻取了鹅公髻分所，杀死巡查田代；次日攻取一百端分遣所、长坪头分遣所、大窝分遣所，杀死巡查香川文四郎、殖海野重助、长友平藏。后抵大平警察派出所，又杀死了

---

① 李汝和主编：《台湾省通志稿·革命志·抗日篇》，第19页。

② 陈汉光：《简大师文献四则》，《台北文物》，第8卷第3期，1959年10月，第33—35页。

警部补德水荣松、巡查安属及附近居住的日本人①。15 日上午，他们揭起“安民”及“复中兴总裁”两面大旗，攻取北埔支厅，杀支厅长渡边龟作，警部补高野正、弓削则明、德永荣松 3 人，邮局局长姬也淳一郎，及巡查 13 人，巡查补 1 人，邮差 1 人，眷属 22 人，民间日本人 15 人②。

事变消息快速报到新竹厅。厅长里见义正急派警部高比良率台北守备队一中队、警察练习生 120 人至新竹厅，会同松田警察大队共赴北埔讨伐。此时，蔡清琳已率隘勇及山胞撤至距离新竹城不到十里的水仙岭，自知不是日本人的对手，急忙向北埔退走。里见厅长急禀总督府战况，警视总长大岛久满次请示民政长官祝辰巳，祝辰裁示调派第一混成旅团的竹内少佐，率领步兵大队与警查练习生近千人赶赴围剿。由于义众知道中国军队将要登陆是虚假之语，不久义军军心大乱，逃入番界，蔡清琳藏匿于赵明政家里。日本人于是利用汉人与原住民的矛盾，谕示跟着蔡清琳举事的泰雅族，若提着蔡氏的首级来献可以宽免其刑。赵明政恐怕蔡连累自己，遂将他杀害。日本军队及警察队，一路未受到任何抵抗就到达隘勇线附近，搜捕蔡清琳同党，杀 81 人，逮捕 100 多人，其他同党大部分归顺。总督府于 12 月 13 日在北埔设立临时法院，以一审结案。何麦贤等 9 人以重罪之名被判死刑。有证据不足者 97 名，各被课以行政处分，还有 3 名无罪释放③。

林圯埔事件　南投厅大坑庄中心岭人林启桢以农为业，依其所有竹林，经营制造纸业。该地方之竹林，自清朝以来，并无明确的归属，庄民只缴纳少许税金，皆得自由采伐，来补助日常生活费用。日本殖民者入台后，依据土地调查结果，将其全部编入官有林地，并且大部给与日本的大财阀——三菱株式会社，仅留下小部分，让庄中所谓绅士保管，并设置竹林组合，禁止庄民自由采伐。庄民之愤慨已达极点。

一日，林启桢在竹林伐竹时，被三菱的日本巡视员发现，被毒打致重伤，庄民们非常气愤，为林启桢抱不平。林将日本人欺侮一事向当地的反日人士刘干叙述，刘认为这是一个好时机。

刘干居住在南投厅沙连堡羌仔寮庄，以卜筮为业，平素吃斋念佛，以慈悲为怀，乡亲们多敬重他。他对日本警察欺压乡村平民，素抱愤慨不平之心，常以聚众宣传佛法为由，宣传反日主张，听者常为其所感动。日警以刘干平日帮人看相，有妖言惑众的嫌疑，遂没收其占卜用具，勒令其“转业”。刘干不得已前往林

① 井出季和太著，郭辉编译：《日据下之台政》卷二，台湾文献委员会，1956 年，第 409 页。

② 曹永和总纂：《日据前期台湾北部施政纪实》(警治篇/政治篇)，第 35—358 页。

③ 井出季和太著，郭辉编译：《日据下之台政》卷二，第 410 页。

圯埔田子山(曾为柯铁据点)结草庵,成为斋堂居士,并以附近村民捐献的香油钱糊口。

林启桢事件后,刘干召集庄民集会,借神佛指示,宣传:"我前日在国姓爷庙,梦见三圣人对我指点,命我为明朝崇祯帝义子,驱逐日人,救民于水火,故你等须听我之命令指挥,共成大事,事成之日,得地得管,皆从所欲,如有不听命令者,余必处之死刑。"[①]1912 年 3 月 23 日清晨,刘干指挥同党,袭击了距林圯埔约十里的顶林派出所,杀死日本人巡查饭田助一、川岛与川及巡查补陈霖仔[②]。

林圯埔支厅得到警报后,立刻派遣警察队,赶到顶林庄中心岭,进行大规模搜查,逮捕刘干、萧启二人,南投厅警察队及壮丁团,亦被派入山中搜索。到 30 日,杀死刘干同党 1 人,逮捕 12 人。4 月 7 日,在南投支厅设立临时法院,对刘干以下被告 13 人草率宣判,判死刑 8 名、无期徒刑 1 名、有期徒刑 3 名、无罪 1 名[③]。

土库事件 嘉义厅大埤头庄青年黄朝,平素非常关心祖国大陆的情况。辛亥革命成功的消息传到台湾,给这个年青人很大的鼓舞,他与忘年交黄老钳互称同志,讨论以何种方式起而响应,认为:祖国革命成功,推翻清二百余年帝业,定中华民国基础,我亦人也,岂不能驱逐日人,而为台湾国国王乎?林圯埔刘干只有十余人,犹能击杀警察,而使顶林派出所全灭,我若广集同志,又何愁革命大业不成。

黄朝策谋革命一事被当地某甲长张龙知晓,向派出所告密。巡查圆崎部治即命台湾人巡查补陈读,前往黄老钳家,命令其解散信徒,不许集会。当时黄朝回避不出,待巡查走后,出来召集会众,讨论起义事宜。第二天(5 月 27 日),圆崎与巡查陈读再来黄家,命令黄等数人去派出所。黄朝趁机袭击了圆崎。但由于警察快速到场,黄等被逮捕,押送至台南地方法院。1912 年 9 月宣判,黄朝被判死刑,其他判无期徒刑 2 人、有期徒刑 12 人,行政处分一人[④]。

苗栗事件 即罗福星革命。罗福星别号罗东亚,又名罗国权,曾加入中国国民党,后旅行南洋、新加坡等地。1912 年 12 月 8 日,罗渡海来台湾,以台北大稻埕为活动基地,聚集革命同志,宣传革命思想,号召以革命手段推翻日本殖民统治。罗福星与华侨黄光枢、江亮能及台胞谢德香、传清凤、黄员敬等人相互联络,以华民会、三点会、同盟会,或革命党名义,向各方面宣传,努力召集同志。

---

① 井出季和太著,郭辉编译:《日据下之台政》卷二,第 411 页。
② 井出季和太著,郭辉编译:《日据下之台政》卷二,第 412 页。
③ 程大学编译:《台湾前期武装抗日运动有关档案》,第 325—401 页。
④ 井出季和太著,郭辉编译:《日据下之台政》卷二,第 415 页。

他们的宣传范围除台北外，扩及到基隆、桃园、新竹等各地。

罗在台湾北部筹划革命时，中南部先后发生四起抗日事件。他们与罗福星革命合在一起，称为苗栗事件。此四起事件主要是台南关帝庙事件（李阿齐）、南投事件（陈阿荣）、新竹大湖事件（张火炉）、台中东势角事件（赖来）。

李阿齐又名李阿良，住台南厅关帝庙地方。其父曾参加武装抗日团体，曾为一方之首领，后为日军杀害。所以，李阿齐与日本人有不共戴天之仇，常思量如何报仇。他居无定所，常入番界，进行宣传。1913 年夏天，他频繁往来于关帝庙支厅及大目降支厅各地，从事宣传，谓在番界已经驻有抗日义民七八百人，且现在北台湾抗日军快要起事了，日军必疲于奔命，我若振臂一呼，番界之同志即可下山击杀日本人，报我杀父之仇，救我同胞于水火之中。李的宣传动员得到响应，承诺参加起义者很多。

陈阿荣住在台中厅上栋东堡水底寮庄，富有民族意识，对日本的殖民统治，素怀不满。适逢辛亥革命爆发的消息传来，陈认为台湾革命时机到来。于是在 1911 年初冬开始活动，奔走于南投、埔里及东势角各地，宣传革命思想，召募会众，得到隘勇徐香外等 80 多人的支持，组织了会党，并拟俟时机成熟，举兵向南投进攻。

张火炉住台中厅东下堡何厝庄，因武昌起义的影响，对于发动起义、驱逐日本人出台湾，越发增强了信心。于 1912 年晚春时节，得黄炳贵、纪砀二人为同志，筹备组织革命党，准备等待时机成熟，即从台中厅之大甲，及新竹厅之大湖，一同起事。

赖来住苗栗三堡圳寮庄，平素非常关注祖国大陆的各种消息。当获悉中华民国临时政府成立后，深受鼓舞，与朋友谢石金密渡上海，目睹革命后的新生景象，大有“有专诸亦若是”之概。后潜回台湾，开始以驱逐异族、光复台湾为己任。计划首先袭击东势角支厅，夺取日本警察枪弹，再扩大招募同志，直迫葫芦墩，及大湖、苗栗，然后攻取台中，渐次收复台湾全省。同年 12 月 1 日，赖来带领同志十几人，突然袭击了东势角支厅，杀日本人巡查佐佐木、荻原及巡查补赖镇汉。但由于受到暗袭，赖来等人战死。

1912 年 5 月间，日本警察探闻新竹厅后垅支厅有人组织革命党，但没有掌握具体的实情，只好进行严密监视。其后，日本警察又探悉台南厅关帝庙支厅管内，亦有革命党，首领为李阿齐。同年 11 月，新竹厅大湖支厅仓库忽然丢失 6 支枪，日本警察发动保甲组织开始进行大搜查，大湖区长列名指责为革命党之所为。于是在重阳节当天，在大湖天后宫，检举被指为革命党者共计 8 人，此后扩大检举范围，最后达到整个台湾岛。在秘密检举过程中，又有东势角事件发生，总督府当局深感不安，检举非常严密。到 1914 年，逮捕嫌疑者 531 人。

罗福星在日本警察未开始搜捕以前，就感觉局势不利，于 1912 年 12 月 16 日，潜至淡水支厅，藏于农民李稻穗家，暂避其锋芒，等待时机希望从淡水密渡回国。但日本警察已经利用保甲壮丁，日夜在该地警戒。罗的踪迹，为兴化店派出所警察查知。淡水支厅长于 18 日夜半，派出大批警察，包围李家，罗福星遂被日本警察逮捕。

全台大检举告一段落后，台湾总督府于 1914 年 2 月 14 日，在苗栗开设临时法院，对以上事件主要参与者进行审判。审判对象是苗栗之罗福星，关帝庙之李阿齐、东势角之赖来、大湖之张火炉、南投之陈阿荣等，及各派党人共计 921 人。3 月，临时法院判决死刑者 20 名，有期徒刑者 285 名，行政处分 4 名，无罪者 34 名，不起诉者 578 名①。

六甲事件　领导者为罗臭头。罗臭头痛恨日本据台，由民族意识产生仇日心理，虽抱有驱逐日本人、光复台湾之志，但自觉力薄，隐居于乌山之后，经常下山，物色同志，与大丘圆庄陈条荣相约为同志。

罗等秘密联络，决定于 1914 年农历七月揭竿起义，首先攻取六甲支厅。诸同志于所约日期以前，在 5 月 5 日，从店仔口支厅大埔派出所内，偷出村田手枪两把。当时正值罗福星革命结束不久，日本当局得此情报，大为紧张，开始进行大规模的搜查工作。罗等认为必须先发制人，于是在 5 月 7 日夜，企图攻取六甲支厅，顺路袭击了大坑圆、王爷宫两派出所。适逢两所警察皆不在，没有取得收获。六甲支厅早已接到报告，急派巡查一队，赶至罗必经的林地。罗率队至此，双方交战，警察补野田中枪而死，但罗部渐次不支，退入山中，罗臭头与同志罗陈、罗其才不愿被捕，自杀而死，日警逮捕义军 106 人。

1914 年 11 月，台南地方法院判死刑 8 人，无期徒刑 4 人，有期徒刑 10 人，无罪 1 人，行政处分 15 人，不受起诉处分 68 人②。

西来庵事件（噍吧哖事件）　西来庵事件是日本据台时期台湾民众最后一次武装反抗事件。主要领导人为福建人余清芳。余清芳，又名余清风，字沧浪。台湾民主国战争时期，他参加地方团练，曾投身于武装抗日事业。民主国挫败后，余为了隐藏身份，伺机起事，多次充任巡查补，勤务于台南、凤山、阿公店等地。他性格豪爽，广交朋友，逐渐显露出反日的言行，常出入台南厅下各处斋堂，秘密动员反日，并加入盐水港十八宿会。余清芳的反日言行被日本人发觉，被强行送至台东加路兰流浪者收容所。余出所后选择保险员的工作，以便接触更多的民众，宣传反日。

① 井出季和太著，郭辉编译：《日据下之台政》卷二，第 420 页。

② 井出季和太著，郭辉编译：《日据下之台政》卷二，第 421—422 页。

余清芳以西来庵作为筹划革命的基地。西来庵为清代所建庙宇，供奉道教玉皇大帝，香火鼎盛。余清芳常借寺庙修缮募款来捐募革命资金。他对信徒传播，日本原本只有占领台湾20年的运，现在已将要期满，届时中国大陆会调派军队相助，我们应该里应外合，迅速将日本人击退[①]。他还向信徒揭露日本暴政，唤起群众的民族意识，而且利用扶乩请神谕等方式，让信徒们相信台湾革命一定成功。

尽管余清芳等人的活动极为隐蔽，但日本人还是有所查觉。警察密探侦知蕃薯寮、甲仙埔、噍吧哖等各支厅，及台中员林地区，皆有起事迹象，但却不能查出实情。于是日本警察在上述各地及附近地区加强了警戒。1915年5月23日，警察在基隆企图渡厦的乘客中发现了台南厅阿公让人苏东海，他是被列入日本警察厅"要视察人"之一，于是将其扣押于基隆支厅。警察此时还不知苏东海是余清芳阵营的人，只是觉得他行为不轨。苏东海在囚禁中，委托同日被囚禁的一名日本妓女，请她带信给赖渊国。赖为革命党同志，早就被警察编入"要视察人"名册中。不料该女竟把信件交给警察。信中告以形势危急，以后如被检举，应如何答复等。此信使警察获得了余清芳等人反日行动的线索，总督府立刻调派大批军警南下缉捕，同时进行全台湾的大检举[②]。

余清芳得到消息后，自知不能再居住在西来庵，于是退入深山，潜往噍吧哖山区。日本警察没有捕捉到余清芳等义士，于是在台湾各地发布画像，高价悬赏。此时，台南厅警务课接到密报，说有类似罗俊(余清芳部下)者，向大目降方面行进。台南厅向嘉义厅警务课通报，要求协力，两厅警察共同出动，6月29日，在嘉义东保竹头崎庄尖山森林中，发现罗俊一部，并将罗俊逮捕。此后抗日义军主要隐藏于嘉义、台南、阿猴这三厅交界的掘子山中，总督府动用警察270余人，围山一周余，依然没有收获。7月6日，义军在台南厅噍吧哖支厅牛港山仔山与警察交火，双方各有死伤。7月9日，义军袭击了甲仙埔支厅。9月2日，又袭击了噍吧哖支厅下的南庄派出所，12名日警全部被杀。

总督府感到事态严重，派出台南步兵第二联队约1000人，同时大目降还有300名警察也前来支持。日军警定下诱杀义军诡计，打出安抚招牌，声言降者免死。但等庄民大多数归庄(后厝、内庄、左镇、茶寮)后，日军警以分别善恶为词，命庄中老小集中在野地，令其掘壕，待壕成，即以机枪扫射，进行惨无人道的大

---

① 苏乃加:《日据时期台湾武装抗日事件之研究——以西来庵事件(1915—1916)为探讨主题》，台北:中国文化大学日本研究所硕士论文，2002年，第20页。

② 喜安幸夫著:《日本统治台湾秘史——雾社事件至抗日全貌》，台北:武陵出版有限公司，1995年版，第94—95页。

屠杀[1]。根据当地人估计,死难者达 3200 余人[2]。这场屠杀是 1895 年台湾被割占以来规模最大者,因此有不同的数据留传,最多者有谓屠杀了 3 万余人。不过根据考证,3000 余人是一个较可信的数字[3]。9 月 22 日,余清芳余部也遭日本军警逮捕。

台湾总督府于当年 5 月,开始检举抗日义士,同时在台南设立临时法院,以《匪徒刑罚令》,来处置抗日义军。8 月 25 日,开庭公判,至 10 月宣判,被告共计 1957 名,被判处死刑者 866 人,15 年有期徒刑 18 人,12 年有期徒刑 63 人,9 年有期徒刑 372 人,行政处分者 217 名,不起诉者 303 名[4]。

西来庵事件被判死刑者近千人,这在大正时期的日本国内也掀起轩然大波。下议院议员大岛久满次,对台湾总督府的上属单位——内务省进行了质询,时任台湾总督府民政长官内田嘉吉被迫引咎辞职[5]。不过 800 多人被判处死,对日本国内造成的震撼实在太大,因此,内阁借口大正天皇登基不久,为沐"皇恩",遂把判死刑者全部减刑为无期徒刑,不过已有 95 人被执行。

西来庵事件以后,除了雾社事件,台湾岛内的武装抗日行动,大致上宣告结束,取而代之的是 1920 年代的政治、社会运动。

第三节　殖民统治政策的转变——"内地延长主义"

第一次世界大战期间,欧洲许多古老帝国瓦解,新兴国家纷纷宣告成立。1917 年俄国十月革命后建立了世界上第一个社会主义国家。美国总统威尔逊也提出了少数民族、被压迫民族、被殖民的民族都有独立自主的权利的主张。民主思潮与民族自决思潮自此弥漫全世界。台湾人民也开始觉醒,日本殖民统治者迫于时势所趋,谋求统治顺利,转而实行"同化政策",高唱"内地延长主义"。

一　文官总督的上任及"法三号"的出台

在台湾岛内外民族民主运动不断高涨的情况下,日本统治内部组织结构也

---

① 陈春木:《噍吧哖事件"左镇"地区遭难采访记》,《南瀛文献》第 24 卷,1979 年 6 月,第 95—113 页。

② 庄德:《余清芳革命四十年祭》,《台湾风物》第 5 卷第 10 期,1955 年 10 月,第 14—20 页。

③ 王晓波:《台湾史与近代中国民族运动》,台北:帕米尔书局,1986 年版,第 91 页。

④ 井出季和太著,郭辉编译:《日据下之台政》卷二,第 564 页。

⑤ 程大学:《日本国会有关噍吧哖事件之质询纪录》,《南瀛文献》第 24 卷合刊,1979 年 6 月,第 92 页。

发生了变化。日本政府于1918年9月，第一次实现了政党政治内阁，即以“政友会”为基础的原敬内阁执政。原敬早在1896年担任外务次官时，就曾向台湾事务局提出《台湾问题二案》[①]，主张采取与法国殖民地阿尔及利亚模式相同的“内地延长主义”，即殖民地适用殖民母国的法律和制度，也就是对殖民地采取同化政策。此案与以后的后藤新平的生物学殖民地经营论大相径庭。而日本政府和台湾总督府最初的台湾政策，并没有采用原敬的同化政策。

原敬组阁以后，于1919年8月修改了《台湾总督府官制》，将“台湾总督由陆海军大将或中将充任”改为“总督亲任”[②]，这样使文官的就任成为可能，并新设台湾军司令官。这样，如果台湾总督由文官担任，军政和军令则由台湾军司令官统辖，总督拥有一般政务的统理权，而为维持安宁秩序，在必要的场合，有请求台湾军司令官使用兵力的权力。

1919年10月，原敬内阁任命田健治郎为台湾总督，田成为台湾的第一任文官总督。田健治郎和原敬在中日甲午战争后，均曾任台湾事务局的委员，曾参与台湾统治基本政策之立案，田也支持原敬的同化政策。在任命总督的同时，又任命陆军大将柴五郎为台湾军司令官。

1919年11月11日，田健治郎到达台湾。就其同化主义的施政方针加以具体解读。内容涉及到教化、警察、交通、水利、农业、卫生等方面。他认为：“夫台湾乃构成日本之一部分领土，虽然属日本帝国宪法统治之版图，不能视同英法各国之以殖民地只为其本国政治之策源地或经济上的利源地而论。因此，统治方针，皆以此大精神为前提，作种种经营设施，使台湾民众成为完全之日本民臣，效忠日本朝廷，加以教化善导，以涵养其对国家之义务观念。统治方针虽然如是，而当在实地施行时，对其施行方法，须为慎重查核，勿致有误其缓急顺序为要。对于地势、民情、言语、风俗相异之台湾民众，如俱以实行与内地同一法律制度，势必龃龉干戈，反招苦恼。必先致力于推行教育，一面启发其知能、道德，一面使知我朝廷抚民精神与一视同仁之圣旨，而予醇化融洽，与内地人在社会上接触无任何径庭，结局须为教化善导，使其到达政治上均等地步。而欲贯彻此目的，端赖官府不断加以诱挽指导。在民众则须忠勤互勉，而尽最善之努力。”[③]为了贯彻其施政方针，田健治郎首先就基本立法的法源进行改正，对台湾总督的立法权加以限制，以求得对地方行政进行大改革的法源。

1896年的“六三法”授予台湾总督立法权，虽以三年为期限，但之后再三延

---

① 伊藤博文编：《秘书类纂台湾资料》，东京：原书房，1977年版，第32—34页。

② 《台湾总督府警察沿革志》(第一编)，第176页。

③ 简后聪著：《台湾史》，台北：五南图书出版公司，2001年版，第606—607页。

长。1906年又继之“三一法”，但本质上仍与“六三法”无异。日本内地一直对此有争议。

由于“六三法”早在发布时就有违宪争议，且就委任立法问题，政府也对议会负有言责，而第一任文官总督田健治郎，对台湾统治的根本方针，一贯抱同化主义，在“内地延长主义”的施政方针下，原敬内阁制定了“法三号”代替“三一法”，由法制局长横田千之助提出，对台湾的根本法进行修正。

对此议案，日本议会开会5次，于1921年3月5日正式议决，次年1月1日起开始正式实施。

“法三号”最引人注目的就是将“委任立法”的形式从以“律令”立之，修改为以“敕令”定之，从而结束了长达25年之久的律令立法时期，开始了敕令立法时代。以前根据“六三法”和“三一法”，在台湾施行的法律均是以总督的命令即律令为原则，而“法三号”则是以日本国内法在台湾施行为原则，特例的部分才由台湾总督制定律令。从某种程度上说，“法三号”是为贯彻“同化政策”而制定的。

在“法三号”尚未实施的1919年，已经在台湾实行了《共通法》。“法三号”实施后，除了若干特例外，民法、商法、民事诉讼法、民法施行法、商法施行法、人事诉讼手续法等法令皆在台湾开始实施。但宪法的全面适用及刑法的一元化最终未在台湾实施。

二 “内地延长主义”的殖民统治政策

创设总督府评议会 1896年，根据“六三法”，设立了“台湾总督府评议会”，其权限是议决台湾总督制定的律令，就预算决算、重大土木工程设计、人民请愿等总督所提出的咨询事项，提供意见。评议会的权限非常有限，且能够充任评议会员的，只限于总督府的高级官僚。1907年时又设立了“律令议会”，此议会的权限仅限于律令的审议，会员亦如前例，全部由日本高级官员来充任。

田健治郎上任后，于1921年公布了新的《总督府评议会官制》[①]，恢复评议会制度。当时总督府评议会最初定员为25人，其中7人为官吏，18人为民间人士，日台人各9人。表6-1为评议会成立后历次会议所咨询的内容：

---

① 《御署名原本·大正十年·敕令第二百四十一号·台湾总督府评议会官制》，JACAR：A03021330400。

表 6－1　历次评议会咨询内容

评议会召开时间	咨询事项内容
第一次评议会(1921 年 6 月 11 日—15 日)	1. 道路相关事项 2. 民法在台湾实施后如何处置特例 3. 商法在台湾实施后的特例事项
第二次评议会(1921 年 10 月 18 日—24 日)	1. 道路相关事项 2. 民法及商法施行相关事项
第三次评议会(1922 年 6 月 16 日—22 日)	1. 委员会附议相关教育之件 2. 民法及商法施行相关法令案
第四次评议会(1923 年 11 月 12 日)	1. 现在祭祀公业相关执行措施
第五次评议会(昭和二年十月三日—五日) 第六次评议会	1. 现在祭祀公业相关执行措施 2. 普及实业教育的执行策略 3. 本岛住民海外发展的切实方式
第七次评议会(昭和四年一月八日—九日)	1. 本岛产业特别振兴的方策

* 此表根据 JACAR：A01200607700 中所附的《评议会的沿革及实绩》内容整理而成。

台湾总督府评议会由总督亲任会长，特聘林献堂等 9 名新民会骨干为“评议员”，对总督的政务进行监督评议。从上述评议会咨询内容来看，并没有什么重大的事项，可以看出，台湾评议会的实质，就是总督府为了敷衍这些改良主义的绅士们，以“御用文人”的高官厚禄方式来收买林献堂等人，使他们自愿停止民权运动。

地方自治制的实施　1920 年 8 月，总督府发布了地方官官制改革案。此案于 9 月 1 日开始实施。紧接着，在 10 月 1 日，开始实施与日本内地地方区划一致的州制市制街庄制。新的“总督府地方官官制”，废止了以前实施了 20 年的“厅与支厅制”[①]，实施“五州二厅制”。该案第一条明文规定：“台湾设置以下各州厅：台北州、新竹州、台中州、台南州、高雄州、台东厅、花莲港厅。州及厅的位置及管辖区域由台湾总督定之。”[②]还规定：“在各州设置郡及市。郡的数量为四十七个，市的数量为三个。”郡及市职员配置如下：“郡守四十七人、市尹三人、理

① 厅与支厅制：1901 年儿玉源太郎担任台湾总督时，在民政长官后藤新平的主持下，将台湾全岛划分为 20 个厅，各厅之下设置分厅。厅及分厅之下都有专办警察业务的机构，支厅长全部由警察充任。1909 年全岛重划为 12 个厅，厅下设 86 个支厅。行政区划虽有变更，但警察权力并未削弱。

② 《台湾总督府地方官官制》，JACAR：A01200179200。

事官专任三人、视学专任五十人、属专任四百人、技手专任五十人。”[①]

伴随着地方官官制的改革，1920 年 8 月，总督府颁布了《台湾总督府州事务分掌规程》、《台湾总督府郡事务分掌规程准则》。

从前作为厅补助机关的支厅总共有 86 个，如今全部废止而统合成为 46 个郡。以前大都由警察担任的支厅长以下的地方官吏，也都换成文官来担任。并且新设立了“市尹”、“郡守”。在行政规划上，州、市、街庄都以公共团体之名获得法人资格。另外，除了郡以外，各级行政区都设有“协议会”，各个协议会的协议会员虽然都是民间人士（日台人），但都是由地方官遴选出来的，州协议员由总督任命，市协议会员由州知事任命，而街庄协议会员则由州知事或厅长任命。但各项协议会员的民选是在 1935 年以后才开始实施的。

1935 年实施市制、街庄制的改革，市设置议决机构“市会”，街庄和以往一样，保留咨询机构的“协议会”。在市议会员、街庄协议会员之中，半数是由州知事遴选，半数则由民选出来，是以限制选举方式实施选举，选举权与被选举权的资格相同，必需符合条件。同年实施了选举，由于是限制选举，有选举权者的数目少，所以投票率达到了 95.5%。当选者的比例，在市会，日本人占了 51%，台湾人占了 49%；街庄协议会由于日本人居住者较少，所以只占 8%，台湾人则占了 92%[②]。尽管设置州会、市会这种自治的方式是值得肯定的，但由于州知事可以请求总督，市尹可以请求州知事，取消州、市会及州、市参事会的决议案，甚至也可以请求总督取消其选举，所以“自治”是有名无实的。

三　警察组织的改革

田健治朗为了更好地同化台湾人民，实现其“准自治制度”，在 1920 年的中央及地方行政改革中，废止了警察制度中的巡查补及隘勇名称，将巡查补改为巡查，将隘勇改为警手。其主要目的是稳定警察队伍，推进警察业务的进步。

这次改革从内容来看，“警察制度”仿佛实现了田健治朗试图让警察回归到本职务的范围内。因为，从“儿玉—后藤”时代开始，台湾的地方行政基本上是以警察行政区作为行政管区的“厅及支厅制”。厅及支厅的自主权狭少，很多事情都必须等待总督的批示。“州制、市制、街庄制”的实施，废止以前以警察为行政中心的“厅与支厅制”，回归到以行政治理为中心的普通民政区划。州知事的设立，使以前的中央集权制度得以打破，实现了权力的下放，体现了分权的宗旨。判任官以下官员的任免，也属于州知事权力范围。各州厅职员设置的员额

① 《台湾总督府地方官官制》，JACAR：A01200179200。

② 黄昭堂：《台湾总督府》，台北：自由时代出版社，1989 年版，第 156 页。

也体现了这一思想。以前由警察协理负责的税务及森林事项，现在由专任的税务吏及森林主事来掌理。警察机构作为州政府的辅助机关，警务部长作为知事之下的最高警察首领，其机构下设几个分课，作为单纯的监督机关而存在。警察具体执行的业务，则由郡守警察署长直接掌理，同时，知事有制定行政警察法取缔法规的制定职权。从警察的职务内容来看，警察专理“警察与卫生”事务。

这一新的行政机构与旧时的厅与支厅时代，在形式上确实有所不同。对于郡守警察权制度，田健治朗在9月1日的官制改正的总督府会议上提出：“废止支厅，设置郡守市尹，亦是这次改革的重点之所在。从来支厅长以下的官吏都由警察官吏充任，普通行政事务亦由警察掌理。此举毕竟只是顺应时代的便宜手段。普通行政事务由普通文官来担当，警察只发挥其本职功能。然而警备力量的重要性是不言而喻的，此次改革只不过是将警察复归到其警察本来的职责范围内，断没有缩小警备力量的想法。并且付与郡守以警察权，以确保行政机关的统一性。”①

但实质上由于警察在近20年的时间里，一直是台湾行政的主导实践力量，想一下子就将本由警察主持的行政事务全部收回、由普通行政人员办理也是不可能的。因此，在这次“总督府地方官官制”改革案中，由警察主导的地方行政机构仍然保留，郡守或市长拥有警察权。另外是从名义上废止了“厅与支厅”制，但实质上，在台东厅及花莲厅等一些地方，支厅制还在保留。支厅长仍旧由警察充任，地方行政仍旧由警察把持。知事尽管本身没有警察权，但其有设置警察署的权力，且有权规定警察分署管辖区域。

虽然新的行政机构与旧时的厅与支厅制度在形式上不同，但实质却很相似。由于二十几年养成的警察对行政的渗透能力，想一时加以消除是不可能的。警察对行政的干预，是采用强制手段，其效果自然高于普通的行政手段。经过长期的警察政治时代，百姓已经习惯于并认同了警察行政。拥有警察权力的郡守及市尹，借助于警察力量来巩固自己的行政统治，自是顺理成章之事。特别是此时期的警察不论从素质还是从技术层面上都比以前有了长足的进步。

日台共学制及共婚法 总督府的教育推进始于1895年在台北创设的芝山岩学堂。次年又开设了“国语传习所及国语学校”，前者是以台湾人为对象的初等教育，是一种基础教育，试图为地方行政施行做准备，后改为公学。国语学校分为师范、国语及实业3部。师范部养成日人及台人的公学校教员；国语部则对台人授以日语的中等普通教育；实业部对台人授以农业、电信及铁路等中等技术教育。

① 《台湾总督府警察沿革志》，第625页。

日本在台推进教育的主要目的是贯彻殖民政策,但在客观上也建立了台湾初等教育的基础。总督府以教育作为同化、开化台湾人的手段,在1918年《台湾教育令》颁布以前,台湾岛内的教育制度面对汉人、原住民、在台日人都不一样。日语教学、初等教育师资、初级专业人才为日据时期前半的教育重点。在接受完六年制公学校教育后,有3—4年的国语学校是培养初等教育师资,五年制医学校培养医生,还有职业讲习所作为职业教育机关;原住民所受的是蕃人公学校,修业年限仅4年;在台日人所受的教育制度则与日本相同,并有为其设立的高等教育机关。

1922年1月废除"三一法",改行"法三号",日本的法律原则上适用于台湾。同年2月,修改《台湾教育令》,让台湾与日本的学制相同,自此台湾各地纷纷开设中学校、高等女学校、职业学校、高等学校等学校。修改后的《台湾教育令》,表面上使台湾的教育制度与日本的教育制度一致,但是台湾人的升学机会还是不如在台日本人。这是因为中等学校的入学考试对小学校(日本人)及公学校(台湾人)的毕业生,完全依照小学校毕业程度施行,台湾儿童必须与日本儿童一样接受小学校毕业程度的日语考试,其困难就可想而知了。

1926年台湾学龄儿童入学率的比较如表6-2:

表6-2 台湾学龄儿童入学率比较(1926年)

	男 子	女 子	平 均
日本人	98.3%	98.1%	98.2%
台湾人	43.0%	12.3%	28.4%
原住民	74.3%	69.4%	71.8%

* 此表引自叶荣钟:《日据下台湾政治社会运动史》,第60页。

从表6-2中可以看出,台湾人儿童的入学率远远低于日本人,甚至还不及原住民,那么,台湾人升入中等学校就比较艰难了,进入高等学校就更加艰难。当时除医专及台南高等商科学校外,其他高等学校均在日本内地各大城市举办招生考试,因此高等教育机会大部分为日本人所占有,教育制度之同化,事实上台人很少有接受高等专门教育的机会。因此,留学教育成为台湾人受高等教育最主要的途径,留学地以日本为主。1918年以前多是接受中等教育,1918年以后,接受高等教育的比例攀升。修习科别以医、法、商为主,整个日据时期,台湾人在日本拿到高等教育文凭的超过6万人,这些精英成为社会的领导阶层,并且扮演台湾文化启蒙的要角。

1920年以前,日本人与外国人的婚姻虽被日本政府承认,但是有关日本人和殖民地人民的婚姻及认养问题，在法律上是无效的，此种状况持续了 20 多年。田健治郎上任后，以通告的形势，使日台人之间的婚姻关系合法，于 1920 年 8 月发出通告："日本人和台湾人之间的婚姻及认养申请，自今开始受理。"①但行政命令没有法律效力，故在 1921 年修订了《户籍法》。根据修订后的《户籍法》，日本人与殖民地人的婚姻及认养关系，被认为应当是可以完全合法化的，但由于修订的附则规定"本法施行的日期，由敕令所定"。与此相关敕令一直都未公布，故日台人之间的通婚，可以说是日本人采取的同化政策的权宜之策。

撤废笞刑　1904 年，时任台湾总督府民政长官的后藤新平，参照英埃及总督建议，延续清代肉刑，于 1904 年 1 月，以律令第 1 号发布《罚金及笞刑处分例》，对于主刑 3 个月以下之台湾人或清国人得施以罚金或笞刑(鞭打臀部)，罚金或笞刑均得相互易科。此一刑责虽有制定细则，要求执行笞刑前须嘱医师先行诊察受刑人身体，经认定无法承受者应予暂缓执行；每次笞数不得超过鞭打 25 下、且至多 4 次等较为"人道"之规定，然笞刑既为日本国内法律体系所无，亦不合世界先进文明之法律，因而迭受批评。1919 年首任文官总督田健治郎上任后，于 1921 年 5 月 1 日宣布废止此项不人道之法令。

综上，总督府实施的同化政策，着重点在于"效忠日本天皇与对国家之义务"，这在"使台湾民众成为完全之日本臣民"的目标上，较后藤的"以无方针为方针"，可以说是一种进步。但这不是日本殖民统治者自愿的，是新形势所迫，故其是有保留的同化，即是"教育同化、经济同化、但政治不同化"。教育同化在于养成榨取工具，经济同化在于扩展日本商品市场，而政治上对台人则一步也不让。不管怎么说，这种不情愿的同化政策，在客观上还是促使台湾在许多方面与日本逐渐接轨。

第四节　台湾民众的民族社会运动

1914 年第一次世界大战爆发，帝国主义各大国陷于战争，无力自拔。另一方面，民主主义及民族解放运动的思潮也日益高涨。受世界潮流的影响，在台湾岛内，随着资本主义的快速发展、教育的普及和知识青年觉悟的提高，近代民族运动也开始出现了萌芽。日本明治维新的元老、同时也是自由主义者的板垣退助，与台湾著名的人士林献堂一起，组织了"台湾同化会"。这是台湾近代民主启蒙运动的第一步。随后，议会设置请愿运动、台湾文化协会等社会运动蓬勃展开。

---

① 黄昭堂：《台湾总督府》，第 152—153 页。

一　台湾同化会及议会设置请愿运动

1. 台湾同化会

林献堂是前清武官林文察的后代，是台中雾峰地区有名望的大地主，也是当时台湾青年人中的先进分子，被日本殖民统治者称为“台湾思想问题的总本山”。1907年，林献堂在日本横滨与主张“变法自强”的维新志士梁启超相遇，并接触到梁启超的改良主义思想，对他的思想影响很深。1911年4月，梁启超渡台，林亲自到基隆迎接，梁在他的家里小住，共同探讨启发台湾民智，梁在台期间作诗、长短篇近百首，可以说促发了台湾人民的民族意识。

1913年，林献堂前往北京，再次拜访了梁启超。林献堂从北京返回台湾途中东渡日本，在东京，经前台中清水庄庄长王学潜的介绍，会晤了东京每日新闻社副社长寺师平一及前台湾税关官吏佐藤原平、中西牛郎等一些“政治浪人”。当时寺师等人正在谋划在台湾出版汉语报纸一事，并希望从林家获得资金资助。他们把林献堂介绍给当时的内相原敬，原敬谢绝与林见面。他们又把林介绍给了板垣退助，两人进行了会晤。林献堂向板垣告以日本政府对于台湾统治的苛酷及在台日本人的蛮横等事。板垣深表同情并加以慰勉。

1914年3月，由林献堂提供旅费，板垣退助与寺师平一等来台，巡视了全岛，并在铁道宾馆进行了演讲。当时板垣主张：“日本人作为亚细亚人，当与中国人相提携来对抗白种人。台湾最为靠近支那，颇适合于促进亲善融合，故在台日本人应尊重人种，充分保护台湾人的生命与财产。此次亲来台湾，广视治绩，并细察台湾人与日本人的相处关系，深感应以广举同化之实为目标。切望诸君共同努力于发展南方，以资建设良好的殖民地。”①尽管板垣的讲话是站在殖民统治者的立场上的，但是比起横暴的总督府当局来说，演讲相对友善，因此得到与会者的一致喝彩。板垣从台湾回到日本后，立即起稿了《台湾之急务》，发表了他的旅台见闻，反映了台湾人所受压迫的情况及其不满情绪，并主张应以“同化主义”来弥补现实的缺陷。同年7月，他又主张建立台湾同化会。他在《关于主倡台湾同化会》一文中提出：“原来天不造人上之人，亦不造人种上之人种，顶天立地，保持平等乃是人类生存之原则，徒想抑制人权而求全统治，何以能哉。若不加施精神教育即不生爱国之心，既不生爱国之心，奈何养成完善之国民，然则唯有断然实行精神教育开发知智，施行善政而使民毫无不鸣不平之声。治台之根本唯有采取同化主义，另无他途。”②

① 台湾总督府警务局：《台湾总督府警察沿革志》(第二编中卷)，第14页。

② 台湾总督府警务局：《台湾总督府警察沿革志》(第二编中卷)，第15页。

鉴于板垣的名望，很快就收集到了日本首相大隈重信及参、众两院议长德川家达及奥繁三郎、海军元帅东乡平八郎及川村景明等各界知名人士的赞同文章，将其编纂为《对台湾同化会朝野名士的意见书》，大力倡导创立台湾同化会。同年秋，林献堂再次来东京，板垣偕同林献堂访问朝野名士，并在报纸及杂志上刊登关于台湾政治问题的文章，林更加坚定了创立台湾同化会的信心。同年11月，板垣又把《台湾同化会设立趣意书》分发给全岛各地的区长、保正及台湾地方名士①。1914年11月，板垣退助等一行再度来台，广召同志，于同年11月20日在铁路宾馆举行了台湾同化会创立典礼。当时有官民500多人参加，推举板垣退助为总裁。其活动经费规定除了由会员征收会费以外，并经过总督府批准，在今后5年内募集150万元的事业费。

台湾人民因在总督府的强权统治下久受压迫，所以板垣的“应废除人种差别而授予台湾人与日本人同等待遇”的同化主义的论调，受到热烈欢迎。当时许多人称板垣为“自由之神”。实质上板垣退助信奉自由主义思想，虽然有进步倾向，但他仍然是一个“大和民族主义者”，早就怀有欲伸张日本国力及称霸中国、南洋的野心，所以他所倡导的同化主义，其实是在怀柔台湾人民，并想利用台湾人来侵略中国。尽管板垣的同化主义是以日本的国家利益为出发点，然而在总督府极其残酷的压迫下，即使这种“同化主义”政策所含有的改良主义因素可能毁灭台湾人的意识，但在当时却给了台湾人巨大的鼓舞。特别是给林献堂等青年知识分子以极大的影响，他们向总督府提出废除台湾的保甲制度、改革严酷的警察制度等建议。

“同化会是台湾民族运动划一时期的事件”。台湾人民在总督府警察政治下水深火热的感觉，是我们今天无法体会的。作为日本开国元勋的板垣退助提携他们与在台的日本人分庭抗礼，享受一视同仁的待遇，台湾人自然是受宠若惊，表示赞同了。尽管同化会的目的是“化育台人使与日本人同样”，但台湾人所接受的却是“享受与日本人同样之权利待遇”。这是一曲日台人“同床异梦”的悲喜剧。由于总督府及日本政府非常担心“同化主义”给他们的统治带来负面的影响，更担心台湾的同化会影响板垣的晚节，所以很快就寻找借口将台湾同化会解散。其实早在同化会成立之初，总督府民政长官内田嘉吉就曾对林献堂等人说：“同化会之主旨甚佳，正与本官所持方针吻合。唯政治如利刃，若使小儿玩弄，实危险万千，君等为地方先觉，请指导民众勿使近之，以防不测。”②同

①② 林献堂纪念集编纂委员会：《林献堂先生纪念集》卷三，台北：海峡学术出版社，2005年版，第31页。

化会成立后，除总督府与地方官吏严加注意外，以台北律师团体为首的在台日人亦极力反对，认为台湾人是利用同化会意图扩张利权，并曾利用台北复审法院会议对同化会理事寺师平一等进行质问。总督府以强力镇压西来庵事件来抵制台湾同化会，最后以挪用公款等枝节性的罪名解散同化会，表现出总督府殖民地执行官僚对板垣（或政党）介入台湾政治的警戒，更流露出统治者当局与在台日本人对“同化”一事的复杂心态。

2. 东京留学生的启蒙活动

台湾同化会被取消之时，也正值欧洲第一次世界大战落下帷幕。当时“德谟克拉西民主运动”及美国总统威尔逊倡导的“民族自决、被压迫民族解放”的思想，深深影响着各殖民地的人民。对残酷的总督府统治抱有强烈不满的台湾人民，开始了新的追求民族解放、民族自决的运动，首先行动的是一些留学日本的青年学生。他们一方面深受苗栗起义事件（1913 年）及西来庵事件（1915 年）大屠杀的刺激，另一方面也受到国内辛亥革命及日本民主主义思想、朝鲜的万岁事件、俄国十月革命等一系列内外事件的影响，这些青年学生开始思考台湾前途，频繁举办各种研究会，为台湾的民族独立而努力。

启蒙活动以林呈禄、蔡培火、蔡式谷、郑松均、彭华英、吴三连、石焕长等人为中心人物。林献堂、蔡惠如当时也侨居东京。他们于 1918 年组建了“启发会”，1920 年又将“启发会”发展成为“台湾新民会”，在东京留学生中掀起了民族自决运动的一个高潮，当时会员达到 1000 多人，“台湾新民会”确定行动的具体方针是：“为增进台湾人的幸福，推进台湾统治的改革运动；为广泛宣传新民会的主张并启发岛民及争取同志，发刊机关杂志；与中国人同志取得联系。”①

早在 1915 年春，东京的留学生就已经成立了一个同乡亲睦团体“高砂青年会”（林茂生、蔡式谷、陈炘等相继担任各界会长），后改称为“东京台湾青年会”。他们与“台湾新民会”打成一片，以“涵养爱乡心情，发挥自觉精神，促进台湾文化的开发”为纲领，实际上以推进台湾民族自决为实践运动，后发行刊物《台湾青年》，并支持台湾议会请愿运动。

在此背景下，1919 年，东京留学生组成新民会，后以新民会为中心，发展成为台湾最初的文化启蒙运动——“六三法”撤废运动，继而又发展成为台湾议会设置请愿运动。新民会成立不久，田健治郎发表了关于赋予台湾总督律令的法律（1896 年法律第六十三号）存废问题的意见，谓本岛的实况尚未达到可废弃本法之境界。新民会的主要成员认为，缩小台湾总督的权力，提倡发动撤废“六三

① 史明：《台湾人四百年史》（下），台北：蓬岛文化公司，1980 年版，第 461 页。

法”的运动是非常必要的。后来由于林呈禄等成员认为，“六三法”的撤废运动否定了台湾的特殊性，肯定了所谓内地延长主义。于是，新民会决定中止“六三法”的撤废运动，发动强调台湾特殊性的台湾特别议会运动。这使“六三法”撤废运动急转，变成台湾议会设置请愿运动。

3. *台湾议会设置请愿运动*

台湾议会设置请愿运动的具体要求，是要求台湾如日本内地一样，有地方府、县会一类的地方议会。但实际上请愿运动的主要目标，是要求台湾特别立法的协赞权。此目标暗指，将台湾特别立法的制定委任于总督一人，是违反立宪的根本精神的。但如果单纯要求撤废“六三法”，其根本意旨是和内地延长主义思想相一致的，所以，提出要求尊重台湾特殊情况和彻底的立宪主义，这是民族自决、民族自治的前提。“本运动并非以设置单纯的地方议会为目的，而明显带有民族运动的色彩”①。另一方面，台湾议会设置请愿运动，其本质和设置县、市议会并不相同，它是随着台湾殖民地的上层人士和知识分子产生政治上的愿望而发起的带有民族自治、民族自决性质的反抗运动，不论其中的“祖国派”还是“本岛派”，根本上都是希望脱离日本的殖民统治。

对于台湾议会设置请愿运动，日本当局认为，如果采用镇压手段是不可能的，反而容易激化矛盾，因此，应当采取“整顿与缓和”并用的双轨政策。即向台湾人民明示，日本政府不可能设置倾向于殖民地自治的台湾议会；不立即禁止其活动，与运动的领导人进行沟通，分化他们；在表面上允许一般政策范围内的参政议政运动和地方自治改进运动，以收买人心②。

1920 年 12 月末，林献堂、蔡惠如等相继来到东京，和新民会干部商议决定，向第 44 次帝国议会提出台湾议会设置请愿状。1921 年 1 月 30 日，由林献堂以下 178 人签字的请愿书，经贵族院江原互六、众议院田川大吉郎，向日本议会提出。请愿书提出后，总督田健治郎认为：“本件请愿完全违背了统治台湾的大方针，像这种做法断然不能容许。”③田健治郎还对林献堂等人严厉警告说，绝对不能允许设立台湾议会，并要求撤回请愿书。同时，总督府又以既有的“台湾总督府评议会”来代替台湾议会，并把林献堂及与总督府合作的 8 名台籍“御用绅士”，一并任命为评议会委员。林献堂不顾总督府的怀柔手段，毅然策划第二次请愿。

林献堂决定回台，在台湾本岛内开展议会设置请愿运动。蒋渭水等人计划

① 《台湾社会运动史》第二册，台北：海峡学术出版社，2006 年版，第 13 页。

② 《台湾社会运动史》第二册，第 20—21 页。

③ 《台湾社会运动史》第二册，第 38 页。

召开欢迎大会，但林家却接到“逆贼林献堂！你归台后如若没有悔改，将取你性命”[①]等内容的恐吓信。尽管这样，林献堂、蔡培火在回台后仍然努力宣传请愿运动，召开宣传会启发民众。在他们的努力下，又获得了岛内350人的签名，于1922年1月，进行了第二次请愿运动。

田健治郎总督一边设法说服林献堂，一边向金融机关施压，迫使林献堂一时脱离台湾议会设置请愿运动。这时候，台湾议会设置请愿运动已经与台湾文化协会分开，并有新设“台湾议会期成同盟会”的构想。因被台湾总督府察知，而立即将日本国内法的“治安警察法”适用于台湾，以对付新设立的“台湾议会期成同盟会”。

由于请愿运动越来越受到岛内与日本的关注，日本统治者担心，如若缓行取缔之策，恐怕会招致事态的扩大，因此开始在岛内运动中心的台中，采取具体的取缔措施。他们利用保甲、街庄长或群众会，向民众宣传总督府不容许从事请愿活动，并规定公职人员不得参加请愿活动；当议会请愿及文化协会做宣传演讲时，派精通台语的警察临会监督，如发生不服从警察的行为时，依照违警条例处分。

第二次台湾议会设置请愿运动之后，蒋渭水等人深感结社的重要，遂于请愿运动进行到第三次时，组织“台湾议会期成同盟会”。1923年1月，蒋渭水等根据《治安警察法》[②]，写下台湾文化会不涉及政治的保证书。1月30日，蒋渭水等人向台北警察署提出成立“台湾议会期成同盟会”的结社组织状，并提出“台湾议会期成同盟会”的结社申请，但被总督府以“保持安宁秩序”为理由禁止结社，并以林献堂的堂弟参加“台湾议会期成同盟会”为由，把林献堂的总督府评议会委员职位罢免。

2月2日，结社遭到强制禁止，因此，活动就移到东京。2月21日，“台湾议会期成同盟会”在东京重新成立。日本当局决定检举“台湾议会期成同盟会”会员，12月16日，在总督府警务局的主导下，全台除花莲、台东、澎湖外，同日同时展开大检举，共有99人遭受迫害。1924年一审判决，被告全数无罪。然而检察官三好一八不服，提出上诉。10月29日二审，蒋渭水等13人被判有罪，被告随即提出上诉。1925年2月20日，三审宣判，维持二审判决。最后蒋渭水、蔡培火被判4个月徒刑；蔡惠如、林呈禄、石焕长、林幼春、陈逢源被判3个月徒刑，

① 《台湾社会运动史》第二册，第41页。

② 《治安警察法讲义》、《御署名原本・大正十五年・法律第五八号・治安警察法中改正(敕令第百九十八号参看)》、《治安警察法の廃止に関する件》，JACAR：A04010501400、A03021589000、A05032377200。

其余 6 人被判罚金百元，史称“治安警察法违反检举事件”，即一般所称的“治警事件”。

台湾议会设置请愿运动共进行了 15 次，前后历时 14 年之久。此次运动是台湾人民以公开的方式发起的，针对总督府专制统治的斗争。虽然运动的方式没有摆脱改良主义的束缚，但其最终目标是要求给台湾人民有限的地方自治权。由此事件而引起的“治警事件”，及同时期的“西来庵事件”，增强了台湾人民反抗日本殖民统治的信心，促进了 400 万台湾同胞的政治觉醒。

二　台湾文化协会及共产主义运动

1. 台湾文化协会的活动与结局

第一次设立台湾议会请愿书提出后，台湾岛内医师出身的蒋渭水欲创立“台湾文化协会”，以作为岛内民族运动的指导团体。蒋渭水在与林献堂商议后，访问了总督府川崎警务局长，向警方陈述了文化协会创立的主旨，以求谅解，并于 1921 年 8 月 28 日，向总督府各局长、各州长、内务、警务两部长，教育课长、市长、郡守、警察署长、各郡警察课长等，寄附了文化协会创立计划的致词书。台湾文化协会以“助长台湾文化的发展”为目的，集结 1000 多名会员，林献堂为总理，蒋渭水为总干事，蔡培火等 41 人当选为干事。

台湾文化协会的宗旨是改革台湾社会，灌输民族思想，唤醒民族意识，以摆脱殖民统治，进入文化抗日的新阶段。为贯彻其宗旨，该协会开展了一系列活动：在各地设立报刊杂志阅览室，陈列台湾和大陆各地的报纸杂志；经常举办各种文化演讲，内容涉及广泛，有台湾历史、中国文学、日本经济、通俗法律、西洋通史、新闻学、社会学等；他们还组织文化剧团到各地演出，激起民众的斗争意识。台湾文化协会实际上已成为推动全岛新文化运动的中心。1925 年 8 月 26 日，蒋渭水在《台湾民报》上发表文章称：“台湾人现实有病了，是没有人才可治的，所以本会目前不得不先着手医治这个病根。我诊断的结果，台湾人所患的病，是智识的营养不良症，除非服下智识的营养品，是万万不能治愈的。文化运动是对这病唯一的治疗法。文化协会就是专门讲究并施行治疗的机关。”[①]简单地说，台湾文化协会的中心任务，即在于启发民智并弘扬民族文化。

台湾文化协会的成立是得到警察许可的，其活动也必然受到警察的严密监督与限制。在此种高压下，文化协会在表面上不能从事政治运动，而只能巧妙地以启蒙运动为名进行各种政治活动，并不得不以个人身份来参加一些政治活动。尽管如此，由台湾文化协会主办的各类讲习会及演讲经常会遭到警察的中

---

① 《台湾民报》，1925 年 8 月 26 日。

止或解散。总督府之所以没有取缔文化协会，是“因为这些运动具有深远的民族根底，绝非一朝一夕所可扫灭，所以推想当时日本人采取的取缔方针，可能是怀柔政策”①。日本人采取对运动的领导者进行分化的手段，利用林献堂的姐夫彰化街长杨吉臣对林献堂进行劝说，总督及总务长官也找机会亲自说服，使林献堂的态度出现松动。另外，总督府加强了对文化协会活动的管理，具体措施是：对利权营业者、学校教职员及运动相关联者，进行训诫，求其反省，仍不服从者，则加以整顿；利用街庄长会议、保甲会议及其他群众集会等机会，告诫一般岛民不可妄动；公务员及街庄长等不得参与此类运动，如果要参加，必须先行去职；在议会请愿及文化协会干部进行宣传演讲时，派出精通当地方言的警察列席会场，一旦有妨碍治安的言行时，要作相应的处理②。

“治警事件”后，台湾民众更关注文化协会的活动。在 1923 年至 1926 年的 4 年之间，文化协会就举办各式讲演 800 次之多，在台湾各地吸引听众总计超过 30 万人。台湾文化协会创立至分裂的 6 年期间，可以说是“台湾人的复兴”时期。这 6 年，是各派民主势力聚集在一起的重要时期，被称为台湾民族运动的“统一战线时期”。

“文协”早在成立之时，内部意见分歧，分裂为两派，其右翼以林献堂、蒋渭水等为代表，认为台湾没有资本家和资本主义，应该以民族运动促进资本主义发展，改良台湾经济制度。另一派以王敏川为代表，认为台湾民族解放运动应该使民族运动与阶级斗争结合起来。林献堂等退出“文协”后，王敏川等对旧“文协”进行了组织领导，组成了“新文协”，1931 年 1 月 5 日召开第四次代表大会，推选王敏川为委员长。会后决定取消“文协”组织，另组台湾大众党。不久，台湾大众党也停止活动，王敏川等被捕入狱，“文协”便结束了历史使命。

2. 台湾民众党的成立及其活动

文化协会分裂后，林献堂、蒋渭水等相继退出文化协会，继续遵循合法、稳健、体制内斗争的道路推进民族运动的发展。林献堂在 1924 年向新任总督伊泽修二提出改革“建白书”。1927 年，蒋渭水、洪元煌等人也提出了新的政治结社计划。蒋渭水提议成立主张台湾自治的台湾自治会，被总督府认定其“明显违反本岛统治的根本精神”，明令禁止③。

1927 年 3 月，矢内原忠雄来台考察，他对林献堂、蒋渭水表示支持，使他们又获得了斗争的勇气。5 月，林等又筹划组织“台政革新会”，台北州警察署认为

① 《台湾社会运动史》第二册，第 234 页。
② 《台湾社会运动史》第二册，第 236 页。
③ 《台湾社会运动史》第二册，第 129 页。

该会纲领表露殖民地自治的主张，滥用“台湾人全体”、“解放”等字句，并明示要废除保甲制度，主张公学校用日台语授课等，殖民当局指其含有民族解放自决色彩，不予准许。

6月7日，蒋渭水等人开始策划成立新的组织，决定成立台湾民众党，7月在台中举行发会式。台湾民众党“以确立民本政治，建立合理的经济组织，及改除社会制度之缺陷为其纲领”，这项纲领包括政治、经济和社会三大方面的内容。这表明尽管在文化协会分裂后民众党与新文协各行其道，但民众党仍然希望继续主导台湾的民族运动，并扩大对农工运动的支持，努力促成台湾全岛全民性的民族运动。

台湾民众党的党纲大要是：

一、确立民本政治：期实现立宪政治。

1. 要求制定台湾宪法。

2. 反对把握三权的总督专制政治。

3. 根据宪法，使立法、司法、行政三权完全分立，而台湾人应有立法的协赞权。

二、建设合理的经济组织：确立生存权，拥护农工阶级，提高其生活程度，使贫富之差趋于平等。

1. 据“耕者有其田”的原则，奖励自作农，消灭大地主。

2. 废除特权阶级。

3. 采取社会主义的原则，大事业归公共经营，以防止资本主义之跋扈。

三、改除社会制度之缺点：确立社会生活之自由，实行男女平等，革除社会陋习。

1. 反对人身买卖，废止聘金制度。

2. 提倡婚姻自由，励行一夫一妻制度。

3. 普及女子教育，奖励妇女职业。

4. 普及科学智识，扑灭迷信恶习。

5. 节约冠婚冗费，废止丧祭奢侈。

6. 奖励体育，禁吸阿片。①

民众党的一系列活动，实际上就是台湾民族运动的发展和延续，揭露所谓总督府评议会是摆设，毫无意义，要求废除封建保甲制，取消限制台湾与大陆间

① 叶荣钟：《日据下台湾政治社会运动史》(下)，台中：晨星出版社，2000年版，第420页。

往来的渡华旅券制度，反对所谓始政纪念日，举办大规模的讲演会等等，无不包含着浓烈的民族斗争气息。特别是其主导的反对鸦片吸食新特许运动，对台湾社会贡献最大。

日本早在殖民台湾以前，在其本国早已发布刑法，严禁吸食鸦片。日本入台以后，日本朝野大都倾向于严格禁止鸦片的态度。但台湾总督府当局却认为，台民久食鸦片，恶习根深蒂固，很难一时绝禁，于是采用当时日本内务省卫生局长后藤新平提出的“渐禁政策”。此种政策的实施有着多重意涵。一般研究认为，之所以采取鸦片专卖，主要是日本考虑自己为文明国家，若在殖民地鼓励吸毒有辱国格，且当时台湾武装抗日者多数感染烟瘾，管制鸦片，可使其活动减弱。其实，日本在台湾实施鸦片专卖的最重要原因是为总督府增加财政收入。这一点可从鸦片烟膏一等品的出卖增加及吸食者没有按正常自然死亡而减少来佐证。

1896 年 3 月，总督府发出告谕，明令除政府输入外，禁止输入鸦片，台民中如果有吸食成癖者，允许其在一定规定范围内当作药品来使用。1897 年 1 月 21 日，台湾总督府发布了《台湾阿片令》，并于同年 3 月制定了《台湾阿片令施行规则》。总督府当局除了制订法规管理鸦片吸食者外，也着手宣传鸦片弊害，严格取缔私制、走私、违法吸食等。1900 年，已经基本掌握了全台大部分的鸦片烟瘾者，并发放了吸食许可证。到 1908 年时，吸食特许者合计为 17 万人[①]。

1924 年，日本在国际鸦片会议上声明，不久之将来要禁绝台湾瘾者，同时加入了国际鸦片协定，签署了在人道基础上且为增进各国民之社会的及道德的福祉，为迅速达成禁止使用于吸食之鸦片起见，尽一切手段予以执行的协定。此协定于 1928 年 12 月 28 日起生效。为此，1928 年，总督府以律令第三号公布“台湾新阿片令”，原则上规定不准吸食及采取治疗等。但此令的第二条规定，允许新的特许报名者可以吸食。

1929 年，民众党提出抗议书，要求警务局长取消其特许鸦片吸食者的声明，并发电报给日本内阁，要求命令总督府停止发放新许可牌照，并将声明书分送日本及大陆各大媒体，同时还向日内瓦国际联盟总部控告日本总督府。国际联盟派员到台湾来进行调查，这一行为使反对新特许运动变成了超越政治、经济、社会的人道上的国际问题。台湾总督府长期引以自豪的鸦片渐禁政策，受到国际社会前所未有的关注，也使台湾作为一个殖民地的个体，进入了世界的视野范围，更使总督府当局开始积极推行更加积极的措施。

由于民众党敢于抨击总督府的专制统治，得到了台湾广大民众的支持，特

---

① 叶荣钟：《日据下台湾政治社会运动史》（下），第 449 页。

别是以依靠台湾民众进行民族运动的蒋渭水一派在民众党内逐渐占据领导地位后，民众党的支持率大为提高。1927 年，支持民众党的工人团体有 20 个、所属会员 3188 人，农民团体 2 个、所属会员 362 人，普通团体 12 个；1928 年很快就上升为工人团体 42 个、会员 12806 人，农民团体 4 个、会员 1022 人，青年团体 8 个、会员 409 人，普通团体 10 个、会员 866 人[①]。

由于民众党内部的另一派主张以舆论的力量，采行合法手段促使总督府放松专制统治，导致民众党内部出现矛盾，林献堂等人于是脱离民众党，并于 1930 年 8 月 17 日组建台湾地方自治联盟，林献堂本人亦正式辞去民众党顾问一职。日本殖民者趁着民众党内部的分化，迅速采取行动，1931 年 2 月 18 日宣布取缔了民众党。

3. 台湾共产党的活动

台湾共产党发轫于 1926 年 1 月在东京成立的日共的外围组织“台湾新文化学会”。此学会是由比谢雪红更早到莫斯科的许乃昌创建，成员有商满生、黄宗九、苏新等台湾左派留学生。后来，由于受警察针对日共的“三一五大逮捕”影响，改名为“台湾学术研究会”，继续在台湾留学生中开展共产主义运动。

1928 年 4 月，谢雪红、林木顺、翁泽生等人在上海成立台湾共产党，隶属于日本共产党台湾民族支部。由于他们在组党前后以“上海台湾读书会”为掩护进行活动，被上海日本总领事馆的警察发觉，于是，日本警察于三四月间先后三次将谢雪红等多名读书会成员逮捕。“上海台湾读书会事件”虽然是日本警察在未掌握台共核心时采取的行动，但对刚刚成立的台湾共产党也打击甚大。

1928 年 9 月，陈来旺、林木顺等再于东京户山成立了“台湾共产党东京特别支部”，并由陈来旺为东京支部负责人，建立了与驻上海及台湾岛内的台共成员的联络，并派得力干部回台进行工作。

1928 年 10 月，日共中央委员长渡边政之辅，为指导台共的活动来到台湾。他从上海搭乘“湖北丸”至基隆港时，因行李箱上的名字与船票上的名字不同，基隆水上警察将其带往水上警察署盘问。渡边政之辅用手枪先击毙随行警察，逃脱时却被石钉绊倒，无法逃脱，警察前来包围，渡边政之辅自杀，年仅 29 岁。渡边政之辅的牺牲，对台湾岛内共产党组织打击甚大。

紧接着，在 1929 年 4 月 16 日，日本共产党又遭到日本警察的大肆搜捕，史称“四一六大逮捕”。当时在搜查到的名单上发现了 3 名台湾人，于是日本警察对台共东京特别支部成员进行了大检举行动。日本警察逮捕大批共产党员，首先是日共中央事务局长间庭末吉(此人被疑为日本警察的间谍)遭警察逮捕，并

---

① 《台湾社会运动史》第二册，第 183—184 页。

在其住所发现大量日共组织资料，有关台湾共产党的文件也在其中。日警发动对台湾人左翼团体“东京台湾学术研究会”的搜查，逮捕会员43人，查明这3名台湾共产党员即是陈来旺、林兑、林添进。这样刚成立6个月的“台湾共产党东京特别支部”即告消灭。陈来旺被判刑6年，林添进4年，林兑到1931年3月才被保释出狱。尽管其他学术研究会会员被释放，但在严密的监视下，东京台湾学术研究会陷入无力活动的状态。同年6月16日，台共成立时“政治大纲”起草者佐野学(早稻田大学讲师)也在上海被捕。至此，与台湾共产党比较熟悉的日共干部均被捕，台共与日共的关系因而严重受损。

在“上海台湾读书会”受到破坏以后，日本警察对台湾共产党进行了更加秘密的侦察，基本上掌握了台共在岛内的情况。1930年底至1931年春时，日本警察查获共产党员陈德兴及王溪森由上海归台后与翁泽生联系、共商振兴台湾共产主义运动的信件。日本警察于1931年3月24日实施了全面搜查，在台北市陈春木家中发现共产党员赵港及陈德兴。赵港匆忙间将桌上重要文件咽下，而陈德兴则趁机逃走。此次搜查收缴了台共“改革同盟成立事宜”、“文协解消问题”、“台湾运输工会组织事宜”、“台湾运输工会运动方针”等十几种文件。但台共并没有停止活动，并利用陆军纪念日当天的第一次防空演习的机会，进行革命宣传。日本警察很快就查出为共产党员王日荣所为并搜查其住处。王日荣被迫自首，并供出共犯为林式镕。由于王日荣的叛变，台湾共产党组织遭到毁灭性破坏，谢雪红等107名共产党员被逮捕，大量的重要文件被查收。1931年10月，以上被捕人员中的79人被分批移送至法院，对其中49人提出预审。此后，台共也曾重建，但已经不能有大的作为了。

4. 台共的外围组织农民组合

1925年5月，高雄市陈中和的新兴制糖突然宣布，欲将700甲土地收回自营，使耕种这些土地的农民惊慌不已。台北工业学校毕业的黄石顺借机将农民组织起来，反对陈中和收回自营，地主因发现农民有组织而暂缓进行。这次团结斗争的成果鼓舞了台湾农民。当时台湾各地的农民组合组织主要有：二林蔗农组合(对抗二林糖厂所组成)、凤山农民组合(对抗陈中和物产所成立)、大甲农民组合(反抗日本退休官僚强占土地)、虎尾农民组合(台湾农民组合虎尾支部)、曾文农民组合(反抗明治制糖)、竹崎农民组合(对抗三菱竹林事件而组成)、台湾农民组合嘉义支部等。黄石顺联络简吉、陈连标、张沧海等，推动各地农民组合组织的联合。

1926年6月，“台湾农民组合”宣告成立，中央委员长由简吉担任，其他重要干部有陈连标、黄石顺等，并于1927年12月，在台中市初音町乐舞台召开第一届全岛代表大会。当赵港报告台湾农民组合发展经过时，警方以言论不当为由勒令中止，改由侯朝宗继续报告，旋又受干扰，大会在第四日被警察命令解散，引发众怒，当晚即临时召集听众1000多人举行示威演讲会。

台湾农民组合自召开第一届全岛大会后，全岛农民迅速行动起来，农民斗争经常发生。在1927、1928年间，各地农民不满遭受压迫、起而反抗的争议事件多达420件，但大部分都被警察镇压下去。主要的事件有：第一次中坜事件；第二次中坜事件；辜显荣所有地争议事件；大潭官有地佃农争议事件；台湾拓殖制茶会社土地争议事件；大宝农林砍蕉造林争议事件等。

第五节　台湾总督府的理番政策与雾社起义

日本殖民统治者对台湾少数民族地区采取了严格的“汉番隔离”政策，警察以外的普通人不能随意进入“番地”，“番地”除了少数民族以外，只有日本人警察。这种情况一直持续到日本战败为止，所以，日本人对台湾少数民族实施的是彻头彻尾的“警察政治”。对台湾少数民族来说，日本殖民统治的前二十年，是日本警察以军事力量，采取恩威并用的方式，征服镇压台湾少数民族的血泪过程；后三十年，警察则扮演着番地文明进程的监督者，及原生态文化野蛮破坏者这双重身份。

一　总督府的理番政策

1. 台湾总督府初期的理番政策

为避免“汉”“番”联合起来共同抗日，并尽快地开发山地资源，第一任台湾总督桦山资纪对番地实施“绥抚”政策，“以爱育抚字为宗旨，恩威并行，使人民不敢生狎侮之心”[①]。

1895年9月4日，总督府殖产部长与台北县知事在大嵙崁与番人进行初次接触，以酒肉烟布及牛一头送与番人，并告喻台湾已归属日本版图。9月25日，民政局长下发通知，设置台北县大嵙崁派出所。这是第一个台湾番地官衙[②]。10月，台湾总督府发布《警察官吏服务条例》，明文规定：“对番地土人更要殷勤应对，恳切恤爱。”[③]

日本人一方面采取施恩政策，另一方面也加紧制定法律，着手对番地重要资源的掠夺。随即颁布《台湾矿业规则》、《砂金署章程及砂金采取规则》、《官有

---

① 《理蕃志稿》(第一卷第一编)，台北：南天书局，1995年复刻，第1页。
② 《理蕃志稿》(第一卷第一编)，第4—5页。
③ 《台湾总督府警察沿革志》(第一编)，第44页。

林野及樟脑制造业管理规则》,以遏制少数民族对番地资源的利用[①]。

由于"绥抚"政策只是收买人心之策,台湾少数民族很快就看出,日本人的真实目的在于谋取番地的资源,所以各地反抗不断。1896 年 3 月复归民政后,总督府为加强番地的行政,发布《台湾总督府抚垦署官制》、《抚垦署处务规程》及《抚垦署条例要项》。开始把台湾"番地"划为特殊行政区域,导入"警察威力"来治理。1897 年 9 月,总督府开始组织番界警察,在汉人中任用隘勇、隘丁或警吏,同时又草拟了《番界警察规则案》及《生番刑罚令案》。根据《番界警察规则案》,以"番界警察署"的设置,来代替抚垦署,其业务偏重于"整顿管理"。当时在 6 县 3 厅之下,设立了 77 个"办务署"、84 个"警察署"。办务署长及警察署长都是由"警部"来充任,番地行政和重心自然侧重于警察业务。由于警察署的设立,使"抚垦署"降级为隶属于县厅的特殊行政机构。这样警察的职权就跨越了平地,总督府对原住民政策的重点,从"绥抚政策"向"整顿政策"转变,开始了警察控制番地时期。

儿玉总督上台后,后藤民政长官的施政方针,是力争将台湾财政独立。但番地由警察单位来掌理,难免偏重于"整顿"而忽视经济开发,于是总督府加强隘勇制度,将它置于警察的领导之下,并发布各种专卖制度,将樟脑收归官办。1904 年总督府发布了《隘勇线设置规程》、《番界警备员勤务规程》、《隘勇庸使规程》、《番界警备员勤务细则标准》等,将传统的隘勇制度嫁接到现代警察组织之上,以图达到"以番制番"的目的,并希求更快地从番地获得资源。随着隘勇组织由警察单位指挥监督趋于制度化,隘勇真正成为总督府在番地的尖兵。

到 1905 年,隘勇线延长到 918 华里,面积增加至 1092 平方华里,起自宜兰东海岸线的苏澳,经深坑、桃园、新竹、苗栗、台中各番地,抵达南投厅下埔里社支厅管内北港溪右岸。防御设备除枪炮外,在必要地点还埋设地雷。隘勇数到 1905 年增加至 4500 人。除常设的隘寮外,还有流动隘,再配加游击队、奇袭队,警察与隘勇联合的警备设施,已经达到攻守兼备的程度[②]。以隘勇、地雷、铁丝网、木栅、掩堡、探照灯等构成的隘勇线,将番地与平地严格分开,以达到推进番地樟脑事业,从经济上榨取台湾的目的。总督府更在 1905 年 8 月,对《各厅事务分课规程》进行了修改,将粗制樟脑油制造及管理事项从专卖局移交到警务课来掌理,以警察的威力,来强制掠夺番地的资源。由于日本人采取了如此的高压政策,台湾番地人民反抗不断。1906 年,佐久间左马太出任第五任台湾总督,开始了台湾少数民族的灾难期。

① 井出季和太著:《台湾治绩志》,台湾日日新报社刊行,1937 年,第 226 页。
② 井出季和太著,郭辉编译:《日据下之台政》(第一卷),第 311 页。

2. 佐久间以镇压为主的理番事业

佐久间左马太，素有“生番的克星”之称，日本政府让其出任台湾总督，就是欲借他击败“生番”经验，以谋求早日平定“生番”，促进“番地”的富源及经济的开发。佐久间一到任，就开始在行政上扩张“番务”机关、加强番地事务，确定了“五年理番”计划，在一般预算中的“番界所属费用”之外，再加上50万元的经费，用五年时间对“番地”进行经营。其“理番”大纲仍然是以“北番”为主，主要采用引诱方式，使“番人”在其境内设置隘勇线，对“南番”仍然采取“绥抚”政策。

在“北番”地带，隘勇线的推进，是将原先为零散方式的隘寮，改为密集重点方式设置，并且加强和扩大不容易受人为因素影响的电流铁丝网和地雷等的设置，来克服隘勇的素质不良和训练不足及补给等管理上的困扰。这样隘勇线从原来以人力为主的警备线，渐改为应用现代科技设施来发挥防御功能的警备线。当时隘勇线分为二线：第一线是由南投厅浊水溪上游的“雾社番”起，越过中央山脉延伸到台东厅花连港木瓜溪下游“七脚川社番”，这被认为是最有利益且最容易得手的首要之线。第二线是由深坑厅林望眼隘勇监督所，经插天山北侧延伸到桃园厅枕头山阿母坪，衔接已设的隘勇线。

到1909年底，日本人在番地共延长“隘勇线”达744华里，其线内土地面积达1266平方华里，“北番”完全被6888名警务人员包围，且其包围圈渐渐缩小[①]。同时，由于“隘勇线”的推进，总督府侵占了番人土地282公里，此外还在“番地”架设电话线505里、铁丝网66里、通电铁丝网19里[②]。这些都对“番人”的生活造成极大的影响，因此，“番人”产生强烈不满。总督府方面为了牵制“番人”，阻止其共同联合、扩大抗日行动，于5月11日，从新竹厅马福社开始推进隘勇线。此行动反促使“番人”抗日行动激化，形成北部深坑、桃园、新竹各厅的“大嵙崁前山番”、“大豹番”、“大嵙崁后山番”、“马武督番”和“马里可万番”的联合抗日。至此，总督府实施的“五年理番”计划，在北部和东部屡次遭受挫折，于是对原来的“理番”计划加以大幅修改，开始了新的以“军事讨伐”为主的“五年理番”计划。

此计划的主旨即是从制度层面上强化警察对番地事务的主动权，为武力讨伐作组织准备。1909年10月25日，台湾总督府发布《台湾总督府官制》，在民政部新设“番务本署”，由番务总长出任番务本署长，主掌和指挥署内各课事务。其次，警察本署和掌管地方行政的总务局合并成立“内务局”，由警视总长充任内务局长，主掌和指挥厅长及警察官。废止民政部的土木局，在番务本署内设

---

① 井出季和太著，郭辉编译：《日据下之台政》（第二卷），第431页。

② 周宪文编著：《台湾经济史》，台北：开明书店，1980年版，第971页。

置“土木局”[①]。这样，民政部所属警察，在制度上被分为“平地”的普通警察和“番地”的番务警察两种。

为了配合总督府官制的改革，当天又公布《台湾总督府地方官官制》，将1901年实施近20年的地方制度进行大幅改革。把以前的20个厅合并为12个厅，并依照行政区域的大小、厅治的难易又把12个厅分为三等[②]，各厅长由警视充任，而一等和二等的各课长也由事务官或警视充任；至于原为厅制的基隆、彰化、打狗、恒春、苗栗，经合并废止之后，降格为支厅，但支厅长仍由警视兼事务官充任，这与其他全台设置的82个支厅长由警部充任有所不同。

总督府在制度层面上确立番地警察行政体系之后，编制了新的“五年理番”计划，申请经费1624万元，计划对新竹厅下的“马得吉湾”、“奇那之”两番，桃园厅下的“交岸”番，台中厅下的“北势”番，南投厅下的“诗家瑶”、“沙马漏”两番，及东部的“太鲁阁”各番，进行大规模的讨伐。至1911年2月，雾社及万大社基本被镇压下去。只剩“白狗”、“梅巴拉”、“马列巴”三部族而已。

佐久间的第二次“五年理番”计划，在推行第一年即遭到北部少数民族的强烈反击。于是，总督府决定出动军队、山炮队、迫击炮队等协助警察镇压。由此开始，台湾进入武力讨伐的第二时期，即由佐久间亲带军警，深入山地设立指挥中心，完全以武力围剿“番地”。

为此，总督府再次修改官制，于1911年4月公布了《番务监视区规程》，将“番地”以南投厅浊水溪为界，分为北南两个监视区，由警视出任区长，负责对“番人”的化育及监督等[③]。这可以说是辅助番务本署日益忙于“讨番”，而另设的专管“抚番”的机构，以求完美地实现其“理番”事业。但由于其业务的扩大，总督府于1911年10月再次修改《台湾总督府官制》，又恢复了警察本署[④]。

从1911年到1912年，总督府对“北势番”、“多亚社”、“奇那之”等社进行了征讨；同时在鲤鱼尾、李岐山、埋巴拉、北势的“老武高”、白狗“马列巴”、马利吉湾等方面将隘勇线向前推进。

总督府经过两年的征讨，仅剩下北番中以“奇那之”为中心地区及太鲁阁地区这两块地方。1913年6月8日，总督府对《台湾总督府官房及民政部各局署部课规程》进行了修改，决定废止番务本署调查课[⑤]，隘勇线内的“番务”，由警察

① 《台湾总督府警察沿革志》(第一编)，第125—127页。

② 第一等为台北、台中、台南；第二等为新竹、嘉义、阿猴；第三等为宜兰、桃园、南投、台东、花莲港、澎湖。参见：《台湾总督府警察沿革志》(第一编)，第564—566页。

③ 《台湾总督府警察沿革志》(第一编)，第143—145页。

④ 《台湾总督府警察沿革志》(第一编)，第145—146页。

⑤ 《台湾总督府警察沿革志》(第一编)，第158—159页。

本署的普通警察来管理。这样,“番务本署”就萎缩成仅对“线外番”进行讨伐,而“线内番”则由警察本署统合。这样线内的番地警察就可全力进行经济开发,线外番地警察则配合宪兵全力围剿剩余的两块番地。经过努力,中央山脉以西各番社,很快就被日本人控制。此后,总督府征讨的重点就放在太鲁阁番。总督府出动警察近万人,由民政长官内田嘉吉任太鲁阁讨伐警察总指挥官,在警察与军队的联合剿杀下,太鲁阁番终于被征服,但日本人也付出相当的代价,佐久间总督在巡查前线时,自悬崖坠落摔成重伤,一年后死亡。

经过佐久间的努力,“理番”五年计划到1915年基本达成目标。此计划的完成,完全可以说是“警察政治”兼“军事武力”发挥威力而成功的。

二　对“番地”少数民族的“抚育同化”

1915年,佐久间的“五年理番”计划基本实现。当时台湾“番地”共有680个番社、户口总数为22829户、总人口达132279人(男66232人、女66046人)①,总督府统称他们为“归顺番”。为了进一步加强对番地的有效统治,总督府采取一系列的“抚番”手段,使“番人”不经过汉化为“本岛人”的过程,而是直接脱离“野蛮”状态,同化于日本,进而成为“日本国民的一部分”②。此“抚育”政策以“归顺番”为其对象,主要利用“警政”体系,发挥警察的软硬兼施功能,重点在于精神教育,其次配合物质诱导,目的就是将“番地”的少数民族改造成为“纯然的日本人”。此“抚育”政策与从前在掠夺山地资源时期的“抚育”政策有所不同,后者在于利用“物质文明”,来吸引番人的物质欲望,引导他们对“文明”的向往,进而由衷地服从殖民者的统治。

1. 同化教育

日本人的番地改造政策最重视的是“番人教育”工作。“番人教育”又分为学校教育、简易教育、观光教化、社会团体、言传身教等几类。

总督府在蕃地设立一般公学校,让少数民族学习修身、日语、习字、算术等正科,还根据实际需要,增加了一般农业农事相关的土质识别、农地的整理方法、水田旱地的区别、蔬菜杂粮等的试种、水稻的栽培方法等等③。番人公学校在1923年有28所,学生在校人数达4731人④。同时,总督府还利用简易教育,即在番地组织番童教育所,由驻地警察来具体执行特殊教育。1908年总督府允

① 《理蕃志稿》(第三卷第四编),第143—144页。

② 藤井志津枝:《日治时期台湾总督府理番政策》,台湾师范大学历史研究所,1989年,第269页。

③ 《理蕃志稿》(第一卷第二编),第838—839页。

④ 井出季和太著,郭辉编译:《日据下之台政》第二卷,第646页。

许各番地驻在所制定具体的教育标准及教育纲要。这样,各番地警察派出所,在从事番地管理的同时,还负责对管内番童进行日语、礼仪、农耕、畜牧、卫生、实业、体育及简易的文字教育①。这些学习都有助于番人对"日本式生活及日本文化"的吸收及接纳,目的是希望经过几十年的同化,以达到"使此二十万番人改造为纯然的大和民族"②。1923年,番地有番童教育所142处,学生人数3469人③。而在警察教育下成长起来的番童中,后来就有一部分人进入总督府的番地警政体系内,成为与"番民"接触密切的"警手"。尽管他们在警政中的地位官阶低下,只是充当日本人警察的"杂役",但他们穿着警察的服装,领取政府的薪金,使用着日式的物品,过着纯正日本式的生活。他们也视自己为日本统治番地的代表,以身作则,努力协助推行日本的各种同化政策④。

观光旅行是日本怀柔教化台湾少数民族的另一种方法,分为岛外观光与岛内观光两种。初期以岛外观光为主,一般是去日本的大都市,主要参观一些神社、建筑与军事设施。雾社事件以前进行的日本观光,刻意安排参观各种军事设施与操练。例如在首次观光中,为展现日本人军事力量与炮火之巨,两次安排番人参观练兵场炮火演习,并安排到炮兵工厂参观。另外,参观神社、公园、学校等,让少数民族亲眼目睹近代文明,以去除蒙昧思想。1915年第二期理番事业结束后,由于番地基本趋于平静,同化少数民族成为观光的主题,启发性的观光成为主流,观光的主管机构也由番务本署、警察本署转移到各州、厅警务局。总督府要求各警务局规划观光活动及日程,具体以实际生活相关事物为参观对象,并要求警察领队向参加者指导说明⑤。在警察的监控下,后期的观光活动不仅局限于大人,番童的"修学旅行"也规划到其中。另外,警务局理番课还设置电影巡放班,配给各州厅放映机,制作或购买与理番相关的影片,派送到各地,进行巡回放映。

观光旅行对台湾少数民族的思想产生巨大的冲击,改变了他们心中对外界的认知,了解统治者日本的发达,亲身感觉到彼此间的差距,开始出现了认同殖民统治的想法。

番地所在的各州、厅还鼓励少数民族成立各种民间团体,由警察控制并对其进行社会教化。当时的番地民间组织有头目势力者会、家长会、主妇会、青年

---

① 《理蕃志稿》(第一卷第二编),第844—845页。

② 丸井圭治郎:《抚蕃意见书》,台湾总督府民政部番务本署,1914年,第84—85页。

③ 井出季和太著,郭辉编译:《日据下之台政》第二卷,第646页。

④ 藤井志津枝:《日治时期台湾总督府理番政策》,第273页。

⑤ 郑政诚著:《认识他者的天空:日治时期台湾原住民的观光行旅》,台北:博扬文化事业有限公司,2005年版,第13—14页。

会、壮丁团、同学会、学友会、父兄会、日语讲习会、矫风会等。1924 年计有这类团体 527 个,会员人数达到 2.5 万多人。至 1930 年,团体数量升至 865 个,会员人数高达 46002 人①。这类团体主要致力于日语的推广、水田耕种的指导、共同墓地的设定、房屋的建造、劳动观点的养成、储蓄习惯的培养、卫生习惯的普及、群体居住的诱导等。

2. 指导授产

授产,也是"教化"番人政策的一部分。早在 1902 年 5 月,日本警察在恒春厅上番内狮头社的薮桐脚溪设置了第一所"番人授产场",教授番人种植花生等。1903 年临时番地事务调查挂在其调查报告中两次提出:"要想使番民成为帝国臣民,必须使之认识到自己所应当承担的作为臣民的义务,承认其耕种纳税的土地私有,保护其土地自由买卖交换,这是重要的行政手段,在施行绥抚教育的同时,必须教授其农业生产方法。"②此后,日本人便在番人及番童教育所里增设了授产方面的课程,并在各征服地开始授产活动。佐久间的"五年理番计划"完成后,总督府将番地政策由镇压开始转向绥抚引导,采取恩威并行的手段,将大量多余的警察力量转向抚育授产事业。

由于少数民族散居游牧,儿童教育、授产指导等都难以全面管理。为此,日本人在警察驻在所附近选地建房,让少数民族移住,这样既实现了少数民族的定居,也间接地培养了少数民族对房屋等制材的熟悉,还培养了他们的建筑技术。同时,各州、厅在山地的枢要之地,根据实际需要开设诸如水田指导所、养蚕指导所、教育所实习园、甘蔗指导园、凤梨指导园、桔柑指导园、竹林指导园、果树指导园、桐树指导园、苎麻指导园、桑树指导园、堆肥及养猪指导所、牧场指导所、家兔指导所、制桶指导所、冶炼指导所、工艺指导所、机械指导所、产业指导所、瓜豆指导所、椎茸指导所等各种授产机关③。

在警察威力的强制下,台湾少数民族开始放弃以前的游牧生活,认可定居的农耕生活,土地开垦面积逐年增加。番地仅水稻种植面积在 20 年间,由原来的 250 甲增加到 3918 甲。同时畜牧与种植业也都有了长足的进步。

随着台湾"番地"的开发,总督府又利用警察的力量向少数民族征收各种租税,根据下表分析,台湾番地税收也随着番地的开发逐年增加,1931 年已高达 13318635 日元。番地成为日本殖民者的一个富源。参见表 6－3 公课租税成绩表(以日元为单位):

---

① 井出季和太著,郭辉编译:《日据下之台政》第二卷,第 785 页。

② 《理蕃志稿》(第一卷第二编),第 290 页。

③ 《番地事情》,第 93—94 页。

表 6-3 公课租税成绩表

年次	地 租	附加税	水 租	农会负担	土地整理费	户 税	公学校负担	营业税	杂种税	其 他	总 计
1923	5829410	2187198	671757	716154	98992	324309	—	2534	890	3249	9834593
1924	5664600	2203645	677451	666569	88647	247267	660	1362	203024	9033	9762258
1925	5724329	2079545	305843	749175	78541	275820	660	9004	741233	—	9964150
1926	5463762	2151447	828341	930657	82893	323333	660	6186	1086695	7485	10881459
1927	5544055	2454339	833759	980239	87385	426607	—	7336	927350	220998	11482068
1928	5158200	2322500	1116400	518100	167700	409800	—	11200	2043800	7497	11539500
1929	5148369	2903051	860586	499710	87346	561628	—	16332	1295231	928653	12300803
1930	5659020	2752370	1112186	6222605	161980	561535	—	12074	1222676	259186	12363626
1931	5932718	2898110	1143065	793196	162228	477410	—	17996	1309582	584330	13318635

* 此表来源于《番地事情》第 107 页。

三　台湾少数民族最大的抗日事件——雾社起义

雾社起义是日本殖民台湾 50 年中，少数民族抗日史上牺牲最为惨烈、规模最大的一次抗日活动。日本殖民统治者为了尽快镇压起义，不惜使用包括毒气弹在内的武器，对付只有简陋武器的起义民众，显示了日本殖民者的残暴性。雾社起义也给日本殖民统治当局造成很大的打击，迫使当时的总督石冢英藏和台中州知事引咎辞职。

1. 雾社起义的原因

日本据台后大肆开发山地，掠夺资源。日据初期，樟脑是台湾总督府的重要财源，在理番初期，便以高压讨伐山胞归顺，再以武力彻底征服少数民族，奴役其劳力，以掠夺山地资源，逐步发展日本帝国在台湾殖民地的资本主义。日人还通过警察等高压手段，将少数民族的传统文化进行灭绝。日本人为了防范少数民族抗日，除对其头目加以笼络外，也以“和番”婚姻政策的倡行，消弭少数民族人民的抗日意识，同时，借政治婚姻的缔结，在部落间收集情报。

雾社事件的肇因之一，是日本警察近藤仪三郎抛弃了马赫坡社头目莫那鲁道之妹特娃丝鲁道。而日本人却谎称近藤失踪。而另一位被日警下山治平遗弃的泰雅妻子贝克道雷，日人安排其在驻在所内工作。日本警察对少数民族妇女始乱终弃，莫那鲁道的妹妹即遭此不幸，莫那鲁道因此痛恨日本人，此为雾社事件的诱因。

戴国煇编著的《台湾雾社蜂起事件》中，转录了日本拓务省管理局长生驹高常所著的《雾社番骚动事件调查复命书》，这份文件认为，事件的原因有“番人的本性、莫那鲁道的反抗心、莫那儿子对家庭的不满、吉村巡查殴打事件、警察纪律的松弛、警察娶番妇的问题”[①]等六个方面。这说明事件的发生，不是因某一单纯原因引起的，而是少数民族长期蓄积在心里的对日本殖民统治怨气的一次总发泄。

1930 年 10 月，酋长莫那鲁道的儿子莫那马宏达举行新婚典礼。正当泰雅人载歌载舞欢庆之时，日军驻雾社警官山前来到。莫那鲁道出于礼貌，命儿子给山前敬酒，而山前却因为莫那马宏达的手上涂有牛血，竟三次掀翻酒盅。这一不礼貌的举动激怒了淳朴善良的泰雅人，于是莫那马宏达与弟弟莫那阿杰将山前痛打一顿，赶出了山寨。莫那鲁道预感事情不妙，便亲自带上礼物到警察所道歉。但警察所的日本人不问是非曲直，蛮横无理，毫不领情，而且扬言：泰雅人若不交出莫那马宏达和莫纳阿杰，日本宪兵将踏平泰雅山寨，血洗雾社。莫那鲁道回到部落后，回想日本人对泰雅人犯下的种种暴行，考虑到现在的处境，为了给本族求得一隙生存之地，经与族人精心策划，决定发动起义。

2. 雾社起义的过程

莫那鲁道随即派塔罗湾社人通知荷戈社，并请来波阿隆社人前来商议，决定兵分三路。由长子塔达欧莫那带两名族人攻击马赫波山西兹兹库的制材地，自己同次子巴沙欧莫那攻击马黑保驻在所，波阿隆社人攻击波阿隆驻在所。

1930 年 10 月 26 日清晨，马黑保驻在所被破，杉浦巡查被馘首。莫那鲁道父子集合全社男子，向西攻击。同时塔达欧莫那带人攻击马赫波山西兹兹库的制材地，杀了吉川和另一名警察。波阿隆社人回到自宅召集十几人，攻击波阿隆驻在所，杀巡查一家人，拿走枪支，并放火烧波阿隆驻在所，之后再前往袭击屯巴拉驻在所。巴沙欧莫那前往塔罗湾社集合 10 名塔罗湾社社丁，攻击樱驻在所。又与比荷瓦利斯等 30 人集合，攻击荷戈驻在所。莫那鲁道集合人马，一面通知罗多夫社前往雾社集合，另一方面命次子巴沙欧莫那带领青年组攻击雾社操场，自己带领老壮年组攻击宿舍。

10 月 27 日，雾社公学校原定举办运动会。1895 年 10 月 27 日，北白川宫能久亲王遭受义军重创死亡，这一天被台湾殖民当局定为“台湾神社祭”日。早上 8 点左右，在雾社公学校运动场，联合运动会开幕时，巴沙欧莫那带领青年组 100 多人，冲入公学校，杀死在场日本人，并一路追杀逃跑与躲藏者。莫那鲁道带老壮年组 70 余人攻击日本人宿舍。事后统计，共有 110 名日本人死亡。

雾社公学校的行动之后，莫那鲁道计划逐步攻击各驻在所，两天内攻击了罗多夫驻在所、屯巴拉驻在所、尾上驻在所、能高驻在所、力鹰驻在所、三角峰驻

---

① 戴国煇：《台湾雾社蜂起事件》(下)，台北：三民书局，2002 年版，第 500—510 页。

在所、哈本驻在所、眉溪驻在所，此次事件共有1个分社、12个驻在所被攻击，造成255名日本人死亡。

日本总督府在27日上午得到情报，立刻派警察队从埔里出发镇压。再由台北、新竹、台南、花莲派出警察训练所人员共950名。屏东军机也前往巡查、轰炸、发传单。台湾军方面，动员了台北步兵第一联队、台中分屯大队、台南步兵第二联队、花莲港分屯大队、屏东飞行第八联队等兵力1200余人，配备各式步枪、轻机枪、山炮、轰炸机、毒瓦斯、芥子气、烧夷弹和性能不详的绿弹等。

日本总督府还利用"以番制番"的方式，组织高山族陶兹阿社、托洛库社、万大社联合对抗以莫拉鲁道为首的"反抗番"，造成高山族内部各社互相残杀，种下了第二次雾社事件的恶因。

11月11日，罗多夫社与荷戈社族人在哈本溪战败，投降200人、战死60人、自缢者200人。马黑保社、塔罗湾社、波阿隆社在马黑保力守至12月8日，塔达欧莫那自杀，雾社计投降者170多人、战死数10名，其他则自杀，全社溃灭。

日本人的复仇心理，使他们想彻底消灭反抗者，不给雾社高山族复元的余地。日方又精心设计"第二次雾社事件"。1931年4月，日本人提供枪支，诱使顺从的高山族"番社"袭击投降的"保护番"(即已经投降的原泰雅族"番社")，致使"保护番"原有500多人中又死亡216人。

参与雾社起义行动的共计9个社，社内总人数达1425人，而经两次雾社事件后，生还者只有298人。日本人为了完全去除隐患，将生还者全部迁离原居住地，至川中岛定居。

3. 雾社起义的意义

1930年10月27日爆发的由莫那鲁道领导的雾社起义，是50年日本殖民史中，最具代表性的高山族武装抗日事件。此事件迫使总督石冢、总务长官及警务局长等官员引咎辞职①，使日本人重新检讨长期经营的"理番"政策，在近代台湾史上有着重要的历史意义。

雾社起义是由于日本人对高山族严苛无道的统治，形成的台湾少数民族自发的反抗日本殖民统治的抗日活动，在高山族抗日史上牺牲最为惨烈、规模最为宏大。据概略统计数字，整个雾社起义的抗日原住民从原来的近1500人，到最后仅剩200多人，几乎整个部族都牺牲在日军的屠刀之下②。而日本方面，共

① 薛化元：《台湾开发史》，台北：三民书局，2009年版，第108页。

② 邱若龙：《雾社事件》，台北：时报文化出版公司，1990年版，第259页。

出动 1163 名警察、1194 名军人、1381 名官役人夫，动用了飞机、大炮等[①]。在为期 40 余日的围剿讨伐中，“不仅作新兵器的实验，还并用山炮、机关枪等近代大量杀人兵器猛攻，且从空中使用炸弹、催泪瓦斯、毒气等，进行波浪式连续轰炸”[②]。雾社起义虽然以失败而告终，但它是台湾少数民族人民反抗日本侵略的正义斗争，沉重地打击了日本殖民统治者的嚣张气焰，具有深远的历史意义。

第六节　“七七事变”后以皇民化为重点的殖民统治

要了解日本后期对台的殖民政策，必须深入了解此时期台湾在日本帝国战略架构中位置的变化，以及台湾既有的社会经济文化结构对其政策推行形成的限制。1937 年 7 月 7 日，卢沟桥事变发生，中日全面战争很快爆发。日本国内进入战时体制，人力、物力消耗至巨。近卫文麿内阁遂于 9 月提出“国民精神总动员计划”。这种动员的目的，就是为了达到进行战争，利用一切所需要的社会资源，引导培育民众配合这种需要的社会意识。这种动员表现在殖民统治政策上，就是期待殖民地人民的全面协助和利害与共。

一　战时体制与台湾战略地位的转变

1937 年 7 月 7 日，“七七事变”爆发。此后日本便陷入“泥淖战争”中，此时的国际形势也发生了重大的变化。日本对中国的侵略，违反了美国的“门户开放、机会均等”政策，美国于 1939 年 7 月宣布废止《日美通商航海条约》，日美关系逐渐恶化。在欧洲方面，德国吞并了捷克，意大利吞并了阿尔巴尼亚，德、意、日三国同盟开始出现。日本想利用德国初胜对苏联和西欧的牵制，在中国大陆北境对抗苏联，趁机夺取欧洲各国在亚洲的殖民地，以打开大陆战争的僵局。但 1938 年的张鼓峰事件及次年的诺门坎战役，均以日本失败告终。1941 年 6 月，苏德战争爆发，日本立即在中国东北苏联边境集结了 80 万大军，企图一举解决北方问题。但由于德军进兵的不顺，日本的北进计划夭折了。此后，日本将南方作战目标由切断援华路线改变为夺取整个南洋地区。日本的南侵行动，促使美国采取对日冻结资产和石油禁运的措施，英国、荷兰等国也跟进，日本因此面临所谓的“ABCD(美英中荷)包围”的局面。1941 年 4 月，第二次近卫内阁

---

①② 戴国煇：《雾社蜂起事件的概要与研究的今日意义——台湾少数民族唤起的问题》，《台湾雾社蜂起事件》(上)，台北：南天书局，2002 年版，第 26 页。

的松冈洋右外相提出“大东亚共荣圈”的口号,明示日本已将夺取东南亚的旧欧洲殖民地列入基本国策。

在此种战略情势下,台湾的地位面临很大的转变。这种南进政策,使台湾在地理上及战略上都具有了新的意义。从地缘政治学的角度来讲,南进分为“南中国”、“南洋”两个方面。台湾是当时日本领土内最接近这两块土地的地方,台湾人也和中国及南洋华侨同文同种。因此,当日本对南洋采取经济渗透政策时,台湾被当成南洋资源的转口站及加工厂,台湾人则被当成开发的先锋。而当日本企图对南中国及南洋采取武力进攻之时,台湾自然成为南进政策的“指挥统制中心”。1937 年 8 月,新上任的台湾军司令官古庄干郎宣布台湾进入“防卫的战时体制”。自此,台湾便正式转变为日本军国主义南进的基地,战争也迫使台湾必须具备战时的工业生产能力。这种非正常的、需要动员的“国家强权”的经济上的工业化,在被殖民母国视为“前进基地”的中间地带的台湾内部,表现在物质层面上,就是机械化及公共建设,表现在社会成员上,则是教育训练。

1937 年 4 月,台湾军司令部针对总动员相关各事项,在“对总督府希望事项”中,提出总督府应成为彻底地普及国防思想及航空、交通、防卫、兵事、卫生、海外诸工作的舆论指导机关。台湾军实现总动员总力战时,最大的忧虑就是台湾人的配合。这一点在“彻底地普及国防思想”中表现得非常明确。“台湾防卫的根本,是岛民思想的皇民化,特别是国防思想的彻底普及,这是军务实行上最为重大关心的问题,各当事者虽极尽心力,但对本岛人判断上的差异及对战时状态的认识的不同,使之行动与军方期待的尚有距离”①。

军方的担心是迫于战事的巨大压力,也表明总督府对“本岛人的判断”及“对战时状态的认识”与军方是不一致的。这是台湾后期武官总督上任的重要原因。军方对台湾总督府的要求,在“对总督府要望事项”的第一款“彻底地普及国防思想”中给予了更明确的阐释。其内容如下:

第一,提高内地人自身的国防观念,使其成为 500 万岛民的中坚力量,以确保其具备指导本岛人的地位。为此,军人、官吏、防卫团及其他各种修养团干部要上下左右密切联系,承担起国防思想的彻底贯彻。另外,作为行政官员必须注意保护自己的身份,成为内地 500 万岛民的中坚力量。

第二,对于学生及儿童来说,应先提高教育者自身的国防观念,以期对儿童产生积极果敢的作用。为此必须实施下项:教师人选的适正;召开教师国防讲习会,对没有服兵役的小公学校教员及青年训练所主管,每年至少进行一周的

① 近藤正己:《总力战と台湾日本殖民地崩坏の研究》,东京:刀水书房,1996 年版,第 30 页。

培训；召开学校教师讲习会。

第三，对于本岛人，要援助指导其中的皇民化自觉与先觉者，成为皇民化的先锋，同时动员教育系统、行政系统、军务系统、警务系统及民风作兴会等修养团体，以促进皇民化运动的展开。国语的普及、台语的禁止使用等，作为彻底实施皇民化手段是非常重要的①。

台湾军司令部的言论，强烈地显示出军方对台湾人民的不信任感，已经看出日本欲在台湾实行皇民化的雏形。同时，它也影响着日本政府对台的政策，促使台湾内部的经济政策和统治方针开始转换。1939 年 5 月 19 日，武官总督小林跻造发表了所谓的三大方针，清楚地说明总督府在此一阶段中的执政目标："事变进入了第三年，台湾亦更加紧张起来，为了准备东亚新秩序建设的大事业，台湾该承担的角色愈形加重。为了达成此重大任务，要谈到的第一是台湾岛民的皇民化运动。这次事变后，在军夫的使用及其他的理由上，特别达到了显著的效果。可是考虑将来台湾于日本帝国结构上的重要性，今后还需要更加的努力。第二是台湾工业化的问题。台湾产业向来被认为是以完全自然成长的农业为中心的，其实这方向已经走不通了。今后帝国要向南支南洋扩展，必须让近距离的台湾工业化，发展以热带农作物为原料的加工工业，这是必须要的，因此目前正朝开发工业用动力（电力）的目标努力中。由于此一缘故，不免遭遇劳动力供给困难、资材不足、原料困难等种种问题，但是考虑将来复兴南支所需的铁材商品，以及开拓南洋方面的市场需求，连一天也不能怠忽。第三是南方政策的问题。最近经常听闻谈起种种南进政策，个人认为至少台湾要成为南方发展、朝南支南洋方面拓展经济的据点，台湾统治非从那些观点去考虑不可。"②

小林在这里强调的所谓"工业化、皇民化与南进"中的"工业化"，不是单纯近代资本主义的创造物质文明的近代化进程，而是配合战争需要的台湾物质动员能力的提升。在日本由大陆战争扩张到海洋战争的背景下，台湾已经开始被预设为战场。战争不是台湾社会内部矛盾的产物，是殖民母国强加的结果。作为殖民地的台湾，被殖民母国剥削的程度将随着日本的军事行动扩大而加深，由以前后勤补给式的动员形态，可能变为人力物力直接的投入。这种动员本身就存在着重重阻碍，殖民地异文化的存在，更使这种动员体系存在着具大的危机。从精神层面消灭台湾人的民族意识，生活层面也脱离汉族传统样式和色彩，改造台湾人民成为纯粹的日本人，更易于彻底动员、供其驱使和榨取。皇民

① 近藤正己：《总力战と台湾日本殖民地崩坏の研究》，东京：刀水书房，1996 年版，第 160—161 页。

② 《台湾日日新报》，1939 年 5 月 20 日。

化就是这种动员体系危机下的民族改造运动。

二 初期皇民化运动的意涵

1937年9月，近卫文麿内阁发表了“国民精神总动员计划实施要纲”。这里所谓“国民精神”即是“皇道精神”①，台湾也受此影响，加速了皇民化运动的推行。为了要让台湾人成为天皇“陛下之赤子”的皇民，使运动能够迅速进展，总督府总务长官森岗二郎发表声明，要求尽快将皇民化渗透到岛民生活的第一细节，俾作实现日台一体化的重要转基，将使台湾全岛更接近皇民化。“所谓皇民化运动就是使本岛人成为真正日本人的运动”②。总督府在府内成立精神总动员本部，地方各州、厅设立分部，各市、郡设立支会，负责国民精神动员振兴演讲会的召开、教化宣传资料的刊行、巡回电影放映的进行、相关会议恳谈会的召集及教化诸团体的指导统制等，一切相关精神总动员的事项③。

事实上皇民化对日本人而言，就是要具有“八纮一宇”的团体精神，而对种族不同的台湾人民来说，它的含义则有所不同。对台湾人民而言，皇民化是极端的“同化主义”，而本质上则是日本侵略战争动员的重要环节。皇民化又分为两个时期，其实质应当有两个大的方面的内涵，即是精神与物质的。精神上是要彻底清除以前汉民族的思想信仰，知晓“皇国大义”，体会“皇道精神”，改变以往的生活方式、语言及风俗习惯，成为皇国之民；物质上就是要像日本内地人一样，为皇道信仰，奉献物质与身心。

1. 培养皇民信仰

“国民精神”即是“皇道精神”，而“敬神崇祖”、“忠君爱国”是皇民道德的两个支柱，是日本国体的精髓④。而“神社”则是这个精神的载体。总督府为了更好地调动台湾人民参与战争，必须使台湾人民认定自己是日本人，以日本国家神道信仰取代殖民地传统信仰。在1931年至1937年的准战争期，总督府为因应非常时局的进展，推出一连串阶段性的社会教化运动，其主要的实施内容除有关产业振兴的项目外，尚包含敬神尊皇、普及国语、生活改善等事项。

正厅改造 1936年7月25日，台湾总督府召开“民风作兴协议会”，提出改革固有寺庙宗教等决议。11月，新上任的小林总督亲自参加是年神宫大麻发行式，强调敬神就等于尊皇，并规定不论其信仰如何，均须于各户设置神座供奉神

---

①③ 《部报》第2号，JACAR：A06032508500。

② 森岗二郎：《时局下の台湾》，《台湾时报》，1937年11月2日。

④ 《部报》第12号，JACAR：A06032509400。

宫大麻，以为祭祀皇祖之圣坛，以涵养至诚奉仕之皇民素质。总督府在府内设置了“台湾神职会”，由文教局长担任会长，社会课课长担任副会长，社寺系主任担任理事，开始在台湾全岛推行正厅改造、烧毁祖先牌位、奉祀神宫大麻、寺庙整理等教化运动。

祖先崇拜蕴藏着台湾人民对祖先神灵的敬畏和对祖国故地的怀念之情，日本人也曾将其作为善良风俗予以褒扬。但在皇民化运动中，却斥之为不利于以“天皇为中心之大家”的迷信活动，“妨碍了皇民炼成”而遭取缔。对于台湾汉民族风俗如传统节日的春节、中元节，及婚冠丧祭习俗，被斥为“弊风”，要予“打破”。1937 年 9 月，“台湾神职会”设计出适合皇民祭祀原理的皇道式样的祖灵舍，以使台湾人的祖灵祭祀皇国化。12 月 1 日，提出“本岛民屋正厅实施要领”，强调正厅改造为确立台人家庭皇民信仰生活的中心，奖励各地祭祀国式化，以期贯彻台湾人的皇民化教育。

“正厅改善运动”，要求人民把家中牌位、神像烧掉，改奉神宫大麻（指由日本伊势神宫所颁布的神符）于正厅。1936 年 12 月 5 日，台南州东石郡鹿草庄两个部落举行牌位烧毁仪式，当时有 1224 座神牌位被焚烧掉，也从即日起民众一律改为以日本内地新佛坛来祭祀祖先，并行奉祀大麻[①]。总督府还规定每月 1 日为敬神日，男女老少均需敬神如仪。表 6 - 4 为台湾总督府公布的从 1934 年到 1942 年台湾各州厅奉祀大麻户数：

表 6 - 4　1934—1942 年台湾各地奉祀大麻户数

年份／地区	1941 年末现住户数	1934 年	1935 年	1936 年	1937 年	1938 年	1939 年	1940 年	1941 年	1942 年
台北州	237641	17379	40146	55777	113585	123197	130177	132307	136573	146779
新竹州	129725	4561	14540	18038	99375	102450	104463	104638	108424	112446
台中州	221441	8865	9152	77848	119370	129572	131500	141373	149816	163087
台南州	258482	8774	21254	49498	119217	145304	161256	177101	192995	206579
高雄州	168765	8495	17354	25497	92042	95458	98192	105232	112126	118732
台东厅	16530	913	1182	1030	2858	4968	5360	5300	11300	13450
花莲港厅	30857	4579	6077	7203	17405	17202	17490	19000	21390	22800
澎湖厅	12057	180	548	670	5713	7265	7650	6332	6754	7399
合计	1075498	53746	110253	235561	569565	625416	656088	692283	739378	791272

* 此表转引自台湾总督府文教局社会课：《台湾的神社及宗教》，第 96 页。

① 《台湾日日新报》，1936 年 12 月 7 日。

从表 6 - 4 来看，1937 年皇民化实施后，台湾人奉祀“大麻”的数量比 1934 年增加了近十倍，基本上达到台湾人口户数的一半多。1942 年统计表明台湾奉祀神宫大麻 791272 尊，占到台湾总户数的 80%。

台湾汉民族的祖先崇拜，由于以皇民始祖为主的祖灵舍的设置，转变成为敬神崇祖的国家神道式观念，而成为天皇或皇室忠诚的国家层次。这样总督府经过正厅改造运动，企图以代表大和魂的日本民族意识，取代长久以来台湾人民信仰的中国民族意识，来达到皇民化台湾人民的目的。从表 6 - 4 的比例来看，至少在外表上，台湾人汉民族诸神佛为中心的家庭精神生活模式，被日本“天照大神”为中心的日本精神生活样式所代替。

整理寺庙，兴建神社　台湾汉民族传统的教化活动一般是以寺庙为中心。1934 年起，加强“一街庄一社”的神社建造，以达到在全岛枢要之地建设神社，以为社会教化之中心的目标。一般台湾人都认为“神社”只是日本人的“庙”，而不愿意去参拜。寺庙里原来供奉的神，基本上属于中国神。日本人认为寺庙使台湾人信仰中国神明，亦将中国视为祖国。只要这种宗教信仰不改变，那么无论日常生活及评议如何日本化，也无法脱离中国印记，便不能彻底实现台湾的皇民化。1936 年台湾的寺庙有 3403 座，另有斋堂 246 座①。日本人于是以“台湾人寺庙信仰的水准低度迷信，淫祠邪教难以区分，从而阻碍台湾文化的发展；寺庙信仰明显系利己信仰，无法产生舍小我而就大义的国民思想与社会公共思想；寺庙管理不善；寺庙收益盈余尚由个人获得，违反寺庙祭祀本来趣旨”②等为借口，进行寺庙整理。

1938 年，总督府召集各地方官会议，授权地方政府开始整顿寺庙，通过寺庙整理原则为：(1) 寺庙以全废为原则，但过渡时期之方策，一街庄保存一寺庙。(2) 旧惯祭祀之改善及寺庙管理行为须尽量合理化。(3) 祀神须改为纯正佛教或儒教之神佛。(4) 寺庙之建筑物必须渐次改为日本式布教所或寺院形态。(5) 被废止之寺庙及神明会等宗教团体，其财产则另组织教化财团③。

开始整理寺庙后，各种神像，包含关圣帝君、开漳圣王、妈祖等，土塑者予以推毁，木雕者，除部分送政府研究单位研究典藏外，大部分予以烧毁，寺庙则拆除，祭器烧弃；获保留寺庙，须将庙宇屋脊两角拆去，使具日本风格。这些神像的烧毁，实质上是为了符合一庄一神社的原则，以合祭“多余的神”，并烧毁之，称做“诸神升天”。但“诸神升天”并没有让台湾人放弃对神的信仰，反而引起民

---

① 陈玲蓉：《日据时期神道统制下的台湾宗教政策》，台北：自立晚报社，1992 年版，第 255 页。
② 陈玲蓉：《日据时期神道统制下的台湾宗教政策》，第 147—148 页。
③ http://www.fsps.chc.edu.tw/07/religion.htm.

心的不安。在台日籍僧侣及学者亦不主张以强迫手段推行，透过国会议员在1939年、1940年第七十四次、七十五次帝国会议向政府提出质询。但总督府则以皇民化运动让台湾人精神日本化，为台湾总督努力的目标，陋习之打破为皇民化运动的一环，寺庙与迷信邪教相依附，整理有助陋习之改良，并未停止整理。但迫于各方面的压力，1940年10月，总督府文教局通知各地方政府须尊重民意，以免台人信仰生活陷于不安。但此政策推行后，各地方政府都先行召集寺庙代表会议通过，完成法定手续后执行。这样，日本政府整理寺庙的脚步，便缓慢了下来。经过整理后，全台寺庙总数由1936年的3403座，降至1942年的2327座，减少了31.6%。这一时期，计有361座寺庙被捣毁，819所寺庙移供日本佛教之用，或用于国语讲习所，被毁或移作它用的神像，高达1.37万多座①。台湾的寺庙斋堂数目也减少了约三分之一②。

中日全面战争开始以后，总督府开始大规模兴建"神社"。在此前，明治时期台湾有神社8社，大正时期有13社，昭和后兴建的神社有22社，总共有神社43社③。这些神社又分为官币社、国币社、县社、乡社、无格社5种④。皇民化运动以后，台湾各地积极建设神社，根据总督府的要求，1940年时各地神社数如表6－5：

表6－5　1940年台湾各地建造神社数

地点	台北州	新竹州	台中州	台南州	高雄州	台东厅	花莲港厅	澎湖厅	总　计
社数	13	14	20	30	14	1	5	1	98

* 此表根据《本岛神社营造的趋势》(《部报》第12号)整理而成。

从表6－5中可以看出，神社在皇民化后，迅速扩张，三年间共建设55社。特别是在汉民族文化影响较深的台中及台南地区，神社的数量更是多得惊人。虽然后来没有如总督府所愿，但还是新建了神社38社。

总督府当局还大力推动神社的参拜活动。根据1922年公布的台湾公立中学校规则，学生必须参拜神社。同时，总督府还组织神社的大祭活动，要求人民参加，根据《台湾警察时报》记载，1942年10月28日总督府举行台湾神社大祭，仅两天时间，就有15万人参拜，创造了有史以来的记录⑤。根据表6－6，仅

① 陈玲蓉：《日据时期神道统制下的台湾宗教政策》，第254—256页。
② 陈玲蓉：《日据时期神道统制下的台湾宗教政策》，第254页。
③ 《部报》第12号，JACAR：A06032509400。
④ 台湾总督府文教局社会课：《台湾に於ける神社及宗教》，1943年，第1页。
⑤ 《台湾警察时报》第325号，转引自周婉窈：《海行兮的年代——日本殖民统治末期台湾史论集》，台北：允晨文化，2003年，第44页。

1942年一年，参拜团数就达36750次，总人数达到12125170人。

表6-6 神社参拜者数调查表(1942年1月1日—12月31日)

人种别	内地人	台湾人	高砂人	外人	总计	团体参拜团数
各州厅计	4480105	7592369	39938	12758	12125170	36750

* 此表根据台湾总督府文教局社会课《台湾的神社及宗教》第96—97页整理而成。

2. 进行语言同化

日本统治之初，即遵循后藤新平“无方针主义”、“生物学原则”的统治方针，表面上尊重台胞原有的风俗习惯。在语言政策上，采取“台湾人学日语，日本人学台语”的方针。1896年在各地设置日语传习所，其所使用的教科书，大多为日语与汉文对译本。台民对日语传习所并不热心，第二年总督府在日语传习所中设汉文科，聘用举人为教师，这样台湾人开始愿意进入传习所学习。1898年将传习所改为公学校。同时日本殖民政府针对清代留下来的书房私塾，颁布《书房义塾规程》，规定书房需加授日语，每天至少两小时①。可以说日本据台后的日语教育是以学校及传统书房为主，故日语的普及率并不是很高，1920年时，“能解国语者”仅占全部人口的2.86%②。

1919年后，文官总督田健治郎提出完全日本化的内地延长同化主义，才使总督府更注意在语言上同化台湾人。1922年公布《台湾教育令》，将汉文由必修改为选修，许多公学校自动废除汉文。各州或郡相继设置国语练习会或国语讲习会普及日语。1930年各地共有日语普及会1900余所，1935年一年制以上的日语讲习所达1600余所，结业生突破10万人③。即使这样，到1937年时，“能解国语者”也仅占台湾全部人口的37.8%④。

皇化民以后，作为文化载体的语言，自然成为其中的一个重要指标。1937年2月19日，总务长官森岗二郎在日本下院表示，报纸汉文栏的存在，只会妨碍日语的普及，因此，总督府计划通知各报社于近日废止各报的汉文栏。《台湾新闻》、《台湾新报》、《台湾日本新报》，从4月1日起，废止了报纸的汉文栏。连《台湾民报》也从此日起，将原来四页的汉文栏减少为二页，6月1日以后，汉文栏开始全部废止。

---

① 台湾教育会编:《台湾教育沿革志》，东京：青史社，1939年，第970页。

② 台湾总督府:《台湾事情》，1936年，第201页。

③ 吴文星:《日据时期台湾师范教育之研究》，台北：台湾师范大学历史研究所硕士论文，1983年，第61页。

④ 台湾总督府:《台湾事情》，1936年，第202页。

在学校教育方面，1937 年 4 月新学期开始，取消公学校的汉语课。学生在学校里被要求讲国语（日语）。在社会上开始压制台语的使用，奖励说国语。对于全家老少 24 小时都用日语交谈的知识家庭，则准予国语家庭的优待。1937 年 2 月，台北州开始认定国语家庭。要成为国语家庭必须提出申请，经认可后，官方会在公开仪式中颁发刻有“国语家庭”字样的牌子，供其悬挂在住家门口，以示荣贵。国语家庭可以享有许多优惠，如孩子更有机会进入设备、师资较好的小中学念书、公家机关得以优先任用、食物配给较多等。根据台湾学者研究，1942 年时，全台湾“国语家庭”仅占总人口的 1.3%，且“台湾人是否真正诚心拥护日语运动，实在令人怀疑”①。

3. *改姓名运动*

姓氏，历来被中国人特别注重，它是祖先血缘的延续，也显示后人对祖先的崇敬。日本人为了彻底切断台湾人民汉民族的渊源，开始诱导台湾人将原来的姓名更改成日本式的姓名。1940 年 2 月 11 日，日本政府宣布为台湾与朝鲜人民更改姓名的实施日。当日，总督府以府令第十九号宣布，实施户口规则改正，允许台湾人将中国式姓名改为日本式。

把汉姓汉名改为日本式的姓名，无疑是作为“真正日本人”的重要形式之一。早在日本人进入台湾、武装抗日运动基本平定的 1905 年，改姓名运动就已经开始了，只是由于当时总督府采取“无方针的生物学”统治政策，没有完全实施这一政策。统治中期，日本在“一战”胜利后的景气，及台湾社会政治运动的分化瓦解，使大部分民族主义的反抗运动者转变为“试图藉由接受同化主义方针而提升台湾人地位”②，民族认同问题开始出现一种“另类”的转机，但台湾人并不敢奢望自己能与日本人一样享有公权力。总督府的皇民化运动，并不是真正想让台湾人成为日本天皇的皇民、享有同等的公民待遇。总督府提出改姓名运动的主旨是“为了让本岛人与内地人无所差异，有必要在实质上体认皇道之精神，对事物的看法也必须与内地人相同，在形式上来说，从语言开始到姓名、风俗、习惯等等之外在形式也能与内地人无所差异的话，那是最理想的事。即是，不论在精神上、形式上都与内地人丝毫没两样之后，始能称为完全之日本人”③。将台湾人变成“完全之日本人”的目的，则是“本岛人在各方面没有保留

---

① 周婉窈：《海行兮的年代——日本殖民统治末期台湾史论集》，台北：允晨文化，2003 年，第 95 页。

② 林继文：《日本据台末期战争动员体系之研究》，台北：稻香出版社，1996 年版，第 10 页。

③ 《本島人が改姓名するにはどうすればよいか》、《部报》第 114 号，JACAR：A06032510800。

地发挥皇民意识，这是事变后的要求”①。此一语道破了日本殖民统治者倡导改姓名运动的真实原因。可以说改姓名运动，是日本人企图将台湾人绑入大东亚战车的一种同化主义的极端形式。改姓名运动的重点不是改名，“严格地说是改氏许可，是将作为家的名称的诸如陈、吴、林等氏进行变更”②。变更这些姓氏，说穿了就是去除中华文化。不管是否愿意，放弃了世传的中华姓氏，改为日本姓氏，从同化层面上讲，是一个质的变化。这也昭示皇民化运动的实质，就是战争体制下的“效忠运动”，它的目的就是训戒导引台湾人民放弃以前的文化与种族，从心灵到肉体成为顺从的战争工具。

总督府已经预想到更改姓名的难度，故没有强制台湾人改姓名，规定变更姓名的条件为：国语家庭及从心里热望成为日本人且不以功利考虑，具有公共公德心的人③。新姓名选择时必须遵守以下的条件：“历代的御讳御名不能使用；历史上著名人物的姓氏不能使用；与原来姓氏有关的中国地名不能使用；其他认为不当之姓名。”④变更姓名的手续也较为繁杂，需要变更人依据户口规则提出申请，且先要报备于保甲事务所；申请人在申请书中还要列附家中所有成年人的同意书，经居住所在地所辖警察派出所，向郡、署、支厅提出申报。

1940年2月允许台湾人改姓名后，到4月，才有12户台湾人改了姓名。到1941年底，台湾改姓名者只占总户数的1%，按人口计则为1.2%⑤。1944年后，改姓名的条件有所放宽，改姓名者有所增多，但根据学者研究，估计不会超过人口数的7%⑥。

台湾人对改姓名不热心，并不是因为没有受到总督府的压力，而是难以割舍的民族感情。有些人尽管变更成为日本姓氏，但明显表现出汉民族色彩，与中国旧姓名之间的藕断丝连，还在日本姓氏中表现出来，如姓陈的改成颖川，姓黄的改为江夏。另外，一些民族意识强烈的人，对于改姓名进行了抵制，譬如林献堂，尽管遇到很大的压力，也不愿意改变姓名。

三　皇民奉公运动

殖民统治者通过信仰日本神话，祭祀天照大神，企图屏蔽台湾人的集体历

---

① 《本島人が改姓名するにはどうすればよいか》、《部报》第114号，JACAR：A06032510800。

②③ 《本島人が改姓名するにはどうすればよいか》、《部报》第114号。

④ 周婉窈：《海行兮的年代——日本殖民统治末期台湾史论集》，第56页。

⑤ 台湾总督府：《台湾事情》，第134页。

⑥ 周婉窈：《海行兮的年代——日本殖民统治末期台湾史论集》，第58页。

史记忆，进而创造一种与日本人共同的历史渊源，以便使台湾人顺利地融入大和民族。又通过日本语语言的使用，化解血缘的差异，迫使台湾人成为具有“日本精神”的皇民。为使台湾人“精神系图”与“血统种族”能够合流，具有政治认同意义的姓名更改，则是解决“血缘本质论”与“身份社会化”对立的好办法。总督府通过一系列皇民化政策，宣传鼓吹训练台湾人认同日本的精神，让台湾人摆脱血统天生的命定，使身份认同超越血缘，从而炼成台湾人成为具有日本精神的皇民。日本殖民统治者欲使台湾人摆脱血统天生的命定，而成为大和民族的一个部分，愿意效忠日本天皇，挺身而出，具有奉献精神，这实质上是解决战时动员体制下经济层面上问题。

1. 总督府的统制经济执行机关及皇民奉公会

为了进行战时的动员，总督府于1938年将原来的官房调查课，扩大改组为官房企划部，负责统筹各部、局的动员业务。1941年，官房企划部又下设企划、物资、劳务、统计四课，分别掌管各项动员业务。1942年，再将官房企划部扩大改组，在其下设立总务局，总务局下再设总务、物资动员、劳政等课。太平洋战争爆发后，总督府又在矿工局下设立国民动员课，各州总务部设立国民动员课，各厅总务课设立国民动员系，各市郡设立国民动员课或动员系，街庄设立国民动员专任职员。另外，在民间成立各种公、私经济统制协作团体。公共组合乃依主要产业领域组成，团体包括“公共组合”、“水利组合”及各种新设立的统制团体，采取强制加入及缴纳会费的制度。民间统制团体在形式上属于民间法人，但政府透过人事、财务及组织的审查来加以控制。这些团体包括“国策会社”、“营团金库”、“同业团体”、“配给编制团体”等，1939年时，这种统制团体已经达到1572个①。

除了各级团体以外，各级皇民奉公在辅助经济动员上起着很大的作用。1941年4月，总督府配合日本内地的“大政翼赞会”的组成，在台湾设置了“皇民奉公会”，皇民化运动也开始由较为静态的文化运动进入经济层面的积极奉行“臣道实践”奉公运动。

皇民奉公会的组织甚为庞大，当时全台600万台湾人都是当然会员。编制几经更改，据1943年的组织系统，是在中央本部之下，依照行政区域系统，5州2厅各置支部；其次11市51郡各设支会；56街209庄各置分会；底下还有257个区会、5404个部落会、68334个奉公班等末端组织，以达到彻底的动员②。此外，尚有许多团体，诸如产业奉公团、文学奉公团、爱国妇人会等，均被纳入皇民

① 林继文：《日本据台末期战争动员体系之研究》，台北：稻乡出版社，1996年版，第181页。

② 《皇民化运动》，http://distance.shu.edu.tw/taiwan/ch23/ch23_sec01.htm。

奉公体系，人人成为“圣战”的一分子。总督府当局也积极网罗各地的社会精英成为皇民奉公会的干部，除了一向被日本当局视为台湾统治功劳者的亲日分子之外，自1920年代初期即相当活跃的一部分台湾民族运动人士，也在被网罗的行列。像林献堂（议会设置请愿运动的首脑、文协总理）被派担任皇民奉公会参事；蔡式穀（文协理事、议会期成同盟会理事、民众党顾问）被派任皇民奉公会中央本部奉公委员暨参事；林呈禄（自启发会、新民会起即投身社会运动，并在《台湾民报》、《台湾新民报》居主导地位）也被派担任皇民奉公会生活部长。

“皇民奉公运动”似乎原则上已认定经由“皇民化运动”，台湾人亦如日本人般已被“同化”成皇国臣民，而此时处于战争时期，台湾人须拿出具体行动，落实牺牲奉献的精神。此运动除进行训练（如青年炼成、指导者炼成、拓南训练等）、增产（农工矿等）及确立后方生活体制（如国民储蓄、生活简易化、金属回收等）外，最主要是配合战争的持久与战线拉长所造成的兵源不足，陆续实施志愿兵及征兵制度。皇民奉公会的目的和做法皆有异于四五年前的皇民化运动。就对象而言，皇民化的对象是台人，但是皇民奉公会则包括在台的日人与台人；就机构而言，皇民化业务分属于各行政体系，皇民奉公会则有专责机构及相关人员；就目的而言，前者侧重文化改造，后者则是通过社会动员来执行各项既定的目标。

2. 以《部报》报道为例看皇民奉公运动

全面侵华战争时期，台湾总督府为了安稳民心，利用大众传媒手段，采用广播通讯、出版报纸杂志等方式，向台湾民众灌输日本“被迫战争”的思想，皇民化台湾人民，以图安定殖民地的民心。《部报》的刊行就是一例。《部报》是由台湾总督府临时情报部于1937年9月11日创刊发行的，前后共发行154期，截至1942年10月1日（具体时间有待于进一步考证），时间跨度达5年之久。每月发行3期，即每月的1日、11日、21日发行。台湾总督府宣称：“本刊发行的目的，首先是向一般民众宣传和普及本府发布的各种政策和意义，以求得民众对其正确的理解和坚决执行；其次是推广普及各种法令内容，提高普通百姓的法律意识；第三是力图将现今中国战场的状况、作为后方的台湾对战争应做出的贡献等，向全台进行介绍；最后是希望借此刊物，将总督府各机构得到的内外情报、经济、文化等相关资料，向一般大众公布，遂行公开透明的政治，以拉近本府与民众的关系。”

《部报》的文章，特别是前100期，几乎都出自总督府的各个行政部门。后来，随着日本侵略战争的不断扩大，总督府先期一再宣传“不扩大战争”的谎言已经破灭，总督府于是调整对台湾民众的宣传方向，开始向台湾人民宣传“支那事变已经演变成为长期的战争，帝国要建立东亚新秩序，国民必须努力理解帝国的新国策”。

为了这个原因，发行方对原先的办刊方向做了若干修正，确定《部报》发行的两个目标是：“推出正确认识时局的各种资料和向普通民众解释国家现行的各种政策。”(《第百号の言叶》，《部报》第 100 号)因此，从第 100 号开始，由以前的每月三次，改为每月两次出版(1 日、15 日)，内容也做了大量的变动，由以前较为固定死板的栏目格式，变得较为丰富，同时也开始采用个人供稿(在此期上就有杜聪明、森岗二朗、安田勇吉等人的文章)。所以，这套由总督府发行的刊物是研究日本殖民台湾后期，特别是中日全面战争爆发后日本殖民政策的一个良好的切入点。可以从《部报》相关报道来看日本统治者在台湾开展的皇民奉公运动：

皇民的兵役义务　皇民化教育，使政治的认同开始趋于一致，台湾人开始接受皇军征召。1937 年秋天起，日本人已开始在台湾征用军夫以担负军中杂役。1942 年 4 月实施“陆军特别志愿兵制度”，开始向台湾人募兵。1942 年 6 月中途岛之役日军大败，战况对日本转趋不利，日本当局因兵源缺乏，乃于 1943 年又实施“海军特别志愿兵制度”。陆、海军募兵制的实施，共有 1.65 万名台湾青年加入日本军队作战。从申请志愿兵的人数来看，当时台湾人响应日本当局的募兵制度似乎相当踊跃。除了某些人将当兵作为一条生路外，而经过皇民化教育的洗脑，自觉奉献的人也不在少数。部报中的《志愿兵特辑号》(第 139 号)就有专题的报道。

皇民的纳税义务　“七七事变”后，台湾总督府增设了“台湾支那事变特别税”，在原有纳税品种的基础上，又增加了通行税、入场税及特别入场税、物品税、利益配当税、公债及社债利子税这五个新的税种，并将原有的所得税、法人资本税、酒类出港税、砂糖消费税、临时利得税进行了增征。这些特别税，是皇民化政策在经济层面上的一个重要部分，在《部报》的相关文章诸如《事变后台湾新增税》(第 23 期)、《新增税和地方税关系》(第 25 期)、《支那事变和台湾的增税减免等的概要》(第 72 期)、《支那事变和台湾税务相关法规改废等的概要》(第 73 期)、《本年度实施的改正税令等的概要》(第 95 期)等，都有所反映。

皇民的储蓄与献金　储蓄及国防、恤军献金等是皇民化政策及皇民化运动的重要部分，也是作为衡量是否为皇民的重要尺度。《部报》中的《爱国储蓄运动》(第 27 期)、《邮政储蓄所体现的后方的赤诚》(第 40 期)、《临时资金调整法令的改正》(第 41 期)、《就金报国运动》(第 35 期)、《经济战和国民生活》(第 82 期)、《经济战强调周的实施》(第 36 期)、《面对经济战岛民的态度》(第 36 期)、《关于改正金使用规则》(第 89 期)、《后方的经济协力》(第 57 期)等文章，或可就此问题进行说明。

皇民的节约奉公 侵华战争全面爆发后，由于物资及食物的紧缺，总督府当局要求台湾皇民要像日本人一样节衣缩食，在生活的方方面面进行节约，以支持战争。《部报》中的《人造纤维混用规则及概说》(第 26 期)、《学校应厉行皮革资材消费节约》(第 29 期)、《改正金使用规则》(第 37 期)、《关于时局和重要矿物的增产》(第 46 期)、《代用品的说明》(第 50 期)、《关于学习用品的调整与节约》(第 54 期)、《丝配给统制规则的公布》(第 71 期)、《关于国民征用令的实施》(第 76 期)、《关于台湾米业令的公布》(第 78 期)、《关于在台湾的国策遂行》(第 80 期)、《经济战强调运动的要纲》(第 80 期)、《经济战和国民生活》(第 82 期)、《小作料统制令的施行》(第 87 期)、《台湾衣料品事情》(第 142 期)等文章，有相关的报道或说明，可对此政策进行一定的了解。

皇民的集团式奉献 在要求皇民节约奉献的同时，总督府还策动台湾民众组成集团组织，以组织的名义进行皇民奉公活动。诸如组织农业义勇团、台湾联合青年团、女人团体等。这些都是皇民化运动的一个重要组成部分。《部报》中相关的文章有:《国家总动员法施行之际》(第 24 期)、《台湾农业义勇团的使命》(第 25 期)、《台湾农业义勇团的近况》(第 32 期)、《集团作业》(第 32 期)、《台湾联合青年团》(第 33 期)。

综上分析，日本统治台湾后期的皇民化，包括神社参拜、奉祀大麻等国民精神涵养、普及日语、日本生活样式要求、改姓名、义务教育、志愿兵与征兵制度实施等一系列措施，无非是“同化政策”的极致。但是，此政策是在战争紧迫时期，为了取得殖民地人民之人力物力支持，而不得不急速推动的动员式的运动。如果抽离了“战争”因素，就无法理解皇民化的本质。所以，皇民化的本质，应当是改造台湾人超越文化及血缘上的障碍，在政治上达到共同认同作为日本臣民以后的精神与物质的奉献。

第七章　日据时期台湾的经济社会状况

日据时期，台湾的经济发展轨迹与社会演变形态发生巨大嬗变，最大的特点就是“殖民地化”。日本殖民经济统治的基本性质是以台湾总督府威权专制为后盾，扶助日本资本渐次在台湾建立起绝对性经济垄断。近代以来，西方列强在攫取殖民地之后，一般首先要对殖民地实施改造与开发，使其在社会经济制度层面具有与宗主国相一致的特性，以实现对其进行经济殖民的终极目标。日本也不例外，日据台湾初始，为使日本资本“畅通”进入台湾，并将台湾彻底纳入日本资本主义经济圈，即开始以实现殖民地化为目的的经济社会的构筑。

第一节　台湾总督府确立殖民地经济秩序

一　殖民地经济“基础工程”的推行

日据初期，台湾总督府最主要的事务在于扑灭台湾民众的抗日烽火，为此付出了庞大的军事费用。当时台湾总督府的财政岁入(主要为租税和关税)难以满足侵台日军的军费开支，不足部分只能由日本政府提供财政补助。1896年至1904年，日本政府对台湾财政的补助金总额达3000多万元，占该时期台湾财政收入的20%①。为谋求殖民地财政独立，确立殖民统治体系，总督府先后开展了土地与林野调查、统一币制及度量衡、扩筑港口与铁路设施等一系列殖民地经济“基础工程”的工作。

土地调查　据记载，自唐朝至宋朝的600年间，为躲避战乱兵祸，大陆福建泉漳一带的居民纷纷迁入澎湖列岛及台湾岛；明朝末年(17世纪20年代)，更有大量大陆移民进入台湾。他们致力于拓荒垦殖、营造山林，使台湾耕地及森林面积急速增加，推动了台湾农业经济的发展。由于台湾官府疏于对土地制度的管理，也由于当地农民为逃避赋税和地租，对其拥有的土地、特别是拓荒所得耕地，或隐匿不报，或以少报多而欺瞒官府，所以台湾农民的土地大多没有官府颁发的土地证明。有人以为，“这是由于清廷为了奖励开垦，招徕移民，不作土地

① 周宪文:《台湾经济史》，台北:开明书店，1980年版，第877页。

丈量，而默许隐田的存在”[①]。台湾农民之间买卖、转让耕地或山林，也多凭口头约定，并不签约立据。由此，台湾长期存在着大量隐田或土地关系状况不明、地籍混乱等问题。另外，由于早期进入台湾的大陆移民多来自福建，故将福建的租佃制度也移植至台湾。即“垦户向官府申请垦照，获得荒地的开垦权，然后招来佃户，或给予牛只种子，或由佃户自备农具工本，进行开垦。由垦户交纳正供，佃户则向垦户交租。在一般情况下，佃户对所开垦的田地有长期耕作的权利，即永佃权。所有权分割为田面权和田底权，即一田二主。这种存在于福建的租佃制度，移植到台湾成为所谓大小租制”[②]。即台湾土地所有权分割成为大租权和小租权，两者又可以分别分割、继承、典卖，使得地权十分凌乱[③]。这种前资本主义的土地关系“严重地阻碍了土地的商品化乃至台湾的殖民地化进程”[④]。为明确台湾近代土地制度，增加官府赋税收入，台湾首任巡抚刘铭传曾于1886年推行土地调查。主要就是实行土地清丈，废除大租户，确认小租户为业主，并向官府缴纳正供等一系列措施[⑤]。但刘铭传的改革遭到当地大租户的激烈反对，至1888年被迫改为“减四留六”的折衷办法，即按照上年所收额租分为十成，以四成贴给小租户完粮，大租户实收六。但此法也仅仅在台北推行，而在台南因遭顽固势力的反对而未能如约实行[⑥]，刘铭传推行的土地调查“从未完成过”[⑦]。

“对于土地，制定单一而明了的所有权，确定纳税及交易，这是资本主义的近代政府在任何殖民地所首先着手的事业”[⑧]。为了在台湾建立附属于日本的殖民地经济体系，更主要的是为了剥夺台湾农民的土地，为日本资本进入台湾“铺路”，创造有利于日本资本的“投资”环境，台湾总督府决定实行以整理大租权为中心的土地调查。于是，“土地调查成为台湾资本主义化，日本资本征服台湾的必要前提及基础”[⑨]。

1896年10月，台湾总督府颁布《地租规则》及《地租规则实施细则》，开始修

---

① 宋光宇:《台湾史》，北京:人民出版社，1997年版，第126页。

② 陈孔立:《清代台湾移民社会研究》(修订本)，北京:九州出版社，2003年版，第167页。

③ 戴国辉:《台湾》，东京:岩波书店，1988年版，第66页。

④ 陈小冲:《日本殖民统治台湾五十年史》，北京:社科文献出版社，2005年版，第17页。

⑤ 据1890年6月刘铭传奏称，清丈后现定粮额年征512969两，随征补水平余银，加以官庄租额，共银674468两(应是674868两)，比183366两旧额溢出银491502两。见《台湾清赋全公告成汇请奖叙员绅折》，《刘壮肃公奏议》卷七。

⑥ 矢内原忠雄:《帝国主义下の台湾》，东京:岩波书店，1988年版，第16—17页。

⑦ 何保山:《台湾的经济发展(1860—1970)》，上海:上海译文出版社，1981年版，第26页。

⑧ 矢内原忠雄:《帝国主义下の台湾》，东京:岩波书店，1988年版，第24页。

⑨ 东嘉生:《台湾经济史概说》，台北:海峡学术出版社，2000年版，第71页。

正台湾的地租征收办法。台湾总督府以台湾农民没有地券或契约为根据，对台湾农民赖以生存的耕地，进行了有目的、有计划、有步骤的掠夺和强占，此为建立殖民地经济体系的第一项基础工程。1898年7月，台湾总督府颁布《台湾地籍规则》和《台湾土地调查规则》，为实施土地调查提供了所谓的法律依据。1898年9月起，台湾总督府动员大批警察参与，土地调查从台北开始，然后向台中、台南及宜兰等地扩展。土地调查的主要内容是：(1) 土地测量，即对土地地形、面积的测绘；(2) 土地种类的确定；(3) 土地权利关系的确定。后来增加地租改正事业，共花费540万日元[①]。由于岛内抗日斗争持续不息，此次土地调查主要是以台湾西部的土地为对象，开始实施地籍调查、三角测量和地形测量等。从1898年9月到1903年6月，历时6年，共投入人力167万人次，经费522万元[②]。土地调查遭到台湾农民的坚决抵制，但总督府仍以武力强制推行，并借以应备日俄战争之由在岛内宣布戒严，加快土地调查的进行。1903年6月匆忙在台南宣布结束土地调查，大批台湾农田被纳为"官有地"[③]。一般认为，随着土地调查的完成，"基本上确立了日本在台湾的统治体制"[④]。

在土地调查中共查出耕地为619287甲[⑤]，远远超过调查前所预想的30万甲。其中，水田313693甲、旱地305594甲，比土地调查前增加了257840甲[⑥]。若同清代刘铭传任期的土地调查数(361427甲)比较，则增加了71%[⑦]。

土地调查的主要目的是改革台湾既有的大租权，以方便日本殖民者肆意掠

---

① 竹越与三郎：《台湾统治志》，东京：博文馆，1905年版，第206页。也有525万元之说。见伊藤洁：《台湾》，东京：中央公论社，1993年版，第88页。也有522万元之说。见涂照彦：《日本帝国主义下の台湾》，东京：东京大学出版会，1975年版，第40页。

② 矢内原忠雄：《帝国主义下の台湾》，东京：岩波书店，1988年版，第17页。

③ 叶荣钟：《台湾近代民族运动史》，台北：学海出版社，1979年版，第496页。

④ 涂照彦：《日本帝国主义下の台湾》，第40页。

⑤ 甲：台湾以甲为土地面积计量单位：一甲约折合0.97公顷，也即9700平方公尺。另，一甲为2934坪，一坪为6平方尺。

⑥ 临时台湾土地调查局编印：《第五回事业报告》，台北：1905年，第97页。也有不同的统计数字：a. 调查耕地总数为777850甲。参见台湾省文献委员会编印：《台湾近代史》(经济篇)，南投：1995年，第408页。b. 总计777849甲，其中水田313693甲，旱地305594甲，宅基地36394甲，其他122168甲。从调查资料看，1905年前后，台湾的大租户约为38000人，小租户(包括自耕农)约为300000人，佃农约为750000人左右。参见涂照彦：《日本帝国主义下の台湾》，第42页。调查前的数据为361147甲，调查后增至777850甲，净增416403甲，翻了一番。参见竹越与三郎：《台湾统治志》，第211页。另据统计，田园面积从调查前的366987甲增至633065甲。(1) 调查前全台田园约37万甲，调查后增为63万余甲，约增26万甲。(2) 大租户约4万人、小租户(含自耕农)约30万人、佃农约75万人。参见张胜彦：《台湾开发史》，台北：空中大学，1996年版，第223页。

⑦ 临时台湾土地调查局编印：《第五回事业报告》，台北：1905年，第97页。

夺岛内土地资源。1903 年 12 月,台湾总督府公布《有关大租权之告示》[①],对既有大租户予以确定,虽还承认大租户的大租权,但严禁产生新的大租户[②]。1904 年 5 月,台湾总督府公布《有关整理大租权之事宜》,宣布取消一切大租权,对于拥有大租权者和有关继承人,由总督府以公债方式加以补偿。其结果是,总计应领补偿的大租权者 3 万人左右,补偿总金额 3779479 元[③];发行面额 408 万余元的公债证书(偿还期限 30 年,附利息年 5 分),及尾数现金 10.7 万余元,交付大租权所有者[④]。1905 年 6 月,台湾总督府颁布《土地登记规则》,作为土地买卖及权利转移之法定手续规则[⑤]。由此,以大租权改革为核心的土地调查确立了台湾"一地一主"的近代土地制度,给总督府的财政提供了重要的财源,为台湾总督府抢夺台湾土地资源、建立归附于日本的殖民地农村与农业经济体系铺平了道路。

1904 年 11 月,台湾总督府公布《台湾地租规则修正案》,开始实施第一次修正地租征收办法。该法规以土地收益为准,依照不同地况增加纳税,强化了对于小租户和一般自耕农的经济剥削。新的地租规则以水田、旱地及鱼塘为课税对象(1915 年添入住宅基地),采取累进税制,并将水田、旱田各分十等、鱼塘分为七等进行征税。通过此次地租修正,地租率大大提高。由 1903 年总督府地租收入的 92 余万元,骤增至 1905 年的 298 余万元。三年间,地租收入一下子增幅 3 倍[⑥]。总督府仅以两年间增收的地租金就支付了大租权的补偿金[⑦]。同时,从《总督府税务年报》可知,总督府多次增收地租[⑧],财政收入迅疾增加,提前实现了所谓的财政独立,奠定了台湾殖民地经济的发展基础。

---

① 临时台湾土地调查局编印:《第五回事业报告》,台北:1905 年,第 104 页。

② 矢内原忠雄:《帝国主义下の台湾》,第 17 页。

③ 张胜彦:《台湾开发史》,第 223 页。

④ 叶荣钟:《近代台湾金融经济发展史》,台北:晨星出版有限公司,2002 年版,第 940 页。另,根据旅日台湾学者涂照彦的研究,台湾总督府对于大租者的补偿是微不足道的,每位大租权者实际得到的补偿金平均仅为 100 元左右。而且主要是发给其公债证书。见涂照彦:《日本帝国主义下の台湾》,第 42 页。

⑤ 矢内原忠雄:《帝国主义下の台湾》,第 17 页;叶荣钟:《近代台湾金融经济发展史》,第 40 页。

⑥ 参见台湾总督府税务职员共慰会编印:《台湾税务史》上卷,台北:1918 年,第 86 页。也有不同记载,竹越与三郎《台湾统治志》第 211 页的记载为:总督府的地租收入从原来的 860706 元,增加到 2989287 元,猛涨 3.3 倍。台湾省文献委员会《台湾近代史》(经济篇)第 408 页记载的涨幅数为 2984021 元。戚嘉林《台湾史》(增订本),第 289 页的记载则为 297.5 万余元。

⑦ 涂照彦:《日本帝国主义下の台湾》,第 42 页。

⑧ 参见台湾总督府编印:《总督府税务年报》,台北:1922 年,第 3 页。

林野调查　建立殖民地经济秩序的第二项基础工程是进行所谓的林野调查。台湾森林资源丰富，其中以樟树最为著名，樟脑产量居世界首位。总督府先前的土地调查只是处理了水田和旱田，没有涉及山林。总督府决定以夺取台湾农民耕地的同样卑鄙手段，夺取农民的山林及林区资源。早在日据初期的1895年10月，总督府就颁布《官有林野及樟脑制造业整顿规则》。该《规则》第一条明文规定："没有地券或其他确证可以证明所有权的山林原野，概归官有。"[①]这就是所谓的"无主地归国有"的原则。也就是说，没有所有权证明的山林原野"无偿归属"台湾总督府"官有"。这样，居住在台湾山区的广大少数民族同胞因缺乏所谓"产权证明"而被无端地剥夺所有权。这一规定不合台湾岛内的惯例，又过于严苛，引起广大农民的抗争。之后，总督府又调整为无"产权证明"等书类证据，也可采用实际占有的"事实认定"原则，但认定条件甚为苛刻。

1896年总督府颁布《台湾官有原野及产物处分令》、《台湾官有森林原野预约转让规则》、《台湾官有森林原野租赁规则》等土地法规。这些法令为总督府无偿夺取山林资源并收归"官有"提供了所谓的合法性。1896年11月，总督府民政局林务课制订《森林调查内规》[②]，这是台湾总督府"发动国家权力，对台湾所有的'森林'(即包括'番地'汉人所有森林)从事调查的开端"[③]。由于遭到山区少数民族同胞的坚决抵抗，总督府力图推行"林野调查"一时难以施行。1906年4月，佐久间左马太陆军大将出任第五任台湾总督，当时，汉族同胞的抗日斗争已遭到日军的残酷镇压而一时沉寂。在继续推行前任殖民政策的同时，佐久间总督决定在1910年实施镇压山区少数民族同胞的"五年理番计划"，并借势推行林野调查，日本殖民者的暴行遭到山区少数民族同胞的强烈反抗。

至1910年日据台湾15年之后，台湾总督府殖民统治体系基本确立。1910年1月至1914年12月，在以武力推行"五年理番计划"的同时，总督府推行了日据以来首次大规模林野调查。为取得所谓"法律依据"，1910年10月，总督府先后公布《台湾林野调查五年规则》、《林野调查委员会规则》以及《林野调查处理规则》等一系列殖民地林业政策法规，开始实施对占台湾总面积70%的原始森林地带的侵占。

1914年底，所谓林野调查基本结束。调查共花费约5年时间，动员16万余人参加，总经费为58万余元。在随后举行的所谓林野整理事业又花费11年时

---

① 台湾总督府内务局编印:《台湾官有林野整理事业报告书》，台北:1929年，第1页；台湾总督府编印:《台湾林业史》第一卷，台北:1917年，第92页。

② 台湾总督府民政局殖产部编印:《台湾林业史》第一卷，台北:1917年，第30页。

③ 藤井志津枝:《日治时期台湾总督府理番政策》，台北:文英堂，1996年版，第39页。

间，动员83万余人参加，总经费为370余万元①。除台湾少数民族居住“番界”以外，在97万余甲林野中，确定“官有林野”为916775甲，民有林野仅为56961甲，民有地仅及官有地十六分之一②。

林野调查的结果，大部分林野成为总督府的“官有”林野。可见其对山林原野的掠夺，较之对农业耕地的掠夺更加彻底、更为残酷。总督府的所谓林野调查，不仅是对台湾少数民族林野地的直接掠夺，同时为日本垄断资本进入台湾岛内、掠夺台湾的森林资源开辟了便利的道路③。

在林野调查的基础上，1915年至1925年期间，总督府推行了官有林野的整理，将从台湾农民手中夺取而来的“官有”林野地（717835万甲）划分为319294万甲有保存价值的“保存林野”和398541万甲无保存价值的“不保存林野”。总督府还将“不保存林野”中的266399万甲林野作为日本农业移民的专用土地④。1925年总督府又开始强推《森林十五年计划事业》，计有172万甲少数民族居住的原始森林被总督府强占。

台湾总督府所谓的“土地调查”与“林野调查”，是在日本殖民统治下对台湾土地山林资源的一次空前大掠夺。有学者指出：台湾的土地山林所有权虽然在形式上实现了近代化，但“实质乃是台湾土地所有权的日本化、殖民地化”⑤。

统一币制　台湾总督府推行的第三项基础工程就是建立新的金融体系，即通过币制的统一、设立台湾银行等措施，把台湾纳入日本资本主义经济圈。具体说就是把台湾货币纳入日本宗主国的货币体系之内，取得货币控制权，驱逐外国商业资本势力，达到控制垄断台湾的金融财政以及产业贸易、乃至整个台湾经济的目的。

日据前台湾民间流通的货币种类繁多，币制十分混乱，岛内流通的各国银元和自筹银元达数十种之多⑥。日据后因军费所需，日本银行的兑换券、一元银币以及辅币等大量流入台湾，使之更加错综复杂⑦。这种混乱状况，也导致日据初期台湾币制及金融市场更加混乱。有鉴于此，台湾总督府开始着手统一台湾货币制度。总督府实施这一制度，其目的在于“将当时还在经济方面隶属于中

---

① 涂照彦：《日本帝国主义下の台湾》，第54页注34。

② 台湾总督府编印：《台湾统治概要》，台北：1945年，第501页。

③ 据统计，台湾砍伐后的各种木材，大部分都运往日本，特别是日本人的住房，对于檀木的需求特别殷切。参见台湾省文献委员编印：《台湾近代史》（经济篇），第137页。

④ 台湾总督府编印：《台湾统治概要》，台北：1945年，第500页。

⑤ 陈泽尧：《台湾殖民地经济概论》，《河南师范大学学报》，1997年第1期。

⑥ 一说多达一百数十种。见许极墩：《台湾近代发展史》，台北：前卫出版社，1996年版，第265页。

⑦ 矢内原忠雄：《帝国主义下の台湾》，第30页。

国的台湾,改归为日本资本的支配”①。1897 年 4 月,日本政府公布《台湾银行法》,决定设立台湾银行。1899 年 9 月,台湾银行正式开业。台湾银行拥有货币发行权,成立伊始即发行以一元银币兑换的钞票,并大量吸收台湾市面流通的银币及银两。这种以金币计值的银元法币,在流通中有许多流弊,“当金银比价变化时,往往造成了汇兑的投机和经济上债券关系的混乱”②。台湾银行的经营亦陷于困境③。

为稳定岛内金融秩序,1903 年,台湾总督府和台湾银行遂向日本政府大藏省建议,将现行的金融体制调整为单一金本位制,即与日本国内的金融体制相衔接。1904 年日本大藏省许可台湾银行在岛内改用单一金本位制,发行金币兑换券;同时规定除了纳税外,银元不得作为流通货币。至此,台湾币制开始被纳入日本资本主义金融体制之中。

1911 年 3 月,日本国内实施的《货币法》亦开始施行于台湾,从此,台湾币制完全纳入日本资本主义金本位货币体系④。

统一度量衡 明清以来,台湾岛内普遍使用的度量衡是来自中国大陆的,其种类形式多种多样,岛内各处的度量衡并不统一,造成岛内商业市场上的极大弊害。1900 年总督府颁布《台湾度量衡条例》,规定从 1901 年起,在台湾全岛采用日本式度量衡制度,并强行规定至 1903 年末禁止使用中国度量衡器。首先,禁止鸦片烟膏及食盐贩卖、公设市场交易时使用旧式度量衡器,强行推行日本式度量衡器。1903 年,总督府指令警察全面查封旧式度量衡器的使用。1906 年 4 月,台湾总督府又宣布将度量衡器的制造、修理和销售等一并收归总督府“官营”。这一过程,被称之为“台湾的日本资本主义化的准备过程”⑤。

基隆、高雄两港的扩筑 台湾的多数港口商埠多因口岸狭小,尤其是淡水和安平两港由于水浅,无法容纳大型船舶的进出停泊,使用率很低。日据台湾后,总督府从经济及军事多方面考虑,首先决定对基隆港和高雄港进行扩建改造,提高两港与海外的航运效率,并使之满足台湾成为日本的“经济殖民地”的

① 矢内原忠雄:《帝国主义下の台湾》,第 24 页。

② 陈孔立:《台湾历史纲要》,第 345 页。

③ 叶淑贞:《日治时代台湾经济的发展》,载《台湾银行季刊》第 60 卷第 4 期,1998 年,第 236 页。

④ 日本学者东嘉生指出:台湾实施金本位制度,“并非由于台湾本身或台湾内部的经济要求;这是由于台湾以外的金本位国资本的要求;因此改革,乃使台湾在资本的流通上,与日本国内的关系,更为密切。台湾事业界的发达,是在这种币制改革完成后的 1904 年以后之事;固然,这与以日俄战争为契机的日本资本本身的发展,不无关系,但与当时台湾土地调查事业的完成、货币金融制度的确立,使日本资本得以完全进入台湾,关系尤深”。参见东嘉生:《台湾经济史概说》,第 74 页。

⑤ 矢内原忠雄:《帝国主义下の台湾》,第 30 页。

战略要求。

1899 年基隆港第一期扩建工程开工，至 1902 年完工，完成航道疏浚等，可停泊 3000 吨轮船 4 艘；1906 年第二期工程开工，至 1912 年完工，扩建码头、筑造防洪堤、装卸货场等，可容纳 6000 吨轮船出入①。总督府还以每年支付补助金的方式，开办所谓的"命令航路"以满足其统治殖民地的需求。参与命令航路的商船公司，其船只数目、载重量、航行次数与速度均出现了大幅度的成长，"其中尤以基隆为起点或通过点的航线占多数"②。

日据时期，总督府有三次高雄港的扩建计划③。1900 年起，总督府开始对高雄港的扩建计划进行港湾调查和工程规划。1908 年至 1912 年的第一期扩建工程，航道加宽为 109 公尺，可停泊 7 艘轮船④；同时，在基隆港和高雄港两地之间铺设纵贯铁路，使港湾与铁路相连接，并与公路连为一起。扩建后的基隆、高雄两港，港内深水面积扩大，防洪堤坝、码头、起重机及储运仓库等现代化设备齐全，与陆路的联系也相当便利，货物吞吐量大增。"此一基隆与高雄两港市镇集中于南北的发展，对日后台湾南北双峰式发展具有深远影响"⑤。

铺设铁路 为镇压岛内抗日民众的军事运输需要，1895 年 6 月，总督府成立台湾铁道线区司令部⑥，全面接管台湾铁路的营运与工程事务⑦。首先修复基隆至新竹间的 97.3 公里铁路，这条线路原为清代刘铭传所修筑的铁路。首任总督桦山资纪向日本政府提出修筑岛内纵贯铁路的建议，即修筑一条经台北、台中、台南至高雄的长达 320 公里的南北纵贯铁路，并且对原有铁路加以改造。铁路的建设、运营均由总督府陆军部负责进行，经费从军事费中支出。这是台湾总督府最早提出的台湾铁路建设计划。1896 年 12 月至 1897 年 5 月，总督府共组织 6 支勘察队勘测纵贯铁路线。由于岛内抗日武装斗争持续不息，资金筹措困难，铁路的开工预期一再延宕。1898 年重新成立台湾铁路探险队，任命山根武亮陆军大佐为队长，兵分五路探勘计划中的全岛铁路路线⑧。

1899 年 3 月，日本帝国议会通过总额为 3500 万元的《台湾事业公债法》，其

---

① 台湾省行政长官公署统计室编印：《台湾省五十一年来统计提要》，台北：1947 年，第 59 页。

② 曾汪洋：《台湾交通史》，台湾研究丛刊第 37 种，台北：台湾银行经济研究室，1955 年印行，第 21—31 页。

③ 王开节：《台湾之交通》，台湾研究丛刊第 65 种，台北：台湾银行经济研究室，1958 年印行，第 44—69 页。

④ 张守真、许一男：《高雄港记事》，高雄：1996 年印行，第 31 页。

⑤ 戚嘉林：《台湾史》(增订本)，第 314 页。

⑥ 江庆林：《台湾铁路史》上卷，南投：台湾省文献委员会，1990 年印行，第 101 页。

⑦ 陈延厚：《台湾铁路百周年》，台北：台湾铁路局，1987 年印行，第 38 页。

⑧ 江庆林：《台湾铁路史》上卷，南投：台湾省文献委员会，1990 年印行，第 95—98 页。

中铁路事业公债为2880万元，作为纵贯铁路建设的全部资金[①]。从1899年5月起，纵贯铁路自南北两端同时动工建设。纵贯铁路全长405公里，1908年4月全线通车，耗时9年，所需经费为2880万元。纵贯铁路的建成，也就是"台湾人民替日本资本家开了一条'生财之道'"[②]。

日据时期由总督府主导完成的铁路总长度约有1245.5公里。主要有纵贯线、淡水线、宜兰线、屏东线、台东线、阿里山线、阿里山支线、台中线、八仙山线等9条。另外还有总督府向台湾本地资本收购的三条铁路，平溪线、集集线与太平山线[③]。

公路的铺设　1874年福建巡抚沈葆桢为"开山抚番"，以清军官兵为筑路主力，主持开筑了岛内最早的三条公路。北路由宜兰苏澳至台东奇莱（今花莲市），全长200华里；中路由云林林圮埔（今南投竹山）至台东璞石阁（今花莲玉里），全长265华里；南路由高雄凤山经赤山（屏东内埔）至台东卑南，全长214华里。后面一线在1875年更向南北延伸，而成为联络花莲至恒春的台东纵贯公路。日据之后，总督府在既有公路的基础上进行扩筑。初期的建设是以军事为目的，随后在军事行动告一段落之后，则转而以经济为重点[④]。至1896年3月，完成台中—台南、台南—安平、台南—旗山、高雄—凤山—东港、台中—埔里等路段，计400多公里。1896年4月至1898年两年间，又赶筑完台北—基隆、台北—新店、台北—淡水、基隆—苏澳、新竹—台中、东港—恒春、枋寮—台东等路线，总计920公里。1900年后总督府开始大规模修筑公路，最初建设的重点以台湾南部为重心，再逐渐推广至中部，最后再及于北部[⑤]。至1945年8月完成之干线、支线及乡村道路等合计长度17170.53公里[⑥]。

总督府实施的各项殖民地经济"基础工程"，都是力图把台湾纳入日本的经济体系，以利于日本资本的投资和控制[⑦]。它"为日本帝国主义资本在台湾扩张和超额榨取，创造了条件，但同时也形成了母国日本与殖民地台湾之间的不平

① 江庆林：《台湾铁路史》上卷，第99页。

② 周宪文：《台湾经济史》，第408页。

③ 台湾省文献委员会编：《台湾省通志》卷四《经济志交通志》第二册，南投：1969年印行，第104—105页。

④ 张奋前：《台湾之公路交通》，载台湾省文献委员会编：《台湾省通志》卷四《经济志交通志》第二册，南投：1969年印行，第116页。

⑤ 参见台湾省文献委员会编印：《台湾近代史》（经济篇），南投：1995年，第23—24页。

⑥ 叶淑贞：《日治时代台湾经济的发展》，载《台湾银行季刊》第60卷第4期，1998年，第231页。

⑦ 隅谷三喜男、刘进庆、涂照彦：《台湾の经济——典型NIESの光と影》，东京大学出版会，1992年版，第9—10页。

等分工，使台湾在经济上固定为对日本提供原料与农产品食粮的基地，台湾经济丧失其主体性，而庸从为日本帝国主义经济累积的工具，并被迫形成日本的米—糖单一性种植的基地”①。虽然“基础工程”的构筑在一定程度上推动了台湾近代经济的进步，但仅以数字统计的观点来看此种变化是片面的，“与其说是台湾总督府的政策目标，毋宁是总督府难以预期或是不得不如此的意外结果”②。从总督府统治政策的实质来考察，构筑“基础工程”的结果是，总督府对台湾经济发展的控制力日趋加强，在“成为殖民地经济资源得以顺利流向殖民母国的重要通道”③。总之，“基础工程”为台湾总督府和日本垄断财团进入台湾的事业奠定了基础。

二 “工业日本、农业台湾”的殖民地经济政策

日据台湾之后，总督府即确立“工业日本、农业台湾”的殖民地经济政策，将台湾视为向日本供应砂糖及稻米等农产品的生产基地。大力发展台湾米糖产业成为总督府殖民地经济政策的重中之重。其中，米糖业的发展并非同时起步，具有一定发达基础之台湾糖业成为总督府“农业台湾”政策的首要“选项”。

“农业台湾”政策下的台湾糖业 台湾砂糖比稻米更早受到日本殖民者的关注，是与日本国内的产业结构分不开的。日本是一个砂糖消费大国，但本身却基本不产糖，只有若干家以进口粗糖为原料进行精加工的制糖厂。1895 年日本砂糖总消费量高达 300 万石，其中有 80%依赖进口④，台湾是长期向日本供应砂糖的主要产糖区。从 1897 年到 1903 年，日本每年要花费将近 2300 万元进口砂糖，这个金额约占日本外贸赤字的 54%⑤。砂糖进口量还随其下游加工业的相继发展而增加，20 世纪初更增至每年 3000 万日元，高居进口商品的第二位，对日本的国际收支构成很大的压力。因之，“发展糖业，减轻外汇支出便是很重要的目标”⑥。

日据初期，台湾总督府要维持“军政”统治等，每年需要日本政府的巨额财

---

① 陈映真：《以意识形态代替科学知识的灾难——批评陈芳明先生的〈台湾新文学史的建构与分期〉》，载台湾《联合文学》第 189 期，2000 年 7 月，第 140—141 页。

② 李文良：《日本在台湾之殖民经验》，载《台湾殖民地史学术研讨会论文集》，台北：海峡学术出版社，2004 年版，第 401 页。

③ 高桥隆泰：《日本殖民地铁道史论：台湾、朝鲜、满洲、华北、华中铁道经营史的研究》，东京：日本经济评论社，1992 年版，第 52—53 页。

④ 高桥龟吉：《现代台湾经济论》，东京：千仓书房，1937 年版，第 49 页。

⑤ 高桥龟吉：《现代台湾经济论》，东京：千仓书房，1937 年版，第 237 页。

⑥ 种村保三郎著，谭继山译：《台湾小史——行向黎明的蓬莱》，台北：武陵出版有限公司，1991 年版，第 247 页。

政补贴。在这种情况下，台湾总督府选择制糖业可以达到双重目的："一是能供应本国足够的砂糖并节省价值两千余万元的巨额外汇，二是能开发台湾首要的产业，藉以实现财政独立，并巩固台湾总督府的统治基盘。"[①]因之，对于台湾总督府而言，控制台湾制糖业可达到"一石二鸟"的经济效果。

1899 年 3 月，总督府殖产课职员山田熙提出《建立大型制糖企业意见书》，主张设立大型制糖企业[②]。当时日本资本尚不具备对台湾大规模投资的实力，山田熙发展大型制糖企业的设想一时无法实现[③]。1901 年 1 月，任教于北海道札幌农学院的新渡户稻造成为台湾总督府糖业政策的策划者。新渡户稻造就任后，首先对岛内固有甘蔗的品质、产量等进行了前期调研。随后，新渡户稻造又以台湾总督府民政部殖产课长身份，前往盛产蔗糖的爪哇（今印度尼西亚）等地进行实地考察。新渡户稻造经过数月的反复考察与研究之后，于 1901 年 9 月提出著名的《糖业改良意见书》。这份《意见书》主张以"蔗作农业生产过程"的改进和"制糖工业过程"的近代化作为实施台湾糖业改革的两大目标。新渡户稻造《意见书》最终获得儿玉总督及民政长官后藤新平的大力支持。

根据新渡户稻造《意见书》的建议，1902 年 6 月，台湾总督府颁布《台湾糖业奖励规则》。同时总督府还专门设立了"临时台湾糖务局"，负责《规则》的具体实施。《规则》是保护日资企业的糖业发展政策，其主要内容为资金补助、确保原料及保护市场三大措施，以期日资独占台湾制糖业的实现。

台湾总督府除了以财政支出进行直接援助外，还通过台湾银行向日本制糖企业提供优惠贷款，如 1903 年至 1923 年台湾砂糖输出总额为 9 亿 6800 万元[④]，而台湾银行在同一时期对日资制糖企业的贷款额却达到 17 亿 6800 万元[⑤]。在购买制糖机器的补助方面，则是对改良糖廍做过渡性的奖励，对现代化大型制糖工厂等工业生产，做直接的补助措施。

台湾总督府为确保原料所采取的基本措施是颁布《原料采取区域制度》，该制度成为《制糖厂整顿规则》重要的一环。台湾总督府这种指定原料地区的制度，导致日本制糖会社能自己任意决定收买甘蔗的价格而来提高其独占利润，

---

① 伊藤重郎：《台湾制糖株式会社史》，台北：台湾制糖株式会社，1939 年印行，第 64 页。

② 山田熙：《大型制糖企业意见书》，转引自陈明言、杨金华：《台湾近代糖业先驱——武智直道》，台北：台湾武智纪念基金会，2005 年版，第 105 页。

③ 参阅森久男：《台湾总督府の糖业保护政策の展开》，载《台湾近现代史研究》第 1 期，东京：台湾近现代史研究会，1978 年 4 月；有关明治制糖株式会社的设立，参见三好右京：《相马半治传》，东京：果子新闻社，1938 年 10 月。

④ 台湾银行经济研究室编印：《日据时代台湾经济史》第一册，台北：1958 年，第 140—141 页。

⑤ 台湾总督府财务局金融课编印：《台湾の金融》，台北：1930 年，第 112—113 页。转引自涂照彦：《日本帝国主义下の台湾》，东京大学出版会，1975 年版，第 281 页。

并霸占及控制台湾的蔗作田园，强迫蔗作农民更加广泛地隶属于制糖会社，消灭台湾当地的制糖势力。该规则的主要目的是为“防止滥设制糖工厂”，对制糖工厂则是“制止各工厂争夺原料”、“避免扰乱蔗价”。此措施将全台蔗作区加以划分或指定原料采取区域，并规定“未经许可，不得运至区域以外，或者作为砂糖以外商品的制造原料”。如此，蔗农就有法律义务将其种植的甘蔗，卖给台湾总督府指定的日资制糖会社。学者指出，这一制度乃是一种对糖业资本家购买制糖原料的保护措施，透过国家权力的保护，资本家同时拥有生产和原料购买的双重垄断①。

以“保护关税政策”为政策工具，台湾总督府对独占台湾糖业的日本资本给予强有力的政策保护。1896 年 2 月起，随着台湾被纳入日本国内市场圈内，台湾关税的税率也开始依据《日本关税法》来执行。1899 年 1 月起，日本政府先后三次提高对外国进口商品的关税定率，这样，台湾砂糖更加享有其保护政策的实惠；1911 年 7 月，日本完全收回“关税自主权”，之后，台湾砂糖也开始名副其实地受到“日本关税壁垒”的保护，把砂糖的大部分销售给日本国内市场，将台湾砂糖以廉价供给日本人享用。1910 年 10 月，垄断性质的台湾糖业联合会成立，日资制糖企业更加享有台湾砂糖销售日本国内市场的“独占价格”②。在日本关税政策的庇护下，台湾砂糖得以弥补其与竞争对手（如爪哇糖）间的成本差距③。

由此可见，总督府强制实施的一系列有关发展糖业的策略，“不仅仅是糖业政策，而且是典型的日本殖民政策的缩影”④。总督府大量引进日本资本、引进优良蔗种、创建现代糖业，自 1910 年代开始，台湾砂糖年产量大幅增长，在 1936 年至 1937 年的旺盛年份，产量达 1049321 公吨，较日据前最高年产量之 1880 年的 82562 公吨多 12 倍。日据时期台湾向日本市场提供了低廉、长期且充足的粗糖，1909 年至 1933 年间含各年出口总金额的 50％至 60％之间，1934 年以后的十年则常占 40％左右⑤。依出口金额计算，1937 年砂糖出口占当年工业产值的 52.25％，可见台湾糖业的重要程度。

---

① 杨彦骐：《台湾百年糖纪》，第 34 页。

② 小岛昌太郎：《我国主要产业に于けるカルテル—cartel—的统制》，东京：雄风馆书房，1932 年版，第 340 页。

③ 参见台湾总督府殖产局编印：《台湾の糖业》，台北：1935 年，第 89—90 页；台湾总督府殖产局编印：《糖业统计》，台北：1943 年，第 196 页。

④ 陈逢源：《新台湾经济论》，台北：台湾新民报社，1937 年版，第 230 页。

⑤ 林钟雄：《糖米经济到科技立国》，《百年来的台湾研讨会论文》，台北：台湾研究基金会，1995 年。

随着糖业政策的确立，制糖业成为日据时期岛内最早兴旺的产业。出口至日本的砂糖占台湾砂糖总产量的比重也日趋提升。日据初期约为 20%，1906 年至 1907 年已达 95%，1930 年至 1931 年更高达 97%[①]。大量台湾砂糖进入日本市场，成为日本资本主义经济发展的重要财源之一。

在台湾总督府的政策支持下，日本糖业资本不仅垄断了台湾制糖业，还垄断了整个的台湾产业。矢内原忠雄称其为“台湾糖业帝国主义”[②]。到了 1930 年代，日本制糖业三大财阀——三井财阀、三菱财阀及藤山财阀（三井系——台湾制糖、三菱系——明治制糖、盐水港制糖，藤山系——大日本制糖、新高制糖、东洋制糖）占有台湾制糖业总资本的 87%，台糖生产量的 83%。台湾制糖业在台湾殖民地经济中的地位日趋重要，表 7－1 显示了 1935 年时台湾糖业在台湾殖民地经济中的地位。

表 7－1　台湾糖业在台湾殖民地经济中的地位（1935 年）

项　　别	金额①	项　　别	金额②	②/①%
耕地面积（甲）	856755	蔗作面积	121605	14.2
农家户口（户）	411981	蔗作户数（新式制糖）	126605	30.8
农业生产额（千元）	361046	甘蔗生产额	55233	15.3
工业生产额（千元）	269494	砂糖生产额	164068	60.9
会社授权资本额（千元）	230935	制糖会社九家授权资本额	185550	56.1
工业会社授权资本额（千元）	200192	同上	185550	92.6
输出额	350745	砂糖输出额	151533	43.2

资料来源：高桥龟吉：《现代台湾经济论》，东京：千仓书房，1937 年版，第 202 页。

“农业台湾”政策下的台湾稻米业　日本本国稻米供不应求，米价大幅攀升，开始成为米谷输入国。日本占据台湾后，由于台湾的“在来米”（岛内原有米种）不合日本人口味，产量较低，日据初期台米对日输出一直低迷，1905 年以前台米输日不及台米总产量的 8%。1904 年至 1905 年日俄战争期间，由于日本由台湾紧急调集军米而使台米输日有所增加，但一直到 1920 年代，台米的生产及对日输出才呈

---

① 叶淑贞、刘素芬：《工业的发展》，载台湾省文献委员会编印：《台湾近代史》（经济篇），第 225—226 页。

② 矢内原忠雄：《帝国主义下の台湾》，第 203 页。

现明显的进展[①]。为改良岛内低产稻种，总督府先后引进多批日本稻种在岛内进行试种[②]。1922 年终于培育出一种适合日本人口味的名为"台中 65 号"的稻米新品种[③]。1926 年 5 月最终选定"蓬莱米"为新品种的名字[④]。

蓬莱米的播种面积持续扩大，从台湾北部的高台地，如大屯山、七星山向淡水、士林等平地推进，然后进入新竹、台中，接着向台南扩展。从种植面积来看，1922 年以前，蓬莱米的种植面积尚不满 500 甲，至 1925 年增至 68697 甲，1930 年扩增至 135226 甲，1935 年时更达到 295811 甲，占当时台湾水稻种植总面积 678629 甲的 43.6%，超越"在来米"的种植面积，成为台湾栽培最广的稻种。1944 年时，蓬莱米种植面积已有 413257 甲，占全体稻作种植面积的 66.73%[⑤]。

蓬莱米单位面积产量确实比在来米高出 20%，价格亦比在来米高 5%—10%。由于大多运销日本市场，种植获利颇大。因此，蓬莱米的种植迅速普及全岛，稻米产量及输出量大增。1934 年蓬莱米产量占台湾稻米总产量的 47%，在来米仅占 38%[⑥]，1938 年占到 53.75%[⑦]。1926 年台湾蓬莱米输出量已占台湾稻米总输出量的 68.6%[⑧]。蓬莱米全部输出至日本，1934 年台湾稻米总产量突破 900 万石，对日输出增为 430 万石，占 48%(1934 年台湾蓬莱米为输日最多的一年，输日台米也在 1934 年创下 72.15 万公吨的最高纪录)；1938 年，稻米产量达到高峰，年产量为 982 万石，输出高达 520 万石，占 53%。其中，蓬莱米占输出总量的 84%[⑨]。

由于蓬莱米具有的经济作物性质，由此造成 1920 年代中期起台湾农业生产和对外贸易结构发生巨变，即由蔗糖单一经济作物为中心的生产、贸易结构，转变为以米、糖两大经济作物为中心的生产、贸易结构。随着蓬莱米的播种和普及，1920 年代中期以后台湾的殖民经济发生质的变化。米、糖之间具有竞争性，因而在 1930 年代发生"米糖相尅"问题。

蓬莱米在岛内的迅速普及，使得台湾的殖民地单一农业发生很大的变化，从 1910 年代的砂糖生产转化为米、糖两大农业的商品生产，这也是此时期台湾

---

① 周宪文:《台湾经济史》，第 648—651 页"历年货物别输出地区价值表"。

②⑥ 吴聪贤:《农业史》，台北:黎明文化事业出版股份有限公司，1992 年版，第 180 页。

③ 黄登忠、朝元照雄:《台湾农业经济论》，东京:税务经理协会，2006 年版，第 9—10 页。

④ 末永仁:《蓬莱种米的栽培方法》，台中:台中州立农事试验场，1927 年印行，第 3 页。《蓬莱米夜话——矶永吉话沧桑》，载《台湾农林》第 8 卷第 5 期，1954 年 5 月 1 日，第 13—17 页。

⑤ 叶淑贞:《日治时代台湾经济的发展》，载《台湾银行季刊》第 60 卷第 4 期，1998 年，第 252—253 页。

⑦ 应廉耕:《台湾省农业经济》，北京:农业出版社，1983 年版，第 89 页。

⑧ 台湾总督府殖产局编印:《台湾米谷要览》，台北:1936 年，第 34—36 页。

⑨ 参考周宪文:《台湾经济史》，第 487—488 页"历年稻米生产及对日输出状况"。

总督府农业政策的最大特点。蓬莱米的成功培植,不仅在生产方面,在销售流通领域也发生极大的变化。自1929年世界经济危机之后,蓬莱米的输出即被以三井物产为首的日本垄断财阀资本所操纵,三井财阀还在台湾各地设置米谷仓库和米谷检查所,以便更有效地将掠夺来的台湾农产品和优质稻米运往日本或输出其他地区,以获取暴利。所以,台湾"米谷经济最大的获利者,乃是以台湾本地的地主和少数日本米谷贸易商所组成的共生结构"[①]。如三井物产、三菱商事、加藤商事、衫原产业等四大米商独占台湾稻米输出的90%以上[②]。

为全面控制台湾稻米的收购及加工,在总督府及台湾银行的金融支持下,日本资本即以雄厚的资金,实施购米代金的预先贷款制度来支配主要以本地资本经营的土笼间[③],通过土笼间对农民发放高利贷而广泛地控制着台湾农村的稻米生产。米谷的加工原本主要是由农家自行处理,随着商品化的扩展,碾米的工作也逐渐脱离农民的掌握[④]。在1914年时,只有16.89%的稻米是由土笼间处理;及至1933年,土笼间已包办73.38%的米谷[⑤]。相对台湾糖业为日资控制而言,以土笼间为代表的台湾碾米业长期由本地资本控制。根据1932年度的统计,在岛内3051家碾米厂中,仅有37家(1.2%)为日资企业[⑥]。至1939年,日资控制的碾米厂增至7%[⑦]。土笼间的存在强化了本地地主在农产品交易中的优势地位。米农要生产稻米,就必须缴纳地租和准备生产资金,因此地主往往在耕作前提供农民现金贷款,在稻谷收割后,身兼碾米业者(土笼间)的地主就可用低价收购米谷,进行碾米、加工的工作。换句话说,"地主"同时也是"米谷的加工者"与"农民生产稻谷所需资金的放款者",这种三位一体的结构有利于压低米谷价格,所以以日本人为主的输出商也乐观其成,刻意地加以维护,

---

① 林继文:《日本据台末期(1930—1945)战争动员体系之研究》,台北:稻乡出版社,1996年版,第55页。

② 台湾总督府殖产局编印:《台湾の米》,台北:1938年,第58页。

③ 所谓的土笼间,即兼营碾米业的本地地主资本形态,其在出租耕地收取佃租之同时,大量收购并囤积农民的米谷,进行精加工后投入市场出售。参见潘志奇:《台湾之社会经济》,载《日据时代台湾经济之特征》,台湾研究丛刊第53种,台北:台湾银行经济研究室,1957年印行,第37页。

④ 柯志明:《米糖相尅——日本殖民主义下台湾的发展与从属》,第184页。

⑤ 台湾总督府殖产局商工课编:《台湾商工统计》,台北:台湾总督府殖产局商工课,1937年,第17号,第54—55页;根岸勉治:《垂直の米谷生产分化と土笼间阶级》,载《农业经济研究》第12卷第4期,1936年,第31页;台湾总督府米谷局编:《米谷要览》,台北:台湾总督府米谷局,1935年,第7页。

⑥ 根岸勉治:《日据时代台湾之农产企业与米糖相尅关系》,载《台湾经济史》(七集),张粤华译,台北:台湾银行经济研究室,1959年印行,第67页。

⑦ 引自柯志明:《米糖相尅——日本殖民主义下台湾的发展与从属》,第184页。

以保持台湾输日米谷的价格优势[①]。大约从1929年到1931年，台湾米谷的商品化率为63.51%[②]。但因为“米谷的贩卖是集中在地主的手中”，米谷的商品化与大量外销，并不意味着殖民地生活水平的提升[③]，反而可能因为要种植外销所需的蓬莱米，牺牲佃农所消费的在来米的种植。

三 “米糖相克”——台湾总督府对台湾米糖业的控制与掠夺

在“工业日本、农业台湾”的殖民地政策导向下，台湾米糖产业畸形发展。由于种植蓬莱米可获得更高的利润，台湾农民偏向种植稻米，从而影响到甘蔗种植面积。这样，围绕稻米与甘蔗的种植面积，在1925年以后，终于发生所谓的“米糖相克”问题。日本学者川野重任认为米糖业“争夺耕地”是造成“米糖相克”的重要原因[④]，但这种观点掩盖了“米糖相克”背后的实质。实际上，所谓“米糖相克”，表面上指的是日据时期台湾最重要的稻米和制糖两个部门冲突的问题，但实际上“米糖相克”并非是部门矛盾的问题，而是“农民收入与资本利润相争的问题”[⑤]，也就是“台湾农民的利益和日资糖业资本利润冲突问题”[⑥]。因为日资糖业资本“考虑的是在寻求满足必要的原来需求而扩张产量及耕地面积时如何减低成本的问题”[⑦]，从而反映出台湾农业的殖民地性质。

台湾学者指出：作为殖民地的台湾，米和糖的生产都服从宗主国日本的需要。日本本身不产糖，台糖占日本糖消费的90%左右。台湾的稻米对日本虽然没有台糖重要，但台米于每年青黄不接时输入日本，对于抑制日本的米价是很重要的。20世纪20年代，日本在向帝国主义转化的阶段是非常需要低价米的。因此，涂照彦认为“米糖相克”并非殖民地台湾本身的经济问题，而应从日本帝国主义演化的高度来看待：当日本帝国主义要求殖民地台湾同时生产更多的米和糖时，相克就发生了。“米糖相克问题从现象上来看，……表现于糖米比价率的降低，其根本的决定因素，不外乎是土地所有关系”[⑧]。特别是第一次世界大战以后，日本工业化和城市化发展迅速，对粮食的需求与日俱增，既要台湾的砂

---

① 涂照彦：《日本帝国主义下の台湾》，东京：东京大学出版会，1975年版，第206页。

② 涂照彦：《日本帝国主义下の台湾》，第198页。

③ 林继文：《日本据台末期(1930—1945)战争动员体系之研究》，第54页。

④ 川野重任：《台湾米谷经济论》，东京：有斐阁，1941年版，第82—83页。

⑤⑦ 柯志明：《米糖相克——日本殖民主义下台湾的发展与从属》，第154页。

⑥ 周翔鹤：《日据时期(1922年以前)台湾农家经济与“米糖相克”问题》，载《台湾研究》，1994年第2期。

⑧ 涂照彦：《日本帝国主义下の台湾》，第107页。

糖，也要台湾的稻米[①]。在总督府的政策保护下，自1905年起，日资制糖会社渐次推行“米糖比价法”，即甘蔗收购价格决定于米（或其他对抗性作物）的价格。米糖比价的字面含义似乎是要在米价与糖价之间寻求一个适当的比率。其实不然，甘蔗收购价格与糖价之间的关系才是制糖会社的关切所在[②]。总督府这项政策的设计目的，在于切断蔗价与糖价间传统的关联，使蔗农无法分享制糖业在总督府特惠保护下的丰厚利润[③]。这样，在糖价大幅上涨时，日资制糖企业由于生产成本基本不变（蔗价占据了制糖成本的大部分），可以获得高额利润。尤其在第一次世界大战期间，糖价大涨，各大日资制糖企业获利超出上年一倍以上。但是，由于蔗价并不决定糖价，农民并不能分享糖价上涨的利益[④]。因而，在蓬莱米试种成功并大量输日以后，种植稻米的农户得到切实好处，使得农户偏向种植稻米，从而影响到甘蔗种植面积。蓬莱米开始输出日本以后，在日本市场的价格虽低于日本本地米价，但却追随日本米的价格波动，日本米价的稳定或上升，使种植蓬莱米的农户收益增加，台湾农民的生活也有所改善[⑤]。岛内的在来米价格也随之上升，米价的普遍上升使得农民更偏向种植稻米，而进一步影响到甘蔗种植面积，这就产生出“米糖相尅”的问题[⑥]。

在台湾总督府的支持下，日本制糖业大企业压低农产品收购价格，使农民所获收入有限。据统计，1931年佃农的地租支出额占农业经营费总额的41.66%。同样以1931年为例，自耕农每户所得扣除各项负担为571元，家庭

---

① 日本五大城市东京、神户、名古屋、大阪、门司消费了80%的台湾输日稻米。参见台湾总督府米谷局：《米谷要览》，台北：台湾总督府米谷局，1939年，第91页；仅东京一地市民消费的大米约有1/3至1/4来自台湾。参见川野重任：《台湾米谷经济论》，东京：有斐阁，1941年版，第152页。

② 参见张汉裕：《台湾米糖比价之研究》，载《台湾银行季刊》第5卷第4期，第1—9页。

③ 信夫清三郎：《近代日本产业史序说》，东京：日本评论社，1942年版，第351页；张汉裕：《日据时代台湾经济之演变》，载《台湾经济史》（二集），台北：台湾银行经济研究室，1955年印行，第53页。

④ 陈孔立：《台湾历史纲要》，第363页。

⑤ 日本政府大量输入殖民地稻米，虽然有助于压低日本米价的上升，但损及日本农民的利益，遂引发日本农民的广泛抗议，也造成20世纪30年代前期的政治不安定。参见石川悌次郎：《台湾米谷における专卖论》，东京：经济情报出版社，1936年版，第7—11页。为因应国内的农业危机，日本政府以保证价格收购市场上过剩的日本米，提高米价以保障农民的收入。参见高桥龟吉：《台湾现代经济论》，东京：千仓书房，1937年版，第195—198页。日本米价的上涨最终还是延伸至进口市场，提高日本市场上殖民地米的价格，让殖民地米的生产者多少得以分享日本米价保护政策的好处。随着日台间市场关系的扩大与单一化，蓬莱米价格与日本米价的波动日趋一致。蓬莱米外销促成米生产的进一步商品化。蓬莱米变成纯外销商品。引自柯志明：《米糖相尅——日本殖民主义下台湾的发展与从属》，第165页。

⑥ 台湾学者涂照彦认为：米糖相尅的意义在于，原本日、台资本勉强平衡的状况由于日本本土经济的变化而无法维持，本地资本借机扩张反扑，造成日资逆退的局面。参见涂照彦：《日本帝国主义下の台湾》，第108页；涂照彦：《日本帝国下台湾经济——研究蓄积再检讨》，第812—815页。

开支为955元,赤字384元,自耕农赤字75元,佃农赤字175元。日据时代台湾农民尽管生活水平相对有所提高,但充其量仅达到温饱,半自耕农和佃农还要借助甘薯补主食不足。

台湾米市场的急剧扩大,与台湾糖业的甘蔗生产发生极为尖锐的争地问题,迫使糖业的发展停滞,对于经济恐慌和世界经济危机遭到重创的糖业是雪上加霜。各制糖会社纷纷拟定实施所谓的《米价比准法》,也就是米价越高,甘蔗收购价格随之提高,企图借此吸引农民继续种植甘蔗,企图压制农民转种稻米。不过,成效并不显著①。台湾总督府基于对日本本土提供稻米的战略需求,也改变了以往对单一经济作物的政策,积极鼓励农民转种稻米,这项政策的改变,使得台湾农业的经营逐渐多元化,制糖会社也在“米糖相剋”的过程中,不再仅从事甘蔗栽种和砂糖生产,也被迫朝向多元化发展,投资经营糖业以外的其他行业,此亦成为日据后期台湾糖业的特色,这是“米糖相剋”最重要的时代及历史意义。

1936年日本帝国议会通过《米谷自治法管理案》,要求日本、朝鲜、台湾同时减产稻谷。随后,台湾总督府通过劝诱补贴转作等方法来劝诱农民放弃稻作,但在1937年“七七事变”以后,日本对台湾稻米的军需上升,日本农业歉收,情况发生骤然变化。以往总督府提倡减产稻田、转作蔗田的政策骤然逆转,将抑制稻谷生产转为奖励增产,1941年公布《米谷生产奖励规则》,并由各州(县)厅随着战争对军需米需求的上升,“米糖相剋”问题才不被提起。

在“米糖相剋”的过程中,台湾农业逐渐走向多元化的经营,特别是水果类的柑橘、凤梨、香蕉及茶叶等农产品生产。由于台湾稻米大量出口日本,影响到日本国内的稻农利益。为保护日本农民,总督府调整农业政策,开始强制实施稻田转作,决定减少稻田面积7万公顷,奖励转作的经济作物有棉花、黄麻、苎麻、蓖麻、小麦、花生、菠萝、香蕉、柑橘类、咖啡、可可、蔬菜类等,造成台湾农业经营趋向多元化,逐渐脱离农庄的生产方式②。另据统计,若以1932年为基期(100),与1942年的各种作物种植面积来比较,即稻作面积减少7%(47797公顷),相反地除茶、大豆、落花生、香茅草之外,其余作物种植面积都一律有成长,其中成长率较大的有亚麻(指数为2755)、凤梨纤维(2020)、小麦(1210)、棉花(1005)、烟草(763)、黄麻(534)、毒鱼藤—Derris(457)、大麦(322)、蔬菜种子(307)、琼麻(282)、咖啡(223)。又以绝对面积言,即以黄麻、小麦、棉花、烟草、亚麻的成长较为重要。其他尚有玉蜀黍(184)、苎麻(160)、凤梨(149)、甘蔗

① 参见张汉裕:《台湾米糖比价之研究》,载《台湾银行季刊》第5卷第4期,第1—9页。

② 台湾省文献委员会编印:《台湾近代史》(经济篇),南投:1995年,第134页。

(147)、柑橘类(125)、香蕉(124)、甘薯(116)、树薯(109)等,均有成长①。

四　服从日本市场需求的台湾对外贸易

1899 年日本政府颁布《改正关税协议率法》,开始采用日本税制征收关税,将关税率由 5%提高至 15%。这样一方面使输出台湾的日本商品扩大;另一方面,严格限制中国大陆及外国商品进入台湾。由于税率的明显差别,日台间贸易往来日趋频繁,台湾与其他地区的贸易则趋于消沉。其次、台湾总督府实施专卖制度,独占台湾岛内外贸易活动。日本占据台湾后,先后对蔗糖、茶叶、樟脑、鸦片等岛内重要物产实施贸易专营权,倾力排除中国大陆及欧美商人。至 1912 年,台湾对外贸易完全由台湾总督府与日本商社所垄断。

总督府通过严格控制台湾对外贸易的走向,使台湾经济彻底沦为日本经济的衍生物,进而形成日台经济的极不平等的"一体化"经济圈。整个日据时期的台湾对外贸易,台湾总督府及日本资本占据垄断地位。1912 年至 1945 年的台湾对外贸易中,进出口的商品主要是以日本为对象,对日本的贸易占台湾对外贸易总额中的 70%—80%。如 1914 年至 1920 年台湾对外贸易总额平均每年为 2.31 万余台元,其中对日贸易则占 72.7%,1922 年至 1945 年平均每年为 6 亿 7000 万余元,其中对日贸易占 83.4%,1940 年为 10 亿 4700 万余元,其中对日贸易占 85%②。在所有对日贸易活动中,从出口产品的收购、加工、运输、发售到资金的融通,完全为日本商社所独占。在总督府的支持下,三井物产、增田屋等财阀商社将本地买办揽为己用,并垄断了台湾主要物产的出口③;日资制糖企业还以低于本地糖商的利息贷款给蔗农④。大阪商船株式会社在总督府以方便日台间的贸易与运输为名的优厚贴补下,于 1905 年将英商道格拉斯汽船公司逐出台湾海运界,垄断了输日砂糖的货运⑤。在总督府的支持下,1910 年日资制糖企业组成垄断全台糖业的卡特尔组织——"糖业联合会"。这样,日本资本基本上控制了台湾的流通领域。

为控制台湾的对外贸易,台湾总督府大力实施控制岛内金融市场的殖民地金融政策。1895 年大阪中立银行最早进入基隆,之后,台湾银行、彰化银行、台湾商工银行、日本劝业银行等相继进入。只有台湾银行有发行货币权,相当于中央银行的地位。1904 年台湾银行发行金币兑换券并取消了银币流通,台湾币

① 吴田泉:《台湾农业史》,台北:自立晚报社文化出版部,1993 年版,第 368—369 页。
② 张果为主编:《台湾经济发展》(上册),台北:正中书局,1967 年版,第 11 页。
③ 矢内原忠雄:《帝国主义下の台湾》,第 32—37 页。
④ 临时台湾旧惯调查会编印:《台湾糖业旧惯一斑》附录参考书,神户:1909 年,第 110 页。
⑤ 矢内原忠雄:《帝国主义下の台湾》,第 33 页。

制完全纳入日本单一金本位制。台湾银行、台湾商工银行等日资金融机构随后成为岛内金融市场的核心。日资金融机构的入岛，为日本攫取台湾物产“提供了便捷的融资和通汇服务，拓宽了贸易商的国际市场圈，加上与之配合的通讯及运输业的发达，故使得日、台之间节省许多交易成本①。在总督府的威权扶持下，日本金融资本控制了岛内金融市场。

总之，1895 年后，台湾经济被台湾总督府与日本资本全面控制，对外贸易迅速殖民地化。在日本殖民统治下，台湾经贸体制发生强制性转轨，“即由在大陆经贸体制下的多边市场机制，转变为隶属于宗主国日本的单一殖民经贸体制”②。由此，台湾对外贸易的性质发生根本变化，从中国一个省的对外贸易转而成为日本殖民地附属贸易。通过这种贸易转轨，台湾被深深地卷入日本宗主国经济漩涡之中，被强制成为日本市场的附庸。与中国大陆的贸易也是在台湾总督府的监视与控制下间接进行的，且起伏很大。至日本战败前夕，日台间双边贸易达 10 亿日元规模，其占台湾对外贸易总额的比重平均高达 80%以上③。

日据初期，台湾最大的贸易伙伴仍为中国大陆④。1896 年 12 月，日本驻厦门领事上野专一向日本政府及台湾总督府提交《厦门贸易事情》的报告书，其中《厦门、台湾的关系》一节对日据初期两岸贸易进行了详尽描述。由福建运至台湾的主要是“各种棉布、烟丝、木版、杉板、砖瓦、粗制陶器、砂糖、腌水果、丝线、西洋杂货、竹器等”；由台湾运回福建的是“台湾砂糖、煤炭、米谷、樟脑、白麻、豆类、落花生、樟木板、芋、生番布、大甲席、樟木工艺品”等⑤。

进入 20 世纪以后，日本的比重急速上升，终于在 1905 年占贸易总值的 50%以上；此后一直居绝对优势地位，甚至有时高达 90%左右。根据台湾学者周宪文的统计，1895 年至 1910 年台湾与中国大陆的经济关系呈现出绝对消退的趋势。台湾输往大陆的商品价值在 1896 年为 867.6 万元，1910 年下降为 367.3 万元，占出口比率由 76.13%急剧下降为 6.13%，大陆输往台湾的商品，

---

① 朱德兰：《日据时期长崎台北贸易——以长崎华商“泰益号”与三家台商为例》，载吴剑雄主编：《中国海洋发展史论文集》，台北：“中央研究院”中山人文社会科学研究所，1991 年印行，第 223 页。

② 习五一：《1895—1931 年台湾食糖贸易研究——台湾、日本、大陆三角贸易考察》，载《近代史研究》，1995 年第 5 期。

③ 见台湾省行政长官公署统计室编印：《台湾省五十一年来统计提要》，表 321“历年输出入货物价值”，台北：1946 年。

④ 参阅黄福才：《台湾商业史》，南昌：江西人民出版社，1990 年版，第 230 页。

⑤ 松浦章著，卞凤奎译：《日治时期台湾海运发展史》，台北：博扬文化事业有限公司，2004 年版，第 103 页。

占台湾进口比率由1895年的47.43%直线降为11.77%[①]。应当指出，当时"台湾的主要贸易对象已经由大陆转为日本，两岸之间仍有经贸往来"[②]。所以，在日据时期，台湾与大陆之间的传统贸易关系受到很大破坏，但并未中断，两岸贸易"仍在台对外贸易中占有一定的地位"，"在台湾对日本以外国家和地区贸易中占的比例更大"，但起伏很大[③]。而且，两岸贸易亦为日本商社控制，台湾"向来从事对中国及香港之贸易者均为本省人，而贸易中心改向日本后，从事贸易者，则殆为日本商人所垄断"[④]。

日据初期，欧美洋行控制着台湾对外贸易。日本资本与列强资本在岛内进行了约十年的激烈竞争。在台湾总督府与日本资本的连手操纵下，洋行势力最终被逐出岛外，台湾外贸体制与日本完全连为一体，成为宗主国主体经济的分支。到1910年，鉴于岛内各重要产业尽为日本资本所控制的现实，台湾总督府干脆把台湾的出口税和输往日本的出港税完全废除，只对外国的商品保留进口税，使日本与台湾真正融为一体，无任何关税障碍[⑤]。自1910年起，日台贸易长期高居台湾总贸易额的60%—90%左右[⑥]。

如上所述，在总督府与日本资本的"共同蚕食"下，台湾不仅成为日本资本的重要输出地，也是日本的重要原料产地。20世纪30年代中期以前，台湾工农业的增长都是为着适应宗主国对初级产品的需求。反映在贸易关系上，台湾成为日本的原料供给地和商品输出市场。日据时期的台湾对日贸易严重依赖日本，是典型的殖民地贸易形式。

日据50年期间，台湾的对日贸易多为出超[⑦]。除了日据初期由于日本对台湾贸易的垄断措施尚未完全奏效、出现外贸入超的情形外，从1904年至1944年(除1913年)，均有较大数额的出超。1904年对日贸易出超为27.5万日元，1944年出超额增至9440.6万日元，增加343倍，最多的1939年出超15213.7

---

① 周宪文：《台湾经济史》，第634—637页"历年地区别出口价值表"。

② 林满红：《四百年来的两岸分合》，台北：自立晚报社，1994年版，第53页。

③ 有关日据时期两岸贸易的情况，参阅黄福才：《台湾商业史》，南昌：江西人民出版社，1990年版，第230—241页。

④ 叶荣钟：《近代台湾经济金融发展史》，第90页。

⑤ 此举对于台湾与大陆的传统贸易破坏严重，如对传统的闽台贸易打击极大，导致了这一时期闽台贸易的直接萎缩。见金泓泛、郑泽清、刘义圣：《闽台经济关系——经济·现状·未来》，厦门：鹭江出版社，1992年版，第50页。

⑥ 参阅周宪文：《台湾经济史》，第623—673页。

⑦ 除被占领的最初十年外，台湾的出口大大超过进口。见何保山：《台湾的经济发展(1860—1970)》，上海：上海译文出版社，1981年版，第35页。

万日元，增加了553倍[①]。“这明显地表明日本与台湾工农业垂直分工的贸易结构……说明台湾巨额经济剩余转移到日本去了”[②]。扣除入超外，日据时期仍有累积净出超22亿6858.8万元；其中，进入自1942年起的后期阶段，就有13亿零789.7万元，占57.65%[③]。从贸易货值看，台湾对日贸易由1897年的583万元增至1940年8.85亿元，增长了151倍，平均每年递增率达12.45%；占台湾外贸的比重从不到20%升至80%以上，最高时一度达90%。在出口方面，台湾输往日本的货值，自1901年超越中国大陆后，呈直线上升趋势，至1939年增至5.1亿元，达到战前的最高峰；在出口总值中的结构比重从早期的10%提高到战前的80%以上，其中1930年代大部分时间超过90%。在进口方面，日本市场自1899年超越大陆成为台湾商品进口的主要供给地后，自日输入的货值不断攀升，至1940年达到4.26亿元，为战前最高记录；在进口总值中的结构比重从初期的20%提高到日据后期的80%以上，最高点为1938年的89.4%[④]。由此可见台湾对日贸易的严重依赖性。

通过不平等条件下的殖民地贸易活动，台湾为日本资本主义经济发展的“贡献”甚大。甲午战争后日本在获得中国巨额战争赔款的基础上，大力推进“殖产兴业”和产业革命，由此，大量农村劳动力进入工业领域，造成国内粮食供应的严重短缺，而来自台湾的大米、砂糖等食品供应，解救了日本工业化时期的粮食短缺危机。从1896年起台湾砂糖的95%向日本出口，台湾大米在1935年至1936年间50%以上出口日本[⑤]。仅砂糖一项，在日本销售所课征的消费税，在1910年代初期，每年对日本政府有4500万日元的税收贡献[⑥]。日本因为拥

① 台湾省行政长官公署统计室编印：《台湾省五十一年来统计提要》，表321“历年输出入货物价值”，台北：1946年。

② 隅谷三喜男、刘进庆、涂照彦：《台湾の经济—典型NIESの光と影》，东京：东京大学出版会，1992年版，第20页。

③ 由于台湾对外贸易完全在总督府的控制之下，这种“出超”也就是日本对台湾的资源掠夺，亦可称是对日本的“贡纳”或献金。见袁颖生：《光复前后的台湾经济》，第40页；周宪文也认为：台湾对日贸易出超的实在性质，是台湾通过贸易的关系，向日本“按年进贡”。见周宪文：《台湾经济史》，第633页；陈碧笙认为：这些出超金额都被留在日本国内，成为殖民地台湾对宗主国日本的一种无偿贡赋。见陈碧笙：《台湾地方史》，第207页。

④ 李非：《论殖民地时期台湾经济的基本特征》，载《台湾研究》，2003年第3期；另据统计，台湾对日贸易的进口和出口数量分别从1897年的372万元与210余万元增长到1943年的29193万元与29271万元。前后46年，进口额增加78倍，出口额增加139倍。其中出口最多的年度是1937年，数额达50974万元，进口额最高的1940年达42575万元。进口和出口最高年度的数额同1897年对比，分别增加了114倍和242倍（台湾省行政长官公署统计室：《台湾省五十一年来统计提要》，表321“历年输出入货物价值”，台北：1946年）。

⑤ 台湾省政府主计处编印：《台湾贸易五十三年表》，台北：1949年，第198页。

⑥ 《台湾糖业大观》第490号，台北：1927年，第254页。

有殖民地台湾来供应廉价米糖，才可以抑低国内的工资和劳动所得，加速资本的累积和较低的国际营销价格，形成外销工业的竞争优势[①]。台湾输日商品除稻米、香蕉和砂糖三大宗农产品以外，后来还有茶叶、菠萝罐头、樟脑、樟脑油、酒精、帽子、纤维素纸类、煤炭、铁矿石、铝、木材等成为对日贸易的大宗出口品[②]。至1937年台湾进入战时体制，遂开始施行以“工业化”为中心的“生产力扩充计划”[③]，总督府全面实施高度之经济统制，以米糖为主的计划生产、配给，并减少奢侈消费性商品的制造。使得此阶段的台湾贸易商品以战争相关物资为主，如米、糖、香蕉、凤梨罐头、矿物、铜等。

日据后期，台湾对外贸易还延伸至大陆东北地区。1931年日本发动“九一八事变”，占领中国东北全境，并于1932年3月扶植成立了伪满洲国。如此，“同样作为日本统治之殖民地之台湾，也因此和满洲彼此之间的互动产生了变化”[④]。在台湾总督府、关东军的强力推动下，台湾与中国东北之间的贸易有显著的成长。因为，“寒冷的满洲迫切需要台湾盛产的蔬菜水果，满洲所产的豆饼又可供台湾肥田之用”[⑤]。但台湾对东北和华南地区相比较，对前者的贸易则是长期入超[⑥]，这是台湾由东北进口大量的豆饼、硫安等所致。豆饼、硫安是主要用于耕地的农田肥料，对日据时期台湾农业的发展带来相当大的贡献。1903年至1930年间台湾农业的年平均成长率高达3.14%，此多为肥料所做出的贡献[⑦]。此一时期，台湾与中国东北间的货物运输较为频繁，“就货物承载吨数言，台湾与大连间的货物仅次于日本”[⑧]。

随着1937年“七七事变”的爆发，华北各省相继沦陷，成为日本资本的势力范围及推销台湾物产的重要市场和原料掠夺地。台湾与沦陷区的贸易往来逐渐增多，其中台湾输往大陆沦陷区的货物主要有水果、茶叶、砂糖、菠萝罐头、樟脑、板纸、木材等，而东北、华北输往台湾的主要货物是杂粮、豆类、药材、棉、麻、

---

① 筱原三代平：《经济发展与贸易关系》，载小岛清：《论争经济成长与日本贸易》，东京：弘文堂，1960年版，第27页。

② 参见台湾总督府编印：《台湾统治概要》，台北：1945年，第453页。

③ 潘志奇：《日据时期之台湾社会经济》，载《东吴经济商学学报》第3期，1998年11月，第90—91页。

④ 卞凤奎：《日据时期台湾籍民在大陆及东南亚活动之研究》，合肥：黄山书社，2006年版，第65页。

⑤⑧ 林满红：《台湾与东北间的贸易(1932—1941)》，载台湾《“中央研究院”近代史研究所集刊》第24期，1995年6月，第663、672—687页。

⑥ 台湾省文献委员会编印：《台湾省通志》卷三，《经济志·商业篇》，第180页。

⑦ 林满红：《日据时代台湾经济史研究之综合评价》，台北：《史学评论》1979年第1期。

纺织品、水泥、铁等。此外，日本为了维持战争的需要，将各种战争所需物资从台湾运往祖国大陆，从而使两岸贸易商品结构发生了根本性的变化①。

第二节　日本侵华战争的扩大与台湾的“工业化”

一　日本侵华战争与台湾的“南进基地化”

1937 年 7 月 7 日，日军在北平城西南的卢沟桥制造“七七事变”，悍然发动其酝酿已久的全面侵华战争。在全国人民的支持下，驻守当地的中国第二十九军进行了顽强的抵抗。日本帝国主义的挑衅和进逼，激起了全中国人民的同声愤慨。

7 月 8 日，中国共产党发出通电，号召“全中国同胞、政府与军队团结起来，筑成民族统一战线的坚固长城，抵抗日寇的侵略”②；7 月 15 日，中共中央将《中国共产党为公布国共合作宣言》交给国民党中央，宣言呼吁国共再度合作、团结抗日。17 日，蒋介石发表“庐山谈话”称：“我们希望和平而不求苟安，准备应战，而决不求战”，“如果战端一开，那就是地无分南北，年无分老幼，无论何人皆有守土抗战之责任，皆应抱定牺牲一切之决心。”③日军相继侵占北平、天津后，蒋介石随即声明，平津之战只是日本侵略战争的开始，决非战争之结局，国民只有“一致决心，共赴国难”，国民政府将“发动整个之计划，领导全国一致奋斗，为保卫国家而牺牲到底”④。

从“七七事变”到“八一三事变”，短短的 5 个星期，侵华日军把战火从卢沟桥畔扩大到平津地区，从华北扩大到华中，原来的局部挑衅发展成了全面侵略中国的战争。面对日本法西斯的疯狂进犯，中华民族展开了一场全面抗战的大决战。日本对中国大陆的全面侵略，也对台湾社会产生着巨大影响，促使日本加快推进台湾“南进基地化”的步伐。

台湾“南进基地化”的启动　“南进”是日本军国主义的国策，其目标则是广袤之南洋地区。而台湾是被日本视为“南进”的重要基地，台湾在日本“南进”扩

---

① 蔡秀玲、陈萍：《海峡两岸直接“三通”与区域产业整合研究》，北京：中国经济出版社，2004 年版，第 35 页。

②③ 中国史学会、中国社会科学院近代史研究所编：中国近代史资料丛刊《抗日战争》第三卷《政治(上)》，成都：四川大学出版社，1997 年版，第 7 页。

④ 中国社会科学院近代史研究所编：《日本侵华七十年史》，北京：中国社会科学出版社，1992 年版，第 425 页。

展的过程中，发挥出独特的作用。1930年代，日本帝国主义的势力已扩展到北至库页岛、南至整个东南亚地区在内的太平洋区域。“在以武力为后盾的殖民统治之下，台湾成为日本帝国主义者的原料供应地和产品销售的市场。并且提供‘南进’的人力和物力资源，使得日本得以不断地扩张它的势力范围，进而有能力发动全面性的太平洋战争，争夺西太平洋的霸权”①。

为积极推进“南进基地化”，1934年7月，台湾总督府在台北召开了第六次华南领事会议；1935年9月，台湾总督府重新设立专门负责南洋事务的外事课，厦门副领事坂本龙起出任课长；同时成立了“热带产业调查会”，负责对南洋地区的经济状况及矿产资源等进行调查；1936年8月，成立了台湾总督府直接管辖下的“台湾拓殖株式会社”，以为推进“南进基地化”的重要经济工具。日本海军是台湾“南进基地化”的主要倡导者与推进者，1935年7月，日本海军成立“对南洋方策研究委员会”，加紧制订“南进基地化”的一系列施行措施。

1936年“二二六事件”②后，日本恢复了陆海军大臣的现役武官制，军部法西斯势力膨胀。8月，广田弘毅内阁制定“国策基准”。规定日本的“根本国策在于国防与外交相配合，一方面确保帝国在东亚大陆地位之同时，另一方面向南洋方面发展”③。“国策基准”的制定，标志着日本南北并进政策的基本确立，海军的“南进论”首次与陆军“北进论”一起正式纳入到国策。表明日本的“南进”论已从理论走向实践，并且使日本萌芽于明治时期、在“一战”中发展起来的“据点思想”系统化和具体化，在战略上最终确立了台湾在日本南进战略中的据点地位。也正是从此时起，台湾开始了其“南进据点”向“南进基地”的转化过程④。9月，海军预备役大将小林跻造出任第十七任台湾总督，日本海军的“南进政策”开始付诸实现；日本海军首脑部还策划武力侵占海南岛，作为继台湾之后的第二个南进基地。

小林跻造的总督任期长达4年（1936年9月至1940年10月）；1940年11月，长谷川清海军大将出任第十八任台湾总督（1940年11月至1944年12月）。在1936年至1944年长达8年期间，台湾成为日本海军的势力范围，“南进基地化”飞速发展。小林跻造就任台湾总督后，即在台湾倡导推行“皇民化、工业化、

① 宋光宇：《台湾史》，北京：人民出版社，1997年版，第112页。

② 1936年2月26日，以日本陆军“皇道派”青年军官为主导的一批法西斯军人，对日本政府头面人物实施了武力讨伐，内大臣斋藤实、大藏大臣高桥是清、陆军教育总监渡边锭太郎等内阁成员被枪杀，首相冈田启介幸免于难，同时，日本的一些政界重臣也险遭杀戮，日本社会完全成为法西斯军人的暴政世界。

③ 日本外务省编：《日本外交年表与主要文书》下卷，东京：原书房，1978年版，第344页。

④ 参阅梁华璜：《台湾总督府南进政策导论》，台北：稻乡出版社，2003年版，第51—91页。

南进基地化"三大政策，以实现台湾岛对于日本所担负的重大使命[①]。长谷川总督则强调若是让台湾担负南方政策基地的重任，高度的工业化是绝对必要的[②]。由此可见，总督府强力推进之"南进基地化"与"工业化"是相辅相成的，进一步强化了台湾作为日本"南进基地"的战略地位，形成日据后期台湾殖民地社会、经济发展的两大特征。

"南进基地化"也是台湾配合日本"大东亚共荣圈"的一项重大战略措施。在日本编织之"大东亚共荣圈"内，所谓经济分工体系逐渐被规划和建立，即由台湾供给米、糖、电力，朝鲜供给米、电力、金属，伪满洲国提供铁矿、煤炭、大豆，华北提供原料炭、黏土、棉花、盐，南洋群岛提供磷矿、磷酸盐，荷属印尼提供石油、铁矾土，马来西亚提供橡胶等[③]。为建立独霸东亚地区的"大东亚共荣圈"，1941年6月，日本近卫文麿内阁制订出《关于在南方政策中台湾地位之决议案》，正式规定"台湾从其地理等特长出发，要作为帝国在南方的前进基地之一，而予以灵活的运用"，并强调要把台湾总督府全面性地编入日本政府确立的南进政策之中；对于台湾的地位、资源、经验等，应最大限度地活用之[④]。其实，为施行"南进基地化"，台湾总督府早就着手对南洋地区开展了调查，其调查范围涉及政治、经济、文化、军事及战略资源等，特别将南洋华侨视为调查重点。在1937年日本发动"七七事变"的背景下，台湾"南进基地化"加快实施。同年8月，新上任的台湾军司令官古庄干郎宣布台湾进入"防卫的战时体制"。

随着日本的对外扩张战争，调整台湾的战略位置，使其充当日本南进的军需基地及工业补充基地，成为日本政府及台湾总督府紧迫的施政课题。由此，总督府对台湾经济结构施行重大之"经济再编成"。除了适应未来战时的体制，经济渐有统制之必要，再编成亦包括工业化及农业改编[⑤]。为实现台湾之"南进基地化"，总督府加紧推动服从于南进战略的台湾军需工业发展计划，大力推进台湾的各项重化工产业的发展。总督府以台湾拓殖株式会社为主体，开始在纺织、炼铁、铝、水泥、电力等产业领域推进工业开发。

"七七事变"后，台湾产业政策以"第一次生产力扩充五年计划"为中心，推动新创工业与既有工业之扩充发展，主要集中于军需工业之金属、化学、机械制造等部门。一方面促进资本与生产的集中，如1940年大日本制糖与帝国制糖

---

① 参阅后藤乾一：《近代日本と东南アジア——南进的"冲击"と"遗产"》，东京：岩波书店，1995年版，第87、94页。

② 后藤乾一：同上引书，第130页。

③ 林继文：《日本据台末期(1930—1945)战争动员体系之研究》，第41—42页。

④ 中村孝志：《日本の南方关与と台湾》，奈良：天理教道友社，1988年版，第21页。

⑤ 楠井隆三：《战时台湾经济论》，台北：南方人文研究所，1944年版，第17、34页。

的合并，一方面加强经济统制，压抑物价与工资。1941 年太平洋战争爆发，糖业大资本更加集中，并向南洋外移，工业仍偏重金属、化学、机械制造等军需工业及自给自足之轻工业，如纺织业、造纸等。然而由于战争期间海运阻断、通货膨胀、战时统制、物资匮乏、资本及劳动力不足等因素，生产不敷战争需要，设备遭战争破坏终至停顿破产[①]。1938 年至 1945 年，总督府总共施行两次生产力扩充五年计划(1938 年、1942 年)，“整个台湾地区的经济体系就犹如一架被驱动着而飞速运转的机器，日夜不停地为日本的对外扩张侵略政策服务”[②]。

1939 年 8 月，德军攻占波兰。1940 年 2 月，德军先后侵占挪威、丹麦、荷兰、卢森堡、比利时。6 月法国投降。德军的胜利，刺激了日本南进的欲望。此时，日本明确“北守南进”的战略。在北进方面，决定秘密对苏联备战；在南进方面，决定武力进驻中南半岛，确保夺自荷属印度尼西亚的资源，将南洋地区作为侵略主要方向。如此，台湾“南进基地化”愈发加速。

1940 年 9 月，德、意、日结成三国法西斯军事同盟，形成世界战争的策源地。在日本海军的推动下，日本政府一度策划成立“大南洋道”，以便形成以台湾总督府为核心的、对南洋地区实施统一殖民地统治的“大总督制”行政体系[③]。换言之，台湾总督府将成为日本进出南洋、华南地区的参谋本部[④]。为加强中央和总督府间的联系，日本政府还在大东亚省设立“联络委员会”，由总督府派遣总务局长或外事部长，代表总督和日本政府进行政策协调工作。此时的台湾总督府又成为日本南进的“指挥统制中心”[⑤]。

综上所述，经过一系列政策调整，日本逐渐将原本“日本本国→殖民地→占领地区”的支配关系，改变为“日本本国/殖民地→占领地区”的关系。台湾在日本南进政策中的地位，较以往更为重要[⑥]。为更好地履行日本向南洋地区实施扩张的参谋部角色，1940 年 3 月，台湾总督府官房外务部改为直属总督的外事部，并开始向中国华南重要地区派遣驻在官。1940 年 12 月，日本政府在台北设立武力南进作战研究结构——台湾军研究部，专门对登陆作战、热带地区行军等南进东南亚军事行动中将碰到的问题进行研究。台湾总督府负责全面配合，

---

① 潘志奇：《台湾之社会经济》，载《日据时代台湾经济之特征》，第 20—43 页。

② 赵铁锁：《日本殖民者对台湾的经济掠夺》，载《台湾研究》，1999 年第 1 期。

③ 所谓的“大总督制”，就是将台湾总督的管辖区域扩大到冲绳县和南洋群岛，并由台湾总督统理包括海南岛在内的“对岸地区”的设施。见水野明著，王翔译：《日本军队对海南岛的侵占与暴政》，海口：南海出版公司，2005 年版，第 52 页。

④ 楠井隆三：《战时台湾经济论》，台北：南方人文研究所，1944 年版，第 402 页。

⑤ 北山富久二郎：《台湾ヲ中心トスル我ガ南方政策ノ回顾ト检讨》，载《台北帝国大学纪念演讲集》第 5 辑，1936 年，第 264 页。

⑥ 林继文：《日本据台末期(1930—1945)战争动员体系之研究》，第 207 页。

为日本全面侵占南洋地区提供一切必要之协助[①]。

台湾总督府为配合南进政策，不断增加所谓的“南方设施费”。总督府的南方设施费1937年首次突破100万日元，1939年飙升到407万日元，1941年更创历史最高纪录，达到818万日元，以后三年也一直保持在700多万日元的水平[②]。经过日本政府与总督府40多年的“精心”培植，台湾终于成了日本名副其实的“南进基地”。至1941年太平洋战争爆发，台湾作为日本军国主义南进基地的效果完全体现出来了。

太平洋战争与“南进基地化” 1941年6月，日本内阁会议通过《有关台湾在南方政策中地位的决议案》，以法律形式正式确立了台湾的“帝国南进基地”地位，明确了台湾总督府在日本南进政策中的任务和目标。其时日本正在积极准备对美、英开战，将台湾视为向南洋经济扩张和军事作战的重要基地。12月8日，日本海军联合舰队偷袭珍珠港，太平洋战争爆发。战争初期，以台湾为出发基地的日军大举进军东南亚，1942年1月占领马尼拉，2月占领新加坡，3月占领仰光，4月占领菲律宾的巴丹半岛。随着日军攻势的推进，东从俾斯麦克群岛、西到缅甸，北到阿留申群岛，南到菲律宾以南的奇摩尔群岛，皆成为日军的势力范围，日军在所有占领地区均设立军政部，主要由台湾总督府派遣各类官员充任军政部职员，建立起新的殖民地统治体系。日本充分利用台湾总督府殖民统治经验，统治台湾初期的调查、基础建设、专卖制度、热带医疗技术等经验都被日本运用到占领区，大大发挥了台湾的南进基地作用。随着日本侵略战争的扩大，台湾“南进基地”的战略位置也随之发生重大转向，由“后勤基地”逐渐转变为“前进据点”。1944年8月，台湾总督长谷川清公开宣称：“本岛已经由补给基地一跃成为第一线之防卫、战斗基地。”[③]

台湾“南进基地化”并非仅是经济、军事上的，而且也是包含有“精神同化”的内容。1940年11月，日本近卫文麿内阁任命现役海军大将长谷川清代替小林跻造(预备役海军大将)出任台湾总督，长谷川清就任台湾总督后，日本政府开始在日本本土推行举国战争体制的“大政翼赞运动”，成立由近卫文麿首相任会长的“大政翼赞会”，地方各级翼赞会长则由各级官厅官吏充任。同时，也要求各殖民地开展类似运动，如在南库页岛开展“国民总力联盟”、在中国东北开展“兴亚奉公联盟”等，希望殖民地人民成为服从日本殖民统治的“皇国臣民”。在台湾，台湾总督府成立“皇民奉公会”，长谷川清总督亲任会长，以总督府总务

---

① 林继文:《日本据台末期(1930—1945)战争动员体系之研究》,第204页。

② 卞凤奎:《日据时期台湾籍民在大陆及东南亚活动之研究》,第26页。

③ 台湾总督府编印:《台湾警察》,台北:1944年,第2页。

长官斋藤树任中央本部长,岛内各地均设立各级奉公会,会长由各级日本人官吏及台湾富绅担任。随后,岛内掀起了狂热的“皇民化”运动。

在整个侵华战争和太平洋战争过程中,台湾充当着日本军国主义的战争基地,从战前南进东南亚的前沿据点,变成为日本在东南亚战场的后方基地。台湾还成为日本补充兵员、武器、弹药、粮食以及劳工等的供给和集结地。太平洋战争期间,台湾总督府向新加坡战场调集 5 万吨粮食。从侵华战争开始,台湾总督府还征召数以万计的台湾人做军夫、翻译、护士、海员等,为军国主义战争服务。其中,长谷川清总督期间,先后七次,计征召 3600 多人的台湾原住民青年,组成所谓的“高砂义勇队”,随同日军赴东南亚地区作战[①]。

太平洋战争爆发后,征召台湾人规模更大。据官方统计,被征往东南亚各地做苦工的有 9.2 万多人,被征到日本兵工厂做工的有 8000 多人。1942 年中途岛战败以后,日军兵源的补充日趋紧张,1942 年 4 月公布《陆军特别志愿兵制度》,当时共录取 1100 多名台湾青年,分两期入伍[②]。日本海军也迫于兵源补充困难,不得已在 1943 年 8 月也开始实施《海军特别志愿兵制度》,第一次募集海军志愿兵多达 3.16 万余人[③]。同年 9 月 23 日,总督府在岛内正式开始实施征兵制度,同时,对于军属与军夫征调仍然持续不断。根据日本厚生省 1973 年 4 月发布的统计表明:战争期间台湾总督府共计征调台湾军人有 80433 名(陆军 65752 名,海军 14681 名);军属和军夫则有 126750 名(陆军 67752 名,海军 58978 名),共计 207183 名。其中战死者有 30304 名(陆军军人 1151 名,陆军军夫 16854 名;海军军人 631 名,海军军夫 11304 名)[④]。

综上所述,由于台湾具有特殊的地缘政治意义,日本从占领台湾时起,就在战略上将台湾定为实现其南进战略目标的基地。如果说日本南进的最终目标,是占领当时日本人称做南洋的东南亚的话,那么,其实践过程的目标,就是台湾进行为最后目标服务的殖民地经营,这种经营有政治、经济上的,更有文化和精神上的。可以说,台湾“南进基地化“的完成与日本对外侵略战争是同步进行的。

---

① 可参阅藤井志津枝:《日治末期台湾原住民族皇民化之研究》第 4 章,台北:“行政院原住民族委员会”,2007 年 10 月印行,第 83—104 页;刘凤翰:《日军在台湾》(上),台北:“国史馆”,1997 年版。

② 台湾总督府编印:《台湾统治概要》,台北:1945 年,第 17 页。

③ 台湾总督府编印:《台湾事情》,台北:1944 年,第 160 页。

④ 加藤邦彦:《一视同仁の果て——台湾人元军属の境遇》,东京:劲草书房,1979 年版,第 81 页。

二　台湾“工业化”的实施——台湾经济的畸形发展

“工业化”政策的出台　1930年代中后期，为配合日本军国主义战争需要，配合日本政府以华南、南洋为侵略目标的南进政策，台湾总督府开始推动所谓的“工业化”，发展以军需工业为主要内容的重工业，使台湾成为军需品的生产供应基地和南进的补给基地，以承担日本日趋扩大的战争需求。此时，日本海军倡导的南进战略与日本陆军主导的北进战略同时为日本的国策。在日本海军的推动下，日本政府恢复台湾总督武官制，以适应日本政府及军部将台湾建为“南进基地”的战略设计。1936年9月，由预备役海军大将小林跻造出任第十七任台湾总督，标志着长达19年的文官总督时代的结束。此后，台湾进入到后期武官总督时代，同时也意味着在日本对外战争的过程中、在日本海军及台湾总督府共同推动的南进政策中，台湾的战略位置开始上升，并渐次占有最重要的位置。

1936年5月，在日本拓务省举行的记者招待会上，即将就任台湾总督的小林跻造宣布将在台湾实施“工业化、皇民化和南进基地化”三大方针。关于实施工业化的目的，小林跻造强调，台湾的产业向来是以农业为中心，然而帝国今后一旦向南支(华南)、南洋扩张，自然必须将占地利之便的台湾予以工业化，扶植以热带农产品为原料的加工工业，因此电力的开发成为当务之急。关于“南进基地化”，小林跻造认为必须把它作为对台湾统治的大出发点，他说：“台湾乃南方发展及对南支(华南)、南洋方面经济南进之据点，必须从此一点来考虑台湾统治。”小林多次强调：“台湾终将工业化、日本化，帝国也将从此巩固其南方政策的基础。”[①]可见，总督府欲推行之工业化政策，完全是为了实现其既定之“南进基地化”的战略目标，并为台湾最终实现“日本化”(皇民化)夯实其经济基础。

台湾虽然具有开发工业的诸多良好条件，但是，日据前期，台湾总督府经济政策的原则是全面贯彻“工业日本，农业台湾”的方针，其战略基点主要是把台湾视为日本的原料供应地和产品销售市场，台湾长期维持着以生产米、糖农产品为特征的殖民地经济结构。随着台湾总督府经济政策的渐变，1930年代后的台湾殖民地经济呈现三大特征：一是与战争有关的军需工业；二是自给自足的民生消费工业；三是资本与企业组织趋向集中分散的两极化[②]。一方面以日资为主且有发展基础的糖业资本，在台湾总督府一贯的政策主导与资本主义的市场竞争之下，一再进行合并，成为资本集中独占的大企业。另一方面，由于战争

① 《台湾日日新报》，1939年5月20日。

② 台湾省文献委员会编印：《台湾近代史》(经济篇)，南投：1995年，第264页。

关系，鼓励军需与民生工业的发展，促成中小企业林立，其中多有台湾人资本的投入与企业经营经验的取得。企业组织中较具规模者为会社，从1899年的3家迅速成长为1926年至1929年的818家，1934年跌为331家、1938年435家、1942年688家、1945年695家。其成长速度远不及工厂总数从1929年的5870家，增至1940年的8940家，可见1930年后个人工厂的大量兴起。这也可从1935年以工人数统计之工厂规模得到佐证，工人5人以下者占工厂总数的59.2%。5—29人占36.1%，30—99人者占3.2%，100人以上者占1.5%。再根据业别分类统计，其中以工人在5人以下之小型食品加工厂占总数的52.4%[①]。说明直到1935年台湾工业的发展仍以具有历史传统与农业基础的食品加工业为主，也可由此推知台湾人的企业投资方向。1929年统计，株式会社、合资会社、合名会社所占资本比例分别为92.2%、5.3%、2.5%。其中株式会社资本中，日本人与台湾人资本分别占90.7%和8.4%。至1940年前后，已缴资本额为20万至500万元的小株式会社，在台日人资本占35%左右，而台湾人资本比例从38.5%降为25.5%，减少部分由在日日人资本递补，从25.5%增至36.4%。已缴资本额在500万元以上的大型株式会社，在日日人资本维持76%左右，台湾人资本比例由3.6%跌至2.8%，在台日人资本由18.5%增至20.4%[②]。

总之，20世纪30年代中期前后，为了适应日本军国主义侵略战争的需求，台湾总督府开始着手将“农业台湾”的施政目标改为“工业台湾”。1938年总督府开始在台湾推行以“工业化”为目标的“第一次生产力扩充五年计划”，军事工业如制铝、石油、发电、船坞、航空等日见增加。交通运输业也得到飞速发展。1937年，开辟台湾—菲律宾海上航线，1939年完成连接台湾和东南亚的“南洋航线”。这两条航线，正是日本进攻南洋时的兵力运输路线。1937年之后，总督府开始积极开发空中运输，到了太平洋战争前夕，除了岛内航线及台日航线外，已完成对广东、河内、曼谷等地之航线，航线的经营由“大日本航空株式会社”垄断[③]。到1939年，台湾工业生产额为5.70亿日元，占45.94%，农业为5.52亿日元，占44.49%，工业生产超过了农业生产。随着太平洋战争的爆发，日本更加快了台湾工业化的步伐。1942年2月，台湾总督府制定了一项秘密计划，即作为东亚共荣圈要冲的“台湾工业化计划方案”。很显然，台湾总督府要大力推行的工业化，是要使农业台湾转变为工业台湾。因为日本战时须扩充生产力，

① 第15次《台湾商工统计》。参见周宪文：《日据时代台湾经济史》（第一册），第69页。

② 周宪文：《日据时代台湾经济史》（第一册），第75—76页。

③ 楠井隆三：《战时台湾经济论》，第254—257页。

以增加军需品供应，于是农业发达已近顶点的台湾，必须使其工业化，而台湾本身亦有工业化的优良条件，如廉价的电与煤作动力等；另一方面，作为日本南进目标的南洋及中国南部，均属经济落后地区，销纳工业制品而供给原料，逐渐达到“农业南洋”与“工业台湾”的境域①。到1937年发动全面侵华战争后，在台湾全岛开始实施战争动员体制，强制推行以实现“工业化”为主旨的经济统制措施。

台湾工业化的资金，主要是来自日本本土的新兴财阀投资，如日产、日曹、钟渊、东洋重工等投资化学、化肥、水泥、重工业等领域。还有一些岛内日资中小资本亦随之发展，其经济势力也有极大扩充。在总督府的推进下，以国策公司性质之台拓为主体，开始在纺织、炼铁、铝、水泥、电力等产业领域推进工业开发。自1939年起，台拓投资的工业会社计有南日本化学、新兴窒素工业、东邦金属制炼、台湾纸浆、台湾化成工业、台湾国产自动车、台湾通信工业、台拓化学工业、报国造船及高雄造船等10个会社，“均是因应时局而成立的会社，且多属生产力扩充中亟需发展的重点工业”②。台拓对推进工业化发挥了主导作用。通过台拓对于岛内外重要产业的垄断，台湾总督府实际控制了整个产业的发展方向，使台湾产业为日本南进政策服务。

1941年10月，总督府召开“临时台湾经济审议会”，规划台湾的工业化和交通事业。会议提出“工业振兴方策要纲”和“交通设施整备扩充策略”，其中，“工业振兴方策要纲”提出“为配合本岛达成日益加重的国防经济使命，除当然必须培养农本之外，活用其地理资源的特殊性，图求本岛尚未发芽的工业飞跃式的振兴，以资国防体制的整备强化，同时确立对南方经济圈的指导地位”。总督府要求振兴的工业包括制铁、机械、造船、化肥、水泥、纸浆、制油、碱水利用、天然气等工业，为此提出的对策有“电源开发”、“煤炭资源开发”、“工业区的建立”、“科学研究机构的整备”、“确保器材、资金供给及劳务的供需调整”等项③。太平洋战争爆发后，精密机械等重要物品进口来源全面中断，日本被迫进行经济计划的大幅调整。根据1942年1月所谓“日满支第二次生产力扩充五年计划案”，日本本国将重点放在船舶、工作母机、重要机械、汽车、有色金属部门，台湾则将重点放在发展以炼铝为重点的电气、化学工业部门。

台湾工业化的实际进程，可分为三个阶段。

---

① 黄通等:《日据时代之台湾财政》，台北:联经出版事业公司，1987年版，第68页。

② 张静宜:《日治末期台湾经济之发展》，台湾省咨议会编印，2004年4月26日，第15页。其中，南日本化学成立于1939年10月，资本额为1500万元，台拓资本占其总资本的25%。见台湾拓殖株式会社调查课编印:《事业要览》，台北:1939年，第56页。

③ 台湾总督府编印:《临时台湾经济审议会速记录》，第9—10页。

工业化第一阶段(1931—1937 年)　1931 年日本发动“九一八事变”后，台湾成为日本向大陆华南及东南亚推进的主要基地。为便于就近提供日军军需补给品，决定推行“台湾工业化”。

1930 年 11 月，台湾总督府设立临时产业调查会，提出台湾米糖增产 20 年计划；1935 年 1 月台湾总督府又设立热带产业调查会，则“改为限制米谷经济，积极鼓励特殊热带作物的栽种，朝向农业多元化发展及供应工业性原料，促进台湾工业发展”①。总督府成立这两个调查会的一个主要目的，就在于对南洋地区的经济进行全盘的调查与研究，并提出具体的施政方针，综合两个调查会的调查结果，可归纳为两点：第一，利用南洋及华南的原料，发展台湾的工业，并以制成品销售该地区。第二，对蔗渣、天然瓦斯、酒精、肥料、制盐等新兴工业进行试验与研究；对窑业、麻织、帽子、竹木等既有工业予以奖励与扶助②。调查会确立了台湾工业发展的方向，亦昭示着“工业化”的渐次起步。

1930 年代日本资本主义发生巨大转变，就是由市场经济转向统制经济，由国家权力取代市场机能，从事资源分配。作为日本殖民地的台湾也是如此，在台湾总督府统治下转入统制经济时期，正好和台湾所谓“工业化”时期重叠。基于内外形势需要，总督府开始提倡台湾农业的多元化经营，将以米粮生产为中心的产业政策，转变成为发展与军需工业相关的工业原料的生产；积极进行日月潭水力发电工程的建设，以适应岛内对电力资源的需求；整修交通系统及港湾；振兴新兴工业的发展，让台湾作为军需品的生产基地和南进的补给基地。

工业化的前提以电力为首要。供给廉价丰富的电力，以吸引更多的日本企业入岛投资，早日建成日本南进的基地，成为台湾总督府制定新产业政策的重中之重。水力发电计划中，以恢复日月潭水力发电所第一水力发电站工程的建设为首要。该工程始于 1919 年，后由于财政困难，被迫停工。在明石元二郎总督的全力推动下，1931 年日月潭水力发电所工程恢复施工。第一期工程在 1934 年完成，其装机容量已达 10 万千瓦。在此之前，台湾火力发电量约为水力发电量的两倍，日月潭水力发电所完成以后，水力发电开始成为台湾电力的主流。1936 年，台湾发电量达 5 亿度，为 1932 年 2.08 亿度的 2.4 倍，台湾全岛电力在 1943 年曾高达 47 万千瓦，在世界电业中，亦占相当的地位。1934 年日月潭水力发电工程的完工，带动了制铝、硅铁、化学肥料、蔗渣利用工业(制纸及蔗板)、火柴工业。此外，酒精、制麻等新兴农业加工业也在此时兴起，台湾的工业

① 张静宜:《日治末期台湾经济之发展》，台湾省咨议会编印，2004 年，第 3 页。

② 台湾省文献委员会编印:《台湾近代史》(经济篇)，南投:1995 年，第 227 页。

化已初具雏形了[1]。由于电力事业的扩张，各产业部门得到低廉而丰富的电力供应，在此一时期各种新兴工业，尤其是军需等重工业，有如雨后春笋之势，硫酸、造纸、酸碱、纺织、钢铁、水泥、火柴、玻璃、铜及铝之精炼等近代工业，纷纷建立[2]。

工业化第二阶段(1937—1941年)　这一阶段是日本新兴财阀大举进军台湾的阶段。1937年中日战争爆发后，台湾就随同日本本国进入"国家总动员制"，台湾总督府并根据日本《国家总动员制》颁布一系列经济统制法令及有关配套措施。在台湾总督府的政策性鼓励和财政支持下，日本大小财阀纷纷进入台湾设立企业，特别是设立了许多军需产业性质的新兴企业。

在战时统制经济的体制下，以糖、米为中心的台湾经济，快速地转移到军需工业化的新局面，在1935年的短期内发展了铝、金、造纸、化肥、酒精等新兴工业，1937年再追加投资钢铁、机械、造船、石化、油脂等重型工业。对这些新兴工业的投资，都由日资会社一手包办，本地资本的参与极少。

台湾作为日本南进的"兵站基地"，军需产业以及相关产业得到飞速的发展，钢铁、化学、纺织、金属、机械等近代工业发展迅速。1939年工业生产值首次超过农业生产值，占据生产总额的45.9%，为5亿7000万元，开始进入工业社会的初级阶段。其后，台湾工业始终超越农业，到1944年3月，工业生产值超过7亿元，创最高纪录[3]。

工业化第三阶段(1941—1945年)　1941年10月27日，总督府举行"临时台湾经济审议会"，确立"台湾工业的南进据点化"。1942年4月，台湾总督府开始实施"第二次生产力扩充五年计划"。相对于"第一次生产力扩充五年计划"是以轻工业为中心的工业化计划，"第二次生产力扩充五年计划"则是将重点置于重化学工业的工业化计划。例如在该计划中有总工程预算为3.6亿日元，最大马力约46万千瓦，平时马力约34.5万千瓦的大甲溪发电厂[4]。

"第二次生产力扩充五年计划"更注重加强军事需要的生产，且在设备投资方面，虽仍尽量利用日本的闲置设备，亦有若干新机具，乃能生产部分精制品及完成品，于是陆续增建了炼铜、石油炼制、天然瓦斯利用、海水利用等工业[5]。另外，还有造船事业、电石及相关工业、纸浆工业及其他工业等等。

1943年下半年以后，日本军国主义的侵略攻势逐渐转入败势，台湾成为战

---

① 许介鳞：《战后台湾史记》，台北：文英堂，1996年版，第3页。

② 台湾省文献委员会：《台湾史》，台北：众文图书公司，1980年版，第635—636页。

③ 伊藤洁：《台湾》，东京：中央公论社，1993年版，第128—129页。

④ 日本外务省条约局编印：《日本统治下五十年の台湾》，东京：1954年，第32页。

⑤ 袁颖生：《光复前后的台湾经济》，第30—32页。

争前线的补给基地，重点生产钢铁、轻金属、电力、水泥及化学肥料。台湾总督府直接派员介入各项重大军需事业的经营管理，并制定“台湾战力增强企业整备要纲”，将其他事业的设备和人力尽量集中到军需工业[①]。同时，鉴于台湾或许成为战场之设想，总督府大力“实施工业动员，工业之目标一切以应付当前战事为先”[②]。台湾在此时整个经济开始进入战时统制经济，包括糖、米在内的所有农工产品、劳动力市场都在严格的战时统制之下。当然，在这期间，工业劳动力的雇佣有所增加。但是以地主、农民为中心的农业经营受到限制，物质匮乏，大众生活日益困苦，社会经济失去正常发展。随着日军的进一步败退，情形日趋紧迫，台湾工业化的整体计划失控。到了 1944 年下半年，盟军开始轰炸台湾，各项生产事业大多宣告停顿[③]。

从总督府推行工业化政策的效果来看，在“工业化”期间，食品工业即农产品加工业始终居台湾工业之首，1940 年占工业总产值的 60%—70%，至 1942 年仍高达 55%。在发展最为迅速的新兴产业中，化学工业的增长显著，1931 年至 1942 年间，产值比率由 6.1%增为 12.1%。由于专卖的樟脑、食盐均属化学工业，所以，其产值实际上更大。同期，金属业的产值由 2%增为 6.4%，机械产业的产值由 2.3%增为 4.3%；化学、金属、机械工业三者产值合计由 10.4%增为 22.8%。总之，至日据末期台湾工业结构是，食品工业占 5%、重工业占 20%、民生工业占 15%[④]。就工业产品结构变动来看，工业化的结果，轻工业由 1921 年的 86.5%降为 1942 年的 73.9%。同一时期，重化工业则由 13.5%上升为 26.1%。显然工业产品结构已逐渐由轻工业转向重化工业。就各产业产值来看，1931 年至 1942 年间，工业生产虽有增长，但其他领域也有增加；工业产值占总值的 42%—49%，平均约占 45%；矿业产值约占 3%—5%。二者合计，1938 年以前接近 50%，1939 年以后则超过 50%，有台湾学者认为日据后期的台湾社会已转入半农半工型社会[⑤]。

虽然台湾工业化确实有了一定程度的“发展”与“积累”，但台湾工业化主要取决于日本发展的需要与设计，是为了适应日本发展本国资本主义经济的需要。台湾工业化发展的方向“决定于日本本国政策上的需要及台湾本身的经济条件，工业政策并非完全以台湾本身的利益为依归”[⑥]。台湾工业化运动的出

① 台湾通信社编印：《台湾年鉴》，台北：1944 年，第 135 页。
② 张宗汉：《光复前台湾之工业化》，台北：联经出版事业公司，1980 年版，第 256 页。
③ 小林英夫：《大东亚共荣圈の形成と崩坏》，第 435 页。
④ 张胜彦：《台湾开发史》，第 237 页。
⑤ 见张宗汉：《光复前台湾之工业化》，第 247 页。
⑥ 台湾省文献委员会编印：《台湾近代史》（经济篇），南投：1995 年，第 221—222 页。

现，完全是为日本的侵略战争服务的，是畸形发展的。台湾社会到达了工业化的境地，但台湾毕竟仍处在殖民地的状态[1]。战时台湾经济的畸形发展，是日本推行台湾工业化政策的必然结果。

三　战时经济统制——殖民地战时经济体系的建立

1. 米谷之农业统制

为配合日本国内确立的统制经济体制，台湾总督府首先推行米谷统制，1941年太平洋战争爆发后，随即将经济统制扩展至岛内经济产业全部领域。

为推进米谷统制，1935年台湾总督府召开“热带产业调查会”，确定“保持台湾与南支南洋地区更紧密的经济关系”为未来台湾经济的发展方向。总督府开始重新调整农业政策，强化对农业经济的统制力度，将以米、糖经济为主的台湾农业经济配合日本的战争需要。多年来，以稻谷和甘蔗为主的单一作物种植体制开始有所转变。这一时期农业经济统制的特点是台湾拓殖株式会社和农业组合等组织在执行统制措施中发挥了很大作用，台湾总督府同时还强化了水利统制及米谷统制[2]。至此，战时体制下台湾总督府的经济统制开始全面施行。

总督府推行统制农业政策有直接与间接两大目标：直接目标为提供战时粮食；间接目标是供应军需工业部门人口所需粮食。为确保实现以上两大目标，总督府开始推行“组合经济”，引进资金与技术，并借此以行政权力强制性地要求农民必须缴纳一定的稻谷量，来提高农业产量。台湾的农业组合，可分为农会与产业组合，前者以改良农业技术为目的，后者则掌控农村的金融活动与农产品生产销售。产业组合在外贸上虽然是民间自治机关，但台湾总督府却透过行政、人事及财务等管道来间接支配。“二战”末期，台湾总督府采取“计划供出制”与“生产责任制”，在稻米种植前先规定一定的供出量，在事后则对于“优良供出者”进行奖励[3]。

为配合日本政府制定的《国家总动员法》，1939年5月，总督府制定《台湾米谷移出管理令》。该令规定：台湾须每年向日本提供500万石稻米，根据与日本农林省达成的协议，由台湾总督府在岛内负责强行征购台湾稻米，再转手贩卖米谷的日本贸易商社。为保障向日本输出稻米，台湾总督府依据该法制定出《米谷配给统制令》，在岛内实施米粮配给制度，强化对台湾米谷的流通统制和

---

① 许极墩：《台湾近代发展史》，台北：前卫出版社，1996年版，第417页。

② 参考林继文：《日本据台末期（1930—1945）战争动员体系之研究》，第114—123页。

③ 邱士荧：《“嘉南大圳”与台米的剥削：评八田与一》，台湾日本综合研究所网：http://www.japanresearch.org.tw/twhisoty—42.asp，2005年4月22日。

实行米价公定价格制[①]。《台湾米谷移出管理令》规定，台湾总督府直属的“米谷纳入组合”与“米谷配给组合”统筹岛内米谷的收购与分配。通过对米谷的“价格统制”，台湾总督府借此抑制“在来米”（台湾本地人食用）及鼓励“蓬莱米”（销往日本）的生产，以扩大对日米谷的输出与岛内消费米的减产。“配给制度”则将物资交由官方统筹运销，并“配给于消费者”，如此既可免除中间者囤积居奇，又可收平抑物价之效，唯本岛人配给量，低于台之日本人[②]。《米谷配给统制令》规定：配给的数量为每人一日一合七勺（等于 0.17 升），在日本则为每人一日二合四勺（等于 0.24 升）。1941 年颁布《台湾米谷业应急措施令》，12 月实施食米配给制度，1943 年颁布《台湾粮食管理令》，成立台湾“粮食营团”，以统筹办理粮食的储藏、配给。受军国主义战争之严重影响，素有“米仓”之称的台湾，此时竟出现粮食严重短缺的险情[③]。

对于与米谷有密切关系的糖业，也公布了《台湾糖业令》，制定了收购甘蔗价格的许可制，制糖会社的业务及财产受总督府的直接监督，台湾糖业至此成为总督府直接掌控的产业，也成为向日本军国主义提供战争军费的“财源产业”。

2. 其他经济领域之五大统制

如果说军需工业化是一种扩大资源生产力的手段，那么，统制经济就是对于既有资源在最大限度内的强制征用。米谷统制之外，总督府的统制几乎覆盖岛内所有经济领域。为强化经济统制，适应台湾工业化的发展，台湾总督府依据《国家总动员法》制定并颁布一系列统制法令，对包括物资、劳务、交通、交易、对外贸易、金融等各方面进行了严格的规制[④]。1938 年总督府增设经济警察，对经济统制进行全面干预[⑤]，仅 1944 年一年被经济警察所“检举”的“经济犯罪案件”即高达 34991 件，涉案 40691 人[⑥]。可见，台湾总督府主要凭借“由上而下且组织严密的控制网络来遂行统制经济政策，其所依恃的，与其说是法律命令，倒不如说就是庞大的行政力量”[⑦]。截止 1943 年 2 月，有关台湾经济统制的法令（包括法规）等竟有 202 种[⑧]。战时经济统制是总督府通过对各种生产要素的排他性支配实现的，这种统制广泛涉及到物资及物价统制、资金统制、劳力统

---

① 见黄登忠、朝元照雄：《台湾农业经济论》，东京：税务经理协会，2006 年版，第 22—24 页。

② 黄静嘉：《春帆楼下晚涛急——日本对台湾的殖民统治及其影响》，第 412—424 页。

③ 黄静嘉：《春帆楼下晚涛急——日本对台湾的殖民统治及其影响》，第 427 页。

④ 楠井隆三：《战时台湾经济论》，台北：南方人文研究所，1944 年版，第 85 页。

⑤ 参见台湾总督府编印：《台湾警察》，台北：1944 年，第 67—68 页。

⑥ 台湾总督府编印：《台湾统治概要》，台北：1945 年，第 115 页。

⑦ 林继文：《日本据台末期（1930—1945）战争动员体系之研究》，第 183 页。

⑧ 参见袁颖生：《光复前后的台湾经济》，第 45 页。

制、工业统制、外贸统制等方面[1]。

战时物资及物价统制 台湾总督府全面配合日本的物资统制，"七七事变"后陆续公布了一系列有关实施物资统制的法令。从这些统制法令来看，物资统制的范围包括钢铁、非铁金属、纤维、皮革、木材、燃料、橡胶、肥料、饲料、米谷、食品、药品及化学品、奢侈品等项目，此外，对于电力、水利、土地的限制使用及物资回收等事项，也都发布了统制命令。在各项统制物资中，钢铁原料及制品由于是各产业共同需要，也是美国对日禁运的主要项目，尤列为统制的重点[2]。

总督府对于物资统制采取重点配给制度，严格限制新设民生企业，既有企业事业也使其降低生产量，将岛内民众生活控制在最低限度。作为配套的统制法令，总督府先后颁布《钢铁配给制度》、《煤炭配给制度》、《青果配给等统制规则》、《台湾鲜鱼介生产配给等统制规则》、《牛奶及乳制品配给制度》等。总督府还设立由三井、三菱两大财阀主导之钢铁配给会社，统一岛内的钢材输入与配给。

物价统制是一种控制市场机能的做法，战时日本施行价格公定制度，台湾总督府也随之执行。为控制价格上的混乱，1937 年 8 月总督府颁布《暴利整顿规则》，指定 26 种重要物资禁止涨价，以抑制物价上涨。总督府同时订定了各行业工资及物价，使各种物资价格维持在所谓的公定价格水平。价格统制的目的主要在于防止因为物资供应不足而造成通货膨胀，所以采取公定价格的制度。初期的物价统制在控制生产成本上升、稳定价格等方面起到了一定效果，但其负面影响也很明显，主要是导致了"二重价格"的问题，不但不能制止商品市场投机活动及黑市交易横行，反而使台湾岛内的供需不平衡，而且由于台湾实施价格管制，造成同样的货品在日、台两地价格不同，进而形成投机的空间，广大的农村所生产的农产品，被总督府强制以低廉的公定价格收购，整个商品市场的交易也变得徒具形式。为此，总督府于 1939 年 10 月颁布《禁止物价上涨令》，采用更加严厉之统制措施。至战争末期，海上封锁和战争的巨大消耗，致使岛内市场物资奇缺，供给匮乏，通货膨胀已经无法控制。

战时资金统制 相对于战时物资统制，战时资金统制可以说是作为实现前者既定目标的手段而发动的。战时资金统制的目标是保证与军需生产相关的产业资金供给。由于日本对外侵略战争扩大，其国内资金严重不足，故对于台湾等殖民地的资金依赖度更为强烈。为了在短期间内筹措足够的资金，日本开始施行资金统制，1937 年 9 月颁布《临时资金调整法》，规定在台湾等殖民地同

---

① 见袁颖生：《光复前后的台湾经济》，台北：联经出版事业公司，1998 年版，第 45—46 页。

② 林继文：《日本据台末期(1930—1945)战争动员体系之研究》，第 184 页。

时予以施行。总督府于同年10月在岛内实施。1937年至1939年间台湾各类企业设备资金约有75%用于工业[①]。1939年4月日本政府颁布《资金融通令》，同时在台湾岛内施行；1940年10月日本政府颁布《银行等资金运用令》，台湾总督府于同年11月公布实施。1941年8月，总督府推动创立以台湾银行为主导的“台湾金融协议会”，用以加强台湾银行的支配力。

太平洋战争爆发后，总督府加强对岛内银行资金运用的控制力度，严格规定银行的贷款，必须依照总督府指示投资用途，优先贷款给直接与军需工业化有关的各项事业。特别是为了推行工业化政策，扩大对化学、水泥、金属、电力等新兴产业的融资。金融统制也波及到民间金融，1941年9月，总督府全面修正《台湾产业合作社章程》，于1942年组织了台湾产业组合联合会，信用组合的资金运用也全面置于总督府的统制之下。

为了迅速累积资金，总督府以行政力量支配岛内银行等金融机关的贷款，并且以强制的方式搜刮民间财力，汲取民间资金，其中又以储蓄奖励及发行公债的方式，将台湾人民的存款充作工业化所需资金。1937年起，台湾总督府加大了发行公债的力度，公债发行量不断增攀，总督府多通过邮局与银行发行。通过邮局发行的公债多出售给个人，至1945年2月底时，台湾总督府通过邮局和银行出售日本公债数额1.68467亿元[②]。台湾总督府在台湾岛内推销的日本公债，更多的是让银行承购，特别是台湾银行承购，从而使其成为变相的纸币，对台湾人民进行隐性的剥夺。1939年发行台湾地方公债为6245241元；1949年为5396996元；1941年为17063429元[③]（参见表7－2）。

表7－2　台湾邮局出售日本公债数额

单位：日元

年　份	卖出公债	年　份	卖出公债
1937年	750000	1941年	9750000
1938年	3544000	1942年	14500000
1939年	7391000	1943年	17993800
1940年	8254250	合计	62183050

资料来源：中国第二历史档案馆编：《中华民国史档案资料汇编》第5辑，南京：江苏古籍出版社，1994年版，第995页。

① 台湾总督府财务金融课：《台湾之金融》，台北：总督府财务金融课，1930年，第70页。

② 中国第二历史档案馆编：《中华民国史档案资料汇编》第5辑，南京：江苏古籍出版社，1994年版，第960页。

③ 参阅周宪文：《台湾经济史》，台北：开明书店，1980年版，第904页。

台湾总督府还自1938年起推行所谓“奖励储蓄运动”，将它作为“国民精神总动员运动”的一环，其实就是强制岛内民众储蓄，无偿剥夺巨额台湾民脂民膏，是“一种由上而下的资金动员运动”。据统计，1938年储蓄数额为1亿元，1939年为1.5亿元、1940年为2亿元，1941年增至2.5亿元①。总督府根据各地区的课税标准，定出各州、厅、市、街、庄的储蓄标准，对于公司内的储蓄组合，还采取共同责任制。至1941年底，全岛已有5308个储蓄组合，组合员789521人，储蓄额6280万元。1944年6月，储蓄组合更增加至2253个，组合员1024802人，储蓄金额1亿8400万元。1943年全台湾共有1161465个储户。为了进一步完成金融统制的一元化，在1941年开始推行金融机构的统制化。无论是何种形式的储蓄，最终都是流向总督府指定的用途，即用来购买公债及工业化资金的运用，为了提高银行购买公债的能力，就必须依靠储蓄率的提高。因为台湾资金市场的利率高于日本，而总督府发行的公债利率却和日本相同，因此购买公债对台湾人而言并无利可图。

在战时经济统制体制下，台湾总督府庞大的财政收入主要来自专卖制度的实施。除樟脑、鸦片、烟酒之外，总督府又把食盐、火柴、煤油等民众生活必需品悉数划归总督府专卖。在专卖制的名义下，总督府随意控制产量，提高售价，攫取厚利。自1943年起，总督府开始对石油实施专卖。专卖制度绝对控制了台湾岛内最具经济价值的多种物产商品，开辟了总督府、日本资本以及台湾豪绅家族相互勾结，共同对台湾民众进行盘剥和榨取的殖民经济模式。专卖制度使总督府攫取到巨大利益，整个日据时期，专卖收入始终列为总督府财政收入的首位，而且逐年增加②。

战时劳力统制　所谓劳力统制，就是运用行政的力量控制工资及劳工的流动，以使军需产业能降低其生产成本。工业化之前，台湾企业中的高级技术人员和技术劳工均来自日本，本地人多为没有技术含量的兼业工。随着工业化的推行，新企业不断增设，难以满足工业化需求，必须改变劳动力供应形态。为此，为有效地扩充工业的生产力，统一实施经济统制，台湾总督府对劳力也开始实施统制。

台湾总督府规定：16岁以上、50岁以下，凡学习过特定技术的人员，均须向总督府及地方官厅申请登记，由官方制定劳工手册统筹管理，防止劳力任意流

① 黄通等：《日据时代之台湾财政》，第78—82页；戚嘉林：《台湾史》第四册，台北：农学股份有限公司，1985年版，第1414页。

② 见日本大藏省编印：《昭和财政史》XV，第114页。转引自史明：《台湾人四百年史》，台北：蓬岛文化公司，1980年版，第279页。

动。若再从更广的角度来看，总督府进行劳力统制的目的，原本就在于将台湾有限的劳力投入各种形式的“战场”，所谓的“军需产业”只是其中一种[①]。1938年总督府颁布《学校毕业者雇用限制令》，规定工业学校毕业生的录用皆由总督府统筹分配，以确保特定行业能获得高级技术人才。

为保障军需及生产扩充部门所需技术人员及熟练技工等劳动力的充分供应，台湾总督府于1939年起又增颁一系列劳动关系法令，如1939年有《国民职业能力申报令》、《从业者雇佣限制令》、《工厂就业时间限制令》、《工资统制令》、《学校技能养成令》、《工业技能者养成令》；1940年有《雇佣青少年限制令》、《防止从业者移动令》以及《劳务调整令》等。随着经济统制政策的推行、劳动力需求的增大，总督府劳力统制的范围逐渐由确保技术劳工，变为征用所有劳工。

战时工业统制　1938年日本政府依据战时总动员法，制定《生产力扩充计划》，全面扩充日本本土、中国东北、台湾等地的生产力，借以提高生产力来提高物资的供给能力。依此计划，台湾首先应扩充工业、农业和矿业三大产业部门。其中，工业部门是生产力扩充的中心，工业的扩充包括钢铁、非铁金属、轻金属，以及硫酸铵、铝、苎麻布、黄麻布、琼麻制品、香蕉纸浆、天然香料、棉籽油、米糠油、蓖麻籽油、猪皮、牛皮、火柴、洋纸、火石、硝酸钙、苦汁、碱和机械等项目。工业项目中50%以上为新建产业，要求生产力必须扩充2—3倍以上，之后又将水泥业列入其中。农业部门包括扩充生产棉花、黄麻、苎麻、甘薯、砂糖等项目；矿业部门主要为扩充生产煤炭及人造石油原料等项目。鉴于急需为岛内之军需产业提供原料，1938年8月总督府颁布《台湾重要矿物增产令》，鼓励金、银、铜、铅、水银、煤炭、铁、硫磺、硫化铁等矿石的增产。1941年8月设立“台湾石炭株式会社”，开始施行煤炭统制。1944年4月，总督府又颁布《台湾石炭配给统制令》和《台湾石炭配给统制令施行规则》，并将台湾石炭株式会社改组为“台湾石炭统制株式会社”，更加强化对全岛煤炭业之统制经营。

战时外贸统制　随着台湾战时体制的确立，贸易统制朝向优先照顾军需产业的方向推进。随后实施的《临时输出入许可规则》规定了除军需品外，所有民生品均纳入统制的范畴。总督府还在1937年制定了《外国贸易管理法》，1939年又制定了《贸易统制令》，包括三井物产、三菱商事等在内的财阀大商社都被统一到特定的统制机关内[②]。战时体制下，台湾与大陆（包括东北、华南）等的贸易也在总督府的控制之下，还为此成立了台湾东亚贸易联合组合，规定台湾与上述地区的贸易活动一律归该组合运作，其他机构不得擅自进行。对第三国贸

① 林继文：《日本据台末期（1930—1945）战争动员体系之研究》，第197页。

② 隅谷三喜男、刘进庆、涂照彦：《台湾の经济—典型NIESの光と影》，第23—24页。

易则由台湾总督指定台湾贸易振兴株式会社为统制机构。1941 年太平洋战争爆发后，加强了台湾与东南亚日本占领区的贸易关系，着重保障日本军需工业所需原料的输入，以构建所谓的“大东亚共荣圈”。在日本政府与台湾总督府的联合控制下，完全将台湾纳入日本资本主义战时经济统制之贸易圈。

总之，经济统制的全面实施，台湾经济完全为总督府与日本资本所控制，总督府强力推行之各项经济统制及工业化更是为全面配合“南进基地化”的超经济措施。“台湾经济是日本资本主义统治进行殖民地开发形成的，其成就的根本意义是对日本资本主义的贡献”[①]。

第三节　日据时期台湾社会经济的殖民地化

一　台湾总督府与日本资本控制与主导下的台湾经济

日本占领台湾以前，台湾社会本身已有厚实的经济发展潜力。日据前台湾对外贸易也很发达，台湾与许多国家有密切的贸易来往，与祖国大陆的经济联系更为密切，据学者统计，每年有 2800 艘左右的中国式帆船进出台湾与大陆之间[②]。日据之前的台湾，完全可以沿着以上方向发展下去，逐渐形成一个与大陆闽、粤两省极为相似的亚文化圈，但台湾的被割让，阻止了这个过程的进行。

日据之后，自给自足的台湾自然经济形态开始发生嬗变。日据时期，台湾总督府与日本资本联手掠夺台湾资源，使台湾逐步演变为日本的米糖供应基地与商品倾销之地。台湾总督府在农业投资和农业技术方面采取了一些措施，如大修水利设施、引进良种等。随着日本对外侵略战争的需求，台湾遂变为日本军国主义战争下的“南进”基地，工业化被强力推行，台湾的社会经济形态、经济结构均发生重大变化。在这一过程中，在满足日本本国利益的大前提下，提升台湾本岛生产能力及开发能力，为日本军国主义战争提供后援。虽然在客观上推动了台湾传统经济的一定进步，但却进一步加深了对日本的依赖，加强了总督府对台湾经济的控制。

台湾经济渐次为日本资本垄断　总督府长期奉行“工业日本、农业台湾”的殖民地经济政策，对台湾经济实行全方位的垄断，形成日本资本主导下的台湾殖民地经济形态。攫取台湾土地山林、驱除欧美洋行、控制台湾海运业、积极发展米糖农业、施行重要物产专卖等一系列超经济措施。台湾经济亦渐次为总督

① 隅谷三喜男、刘进庆、涂照彦：《台湾の经济—典型 NIESの光と影》，第 25—26 页。

② 林满红：《四百年来的两岸分合》，台北：自立晚报社，1994 年版，第 26 页。

府与日本资本所垄断。

为确立日本资本占主导地位之殖民地经济体系，总督府首先施行驱除欧美洋行、垄断台湾对外贸易的措施。以往台湾至大陆及香港的海运航线为英商道格拉斯轮船公司把持，为彻底控制台湾对外贸易，就须先夺取台湾海运权益。总督府随即开始拟定抢夺台湾海运业的策略：第一步是除掉英商在台湾海峡航线所占之优势；第二步与英商竞争其中国南部沿海各口岸的航线；第三步扩充台湾至华北各地及南洋、欧美各地航线。1902年末，道格拉斯轮船公司被迫撤出台湾海运市场①。自1896年至1911年，大阪商船株式会社逐渐垄断了台湾与大陆南方各地的海运航线，台湾对外贸易最终为总督府与日本资本所控制。

总督府与日本资本主导之殖民地土地结构　日据台湾以后，首先掠夺岛内广袤的土地资源。经过所谓的“土地调查”与“大租权整理”，在全岛总计370.7万甲的土地中，被台湾总督府强行无偿剥夺为“官有地”的竟达246.2万甲，被日资企业及日本移民强行低价“收买”的土地多达18.1万甲，两项合计264.3万甲，占全岛土地总面积的70％以上。在台湾实际可直接耕种的886万甲耕地中，被日资企业和日本移民占有的耕地约20.4％。另外，在全岛265万甲森林土地中，被台湾总督府强占的“官有林”高达90％②。台湾总督府所拥有的“官有地”，大多以“放领”的形式无偿拨付给总督府退休的各级日本官员，鼓励其定居台湾；或低价出售给日本企业。

土地调查以后，总督府以“购买大租权”形式收购大量土地。1911年总督府颁布《继承未定地规则》，规定：凡由日本来台湾进行投资、开垦的日本企业或日本移民，均可在经台湾总督府批准、划定的区域内，以低廉的价格收买当地农民的土地。例如，三菱财阀就在总督府的特准下，仅仅支付了3万元的土地“补偿费”，就强行“收买”了台湾竹山、斗六、嘉义三地区，共计2万多台湾农民世代赖以维持生计的1.5万甲耕地和竹林。而平均每甲竹林仅支付2元，每个农民也仅获得1.5元的补偿费。台湾土地向日本人高度集中。据1939年4月统计，日本人及日本企业拥有的土地已达11万多甲，占耕地总面积的13.29％③。在台湾总督府保护下，日本企业通过各种手段无偿占有岛内大量土地，与总督府共同成为台湾最大的地主。攫取台湾土地与山林资源的施行，可视为是台湾总督府对台湾进行殖民统治的起点，也是形成总督府与日本资本主导型台湾殖民

---

① 据记载：英国道格拉斯轮船公司从台湾航线撤退以后，仍维持连接香港、汕头、厦门、福州间的定期航线。参见松浦章：《日治时期台湾海运发展史》，第187—189页。

② 陈碧笙：《台湾地方史》，第202—203页。

③ 台湾总督府殖产局农务课编印：《农业基本调查书》第41号，台北：1939年，第2页。

地经济形态的最重要经济策略。

专门供应日本市场的米糖产业 台湾总督府强行吞并台湾土地与山林后，便开始肆无忌惮地掠夺米、糖等农产品，并源源不断地运往日本国内。1902年6月，台湾总督府公布《台湾糖业奖励规则》，规定必须大力发展台湾糖业，以满足日本市场之紧迫需求。《台湾糖业奖励规则》的实质是以总督府财政援助日资制糖企业，并进行原料获得及市场保护，同时剥夺台湾农民的利益，"具有极其显著的殖民地性质"①。在总督府的威权扶持下，日本制糖资本渐次独占岛内制糖业。1930年代，三井、三菱、藤山三大日本财阀的资本进一步集中，遂将全岛所有制糖企业及制糖厂合并为"台湾制糖"、"日糖兴业"(旧大日本制糖)、"明治制糖"(包括盐水港制糖)三大日资制糖会社。为进一步扩大垄断范围，三大财阀还结成所谓的"康采恩"——糖业联合会，对砂糖价格实施垄断控制。三大财阀同时兼营土地开拓、水利灌溉、铁路运输、海上运输、酒精制造、纸浆制造、食品加工、制盐、乳业、化学工业等，以实现更为广泛的企业垄断。至1943年，三大财阀独占台湾糖业，支配着广大的台湾农民，并通过制糖业，主宰整个的台湾产业，被称为"民间总督"而肆意支配、剥削台湾人民②。

日本资本垄断台湾糖业之后，总督府随即通过经济利益的驱动，开始驱使台湾农民加大对稻米生产的投入。总督府即创办农业试验所、引进优良品种、扩大灌溉面积、改造传统的耕作方法和生产条件。甚至设立警察和保甲的统治体制，强迫台湾农民增种水稻、种植防风林。台湾的水稻产量增至1905年的62.2万吨。据统计，从1900年至1944年的45年间，由台湾输往日本的稻米达1159.24万吨，年均25.76万吨的输出量占生产量的25.86%。台湾稻米被运往日本最多的是1934年，当年台湾稻米产量是129.3万吨，其中72.1万吨被输往日本，占当年台湾稻米总产量的55.55%③。可见，台湾已沦为日本的"海外粮仓"。由于战争的影响，1943年米谷产量减少至106.8万吨，1944年减少至63.8万吨，台湾米谷产量骤减，但总督府仍坚持不顾台湾民众死活的"饥饿输出"④。

---

① 台湾人民对于总督府推行之《糖业奖励规则》进行了坚决抵制。参见《糖业规则ノ发布》，《台湾日日新报》。黄绍恒：《从对糖业之投资看日俄战争前后台湾人资本的动向》，载《台湾社会研究季刊》，1996年7月，第23期。

② 史明：《台湾人四百年史》，第363页。

③ 周宪文：《台湾经济史》，第487—488页。

④ 戚嘉林：《台湾史》，海口：海南出版社，2010年版，第227页。

二　殖民地的社会结构

随着日本殖民统治秩序的渐次建立，以及殖民地经济的缓慢发展，台湾的殖民地社会结构亦发生巨大的嬗变。在台湾总督府与日本资本的联合排挤下，在清代后期曾占有经济垄断地位的欧美资本被迫退出岛外，清代后期主导两岸贸易的“行郊”[①]亦为日本商社取代。日据之前岛内形成的银行—洋行—妈振馆—茶行的经营模式也逐渐衰颓，直至被完全淘汰。

在台日本资本包括官营资本与民营资本。所谓的“官营资本”，就是总督府所直接拥有并经营的资本（包括官营企业以及土地、山林与矿产资源等）。官营资本的规模远远大于民营资本，官营资本主要通过总督府威权手段及财政手段急剧积累起来。1897 年 2 月，日本帝国议会通过《台湾总督府特别会计法》，同年 4 月正式在岛内实施所谓的“特别会计制度”。台湾总督府初步计划在 1913 年以后，不再接受国库补助，达到财政的独立自给。专卖制度的实施，绝对控制了台湾岛内最具经济价值的多种物产商品，开辟了日本官营资本与民营资本共同对台湾进行掠夺和榨取的经济殖民模式[②]。

所谓的“民营资本”，主要来自日本的财阀糖业资本及其他民间资本。就其自身结构来看，包括日本本国资本和岛内日本人资本两个构成部分。日本本国资本多为垄断资本性质的大财团，而岛内日本人拥有的资本则较小，所掌握的多为较小规模的企业。日据时期台湾的工商业悉为日本的民营资本垄断。日据初期，就有所谓“御用商人”的日本民营资本进入岛内，参与侵吞台湾产业及物产资源，他们“实际上是最早来到台湾，并利用特权攫取暴力的日本资本家”[③]。在总督府的强力扶持下，日本民营资本的实力迅速增长。日据前期（1895—1931 年），日本民营资本主要集中在制糖业界。1900 年 12 月，在台湾总督府提供 6％年息的财政支持下，三井财阀设立了台湾制糖株式会社（设立资本金 100 万元）[④]，1901 年 2 月在台南桥仔头建立日据时期台湾第一家具有近代化生产设施和技术的制糖工厂。1907 年三菱财阀设立明治制糖株式会社，同年

---

① 我国古时商业团体之称谓，有称会馆、公所、公会，甚至单称为帮者，唯“行郊”之称，仅见于闽南，而以台湾最盛。台地之“郊”，又曰“行郊”，亦作“郊行”，含有同业公会性质。所谓“行郊”，行即商行，郊之意义则较为含混，易时易地而不同，随时代演进而更加繁杂。见卓克华：《清代台湾行郊研究》，福州：福建人民出版社，2006 年版，第 13 页。

② 见陈碧笙：《台湾地方史》，第 203 页。

③ 周祥鹤：《日据前期在台湾日本人的工商业活动》，载《台湾研究集刊》，2006 年第 2 期。

④ 台湾制糖株式会社以三井物产为最大股东，还包括毛利家族等共计 95 名股东。见矢内原忠雄：《帝国主义下の台湾》，东京：岩波书店，1988 年版，第 9 页。

安田财阀设立盐水港制糖株式会社。随后，以1909年大仓财阀设立新高制糖株式会社为始端，掀起了日本糖业资本大举进军台湾市场的新浪潮。至1910年前后，投资台湾制糖业的日本资本已达8000万元左右，日资制糖大企业亦增加至15家。20年代以后，除了继续输出到台湾的日本国内资本以外，日资糖厂等企业的利润转为投资，也构成资本的一大来源。日据时期台湾糖业发展最兴旺时，日资制糖会社有42家，年产量为141万吨，一度高居世界第四大产糖地区①。

日资制糖企业势力的扩张与垄断最终形成后，获得的巨大利润开始转向土地开拓、水利灌溉、铁路运输、海上运输、酒精制造、纸浆制造、食品加工、制盐、化学工业等，终于实现更为广泛的企业垄断。截至1929年，日本已在台湾制造业资本中占据90.7%，采矿业中占71.6%。在核定资本额20万元至500万元的股份公司中，日本资本占59%—72%；核定资本额500万元以上的股份公司中，96%为日本资本。1938年至1941年，在核定资本额20万元至500万元的股份公司中，日本资本由59.6%增至72.7%；核定资本额500万元以上的股份公司，日本资本由96.2%增至96.9%②。

日据时期岛内社会结构，除了极少数"台湾士绅"跻身社会上层之外，大多数本地资本处于从属与被排挤之地位。台湾本地资本多是依靠地租积蓄而转化为商业资本和工业资本。在殖民地经济政策严控下，台湾本地资本受到严重排挤，只能投资于小企业。为独霸台湾经济并压制台湾资本的发展，台湾总督府于1912年2月颁布《本岛人、清国人不得使用会社名义》，严禁台湾本地资本以"株式会社"形式设立经营组织。此项限制一直沿用至1923年。之后，虽然台湾本地资本也可以设立"株式会社"了，但在总督府保护下，日本资本已垄断了台湾经济的各个领域，台湾本地资本根本无法与日本资本竞争，他们"只能依附在日本资本之下，求得生存之道"③。根据台湾学者戚嘉林的研究，在实际运作上，1927年时台湾人欲成立完全以台湾人为股东的股份公司，仍遭受日本官方及其金融势力的多方刁难与阻挠。1941年时，资金40万元以上的股份公司，91.1%由日本资本所占，台湾本地资本仅占8.3%④。

不过，台湾本地资本在农村碾米业与商业流通领域等的发展还是较为活跃的。如主要由本地资本经营的土笼间从事稻米加工与流通以及放青等放贷行

① 陈明言、杨金华：《台湾近代糖业先驱——武智直道》，第104页。

② 周宪文：《台湾经济史》，第546页。

③ 见王泰升：《台湾日治时期的法律改革》，台北：联经出版事业公司，1999年版，第345页。

④ 戚嘉林：《台湾史》，第301页。

为,主要收益是稻米交易和放贷利息。土笼间实际上是乡村高利贷资本,而不是资本主义的产业资本。在1914年时,只有16.89%的台米是由土笼间处理;及至1933年,土笼间已包办73.38%的米谷。相对台湾糖业而言,以土笼间为代表的台湾碾米业长期由本地资本控制。日本资本对该领域的渗透较为缓慢,1932年,岛内305家碾米厂中,仅有37家(1.2%)为日资①;至1939年,日资控制的碾米厂增至7%②。日据后期为全面控制台湾稻米的收购及加工,在总督府及台湾银行的金融支持下,日本资本即以雄厚的资金实施购米代金的预先贷款制度来支配土著资本的土笼间,再通过土笼间对农民发放高利贷而广泛地控制着台湾农村的稻米生产。

日据时期,出于利用台资充当日本殖民扩张"先锋"考量,台湾总督府在一定程度上鼓励台湾本地资本向大陆与南洋地区等发展③。有一些属于中产阶层的台湾本地资本除了经营两岸间之贸易、航运、汇兑外,有不少人在厦门、福州、汕头投资④,亦有在东北从事商业活动的台商⑤。在东南亚一带,也有不少的台湾本地资本⑥。

台湾总督府与日本资本垄断了台湾的主要经济领域之后,开始进一步向台湾社会渗透。日据时期总督府严格禁止台湾人进入官府机构,形成由少数日本上层阶级独占的政治专制主义。大量日本人进入岛内,充任各级重要官职,成为社会的上层,1943年在台日本人近40万人⑦。1920年后,开始有极少数台湾人进入总督府行政、司法系统担任低微官职,但至日据末期仅有黄松宫、刘明朝

---

① 根岸勉治:《日据时代台湾之农产企业与米糖相剋关系》,载《台湾经济史》(七集),台北:台湾银行经济研究室,1959年印行。

② 转引自柯志明:《米糖相剋——日本殖民主义下台湾的发展与从属》,第184页。

③ 有关日据时期台湾本地资本赴岛外从事商业等活动,详见林满红:《经贸与政治文化认同——日本领台为两岸长程关系投下的变数》,载《中国历史上的分与合学术研讨会论文集》,台北:联经出版社,1995年版;《"大中华经济圈"概念之一省思——日治时期台商之岛外经贸经验》,台北:《近代史研究所集刊》第29期,1998年。

④ 林满红:《四百年来的两岸分合》,台北:自立晚报社文化出版部,1994年版,第143页。台湾人民进入大陆的人数(在日本驻厦门、福州等地领事馆之登记人数),1907年约有335人,至1936年增为约12900人。见台湾总督府官房外事课编:《台湾と南支那》(《南支那及南洋调查》第236辑,台北:1937年,第13页)。其实,如果加上未登记人数,共有约2万多人。其中,福建一省则约有20000至21000人,厦门约有18000人,福州约有2000人,漳泉地区约有数百人。见林真:《抗战时期福建的台湾籍民问题》,载《台湾研究集刊》,1994年第2期。

⑤ 至1945年,在东北地区的台湾人约有1000多人。见许雪姬主编:《口述历史》第5期,台北:"中央研究院"近代史研究所,1994年印行,第138页。

⑥ 1942年,在东南亚地区活动的台湾商人约有3000名左右。见杨建成:《二次大战日本企图利用日籍华侨渗透南洋侨社秘闻》,载《宏观报》,1994年1月28日。

⑦ 南方朔:《日据时期的台湾阶级结构》,载《夏潮论坛》,1984年第6期。

等19人，均为留学日本归来者[①]。1896年3月，设立总督府评议会，由总督及总督府各级官员充当议长及评议员，完全是总督府的御用机构。1906年总督府颁布“三一法”后，一度另设“律令审议会”取代评议会，完全漠视台湾的民意。为继续蒙蔽台湾民众，1921年6月，再度恢复评议会，辜显荣、林熊征、颜云年、林献堂等9位“有声望的台湾士绅”被总督府指定为评议员，充当所谓的台湾民意代表。至1945年止，总共有32名台湾本地人担任过总督府评议会评议员[②]。为欺骗台湾民众，在日本即将战败之际的1945年，总督府以迎接“施政五十年”为由，向日本帝国议会提出“台湾人待遇改善大纲”，伪善地建议改善台湾人的政治待遇，但未及实施，日本即告投降。

日本人占据台湾社会上层，极少数“台湾士绅”跻身其中，广大台湾民众沦为社会之最底层。日据时期的台湾人民“在各方面都是被支配者，他们被剥夺了一切的基本人权和自由”[③]。

① 详见台湾总督府:《台湾总督府及所属官署职员录》，台北:台湾时报发行所，1921—1944年编印;《台湾人士鉴》，台北:台湾新民报社调查部，1934年编印;《台湾人士鉴》，台北:台湾兴南新闻社，1943年编印。

② 吴文星:《日据时期台湾社会领导阶级阶层之研究》，台北:台湾师范大学历史研究所博士论文，1986年，第202—206页。

③ 刘大年、丁名楠、余绳武:《台湾历史概述》，载《中国科学院历史研究所第三所集刊》第二集，北京:科学出版社，1955年版，第63页。

第八章 日据时期台湾的教育与文化

日本殖民统治时期，台湾总督为台湾地区最高首长。台湾的教育事务，由总督府民政局学务部管辖。日据时期，台湾教育行政体系变迁十分频繁，直至专设文教局之前，教育事务基本上隶属于普通行政体系(民政局)之下。日本从1895年占据台湾，到1945年“二战”结束、日本战败投降，共统治台湾51年。总督先后共19任。综观日据时期教育政策的演变，大致可分为三个时期：(1)《台湾教育令》发布前时期(1895—1919年)；(2)《台湾教育令》发布后时期(1919—1936年)；(3) 皇民化时期(1937—1945年)。

1895年6月至1919年3月为日据初期。这一时期的教育明显地表现为差别教育制度，分为日本人、台湾人和少数民族三个系统的差别待遇教育。自1896年3月起，日本先后在台湾全岛设立“国语(实为日语，下同)传习所”，招募台人子弟入学，以教授日语为主。1898年7月颁布《台湾公学校令》，以地方经费设立六年制公学校取代国语传习所；对于日本人则根据日本国内的小学校令另设小学校；此外还有专为少数民族设置的教育处所。总督府还对传统的书房进行规制，使之成为公学校的辅助机构。这一时期，尚未制定中等教育以上的教育制度，因此相关教育设施极不完备，这种情况一直延续到1919年颁布《台湾教育令》。总之，日据初期，总督府在教育上采取渐进主义原则和随机应变的“无方针主义”政策，并未采行固定的教育制度。台湾人子弟所接受的初等教育完全不同于日本人，仅限于台湾总督府为统治及开发殖民地台湾所需的日语教育和初级技术教育。

1919年4月至1936年为日据中期，这一时期的教育明显地表现为同化教育方针。第一次世界大战后，因民族自决运动的兴起，日本不得不改变统治台湾的方针，以强化对殖民地的控制。1918年明石元二郎赴任总督，明言以同化为施政方针。1919年颁布《台湾教育令》，此后允许台湾人与日本人共学，以加强“国语教育”及培养“国民道德”为普通教育的基本方针。但是，实际上隔离政策并没有改变，台湾人所受教育在学制及教育程度上均低于日本的同级学校，台湾人仍然不能享有平等的教育权利。

因《台湾教育令》无法满足台湾人长期以来的教育要求，总督府于1922年不得不颁布“新台湾教育令”。总督田健治郎明确提出同化政策，标榜“内地延长主义”。规定中等以上教育机构取消日、台人的差别待遇和隔离教育，实施“内台共学”。但是，共学的结果反而为在台湾的日本人子弟提供了更多的教育机会。在各种限制下，台湾人子弟能够接受高等教育的人数日益减少。

1930年以后，总督府不仅在学校教育中，同时也在社会教育中，进一步加强普及日语、并通过道德教育向台湾人灌输日本的国民精神。1931年“九一八事变”之后，台湾作为战略基地倍受重视。日本欲将台湾作为“南进基地”，首先必须使台湾人成为纯粹的“皇国臣民”，于是掀起“皇民化”运动，而改革和普及初等教育成为皇民化的主要手段和基础。1933年，总督府再次修改公学校章程，目的在于进一步加强公学校的“国语教育”，在四年制公学校里增加国语课程时间；在六年制公学校，把“日本历史”改为“国史”，从强化日语教育发展为在思想上也加强控制。

1937年至1945年为日据后期。日本发动全面侵华战争后，在台湾将“皇民化教育”推向顶峰。1937年1月，当局完全禁止了公学校在课程中作为随意科目勉强保留下来的汉文科，同时禁止在校园里说台湾话。旨在彻底贯彻“皇民化”，在公学校泯灭台湾人的民族性。1941年，配合日本本土实行国民学校制度，台湾的105所小学校和820所公学校被一律改为“国民学校”。公学校和小学校虽然取消了名称上的差别，但是课程上的差别依然存在。课程分为第一、第二、第三号表，其差别为：一号日本人、二号台湾人、三号山地人。第二、三号表更重视日语和实业两科。台湾实施国民学校令之后的两个月，又开始实施志愿兵制度，这意味着台湾人将作为日本士兵走上战场。当局要求台湾人进一步加强作为日本人的意识、进一步提高日语能力。配合这一方针，当时的文教局从初等教育着手，使男子就学率在1941年超过70％、女子就学率达到43.42％。

1943年，当局计划对国民学校实施义务教育。但是，直至日本战败，义务教育制度只在部分国民学校得以实施。对于当时的台湾人而言，义务教育使强制性的“皇民化教育”达到了顶峰。

第一节　日据初期的“差别教育”、“隔离教育”

一　台湾总督府的同化政策

甲午战争后，日本“国家主义教育”的代表人物伊泽修二(1851—1917)[①]随第一任台湾总督桦山资纪，以首任总督府学务部长的身份来到台湾。伊泽一开始就强调教育在殖民统治中的重要性。他在国家教育社的会议上说：“我们虽然已用兵力征服了台湾，但是今后要想彻底征服台湾人的心，要使台湾千载万载永远成为日本的领土，关键在于要对台湾人从内心深处进行同化，要做到这一点，非教育莫属。”[②]他又以台湾和日本同样使用汉字、都信奉孔孟之道来说明日本对台湾实施同化远比法国同化越南容易[③]。

伊泽修二任学务部长为期两年零两个月，是日本统治台湾的最初期。日本的统治受到台湾人民的强烈抵抗，总督府忙于军事镇压和经济压榨，无暇顾及台湾的教育。虽然伊泽赴台前曾立下豪言壮语“要开拓新领土之教育”，但他提出的教育经费等方案被日本政府否定。他于 1895 年 7 月在台北市近郊的士林成立“芝山岩学务部学堂”，招收台湾儿童学习日语。1896 年 5 月又设立“国语传习所”。从 1896 年至 1897 年，先后在台湾各重要城市设国语传习所 16 所、分校 18 所，在台湾开创了所谓的“国语教育”。

1896 年 6 月，总督府颁布台湾教育法令《国语传习所规则》(府令第 15 号)，其内容反映了伊泽修二在台湾实施国语教育的政治意图。规则第一条为：“国语传习所对本岛人实施国语教育，以有利于其日常生活，并养成本国之精神。”在第十三条中又称，“本所虽以传授国语为初衷，但须经常注意道德之教训、智能之启发。道德之教训旨在尊皇室、爱本国、重人伦，以养成本国之精神。智能

---

① 伊泽修二，1851 年出生于信浓国高远藩的贫士家庭。他作为藩的贡进生毕业于大学南校之后，就任爱知师范学校校长。1875 年被派往美国考察师范教育。1878 年回国后，对日本的音乐教育、体操教育、盲哑教育、编辑新教科书、创建国语等诸多方面，做出了贡献，对奠定日本近代教育的基础起到了指导作用。伊泽同时又是国家主义的信奉者，提倡国家主义教育的第一任文部大臣森有礼于 1895 年被暗杀后，伊泽作为森有礼国家主义教育理论的继承者成立了国家教育社，此后大力推进国家主义教育。

② 伊泽修二于 1895 年 6 月赴台，11 月临时回国，11 月 13 日在国家教育社举办的社长慰劳会上，作了题为《台湾之教育》的讲话。伊泽修二：《台湾之教育》，《伊泽修二选集》，信浓教育会，1958 年版，第 580 页。

③ 伊泽修二：《台湾之教育》，《伊泽修二选集》，第 587 页。

之启发旨在获得赖以立业之知识技能”[①]。由此可见,日本在台湾实施国语教育,是作为“养成本国之精神”的一种手段,反映了同化的教育方针,可以说伊泽是第一个把同化思想注入台湾教育方针的人。之后的儿玉源太郎、后藤新平虽然也以“普及国语”为教育目的,但避而不谈以同化为教育方针。正因为如此,人们往往忽视初期教育阶段的同化思想,片面地将初期称为“差别教育时期”。

1896 年 2 月 11 日,临时回国的伊泽修二,在国家教育社第六次例会的演说中,再一次明确地提出同化教育方针。他说:日本不应像英国对印度、法国对越南那样,将其统治的地区“仅仅作为一个殖民地,从中获取利益”。日本“必须真正地把台湾作为日本身体的一部分”。若要“真正地把台湾作为日本身体的一部分,教育便一日不可怠慢”[②]。他还说:“新领土为我君之领土,欲将其人民日本化非教育莫属,为此献身亦在所不惜。构成吾辈身体之皮肤、肉、骨、血,乃吾皇祖、皇室数千年来,自吾祖辈、父辈之时起,承蒙帝室之恩泽而形成之。将此献与我君,实为荣誉之至,丝毫不足为惜。”[③]

在伊泽修二担任学务部长期间,日本的殖民统治受到台湾人民的强烈抵抗。1896 年 1 月 1 日,以简大狮为首的义军为夺回台北城起义,将学务部成员七人中六人杀死,史称“芝山岩事件”。日本殖民统治者此后将被杀事件神圣化,称之为“芝山岩精神”,打造统治台湾的教育精神之象征。伊泽以效忠天皇、为国献身的“忠君爱国”精神,号召日本本土的教育者到台湾开拓新领土教育,对“未开化的新附民”台湾人进行精神上的征服与同化。

但是,伊泽的同化思想与日本以万世一系天皇为中心的单一民族的国家观念在理论上出现对立,因此在日本受到批判。日本具有代表性的宪法学家穗积八束提出以“血族”、“血缘”为基础的“日本民族”观念。鼓吹日本人是以同祖的“血族”关系而结成的“民族”,其“民族的宗家”为“万世一系的皇室”,并将天皇的权力解释为“天皇即国家”,强调君主权的至高无上和无限制性。在穗积的宪法理论中,天皇为“族父”,皇室为“宗家”,以此团结“血族”的民族观念,是日本国家得以存立的基础[④]。自穗积提出“同族日本人”理论之后,“国体论”者们争相抛出“同祖同族日本人”理论。诸如:“我日本人民为一大家族,四千万人皆同一祖先,我皇室为我四千万人之宗家”[⑤]、“我邦之皇统即为天孙,日本国民皆同

---

① 《系统教育的创立》,《乐石自传·教界周游前记》,国书刊行会,1980 年版,第 241—245 页。

② 伊泽修二:《国家教育社第六次例会演说》,《伊泽修二选集》,第 592—593 页。

③ 伊泽修二:《国家教育社第六次例会演说》,《伊泽修二选集》,第 595 页。

④ 穗积八束:《国民教育爱国心》,东京:八尾书店,1897 年版。

⑤ 矶部武者五郎:《国体述义》,1892 年。

一祖先"等[①]。这种"同祖同族的日本民族"理论特别在甲午战争、日俄战争后迅速蔓延，在日本国民中形成为一种常识。

日俄战争后，"单一民族神话论"愈演愈烈，加藤弘之在《立宪的族父统治之政体》(1905年)中说：欧洲各国和日本虽同为立宪君主国，却不能一概而论。因为欧洲各国的君主仅仅是君主，而日本的天皇不仅是君主，还是日本民族的族父。欧洲无论任何国家在今天都不具有纯粹的单一民族，都是多个民族混合而成，或一个民族被分为数国。只有日本自建国以来，同一帝室连绵至今，且是日本民族的宗家。吾邦是建国至今日本民族的族父，天皇始终保持君位的国家。因此不应称作"立宪君主统治国"，而应称为"立宪的族父统治国"(Die Konstitutionell Patriarchie)[②]。从上述内容可以看出，天皇的绝对地位和权威来自于天皇是以血缘关系结成的单一民族的族父之地位。

日本在近代国民国家的形成过程中需要用"同祖同族的日本民族"理论，以保证天皇制国家自上而下的强权统治，以此加强所谓的"国家统合"能力和"国民统合"能力。但是这种编造出来的"单一民族神话论"也反映了明治维新以后的日本虽然在物质层面实现了所谓的近代化，在思想层面却残存着封建时代的落后性和荒谬性。不仅如此，在日本帝国主义的对外扩张和殖民政策中，"同祖同族的日本民族"理论与对殖民地进行"国家统合"和"国民统合"的理论，发生了冲突和矛盾。大西祝提出："我怀疑穗积的君民同祖论与我国扩张的国家目标是否相容。试问：应当如何看待新领土的人民。"[③]这里提出了如何对待台湾人的问题。

对此，伊泽在1899年的帝国教育会上作了题为《关于台湾公学校设置之意见》的演说："根据古国学者们的解释，日本国民只存在于大和民族之内，不存在于大和民族之外。我认为这种解释大错特错。我皇室的恩德绝不仅限于如此狭隘的范围，实际上与天地般宏大。我皇室一视同仁地将世界各国人民视为子民，无论何人，只要服从，均可为臣民。……从历史上看，我臣民之中，自天祖降临以来，一直侍奉至今者虽为多数，但也有中古以后由外国归化之人民。……特别对于台湾新领土人民，必须充分贯彻皇室一视同仁之旨意。"[④]

伊泽试图以"只要服从"为条件来解决对异民族台湾人的同化问题。此刻，

---

① 中西牛郎：《宗教教育冲突断案》，博文堂，1893年。

② 加藤弘之：《立宪的族父统治之政体》，大久保利谦编：《明治启蒙思想集》，东京：筑摩书房，1977年版，第161—162页。

③ 大西祝：《祖先教能否成为世教之基础》。松本三之介编：《明治思想集》(二)，东京：筑摩书房，1977年版，第145—146页。

④ 伊泽修二：《关于台湾公学校设置之意见》，《伊泽修二选集》，第615—616页。

他除了把国语教育作为同化的手段和方式以外,还试图通过"教育敕语"和修身教育从精神上征服"新附民",以使台湾人同化。

二 "教育敕语"与同化

1890年"教育敕语"公布之后,日本的"国家主义国民教育"体制要求全体国民效忠以天皇为核心的国体、遵循以儒教为根本的国民道德。教育成为天皇制国家实行自上而下强权统治的重要手段。日本的国民教育旨在"培养扶翼无穷皇运之忠良臣民"。这与明治维新初期"文明开化"过程中倡导的"文明之精神即体现为人民独立之意愿"的改革精神完全相反。明治国家提供给国民的义务教育机会不过是臣民必须服从于皇国的义务而已。这与西欧市民革命时期以主权在民为发展原理的国民教育有着本质上的不同。

国家主义教育的信奉者伊泽既然把台湾看作是"日本身体的一部分",自然要把"教育敕语"搬到台湾。他在《关于台湾公学校设置之意见》中指出:"台湾与本土乃同文之国,将'教育敕语'译成汉文,受过教育的台湾人均能读懂。"① 1899年2月18日,根据拓殖务大臣第十五号训令,台湾各公私立学校必须奉读"教育敕语"的汉语译文,以切实贯彻圣旨。"教育敕语"自此成为台湾教育的最高指针。实际上,早在第十五号训令下达之前,"教育敕语"就已出现在台湾的"国语传习所"里。1898、1899年,在第一、第二次国语讲习员(芝山岩学堂生)的毕业式上,就已奉读了"教育敕语"。

"教育敕语"的汉译文内容如下:

> 朕惟我皇祖皇宗,肇国宏远,树德深厚。我臣民克忠克孝,亿兆一心,世济厥美。此我国体精华,而教育之渊源,亦实存乎此。尔臣民孝于父母,友于兄弟,夫妇相和,朋友相信。恭俭持己,传爱及众,修学习业,以启发智能,成熟德器,进广公益,开世务常。重国宪,遵国法,一旦缓急,则义勇奉公,以扶翼天壤无穷之皇运。如是不独为朕之忠良臣民,亦足以显彰尔祖先之遗风矣!斯道也,实我皇祖皇宗之遗训,而子孙臣民所宜俱遵守焉,通之古今不谬,施之中外不悖。朕与尔臣民拳拳服膺,庶几咸一其德!(标点为著者所加)

1900年,伊泽在帝国教育会上以《关于台湾公立学校设置的意见》为题演说,强调贯彻"教育敕语"的精神是统治台湾的"首要工作",把"教育敕语"作为

① 伊泽修二:《关于台湾公学校设置之意见》,《伊泽修二选集》,第615—616页。

教化"新附民"不可缺少的工具,试图通过"教育敕语"转移台湾人效忠的对象,强调台湾人必须对日本和天皇效忠①。

在日本本土的学校里,主要用以下方式来贯彻"教育敕语"的思想。首先在教则大纲中明确其精神,并且增加修身科的课时,修身教科书的内容由"教育敕语"中的德目构成。据记载,当时日本的学校主要通过以下三种方法向学生灌输"教育敕语"的精神:第一,在各种节日和纪念日由校长奉读训示"教育敕语";第二,每天向"教育敕语"拜礼;第三,在修身课上讲解并注释"教育敕语"。通过上述三种方法使学生牢记日本的国体如何至高无上,贯彻实施"教育敕语"中的德目何等重要。其目的在于,一旦国家发生紧急事态,人人都须做到为天皇、为国家献身。

日本标榜在明治维新以后引进了西方的教育制度,较之当时清王朝统治下的中国,彻底而全面地实现了教育的近代化。但事实上,在日本的学校中有很多不同于欧美学校的仪式和活动,并按照极其周密的计划得到实施。例如向"御真影"(天皇、皇后的照片)拜礼、奉读"教育敕语"、齐唱"君之代"、以军事训练、鼓舞士气为目的举行运动会、长途跋涉、修学旅行等。1900年前后赴日考察的中国人对日本学校有如下记述:"日本小学校,皆供奉君上尊影,每夜轮一教员往校敬护之。每逢佳节,事无巨细,先集生徒,排齐恭立,如见君临于前,群唱君代歌以祝。祝毕,然后敢治理他事。一切教科书,处处寓忠君爱国之意。教员不教则已,教则无不关注此意。"②

台湾的学校与日本本土学校一样,每逢纪元节、天长节、一月一日、始政纪念日,学生们都要合唱"君之代",向天皇及皇后的照片致敬礼、奉读"教育敕语"。虽然在1912年(日本大正元年)以后的公学校规则中对此才有正式规定,但实际上这一系列仪式早在明治时期已经开始实施。

对于台湾儿童而言,理解"教育敕语"较之日本儿童更为困难。殖民教育者们试图把万世一系的天皇、忠君爱国的理念与台湾人信仰牵强地捏合在一起,但是在教育理论上是行不通的。于是,只好通过修身课强行灌输。修身课在日本本土学校为首要课程,在台湾更是如此。1897年,台湾总督府在国语学校规则中制定了各课程的宗旨,特别在修身科中,强调忠君爱国思想。与其说修身的根本思想是"教育敕语",莫如说教育的根本思想即为"教育敕语"。与本土不同的是,日本学校除了修身课以外,还教授很多实用知识,而对台湾人只教授修身和日语。

---

① 伊泽修二:《关于台湾公学校设置之意见》,《伊泽修二选集》,第615—616页。

② 项文瑞:《与东友往来问答》,《游日本学校笔记》,敬业学堂刊,光绪二十九年(1903)版。

三 后藤新平的“渐进主义”和“无方针主义”教育

伊泽竭力试图通过实施同化教育，逐渐消除台湾人与日本人的界限，达到所谓“内台一体”的共同意识。他于1897年5月在帝国教育会的演说中明确提出建立公学校的计划——六年制小学、四年制中学。但是，他的计划不仅被当时的台湾总督乃木希典否定，而且因总督府经费膨胀问题，在日本政府内部受到政党势力的批判。两个月后，总督府学务部被缩编为学务课，伊泽被解除学务部长职务。

儿玉源太郎、后藤新平治台时期(1898—1906)，虽然在表面上与伊泽修二一样标榜同化主义，而且对伊泽的公学校计划并不完全否认，但在教育制度和实施步骤上与伊泽有诸多不同，突出地表现为“渐进主义”和“隔离主义”，把教育作为配合内政的措施，并借以作为统治的手段。

1898年儿玉源太郎就任台湾总督，后藤新平就任台湾总督府民政长官[①]。同年7月公布台湾公学校令，8月制定公学校规则，10月公学校付诸实施。根据总督府的规定，公学校“以对本岛人子弟施以德育、授予实学、养成国民之性格，同时使其精通国语为本旨”，是对8岁以上、14岁以下台湾儿童实施初等教育的机关[②]。但是，1898年5月，儿玉总督向地方长官发出的谕示中指出：“向殖民地漫然输入文明是十分危险的。”因此，总督府对于台湾的教育体系及政策，没有提出全盘规划或长远的既定方针[③]。民政长官后藤新平对此进一步加以解释：“对新附民漫然输入文明，养成动辄议论权利义务之风，会招致不测之弊害。因此，教育方针的制定须反复加以考究。关于台湾的教育方针，眼下正在考虑之中，尚未确定。”[④]

1903年，后藤新平召集约60名公学校校长开学事咨询会，就与会代表提出的教育方针的问题指出，台湾教育除了进行国(日)语教育外，并无既定方针。他说：“这个会议是以国(日)语普及为目的，只须讨论如何普及国(日)语足矣。……对于智育开发，我们必须防止陷入荷兰及印度之弊害。……未经深思熟虑，只因教育为善事，便贸然开设学校，乃是贻误殖民政策的做法，今后必须

① 1895年11月，后藤新平在任卫生局长期间受芳川内相之命，向当时台湾事物局总裁伊藤博文提出《关于台湾鸦片制度之意见》，否定了当时的鸦片严禁论，主张鸦片渐禁论。后藤的这一建议受到赏识而被任命为总督府卫生顾问。1898年儿玉源太郎就任台湾总督时，后藤新平被提拔为第三任台湾总督府民政长官，执政8年零8个月。

② 文部省、教育史编纂会编：《明治以降教育制度发达史》，第11卷，第105—106页。

③ 鹤见佑辅：《后藤新平》第二卷，后藤新平传记编撰会，1937年，第42页。

④ 《后藤长官训示》，《台湾教育会杂志》27号，1904年，第3页。

自负严重责任。”[①]后藤常引用菲律宾等殖民地的例子，告诫在殖民地教育上过多地下功夫，只能使被统治的殖民地人民觉醒，出现反乱或独立运动[②]。

后藤新平在表面上与伊泽修二一样标榜同化主义，但二者的思想完全不同。后藤新平原本是医生，深受生物进化史观的影响，人称“科学政治家”。他以“生物学原则”为统治台湾的思想基础。他在《国家卫生原理》一书中，把国家比喻为人体，强调优胜劣汰、适者生存的原理。他的理论是英国学者斯宾塞(Herbert Spencer)的社会进化论、德国学者斯坦恩(Lorenz von Stein)的国家思想、卫生思想，以及他自身作为医生的经历、生物学知识等的混杂物。他认为台湾人和日本人处于人类进化的不同阶段，人类社会和自然界一样，在进化过程中不可能出现突然的改变，因而否认人为的同化。他以“文明”的优劣作为能否同化的标准，把日本人和台湾人的不同解释为文明上的优秀和劣等、进步和未开化。伊泽修二曾在《台湾之教育》中说：“在重视教育方面，台湾与本国相差无几，一般町村都有秀才教育儿童，大的市街都有两三所类似小学的设施。有钱人更加注重子女之教育。但是，台湾人接受的是日本明治维新之前的旧教育、汉学教育。”[③]按照伊泽的推论，台湾人和日本人在教育上的差距不过是日本明治维新后的三十几年而已。但是，后藤把日本和台湾比喻为“加级鱼的眼睛和扁口鱼的眼睛”。他说：“加级鱼的眼睛端正地长在头的两侧，而扁口鱼的眼睛都长在头的一侧。尽管非常可笑，却不可能用加级鱼的眼睛去替代它，这是生物学上的需要，政治也是如此。”[④]后藤以此证明，对未开化的台湾实施文明日本的文化教育制度，是不懂政治的荒谬行为。后藤认为台湾人的文化素质相当低，他这样描述“蕃界的生活状态”：“我仿佛感到一夜之间历史倒退了三千年，我看到的是居住在乐园的太古人类。古典和神话传说中的情形真实地出现在眼前。”[⑤]后藤也否认台湾人对教育的认识和热心：“有人说本岛人(台湾人——译者注)喜好读书，在我看来绝非如此。只不过在红白喜事时读书人总被请在上座，只因读书人受人尊重，所以人们才去读书。”[⑥]后藤以台湾人文化素质低、文明停滞等理由，反对把日本本土的统治方式运用于台湾，他把这种方式讥讽为“诗人的统治”方式。

伊泽认为通过国语教育可以逐渐使台湾人日本化，最终达到同化之目的。

---

① 后藤新平：《日本殖民政策之一斑》，第110—111页。

② 鹤见佑辅：《后藤新平》第二卷，第42页。

③ 伊泽修二：《台湾之教育》，《伊泽修二选集》，第584—585页。

④ 鹤见佑辅：《后藤新平》第二卷，第398—399页。

⑤ 后藤新平：《关于赤十字社事业》，1905年；《后藤新平文书》，R24—28—5。

⑥ 后藤新平：《后藤长官训示》，《台湾教育会杂志》27号，1904年，第6页。

对此后藤始终持怀疑态度。他坚持认为台湾人“归根到底是不可同化的支那人种”的末裔。伊泽为加速台湾人的同化，要求台湾各公私立学校必须奉读“教育敕语”的汉语译文，把“教育敕语”视为教化“新附民”不可缺少的工具，试图以此转移台湾人效忠的对象。后藤认为，“台湾人不具备日本人那种超人崇拜的先天传习”，因此，要求台湾人奉读“教育敕语”，以养成“忠君爱国的日本精神”，其结果不过是“读论语而不知论语为何物”而已[①]。

1898 年 3 月后藤到任后，立刻开始了大幅度的“革新”，以维持台湾的“治安”为由，对台湾人进行了残酷镇压。后藤自己也承认，在他担任总督府民政长官期间，将大批台湾人关进监狱或杀戮。从 1897 年至 1901 年期间，他抓获“土匪”8030 人，杀戮 3473 人以上。在 1902 年的大讨伐中，对抓获的俘虏经审判处以死刑 539 名，当场杀戮 4043 名[②]。后藤赴台后的所谓“施政改革”，以“钢腕”著称。

四 “差别教育”、“隔离教育”的实施

后藤既否认通过国语教育可使台湾人日本化，又否认通过奉读“教育敕语”、灌输忠君爱国思想可以教化台湾人，因此当然不会赞同把更多的预算用于台湾人的教育。他说：“如德国对波兰实施强制性国语之普及，没有任何好处。”[③]鉴于欧美各国在殖民地实施同化主义的失败教训，后藤对伊泽的同化教育政策持批判态度。对于从“国家统合”的角度，通过在殖民地普及义务教育造就“国民”的观点持否定态度。

根据伊泽的同化思想而制定的“学务部创设后事业之概略”，计划在 1898 年至 1901 年间，按照台湾全岛 524377 户、2629115 人口、125821 名学龄儿童来计算，以 120 名儿童建立一所学校的标准，在台湾全岛将设立 254 个公学校[④]。也就是说，在 1901 年要使学龄儿童的四分之一就学于公学校。但是，后藤执政以后，这个计划完全被搁置。

公学校的“公”，是相对于“官立”的“公立”，后藤把伊泽时期的官立国语传习所改变为公立的公学校。具体就经费而言，教育费由原来的国库负担转为地方财政负担。除了日本教员的工资由日本国库负担以外，维持公学校的其他一切费用均依赖学生支付的学费、地方税及当地居民的募捐。由地方街庄自行申

① 《后藤长官训示》，《台湾教育会杂志》27 号，1904 年，第 3 页。

② 鹤见佑辅：《后藤新平》第二卷，第 149 页。

③ 后藤新平：《最近殖民政策》，《后藤新平文书》，第 4 页。

④ 《学务部创设后事业之概略》，1898 年；《后藤新平文书》R32—87—1。

请,地方官认为当地能够承受上述负担的地方,才允许其建立学校。因此,除了一部分富裕的乡绅外,公学校在台湾民众中不受欢迎。

直至 1919 年台湾教育令颁布为止,台湾人公学校的扩充十分缓慢,入学率一直很低,1915 年时尚不足 10%,能完成公学校教育者为数甚少。1926 年,学龄儿童的升学率如下:

日本人:男子 98.3%,女子 98.1%,平均 98.2%。

台湾人:男子 43%,女子 12.3%,平均 28.4%。

高山族:男子 74.3%,女子 69.4%,平均 71.8%[①]。

由上述统计数据可以看出,台湾汉族人的初等教育普及率非常之低,甚至不及少数民族的一半。总督府对于原住民是用政府经费设立公学校,并以官宪奖励其就学。

综上所述,从形式上看,这个时期实行的是分为日本人、台湾人和原住民三个系统的差别待遇教育,也有学者称之为隔离教育。对于在台湾的日本人子弟,总督府根据日本国内的小学校令及中学校令,另设小学校和中学校,实施与日本国内相同的教育,以便其回国后接受高等教育。对台湾人则设立六年制公学校,台湾儿童在"公学校"毕业后,升入专为台湾子弟所设隔离职业学校。对于原住民则另设番人公学校,并于 1914 年另颁《蕃人公学校规则》,修业年限仅 4 年,较一般公学校短两年,连课程、教科书等也与一般公学校不同。另外,这一时期,台湾传统的"书房"在总督府有计划的取缔之下,逐渐趋于没落。

从教育内容和水平来看,后藤反对拓宽或加深台湾人受教育的范围和程度,反对扩充公学校的教材内容。他就公学校的教科书编撰问题指出:"直到明治十五六年为止,日本本土的教育尚不如现在的公学校完备,此乃时势使然。若与当时的情况相比,现在的公学校不应有过分的要求。"[②]在后藤看来,在台湾实施教育不过是日本在殖民地获取经济利益的一种手段而已,因此,台湾教育维持以实业教育为主的低水平足矣。在这一时期,台湾总督府和日本政府对台湾的中等教育和高等教育都采取了抑制的政策。

官方对公学校没有任何经费上的资助,却制定了教科书审定制度,干预和控制其教学内容。就课程而言,日本儿童就读的"小学校"课程与日本国内相同,而台湾儿童的"公学校"课程是经过殖民统治当局刻意改编的。在公学校的课程中,日语作为同化政策的重要工具,占有重要地位。"修身"课程的主要目的在于把台湾儿童塑造成为忠顺的日本国民。日本人的"小学校"课程和台湾

---

① 矢内原忠雄:《帝国主义下の台湾》,东京:岩波书店,1963 年版,145 页。

② 《后藤长官训示》,《台湾教育会杂志》27 号,1904 年,第 5 页。

人的公学校课程除了在程度上有很大差别以外，在内容上也有很大不同。在小学校的日语读本和修身教本中，对于日本名人事迹的介绍，大都宣扬其奋发向上，最终出人头地，成为社会各阶层领导人物的奋斗过程。而在台湾人公学校的日语和修身教本中，对于同一名人事迹的叙述，则偏重于其人诚实、忠顺，最终得到上级的赏识和提拔，或强调其人在实业方面的贡献，绝不提及成为政治上的领导者。在日本人小学校的课程中，日本儿童被教育成为能够积极争取权利和机会，创造自己命运的主宰者；而在公学校中，主要教育台湾儿童继承父兄之职业，赚钱养活家人，对家庭尽责，与家人和睦相处，如此而已[①]。

由于儒教传统已成为一种民间信仰扎根于台湾民众之中，在国语传习所的汉文科和公学校的读书科中，不得不保留了“四书五经”。但是，总督府从一开始就对教科书进行了严格的审定。伊泽修二曾说：“对于教科书须特别加以注意，虽然不能完全排斥汉文和孔孟主义，但也不能全部采用。否则岂不成了支那的教育，又如何体现日本帝国之教育呢？”[②]例如，首先删除了《三字经》中关于清朝的记述，指定以《增订三字经》(1896 年)作为课本。在公学校的课本中删除孟子。因孟子“虽万世一系之天子，行王道者皆可为王”的思想被认为与日本“万世一系”的天皇统治背道而驰。近世以来，孟子的民本主义思想一直被日本视为异端，特别是周武王因暴虐的殷纣王失去“天命”而将其放逐，被认为是危险的思想。这种肯定“易姓革命”的思想与日本的国体论是相对立的。国体论强调王统的延续性，以使“万世一系”的天皇统治在理论上得以正当化。

由上述内容可以看出，公学校的教育目的表面上是要同化台湾人，但实质上并不想使台湾人成为日本人，而要使台湾儿童成为服从、勤勉的臣民。并非在使台湾社会彻底日本化，而只是以公学校教育作为同化政策的手段而已。

第二节　日据中期的“同化教育”

一　《台湾教育令》和“同化主义”

1919 年 4 月至 1936 年为日据中期，教育政策的特点是同化教育方针。第一次世界大战后，因民族自决运动的兴起，日本不得不改变统治台湾的方针，以强化对殖民地的控制。此时，台湾人要求提高受教育的程度，要求设立私立中

① 欧用生：《日据时代台湾公学校课程之研究》，《亚洲文化》第 6 号，亚洲文化综合研究所，1981 年 7 月。

② 《台湾的初等教育》，载《乐石自传·教界周游前记》，国书刊行会，1980 年，第 252—253 页。

学的运动也不断高涨；同时，移居台湾的日本人子弟也不断增加，因此扩充普通初等小学和设立初等以上教育机构势在必行。1918 年明石元二郎总督赴任，明言以同化为施政方针。宣布“同化主义”，亦称“本土延长主义”，声称“要把台湾人教化为纯粹的日本人”①。1919 年 1 月 4 日，日本政府以敕令第 1 号正式颁布《台湾教育令》，全文共 27 条，彰显宗旨者为第一条至第四条：

第一条，台湾人之教育须依据本令。

第二条，教育应以“教育敕语”为宗旨，以养成忠良之国民为目的。

第三条，教育应与时代变化和文化素质相适应。

第四条，教育应分为普通教育、实业教育、专门教育和师范教育。

首先从制度层面看，通过颁布教育令，试图对台湾的教育进行整编和补充。如第四条表明，当局拟于台湾开展四种教育：第一是以传播普通知识为主要目的的普通教育；第二是以教授有关农、工、商等实业技能为主要目的的实业教育；第三是以研究高等学术技艺为主要目的的专门教育；第四是以培养小学教员为主要目的的师范教育。

再从《台湾教育令》的思想层面看，教育令的基本方针是：“使台湾人涵养德性，普及国语，使之具备帝国臣民应有的资质和德性。”②值得注意的是，在《台湾教育令》有关各类学校的具体规定中，都出现了“涵养德性”的内容。其目的在于通过普及教育，全面强化德育教育，以教育的力量同化台湾人（包括台湾少数民族）。

最后从教育令的具体实施情况看，1919 年 12 月 27 日，在台湾总督府的认可下，开始试验性地推行日台儿童共学计划。但是，台湾儿童就读“小学校”的入学条件十分苛刻：国语须达到熟练程度，须具有国民资质，甚至对家庭成员的教育程度、地位和资产都有严格的规定。据总督府学事第十九、二十各年度年报记载，1920 年获得共学许可的台湾儿童仅为 57 人，1921 年则增加为 215 人；而进入中学和专门学校的学生仅 21 人③。

在中等教育以上的学校实施“内台共学”制度近乎不可能，特别在修身、国语、历史等课程中更是如此。“国语”对于日本人而言是母语，对于台湾人而言是外语。而“修身”和“历史”科目中贯穿着日本的“国体观”，也令台湾人难以接受。台北第一中学和台南第一中学在实施“内台共学”制度之前仅为日本人而

① 井出季和太：《台湾治绩志》，东京：青史社，1939 年版，第 599—600 页。

② 台湾总督府内务局学务课：《台湾教育令之反响》，限本文书(0404)。

③ 弘谷多喜夫、广川淑子：《日本统治下の台湾、朝鲜における殖民地教育政策の比较史的研究》，北海道大学教育学部，1973 年，第 55 页。

设，而台中第一中学为台湾人而设，实施“共学”制度后，此种情况并无改变。1921年前后，台湾人约350万，日本人约17万，而中学以上的学生数为：日本人2896人，台湾人3099人。可见，所谓的“内台共学”制度并没有消除在中等教育中的日台不平等。

《台湾教育令》仅仅加强了普及国语教育的措施，使初等教育形成以是否“常用国语”区别小、公学校的局面，以国语能力作为能否入学的标准，反而形成了日本人子女和台湾人子女就读学校的“双轨制”，即：《台湾教育令》适用于台湾人，而在台日本人则沿用日本本土的教育令。对台湾人在教育上所受的差别待遇并未做出修正，小学校和公学校的种族隔离色彩依然严重。而且台湾人子弟依旧无法以岛内的学历到日本的高等学校就读和进修，说明《台湾教育令》是一个与本土学校体系没有联系、不能相互流通的教育制度。这种带有歧视性的“双轨制”教育体制，招致台湾人民的强烈不满，因此不到三年即被废止，总督府于1922年再次修改台湾教育令。

二　新《台湾教育令》和“共学主义”

修改《台湾教育令》的另一个背景是，1919年3月，朝鲜发生“三一抗日运动”，原敬内阁提出“本土延长主义”政策。主要内容为：“改采文官本位制度”、“教育上采取彼我同一方针”、“改宪兵制度为警察制度”。在这一背景下，日本政府于1922年分别公布了新《朝鲜教育令》和新《台湾教育令》。

1922年1月30日，按照枢密院的决议，内阁会议以敕令第20号通过新《台湾教育令》，同年4月1日起实施。改正后的台湾教育令共27条，宗旨体现在第一条至第三条：

第一条，台湾的教育须依据本令。

第二条，国语常用者的初等普通教育依据小学校令实施。

第三条，非国语常用者接受初等普通教育的学校为公学校。

新《台湾教育令》颁布以前，台湾儿童入小学校必须得到台湾总督的许可，而新教育令颁布后，改由校长、州知事或厅长许可便可入学。对于中学以上教育，新教育令规定实施日台共学。

关于“采取共学主义”，总督府的阁议说明资料列举了四条理由：

(1) 在教育上取消差别，以促进日本人和台湾人的融合。

(2) 通过日台学生的交流加深相互理解，以端正其思想态度，使其不仅在校期间，即使今后走上社会也能真正实现相互合作。

(3) 可以避免地方团体的协议会因设立学校而产生的种种问题。

(4) 无须分别设立日本人、台湾人的教育机构，可以节约经费①。

仅从条文内容上看，似乎是要消除教育上的不平等。1928 年台湾总督府在《台湾事情》中大肆吹嘘："教育上已不存在日本人、台湾人、山地人的差别，完全消除种族差别是本岛前所未有的创新。"②

但是，新《台湾教育令》所强调的取消差别并没有体现在实际当中。新教育令标榜日台共学，实际上仍以"常用国语者入小学校，不常用国语者入公学校"来区分，仍然保留了小学校、公学校两种教育制度，能够就读小学校的台湾儿童为数甚少。共学制度有名无实，没有给台湾儿童带来裨益。在新《台湾教育令》颁布后的 1925 年，台湾儿童能够就读小学校的仅 100 人，直至 1930 年，就读小学校的 6177 名学生中，只有 215 名是台湾儿童，仅占 3.5%。

新《台湾教育令》未能取消教育上存在的日台差别，但是在公学校的增设、提高就学率方面成效显著。1919 年至 1935 年间，公学校由 438 所增加到 781 所，学生数由 125135 人增加到 365073 人，就学率由 20.69%提高到 41.4%。这经常被统治当局宣扬为对台湾人"一视同仁"的具体成果。日据中期，统治当局逐渐改变前期"隔离教育"、"差别教育"的方针，为了维持台湾的社会稳定，满足台湾人渴望接受教育的愿望，开始积极增设公学校，利用提高升学率大力普及"国语"教育，以便将台湾人培养成效忠日本的臣民。从这一时期开始，当局一改初期在数量上限制公学校发展的做法，改变初期后藤新平限制台湾人受教育的方针，反而向台湾人提供更多的受教育的机会，意在教育内容上大做文章。

从教育内容上看，总督府当局以减轻台湾儿童的学习负担为借口，将公学校的汉文科从必修科目改为选修科目，很多公学校甚至废除了汉文科。同时，为加强台湾儿童的"国语"能力，增加了一年级到四年级的国语课时。从这一时期开始，当局不仅在学校里排斥汉文，甚至在一些政府机构也禁止本岛人使用台湾话。例如，1922 年，台南州规定在政府部门服务的本岛人上班时不得使用台湾话，并鼓励台湾人在家庭中也讲日语。同时，当局开始考虑是否禁止台湾儿童在公学校、中学校里讲台湾话。

1922 年，新《台湾教育令》实施后，教科书的内容也被修改。特别是修身教科书的内容几乎完全取自日本历史，只是将儿童的名字改为阿福、阿香，将人物的服装、建筑物和家具等改为台湾样式，自然景观改为热带而已。台湾公学校的修身课程始终贯穿着"忠君爱国"的皇民思想，而儒家思想也被用来为这一目的服务，并根据其需要进行取舍。

---

① 久保义三：《天皇制国家的教育政策》，东京：劲草书房，1979 年版，第 321 页。

② 台湾总督府：《台湾事情》，1932 年，第 124 页。

1919年之前，日本在台湾以府令下达了“教育敕语”誊本，而《台湾教育令》公布之后，首次以敕令的形式规定“教育敕语”为教育之根本。在《台湾教育令》第一章总则第二条中明确指出：“教育按照‘教育敕语’的宗旨，以培养忠良的国民为本义。”并且强调这是“唯一的宪章”①，为奠定皇民化教育的基础向前迈进了一大步。但是，在1922年公布的新《台湾教育令》中，关于“教育敕语”的总则第二条被删除。因为，按照田健治郎总督“同化主义”和“内地延长主义”的基本方针，强调日台一致，既然以“教育敕语”为宗旨实施教育对日本国民是不言而喻的，那么对台湾人也无须特别强调这一点。

在修身教科书中，“教育敕语”被作为最高目标，在五、六年级的教科书中，“儿童必须深刻领会‘教育敕语’的宗旨，以此陶冶情操、指导道德实践”。对于一至四年级学生，要求一字一句正确背诵“教育敕语”。对于六年级学生，要求能够默写。“教育敕语”的第四卷是修身教科书第24课的内容，其主旨在于“使每一个学生都懂得国体之尊严、忠孝之大道”，并解说“教育敕语”的由来、主旨，忠孝之大道的含义。“教育敕语”强调日本是一个伟大的国家，国民应当如何捍卫国体以成为良民。“教育敕语”的第五卷是修身教科书第25课，题为“优秀的日本人”，主要内容是：“‘教育敕语’为国民指明应当遵守的道德，一切修身方面的教导，都包含其中，只有维护‘教育敕语’，才能成为优秀的日本人。”公学校高等科修身教科书第一课的题目是“大日本帝国”，其内容与“教育敕语”第一段相呼应，指出：“日本具有万世一系的天皇，日本皇室与国民是一体，这样的国家在世界上独一无二。”因此，“日本国民应当体察天皇陛下的用心良苦，竭尽忠义和孝行，维护国体的尊严，努力报效国恩”。在第三课“忠义”当中，将楠木正成亲王为效忠天皇而死的例子与“教育敕语”中“一旦缓急，则义勇奉公，以扶翼天壤无穷之皇运”的内容相联系，教育学生应具有忠君爱国之大义。修身教科书虽然几经改订，但“教育敕语”始终是其核心内容。

配合新《台湾教育令》要求台湾儿童学习国语，涵养国民精神，总督府的同化政策进一步要求台湾人在姓名、服装甚至性情方面也日本化。比如奖励台湾人更名改姓、在风俗习惯上日本化、奖励公学校儿童着日本服装等等。学务课长隈本繁吉②在《大日本和同化问题》一文中明确表示：“奖励台湾人使用国语已毋庸赘言，还应从举止、接人待物、娱乐、游戏到护理、卫生、裁缝等工作、还有读

① 《台湾总督府谕告第一号》，1919年2月1日。

② 隈本繁吉出生于1873年。东京帝国大学文科大学史学科毕业后，历任文部省视学官、福井中学校校长。1908年到朝鲜后任学务课长。1911年出任台湾总督府学务课长，翌年成为学务部长，并担任此职长达10年。

书、谈话等各个方面都加以指导。我们要乐于和台湾人交往，使他们在不知不觉中掌握国语、改变风俗，让台湾人体会并形成身为日本人的气质。”①

从这一时期开始，殖民统治当局开始抹杀台湾人在文化上的自主性，强迫台湾人日本化。对此，台湾知识分子进行了强烈反抗，他们揭露新《台湾教育令》宣扬“日台共学”的欺骗性，对统治当局的同化政策提出控诉。1927 年，笔名唯汉的台湾人在《台湾时报》上发表《驳斥台日社论之谬论》一文，指出：

> 帝国主义榨取殖民地的膏血，在殖民地人民方面看来，是经济被剥削，而民族欲可保安全。而同化政策呢？则不但剥削经济，而且要灭种亡族。……可见公学校不是学校，简直是人种改造所，是要将台湾儿童改造成日本儿童；不是要教他学问，启发他的知识，仅仅是要使他变种，变成日本人种。②

为了对抗总督府的“国语普及”运动，台湾的有识之士先后掀起了汉文复兴运动、白话文运动、台语罗马字运动、台湾白话字运动等。这些运动虽然不断遭到总督府的镇压，但仍然持续了十余年，不仅对“国语普及”起到牵制作用，也有助于台语和汉文的保存。

三　各级各类教育机构发展特点

1. 书房

台湾传统的书房，在新《台湾教育令》颁布后，被纳入总督府制定的“私立学校规则”管理之下，强迫书房变成代用公学校。1926 年以后，书房的教育内容也被强行改造，增加了修身、日语、算术等公学校所规定的科目。这一时期，书房数目大致维持在 130 所至 160 所之间，学生人数亦维持在四五千人，约占公学校学生数的 15%—20%。但是，1930 年以后，总督府进一步加强同化政策，利用社会教育普及日语、灌输日本国民精神。从此时起，总督府开始禁止书房，1937 年日本侵华战争全面爆发，汉文书房遭到全面禁止，公学校也正式废除汉文科。台湾的语言形态也变成了日语为“高级语言”，用于公共场所、行政机构及教育系统；而台湾的本土语言只用于家庭和亲朋好友之间、市场或生意往来。

---

① 隈本繁吉：《大なる日本と同化问题》，《台湾时报》，1920 年 1 月号，第 61 页。

② 唯汉：《驳台日社说的谬论》，《台湾时报》，1927 年 4 月 24 日。

2. 公学校

1919年以前公学校发展缓慢，台湾儿童能够完成公学校普通教育者为数甚少。新《台湾教育令》颁布后，总督府加强增设公学校，制度渐趋稳定。入学年龄定为6岁，学制为6年。1919年至1935年间，公学校由438所增加到781所，学生数由125135人增加到365073人，就学率由20.69%提高到41.4%。公学校注重日语教育和职业教育，简易实业学校多数与公学校并置。公学校的学生毕业后大多就业，成为社会劳动力的主要来源，因此殖民统治当局广为设置，到战争结束时，台湾儿童的就学率已达71.3%。

3. 职业教育

日据时期，殖民统治当局为了对台湾进行资源掠夺和经济开发，比较重视职业教育。初期设立了国语学校实业部、农事试验场、糖业及工业讲习所等培养初级技术人员的设施。早期大多采取讲习生制度，根据需要招生，进行短期培训后即可派赴工作。1919年，按照《台湾教育令》设立三年制工业、商业和农林学校各一所。同时在台湾人就读的公学校附设公立简易实业学校，分为农、工、商等科，学制为两年。这是速成的职业教育机构，目的在于培养台湾人成为技术劳动力。至1921年，已成立简易实业学校28所，学生1132人。1922年，新《台湾教育令》公布，规定在高等普通教育、职业教育、专门教育中均实行"内台共学制"。将先前设立的所有职业学校一律废止，改为农、工、商、水产四类职业学校，招收小学校及六年制公学校毕业生，学制为3—5年。另外还设立了公立实业补习学校。

殖民统治当局重视台湾人的中等职业教育远远超过中等普通教育，特别是在农林学校和实业补习学校中，台湾人子弟占了多数。当局限制台湾人接受高等教育成为精英人才，希望台湾人子弟公学校毕业后继承父业务农或经商，或是通过职业教育成为技术劳动力。

4. 中学校

日据时期台湾的中学校，最早可追溯到1898年国语学校第四附属学校附设寻常中学科，学制为5年，只限日本人就读。1902年废除附属学校，于国语学校新设中学部。1907年实施中学校官制，成立台北中学校，分为第一部和第二部，学制分别为6年和5年。于第一部设高等科2年，第二部设补习科1年；另附设高等女学校。1914年又设立五年制台南中学校，台北与台南两中学均为州立，只限日本人就读，不接受台湾人。

期间，台湾同胞一直争取接受中等教育的机会。1912年由林烈堂、林献堂等士绅发起，共198人联名捐集25万日元的经费，向总督府请愿设立台湾人可以就读的私立中学校。从日本政府的内部档案资料来看，台湾总督府虽然倾向于顺应台湾人的要求，但是日本政府、尤其是法制局则认为不应该提高殖民地的教育水平。例如，当时的法制局长高桥作卫向内阁总理大臣大隈重信提出一份意见书，主张应当抑制殖民地教育："……土人（台湾人）已能理解高度之思想，如更授予抽象之教育，助长其提升文明意识，将提高土人之自觉心，徒生不满之念。这对制度将产生障碍，而造成统治之困难。因此，列强最近关于土人之教育，皆避免普及抽象之教育，防止其觉悟，讲求安其民之策。"[①]从上文内容可以看出，法制局认为对殖民地教育应该加以限制，殖民地教育的目的在于培养有技能的劳动力，应该加强实业教育，而非发展高等教育。

但是，面对台湾人强烈要求提高受教育程度的请愿运动，总督府最终以校地、校舍等创立费均由台湾人负担的方案妥协。1915 年，由台湾士绅出资设立的公立台中中学校终于成立，招收公学校四年级以上或同等学力的学生，学制为 4 年。课程偏重日语、实业科目，英语为选修科。总督府要求该中学以涵养国民性、加强学习国语和实业方面的知识为宗旨，因此，校方规定所有学生必须寄宿校内，以便训练学生在吃饭姿势、说话方式、礼仪规范上日本化。

公立台中中学校无论在学制、入学资格还是教学程度上均低于台北、台南中学，当然也低于日本本土中学。台湾人毕业后不可报考日本专科以上的学校，限制了台湾人进一步学习的机会。

1919 年《台湾教育令》颁布后，中等教育以上的学校也实施"内台共学"。台中中学校改称台中高等普通学校，学制为 4 年，较日本国内少一年，课程仍偏重日语、汉文和实业等科目。在中等以上的学校实施共学制，因日台学生程度相当不同，实际上十分困难。1922 年，新《台湾教育令》颁布后，将高等普通学校一律改称公立中学，学制与日本国内一致，也定为 5 年，表面上已没有日台之别，但实际上台湾学生在升学上处于更加不利的状况。因为中学校的入学考题主要出自日本人就读的小学校的教科书；台湾人就读的公学校没有历史等科目，却是中学校入学考试的范围。在这种背景下，台湾人子弟就读中学校的状况并无改善。虽然中学校不断扩增，但是，1922 年至 1940 年，中学校的平均录取率，台湾人子弟仅 15.9%，日本人子弟则高达 51.5%。日本学者矢内原忠雄指出："直至大正十一年（1922 年——译者注），内地人（日本人——译者注）的教育程度远远高于本岛人而处于指导和统治地位。之后，虽然在制度上允许本岛人参

---

① 《内阁总理大臣大隈重信法制局长高桥作卫意见书》，《台湾公立中学校令ヲ定ム》，《公文类聚》。

加高等教育，但事实上受到诸多限制，从而更加确保了日本人的统治地位。”①

5. 师范教育

1919 年以前，台湾的师范教育虽然已有二十多年的历史，但一直从属于“国语学校”。1896 年日本人在台湾设“国语学校”，深感师资缺乏，于校内增设师范部，以公费鼓励日本学生就读。1899 年总督府公布台湾师范学校规程，学制为 3 年。并于台北、台中、台南等地各设师范学校 1 所，目的在于大量培养台湾人教员，以应急需。1902 年废除台北、台中师范学校，与“国语学校”和台南师范学校合并。

1919 年，总督府公布师范学校官制，将“国语学校”改称为台北师范学校，将“国语学校”的台南分校改为台南师范学校，使之专门培养小学校和公学校的教员。当时日本人和台湾人获取教员资格的难易程度大不相同，日本人于小学校毕业或就读公学校师范部一年即可当小学校或公学校甲种教员，而台湾人于公学校毕业后须再读师范 4 年，才能当公学校乙种教员。

1922 年，新《台湾教育令》颁布后，无论日本人还是台湾人，小学校教员由小学师范部、公学校教员由公学师范部培养。统一分为普通科和演习科，普通科学制为 5 年；演习科学制为 1 年，总共须学习 6 年。普通科的入学资格为：寻常小学毕业生或具有同等学历者；演习科的入学资格为：已完成普通科课程者、中学或高等女校毕业者、或具有同等学历者。

1922 年还设立了台中师范学校，而台北师范学校于 1927 年分离为台北第一师范学校和台北第二师范学校。1928 年，台北第一师范学校又设置了女子公学师范部演习科，此后演习科的学制延长为 2 年，师范教育的内容得到充实。

日据时期台湾的师范教育，初期是完全隔离的差别教育制度，1922 年以后，虽然制度上实行了“日台共学”，但实际上，台湾人就读师范学校一直受到限制，台湾人不能进入小学校师范部，而公学校的师范部在新《台湾教育令》公布后，由于入学考试对日本人有利，逐渐被日本人占据。而师范学校对于台湾人，无论本科还是演习科都很难考入。仅以公学校师范部普通科的录取率为例，1922 年至 1940 年间，台湾人的录取率为 5.1％，最低时仅为 2.3％。总督府并不希望台湾人和日本人具有同样的资格和水平，因此在制度上对台湾人进行限制，使台湾人教师比日本人教师水平低，在资格上，师范学校毕业的台湾人只能当“训导”，而国语学校毕业的日本人教师或教谕却能当校长。

---

① 矢内原忠雄：《帝国主义下の台湾》，《矢内原忠雄全集》第二卷，东京：岩波书店，1963 年版，第 343 页。

6. 高等教育

日据时期的高等教育有以下几个特点：第一是从经济掠夺的角度注重培养资源开发方面的人才；第二是配合殖民地统治和殖民地扩张的政策，根据台湾的地理环境特点，注重培养热带医学、农业和商业方面的人才。同时把调查、研究南洋、华南地区的人文资源作为高等教育的重要内容；第三是为台湾的日本人子弟在高等教育上提供方便①。因此，在高等教育中，日本人子弟占据 80% 以上②。

日据时期，台湾仅有一所大学，即台北帝国大学。该校创立于 1928 年，其创建目的如总督伊泽多喜男所言："本岛地处我国西南，位于东亚之要冲，而且天然资源丰富。从今后的世界大局考虑，本岛无论在文化上还是经济上都将肩负重大使命。"③

由于台北帝国大学是为日本人子弟而设，筹设之初，蒋渭水在 1924 年 9 月 21 日的《台湾民报》上发表《反对建设台湾大学》一文，指出以下三点："第一，不顾民众的初等教育，而只要建设一个少数阶级利用得到的大学，是本末倒置的行为。"因为当时台北市"每年拒绝千余名学龄儿童入学"，当局的借口是"经费不足"。第二，当时台湾人就读的公学校因师资严重缺乏，代用教师比例过高。蒋渭水指出："如有余地设立大学，怎么不急速增加师范学校来补充这个缺憾呢?"第三，当时，台湾人的初等教育毕业生比日本人多 5 倍，而中学生的人数，日本人反而倍于台湾人。这反映出台湾人的中等教育十分欠缺。蒋渭水认为，发展台湾人的中等教育才是正途④。

在台湾的日本人对总督府设立台北帝国大学也并不赞赏。他们认为：殖民地教育应以实业教育为主，应大量设立专门学校培养台湾人，即使设立大学也应以实用科学为主，无须设置能够启发殖民地人民自觉意识的文理学部⑤。

1928 年台北帝国大学创设时，台湾人的初等教育普及率仅占 30%；中学校的平均录取率仅占 15.9%。在这种情况下快速发展高等教育，对于台湾人来说是一种头重脚轻的教育制度。台北帝大成立后，当然以招收日本人子弟为主，这所大学实际上成为为日本人开办的大学。

除了台北帝大外，当局还在台湾先后设立了一些高等专门学校。除医学专

---

① 汪知亭：《台湾教育史》，台北：台湾书店，1962 年版，第 126 页。

② 台湾省教育厅：《台湾省教育概说》，第 321 页。

③ 1967 年度《台湾年鉴》，第 499 页。

④ 蒋渭水：《反对建设台湾大学》，《台湾民报》，1924 年 9 月 21 日。

⑤ 《台湾、南支、南洋パンフレット(13)悩ませる台湾大学》，《台湾、南支、南洋パンフレット(73)苦难の台湾大学》。

门学校及台南高等商业学校外，其他各高等专门学校的入学考试都在日本实施，以便于招收日本学生。其结果是各高等专门学校的学生大多为日本人。1922年以前，因台湾人教育程度低，日本人垄断了台湾的高等教育。实施"日台共学"后，制度上虽然规定台湾人也可接受高等教育，但实际上受到很大限制，台北帝国大学的情况证明了这一点，台湾的高等教育机构均被岛内及本土的日本人所占据，台湾学生微乎其微，好比台湾的产业被日本的大资本家所垄断一样，教育制度上的同化政策实际上并没有向台湾人提供受高等专门教育的机会。

身为台湾人却不能在台湾接受高等教育，这迫使台湾人不得不考虑其他升学途径，以至出现很多台湾学生到日本留学的状况。据1940年的统计，当时到日本各专门学校留学的台湾男学生为1436人，女学生为360人；到日本各大学留学的男学生为309人，女学生仅1人。由于日本对台湾留学生的思想管理极其严格，因此投考法学、文科专业的学生非常之少，几乎所有台湾留学生都集中在实业和医学专业。日据时期台湾人力资源开发的长期不均衡状况，对后来台湾的发展造成严重不良影响。蔡培火在《告日本国国民》一文中，严厉批评在"同化"掩盖下的台湾人在受教育和就职上面临的歧视。他说："这无疑是剥削能力的教育、露骨的愚民教育。当局标榜这是基于一视同仁圣旨的、与日本人享受同样生活的同化主义教育方法。所谓同化，不过是用国语中心主义束缚我们心理活动，使台湾人变得无能，让日本人独占一切政治、社会地位。而且接受了同化教育的台湾人，除了极个别的'俊才'以外，大多数人都成了低能者，失去了新时代建设者的资格。"①

台湾的高等教育被日本人垄断，意味着台湾的政治、经济、社会等各重要领域也随之被垄断。台湾人因受高等教育的机会极少，而不可能在各领域中从事要职。中国传统读书人"学而优则仕"的道路被堵塞。如蔡培火所说，官职和社会各领域的重要职务对台湾人是关闭的，即使受过高等教育的台湾人也被迫成为"高等游民"。

第三节　日据后期的"皇民化教育"

1937年至1945年为日据后期。1937年日本发动全面侵华战争后，台湾成为日本南进的基地。日本政府全面调整对台政策，新任总督、海军大将小林跻造宣布在台湾建立"战时体制"，并根据1937年9月日本内阁制定的"国民精神

① 蔡培火：《告日本国国民》，台湾问题研究会，1928年，第42—43页。

总动员计划”，在台湾通过了“国民精神总动员实施纲要”，提出“工业化、皇民化、南进基地化”三大政策，成为战时台湾社会的总基调。旨在全面改造台湾人的“皇民化运动”，主要包括“皇民化教育”、“皇民炼成”、“皇民奉公会”、“皇民文学”等等。其中“皇民化教育”是极其重要的部分，殖民统治者试图通过彻底的“国语教育运动”、通过灌输“忠君爱国”思想，泯灭台湾人的民族意识，台湾由此进入殖民统治的最黑暗时代。

一　战时体制与皇民化教育

配合战时体制的需要，总督府开始在台湾推行“皇民化运动”，提出“日台一致”、“八纮一宇”的口号。“皇民化运动”是殖民统治当局推行“同化”政策的极端表现，具体做法是对台湾原有文化的抹杀——强制推行国语教育、禁止台湾人使用母语、更名改姓运动、强迫台湾人服饰上大和民族化、强迫台湾人参拜神社等等。

要使台湾人日本化，首先必须普及日语。1937 年总督府在教育政策上明令废止汉文，禁绝台湾岛上的一切汉文学校，强迫推行“国语普及运动”。总督府在强制推行国语教育方面成效显著，据 1939 年的统计，台湾的“国语讲习所”和“简易国语讲习所”已达 15126 所、学生人数达 891660 人，能够理解日语的人已占全人口的 48.74％，约 2568000 人，到了 1940 年达到 51％，1941 年达到 57％。

总督府对台湾人掌握日语给予诸多奖励，首先设置“国语”家庭，奖励那些把日语作为日常用语、生活方式日本化的家庭：(1) 孩子在入小学校和中学校时，给予特殊考虑；(2) 作为优先录取公务员的对象，有利于升学和就职；(3) 可被推选为社会公共团体的职员及其他名誉职；(4) 在申请考察日本时被优先考虑；(5) 在食物及日用品供给方面，优于一般家庭。以砂糖为例，国语家庭享用上白糖、而一般家庭只能吃黑砂糖。另外，在公共场所，如果不使用日语会遭到歧视。

随着日本侵华战争的全面扩大，台湾在日本的南进政策中地位愈发重要，台湾在人力、物力上成为日本侵略中国大陆和南方的补给基地。随着战争的扩大，总督府提出“灭私奉公”的口号，因劳动力不足，宣布“国家总动员法”，开始在岛内强行征用劳动力。军需产业委员的缺乏波及学校，大学、高中、专门学校的学制被缩短为半年；中学学制被缩短为一年。1943 年 6 月宣布“学生战时动员体制确立纲要”、10 月公布“战时教育非常措施方案”、1944 年 1 月又公布了“紧急学生劳动力办法纲要”。至此，学生成为被动员起来的劳动力、教室转变为学校工厂，学校里充斥着“兵学一致”、“军教一致”的口号。1945 年 3 月，日本战败前夕，宣布“战时教育措施纲要”及“学童集体疏散强化纲要”，除国民学校初等科以外，其他各类学校从 4 月 1 日起停课一年。至此，台湾的日本教育体制终于陷入崩溃状态。

1944年,台湾青年被动员做随军军夫,在战场和工厂勤劳服务。志愿兵制度变成征兵制,台湾青年被迫走上战场。此刻,“台湾本岛人已不再被认为是台湾人,而是与日本生死与共的日本人”。当台湾不仅提供物资、同时也必须提供人力资源时,总督府强迫台湾人必须转变为皇民臣民,从物质到人心都必须和“内地”保持一致。台湾青年内心充满着“背祖”、“不孝”、“逆道”的矛盾,被强征充当翻译、军夫、士兵,甚至慰安妇,走上战场。

二 皇民练成与国民学校

战时在台湾实施的所谓皇民练成,主要表现在三个方面:实施国民学校制度、成立皇民奉公会、实行志愿兵制度。

1. 国民学校制度

1939年,总督小林跻造提出:“随着帝国新东亚建设大业的发展,台湾作为帝国的南门及向南方发展的基地,将肩负更为重要的使命。由此,我深感通过实施义务教育培养本岛人国民资质的重要性,这是发展产业、国防的基础。”①在这种背景之下,1941年3月29日颁布“国民学校令”,并决定从1943年开始实施义务教育,目的在于使台湾人能够肩负“扶赞皇运之大任”、炼成“皇民之资质”。当时的学务课长森田俊介曾发表如下言论:“儿童期是人类智力发育的最佳时期,且感受性最强、记忆力最好。而且,儿童期的思想犹如一张白纸,我们可趁这个时期,在儿童的内心深处培植我国冠绝万邦、国体之尊严、皇室至高无上的观念;使其牢记大和民族三千年的悠久历史和国民生活。并以渗透着日本精神的国语为工具对其谆谆诱导,使其体会国民的感激、国民的信念。总之,在儿童期实施这些教育能够获得最大效果、容易达到目的。”②

由此可以看出,统治当局在台湾实施义务教育的主要目的,是为了在儿童期就向台湾人灌输皇民化教育,培养台湾人成为“忠君爱国”的臣民。

1941年4月1日,台湾全岛105所小学校和820所公学校(包括分教场在内)一律改为“国民学校”,以示平等待遇。实则课程仍分为第一、第二、第三号表,其差别为:课程第一号表适用于改称前日本人就读的小学校,二号表适用于改称前台湾人就读的公学校,三号表适用于山地人,并进一步强化国语课程。虽然同称国民学校,但除算术外,台湾人与日本人的课程内容并不一致。台湾学童如想进入第一号课表,必须来自所谓“国语常用家庭”。不常用国语的台湾

---

① 小林跻造:《台湾教育之发展》,《台湾教育》第448号,1939年11月,第5页。

② 森田俊介:《实施义务教育》,《台湾教育》第449号,1939年12月,第73—75页。

儿童多进入实行二、三号课表的学校。三号课表学校一般设在偏僻地区，学校经费原则由市町村负担。所以，直至日本投降，差别教育的阴影始终笼罩在台湾人头上。至 1943 年，全台湾共有“国民学校”1099 所，学生 932525 人。

“国民学校”的教学科目为国民科、数理科、体练科、艺能科和实业科。第二、第三号表更重视日语和实业两科。自 1943 年起，对台湾人实施六年义务教育制度，但学生入学限制仍按前述规定。

台湾设立国民学校之际，总督长谷川清发布谕告：“本岛的教育方针始终遵守一视同仁之圣旨，以“教育敕语”为宗旨，以培养皇国臣民为目的。”“当今国运伸张，帝国在东亚及世界的地位与使命日益重要，因此我国国民的资质亟待提高。”[①]国民学校令第一条明确指出：“国民学校须遵守皇国之道，通过实施初等普通教育达到锻炼国民、形成国民基础之目的。”[②]

值得注意的是，日本国内《小学校令》中要求学生遵循“皇国之道”的内容，被明确使用在台湾的初等普通教育中。所有学校的教学全部使用日(国)语，禁读汉文。国民学校的主要课程为国民科和数理科，国民科包括国语、修身、国史、地理等。国民科规定：“使学生掌握我国的道德、言语、历史、地理，特别使之明确我国国体之精髓、涵养国民之精神，自觉培养对皇国的使命感(第十二条)。”国民科修身课程规定：“按照“教育敕语”之宗旨，指导、培养国民之道德。注重儿童的道德培养，使其能够自觉肩负起皇国使命”；“使儿童理解祭祀天皇的意义并培养敬神之念，使学生懂得我国的政治、经济及国防均源于国体的道理(第十三条)。”又在第十四条中阐明国语教育的目的：“培养学生的理解能力和表达能力，使国民通过思考涵养国民精神。”[③]

国民学校通过修身、历史等课程对学生灌输日本国体观念，神化日本皇室的历史。在 1941 年、1942 年的《国语课本》中，为了宣扬国体论，增加了对儿童来说晦涩难懂的日本建国神话，诸如“天孙”、“神武天皇”、“日本武尊”等。为宣扬皇民化、号召普及国语，增添了“皇民奉公会”、“皇国英姿”、“国语之家”、“国语的力量”等课文。另外，美化侵略战争、宣扬军国主义的内容明显增加，诸如：“大东亚共荣圈”、“广濑中校”、“空中奋战”、“东乡元帅”、“日本海海战”、“我国海军”等等。

国民学校还为学生制定“誓词”，强迫学生每天反复背诵。每天升太阳旗，唱歌颂日本皇室万世兴盛的国歌。每天上课前，要背诵“我们为大日本帝国之

① 佐藤源治：《台湾皇民炼成讲话》，台北：新高堂，1941 年版，第 188 页。
② 佐藤源治、木原义行：《台湾に於ける国民学校の经营》，台北：新高堂，1943 年版，第 218 页。
③ 佐藤源治：《台湾皇民炼成讲话》，台北：新高堂，1941 年版，第 219 页。

臣民，诚心感谢”等内容，以表达随时随地不忘为天皇之子民。国民学校中80%的教师是日本人，校长和教师都是官吏身份，校长具有绝对权威。教师的言论不容怀疑辩论，并实行体罚，以培养台湾人的忠君爱日本思想。台湾学生在学校里的地位也比日本学生的地位低下。

日本发动全面侵华战争后，日本政府需要从台湾索取更多的兵源服役，开战第二年，将中学和专科学校的学制全部缩短一年，规定中学生从事军事训练和生产劳动的时间必须不少于三分之一。在学校设置上，增加了农业、工业学校的数量，还在大、专学校设置旨在研究敌国国情的专业和研究所，比如台大热带医学研究所、南方人文研究所、台北高等商业学校支那科、南方经济专修科等等。教育的目的露骨地表现为为战争服务。这一时期，虽各类学校数量有所增加，但教育水平普遍下降，学校的性质也带有浓重的战争后援色彩，直至战败投降。

2. 皇民奉公会

皇民奉公会与皇民炼成密切相关，日本发动全面侵华战争后，总督府要求台湾青年提高对时局的认识，争当志愿兵，还成立了农民报国团、报国青年队等。轰轰烈烈展开的皇民奉公运动和国民学校制度的建立在台湾教育史上成为大事件。

1941年1月，成立皇民奉公会，奉台湾总督为总裁，以600万台湾岛民为会员。目的在于“努力贯彻皇国精神，岛民在各自的岗位上克己奉公，尽举岛一致之臣道，确立国防国家体制，建设东亚新秩序”①。皇民奉公会在中央设有本部、州厅设有支部、郡市设有支会、街庄设有分会。分别由中央本部长、支部长、支会长、分会长负责。这一组织渗透到岛内各个角落，牢牢地控制住每一个台湾人。

3. 志愿兵制度

志愿兵制度于1938年已在朝鲜实施，1942年台湾青年也面临志愿兵制度。理由是，业已皇民化的本岛人热切希望在台湾也实行志愿兵制度。国语“同化”教育逐步走向为战争服务的方向。统治当局发表台湾人特别志愿兵制度实施计划，把志愿成为“皇军”宣扬为一个“日本臣民的最高荣誉”。声称：日本对台湾的统治完全不同于“以榨取为目的的其他各国殖民军队，因为台湾人有幸成为天皇亲率的皇军的一员”②。如果把“国民学校令”要求台湾人“培养强韧之身体”与台湾人的志愿兵制度结合起来，就可以看出，日本统治当局已经开始部署

---

① 佐藤源治:《台湾皇民炼成讲话》,第143—144页。

② 佐藤源治、木原义行:《台湾に於ける国民学校の经营》,第217页。

让海外殖民地人民为其侵略战争做牺牲品。

总督府还在台湾遍设青年学校、“皇民炼成所”。1944 年 1 月公布“皇民炼成所规则”，全台湾共设立炼成所 3522 个，以短期集训的方式训练未受过学校教育的民众。据记载，直到日本投降前，共召集了成年男性 86751 人，成年女性 90775 人。而且在“战时体制”下，总督府强行对台民“皇民化”，严厉管制言论，取缔一切社会运动和结社，以“志愿兵”的名义强征台湾青年从军，强迫义务劳动和捐献。

三　日据后期各类教育情况

前文提到，新《台湾教育令》颁布后，总督府加强增设公学校，1919 年至 1940 年间，公学校由 438 所增为 825 所，学生数由 125135 人增为 621450 人，就学率已达 57.4%。1943 年正式实施六年制义务教育，殖民统治当局试图通过发展普通初等教育，从儿童时期开始普及“国语”，灌输“忠君爱国”思想。是年，台湾学龄儿童就学率为 65.7%，1944 年增加到 71.2%，1945 年则超过 80%。与此同时，根据“皇民化”的需要，汉文书房遭到全面禁止，1940 年前后，书房只剩 10 余所，至 1943 年，总督府颁布废止私塾令，书房被迫完全停办。

殖民统治当局为在台湾进行资源开发，重视台湾人的中等职业教育远远超过中等普通教育，据 1943 年《台湾学事一览》统计，职业学校毕业生共有台湾人 6061 人，日本人 5675 人。特别是为了限制台湾人继续升学，培养低级技术人才，新《台湾教育令》颁布后，在公学校增设实业补习科、实业补习学校，使台湾人毕业生在 1943 年达到 3 万人之多。此外，女子职业教育则以家政女学校为主。相比之下，当局对台湾人升入中学校则加以限制，1922 年至 1940 年间，中学校的平均录取率，台湾人仅占 15.9%，日本人则高达 51.5%。据 1943 年度《台湾学事一览》统计，1942 年，台湾人中学毕业人数为：男 8430 人、女 8834 人。而日本人毕业人数为：男 10631 人、女 20289 人。可以看出，统治当局对于台湾人的中等教育，重点放在培养初级技术人员方面。

日本统治当局一直把师范教育看作是统治台湾的重要工具，因此由总督府直接辖办，位居州立和公立之上，对台湾人入学设置种种限制，使师范教育呈现被日本人独占的情况。至 1944 年，全台湾共有师范学校教员 186 名，台湾人仅有 6 名。台湾人只能做训导、准训导和助手等，足以证明师范教育中的日台差别并未取消。而且，师范教育的目的在于培养学生具有“忠君爱国的志气”、“面对东亚及世界的发展形势，牢记皇国之使命”。与皇民化教育之目的相呼应，“研究南支那及西方”成为师范教育的重要课程。

日本投降前夕，台湾的高等教育主要有台北帝国大学及 5 所专门学校。虽然新《台湾教育令》颁布后，总督府一直标榜“日台共学”，但实际上高等教育均被日本人独占。以台北帝国大学为例，1944 年，该大学一共设有文政、理、农、工、医五个学部，有学生 357 人，其中台湾学生仅 85 人，而且医学部学生就占 80 人。其一是因为台湾缺乏医生，日本的医生多不愿到台湾，只得培养当地医生。二是出于日本殖民政策的需要，限制台湾人学习与政治、思想有关的学科，使其偏重应用科学，培养台湾人成为技术人员，法学、文科方面的人才极少。

另外，配合日本政府的“南进政策”，台北帝国大学逐渐发展为华南、南洋研究中心。不仅在文、史、哲方面以南洋史学、土俗学、人类学、民族心理学等研究为主，而且在理农学部，也以研究热带、亚热带特有的动物、植物、产物为主要内容。并先后附设“热带医学研究所”、“南方人文研究所”、“南方资料科学研究所”等三个特殊的学术研究机构。由于其研究成果为日本政府的决策提供了重要参考，总督府经常给予经费上的补助。

纵观日本殖民统治时期的台湾教育，其基本特征是，以初等教育为重点，以“国语”教育为中心。总督府的教育方针是逐步加强同化主义，但是在教育制度和具体实施上，则长期存在着差别待遇和隔离教育。各个时期又表现出不同的特点：日据初期，“差别教育”和“隔离教育”的特点比较突出；而日据中期，殖民统治者根据统治的需要和时代变化，推行的是“同化教育”政策；到了日据后期又强行贯彻“皇民化教育”政策为其侵略战争服务。但实际上“差别教育”始终贯穿在日本的殖民教育中，总督府对于台湾人的教育偏重初等教育及初级职业教育，并以“国语”教育为中心，在中、高等教育方面严格控制，使台湾人始终缺乏公平和充分的升学机会。据统计，1944 年台湾每万人有小学生 1554 人，中学生 44 人。按此比例，仅 3%的台湾人小学生可升中学。台湾唯一的高等学府台北帝国大学直至 1945 年，该校 16 届毕业生中，台人仅 219 人，占总数的八分之一；而居全台人口 6%的日本人，其子弟却几乎占台北帝大的全部。正是这种“差别教育”，将台湾民众永远控制在“文化的底层”，这引起台湾民众的强烈不满，并对日本殖民统治者推行的“差别教育政策”、“同化教育政策”、“皇民化教育政策”进行了反抗。

第四节　日本殖民统治下的台湾民族意识

一　“同化运动”、“皇民化运动”与泯灭台湾人的民族意识

日本在台湾的皇民化运动开始于 1936 年 9 月，新任总督小林跻造上任后，发表统治台湾三原则：“皇民化、工业化、南进基地化。”到 1941 年 4 月 9 日，日

本殖民当局成立皇民奉公会，皇民化运动转入第二阶段，即皇民奉公运动。

1936 年底至 1940 年的“国民精神总动员”，旨在加强台湾人对时局的认识，强化国民意识。统治当局通过各种思想宣传与精神动员，致力于消弭台湾人的祖国观念，灌输大日本臣民思想。而 1941 年到 1945 年的“皇民奉公运动时期”，旨在贯彻日本皇民思想，强迫挺身实践，驱使台湾人为日本帝国尽忠。当局成立各种奉公会团体，迫使台湾人民加入其中，并通过强化奉公会的组织功能，将皇民奉公运动渗透到社会最基层[①]。

自 1936 年日本确定南进政策开始，一直到二战结束的 1945 年为止，日本在台湾的殖民统治迈向了另一个阶段。该时期因战争的需要，日本本土经济泥足深陷，全国逐渐进入所谓战时体制，继而孤注一掷，发动大东亚战争，国力消耗甚巨，人力、物力罗掘俱穷，需要台湾的协助。然而要台湾人“真诚”、“同心协力”，实非台人完全“日本人化”不可。因此，除了取消原来允许的社会运动外，乃由同化政策更进一步，积极从精神上企图消灭台人的民族意识，生活上脱离汉民族或南岛民族样式与色彩，全力进行所谓皇民化运动，大倡台人全面日本化，并全面动员台人参加其战时工作，一直持续到 1945 年“二战”结束、台湾的主权转交予中国为止。所谓“皇民化时期”，是“本土化”的极端形式。

日本占领台湾后，以强制力推行近代化，日本文化的强行入侵，导致台湾民众的生活发生变化。日本殖民统治者通过“同化教育”、“皇民化运动”等，试图在思想上、文化上“改造”台湾人，将台湾人民的汉民族性蜕变为日本民族性，使台湾人彻底日本化，将台湾的“外地性转变为本土性”，彻底摧毁台湾民众的民族意识。但是，台湾民众有着深厚的民族文化认同，尤其是汉族人都知道祖先来自中国，和日本是不同的民族。于是，消灭汉文化的内涵便成为皇民化运动的主要目标。各种反映汉民族文化的宗教信仰、姓名和风俗习惯，乃至深层的语言文字和思维方式，都成为皇民化运动急需消除的对象。统治当局要把“日本国民精神”渗透到台湾人生活的各个角落。在宗教上，日本殖民者建造神社，强迫台湾人参拜，废除中式寺庙和传统节日，出现“国家神道”与“土著宗教”的对抗。总督府除了大力推广日本的神道教以外，还强制推行国语（日语）教育、禁止台湾人使用母语；在报纸上禁止使用汉文栏目，公共场所明文禁止使用闽南语、客家语；大搞奖励国语（日语）家庭运动，以物资配给、就学、就业等利益，鼓励知识分子在家庭中也使用日语；大搞鼓励国语（日语）部落运动，在广大乡村，推行简易初步的日语补习教育。日本统治者甚至强制推行更名改姓运动，

---

① 赖建国：《台湾主体意识发展与对两岸关系之影响》，台北：政治大学东亚研究所硕士论文，1997 年。

鼓励已达到所谓日本化标准的台民改成日式姓名；同时禁止台民更改的姓名与中国的地名雷同，以严格防范流露汉族的文化意识。总督府还以破除迷信、陋习为名，强迫台民改变中国式的生活习俗和文化传承，包括风水、道教以及各种婚丧嫁娶、祭祀礼仪的习惯等。强迫台湾人在服饰上大和民族化；公布“历法”，禁用中国纪年，改用日本正朔；要求台湾家庭实施“正厅”改善运动等等。在文艺活动方面也要求台湾人日本化，起初要求传统戏曲和说唱艺术用日语演出，服饰道具等也要有日本化的外观。后来发展为禁演传统布袋戏、歌仔戏等。当局大力推广日本的“皇民剧”，利用现代艺术宣传战争，出现了许多歌颂战争和军人的唱片，电影院里放映的都是报道战事和时事的新闻片。在这样的文化和教育背景之下，总督府煽动台湾青年志愿从军，宣扬从军的义务和荣誉。地方政府通过学校和“青年团”鼓动年轻男女“报效国家”。

在日本殖民政府的“皇民化政策”下，台湾知识分子分化为不同类型。日据时期台湾文坛上最具代表性的作家，如赖和、杨逵及吴浊流等人以各自独有的方式对日本殖民统治表达了愤怒和反抗。同时，在社会活动中异常活跃的台湾知识分子，如林献堂、黄呈聪、蔡培火等人也领导了白话文运动、台湾罗马字运动等一系列推进台湾近代化的革命，以其独有的方式寻找台湾的出路。

二 “国家神道”与“土著宗教”的对抗

17世纪后，闽粤移民逐渐构成了台湾汉族人社会的主体。闽粤移民在移居台湾时，将他们所信奉的保护神供奉在船上，并带入台湾岛内。随着在岛上生活的逐渐安定，移民会为保护神建造永久性的庙宇，并不断翻修、翻建。这些庙宇为闽粤移民提供心灵上的寄托与庇护之所。另外，按照明清法令，每个州、府、县必须设立官方祠庙，并定期举行祭典，以求地方物阜民丰。这些祠庙和祭典属于国家礼仪的一部分。祠庙中最重要的城隍庙在台湾有二十多个，分为官设和民间私设两种。

另外，佛教的和尚和道教的法师在清代也以个人身份到台湾，但没有发展成超越地域宗族组织的教派。清朝中叶后，开始有超越宗族和地域性组织的教派传入台湾。从大陆传入的龙华教、金幢教和先天教在日据时期被合称为斋教；从西方传入的有天主教和基督教长老会。

在日据50年中，日本殖民政府对台湾宗教的管制是由放任到逐渐收紧。日据初期，日本殖民者已经开始在台湾修建神社。神社是日本神道信仰的场所。1895年日本侵占台湾后，便把神道信仰移植到台湾。1897年在台南建立了第一个神社——“开山神社”。一方面祭祀台湾人信仰的“开山圣王”郑成功，一方面借着标榜郑成功的日本血统，愚弄台湾人。日本统治台湾时期设立的最大神社是台湾神社。1895年日军侵略台湾时，中将北白川宫能久亲王因患疟疾而死，日本当局认为北白川宫有功于台湾，便计划建立神社以奉祀。1896年日本政府通过以国费建造"台湾神社"的议案，1898年2月开始建造，1900年10月完工。神社占地达8万坪，神社宫域面积3890坪，是台湾唯一的官方神社。台湾神社除了奉祀北白川宫外，还奉祀所谓开发国土的神明，成为台湾最有代表性、位阶最高的神社。神社落成后，指定每年10月20日为祭典纪念日。建立神社的目的在于强迫台湾人"涵养敬神思想，进而训练忠君爱国的精神"。因此，台湾人被迫到神社参拜。

但是，由于日本殖民政府在这一时期专注于削平岛内反抗，无暇更多顾及宗教事务。处在急速西化过程中的日本对台湾的中国特色与传统文化感到不了解与轻视，但为稳定统治，避免台民反抗，总督府放任台民固有的风俗习惯，也不干涉民间信仰，使清代以来在台湾逐渐稳固的斋教与佛教自行发展，也尊重西方传教士的教育与医疗事业，甚至对缠足、留辫和吸烟片也没有急于革除。当台湾社会趋于安定，经济开始恢复，日本当局也利用各地寺庙举办的"闹热"(大拜拜和迎神赛会)等宗教活动促进地方商业的繁荣。1915年，各地的公学校校长负责调查学区内的寺庙，列册管理，是"寺庙台账"的起源。丸井圭治郎据此写成的《台湾宗教调查报告书》，是第一本系统的调查报告[①]。这预示着日本政府对台湾的宗教管制开始缩紧。

在日治初期最后一场台湾武装抗日中，许多宗教人士的涉入使得总督府开始对台湾民间宗教势力进行大规模调查，并日渐积极改革台民的"陋习"。同时，接受新式教育的知识分子也参与到"启蒙开化"的进程中，发表文章或进行演讲，抨击宗教传统与民间习俗是迷信落后，鼓吹新的价值规范。虽然影响有限，但在20世纪20年代，教育启蒙已经成为台湾社会普遍认可的价值。作为对启蒙开化呼声的回应，宗教界发起改革，佛教、斋教等各界人士开始重视新式教育，通过发行杂志、举行讲习会等方式对教理进行新式解说，并鼓励信徒参与到现代社会的发展变革中去。

随着日本的侵华政策日趋明确，总督府为削弱台湾的民族文化认同、推行皇民化运动，企图从精神上彻底拔除台湾民众的汉民族文化归属。这一时期，日本殖民政府在台湾广设神社，强迫台民参拜，其中最为典型的是台湾神社的建造与翻新。

一般而言，神社的称号分为神宫、大社、神社、社等数种，其中以神宫为最高，而台湾神社则属于大社级别。总督府于1944年6月宣布将台湾神社升格

① 宋光宇：《台湾史》，北京：人民出版社，2007年版，第389页。

为“台湾神宫”,并耗资重新修建。但是完工后不久,1944 年 10 月 23 日,一架日本客机在降落松山机场时失事,坠毁在神宫上,新建筑也付之一炬。

“台湾神社”建成后,总督府强迫各地大城市陆续建立神社。特别是 1937 年以后,日本殖民统治者配合皇民化运动,以“一街庄一神社”为目标,变本加厉大肆兴建神社,并强迫台湾人养成“参拜神社”的习惯。当时除了建立一般性的神社外,还建有专门祭祀“为统治台湾而殉职的警察、军人及一般日本人”的“建功神社”和“护国神社”。根据 1942 年底的调查,全台湾共有“神社”68 所,“社”116 所,“摄末社”12 所,绝大部分都是 1935 年以后兴建的。

总督府为了削弱台湾民众的民族文化认同,还强迫台湾家庭实施“正厅”改善运动,改变家中正厅的布置,供奉代表神道信仰的神符“神宫大麻”,企图让神道信仰深入台湾人的家庭。在部分地区,总督府还设计出一套特别的“寺庙神升天”说词,向神明祭告后,撤除寺庙里的神像,然后裁撤寺庙和斋堂。“寺庙整理”使台湾的寺庙减少了三分之一,总督府企图让神社取代寺庙成为新的社会教化中心。

宗教信仰植根于长期的文化传统,发自人的内心。日本殖民统治者靠强迫手段强加于台湾民众的神道信仰,只能是短暂行为,无法深入到人的内心世界。日本对台湾的殖民统治结束之后,神道信仰没有在台湾留下明显的痕迹。“台湾神社”改建为圆山大饭店,“台南神社”改建为市立体育馆,“建功神社”一度改成中央图书馆,“台湾护国神社”也改建成大直忠烈祠。其他各地神社或是被摧毁,或是改为忠烈祠。日本在台湾原有的宗教与信仰也退化殆尽,台湾宗教出现真空,为从大陆传入的宗教留下广阔的发展空间。

第五节　日据时期的“新文学”与台湾文化协会

一　新文学运动

日本统治台湾后,过去通过科举考试晋身的台湾读书人失去了出路。面对个人的挫折和日本殖民统治的残酷,他们纷纷成立诗社,用诗来表达亡国之民的悲痛。在台湾社会逐渐充斥日文的情况下,用汉文写作本身就是一种对殖民统治的文化抵抗。随着新一代台湾知识青年的成长,由台湾民间主导的文化运动日益发展。恰逢大陆蓬勃展开的“五四运动”,受其影响,台湾出现了新文学运动。从 1920 年 7 月《台湾青年》创刊,到 1945 年 8 月日本投降为止,历时 25 年。新文学运动的首要主张就是放弃文言文,改用白话文。这种主张完全承袭“五四运动”而来。在大陆求学的台湾学生不断地向台湾介绍大陆文学革命的情况，同时在《明报》上转载鲁迅、郭沫若、胡适等人的作品。台湾的新文学运动不仅启蒙新知，创造出与传统文学不同的风貌，而且还带动了社会改良。打破迷信陋习、掀起放足断发运动、社会生活改善运动、台湾部落的社会民俗改善运动等等，旨在造就一个有新知识、有近代文化特色的新台湾人社会。

1919 年，在东京的台湾留学生改组原先的“启发会”成立“新民会”。1920 年，《台湾青年》创刊。其后，《台湾文艺》、《台湾新文学》等文学刊物相继发行。这些刊物承袭“五四”新文化运动，大量刊载近代文学作品，为台湾白话文运动拉开序幕。1936 年，台湾文艺联盟成立。这些政治性的文学结社和刊物，在 1937 年“七七事变”后台湾总督府设立的国民精神总动员本部的压力下逐渐衰落。台湾作家在皇民化运动中只能依附以日本作家为主的团体“台湾诗人协会”，或 1940 年扩大改组的“台湾文艺家协会”。随着日本殖民统治的巩固，日语成为殖民政府规定的官方语言，新文学运动的知识分子难以向台湾中上层推广白话文；占据台湾人口 80％的佃农阶层生活贫困，不具备学习语言的基本条件。新文学运动的发展受到很大阻力。

二　台湾文化协会

“台湾文化协会”是日据时期最重要的文化启蒙和抗日民族运动团体。

1919 年至 1920 年期间，台湾在国内“五四运动”的影响下，先有“启发会”和“新民会”的组织，出版《台湾青年报》，类似大陆的《新青年》杂志，宣传启蒙运动，气象蓬勃。1921 年 10 月，资产阶级民族主义重要启蒙文化团体“台湾文化协会”在台北成立，主要成员有林献堂、蒋渭水、蔡培火、王敏川等。10 月 17 日在台北静修女学校开成立会，选举林献堂为总理、蒋渭水等为常务理事。同时选出理事 41 名、评议员 44 名。其干部和会员多为地主、知识分子、师范学校或医学校学生。文协成立后，广设读报社、举办文化讲演会，并于同年 11 月发行《会报》第一期。虽然《会报》屡遭官方禁止，但它在台湾新文学运动的摇篮期，大力推广文化启蒙运动，成效显著，扮演了相当重要的角色。在“台湾文化协会”影响下，台湾各地青年纷纷成立读书会等文化团体。

受第一次世界大战后经济萧条的影响，日本在台总督的糖业政策和土地政策，也进一步打压民众的生活。到 1925 年，除日本御用团体“公益会”外，社会各阶层，以文化协会为大本营，构成一个民族运动统一战线。这个时期的主要活动分子是王敏川、林献堂、蒋渭水、蔡培火、连温卿等。这时日本的统治政策掺用了分化手段，撤销“台湾人会社组织禁止令”，准许封建地主阶级转为资本主义经济，更默许他们转为金融资本。这一政策，缓和了封建地主资产阶级及一部分小资产阶级的不满，把他们从民族运动统一战线中分化出来。

随着文协势力的扩展，文协内部对政治运动的方向出现分歧。到1927年，文化协会分化为两派：一派是蒋渭水、蔡培火等右派，认为应先使台湾产生资本家，得到与日本资本家对抗的地位；并主张以民族运动来达到这个目的，以合法的方法获得地方自治。这一派退出文协，另外组织台湾民众党。另一派是王敏川、连温卿等左翼青年势力，认为台湾资本家不可能实现独立发展，因为日本的资本主义在台湾已根深蒂固，所以台湾的解放运动应该使民族运动与阶级斗争并行，并与世界弱小民族及无产阶级相互帮助。这一派积极投入农工运动，由于手段激烈，遭到官方打压，1931年被迫停止活动。

总之，创立于1921年的“台湾文化协会”，由于始终致力于维护台湾传统文化和振兴民族自觉，一直被台湾总督府视如芒刺。

三　日据时期的台湾文学

日本殖民统治者在政治上的压迫、经济上的剥削、文化上的歧视，都给台湾造成巨大的创伤。在新文化运动中诞生的新文学体现了时代和社会的脉搏。这些知识分子投入社会政治运动，关心世界形势和台湾的未来。20世纪20年代，以赖和、杨守愚为代表的台湾作家开始以中文创作来抵抗日本统治者的“文化统合”。他们的作品反映了台湾民众遭受殖民统治的悲惨处境、描述台湾人倍受日本殖民者在种族和文化上的歧视，描述工人、农民、妇女的贫困生活和社会的残酷现实，运用讽刺的手法向统治者发出抗议，倾诉被压迫者的不幸和愤怒。

20世纪30年代中期后，日本殖民当局废止汉字，取缔中文报刊，强制推行“皇民化运动”等高压政策。虽然新文学的作品日趋成熟，但是随着日本发动全面侵华战争，总督府一方面加紧在台湾推动“皇民化教育”，一方面严格限制言论自由，强迫作家写符合官方意识形态的作品。这一时期出现了一些歌颂皇民化运动和美化战争的所谓“皇民文学”。然而，仍有部分台湾知识分子进行间接文化抵抗。其中，以杨逵、吕赫若为代表的台湾左翼文学，积极抵制日本殖民当局推行的“愚化、奴化和同化政策”，他们虽然使用日语写作，却在作品中体现了鲜明的民族文化传统和“中国意识”及“台湾属性”。这些文学作品在展现台湾风土民俗的同时对生活现状进行批判，对于唤醒台湾民众的抗争意识起到了十分积极的作用。

台湾文学界的新文学运动在台湾的文化启蒙运动和抗日民族运动史上，均有重要的意义和贡献。同时，我们还应该了解的是，台湾的抗日民族运动，不仅是台湾同胞反抗日本帝国主义殖民统治之运动，也是认同祖国的民族主义运动。所以，从大处着眼，台湾新文学运动可以说是我国“五四运动”的一环，也是五四前后文学革命的一个支流"[1]。

日据时期的台湾小说，大都反映了日据时期台湾地区人民生活和社会问题。从题材选择和思想表现的取向来看，这一时期的台湾小说紧握中国新文化运动的脉搏，从现代化的批判眼光审视封建道德的愚昧和殖民统治的恐怖，在探讨农村解体、城市凋敝及个人和民族出路问题的同时，试图唤醒广大民众。这一时期台湾小说的代表人物是赖和、杨逵和吴浊流，其作品对台湾文学的发展产生了深远影响。

1. 赖和与《一杆秤仔》

赖和(1894—1943)，原名赖河，笔名懒云、甫三、安都生、灰、走街先等。台湾彰化人，出生于地主家庭，少年在私塾接受汉语教育，有深厚的汉学基础。1909年，赖和北上就读台湾总督府医学校，毕业后，先后到台北、嘉义等地实习行医。1919年，从厦门鼓浪屿返台后，在市仔尾(今彰化境内)开设赖和医院，同时致力于推动台湾新文学运动。赖和对贫户常减免医疗费，受到彰化市民的称颂。

赖和在厦门行医期间，受到"五四运动"的影响，返台后积极参与台湾新文学运动。1921年，赖和加入台湾文化协会并当选理事，开始陆续发表新文学作品。1923年，赖和因治警事件入狱，在被羁押的二十多天中写下多首诗。1926年，赖和义务主持《台湾民报》文艺栏，发表《门闹热》、《一杆秤仔》，此后陆续发表小说20篇，新、旧诗及杂文随笔等。1927年，台湾文化协会左右派分裂，赖和既担任新文协的临时中央委员，也担任林献堂、蒋渭水组织的台湾民众党的干事。1941年，太平洋战争爆发后，赖和再度被捕入狱。1943年1月，因心脏病发作，死于狱中，终年49岁。

小说《一杆秤仔》是赖和抗议文学的代表作。作品通过描写日本殖民统治下台湾农民所受的经济榨取、政治暴政，及其最终觉悟而选择牺牲，痛斥日本殖民统治者的残暴，揭露其在法制、平等、人权背后的蛮横掠夺行为，也表达了对台湾民众不屈服、不乞怜，奋起反抗的歌颂与赞扬。

《一杆秤仔》描写了穷苦农民秦得参在被剥夺了种地的权利后走投无路，向邻居借一杆"秤仔"(秤)去零售蔬菜，却又遭警察无理取缔并入狱。几经折磨，秦得参怀着"活着倒不若死了快乐"的觉悟，杀警后自杀。"秤仔"本是秤重的量器，应是具备精确度，绝对客观的，然而在日本殖民主义统治的强权下，本是精准的磅秤也会出问题，最终导致秦得参被送进监狱。作者以"秤仔"寄托微言大义，"秤仔"所代表的神圣法律，本应该是公平正义、为人民信服遵守的，但是秦

① 陈少廷：《台湾新文学运动简史》，台北：联经出版事业公司，1977年版，第9页。

得参使用的这杆属于“官厅专利品”的标准“秤仔”，竟因日本巡查索贿未遂，被诬为造假，违反了“度量衡法规”，还被执法者日本巡查当场折断，暗示了法的公正已被破坏，抨击了日本殖民统治者隐藏在法制、平等、人权下的真面目。在《不如意的过年》一文中，日警大人因不满治下百姓所送的年终奖金意外减少，而依仗权势，“以度量衡规矩的保障，折断几家店铺的‘秤仔’”①。在《丰作》里，蔗农添福辛勤劳动，希望得到超额生产的奖金给儿子娶媳妇。但是“看见农民有些利益，会社便变出脸来”，添福被属于“官厅专利品”的标准磅秤硬生生地克扣掉了4000斤甘蔗，使他寄托于丰收上的一切希望成为泡影。赖和对这种殖民主义下“法”的本质，曾作过如下解说：

> 法律！啊！这是一句真可珍重的话，不知在什么时候，是谁个人创造出来的？实在是很有益的发明，所以直到现在还保存有专卖的特权。世间总算有了它，人们才不敢非为，有钱人始免被盗的危险，贫穷的人也才能安分地忍著饿待死。因为法律是不可侵犯，凡它所规定的条例，它的权威所及，一切人类皆要遵行，不然就是犯法，应当受相当的刑罚，轻者监禁，重则死刑，这是保持法的尊严所必须的手段，凭法律一旦失去权威，它的特权所有者——就是靠它吃饭的人，准会饿死，所以从不曾放松过。像这样法律对于它的特权所有者，是很有利益，若让一般人民于法律之外有自由，或者对法律本身有疑问，于他们的利益上便觉有不十分安全，所以把人类的一切行为，甚至不可见的思想，也用神圣的法律来干涉取缔……②
>
> 法律也是在人的手里，运用上运用者自己的便宜都合，实际上它的效力，对于社会的坏的补救，堕落的防遏，似不能十分完成它的使命，反转对于社会的进展向上，有着大的压缩阻碍威力。因为法本来的作用，这是在维持社会特定的范围中“坏”、“堕落”，犹是在范围里“向上”、“进展”，便要超越范围以外。所以社会运动者比较赌博人、强盗，其扰乱安宁秩序的危险更多。③

可见，赖和对于日本殖民统治者所标榜的“法制”有着深刻的认识，并在其小说中进行了无比辛辣的控诉。

在语言风格上，赖和的作品以中国白话文为基调，尽量融入方言、俚语、俗语，

① 赖和：《赖和集·不如意的过年》，台北：前卫出版社，第67页。

② 赖和：《赖和集·蛇先生》，台北：前卫出版社，第83页。

③ 赖和：《赖和集·不如意的过年》，台北：前卫出版社，第71页。

不用长句，并用标点将主句和副句间隔。小说中人物对话力求真实，大都用台语。

赖和将其反帝反封建的精神融入作品之中，时刻以时代的使命感引领其创作，有学者对其作如下评论：

> 赖和透过他的小说人物与情节所要唤醒的台湾人精神，就是不屈服于强权压迫，而摆脱殖民桎梏的新人的形象的话，那么，赖和文学中的抗议精神，以及他一生坚持与身体力行而塑就的精神典范，确实是台湾文学最可宝贵而不朽的台湾魂。[①]

赖和的作品以反殖民统治为主旨，促进了台湾新文学的发展，鼓舞了杨逵、吴浊流等一批优秀文人的创作。

2. 杨逵与《送报夫》

杨逵（1905—1985），本名杨贵，生于台湾台南新华镇，父亲杨鼻是锡器工，母亲苏足以为人刺绣贴补家用，兄弟姐妹 6 人，杨逵排行第四。因仰慕《水浒传》中李逵的侠义作风，1933 年开始以杨逵为笔名。9 岁时进入公学校就读，中学时期开始大量阅读《战争与和平》、《悲惨世界》等外国文学作品。1924 年，杨逵为反抗包办婚姻，从台南二中退学，留学日本。在日期间，杨逵白天打工送报，晚上在日本大学攻读文学艺术。杨逵受到马克思主义思潮的影响，与其他台湾的留日学生共同组织读书会，研究马克思主义，参加劳工运动、演讲、发传单，抨击日本帝国主义的殖民统治和资本主义剥削。1927 年，台湾农民出身的简吉和赵港赴日宣传台湾农民运动情况，并邀请留日台湾学生返台参加农民运动。1928 年，杨逵返台。他曾担任台湾农民运动组织的教育部长与组织部长。因竹林争议事件，杨逵先后在竹山等地被捕 8 次。杨逵返台不久即结识叶陶，并结为夫妻。1931 年“九一八事变”后，台湾左翼运动处于崩溃状态，杨逵再度开始文学创作，书写弱小民众的命运。1932 年，他在极其艰苦的情况下创作了小说《送报夫》。小说的前半部经赖和介绍发表于《台湾新民报》。1934 年，其《送报夫》一文刊登在日本左翼杂志《文学评论》上。后担任台湾文艺联盟的机关杂志《台湾文艺》的编辑，从此活跃于台湾文坛。1945 年台湾光复后，杨逵开始学习中文。“二二八事件”发生时，杨逵夫妇被通缉，4 月被捕，8 月释放。出狱后，杨逵为弥合外省人与本省人之间的鸿沟，草拟《和平宣言》，却因而再度被捕。在监狱中的 12 年，杨逵坚持学习汉语，用中文写下《压不扁的玫瑰花》，现

① 陈万益：《台湾魂——论赖和文学的抗议精神》，《赖和全集·评论卷》，台北：前卫出版社，第 306 页。

已被收进中学课本。出狱后，杨逵不再创作，而是在台中经营“东海花园”。他曾自诩是“用锄头在大地上写诗”，“因为心里的话不能讲，歌功颂德的谎言我不愿说，因此常常不知如何下笔，我现在觉得笔比锄头还重，快拿不动了”。

《送报夫》是杨逵的第一篇小说，讲述了一位来自台湾农村的杨姓青年，因日本侵占台湾实行残酷压榨而导致家败人亡，不得已被迫离开台湾到日本东京谋生的苦难经历，对日本残暴统治台湾进行了血泪控诉。它不仅具有文学价值，而且是研究台湾近代史的一份珍贵资料。

杨逵一生积极参加抗日活动，虽因此累遭冤狱，却始终坚忍不拔。《压不扁的玫瑰花》正是杨逵精神的真实写照，也体现了台湾人民压不垮、永不屈服的精神。杨逵在创作中坚持现实主义原则，反对吟风弄月、无病呻吟。控诉精神、抗争精神和昂扬的民族精神是其文学作品贯彻始终的风格。他以朴实的结构、平实的笔触，体现了被压迫者不屈不挠的民族魂。他的小说给被压迫民众带来希望，鼓励和激发人们坚持反对帝国主义的斗争。杨逵是台湾新文学“成熟期”与“战争期”的最重要作家之一①。

3. 吴浊流与《亚细亚的孤儿》

吴浊流(1900—1976)，原名吴建田，新竹县新埔镇大茅埔人，幼时受日语教育，1920 年毕业于台湾总督府国语学校师范部，做过台湾公学校教师，因发表文章被日本当局认为思想偏激而调职至苗栗四湖公学校，并加入栎社。1937 年转任四湖公学校首席训导，后因日本视学凌辱台籍教员，抗议无效，愤而辞职，结束了近二十年的教师生涯。1941 年，吴浊流赴南京任《大陆新报》记者，一年后返回台湾，先后任《台湾日日新报》、《台湾新闻》、《新生报》、《民报》记者，后转任台湾机器同业公会专门委员(1949—1965 年)。1936 年开始写作。吴浊流是台湾早期的乡土文学作家，前期的小说以日据时代生活为背景，代表作为《亚细亚的孤儿》；后期的作品以反映战后台湾社会为主，代表作有《波茨坦科长》、《狡猿》。除文学创作外，吴浊流还创办《台湾文艺》杂志(1964 年)，设立台湾文学奖(1969 年)、吴浊流文学奖(1969 年)，奖励后进，不遗余力，1976 年逝世，享年 77 岁。

吴浊流 37 岁时以日文发表处女作《水月》，刊登在 1936 年 3 月的《台湾新文学杂志》上。其后四十多年，吴浊流的作品包括小说、旧诗词、游记、文艺评论等。吴浊流的代表作《亚细亚的孤儿》于 1945 年完稿，通过主人公胡太明的一生，展现了日据之下的台湾和台湾人的精神面貌，被认为是台湾文学史上最优秀的作品之一。

《亚细亚的孤儿》一书是在二战期间创作的。在日本殖民统治下，台湾知识

① 张恒豪编：《杨逵集》，台北：前卫出版社，1991 年版，第 13 页。

分子在思想和行动上受到压制，吴浊流的写作环境也十分艰苦。为防止作品被发现，吴浊流写好两三张稿纸后藏到炭笼里，等累积到十几张时，再寄到家乡去。吴浊流在日文版自序中写到："笔者对那个恐怖，却被心里急着要完成小说的冲动所压倒。"①

《亚细亚的孤儿》原名为《胡太明》，主人公胡太明出生于台湾乡间的望族，父亲是中医，祖父则是汉学家。太明幼时曾在私塾上课，但很快转入公学校就读，又进入师范学校接受新式教育，毕业后在乡间公学校任教。任教期间，迷恋日本教员远藤久子，却因日人与台人之间的隔阂而没有结果。胡太明离职后到日本留学，不同于其他留学生热衷于参与政治活动，太明受到新文化的影响，沉浸在读书的喜悦之中。回到台湾后在朋友的农场工作，却因制糖会社的破产而失业。在父亲过世、分家纷争与对制糖会社的不满之下，胡太明动身去大陆并在南京担任教师。胡太明与学生交往后结婚，但婚后妻子却转变极大，对太明造成很大打击。由于台湾人的身份而被怀疑为间谍，经学生相救才出狱回到台湾。战争开始后被强制送到广东做军属，亲身经历了战争的残暴与无情。迫不得已进入政府机关的附属团体工作，又与日本好友一起办杂志。最终，胡太明在经历了无数挫折后终因悲愤而发疯。

不难看出，胡太明的人生经历与吴浊流有相似之处，《亚细亚的孤儿》也被认为是一部充满自传性色彩的小说。

《亚细亚的孤儿》一书详细描述了主人公胡太明作为一个生活在新旧交替时代的台湾人的内心矛盾。他与他的父亲和祖父对教育的看法不同，"胡文卿虽然关心新知识，但依旧把太明交给胡老人去接受汉学教育，那是因为他明知老人的脾气固执才这样做的。太明在这种情况下，宛如一叶漂流于两种不同时代激流之间的无意志的扁舟"②。在与大陆女子淑春结婚后，有感于妻子的变化，太明常独自思考着自己是否太过于守旧，太不够开放了，但却又认为自己这么做并没有什么不对，便因此产生了一种两边拉扯着、挣扎的情感。他想："自己已经算是旧时代的人物了，脑子里还留著无法消除的封建思想，这种思想是否会妨碍新时代人物的思想呢。以过去的思想为标准，来衡量新时代的事物，无论在有意或无意之间，总难免带些防御或抗衡的态度，不会对它发生什么好感的；所以新时代的事物，必须以新的道德观和文化水准去衡量它。"③小说描写

---

① 吴浊流：《亚细亚的孤儿》（日文版自序）Ⅳ，钟肇政译，台北：草根出版事业有限公司，1995年版。

② 吴浊流：《亚细亚的孤儿》，第30页。

③ 吴浊流：《亚细亚的孤儿》，第186页。

了那个时代形形色色的人物，有以扶植反抗思想代替抗战的教员；有对政治绝望而转而追求个人乐趣的秀才；有对殖民者妥协而谋求自身利益的“皇民派”……这些形象的个性在时代和地域的双重作用下显得愈发鲜明。

吴浊流在描写台湾人时渗透了一种“无根感”，即孤儿意识。无论是在日治之下的台湾，还是留学日本，或是在中国大陆工作，胡太明都感到孤立和不公。在日本留学时，太明去参加一场茶会，认识了一个中国留日且主动向太明自我介绍的人，那人在向太明作自我介绍时说：“我在物理学校念书。”太明见他这种率直的样子，也和他招呼道：“我叫胡太明，是台湾人。”“这时，陈的脸色突然大变，先前那种亲密的样子竟一扫而空，顿时露出侮蔑的神态，歪著嘴角说：‘什么？台湾人，哼！’他不屑再多说一句话，立刻离开太明的身边。”①太明到大陆去的时候，住在以前曾经是同事的曾先生家。曾先生曾无力地对太明说：“我们无论到什么地方，别人都不会信任我们。”曾把复杂的环境向太明解释道：“命中注定我们是畸形儿，我们自身并没有什么罪恶，却要遭受这种待遇，是很不公平的。可是还有什么办法。我们必须用行动来证明自己不是天生的‘庶子’，我们为建设中国而牺牲的热情，并不落人之后啊！”②最点题的则是太明被诬赖为间谍以后成功地越狱，在回台湾之前，学生的姊夫曾对太明说：“你一个人袖手旁观，恐怕很无聊吧。我很同情你，对于历史的动向，任何一方面你都无以为力，纵使你抱著某种信念，愿意为某方面尽点力量，但是别人却不一定会信任你，甚至还会怀疑你是间谍，这样看起来，你真是个孤儿。”③

《亚细亚的孤儿》中交错了多重矛盾，包括殖民者与台湾人民的矛盾、社会阶层间的矛盾、台湾人内部对待殖民统治的不同态度间的矛盾、女性与社会的矛盾等等。将这种矛盾一一揭露出来并细化，从而让人感受到日据时代台湾和台湾人的孤儿意识。

吴浊流平生以诗人自居，在其文学作品中，有大量的汉诗出现，这在同时代的小说中并不多见。在《亚细亚的孤儿》中，主人公以汉诗来表达最为强烈的情感，例如在太明几近疯狂之后，他将自己的脸涂成关公一般地红，并在墙上写上了此诗：

志为天下士，岂甘作贱民。
击暴椎何在，英雄入梦频。

---

① 吴浊流：《亚细亚的孤儿》，钟肇政译，草根，第96页。

② 吴浊流：《亚细亚的孤儿》，第145页。

③ 吴浊流：《亚细亚的孤儿》，第212页。

汉魂终不灭，断然舍此身！

狸兮狸兮(日本人骂台湾人语)！

意如何？

奴隶生涯抱恨多，横暴蛮威奈若何！

同心来复旧山河，六百万民齐崛起，誓将热血为义死！①

太明虽有远大的抱负，对于自己民族的身份也从来不曾有半点怀疑，但终究对殖民者的迫害及压榨无可奈何，只能期待有一天台湾人能够同心反抗，恢复旧有山河。作者将全部情感倾注到诗中，将主人公一生的挫折、无奈与愤懑通过这一首诗宣泄出来。也只有汉诗，能够在高度凝炼的文字中如此充分地表达情感。

第六节　日据时期的台湾知识分子

日据时期活跃在台湾文坛上的知识分子大致可分为两种类型：未接受过系统近代化教育的，如林献堂；经受过同化教育，并有留学日本经历的，如黄呈聪、蔡培火。下文即以此三人为代表人物，分析日据时期台湾知识分子的思想状况。

一　林献堂

林献堂(1881—1956)，生于台湾中部阿罩雾(今台中县雾峰)的望族之家。15岁时，其父林文钦曾因抗击日军登台及台湾治安恶化等原因逃亡福建避难。1897年，林文钦回台，失去对政治的信心，专门从事樟脑生意。林献堂自幼接受系统儒家教育，17岁时随白焕圃学习《诗经》、历史，培养了民族意识。当时，日本殖民政府开设的国语讲习所开始进入公学校教育体制，但林献堂却未进入国语教育机构学习。随着“实学”逐渐被传统知识分子接受，儒家的价值观随之受到质疑和挑战。但林献堂始终执著于传统教育。1914年日本当局与林献堂交涉在台中设立中学校事宜，林均通过秘书翻译②。林献堂以固守汉民族语言文化反抗“同化”政策，彰显汉民族意识。

甲午战争后，台湾部分知识分子通过建立“诗社”表达对日本统治者的反抗

---

① 吴浊流：《亚细亚的孤儿》，第326页。

② 陈培丰：《“同化”的同床异梦：日治时期台湾的语言政策、近代化与认同》，台北：麦田出版，2006年版，第308页。

和不满。辛亥革命前后，台湾三大诗社分别为：北部的“瀛社”、中部的“栎社”及南部的“南社”。其中，栎社即由林献堂堂弟林朝崧和侄子林幼春发起。“栎”意指“废弃的木材”，由社名即可看出该社知识分子对日本同化政策的不满及自身境遇的失意。栎社的知识分子试图用自己的语言、文章与殖民者划清界限，保卫传统民族文化。他们以汉文、汉诗为武器，反抗“同化”，加强民族认同，否定日语教育。1911 年梁启超访问台湾时，林献堂及栎社的知识分子以汉文、汉诗与梁沟通；而梁启超也赠诗林献堂：“破碎山河难自得，艰难兄弟自相亲。”表达了两岸因甲午战败割台而被迫分离的苦涩。

林献堂在坚持使用汉文的同时，对近代文明有强烈的渴望。栎社成员也有诸多对日本殖民政府实行愚民政策的批判。由此可见，林献堂及栎社成员反抗“同化”政策的原因并不在于反对近代化，而是不满日本殖民政府以近代化为幌子实施愚民政策。

林献堂逐渐对近代政治、经济、学术和思想表现出更大的兴趣。但由于拒绝“同化”教育，林献堂希冀“依赖他者”而非日文去吸取西方文化。他所选择的方法，是同大陆方兴未艾的洋务思想家合流共进。林献堂接触大量梁启超的著作，并开始阅读上海《万国公报》、横滨《清议报》和梁启超的《民报》。梁启超访台期间，除了与台湾传统知识分子以汉文、汉诗沟通外，也向其传播近代化的思想，并提倡实学的重要性。林献堂和栎社成员一度希望通过这种排除日本与大陆合作交流的方式实现近代化。

然而，林献堂与梁启超追求近代化的初衷和路径并不相同，这也是林献堂试图绕过“政治上的敌性语言”，而通过大陆的洋务思想家学习近代文明的努力注定失败的根本原因。梁启超访台目的有二：一是以中国立宪运动要员的身份向台湾资产家寻求经济上的援助；二是考察日本统治台湾的状况。梁启超对日本政府短期内在台湾确立的货币制度、警察行政，并普及教育、实行土地调查以增加税收等“近代化”措施持赞许的态度。梁启超虽然与栎社成员以汉诗交流，但主要考察了总督府的机关和台北的近代化建设。而林献堂等栎社成员希望从梁启超身上得到的却是中华民族族群的向心力。梁启超向林献堂介绍了大量近代政治、经济书籍，但大部分是从欧美文献翻译成日文的著作。得知林献堂不善日文后，梁启超还特地赠授一套自己发明的“日文拾读法”。梁启超认为，日文是“同化于文明”的捷径，是“工具上的友性语言”。然而，身居台湾、身为抗日精英的林献堂却将日文视为殖民者“同化于民族”的殖民工具，是“政治上的敌性语言”。

以林献堂为代表的部分台湾知识分子为保存汉民族的尊严和传统，试图绕过日文而通过中国近代思想家的著作接受西方文明。然而，“追求近代化”与

“反抗殖民统治”的矛盾并未因此解决，而是始终存在于台湾的知识分子中。

二　黄呈聪

黄呈聪(1888—?)，出生于彰化的地主家庭。1903 年公学校毕业后进入总督府国语学校实业部就读，毕业后从事农作物经营，其后在家乡被任命为区长。1917 年，总督府授予黄呈聪“绅章”[①]。1918 年，30 岁的黄呈聪留学早稻田大学政治经济系，并被选为“新民会”干部。毕业当年，《台湾民报》创刊，黄呈聪担任杂志发行人兼编辑主任。此后，黄呈聪一直以抗日运动家的身份活跃于台湾政坛。

1923 年，黄呈聪在《台湾》发表《论普及白话文的新使命》一文，指出，台湾要建立近代文明社会，就必须以一种便捷、普及的近代语言为基础；由于中国普及了白话文，因此将迅速走向进步；如果台湾人学习白话文，接触中国近代的书刊、报纸和杂志，就能与中国共同进步。在此之前，蔡培火、陈端明、黄朝琴等人已经在《台湾青年》等杂志上发表提倡白话文的文章。台湾知识分子认为，古汉语不利于追求近代化，即不能达到“同化于文明”的作用；日文是“政治上的敌性语言”。要实现近代化，台湾应该自辟蹊径。于是，白话文运动拉开帷幕。

日本学者若林正丈对台湾知识分子提倡白话文的动机有如下解释：日据时期，台湾人在日本、中国大陆、台湾相交错的文化环境下，希望通过近代化的语言媒介维系祖国大陆和台湾的精神交流，从而保卫台湾的中华民族文化[②]。黄呈聪在《论普及白话文的使命》一文中，主张“所有国家或社会都需要一个统一的语言，以此语言普及民众的知识，才能将特别的民族性格团结起来”[③]。他将台湾与日本置于平等对立的位置，并主张台湾应“拒绝以日本民族的‘个性’为根的文化”，进而“努力建设台湾独特的文化”，而白话文因其具有凝聚中华民族的力量而被认为是建立台湾独特文化的最佳媒介。因此，白话文运动有鲜明的反抗日本殖民主义同化政策的色彩。

1922 年 4 月，黄呈聪为推行白话文，创立《台湾民报》作为台湾文化协会机关报。与《台湾青年》、《台湾》等以日文为主的报刊不同，《台湾民报》从创刊号起便将日文文章减到最低限度，而以白话文文章为主。同时刊登“白话文研究

---

① 陈培丰：《“同化”的同床异梦：日治时期台湾的语言政策、近代化与认同》，台北：麦田出版，2006 年版，第 325 页。

② 若林正丈：《黄呈聡における“待机”の意味——日本统治下台湾知识人の抗日民族思想》，《台湾近代史研究》第 2 号，1979 年，第 69—77 页。

③ 陈培丰：《“同化”的同床异梦：日治时期台湾的语言政策、近代化与认同》，台北：麦田出版，2006 年版，第 329 页。

会”的创立要旨，并发表普及白话文运动的具体方法。

但是，对于大部分台湾人来说，白话文与日文一样，都无法直接表达台湾口语，并不能起到近代化语言“便捷、效率”的作用。台湾人发表的白话文作品与标准的白话文有很大距离，经常夹杂着台湾话甚至日文，文法上也不尽正确。1924 年，张我军在《台湾民报》发表《糟糕的台湾文学界》一文，批判“台湾式的白话文”，后来引发新旧文学论战。

黄呈聪以“抗日”、“中国”两个坐标发起白话文运动，认为台湾话的使用范围有限，且必将被纳入白话文体系之中，因此否定改革台湾话的必要性，从而使台湾的社会大众难以接受。而日治时期另一倡导语言近代化的台湾知识分子蔡培火则发起台湾话表记改革，试图为台湾的语言近代化另寻一条通路。

三　蔡培火

蔡培火(1889—1983)，出生于云林北港的汉儒家庭。7 岁时，因其兄参加初期抗日运动被通缉，全家曾逃亡福建。蔡培火曾就读于专门培养公学校师资的国语学校，毕业后被任用为台南第二公学校教师。1914 年，板垣退助等“同化会”成员在台活动时，蔡培火曾担任板垣的翻译，并参加同化会的活动，但因此被革除公学校教师的职位。此后，他接受林献堂等人的资助赴日本留学，进入东京高等师范学校夜间部物理化学系就读。留学期间，蔡培火与田川大吉郎等日本自由主义政治家往来。1919 年，蔡培火担任鼓吹朝鲜独立运动的《亚细亚公论》董事。在日期间，他以东京台湾留学生领导人的身份，为设立启发会、新民会等抗日团体奔波，并担任这些团体的机关杂志《台湾青年》的编辑兼发行人。

1920 年，蔡培火在《台湾青年》上发表文章《我岛与我们》，主张废除内地人、山内人和本岛人之间的差别待遇，主张将台湾定位成“我岛”，将台湾人定位成“我们”，并强调“台湾是帝国的台湾，同时也是台湾人的台湾”[①]。这种言论被殖民当局认为不妥当、不适切，因而查禁了该期《台湾青年》。1921 年，蔡培火开始从事台湾议会设置请愿运动，并曾因此在东京被逮捕。但是，台湾学界对蔡培火的抗日运动评价不高，认为他民族独立意识淡薄，其抗日行动“只是为了一般大众所提倡的启蒙，但却没有打破殖民地体制的态度”。

1921 年，蔡培火发表《关于台湾教育的根本主张》一文，主张复兴汉文。蔡培火所主张的汉文并不是林献堂所执着的古汉语，而是“五四运动”中所提倡的

① 陈培丰:《“同化”的同床异梦:日治时期台湾的语言政策、近代化与认同》，台北:麦田出版，2006 年版，第 334 页。

白话文。蔡培火的这篇文章拉开了台湾白话文运动的序幕。

1922 年，蔡培火发起了罗马字运动。台湾罗马字是用罗马字标记台湾话的发音。1914 年，蔡培火参加板垣退助"同化会"时，就曾尝试提倡台湾话罗马字运动，但因被认为与日语教育冲突而未被接受。1923 年，台湾文化协会成立两年后，蔡培火不顾协会内部汉文复兴派的反对，将罗马字运动列为协会的正式工作之一。同年，文化协会第三届总会会议中也决定编纂、发行罗马字表记法的书籍；会员张洪南则撰写《罗马字自修书》；为向民众示范，文化协会若干干部甚至以罗马字通信联络①。

但是，蔡培火提倡的罗马字运动一直没有得到殖民当局的支持。1924 年、1925 年和 1929 年，蔡培火三次向殖民当局申请举办罗马字讲习会，均未获批准。由于日本殖民当局认为罗马字运动是推行日语教育的障碍，因而总督府不断加强对罗马字运动的干预力度。1931 年，蔡培火接受前总督伊泽多喜男的劝告，研发一套综合了罗马字和日文平假名的表记方法，即台湾白话字。

蔡培火曾多次表示，罗马字运动是带领台湾大众走向近代化的"辅助手段"，是"帮助本岛人到达文明之彼岸的过渡工具"②。1923 年，蔡培火发表《新台湾的建设与罗马字》一文，表达对日语教育空洞化的忧虑，"普及罗马字真是台湾文化的基础工作。有识者以此才能将其思想和友情传达给一般的本岛人，无识者则可以此迅速的享受现代文明的恩惠"③。1925 年，他以台湾罗马字撰写《十册管见》，书中分四个部分论述"新台湾与罗马字"，认为台湾的进步不能依赖总督府，而得出结论"若要让台湾人从愚钝世界中解放，最大的课题还是在于近代文明的教育"④。因此，蔡培火发起罗马字运动的主要目标是建设新台湾。

蔡培火在提倡罗马字的同时，也倡导台湾文化运动。"无有文字的社会，那一处有好的文化存在"，"在文化运动最得力量最重要的武器，就是要有好的文字"⑤。蔡培火展望文化运动的前景后说："我台人同胞的生存，就会安全，我们的生活，就可以和他人并肩比立，那么，彼时我们就会做成顶天立地的自由

---

① 蔡培火：《新台湾の建设と罗马字（一）》，《台湾民报》第 13 号，1923 年 12 月 11 日，第 15 页。

② 蔡培火：《新台湾の建设と罗马字（二）》，《台湾民报》第 14 号，1923 年 12 月 21 日，第 13 页。

③ 蔡培火：《新台湾の建设と罗马字（二）》，《台湾民报》第 14 号，1923 年 12 月 21 日，第 14 页。

④ 蔡培火：《十项管见》，新楼书房，1925 年版，第 1—14 页。

⑤ 蔡培火：《台湾の民族运动》，《教育》第 2 号，1931 年 11 月，第 27 页。

人矣!”[①]

由此可以看出,蔡培火的罗马字运动与黄呈聪的白话文运动的共识在于,台湾应通过创造自己的语言而形成自身民族意识,形成有别于日本的共同体。

第七节 台民文化生活的变迁

清代以后,随着宗教的发展,庙宇成为地方文化中心。到日据时代,庙会的规模日益扩大,演变为节日大型集会。经济萧条时,商家以出资赞助庙会的方式刺激购买力,促销商品。随着交通条件的改善,信徒可以通过搭乘火车前往庙宇进香,使得某些庙宇规模进一步扩大。

乡村寺庙经常会搭台演出深受台湾民众喜爱的歌仔戏,成为台民主要的休闲娱乐方式。日据时期,城市中一些歌仔戏剧场的兴建使这一传统文化有了进一步的发展。同时,来自中国大陆和日本的各种专业表演以及来自西方的话剧丰富了台民的文化生活,也将不同的价值观带入台湾民众的精神生活。其中,值得一提的是日据时期台湾的“文化剧”。

文化剧是日据时期台湾出现的新型戏剧,它配合“台湾文化协会”的抗日民族运动,其剧目大多具有讽刺社会制度、激发民族意识的作用。因为它主要由“文化协会”成员主办,剧目也由各地文协成员排演,所以叫做“文化剧”或“文化戏”。文化剧在台湾戏剧史上的意义,其政治性要超过其艺术性。它与传统戏曲迥然不同,《台湾民族运动史》认为:“当时台湾从事演剧运动的各地方剧团,大致可以分为二类:其一可称为艺术派,以台北星光剧团为代表。另一类即以宣传讽刺为中心的文化剧。”因文化剧的产生、变迁和兴衰与日本殖民统治这一特定的时代背景、政治环境相关,其演出目的主要在于文化启蒙和激发抗日民族意识,因而被称为“宣传派”,警察当局始终监视其活动。

1920年代,以武侠戏为主的布袋戏逐渐兴起。与传统布袋戏不同的是,其剧情多采用清末民初新著的武侠小说,如《七侠五义》、《小五义》等,表现手法也以展现各种奇特武功为主。1930年之后,在皇民化运动下,布袋戏后场禁用中国传统的锣鼓,改用西乐,语言改用日语,戏偶杂用汉、和戏服,剧本常为水户黄门等日式故事。这一时期的布袋戏因语言文化隔阂而不被大众接受。

日据时代,台湾各大城市开始出现电影院或专业剧院,全台湾有超过150间电影院播放从日本、上海甚至好莱坞进口的影片以及日本政府制作的政治宣传片,从黑白默片逐渐发展到有声片甚至彩色片。从1901年至1937年,台湾

---

① 蔡培火:《我在文化与运动所定的目标》,《台湾民报》第138号,1927年1月2日,第10页。

电影很大程度上受到日本电影的影响。1907 年 2 月，高松丰次郎率领日本摄影师等在全台湾一百多处取景，完成第一部在台湾拍摄的电影《台湾实况绍介》。1925 年，刘喜阳、李松峰等人组成的台湾映画研究会完成第一部台湾人制作的剧情片《谁之过》。日据中期以后，非剧情类的教育片、新闻片、宣传片成为台湾本地电影制作的主流，其中以描写高山族少女帮助日本人的《莎勇之钟》为代表。

由于电影风行，唱片公司也开拓出搭配电影来宣传唱片的行销模式。当时的台语流行歌迎合台湾民众的口味，歌词模仿歌仔戏七字一句的形式，曲风则洋溢日本情调。鼎盛时期，全台湾有十家左右的唱片公司，重金聘请创作者，一年生产数百首以上的歌曲。台湾第一首流行歌曲是电影《桃花泣血记》的同名宣传曲。《桃花泣血记》由上海联华影业公司制作，阮玲玉主演。片商为招揽台湾观众，请詹天马、王云峰谱成该曲。台湾流行歌曲由此借电影而起步。

现代美术在日据时期也有所发展。在清代，台湾民众以农耕和经商维持生计，没有闲暇和财力进行艺术创作。社会风气注重实利，台湾岛内缺乏艺术氛围。日据初期，台湾总督府在学校开设美术和音乐课程，引进西方文化。这一时期，虽在台湾的初等教育机构中有简易的美术课程教学，但缺乏专门的美术高等院校。此时，台湾青年在 20 世纪 20 年代文化启蒙运动的感召下，产生学习西方艺术的热潮，开始进行美术作品的创作。

日本殖民统治者通过举办“台湾美术展览会”来推动美术教育。一些台湾艺术青年以富有台湾风土色彩的作品入选美术展览，从而成为台湾的文化名人[①]。这些青年的成功促使更多台湾青年留学日本，学习美术，再前往欧洲进修。台湾上层士绅也开始支持子弟从事美术创作。一些日本艺术家如石川钦一郎、盐月桃甫、乡原古统和木下静涯到台湾进行创作、任教，主持美术展览，培养台湾美术人才。

20 世纪 20 年代台湾文化启蒙运动是推动这一时期台湾美术发展的动力。这一时期的台湾美术创作表现出浓厚的本土风情。但是，台湾社会整体的文化环境不佳，青年美术家的发展受到限制，甚至难以维持生计。一些青年往往留在日本或前往祖国大陆发展。

日据时期，台湾引进了报纸、杂志和收音机作为新的传播媒介，各类报纸杂志超过 40 种，但以日文为主。报纸分为日报和晚报，篇幅为对开一张到两张，但言论受到当局限制。20 世纪 30 年代以后，公务机关与学校必备收音机，为了统一接收总督府命令和教育节目；在台日人与部分上层台民共计 10 万户拥有

① 廖宜方:《图解台湾史》，台北:易博士文化出版，2005 年版，第 184 页。

收音机，收听新闻时事与社教娱乐节目①。

日据时期，台湾在东亚各地追随欧美发展经验的浪潮中引进了许多西方现代化设施。台湾的城市中出现了公园、动物园、植物园、运动场所甚至百货公司。当时台湾的18个城市中有19座公园，附设的体育设施经常举行体育比赛。另外随着工业的发展，总督府举办了各种博览会和展销会，吸引了大量民众以及来自中国大陆、日本本土等地的数百万人参观。

日据时期，台民生活习惯发生改变，台湾近代化发展迅速。但是，日本的殖民统治给台湾人民带来巨大痛苦，这在文学作品中得到充分体现。台湾人在新旧交替的转折点，围绕着近代文明这个主题，与日本殖民者之间产生赋予、接收、希求、拒绝、自立等等复杂互动。在这个互动过程中，日本殖民者被迫不断调整其同化政策。台湾人为争取平等待遇而以选择性、自律性的态度去接受“同化”中的近代化，以一种不妥协的态度抵抗殖民者。在“以接受作为抵抗”的过程中，台湾走完了其独特的近代化之路。

台湾近代化之路的独特性使其保存传统文化的形象有所淡化。日据时期形成的带有反抗殖民色彩的近代化文化，成为战后台湾人汉民族认同意识的基础。

① 廖宜方：《图解台湾史》，台北：易博士文化出版，2005年版，第178页。

第九章　台湾光复与中国政府对台湾主权的重建与运作

经过八年抗战，1945 年 10 月，台湾终于回到了祖国怀抱。陈仪任台湾省行政长官，整顿台湾社会，推行统制经济。1947 年 2 月，"二二八事件"爆发，台籍精英要求改革省政。陈仪视其为暴乱，蒋介石派兵镇压，民众死伤惨重。为了安抚民众，蒋介石废除台湾省行政长官公署，派魏道明出任台湾省政府主席，调整治台政策。魏道明组建台湾省政府，吸纳台籍精英，发展民营经济，宽释"二二八事件"人犯以缓和尖锐的省籍矛盾，却没有彻查"二二八事件"。台湾的中国化进程加快，遭到战争破坏的经济渐上轨道，但通货膨胀剧烈。因台湾与大陆以台湾海峡相隔，国民党政权在失败的情况下，蒋介石选择台湾作为最后退守的地区。

第一节　日据时代的结束与台湾回归祖国

一　《开罗宣言》明确战后台湾回归中国

1895 年日本逼迫清政府签订《马关条约》，侵占台湾。为收复包括台湾在内的中国失地，中国人民从没有放弃努力，等待时机成熟恢复对台湾行使主权，是中国人民的共同愿望和神圣责任。"七七事变"以来的全民抗战，证明残暴的日本法西斯灭亡不了中国，中国人民可以粉碎暴日的一切野心与企图。

1941 年 12 月 8 日，珍珠港事件爆发。次日，国民政府主席林森发布《国民政府对日宣战文》："中国为酷爱和平之民族，过去四年余之神圣抗战，原期侵略者之日本于遭受实际之惩创后，终能反省。在此时期，各友邦亦极端忍耐，冀其悔祸，俾全太平洋之和平，得以维持。不料残暴成性之日本，执迷不悟，且更悍然向我英美友邦开衅，扩大其战争侵略行动，甘为破坏全人类和平与正义之戎首，逞其侵略无厌之野心，举凡尊重信义之国家，咸属忍无可忍。兹特正式对日宣战，昭告中外，所有一切条约协定合同，有涉及中日间之关系者，一律废止，特此布告。”①

据此，按照国际法，中国政府将废止中日间过去所订的一切条约，《马关条约》对国民政府的束缚完全消失。战后，中国对日本清算将要追溯到甲午战争前，包括被日本占领的台湾等失地将要全部收回。

为协商反法西斯作战，在罗斯福总统及丘吉尔首相的邀请下，1943 年 11 月，国民政府主席蒋介石赴开罗参加中、美、英三国首脑会议。12 月 1 日，蒋介石与美国总统罗斯福、英国首相丘吉尔联合发表《对日作战之目的与决心之公报》，也就是通称的《开罗宣言》，明确宣示："三国之宗旨，在剥夺日本自从一九一四年第一次世界大战开始后在太平洋上所夺得或占领之一切岛屿。在使日本所窃取于中国之领土，例如东北四省、台湾、澎湖群岛等，归还中华民国。"②

在中国很难直接以武力收复台湾的情况下，一旦盟军率先攻占台湾，中国能否恢复对台湾行使主权难以保证。通过《开罗宣言》，中国政府获得美国与英国的支持，以宣言的方式向全世界确认台湾原属中国领土及日本强占的非正义性，表达了美、英两国对台澎归还中国、恢复中国对台澎主权的庄严承诺，是处理台湾问题的重要国际法依据，从而避免了台湾归属的国际化。

罗斯福总统力主战后将日本侵占的中国领土归还中国，来支持中国人民的抗日战争，以维护美国在西太平洋地区的利益与安全，防止日本在战后作为军事强国东山再起。

美英支持中国收回包括台湾的失地，不是盟国对中国人民的恩赐，而是中国在世界反法西斯战争中的地位和贡献所决定的，是中国人民用鲜血和生命换来的。国民政府通过外交上的努力，解决台湾在日本战败后的归属问题，粉碎了台湾国际共管论调，为中国最终收复台湾取得了国际法的依据，特别是对可能率先登陆台湾的美军具有法律的约束力，维护了国家主权和领土完整。在大陆参加抗战的台胞闻讯后致电国民政府："顷见报载开罗会议重大成功，台澎等地归还中国，凡我台胞同深感奋，如蒙鞭策，愿效驰驱。"③岛内的台胞，不久也从美军飞机空投的传单中，获知这一喜讯，有如"上天降福星"，奔走相告，期待台湾早日回到祖国怀抱。

---

① 《国民政府对日宣战文》，载中国史学会、中国社会科学院近代史研究所编：《抗日战争》第四卷"外交(下)"，四川大学出版社，1997 年版，第 1039 页；又见《抗战时期收复台湾之重要言论》，台北：近代中国出版社，1990 年版，第 2—3 页。

② 《开罗宣言》，载《光复台湾之筹划与受降接收》，台北：近代中国出版社，1990 年版，第 35 页。

③ 秦孝仪：《国民革命与台湾》，台北：近代中国出版社，1980 年版，第 143 页。

二　中国政府筹划接管台湾

《开罗宣言》发表后，国民政府开始筹划台湾的收复工作。国防最高委员会辖下的中央设计局以规划收复失地为中心任务，由熊式辉主持。蒋介石对陈仪的军事学识、行政才干一向器重①。1944 年 3 月中旬，蒋介石在中央设计局内成立台湾调查委员会（下简称“台调会”），作为研究收复台湾工作的职能机构，任命陈仪为主任委员②。陈仪是国民党高层官员中少有的“日本通”、“台湾通”，因此能够获此重任。

1944 年 4 月 17 日，也就是决定割让台湾的《马关条约》签订 49 周年纪念日，“台调会”因陋就简地成立。第一次委员会议确定该会第一期工作计划及工作人员名额，指定沈仲九、周一鹗为驻会委员，负责具体事务的筹备。委员中有国际问题研究所所长王芃生、研究员谢南光、财政部的游弥坚、陈仪的主任秘书钱宗起、秘书夏涛声。

“台调会”就收复台湾进行了艰苦的大量的准备。其主要工作是，调查台湾实际状况，编辑有关台湾的资料刊物，研究有关台湾问题的意见及方案；训练台湾行政、警察、银行、教育等干部、专业人员；规划未来台湾行政体制及各种机构接收办法。

关于接管台湾的规划，尤其是政治制度，陈仪主张应有特殊的组织，以便应付特殊的环境。在讨论中，有人全盘否定台湾总督府，主张建立省政府，推行国民政府通行的一切法令规章。台籍志士黄朝琴等人则认为，设置高度集权的省政府，付以较大权力，制订不同于内地省份的单行法规，这是过渡时期不得不采取的措施。

经过几次讨论，意见趋于一致，最终形成《台湾接管计划纲要》。该《纲要》规定：“(1) 台湾接管后一切设施，以实行国父遗教、秉承总裁训示、力谋台民福利、铲除敌人势力为目的。(2) 接管后之政治设施：消极方面，当注意扫除敌国势力，肃清反叛，革除旧染（如压制、腐败、贪污、苛税、酷刑等恶政及吸鸦片等恶习），安定秩序；积极方面，当注重强化行政机关，增强工作效率，预备实施宪政，建立民权基础。”强调“民国一切法令，均通用于台湾，必要时得制颁暂行法规。日本占领时代之法令，除压榨、钳制台民、抵制三民主义及民国法令者应悉予废

---

① 陈仪：字公侠，又改公治，自号退素，1883 年 5 月 3 日出生于浙江绍兴，两次赴日本留学，曾任福建省政府主席，为政学系巨头之一。1935 年 10 月，陈仪赴台湾考察。台湾总督府的行政效率、经济上的统制政策、农业的技术改良等等，都给他留下深刻的印象。

② 《台调会工作大事记》，载《台湾光复和光复后五年省情》（上），南京：南京出版社，1989 年版，第 4 页。

止外，其余暂行有效，视事实之需要，逐渐修订之。”关于地方政制，“以台湾为省，接管时正式成立省政府”，“接管后之省政府，应由中央政府以委托行使之方式赋以较大之权力”，“接管后应积极推广地方自治。”①

1945 年 7 月 26 日，美、英、中三国发表《促令日本投降之波茨坦公告》，宣布：“开罗宣言之条件必将实施，而日本之主权必将限于本州、北海道、九州、四国及吾人所决定其他小岛之内。”②8 月 14 日，日本政府宣布接受《波茨坦公告》。次日，日本天皇广播投降诏书。17 日，麦克阿瑟以盟军最高统帅第一号命令规定“在中华民国（东三省除外）台湾与越南北纬十六度以北地区内之日本全部陆海空军与辅助部队应向中国战区统帅蒋委员长投降”，明确了将严格履行开罗会议以来的有关国际承诺、台湾立即由中国接收的安排。

日本宣布无条件投降后，中国收复台湾进入实施阶段。8 月 27 日，蒋介石正式任命陈仪为台湾省行政长官。9 月 7 日，国民政府“特派陈仪兼台湾省警备总司令”。

此时陈仪向蒋介石提出不在台湾建立省政府，而设行政长官公署，作为过渡机构，得到蒋介石的首肯。对此转变，陈仪解释：“台湾收复以后，自应称台湾省，以与其他各省一律。惟际兹收复之初，政治与军事相辅而行，本人又奉命兼任台湾警备总司令，故必须有一权力较大之临时机构，俾得统一事权妥为运用。将来接收竣事，秩序平复，自应按照常轨，依省制改组。”③

9 月 4 日，国民政府颁布《台湾省行政公署组织大纲》，规定：“第一条、台湾省行政长官隶属于行政院，依据法令综理台湾全省政务。第二条、行政长官于其职权范围内，得发署令，并得制定台湾单行条例及规程。第三条、行政长官得受中央委托办理中央行政，对于在台湾之中央各机关有指挥监督之权。第四条、台湾省行政长官公署设左列各处：一、秘书处。二、民政处。三、教育处。四、财政处。五、农林处。六、工矿处。七、交通处。八、警务处。九、会计处。第五条、行政长官公署必要时得设置专管机关或委员会，视其性质隶属于行政长官或各处，其组织由行政长官定之。第六条、行政长官公署置秘书长一人辅佐行政长官综理政务，并监督各处及其他专设机关事务。秘书长下设机要室、人事室，各设主任一人。”④

---

① 《台湾接管计划纲要》，载《台湾光复和光复后五年省情》（上），南京：南京出版社，1989 年版，第 49—51 页。

② 《国际条约集》（1945—1947），北京：世界知识出版社，1959 年版，第 77—78 页。

③ 《陈仪答吴鼎昌》，载《光复台湾之筹划与受降接收》，台北：近代中国出版社，1990 年版，第 157 页。

④ 《台湾省行政公署组织大纲》，载《台湾光复和光复后五年省情》（上），第 113—114 页。

这引起国民党高层部分人士不赞同，认为该体制尚待斟酌，以不背离现行法规。至9月20日，国民政府正式公布《台湾省行政长官公署组织条例》，明令"台湾省暂设行政长官公署，隶属于行政院，置行政长官一人，依据法令综理台湾全省政务"，强调台湾特殊建制系过渡性质①。

各省的省政府委员、秘书长以及兼民政、财政、建设、教育等厅长的委员，权能稍逊于兼省主席的委员，同是简任官。省政府采用委员合议制，委员们参与省政，各有一定范围的主管权责，不是省主席的幕僚。依据台湾省行政长官公署制度，行政长官独揽大权，官阶为特任。其余辅佐，如秘书长以及秘书处、民政处、教育处、财政处、农林处、工矿处、交通处、警务处、会计处等处长，都是简派人员，属行政长官的幕僚佐治人员。显然，台湾省行政长官具有比大陆各省省主席更大的权力。陈仪是行政长官兼台湾警备总司令，可以指挥监督，军政一元化。台湾省行政长官公署实际上沿袭了战时日本台湾总督府的模式，以保证接收的顺利进行。

三　台湾光复与台湾省行政长官公署的建立

1945年9月2日，日本在向各同盟国投降而签署的无条件投降书中表示："接受美、中、英三国政府元首7月26日在波茨坦宣布的，及以后由苏联附署的公告各条款。"

台湾省警备总司令部奉令统一接收台湾（包括澎湖列岛）地区军事工作。9月1日，在重庆国府路，台湾省警备总司令部临时办事处开始办公，由柯远芬负责主持，向各军事机关、学校商调工作人员，罗致干部。

陈仪在重庆筹组前进指挥所，由葛敬恩兼任该所主任。10月5日7时，前进指挥所官兵71人在重庆白市驿机场，乘运输机直飞台北，平安抵台北松山机场②。

台北市公会堂宏伟壮观，是台北市最大的公共集会场所之一。10月25日上午10时，在台北市公会堂（今中山堂）举行中国战区台湾省受降典礼。盟军代表顾德里上校、柏克上校和礼上校，台湾人民代表林献堂、陈炘、杜聪明、林茂生，新闻记者李万居、叶明勋等出席③。

中华民国台湾省行政长官兼警备总司令陈仪致日本台湾总督兼日军第十方面军司令安藤利吉《第一号命令》："一、日本驻华派遣军总司令官冈村宁次大

① 《台湾省行政长官公署组织条例》，载《国民政府公报》，1945年9月21日。

② 《台湾省警备总司令部接收总报告》，载《台湾光复和光复后五年省情》（上），第158页。

③ 《台湾省警备总司令部接收总报告》，载《台湾光复和光复后五年省情》（上），第161页。

将，已遵日本帝国政府及日本帝国大本营之命令，率领在中国（东三省除外）、越南北纬十六度以北，及台湾、澎湖列岛之日本陆海空军于中华民国三十四年九月九日，在南京签具降书，向中国战区最高统帅特级上将蒋中正特派代表中国陆军总司令一级上将何应钦无条件投降。二、遵照中国战区最高统帅兼中华民国国民政府主席蒋及何总司令命令，及何总司令致冈村宁次大将中字各项备忘录，指定本官及本官所指定之部队及行政人员，接受台湾、澎湖列岛地区日本陆海空军及其辅助部队之投降，并接收台湾、澎湖列岛之领土、人民、治权、军政设施及资产。"①

日本投降代表安藤利吉签具受领证："今收到中国战区台湾省行政长官兼警备总司令署部第一号命令一份，当遵照执行，并立即转达所属及代表各政治、军事机关及部队之各级官长士兵遵照，对于本命令及以后之一切命令、规定或指示，本官及所属与所代表之各机关部队之全体官兵，均负有完全执行之责任。"②

至此，日本将甲午战争后从中国窃据的台湾、澎湖列岛交还中国。陈仪郑重广播，宣布台湾日军投降："本人奉中国陆军总司令何转奉中国战区最高统帅蒋之命令，为台湾受降主官。此次受降典礼，经于中华民国三十四年十月二十五日上午十时，在台北市中山堂举行，均已顺利完成。从今天起，台湾及澎湖列岛，已正式重入中国版图，所有一切土地、人民、政事皆已置于中华民国国民政府主权之下，这种具有历史意义的事实，本人特报告给中国全体同胞，及全世界周知。现在台湾业已光复，我们应该感谢历来为光复台湾而牺牲的革命先烈，及此次抗战的将士，并应感谢协助我们光复台湾的同盟国家，而尤应该教我们衷心铭谢不忘的，是创导中国国民革命运动的国父孙先生，及继承国父遗志完成革命大业的蒋主席。"③

台湾终于回归祖国，洗却了中华民族在甲午战争中遭受的奇耻大辱，是中国在第二次世界大战中的最大收获之一。

饱受异族欺凌蹂躏之苦的600万台湾同胞终于回到魂牵梦萦的中华祖国，不禁喜极而泣。台北市民老幼俱易新装，家家遍悬灯彩，相逢道贺，如迎新岁，鞭炮锣鼓之声，响彻云霄，狮龙遍舞于全市，道路为之堵塞。下午3时，台湾各界在中山堂举行民众庆祝台湾光复大会，陈仪发表演说。民众庆祝大会主席林

① 《行政长官致日方代表第一号命令》，载《光复台湾之筹划与受降接收》，台北：近代中国出版社，1990年版，第202页。

② 《日方代表签具之受领证》，载《光复台湾之筹划与受降接收》，第203页。

③ 《陈仪正式宣布台湾日军投降广播词》，载《光复台湾之筹划与受降接收》，第201—202页。

献堂致辞："我等由今天上午十时，日代表安藤利吉签降完毕时止，经已光复解放，此后同胞务须同心努力来建设理想之新台湾，同时我等须念及此次胜利，实由于此次抗战合于正义人道之理想。"①这一致辞反映了广大台胞对台湾回到祖国怀抱的无比激动的心声。同日，国民政府行政院公布：自即日起，台胞恢复中华民国国籍。

台湾光复包括接受日军投降和中国恢复对台湾行使主权两个方面。陈仪以台湾省警备总司令名义接受台湾日军投降，是奉联合国中国战区总司令蒋介石之令，承接台湾的军事设防权，实际上分担了盟军原先设想的直接军事占领任务。同时，陈仪又是中华民国台湾省行政公署长官，接收台湾、澎湖列岛的领土、人民、治权、军政设施及资产，这是日本侵占台湾后中国人民从未放弃的使命，对于中国人民而言，是收复失地。从《开罗宣言》和《波茨坦公告》的法律约束力看，此举又属恢复行使主权。

第二节　中国政府对台湾的接收与重建

一　接管台湾的进程

日本人曾夸耀台湾是帝国炸不沉的航空母舰。经过 50 年日本统治，由于战争的破坏，台湾光复初期已是百孔千疮。日据时期，台湾米的最高生产量达 1760 万石，1945 年仅产 880 万石；甘蔗面积由 16.7 万余甲减至 4.3 万余甲，蔗糖由最高年产 140 余万吨减至 10 万吨。化学肥料以前曾输入 40 万吨，1945 年则无法输入。水利工程破坏甚多，不能灌溉的耕地面积达 239281 甲。电力由 32 万千瓦减至 4 万千瓦，煤由 20 余万吨减至 1.5 万吨。水泥、纸张、纺织、食盐、电解铝等因工厂损毁，原料缺乏，或全无出产，或出产甚少。交通铁路车辆待修者、破坏者达千辆，路基轨道被毁坏达 6231 米，可用船舶不及 5000 吨的机帆船数十艘②。

台湾情况特殊，行政机构有别于大陆各省，为了使这个行政机构产生高效率，陈仪反对遽然改制，以免台湾社会混乱。其时，大陆沦陷区的日军纷纷投降，各地陆续展开接收工作，军政分离，事权不统一，运用欠灵活，造成诸多困难，招致舆论指责。蒋介石引以为鉴，坚决支持陈仪推行高度集权化的行政长官制度，统一接收台湾。

---

① 《庆祝光复大会主席林献堂致词》，载《光复台湾之筹划与受降接收》，第 203—204 页。

② 台湾省行政长官公署：《台湾省行政长官公署三月来工作概要》，台北：1946 年，第 4—5 页。

受降之后，陈仪将原来的台湾总督府改为台湾省行政长官公署(下简称“长官公署”)，其他基本上沿袭旧有的行政架构。根据台湾总督府的行政建制与机构设置，长官公署与之相对应，设有秘书、民政、教育、财政、工矿、农林、交通、警务、会计9处，法制、宣传、设计考核3委员会，粮食、专卖、贸易、气象4局等机构，以保证接收与重建工作的顺利展开①。

11月3日，陈仪宣示施政方针，对过去台湾财政税收，嘱主管机关详加检讨，分别整理废止，以减轻人民的负担；对日本统治台湾的法令，凡不合中国立国精神的，分别废止，保障人民的合法利益；希望全体公务员洁身自爱，树立廉洁的新政风。他主张根据三民主义，为人民谋福利，一是增加台胞受教育及服务的机会；二是建立民意机关，给台胞以参政的机会；三是增加台胞工作力量，提高人民生活②。陈仪的施政方针是符合接收初期台湾人民的意愿的。

按照“工商不停顿，行政不中断，学校不停课”的要求，长官公署确定接管三原则：第一，原有机构或业务，在不需变更或不急于变更，或尚无决定性之变更以前，一切暂维现状，使行政不致中断。如医疗机关等，除名称及负责人更迭外，其余一律照旧。第二，过去分散或不健全的机构或业务，接管后，逐渐集中整顿，以提高行政效能。如人民团体的调整登记、社会福利设施的改善等。第三，违反人民意向及不合国情的制度，立即加以彻底改革。如户籍行政移归民政处办理，地政设局等。

台湾接收包括行政、民政、教育、经济、军事几个部分。根据先求稳定的原则，1945年11月1日起，长官公署开始各项接收工作，仅一个多月，主要的行政和事业机构各部门，都按照预定计划由长官公署全部掌握。军事接收只两个多月，大致接收完毕。

庞大的日产凝聚了台胞的血汗。处理这笔财富，要求严密的规划，接收人员必须廉洁奉公。陈仪将日产全部充作公有，而其中有台籍资本家的股份或利益，特别是房屋等，容易产生纠纷。各机关一纸封条，乱收乱占，特别是一些接收官员监守自盗，化公为私，引起台胞的愤恨。

长官公署接管台北、新竹、台中、台南、高雄5州，台东、花莲港、澎湖3厅，台北、新竹、台中、彰化、嘉义、台南、高雄、屏东、宜兰、基隆、花莲11市，澎湖、花莲2支厅。为保持稳定，便于政令推行，仍按照原有州厅区域，设置8县，就原有11市，设置9省辖市、2县辖市。这样的行政区划安排，照顾到台湾的实际情

---

① 台湾省行政长官公署统计室:《台湾省五十一年来统计提要》，台北:1946年，第334页。

② 《台湾的施政方针》，载《陈长官治台一年来言论集》，台北:台湾省行政长官公署，1946年，第1—4页。

况，有利于社会的稳定。

恢复台胞的汉姓汉名是去殖民地化的重要标志。12月12日公布，1946年5月修正《台湾省人民回复原有姓名办法要点》，规定："凡台湾人民使用之姓名为日本式者，统准予在三个月内向所在村（里）办公处申请回复原有姓名，山地同胞无原有姓名者，准参照中国式姓名方式自定姓名。"[1]台胞纷纷改回原有姓名。

长官公署接收原教育行政机构、各级学校、各种社会教育机关和教育社团，调整改组。日本殖民者对台胞的歧视教育、差别教育都被废止，中国的全民教育、国民教育制度得以在台湾推行。台籍学生可以自由选择学校、专业，这在日据时期是不敢想象的。

经过上下通力合作，及美方的支援，长官公署在几个月内，就遣送日俘、日侨约50万人，将日本殖民势力驱逐出台湾。

台湾接收虽不能尽如理想，与内地相比，倒不十分紊乱。关于事业单位的接收，资源委员会列为全国第一，其修复之速、开工之快、规模之大，为内地任何一省所不及。在上海、华北接收时，接收机关在报纸上会有一再重复的笑话。《大公报》记者走遍全国各地，发出感叹："中国是有好人的。台湾接收经年，能保持有今日景况，就因为其中还有好人。"[2]

针对皇民化，长官公署以一切中国化为号召，组织国语推行委员会，普及国语教育，创立师范学院，积极培养合格教师。大陆两位重要的国语推行专家魏建功、何容，于1945年11月抵台，担任国语推行委员会的主任委员和副主任委员，在台中、新竹、高雄等8市、县设立"国语推行所"。国推会和国推所的主要工作是：训练工作人员；辅导国语教学；编审国语书报；实验研究设施。国推会注意语文教材的编写，广播国音示范，编印国音标准参考书，并训练在各地教国语的人员。

陈仪深受日本文化的濡染，娶有日籍妻子，因痛恨日本给中华民族带来的深重灾难，希望台胞一夜间洗却殖民色彩。1946年10月，长官公署"以本省光复已届周年，为推行国语、国文以及执行国策起见，特将本省各种新闻纸、杂志日文版撤除。公告自本年10月25日起撤除本省境内所有新闻纸、杂志附刊之日文版，并令各县市政府遵照"[3]。这一举措，对于去日本化的政治意义是值得肯定的，但是，对于台湾居民在皇民化过程中接受日语教育的现实情况估计不

---

① 《台湾省人民回复原有姓名办法要点》，载《光复台湾之筹划与受降接收》，第209页。

② 天津《大公报》，1947年2月24日，第二版。

③ 《台湾省行政长官公署1946年工作报告》，载《台湾光复和光复后五年省情》（上），第235页。

足。仓促封闭报纸、杂志的日文版，严重堵塞了台胞的资讯管道，导致30余万接受日本中等以上教育的台胞，顿成文盲或半文盲。

光复后，为了配合全国行宪，台湾积极建立各级民意机关。1945年12月26日，“台湾省各级民意机关成立方案”公布。依此方案选举民意代表，建立各级民意机关，由下而上。先成立村里民大会，由村里民大会选举区及乡、镇民代表，成立区、乡、镇民代表大会。再由区、乡、镇民代表及职业团体(各级农会为主)选举各县、市参议员，成立各县、市参议会，再由县、市参议员选举省参议员，成立省参议会。省、县、市参议员皆由间接选举产生。

据各县、市的统计，参加宣誓登记的公民，全省共有2393142人，达总数的91%；参加公职候选人临时检复的更见踊跃，全省复审合格的，甲种10665人，乙种26303人，共计36968人，占全省应选出的各级民意机关代表总数的4倍以上。1946年2月16日到28日，全省每个选区的公民直接投票，选出区、乡、镇民代表7078名。经区、乡、镇民代表和市民慎重投票，选出县、市参议员523名。参加省参议员竞选的达1180人，4月15日，选出30名省参议员①。

省、县、市参议员对光复初期的乱相提出善意的批评，集中在米价飞涨、治安混乱、日产接收、走私严重、行政效率低下等问题，却未能引起陈仪警觉，立即采取措施缓和社会矛盾。各级民意机关对长官公署只有质询权、建议权，没有决策权。

二 公营事业的初步建立

太平洋战争爆发后，由于运输困难及日本全力投入战争，台湾必须建立自足的经济，台湾总督府于是推行军事工业化，炼油、制铝等产业迅速发展，至1943年达到高峰。由于许多工厂由日本将旧设备运来台湾安装，主要设备及材料在战争后期运输困难，加以盟军轰炸，产量大减，陷入停顿状态。就生产指数来说，以1937年为基期(等于100)，台湾经济逐年均有增加，至1940年高达126.28，之后一路下跌，至1945年光复前仅24.04。“二战”时台湾按照战时需要快速工业化，未能达成目标，却给战后复兴带来更大的困难。

1945年9月，国民政府经济部与战时生产局成立台湾区特派员办公处，委派资源委员会工业处处长包可永为该处特派员。包可永是翁文灏、钱昌照的得力干部。加入资委会前，他曾任福建省建设厅厅长。陈仪赴台时内定包可永为长官公署工矿处处长，他成为接收系统中具有双重身份的主官，台湾地区工矿接管工作由包可永全权负责。

---

① 《本省办理各级民意机关选举的经过》，载《台湾省省县市参议会一览》，台北：台湾省行政长官公署，1946年，第35—37页。

在接收台湾总督府工矿局同日，“经济部台湾区工矿特派员办公处”成立，采取监理办法，未立即办理接管。该处内设糖业、机电、冶化、轻工业、矿业 5 个组，负责接管有关方面的工作。

考虑到台湾日资企业的庞大与复杂，加之多有损坏，陈仪依照行政院公布的《收复区敌伪产业处理办法》，制定《台湾省接收日资企业处理实施办法》，规定接收的日资企业可依四种方式处理：甲、拨归公营：凡企业合于公营者。乙、出售：凡企业未拨公营及其他处理者。丙、出租：凡企业权尚有争议，或认为适合于出租，或出售一时无承购者。丁、官商合营：凡企业无人承购或承租，或适合于官商合营者[①]。

陈仪主张对台湾日资企业实行公营，收归省有。按照国民政府的相关法规，台湾的敌产应属于国家所有，而非台湾省所有。这与陈仪的想法是有冲突的。

1946 年 3 月 28 日，资源委员会副主委钱昌照来台考察。陈仪不愿全面放弃糖业的经营，希望由会省双方合办，公司股份双方各半。资委会考虑到糖业关系整个台湾经济，全省与糖业有关人员众多，糖业公司成立后业务繁杂，联系广泛，生产、运销、资金融通等种种事宜均须省方协助，为求业务进展顺利，接受合办的建议，但股权分配比例坚持为“会六省四”，以便控制台糖公司业务。

陈仪与资源委员会协商，糖业、电力、制碱、肥料、水泥、纸业、机械造船七项事业由台湾省和资源委员会合资经营，资委会股权占六成，管理权属资源委员会；石油、铜金、炼铝由资源委员会独资经营；煤矿、电机业、电工业、机械工业、纺织业、化学制品等 12 个行业由台湾省独资经营；其余一些较小的企业或出售或租赁，让归私人经营[②]。经据理力争，陈仪获取了近一半的日资企业经营权。从长远看，这有助于企业的财富资助台湾的建设，因恢复生产需要大量投入，却又增加了长官公署的财政负担。

台湾的公营企业分为不同的层次。至 1947 年 5 月，长官公署“查本省接收日资企业拨归国营者 18 单位，国省合营者 42 单位，省营者 323 单位(内原属公产者 31 单位)，县市营者 92 单位，党营者 19 单位，共计 494 单位”[③]。

经过这番调整，工矿生产渐上轨道，但就全面的复兴和发展来看，仍然存在许多困难。主导台湾经济的日本因战败而中断与台湾的联系，中国大陆无论在工业化程度，一般设备技术水准，资本技术结构均无法与战前的日本相比，不能

---

① 《台湾省接收日资企业处理实施办法》，载《光复台湾之筹划与受降接收》，第 545 页。

② 《资源委员会接办台湾工矿事业周年简报》，载《台湾光复和光复后五年省情》(下)，第 75 页。

③ 《台湾省行政长官公署电》，载《台湾光复和光复后五年省情》(下)，第 68 页。

取代日本经济的地位。

1947年初,台湾已有206个工厂复工,原28万工人中有26万人恢复工作。某些基本工业已恢复到相当程度,如肥料、水泥、电工铸件及沉淀铜等已恢复到百分之百,纺织、钢铁、机械、玻璃、油脂、耐火物、橡胶及电力已恢复到50%,其他行业大多恢复到30%—40%。

日本财阀在台企业是为压榨台胞而来,但其中却有台籍资本家的股金。国民政府以敌产为由,全部予以接收,收归国有,其中一些台籍资本家的股金也是血本无归。这些台籍资本家对于这种国有化政策深表不满。陈仪强制推行公营经济政策,虽然使长官公署快速获取了大笔财产,却扼杀了台籍本土资产阶级成长的空间。恢复破损的企业非短期内奏效,陈仪又背上了沉重的包袱。

台湾光复,国民政府原拟发行台湾流通券,将其纳入中央银行币制系统内。陈仪主张维持台币及台湾金融自成系统,阻止法币在台湾流通,使台湾不致出现法币泛滥成灾、物价暴涨的现象。国民政府的主要金融机构四行二局,中央银行、中国银行、交通银行、农民银行、中央信托局、邮汇总局,均未在台湾设置分行分局。长官公署对台湾金融的接收采取逐步推进政策,由检查而监理,由监理而接管。

日据时期台湾银行券的发行在战时已显膨胀,投降后日人借口复员,继续大量发行,至1946年5月18日,流通额已达29.4亿元。5月20日,台湾银行正式改组成立,发行台币,并规定自9月1日起与旧台湾银行券等值收兑。台币的发行虽受中央银行的监督,却承继了台湾银行券的膨胀,埋下了日后台币崩溃之因。

光复初期,恢复生产需要经费,长官公署穷于应付,发行数额为适应需要,逐渐提高。至1946年底止,达53.3亿元之多。法币贬值使台湾省汇兑蒙受严重的损失。垫付国民政府在台军政费数额增加,人口不断增加,难以维持台币币值的稳定和抑制物价。米价飞涨,其他物价随之激涨。民众对政府反感增强。

长官公署接收台湾重要物资集团,如三井物产株式会社、三菱商事株式会社、南兴公司、菊元商行等机构,改组成贸易局。统制经济是日本侵略者压榨台胞的主要方式。日本投降后,台湾总督府下令废除众多行业的统制措施,推行自由经济。陈仪为了保证长官公署的财政收入,重新恢复统制经济,引起台籍资产阶级的不满。

台湾专卖制度经50年扩充改进,生产销售置于政府统一机构之下,从专卖、专制、专运、专配,营运自如。由大专卖到小专卖,到零售,从都市到农村,把握整个消费,规模之大,内地望尘莫及。

国民政府对历经战争创伤的台湾无力予以经济援助，还从岛内调集物资供内地之需，平抑物价。陈仪必须自行解决恢复和发展台湾经济所需的资金。专卖局和贸易局是长官公署的利源所在，1946年贸易和专卖两项收入达台币20亿元，占全省预算的50%。这是陈仪紧抓住专卖局、贸易局不放手的根本原因。

资源委员会及长官公署以国有、省有的名义，接收了日本殖民者经营的全部产业。除资委会经营的一部分企业外，陈仪将工业、矿业、商业、交通运输业和金融业基本上置于长官公署的控制之下，建立起庞大的省营事业体系。陈仪继续实行日据时期的烟草、酒、樟脑等商品的专卖，用官营贸易等政策，统制台湾主要商品流通渠道，获取财政收支。企业的负责人多是陈仪从大陆带来的亲朋故交，台籍人士难以置喙。统制经济在推行过程中，暴露出公营资本的强烈垄断性和掠夺性，台籍资本遭到摧残。经济方面的统制使生产者和消费者都遭到盘剥，某些产业甚至受到严重打击。台煤"在沪售价约为台价之三倍，而台定官价又不及煤之生产成本"，遂使经营矿业者没有再生产与再扩充的积极性。食糖是台湾的主要产品，贸易局却以"不及成本"的价格收购，不准私运买卖。燃料调剂委员会以官价每吨500元台币收购石炭（煤），以每吨3000元台币卖给上海市燃料委员会，每吨净赚2500元台币，剥削炭业主的利益①。

在战后台湾经济的发展路向上，陈仪与台籍精英的看法不同。陈仪坚持发展公营经济，反对民营经济，认为资本家唯利是图，只会坑害百姓。台籍资产阶级认为，应该发展民营经济，反对官府压榨与剥削。由于陈仪笃信公营经济，他在台湾推行的统制经济政策进一步打击了台籍资本。

日据时期，台湾总督府实施强制配给政策，台湾米价被人为压低。光复初期，因对米采取自由流通政策，长官公署无法控制全部台米，也就不能控制米价的上涨。陈仪强势推行统制经济，却对关系民生的米价采取放任政策，坐视米商哄抬物价，给市民带来巨大的不安。这是长官公署经济政策上的失策。"二二八事件"在城市发生，许多民众卷入，与米价的暴涨关系密切。

陈仪在城市推行"发达国家资本，节制私人资本"，与城市资产阶级的冲突迭起，双方的隔阂日益加深。在农村，陈仪准备实行"耕者有其田"，尚未贸然分地主的田，因此，地主阶级对陈仪采取观望态度。

三　官民矛盾与冲突

陈仪起用了沈仲九等主闽时期的班底，台干班培养的中下级干部，及台调会的几个半山（在大陆的台湾人），虽为一时之选，却无法保证中下层公务员廉

---

① 《台湾省煤矿工业同业公会呈文》，载《台湾光复和光复后五年省情》（下），第213页。

洁高效。接收人员对台湾环境陌生，各种管理、程序及手续沿用大陆那一套，适用与否，未加深究，不了解日人的成规，无法革新汰旧，行政效率低下。一些人乱占乱收，化公为私。行之于大陆，人民虽有反对，也无可奈何。台胞受了日本50年统治，上下习于法制，怨不如昔。

在战后接收过程中，国民党大小贪官污吏横行不法，台湾也不例外。1946年8月初，闽台区接收处理工作清查团刘文岛团长抵台，表示听取报告，任何人均可揭发检举[①]。清查团赴各地视察，经新竹、台中、嘉义、新营、台南、高雄、左营等地，视察大小工厂十余处，召开各界民众座谈会，听取意见。

8月6日至9月12日，清查团共收文384件，其中舞弊案64件，对专卖局长任维钧、贸易局长于百溪，请长官予以行政处分，移交法院处理[②]。陈仪立即复函刘文岛，关于台湾省两局案件，接受该团的建议。刘文岛对陈仪办事公正，表示敬意[③]。长官公署停止任维钧、于百溪的职务，派工矿处主任秘书陈鹤声代理专卖局长，于瑞熹代理贸易局长，两局舞弊案移送台湾高等法院检察处，18日，转送台北地方法院检察处[④]。

陈仪以身作则，劝阻部属勿贪污腐败，对犯案人员绳之以法，却没有严办几个大案，平息民间的愤怒。虽然贪污的官员只是公务员队伍中的一部分人，却掌握实权，居肥缺要津，在广大台胞眼里，这些大陆籍官僚打着解放他们的旗号，实际上是来榨取他们的血汗。久而久之，台胞对一些大陆籍官员十分反感，认为他们都是来升官发财的，"渐以往日日人指中国官吏无一不贪污、无一不饭桶之蜚语为正确，循至对于政府官吏有'中山袋'、'阿山'等等轻视称呼"[⑤]。官民间的感情隔阂加深。

台湾与内地长期分离，在行政管理和人才使用方面，存在很大的断层。陈仪在台湾施政中，吸纳了一批台籍志士。王民宁等代表台湾省警备总司令部参加了南京受降仪式，黄国书参加了台湾军事接管工作。宋斐如任长官公署教育处副处长，连震东任台北州接收委员会主任委员、长官公署参事兼代台北县县长，谢挣强任台南县虎尾区区长，柯台山任《台湾日报》社长，曾溪水任台南市的区长，李万居任台湾《新生报》社长，黄朝琴任台湾省议会议长，游弥坚任台北市市长，刘启光任新竹县县长，谢东闵任高雄县县长。

---

① 台北《民报(晨刊)》，1946年8月6日，第二版。

② 台北《民报(晨刊)》，1946年9月13日，第二版。

③ 台北《民报(晨刊)》，1946年9月14日，第二版。

④ 台北《民报(晨刊)》，1946年9月18日，第二版。

⑤ 《台湾二二八事件调查报告及善后办法建议案》，载《台湾"二·二八"事件档案史料》(上册)，北京：档案出版社，1991年版，第278页。

据1946年初的统计，长官公署里主任秘书以上（包括行政长官、秘书长、各处处长、副处长及主任秘书等）的高层官员中，只有宋斐如为台籍。长官公署直属各机关主管中，只有王耀东、陈尚文为台籍。17位县市首长中只有黄朝琴、刘启光、谢东闵为台籍。这6人中除王耀东本土成长，其余皆为从大陆返台的半山①。陈仪站在内地人的角度，未从台胞的立场来了解台湾的特殊性。他不说一句日语，不会说闽南语，却以台籍精英不会说国语、缺乏行政历练、有日化倾向为由，未能广为延揽。这种情况，在台湾接管之初，难以避免，时间长了，台籍人士感到失落。

因财政困难，长官公署及县市各机关大量裁人。台北市政府原有编制940人，接收后定为312人；台北县政府原有编制1148人，接收后定为337人；台中县编制原有1284人，接收后定为337人；台南县政府原有编制1280人，接收后定为337人。其他县、市同样大幅压缩编制②。

大陆籍官员接收台湾，也把大陆"一人得道，鸡犬升天"那一套带来，任人唯亲，不重考核。因财政困难，许多机关不得不裁员，台籍干部首当其冲。各地方机关学校一经接收，一些人薪水即停发。许多在原机关服务一二十年的台籍干部，莫名其妙遭到免职，或被派到偏远地方，迫使他们自动离职。台北《民报》报道："公务员牵亲引戚，各地法院之丑态，如台南法院、台中法院之大部分人为该院长之亲戚。"③"新竹半年薪水不清算，全体警员将辞职。"④台中县参议会呼吁："裁员须公平无私，不可排斥本省人。"⑤

1946年1月，闽台建设协会向国民政府送上《台湾现状报告书》，要求取消日警日官，惩办汉奸；停用台银券；取消战时统制法令，废除中间剥削机构，奖励产业自治；海内外台胞救济刻不容缓。指出："以上所举各点，仅属台情之一端，若任其自然演变，将来之结果诚不堪设想，故请中央各方面考察实情，从速设法补救，以奠定百年基础。"⑥

1946年春，闽台建设协会成员陈碧笙等人呼吁：(1) 速废行政长官特殊制度。政令统一为中央多年致力之国策。(2) 即日建省，厉行军民分治。行政长官公署裁撤之后，应即任命主席及各厅委组织省政府与东北及内地各省同归划一中央，对边陲省份一律推行省制，台湾更无庸例外。(3) 应修改处理台人产业

---

① 《台湾省行政长官公署三月来工作概要》，第6—7页。
② 《各县市政府组织及员额》，载《台湾省五十一年来统计提要》，第337—338页。
③ 台北《民报(晚刊)》，1946年7月6日，第二版。
④⑤ 台北《民报(晚刊)》，1946年7月9日，第二版。
⑥ 《台湾现状报告书》，载《台湾光复和光复后五年省情》(下)，第552—556页。

办法。(4) 流通券应由国家银行发行。(5) 变相之贸易局应令裁撤。陈长官到台未久即设贸易特种公司,统制台湾出口货。糖、米、煤之输出独家垄断,不止争利,直夺民食。近该公司改为贸易局,依旧与民争利。似应即令裁撤贸易局,省际进出口货均许民营,不加限制,以苏民困。(6) 遣归日人并速解散日警①。

面对岛内外强烈要求撤废长官公署的呼声,1946 年 5 月,长官公署秘书长葛敬恩在台湾省参议会一届一次大会上作了解释,指出台湾的“行政制度和内地各省全不同,我国各省的省制比较事权分散,牵制太多,不能充分发挥行政效能”。如果“要以这种制度来立刻变更日本在台湾的旧制,实在容易发生混乱脱节的现象”。“设想以国内权不专属的省制来接收台湾头绪纷繁的政务,必至有些机构和业务,大家争着要管,而有些大家都不管。因为制度各异,先后交接的事权就无法明确划分了。这样一来,必致影响到人民的生活,而政制的突然剧烈变更,可使人民大为不安”。他强调该制度为陈仪独创,“台湾要效忠祖国,要在实际上有表现,精神上相贯通,不必在行政制度的形式上硬求一致”②。

1946 年 10 月下旬,蒋介石视察台湾。25 日,他在台湾光复一周年纪念会发表训词,指出:“我们同胞个个人都已成为国家的主人翁了。我们更应该要竭尽我们主人翁的责任与义务,迅速地清除日本军阀的残毒,把台湾崭新的重建起来。”他表示:“本省的物资条件相当优厚,国民教育亦甚普及,民意机构又已全部成立,人民与政府共同努力,在陈长官领导之下,我相信台湾省的前途一定灿烂光明,一定是可做全国的模范省。”“凡是合理而有利于台湾复兴建设的事情,中央政府不断的在督促指示长官公署,积极推进。我今天可以向全省同胞宣布:中央的爱护台湾,远胜于全国其他任何一省。中央对于台湾建设的重视,也胜于其他的省份。”③

对于广大台胞的一再呼吁,如改长官公署为省政府,废除专卖局、贸易局,吸纳台籍精英,恢复台湾经济,蒋介石未予重视。

台湾光复初期的经济困境是日本发动侵略战争造成的,这是不争的事实。陈仪要想在短期内恢复台湾经济,改善民生,确有其实际困难。大陆军公教人员良莠不齐,施政执法上的低劣处不少,不能令台胞口服心服。国民政府对台湾不是予以扶持,反而视为一块肥肉,加以榨取,将台糖 15 万吨糖充归国有,运至上海出售,去平抑物价。这些难题,陈仪无能为力。但是,陈仪施政的败笔不

---

① 《闽台建设协进会原呈》,载《台湾光复和光复后五年省情》(上),第 294—296 页。

② 《台湾省施政总报告》,载《台湾省行政长官公署施政报告》,台北:台湾省行政长官公署,1946 年,第 2—3 页。

③ 《蒋介石:台湾光复一周年纪念会训词》,载《台湾光复和光复后五年省情》(上),第 302—303 页。

少，如设贸易局、专卖局，垄断主要商品流通，效率低下，贪污腐败，侵犯了广大台胞的切身利益；接收庞大的日产，建立公营经济，压抑了台籍资本的成长空间；他对台籍精英抱有成见，认为他们有奴化色彩，未能平等相待。

1946 年 11 月 11 日，国民党军攻占中共晋察冀边区首府张家口，同日宣布召开制宪国民大会。在中共和民主党派坚决反对下，11 月 15 日，制宪国民大会在南京国民大会堂召开。12 月 25 日，国民大会通过《中华民国宪法》，1947 年 1 月 1 日正式公布。关于地方制度："省得召集省民代表大会，依据省县自治通则，制定省自治法，但不得与宪法抵触。省民代表大会之组织及选举，以法律定之。""省自治法应包含左列各款：一、省设省议会。省议会议员由省民选举之。二、省设省政府，置省长一人。省长由省民选举之。三、省与县之关系。属于省之立法权，由省议会行之。""县实行县自治。县得召集县民代表大会，依据省县自治通则，制定县自治法，但不得与宪法及省自治法抵触。县民关于县自治事项，依法律行使创制复决之权，对于县长及其他县自治人员，依法律行使选举罢免之权。县设县议会。县议会议员由县民选举之。属于县之立法权，由县议会行之。"[①]国民大会定于 1947 年 12 月 25 日施行《中华民国宪法》。

陈仪认为，1947 年台湾并无推行县、市长直选的条件。大陆由军政时期、训政时期，再到宪政时期，用了近 20 年。台胞大部分人不能讲国语，许多年轻人连汉字都不识，对三民主义多不了解。台湾经济恢复困难重重，许多百姓为三顿饭发愁，不知如何使用民权。在这种情况下，贸然推行直选，除了能使少部分台籍精英获取高层权力，仍不能解决台湾接收与重建的实质性问题。

1947 年 1 月，台湾省第一届行政会议通过《台湾省地方自治三年计划完成事项专案》。1 月 13 日，《民报》全文刊载，以大标题突显"县市长于三十八年选举"[②]。这与台籍精英期盼在 1947 年 6 月底前举行县市长直选有距离。

台籍精英要实现自己的理想，就必须掌握政治上的主导权。针对陈仪的三年自治计划，1 月 20 日，台湾省政治建设协会通电各界，指出台湾的户籍、地籍、警政、交通、卫生、教育等各项自治条件的基础早已具备，文化水准既高，地方自治常识与能力亦强。"倘执政者肯予积极进行，则立可完成地方自治"。在声明中该会指出，三年自治计划有违宪之嫌，建议长官公署应依照行宪程序，在 1947 年 10 月以前完成省以下各级民意机关及县市长的民选[③]。对此，民政处长周一

① 《中华民国宪法》，载《实施宪政》，台北：中国国民党党史委员会，1977 年，第 421—422 页。

② 台北《民报》，1947 年 1 月 13 日，第三版。

③ 台北《民报》，1947 年 1 月 20 日，第三版。

鹗发表谈话，指出地方自治三年计划并不抵触宪政实施[①]。

2月3日，台湾省政治建设协会与《民报》举办“宪政推行座谈会”，台籍精英蒋渭川、陈旺成、游弥坚、谢娥、陈逸松、王添灯、周延寿等30余人参加，陈逸松主张：“根据建国大纲及一月八日行政院第七七一次会议所议决之方案，本省可要求即时实施县市长民选。”[②]张晴川建议：“实施自治之目的在于推行宪政，故不能只座谈而已，余主张市民自己选举市长，然后请长官任命，此种步骤并不抵触宪法，亦有必要。”[③]会议推举陈逸松、谢娥、王添灯、陈旺成、许乃昌、吕伯雄等人为起草委员，草拟台湾省地方自治法，送请中央参考，要求今年内实行县市长民选[④]。4日，台湾省宪政协进会在中山堂召开宪法演讲座谈会，游弥坚、陈旺成、谢娥、陈逸松、林惠、蔡章麟、黄启瑞、黄国书等人参加，决定请专家演讲宪法，扩大宣传，普及民众的宪法知识[⑤]。

为了突破宪法条文的约束，台籍精英搬出了《建国大纲》，指出国父的县自治设想位阶高于《中华民国宪法》，应以《建国大纲》为准，在行宪之前，可以实现县市长直选。

陈仪认为，县市长直选应在宪法实施后落实；台籍精英则认为，应在宪法实施前落实。就三年自治计划，陈仪认为，此举并无违宪处，如果违宪，一切以宪法条文为准；台籍精英认为，三年自治计划与宪法有抵触，1949年直选县市长太迟，应立即举行县市长民选。关于省自治法，台籍精英认为三年自治计划不妥，应由他们自己来制定，然后加以落实。从要求设置宪政实验省，试办县市长直选，到自订省自治法，台籍精英的地方自治诉求越来越高。既然陈仪不愿接受他们的要求，他们决定自己动手。

国民党为了发动内战，1946年10月，将国军六十二师黄涛部自台南调往天津。12月底，将七十师调往徐州。之前，国防部就台湾防务电询长官公署对七十师调防的意见，陈仪认为地方清平，治安无虑，不需要驻屯庞大的兵力，答复可以调往[⑥]。

接防驻台的国军二十一师仅有部分兵力先期赴台，包括独立团与工兵营，加上3个要塞守备大队的总兵力仅5251人。其中，3个要塞守备大队1532人，

① 台北《民报》，1947年1月21日，第三版。
② 台北《民报》，1947年2月4日，第三版。
③ 台北《民报》，1947年2月7日，第三版。
④ 台中《和平日报》，1947年2月5日，第三版。
⑤ 台中《和平日报》，1947年2月7日，第三版。
⑥ 彭孟缉：《台湾省“二二八事件”回忆录》，载《二二八事件资料选辑（一）》，台北：“中央研究院”近代史研究所，1992年版，第55页。

工兵营 517 人，负责台中以北监护任务；独立团 2500 人，担任嘉义以南监护勤务；警备总司令部本部所控兵力仅独立团的一营约 700 人。尚有军需仓库 450 余处、飞机场 64 处，均须分派兵力看守，台北及各县市的兵力极为薄弱。

1946 年 12 月底，据长官公署统计，全省失业人数共计 14307 人，其中男 12182 人，女 2125 人[①]。这个数字明显偏低。加上返籍台胞及出狱的流氓等，据估计，至 1947 年 2 月，全省失业人数应在 30 万人左右。

陈仪送走了 20 万日俘，以为台湾没有攻击国军的力量了，从此可以高枕无忧。他同意六十二师、七十师调回大陆，也是基于这样的考虑。而 20 万台籍日军退伍兵回到了台湾，返籍台胞中的许多人亲历二次世界大战，有过实战经验，经过千辛万苦，回到家乡，却又找不到工作，心生怨恨。

50 年来，台湾与大陆走上不同的发展道路。大陆战乱不断，无暇建设。台湾的现代化程度整体上早大陆半个世纪。光复一年多来，一些台胞渐觉内地状况不如其所想，于热烈希望之余而渐为怀疑，渐为失望。50 年后两岸重逢，种种不适应的症状暴露无遗。假以时日，双方增进了解，完全可以化解隔阂。整体上看，广大台胞心地善良，性情耿直，他们反对的是来自内地的贪官污吏，对来服务的外省人，他们是欢迎的。

1947 年 2 月，上海美钞及黄金风潮发生后，各地物价飞涨。在台北，蓬莱米 12 日涨至每斤 29 元。下午 3 时涨至 32 元，市郊的汐止达 36 元。平粜米仍维持原价，每斤 22.2 元，往日每人可购 20 斤，改为限购 5 斤或 10 斤不等[②]。各地报纸大幅报道米价暴涨，以刺激性的标题与语言来吸引读者，如《大明报》的《惨！两起两家全缢，米荒下的冤魂》[③]。此类报道不胜枚举。在物价暴涨重压下的底层民众见此更加恐慌。从 1946 年底台湾的产米量可知，由于走私，米价持续上涨，长官公署管制不力，大小商人乘机囤积居奇，进一步刺激米价上涨。

由于战争的创伤及社会的急遽转型，台湾重建面临着巨大困难。行政效率低下，出现贪污腐败的现象，引起广大民众强烈不满。长官公署的集权体制有利于接收，问题在于，大陆籍官僚垄断了台湾省的主要权力，使得台籍精英参政无门，严重挫伤他们建设家乡的积极性，视长官公署为“新总督府”。台籍精英参选各级民意代表，议论时政，指责大陆籍官僚的劣政。陈仪接收日产，建立起庞大的公营经济体系，效率不彰，统制政策束缚了台湾民营企业的发展。陈仪虽竭力保持台湾金融货币系统的独立性，台币仍然大幅贬值，通货膨胀，物价飞

① 《各县市调查失业人数》，载《台湾省统计要览》第 3 期，台北：1947 年，第 196 页。

② 天津《大公报》，1947 年 2 月 13 日，第二版。

③ 台北《大明报》，1947 年 2 月 18 日，第四版。

涨。原材料缺乏，大批日籍技术人员的迅速撤离，导致工厂普遍开工不足，失业问题严重。滞外台胞返籍，一群经过实战的社会闲散人员生活无着，对台湾社会构成巨大的隐患。

第三节 “二二八事件”

一 缉私血案的发生与“二二八”请愿事件的扩大

1947年2月，烟酒走私越来越多。专卖局无力查缉上规模的香烟走私与批售，于是，全力取缔街头摊贩，没收他们的香烟。

2月27日，台籍线人秦朝斌密告台湾省专卖局业务委员会，淡水街福泰山船头行私贩香烟火柴55箱，放在行对面怡红酒家邻家院笥货店内①。专卖局业务委员会常务委员李炯支、第四组组长杨子才派叶德根率职员钟延洲、傅学通、刘超群、盛铁夫、赵子键，会同警察大队警员蔡厚勋、何惠民、张国杰、张启梓，于下午2时前往淡水查缉，没有收获。叶德根等人返回台北市区，继续查缉。

晚7时，在台北市圆环天马茶房附近卖私烟的烟贩近20人，一如往常。为缉获烟贩，叶德根等人佯装买烟，拿住香烟后才亮出身份，反应敏捷的烟贩见势不妙，带烟狂奔，林江迈猝不及防，无法脱身。

叶德根、钟延洲要把查获的香烟拖到月环附近的卡车上。林江迈哀求：“我家口三个人只靠香烟生活，我的子弟要念书，请你可怜还我一部分。”叶德根无动于衷。林江迈紧紧抓住自己的香烟，不肯松手，那可是她一家三口的活命钱。叶德根举枪砸下，林江迈前额被擦破，疼痛难忍②。

围观的民众看到查缉员蛮不讲理，打伤老妇，义愤填膺，纷纷上前围殴查缉员警及密报人秦朝斌，打伤查缉员赵子键、警员张启梓，焚毁专卖局卡车一辆。

查缉员见势不妙，分头逃跑。穿国防色中山装、留长发的傅学通慌不择路，见后有市民追赶，前有路人阻挡，慌乱之中，开枪示警③。然后向永乐府左边小巷逃跑。子弹击中围观市民陈文溪左胸部。周围人拿了一块门板，把陈文溪扛到港町洪外科医院抢救，注射两次，不治身死，前后仅半小时④。

---

① 《秦朝斌报告》，载《台湾“二·二八”事件档案史料》（上册），北京：档案出版社，1991年版，第300页。

② 《林江迈口供》，载《台湾“二·二八”事件档案史料》（上册），第326页。

③ 《鲍良傅等调查“二二八”事件发生经过报告》，载《台湾“二·二八”事件档案史料》（上册），第297页。

④ 《徐禄口供》，载《台湾“二·二八”事件档案史料》（上册），第300—303页。

怒火中烧的民众见专卖局职员殴伤老妇，枪杀无辜，更加愤激，涌至附近的台北市警察局，要求查办肇事员警。夜 9 时，专卖局业务委员会常务委员李炯支、第四组组长杨子才知悉流血事件，立即赶到出事地点，车行至天马茶房，见有百余人围烧卡车，当即转至台北市警察局。此时，警察局门前围有六七百民众，警察局陈松坚局长努力维持，幸告无事。

李炯支、杨子才向民众恳切表示，此次发生不幸事件，自当切实依法严办。市民不予理会，坚决要求将肇事的查缉员警交出。李炯支、杨子才将专员叶德根，查缉员盛铁夫、钟延洲、刘超群、傅学通送到宪兵队看管，又会同警察局长陈松坚赴台北医院，将已受重伤的查缉员赵子键转送宪兵队。

专卖局查缉员作恶已久，民众忍无可忍。查缉员尚未到齐，民众就要求将已送到的查缉员准予 28 日枪决，以平民愤。李炯支、杨子才以法律有明文规定，不宜擅自答复，后将查缉员由宪兵队转台湾省警备总司令部，移送台北地方法院讯办①。

3 月 1 日，长官公署派专人送给林江迈台币 5 万元支票，充作医药费。住院医药费花 800 元。3 月 5 日，林江迈出院，8 日身体完全康复。林江迈无权无势，不想再控告凶手："因至现在有得机关慰问，损失价值折抵过的去，想不要告他们。"②

圆环缉私血案属偶发性事件，民众无组织，打抱不平，针对的仅是当事凶手。长官公署如果能立即处罚杀人凶手，给民众一个满意的交待，完全可以平息民众的愤怒，把事件的影响力控制在圆环一带，不致扩大。而民众的正当要求未能得到满足，故积愤于怀，从而升高了官民对立的情绪。

28 日，星期五，晴。一大早，林秉足获悉好友陈戊已的三叔陈文溪被杀，即与陈戊已、庄传生，率众自江山楼一带出发，竖起抗议标语白布条，队伍百来人，经迪化街、南京西路、延平北路、北门、忠孝西路、重庆南路，向台北专卖分局（现重庆南路一段 27 号彰化银行处）前进。铙钹手为陈戊已，击鼓手有大稻埕一带的周清波、庄传生，游行队伍沿街有人加入，民众一路高呼"严惩凶手，杀人偿命"③。

林秉足等人振臂一呼，是要惩办凶手。这激起台北市许多民众的共鸣。底

---

① 《专卖局致台湾省警备总司令部代电》，载《台湾"二・二八"事件档案史料》（上册），北京：档案出版社，1991 年版，第 334—336 页。

② 《林清安口供》、《林江迈口供》，载《台湾"二・二八"事件档案史料》（上册），第 329—332 页。

③ 《王云青先生访问纪录》，载《口述历史》第 4 期，台北："中央研究院"近代史研究所，1993 年版，第 20—21 页。

层民众痛恨专卖局警员平日作威作福，欺压百姓。受承租房产、米价暴涨刺激的广大民众，早已对长官公署的低劣政治表现不满，把斗争的矛头指向专卖局。台北市一些民众以缉私血案未得到妥善解决，沿街打锣通告，鼓动市民罢工罢市。全市商行，立即响应，关门闭户，民心愤慨，群情激昂。

一批民众打鼓敲锣，至太平町一丁目派出所，该所黄警长上前欲加制止，因其平时借势凌民，广大群众围打黄警长，捣毁所内玻璃、用具。10时，群众百余人冲进位于本町的专卖局台北市分局，砸烂门窗玻璃，殴毙该局职员2名、伤4名，把局里库存的火柴、香烟、酒及汽车一辆、脚踏车七八辆，抛到路中，纵火焚毁。围观的民众不下二三千人。宪、警闻讯赶到，势单力孤，惮于民众怒火，无法制止，避开归队。下午1时，群众至南门，包围台湾省专卖总局，宪、警事先戒护，未被捣毁，劫焚该局俱乐部及部分宿舍器物。

下午2时左右，由中山南路及大稻埕与万华等地群众，高举旗帜，其间亦有持日本军刀、铁棍、木棒，甚至有少数持土枪及手枪者夹杂其间，敲鼓打锣，高呼口号，至长官公署向陈仪请愿。公署早已获报，戒备森严，预先被推定的几名代表上前与卫兵交涉。陈仪与幕僚筹谋对策，及寻找闽南语翻译人员准备出见，请愿民众迫不及待，与守卫激烈冲突，喊打阿山声不绝于耳，发生冲突。有人抢夺卫士枪支，开枪击伤卫兵1名，卫兵不得不开枪还击，驱散民众，死伤各一，逮捕群众6人。台湾省警备总司令部(下简称“警总”)武装人员闻讯赶来，在公署四周布岗警戒。

陈仪向蒋介石报告说：“当日下午三时聚众千数百人，持旗鸣锣击鼓向本公署直冲，员警阻止无效，甚至开枪劫夺警卫枪支，卫兵还击，毙一人伤二人，幸将群众驱散。”①

群众请愿不成，反遭枪击，更加愤懑。他们控制台湾广播电台，广播的主要内容是批判贪污、米粮外溢、民不聊生等，号召民众驱逐各地的官吏。台北市的群众抗争很快演变为全台群众运动。

经广播电台的不断鼓动，学生全部停课，各机关、团体台籍员工逃走一空。

群众在全市搜寻外省人，疯狂报复，不分老幼、男女及职业，凡是街上穿中山装、西装及说国语者，或被殴伤，或被击毙。旅舍、公共汽车及各县市驶来台北火车站的外省人，受害最烈，死伤甚众。他们的斗争目标本来是贪官污吏，却波及到一部分无辜的外省人，反映出无组织的群众运动有时呈现非理性状态。

陈仪估计“台北市俭(28)东(1)两日客籍公教人员初步调查被毒打受伤者

---

① 《陈仪致蒋介石电》，载《二二八事件文献续录》，台北：正中书局，1992年版，第376页。

866 人，立毙命者 33 人，失踪者 7 人。”[①]

许多台胞不认为来台的大陆军公教人员都是贪官污吏，对群众运动中的过激行为不认同，看到被穷追猛打、孤立无助的大陆籍同胞，多能施以援手。若干年后，被救的大陆籍同胞记忆犹新。28 日，新竹县长朱文伯自桃园到台北，准备向土地银行和善后救济分署接洽新竹县农田水利，及修理学校校舍的贷款和补助费，到了太平町中段，就被民众拦住去路，遭到殴打。台籍义士吴深潭挺身而出，掩护他躲到附近小巷自己的朋友林刚朗家里[②]。长官公署感慨“台民之间，救护藏匿外省籍人员者，在在皆是”[③]。如果不是许多善良台胞的救助，大陆籍军公教人员命运堪忧。

“二二八”请愿血案是陈仪处置“二二七”缉私血案不当的产物，使缉私血案扩大和升级，从圆环一隅扩展到全台北市，从少部分民众与查缉员间的冲突转化为台北市民与长官公署间的对立。

警总为维持治安，宣布临时戒严。晚 8 时后，台北市各道路要冲，军警、宪兵荷枪实弹，密布站岗，施行戒严，行人绝迹[④]。所谓戒严，即对滋事人员，可以不经过司法审讯，立即枪决。台胞不知戒严为何物。

当晚，陈仪致电蒋介石：“台省防共素严，惟廿七日奸匪勾结流氓，乘专卖局查禁私烟机会，聚众暴动，伤害外省籍人员，特于廿八日宣布临时戒严，必要时当遵令权宜处置等语。”[⑤]陈仪为地方大员，实施临时戒严，必须向南京国民政府报告，以征得同意。他将缉私血案与“奸匪”（指共产党）联系起来，对“二二八事件”的定性完全颠倒。

二 台籍精英要求政治改革

3 月 1 日 10 时，台北市参议会在中山堂召开紧急会议，邀请国民参政员、国大代表及省参议员参加，讨论缉私血案及群众抗议，筹划对策，决议成立“缉烟血案调查委员会”，由周延寿议长任召集人，提出紧急动议：“（一）即刻撤销戒严令；（二）即刻释放被捕市民；（三）请长官即刻命令军、警不可开枪。”公推黄朝

① 《陈仪报告二二八事件情形致吴鼎昌等电》，载《台湾“二·二八”事件档案史料》（下册），第 796 页。

② 朱文伯：《“二·二八”被殴记》，载《台湾月刊》1947 年 4 月，第 27—28 页。

③ 《台湾省二二八事件调查报告纪要》，载《台湾“二·二八”事件档案史料》（上册），第 362 页。

④ 《二二八事件的经过》，载《二二八官方机密史料》，台北：自立晚报社文化出版部，1991 年版，第 40—42 页。

⑤ 《陈仪呈蒋主席二月俭电（大溪档案）》，载《二二八事件资料选辑（二）》，台北：“中央研究院”近代史研究所，1992 年版，第 64 页。

琴议长、省参议员黄纯青、王添灯，市参议长周延寿、市参议员张晴川及国民参政员杜聪明、林忠等，向陈仪请愿①。

11时半，周延寿等人至长官公署，向陈仪提出三项要求："(一) 立即撤销戒严令，制止军、警开枪；(二) 释放被捕之台胞；(三) 政府派员与民意机关合组紧急处置委员会。"②陈仪表示："凡有关台胞之福利意见无不接受。"③

为缓和民众怨气，陈仪立即发放抚恤金，被击毙的陈文溪获台币20万元，受伤的林江迈获5万元及医疗费，请议长派员到警总领取，移交被害人④。下午，陈仪派民政处长周一鹗、交通处长任显群、工矿处长包可永、农林处长赵连芳、警务处长胡福相参加台北市参议员及省参议员、国民参政员、国大代表等组织的"台北市二二八事件处理委员会"。次日，又派柯远芬和台北市宪兵团长张慕陶加入。

按照司法程序，应由司法机关来调查"二二八"血案，民意代表介入是于法无据。因民众对司法公正性的不信任，既然民意代表主动要求介入，陈仪顺水推舟，希望借助参议会的力量，在官民之间起到缓冲作用，化解民怨。陈仪无兵可用，戒严实际上起不到约束群众的作用，又不想南京国民政府介入事件的处理，以免授政敌攻击的口实。因此，他希望台籍士绅能够主持公道，消除官民间的对立情绪，使台北市尽快恢复正常。

下午5时，陈仪发表广播谈话，言词诚恳，向全市民众呼吁："缉私烟误伤人命的人，已交法院严格讯办，处以适当的罪刑。一个被打伤的女人，伤势并不重，但我已经为她治疗，并给以安慰的钱，一个因伤死亡的人，我已经很厚的抚恤他了，这件事的处理，我想你们应可满意的。"宣示："自今晚十二时起，解除戒严。""我知道大多数的台湾同胞，是守法而安分的。希望你们今后要信赖政府，与政府合作，自动自发的维持治安，严守秩序，恢复二十七日以前的情形。"⑤

台籍精英蒋渭川不是民意代表，因其在台北市的影响力，各方均邀其出面，收拾大局。在警总、国民党台湾省党部的力邀下，蒋渭川决定出来处理危局⑥。

3月2日上午，蒋渭川见陈仪，面陈一年多来接收招来的民怨最终爆发。他谈道，民间负责人畏惧政府追究，已成骑虎之势，希望长官再作宽大处理，以释

① 《3月1日中央社讯》，载《二二八官方机密史料》，台北：自立晚报社文化出版部，第12页。

② 《中央社台北1日下午2时发参考电》，载《二二八官方机密史料》，第10页。

③ 《3月1日中央社讯》，载《二二八官方机密史料》，第13页。

④ 《3月1日中央社讯》，载《二二八官方机密史料》，第14页。

⑤ 《陈仪对台湾同胞第一次广播词》，载《台湾"二·二八"事件档案史料》(下册)，第690—691页。

⑥ 《二二八事变始末记》，载《蒋渭川和他的时代》，台北：前卫出版社，1996年版，第8页。

群疑，并望处理委员会组成分子，除省市参议员、国大代表、参政员及政府代表外，容纳其他人民代表[①]。陈仪表示，在容许的范围可以宽大处理。

下午 3 时，陈仪发表广播谈话，再次呼吁台北市民众："（一）凡是参加此次事件之人民，政府念其冲动，缺乏理智，准予从宽，一律不加追究。（二）因参与此事件，已被宪警拘捕之人民，准予释放，均送集宪兵团部，由其父兄或家族领回，不必由邻里长保释，以免手续麻烦。（三）此次伤亡的人，不论公教人员与人民，不分本省人与外省人，伤者给以治疗，死者优予抚恤。（四）此次事件如何善后，特设一处理委员会，这个委员会，除政府人员及参政员、参议员等外，并参加各界人民代表，俾可容纳多数人民的意见。"他希望"大家立刻安下心来，赶快恢复二月二十七日以前的秩序"[②]。

陈仪的广播讲话未能平复群众情绪。台籍精英要求省政改革的呼声一浪高过一浪。

"二二八事件"很快波及全岛。

3 月 1 日 10 时，台中、彰化等县市参议会召开紧急会议，赞同台北市参议会所提要求，附加上："请废止长官公署制度，改为省制，实施省、县、市长选举；改组台省高级人员，起用省内人才。"分别致电长官公署及全省各地参议会，并派员北上慰问台胞死伤家属[③]。各县市的民意代表纷纷响应。至此，"二二八事件"已非处理单纯的缉私血案与请愿血案，而是全省范围的政治改革运动。

2 日下午 3 时许，台北市"二二八事件"处理委员会在中山堂召开第一次会议。官方代表主张维持治安，恢复秩序；民间代表则主张撤销警察大队，改革省政，不限于单纯缉私血案的处理。政府五委员被迫退出，这样，民间代表完全控制了台北市处委会。

台籍精英对社会闲杂人员的打砸抢表示反对，希望民众保持安定，不可再打外省人。民众代表可以随时面见陈仪，坦诚交换意见，双方对维护台北市的稳定有共识。陈仪无权决定台湾的行政体制。要根本解决问题，台籍精英主张，应由南京国民政府出面，速派大员来台，加以调处，尽快落实地方自治，改革台湾省政。

6 日下午 2 时，"台湾省二二八事件处理委员会"（下简称"省处委会"）在中山堂补开成立大会，到会者有各界选出的委员约 50 人及旁听市民数百人。大

---

① 《台湾暴动事件纪实》，载《台湾"二·二八"事件档案史料》（上册），第 237—238 页。

② 《陈仪对台湾同胞第二次广播词》，载《台湾"二·二八"事件档案史料》（下册），第 691—692 页。

③ 《3 月 1 日中央社讯》，载《二二八官方机密史料》，第 16 页。

会选举"省处委会"常务委员：台北市参议会议长周延寿、副议长潘渠源、简柽堉、吴春霖、徐春卿、省参议会议长黄朝琴、王添灯、黄纯青、林为恭、苏维梁、郭国基、国大代表李万居、连震东、林连宗、黄国书、参政员林献堂、陈逸松①。"省处委会"的核心成员由台北市参议员、台湾省参议员、国大代表、国民参政员组成，蒋渭川一派无人上榜。

"省处委会"提出《二二八事件处理大纲》，共 32 条，主要内容有：政府在各地之武装部队，应自动下令暂时解除武装，武器交由各地处理委员会及宪兵队共同保管，以免继续发生流血冲突事件；政府武装部队武装解除后，地方之治安，由宪兵与非武装之警察及民众组织共同负担；制定省自治法为本省政治最高规范，以便实现国父建国大纲之理想；县市长于本年 6 月以前实施民选，县市参议会同时改选；省各处长人选，应经省参议会（改选后为议会）之同意；省参议会应于本年 6 月以前改选，目前其人选由长官提出，交由省处理委员会审议；省各处长三分之二以上，须由在本省居住 10 年以上者担任之（最好秘书长、民政、财政、工矿、农林、教育、警务等处长应该如是）；警务处长及各县、市警察局长，应由本省人担任；省警察大队及铁道、工矿等警察，即刻废止；一切公营事业之主管人，由本省人担任；设置民选之公营事业监察委员会；日产处理，应委任省政府全权处理；各接收工厂、矿，应置经营委员会，委员须过半数由本省人充任之；撤销专卖局、贸易局②。

王添灯等人发表《告全国同胞书》，强调："我们的目标是在肃清贪官污吏，争取本省政治的改革，不是要排斥外省同胞。我们欢迎外省同胞，来参加这次改革本省政治的工作，以便台湾政治的明朗，早日达到目的。""至于二二八那天，有一部分省外同胞被殴打，这是出于一时误会，我们觉得很痛心，但也是我们同胞的一个灾难。今后，绝对不再发生这种事件，希望大家放心出来，向这个目标迈进。"③

审视三十二条，改革台湾省政的要求非常具体。军队台湾化，这种危机意识是国军接收台湾后发生的，针对军警的不法行为，是要反对内战。鉴于人事上的省籍歧视政策，所以硬性规定台人在各级机构的参政比例。

三十二条没有把土地分给农民、没有实行八小时工作制的条文，漠视广大工人、农民的利益，反映了台籍资产阶级的诉求，政治上要当家作主，经济上要发展民营经济，维护台湾的利益与安全。他们把这样的省政改革限定在中华民

---

① 《3 月 6 日中央社讯》，载《二二八官方机密史料》，第 109 页。

② 《二二八事件处理大纲》，载《二二八官方机密史料》，第 130—136 页。

③ 《告全国同胞书》，载《二二八官方机密史料》，第 111—112 页。

国的体制范围内，不是排斥外省人，对于一些外省人被殴，深表歉意，政府一半以上或三分之二以上的职位由台籍人士出任，而非全部，用意在于此。

6 日晚 8 时半，陈仪发表广播谈话，向台胞承诺政治改革："第一、省级行政机关，我已考虑将行政长官公署改为省政府，向中央请示，一经中央核准，即可实行改组。改组时，省政府的委员、各厅长或各处长，要尽量任用本省人士。""第二、县市级行政机关，我已预定在预备手续能完成的条件之下，县、市长于七月一日民选。"要求"大家赶快镇定下来，协助政府恢复秩序，解决粮食问题，准备改组省级政府，及民选各县、市长。"[①]

在"二二八事件"这样一个大规模的群众运动中，各种要求迭出，激进的政治主张，如打倒国民党统治，与中共的宣传一致，个别人的"托管"、"独立"言词有美国驻台北领事馆的背景。这些言词绝非主流，也改变不了"二二八事件"的性质。台籍精英的诉求主要是省政改革，达成县市长直选，发展自由资本主义经济，保障人民的权益，实现地方自治。

3 月 7 日，"省处委会"在中山堂开会，"台湾省政治建设协会"的吕伯雄提议另组台湾省改革委员会。下午会议中，吕伯雄提议"取消警备司令部"等，鼓动民众；又有第二人提出"国军缴械"，群众的建议杂乱无章[②]。下午 3 时半，"省处委会"举行全体会议，由临时主席潘渠源宣布开会后，除原案共三十二条一致决议通过外，追加通过十条，主要内容是：本省陆海空军应尽量采用本省人；台湾行政长官公署应改为本省政府制度，但未得中央核准前，暂由二二八处理委员会之政务局负责改组；警备司令部应撤销，以免军权滥用；本省人之战犯及汉奸嫌疑被拘禁者，要求无条件即时释放；送与中央食糖 15 万吨，要求中央依时估价拨归台湾省[③]。

与三十二条相较，十条较为激进，挑战南京国民政府对台湾的治权。一些支持台籍精英诉求正当性的人士认为，十条并非王添灯等人的本意，是国民党特务嫁祸"省处委会"。其实，十条并不新鲜。要回 15 万吨糖，台北《民报》早有社论呼吁；释放台籍汉奸战犯，民众已多番请愿；撤销警总，是要武装部队放下武器的延续，以免军权滥用。

王添灯对十条未多加思索，晚 7 时，他向全省广播四十二条。8 时，"省处委会"集体赴长官公署，向陈仪提交四十二条。陈仪见此要求，严词拒绝[④]。从王

---

① 《陈仪对台胞第三次广播》，载《二二八官方机密史料》，第 113—115 页。

② 《新生报》，1947 年 3 月 12 日，载《二二八官方机密史料》，第 147 页。

③ 《处理大纲全文四十二条》，载《台湾"二・二八"事件档案史料》(上册)，第 254—255 页。

④ 《台湾暴动事件纪实》，载《台湾"二・二八"事件档案史料》(上册)，第 251 页。

添灯等人的举动可知，他们并不反对十条。

台籍精英要求的军事体制改革，将动摇南京国民政府对台湾的军事控制权；政治体制改革，将削弱南京国民政府对台湾的治权，抵触中央集权制度；经济体制改革，如日产归台人管理、撤销专卖局、贸易局等，冲击南京国民政府的公营经济政策。

台籍精英蒋渭川等人主张体制内推进省政改革，不赞同四十二条。为了表明立场，一些台籍精英以“省处委会”的名义发表声明，以正视听：“查三月七日，本会议决，提请陈长官采纳施行之三十二条件，因当时参加人数众多，未及一一推敲，例如撤销警备总部、国军缴械，迹近反叛中央，决非省民公意；又如撤销专卖局，固为商人所喜，然工会则不赞成，殊不足以代表本省人民利益。”表示“本会认为改革省政之要求，现已初步达成，本会今后任务，厥在恢复秩序，安定民生。愿我全省同胞，速回原来岗位，努力工作，并请本市各校学生，自下星期一照常上课，各业工人即日分别复工”[①]。

从3月1日，台籍精英介入“二二八事件”的处理，要求节节升高，到9日回到事发前立场。可见台籍精英并没有统一的政治诉求。四十二条并非深思熟虑的产物。

台籍精英组织“二二八事件处理委员会”，介入缉私血案，在官民间加以疏导，维护了社会的稳定，避免了更多的大陆军公教人员被殴，对社会闲散人员的打砸抢行为予以制止。经过该组织的努力，台北市的交通得以恢复，粮食供应可保无虞，把民众改革的诉求集中起来，要求陈仪转呈南京国民政府，实现台湾省政改革，使台湾形势渐渐好转起来。可以说，“处委会”在当时混乱不堪的环境中，对稳定台北市社会治安起到了积极的作用。

三　十六县市的抗争

台北市是“二二八事件”的发源地与中心，对全台16县市产生示范效应，反过来全台各县市的抗争又推动了台北市民的斗争勇气。彼此相互激荡，使“二二八事件”发展成为波及全台的政治改革运动。

2月28日下午，在台北县政府所在地板桥，民众包围板桥车站，拦截火车，将车上外省公务员当做贪官污吏，拖下殴打。3月2日，省参议员林日高、国民参政员兼镇长林宗贤出面组织“服务队”，维持治安，劝阻勿殴打外省人，引导民众。6日上午，“二二八事件处理委员会板桥支会”，在板桥中山堂举行成立大会，林日高、各学校校长、各里长、群众代表等参加，由林宗贤镇长主持，讨论粮

---

① 《二二八事件处理委员会3月8日声明》，载《二二八官方机密史料》，第143—144页。

食供给、维持治安、乡土防卫等问题。整个台北县各地官民冲突在最初几日，经地方士绅的维持，治安很快恢复，民众伤亡很少。

基隆市距离台北市 29 公里，交通便利，“二二八事件”发生后，首先波及。3 月 4 日，全市 16 个团体代表共组“二二八事件处理委员会基隆分会”。受台北市影响，群众倍受鼓舞，要求按户征集壮丁，准备暴动。民众拟接收市政府、公安局及市区各机关，炸毁码头，占领车站，均以戒备森严无法实现。8 日下午 2 时，群众五六十人发动进攻，冲向基隆要塞司令部，守兵开枪还击，死十余人，民众撤退。

新竹市政府为确保地方治安，于 3 月 1 日召集参议员、区长等商讨应对方案，议决由各参议员及区长等劝阻民众，避免流血惨剧。5 日，“二二八事件新竹处理委员会”在市立中学开会，研议提交全省大会的提案：“一、关于本事件，公署要负全责。二、市、县长民选，即时实施。三、公署秘书长由本省人选出，各处长及各重要干部、法制委员会委员，半数以上应以本省人充之。四、一切公营事业，改为民营。五、专卖事业、贸易局、宣传委员，即时废止。”6 日上午，派代表 7 名北上参加全省大会①。

在新竹县，2 月 28 日晚，民众聚会，抨击长官公署的恶政，号召打倒贪官污吏。3 月 4 日，新竹县籍的原警总副官处长苏绍文少将，奉派担任新竹县防卫地区司令兼代新竹县长。苏绍文于 4 日夜抵桃园后，下令新竹地区戒严，控制桃园镇，沟通地方，安抚民情。因驰援台北市的部队在新竹一带受阻，新竹市、新竹县的国军力量相对较多，客家人民风淳朴，不好生事，加上官府准备较为充分，官民共同维持治安，所以新竹市、新竹县无大乱，民众伤亡较少。

台中市是中部地区的中心，也是台湾南北交通枢纽。“二二八事件”当晚，消息传至中部。3 月 2 日上午，民众在台中戏院集会。谢雪红自任主席，抨击政治腐败，鼓动民众起来反抗。民众围攻七五供应站第四支库，及第三飞机厂仓库。4 日下午，台中地区士绅及人民团体代表组织台中地区时局处理委员会。谢雪红组建二七部队，自任总指挥。5 日，台中市参议会、台中县参议会等团体召开县市人民团体联席会议，要求：“一、克日准备施行宪政，提早选举省、县、市、镇、乡长，实行地方自治，结束行政长官公署。二、改变向来一切设施，无视民意而不切合实际之作风，即刻改组各级干部，起用熟识本省情形之人才。”②谢雪红等人提出了完整的省政改革诉求，并且意识到武装斗争的重要性，组织军队，与官府抗争。因事起仓促，谢雪红等人无法控制台中市的局势。林献堂等

① 《新生报》，1947 年 3 月 7 日，载《二二八官方机密史料》，第 128—129 页。

② 《新生报》，1947 年 3 月 6 日，载《二二八官方机密史料》，第 90—91 页。

稳健派士绅占主导地位，与官府合作，官民共同维持治安，台中市的局势趋缓。

台中县属农业地区，官民矛盾较少，加上互相配合，局势较为平稳。

3月3日，彰化市各界人士组织“彰化市善后处理委员会”，决定该组织架构及委员人选。“处委会”协助市府处理各项突发事件，彰化市区虽一度爆发冲突，未陷入混乱，人员与财物损失轻微。

3月3日，来自台中、台南、彰化、新营、北港等地民众进入嘉义市。民众组织“嘉义市三二事件处理委员会”，推选三青团嘉义分团筹备处主任陈复志为主任委员兼作战司令，占领政府机关。民军约3000人攻打宪兵营、红毛埤第十九军械库、水上飞机场及东门町军营。嘉义市山高林密，向为多事之地，加上驻军力量薄弱，军械库较多，民风强悍，民众抢夺枪支，与国军激战，死伤惨烈。在全台“二二八事件”中，嘉义市是官民军事冲突最严重的一个地方。

3月1日，台南市街头出现号外，叙述“二二八事件”的起因及经过等，市民围看，秩序平稳。5日，台南市政府决定四大原则：“（一）不扩大；（二）不流血；（三）不否认现有行政机构；（四）政治问题用政治方法解决。”晚8时，台南市各界代表在市参议会讨论，组织“二二八事件处理委员会台南市分会”，推选韩石泉为主任委员①。经官民的配合，台南市民众提出省政改革诉求，秩序较为稳定。这种模式与台北市相近。

袁国钦出任台南县长一年有余，体察民情，推进地方建设，得到台胞的支持。台南县治位于新营。悉“二二八事件”，袁县长谨慎应付，劝谕居民各安生业。3月2日下午，自台北、台中南下民众、学生等十余人，进入镇内，鼓动起事。晚上，斗六、虎尾、嘉义、果石等区民情不稳。4日下午，台南县参议会召开紧急会议，讨论“二二八事件”善后方针，决议：“（一）军、宪、警不得任意开枪，及不可有挑衅的行动；（二）省、县、市长即时民选；（三）省公署各处长及重要机关，起用省民；（四）负责办理粮食问题；（五）即时废止贸易局、专卖局，各公司、工厂重要位置，起用省民；（六）无能及不负责公务员，即时解职；（七）确实履行民意机关之决议；（八）赶速分配公有土地，以救济失业；（九）各地方之治安，由各乡镇长、各村里长为中心而组织，挺身实行自警自卫。”②经官民的合作，台南县城较稳定。整体上看，台南县各地有一些小规模的官民冲突，无大乱，官民大体上相安无事。

2月28日，高雄市各机关即筹商，严嘱部属切勿轻言妄动，避免与民众纠纷，加紧办理粮食抛售，安定民生。3月4日下午，陈仪正式任命彭孟缉为南部

① 《民报》，1947年3月6日，载《二二八官方机密史料》，第106页。

② 《新生报》，1947年3月7日，载《二二八官方机密史料》，第128页。

防卫司令，划定嘉义、台南、高雄、屏东等县市为南部防卫区[①]。高雄市长黄仲图依照彭孟缉“以和平为怀，地方事件可由地方政府及民意机关解决”的指示，召集各界人士商筹对策，着手治安、粮食、交通、联络、宣传、救护等项工作，晓谕市民遵守法纪，不准打人劫物。

6 日上午 9 时，黄仲图市长拟赴高雄要塞请示办法，民众数十人持刀枪及手榴弹冲入市政府，涂光明等要求市长居先率赴司令部，黄仲图被迫答应。涂光明、范沧榕、曾丰明挟持高雄市长黄仲图、议长彭清靠、电力公司经理李佛续至要塞，提出和平谈判条件 11 条，如部队停止射击、缴械，所有眷属集中左营，运回大陆。涂光明拔出手枪威胁。周围官兵见状，将涂光明等人逮捕，不久正法。下午 2 时，彭孟缉下令反攻。彭孟缉单独采取军事行动，击溃民军，稳住高雄市，却违反了陈仪和平解决、静待援军的命令。11 日后，市面除戒严时间外，恢复平常状态。

在台北市“二二八事件”发生后，陈仪因无兵可用，持军事不介入立场，在民众攻打军政机关的情况下，陈仪才向蒋介石求援兵。为争取时间，他反对地方县市擅自以武力取缔民众抗争。彭孟缉争取主动，私自下山，攻打民军，使高雄市的秩序很快恢复。这对维持南部地区的稳定起到了作用。这种处理模式完全不同于台北市、基隆市、台中市、嘉义市等地的固守待援。

高雄县官民关系融洽，共同维持治安，局势较为安定。

屏东市政府处理得当，地方士绅深明大义，官民基本上相安无事。

3 月 4 日，花莲县民众召开大会，推马有岳为主席，组织地方处理委员会，要求改革不良政治。因官民相处得宜，局势相对安定。

台东县官民相处尚好，未发生大的冲突。

澎湖县政府平日施政方针多得民心。粮价稳定，民心得以安定。岛上缺粮，不易获援，根本没有起事的本钱。澎湖空雷不雨，安谧如常，未受台湾岛民众运动的波及。

“二二八事件”由缉私血案而迅速扩大，由经济而政治，由自发而有组织。它不是出于个别人所为，是台湾人民对光复一年多来政府施政措施不满的总爆发，由台湾省 17 县市民众的抗争运动构成。“二二八事件”是台湾人民在光复初期自发的要求省政改革的运动，针对的是国民党官僚低劣的政治作为。受到内地高涨的民主运动影响，主要诉求是早日落实台湾地方自治，直选县市长，改长官公署为省政府，废除专卖局、贸易局，分享政治权利、经济利益，建设自己的家乡。斗争方式包括和平谈判和武装斗争。从全中国的范围来看，它是战后全

---

① 彭孟缉：《台湾省“二二八事件”回忆录》，载《二二八事件资料选辑》(一)，第 58—64 页。

国民主运动的一个组成部分；从台湾独特的发展历史看，它是日据时期台籍精英要求自治的延续和发展。“二二八事件”是台湾人民自发的爱土爱乡运动，是官民冲突、阶级对立，而非省籍冲突、族群对立。由于统治者主要是外省人，而被统治者主要是台湾本省人，这样的官民对立常被误认为是省籍冲突。其实，外省人与本省人不存在根本的利害冲突，而统治者与被统治者因为阶级利益的差异，致不可调和的地步，则容易引发冲突，甚至革命。从台湾各阶层人民反对贪官污吏、欢迎内地同胞共建台湾，可见一斑。

四　军事镇压与宣慰

如何处理“二二八事件”，陈仪、柯远芬、张慕陶等人的看法不尽一致。作为行政长官公署的最高决策者，陈仪想和平解决。警总参谋长柯远芬、张慕陶等人一开始就主张军事镇压，对陈仪的退让颇有微词。

蒋介石起初不认为事件会扩大，无立即派兵的打算。至3月4日，民众攻打军政机关，各地的参议会实际上取代了政府。根据多方来电，蒋介石不能坐视不顾。8日，蒋介石召见第二十一师师长刘雨卿，部署赴台镇压事宜①。

蒋介石根据陈仪的请求，同意二十一师一个团速返台，令宪兵四团在福建的一个营归建制。3月5日，参谋总长陈诚报告蒋介石调兵赴台方案：“(1) 已令廿一师刘师长率师部及146B之一个团即开基隆，归陈兼总司令指挥。(2) 着宪兵第四团驻福州之第三营即开台湾归制。(3) 着调宪兵第廿一团驻福州之一个营即开基隆。”“务限虞日由上海、福州两地起运，径开基隆，不得违误。”②

同日17时50分，蒋介石急电陈仪：“已派步兵一团并派宪兵一营，限本月七日由沪启运，勿念。”③稍后，上海招商局总经理徐学禹致电陈仪：“奉令由局派海辰及(103)登陆艇装在沪廿一师师部及兵一团共四千人约佳到基，另派(102)登陆艇去榕载宪兵六百人约真日到基。”④从调兵方案可知，至3月5日，蒋介石才安排二十一师回防。

“二二八事件”发生时，正是国民党在大陆挑起反人民内战的时候，形势紧

---

① 秦孝仪：《总统“蒋公”大事长编初稿》卷六(下)，引3月5日蒋介石日记：“派第二十一师刘雨卿师长率部赴台湾维持秩序。盖台湾事件已演变至叛国及夺取政权阶段，而其暴乱且扩及于台北以外之台中、嘉义等县市也。”台北：中正文教基金会，1978年版，第398页。据美国胡佛研究所所藏蒋介石日记1947年3月8日记载，蒋记这一天：“召见刘雨卿等，指示对台湾注意各点。……正午约李翼中等对台湾处理具体方案。……晚课后批阅急务，与健生谈台湾事。”秦孝仪所引有何根据，待考。

② 《陈诚呈蒋主席(大溪档案)》，载《二二八事件资料选辑》(二)，第68—69页。

③ 《蒋主席致陈仪三月征电(大溪档案)》，载《二二八事件资料选辑》(二)，第70页。

④ 《徐学禹致陈仪电》，载《台湾“二·二八”事件档案史料》(上册)，第165页。

张，鹿死谁手，尚难逆料。而台湾，这块刚回归祖国的土地上，突然爆发反对长官公署的民众运动，对蒋介石的统治无疑是沉重一击，对在大陆开展的反内战、争民主运动是一个支持。政府的解决方法无非是和平或非和平方式。台湾兵力早已调到大陆，现有兵力单薄，陈仪借士绅控制民众、化解冲突的策略未能奏效，局势失控。

陈仪为了推卸责任，夸大事件的严重性。6 日，陈仪写信给蒋介石，详告“二二八事件”经过及发展情况，对于事件处置，陈仪断定：“就事情本身论，不止违法而已，显系叛乱行为。严加惩治，应无疑义。”为此，“台湾至少须有纪律严明、武器精良之国军两师，派大员主持。”①这个要求比先前令二十一师一个团归队的分量严重了。

7 日，刘雨卿在昆山奉蒋介石电话，于晚间赴南京并令师直属部队先以一部出发。8 日 10 时，蒋介石当面指示刘雨卿，令师司令部由昆山出发，于当夜登轮。9 日 10 时，刘雨卿由南京直飞台北，13 时 45 分降落松山机场，见陈仪，请示机宜②。刘雨卿带蒋介石手谕给陈仪，交待如何处置“二二八事件”。陈仪按照蒋介石的布置，先控制港口、铁路、机场，保证国军登陆，确保台北与高雄的安全，然后再宣布戒严，约束美国驻台北领事馆的行动。

3 月 8 日晚 10 时，台北部分民众袭击长官公署、警备总部、供应局仓库及警察大队、台湾银行等军政机关，一时枪声大作。

“二二八事件”到底为谁操纵，陈仪等人一致将责任推给中国共产党。10 日，保密局电告蒋介石：“台湾共党首魁谢雪红（女性），又名谢红（莫斯科劳动大学毕业，现为台湾共党首领），在台中设立指挥总部，台中全部公务人员俱被拘禁，集中拘押。”③

由于过分看重民众攻打军政机关的一面，忽视台胞正当的省政改革诉求，陈仪、中统局、军统局等单位一致主张军事镇压。作为最高决策者，蒋介石接受了这样的判断，很快做出决定，派兵赴台，恢复秩序。

正在福州的闽台监察使杨亮功 3 月 5 日接到于右任的电报，命其调查处理“二二八事件”。他即和福建省主席刘建绪接洽交通工具。“海平”轮拟运一营宪兵调防赴台，杨亮功恐被误解为带兵镇压，但别无交通工具，唯有搭乘该轮。

---

① 《陈仪呈蒋主席三月六日函（大溪档案）》，载《二二八事件资料选辑》（二），第 76—79 页。

② 《陆军整编第二十一师对台湾事变戡乱概要》，载《二二八事件资料选辑》（一），第 198—200 页。

③ 《保密局呈蒋主席三月十日情报（大溪档案）》，载《二二八事件资料选辑》（二），第 141 页。1947 年 3 月 9 日蒋介石日记记载：“朝课后写公侠（即陈仪——引者注）信，召见刘雨卿等指示到台湾后之方针与部署毕。”这条记载可与大溪档案相呼应。

7日下午5时，“海平”轮出航，8日7时抵基隆港。因基隆港有民众，宪兵未登岸。为便利宪兵登陆，基隆要塞司令部奉令驱散港口民众。晚8时，岸上有电报来，说10时可以进港。其时大雨倾盆。

宪兵登陆后，得长官公署被袭击电话，即派一部分增援，分乘5辆卡车星夜驶台北，杨亮功及其随员同车，至七堵八堵间，遇民众袭击，一路还击前进，9日凌晨3时至台北，驰援各被民众袭击的机关。

9日晚，国军二十一师四三八团先后全部到达基隆港，以一部登陆警戒。10日午前，四三八团迅速逼近台北，控制台北、基隆段各要点。12日，师司令部及直属部队由基隆进驻台北，四三六团经11日夜不断输送，拂晓前在台北火车站集结完毕，清晨乘火车向新竹推进，至中午控制新竹、桃园等地。空运的第三营有一个连到达嘉义，该团副团长彭时雨与第一营协作进入市区，向红毛埤民军追击。一四六旅旅部及直属队当晚到达基隆。四三六团向台中挺进，于13日正午前到达[①]。

国军增援台湾的部队，全部加起来不过一个师。而台湾受过军事训练的民众起码在20万人以上，参加军事抗争的民军近万人。国军推进较为顺利，这完全出乎蒋介石、陈仪、刘雨卿等人的意料。这也从侧面证明台籍精英想以谈判方式实现省政改革，而政府却以暴力来处理“二二八事件”。

3月9日，台北再次戒严。陈仪有军队做后盾，恢复强硬的姿态，逼迫民众，必须立即恢复正常社会秩序，强调国军来台，是要消灭“乱党叛徒”，不是对付老百姓。陈仪等人为推卸责任，掩盖擅自处理“二二八事件”不当造成的全台大乱，不顾“二二八事件”的主流在省政改革，以四十二条作为“背叛国家”的证据，并将全台湾省的“二二八事件”定性为暴乱。正是陈仪等人对“二二八事件”的错误定性，造成军队屠杀民众。

3月10日，陈仪以“省处委会”近日的行为，“越出要求改革政治范围，迹近背叛祖国”，下令解散。长官公署查封《重建日报》、《民报》、《人民导报》、《大明报》、《中外日报》[②]。《人民导报》社长宋斐如被拘押，《民报》社长吴春霖、《重建日报》社长苏泰楷、《中外日报》董事长林宗贤、《大明报》社长艾璐生等新闻从业人员被捕。省党部宣传处长林紫贵主办的《国是日报》亦不能幸免。

国民党台湾省党部、三青团在“二二八事件”中鼓动群众，扩大风潮。三青团台湾支团主委李友邦，省党部委员林紫贵、调查室主任苏泰楷，新竹市党部指

---

① 《陆军整编第二十一师对台湾事变戡乱概要》，载《二二八事件资料选辑》(一)，第201—203页。

② 《和平日报》，1947年3月17日，载《二二八官方机密史料》，第155—156页。

导员彭德，台北市警察局长陈松坚均被捕。

经过司法程序，4 月初，台北地方法院宣判："傅学通杀人，处死刑"，"叶德根伤害人之身体，处有期徒刑四年六月"，"盛铁夫、刘超群、钟延洲及赵子键四人均无罪。"长官公署放出这条消息，是要安抚民众，解决缉私血案。台湾高等法院判傅学通有期徒刑 10 年[①]。傅学通、叶德根上诉，称他们是在执法，要求改判他们无罪。

为防止国军滥杀无辜，3 月 13 日，蒋介石命令陈仪："请兄负责，严禁军政人员施行报复，否则以抗令论罪。"[②]二十一师为川军部队，军风军纪较佳。蒋介石、陈仪为保护善良民众，严禁军人乱杀无辜。因采取武力镇压，军宪警在实际执行过程中，枪杀无辜是很难避免的，何况，认定奸匪暴徒的随意性很大。

蒋介石、陈仪视台湾为交战区域，调动军队展开军事镇压，而非循司法途径解决。在基本控制了台湾交通要道及主要城市后，为稳固统治，3 月 21 日，陈仪展开清乡，肃清可疑分子，办理自新，来消灭潜在的反抗力量。国军清乡是军事镇压的组成部分。在二十一师开到台湾的最初几日，民军望风而退，民众死伤人数很少，但在持续一个多月的清乡中，民众死伤颇多。

"二二八事件"中，民众以其熟悉的方式来反对长官公署，因受日本 50 年的殖民统治，一些台胞的行为难免受到日本色彩的影响。陈仪一开始将"二二八事件"的责任推给共产党，恢复秩序后，他觉得是台胞奴化太深、不体谅祖国所致，这是强人所难。在国民党官方的"二二八事件"调查小册子中，都一味强调台胞奴化，中毒太深。

经过"二二八事件"的重创，陈仪等人深感，光靠武力，虽可平"二二八事件"于一时，根本还在于台湾的彻底中国化，要让台胞使用汉语汉字，穿中国服饰，读中国书，吃中国菜，了解祖国悠久的历史和灿烂的文化，与大陆同胞互相往来。陈仪等人意识到，此举必须从青少年抓起，因此，强迫台胞使用国语国文，禁止使用日语，甚至连闽南话、客家话都不准使用，加强对中小学学生的中国历史与地理知识的灌输，宣传中华传统文化。"二二八事件"后，台湾的中国化进程加剧，日本色彩在消褪。

有过大陆经历的台籍精英，对自己同胞在"二二八事件"中的一些过激行为也不认可。他们认为，关键在于台湾没有经历过类似大陆的新文化运动。要想使本省人与外省人在感情上和心理上彼此包容，必须改造台湾的文化。4 月底，

---

① 《台湾省专卖局签呈》，载《二二八事件档案汇编》（五），台北："国史馆"，2002 年版，第 35 页。

② 《蒋主席致陈仪三月元电（大溪档案）》，载《二二八事件资料选辑》（二），第 163 页。

台籍志士刘启光、游弥坚、谢东闵、林忠与台籍士绅林献堂、杜聪明、谢娥、陈逢源等人，发起“台湾新文化运动委员会”，旨在“发动长期性的大规模民众启蒙运动；号召台胞认识新时代、新环境，树立新意识、新生活”。

光复一年半来，岛内外台胞多次呼吁改革台湾省政，蒋介石未予认真考虑，倚重陈仪治台。直到“二二八事件”突然爆发，广大台胞自发起来，要求省政改革，长官公署统治几乎不保，蒋介石才高度重视。

3月11日，南京国民政府宣布派国防部长白崇禧赴台宣慰。17日，白崇禧一行飞台。当晚6时30分，白崇禧向台胞广播：“在政治制度上，决将现在台湾行政长官公署改组为台湾省政府，各县市长可以定期民选，各级政府人员以先选用台省贤能为原则。在人事上不分畛域，一律平等待遇。在经济上极力奖励民营企业，发展国民经济，至于此次与事变有关之人民，除共党分子煽惑暴动，图谋不轨者，决予惩办外，其余一律从宽免究。”①

白崇禧视察基隆、高雄、屏东、台南、台中、彰化、新竹各县市，前后5天，与地方政府及民意代表交换意见，获取对“二二八事件”的感性认识，研拟善后具体方针。他站在南京国民政府的立场上，对台胞的一些过激行为提出善意的批评，宣示宽大处置方针，安抚民众。28日上午，白崇禧在中山堂召集省参议员、台北市、县参议员、市政府职员等地方干部1000余人训话，阐述“二二八事件”善后的具体办法。经白崇禧的阻拦，台湾的暗杀之风渐渐止住，人犯依司法审讯，一大批民众得以保全生命。4月2日，白崇禧飞返南京，7日在中枢纪念周报告“二二八事件”经过及善后措施。经白崇禧的宣慰，台胞的损失得以减少。

白崇禧整理各方意见，4月14日，将台政改进意见送蒋介石。行政方面，台湾行政长官公署可即改组为省政府，并增加省委名额（拟增为15人），并酌增必要厅处；二、各厅处可增设副主官，选用台省人士，培养其行政能力，各县市亦可同样办理。经济方面，于三年内在经济上中央似应扶助台湾，而不取给台湾，方可收揽人心；从速将台省公有土地放租；专卖制度过去经理欠善，可改为烟酒公卖局；贸易局拟即撤销，改为类似物资供应局机构，仅统一管理省营工业成品外销或机器原料之采购；调整台币与法币之比率；极力减少公营企业之范围（省营公司共有22所），轻工业尽量开放，奖励民营，规定台人有优先承购或承租权，以裕民生。教育方面，积极推进“台胞祖国化”之教育；应请由教育部拟定培养台湾师资之计划，奖励内地师资赴台任教；大量选派台湾高中毕业生入国立各专科及大学，以吸收祖国文化；普及国语运动。还有，驻台国军经常以一个整编师为宜；台湾党团组织训练应力谋加强；奖励台民与其他各省人民通婚，以融合

---

① 《白崇禧对台湾全省广播词》，载《台湾“二·二八”事件档案史料》（下册），第676页。

民族之大一统，并随时组织参观团，互相观摩，以消释一切隔阂[1]。蒋介石批示："所拟皆可。"[2]

这些建议都在一定程度上吸纳了台湾人民的要求，认为长官公署制度和统制经济有改革必要，可见国民党高层已认识到"二二八事件"的起因与其治台政策失当相关，必须加以调整改进。总之，要想挽回人心，必须在政治上依靠广大台胞，在经济上尊重台胞的利益，文化教育上加强双方的沟通，在军事上巩固台湾的国防力量。

基于不同的立场与利益，全国各种政治力量对"二二八事件"做出了反应。1947 年 3 月 1 日起，南京、上海等地报纸开始报道台北缉私血案。京沪等地的台胞关切"二二八事件"。10 日，杨肇嘉、张邦杰、陈碧笙、陈重光等人到南京，向南京国民政府监察院、立法院等机关，提出处理"二二八事件"的措施。当晚，国防部长白崇禧宴请他们，听取报告，转达蒋介石的指示。

同日，新生台湾建设会等 28 个团体上书于右任，请求："（一）要请陈长官引咎善处，严重惩办此次行凶之官吏，肃清贪污，以振官规；（二）取消台湾特别行政区域，废止军政及行政长官制，改用省长制；（三）设置专任警备司令官及专任省长；（四）五权独立；（五）处长局长半数启用台胞；（六）县市区长民选；（七）废止省营贸易并专卖制度；（八）除国防上必要之重工业暨银行、铁路、电信电话外，一切事业归民营；（九）促进助成岛民之政治经济自治。"[3]

对这块新回归祖国的土地，京沪多家报纸派驻记者，如主流媒体台湾《"中央日报"》、《大公报》、《申报》、《新闻报》等，密切观察。对祸起一隅、变乱有时的"二二八事件"，中间立场的媒体发表评论，主张息事宁人，尽快恢复常态，改革台湾省政，从制度上彻底检讨，收拾人心。

"二二八事件"中，由于组织不健全，对台形势估计不足，面对突然爆发的民众抗争，中共台湾省工作委员会领导人蔡孝乾被动因应，依靠党员个人临机应变，缺乏全面计划与统一指挥。中共台湾省工作委员会介入"二二八事件"的方式、时机、程度、结果，都不足以发动和领导"二二八事件"，仅是以党员个人名义参与了台北市、台中市等地的抗争活动。

中共基于国共内战的形势考虑，1947 年 3 月 20 日，《解放日报》全文刊发"台湾自治运动"的声明，指出："台湾的自治运动，是完全合理的、合法的、和平

---

① 《白崇禧呈蒋主席四月十四日签呈(大溪档案)》，载《二二八事件资料选辑》(二)，第 238—244 页。

② 《蒋介石批示(大溪档案)》，载《二二八事件资料选辑》(二)，第 244 页。

③ 《二十八团体为妥处台湾事件善后事致于右任呈》，载《台湾"二・二八"事件档案史料》(下册)，第 769 页。

的，它的所以变成武装斗争，完全是由于蒋介石逼出来的，蒋介石对于台湾的统治，其野蛮程度，超过了日本帝国主义。台湾人民在蒋介石法西斯统治下的生活，比当日本帝国主义的亡国奴还要痛苦。”“中共二十余年的斗争，其目的之一也就是地方自治。”建议台胞，“第一、武装斗争既已开始，必须反对妥协，反对出卖，须知对法西斯蒋介石的妥协投降，将使台湾同胞受到蒋介石最残暴的血洗。”“第二、处理委员会通过的三十二条纲领是好的，应当坚决为其实现而斗争。”“第三、应当立即设法满足劳苦人民的经济要求。”“第四、为了使自治运动取得胜利，必须有坚强的团体来做领导。”“第五、必须立即训练大批的干部，派到各地方去。”“第六、蒋介石对于台湾自治运动的方针，是加以猛烈的镇压，在不久的将来，这个运动的中心由大城市转到小城市和乡村中去，是不可免的。”①

中共完全支持台胞的抗争，揭露国民党在台湾的残暴统治，将“二二八事件”定性为“地方自治运动”，肯定三十二条，鼓动台胞展开武装斗争，深入乡村，进行长期抗争。这与中共领导的新民主主义革命是一致的。

1947年8月，先后来到香港的谢雪红、杨克煌、苏新等人酝酿建立台湾民主自治同盟。10月，成立筹备委员会，草拟政纲。11月12日，台湾民主自治同盟成立，通过了同盟纲领草案。

“二二八”武装抗争活动失败后，谢雪红等人辗转来到大陆，又赴香港，继续争取台湾的地方自治。单靠自己的微薄力量不足以实现这个目标。他们逐渐与中国共产党的地下组织取得联系，将“二二八”的抗争活动自觉转变为新民主主义革命不可分割的一部分。也只有全国新民主主义革命的胜利，才能够实现“二二八”抗争中的目标。在香港期间，谢雪红加入了中国共产党。台盟政纲是三十二条的延续与发展，可谓“二二八事件”中台籍精英抗争的延续。

第四节　国民政府缓和民怨的措施与台湾的社会矛盾

一　建立台湾省政府

媒体舆论及国民党上下基本上都认为长官公署的劣政导致了“二二八事件”，陈仪应承担主要责任。为了缓和民怨，1947年4月22日，蒋介石主持行政院第784次例会，以台湾事变既平，陈仪引咎请辞行政长官兼警备总司令，决议撤销台湾省行政长官公署，依照《省政府组织法》改制，任命魏道明为台湾省政

① 《解放日报》，1947年3月20日第一版、第二版。

府主席，各厅处应各增设副首长一人，尽可能起用台籍人士①。

30 日，蒋介石任命台湾省政府各厅长及委员 14 名，台籍人士丘念台为省政府委员兼民政厅厅长，严家淦为省政府委员兼财政厅厅长，许恪士为省政府委员兼教育厅厅长，杨家瑜为省政府委员兼建设厅厅长；任命林献堂、朱佛定、杜聪明、马寿华、刘兼善、李翼中、南志信、游弥坚、朱文伯、陈启清为省府委员，其中，台籍人士占一半②。台湾省各厅处均增加副厅长的设置，仅新疆有此先例。其用意在延揽台籍人才，共同参加政府，沟通政府与人民的意见和感情。

台湾警备总司令一职，陈诚向蒋介石推荐二十一师师长刘雨卿兼任。蒋介石"决任彭孟缉为台湾警备司令，但归台省主席之指挥"③。彭孟缉被越级提拔，因他稳定高雄有功。

台胞多人被杀，台湾军政当局必须负责。陈仪仅被撤职，显然处理较轻，难平众怒。白崇禧建言："查现任台湾警备总部参谋长柯远芬处事操切，滥用职权，对此次事变举措尤多失当，且赋性刚愎，不知悛改，拟请予以撤职处分，以示惩戒，而平民忿。"蒋介石批示："应先调回候审。"④柯远芬被押解回南京，承担镇压台胞的责任。

南京国民政府宣布台湾军政分治，撤换陈仪，起用魏道明，就是要终结陈仪治台的种种弊端，给台胞耳目一新的感觉。各方对"二二八事件"的善后设计，为魏道明施政提供了依据。文人出身的魏道明临危受命，吸取前任的经验教训，飞赴台湾。

1947 年 5 月 15 日，魏道明抵台，着手化解因"二二八事件"造成的不幸局面。为拉近与台胞之间的距离，次日，他表示："内地民众与台胞因处境不同，习惯或有所异，但家人兄弟间决不致因此而有所非难，惟有互相敬让，彼此扶持，以求和协共处，如违反此义，余敢断言使非奸人挑拨阴谋，当为极少数人之错误，因而致使多数人蒙受不幸，殊堪怆怀。"他坦言此次奉命来台，责任重大，宣布：解除戒严令，使人民恢复正常生活，享受平时法律的保障；结束清乡工作；撤销新闻图书邮电之检查及交通通信之军事管制；调整台币与法币之比率，将台

① 潘振球:《中华民国史事纪要》(初稿，1947 年 4—6 月份)，台北:"国史馆"，1996 年版，第 251 页。

② 《国民政府任命丘念台等为台湾省政府委员令》，载《台湾省政府档案史料汇编:台湾省行政长官公署时期》(三)，台北:"国史馆"，1999 年版，第 490 页。

③ 《陈诚呈蒋主席四月十一日签呈(大溪档案)》，载《二二八事件资料选辑》(二)，第 235 页。

④ 《白崇禧呈蒋主席四月十七日签呈(大溪档案)》，载《二二八事件资料选辑》(二)，第 250 页。

币与法币汇率改为1比44元[①]。这些宣示有助于稳定民心。

延揽更多的台湾人进入统治阶层，才是杜绝悠悠众口的良方。16日，台湾省政府正式成立，台籍人士徐庆钟任农林处长，王民宁任警务处长，李连春任粮食局长，颜春辉任卫生处长，唯丘念台坚辞不就民政厅长。台籍人士在省政府权力核心占四分之一，下属各机关亦尽量起用台籍人士，以缓和尖锐的省籍矛盾。

为了保证行政交接秩序，避免混乱，魏道明采取了稳妥的步骤。17日，魏道明主持第一次省府会议，省府委员13人出席。在会中决定：(1) 由省府秘书处、民政厅、财政厅、教育厅、建设厅、农林厅，分别接替前长官公署的秘书、民政、财政、教育、工矿及农林等处；(2) 撤销法制委员会、设计考核委员会、新闻室、公营事业管理委员会及编译馆；(3) 保留人事室及统计室，仍直属于省政府。至于一些尚未明文发表的省府机构，如交通和警务等部门，魏道明以"前公署之组织不一定合于省府之组织，而本省之情形又并不和其他省份完全相同"，决定在新机构发布之前，由原机关维持现状。

依《省政府组织法》，省政府的机构编制为六个厅处，包括民政、财政、教育、建设4厅，及秘书、会计2处。改制后的台湾省政府机构，共有12个厅处及秘书、会计、统计3处。台湾省政府呈报前长官公署公布的各种单行法规于公署撤销日有效者，一律继续有效。

新建立的台湾省政府保留了长官公署的基本行政架构，不同于内地的省政府架构，以保持施政的延续与稳定。通过吸纳大批台籍精英，扩大了执政基础。新的台湾省政府与前长官公署在形式上与人员组成上有很大程度的不同，台胞对此表示欢迎。

6月下旬，魏道明在台湾省参议会一届三次大会上作施政报告，指出："省政问题，虽然是千头万绪，亟待解决者很多，然而在省政府成立之际，吾人觉得最急迫者，即是因二二八事变所产生非常状态之复原。"强调台湾经济要在安定中求繁荣，应避免外来经济波动冲击[②]。台籍精英期盼政府的开诚布公，对循法律途径处理"二二八事件"人犯感到欣慰。

魏道明深感发展民营经济，必须获得台籍资本家的支持，藏富于民。5月24日，省政府委员会第二次会议通过改组专卖局办法："(1) 台湾省专卖局改为台湾省烟酒公卖局，对烟叶、烟品、酒业三公司，以股东代表资格，施行管理。

---

① 《魏道明在台湾各界庆祝省政府成立大会致词》，载《台湾省政府档案史料汇编：台湾省行政长官公署时期》(三)，第492—495页。

② 《魏道明施政报告》，载《台湾省政府公报》，1947年6月25日。

(2) 原专卖局火柴公司,改组为股份有限公司,鼓励人民参加经营。(3) 原专卖局樟脑公司,暂划改建设厅管理。(4) 原有各种专卖规则,暂划改建设厅管理。"[①]通过改组专卖局、贸易局,发展民营经济,台籍资本家得到了发展产业的空间。

这一系列柔性新政,都在回应广大台胞在"二二八事件"中的诉求,尽量满足他们的愿望,缓和民怨,使台湾社会尽快稳定下来。

二 释放人犯

一味政治高压终非长久之计。魏道明立即采取措施,限制军、警、宪的不法行为。

南京国民政府对"二二八事件"的首要分子采取了必办的态度,来证实"二二八事件"为暴乱。魏道明不能背离这样的立场。6 月 5 日,台湾警备司令部向台北高等法院检查处控诉蒋渭川、谢雪红、张晴川、黄朝生、廖进平、王添灯、郭国基、林日高、王万得、苏新、廖文毅等 30 名内乱罪犯[②]。台湾省政府已宣布解严,但根据国防部令,这 30 人仍适用叛乱罪,继续通缉。

据台"国家安全局"档案,"二二八事件"正法及死亡人犯有张七郎、林连宗、林茂生、王添灯、宋斐如等 79 人[③]。

自新分子有林宗贤、林日高、蒋渭川、张晴川等 26 人[④]。

曾经被捕或已释放人犯有郭国基、马有岳等约 260 人[⑤]。

就上列台籍精英的名单可知,被枪决的人犯多是台湾社会的中坚力量。他们参加"处委会",维护社会治安,自信并无反政府的举动,却被当作暴乱首要,遭到杀害。其家人当然不服,纷纷上书。一大批台籍精英经白崇禧、魏道明的宽大处理,终于逃过浩劫。

戒严的取消、清乡的中止及循法律途径处理参加"二二八事件"的台胞,基本结束了二十一师到台湾后滥杀无辜的行为,许多身陷囹圄的台胞通过自新等方式获得自由,蒋渭川、台湾省参议员林日高、郭国基等领导人物劫后余生,有助于缓和省籍矛盾,安抚广大台胞。通过这些努力,台湾基本上恢复到"二二八事件"以前的社会状态,避免了更大的损失。多少降低了"二二八事件"对台胞

---

① 《改组专卖局办法》,载《台湾省政府公报》,1947 年 5 月 24 日。

② 上海《大公报》,1947 年 6 月 9 日,第五版。

③ 《台湾省"二二八"事变正法及死亡人犯名册》,载《二二八事件档案汇编》(二),台北:"国史馆",2002 年版,第 365—373 页。

④ 《台湾省"二二八"事变自新分子名册》,载《二二八事件档案汇编》(二),第 392—394 页。

⑤ 《台湾省"二二八"事变曾经被捕或已释放人犯名册》,载《二二八事件档案汇编》(二),第 396—421 页。

伤害的程度。

三　民众呼吁彻查“二二八事件”

1947年3月9日后的一段时间，数名台籍精英被秘密处死，家人到处寻找亲人下落。林茂生家属、宋斐如家属、张七郎家属、陈炘家属、施江南家属、李瑞汉家属、吴金炼家属、林连宗家属等上书台湾省参议会，要求查明亲人下落。

从台湾省警备总司令部的密捕名单中可知，林茂生、宋斐如、王添灯等人都被警总罗织罪名，未经司法程序，秘密杀害。事后，官方却否认这些人被杀与其有关。

“二二八事件”前，民意代表可以直抒己见，批评政府施政。他们以为行政长官公署统治下的台湾，是一个自由的社会。经“二二八事件”的重创，特别是民意代表多人被杀，他们才感受到国民党政权残暴的一面。1947年6月20日至30日，台湾省参议会一届三次大会召开，原本30名参议员，只有18人到会，其他人或被杀，或在逃。参议员大都意志消沉，与前两次大会相比，恍如隔世。

三次大会通过了陈文石等参议员共同连署的提案，要求政府“对于二二八事件有关人犯，一本宽大为怀从宽处理”。具体办法：“(1) 无实证者请予免诉；(2) 罪状较轻者请予以寄罪(缓刑)；(3) 已经判定有罪服役中者请设法减轻；(4) 事变中有失踪者，请政府负责查明真相，予以发表而释群疑。”①

外传台胞在“二二八事件”中死伤逾万。消除官民隔阂、省籍隔阂的唯一途径就是彻底调查“二二八事件”真相，还受难者家属以公道。

1948年4月24日，台湾省国大代表陈绍平、林忠、连震东、游弥坚、王民宁、吴三连等向南京国民政府司法行政部送交《请速行妥处台湾惨案善后事宜》，指出：“盖民变时之官吏失职，军警残暴者，未闻有一惩办，而被杀台民除蒙滕无闻者不可胜数外，即大绅通儒、民意代表，捕杀灭尸，不布罪，不缉凶，又无抚恤者，亦不止拾数。更加以事后通缉拘捕，株连胁吓，虽迭经中央指令，不得不渐示宽大，经陆续准自新保释，而现全台涉此案系狱者恐尚不止百数。台人虽历经虏折，民族国家意识坚强，而沉沦新复，对此焉能不增加隔膜、怨憾？”提出办法：“(一) 事变时负责军政人员已不追究失职，则当时被捕杀、灭尸之台籍名士、官绅，其家属经来请查释者，不论有罪无罪，政府均应公布其因纷乱误杀，久难查究，统予家属抚恤安慰，不必掩饰弥缝。(二) 凡因事变通缉、拘捕人犯，不论已决未决，除劫夺杀伤之亲告刑事罪外，均一律速准保释，勿予追究，不可再以叛

---

① 台湾省参议会：《台湾省参议会第一届第三次大会特辑》，台北：1947年，第60页。

国或共匪名义，故予久押。”①

南京国民政府本应顺从民意代表的要求，彻底调查“二二八事件”，弄清事件真相，追究当事人责任，对被害的台胞，该平反的平反，该赔偿的赔偿，该道歉的道歉，该谢罪的谢罪，当事人俱在，较为容易处理解决。当局却以为人犯大部分释放，冤杀的士绅及民众不能复生，不便完全推翻既成事实，想永远不再提“二二八事件”。对这种处理方式，受难家属当然不服，也无法接受。

“二二八事件”中的伤亡人数，争议颇大。1947 年 3 月 30 日，长官公署统计：“台北市各机关公私损失调查，截至 3 月 22 日之统计，公教人员共死亡者 33 人，受伤者 866 人，失踪者 7 人。……人民之伤亡损失，……至 3 月 22 日台北市之统计，共死亡者 7 人，受伤者 44 人，失踪者 1 人。”②

4 月 7 日，白崇禧在南京提出：“据台湾警备总司令部报告，调查结果，计军警人员死亡官佐 14 人，士兵 74 人，受伤官佐 108 人，士兵 218 人，生死不明者官佐 2 人，士兵 24 人，共计伤亡及生死不明官兵 440 人。县市公教人员及暴动人民死亡者 304 人，受伤者 1556 人，共计伤亡 1860 人，此项数字系截至 3 月 31 日为止。”③

10 月，台湾省警备司令部关于“二二八事件”的总结报告统计则为：“击毙 43 人，俘获 585 人，自新 3022 人。”④

1947 年 3 月，台湾旅京沪七团体在《关于台湾事件报告书》中提出：“自 8 日至 16 日，台胞被屠杀之初步估计以高雄为最多，约 3000 人，基隆、台北次之，各约 2000 余人，嘉义 1000 余人，淡水 1000 人，新竹、桃园、台中、台南、苗栗其他各地一二千人不等，总数在 1 万以上，连重轻伤者计之，至少在 3 万以上。”⑤几日后，台湾旅京沪七团体致函于右任，提出被杀的台胞“为数在 5 万人以上”⑥。陈碧笙等人为了替死难的台胞报仇伸冤，强调事件的严重后果以引起社会各界的普遍关注。参加“二二八事件”的其他台胞撰写的回忆文章基本上沿用了这

---

① 《台湾省国大代表陈绍平等请速行妥处台湾惨案善后事宜之意见书》，载《台湾“二·二八”事件档案史料》（下册），第 810—811 页。

② 《台湾省二二八事件调查报告纪要》，载《台湾“二·二八”事件档案史料》（上册），第 361 页。

③ 《白崇禧报告事变起因及善后措施》，载《二二八事件资料集》，台北：稻乡出版社，1991 年版，第 366 页。

④ 台湾省警备司令部：《台湾二二八事变纪言》，载《二二八研究》，台北：李敖出版社，1989 年版，第 39—40 页。

⑤ 《台湾旅沪六团体关于台湾事件报告书》，载《台湾大惨杀案报告书》，1947 年，第 1 页。

⑥ 《台湾旅京沪七团体请愿代表团为速行妥处台湾善后事致于右任呈》，载《台湾“二·二八”事件档案史料》（下册），第 799 页。

一说法。

1992 年,台湾当局着手补偿遇难台胞的损失。至 2004 年 10 月 6 日,"行政院二二八事件纪念基金会"在受理的补偿案件中,总计收件 2756 件,截至第 110 次董事会,已审补偿案件 2710 件,其中成立 2247 件,包括死亡 681 件,失踪 177 件,其他 1389 件,不成立 463 件;审定补偿金额新台币 71.59 亿元;审定受领人数 9286 人。台北、基隆、嘉义、高雄受难者较多,与前述"二二八事件"经过基本吻合[①]。

结合史料与各方的估计及研究,估计在"二二八事件"中,台胞死约 900 人,伤约 1500 人;大陆籍同胞死约 200 人,伤约 1400 人。总计共有约 4000 人伤亡[②]。

四　反对"台独"

1947 年 2 月 25 日,廖文奎、廖文毅兄弟离台赴沪,游庐山。3 月 1 日,他们从上海《大公报》上得知台湾发生了缉私血案。廖氏兄弟不在岛内,因过激言论被列入通缉名单中。3 月 10 日,廖氏兄弟与杨肇嘉等人至南京,向南京国民政府请愿,要求妥善处理"二二八事件"。

在美国舆论的影响下,廖氏兄弟转变了立场。6 月,廖氏兄弟在上海成立"台湾再解放同盟"。7 月,廖文毅向美国特使魏德迈递交《处理台湾问题意见书》,要求:"台湾的归属问题必须尊重台湾人民的意志,举行公民投票来决定。在举行公民投票以前,应准许台湾人民先脱离中国,而暂时置于'联合国托治理事会'管制之下。……倘或公民投票结果,台湾人民要求独立时,联合国托治理事会在台湾的机构,应立即撤离台湾,而使台湾成为永远独立国。"[③]

廖氏兄弟以将召开的对日和会需讨论台湾问题为口实,主张台湾的地位应尊重台湾人民的意向,由联合国托管,然后再举行公民投票决定其归属。这种台湾地位未定的论调违背了《开罗宣言》、《波茨坦公告》,企图否定台湾光复的正义性,歪曲广大台胞回归祖国的正当性,全国人民坚决反对。台湾分离运动嚣张,上海、南京、北平的台湾同乡会和香港的台湾民主自治同盟都发表声明,加以抨击。南京国民政府也不能容忍"台独"活动。

按照美英等国的安排,台湾的地位应等到对日和会的总解决。蒋介石派魏

① http://www.228.org.tw/pay228_statistics_case.php。

② 褚静涛:《二二八事件实录》,台北:海峡学术出版社,2007 年版,第 610 页。

③ 新加坡《南侨日报》,1948 年 2 月 15 日、16 日载《未归的台共斗魂——苏新自传与文集》,台北:时报文化出版,1993 年版,第 271 页。

道明主政台湾，就是要借重他在外交上的才华，确保中国对台湾的主权，维护国家的领土完整。当时外传台湾“所有的生产都停顿了，所以台湾今天的不安情形，比二二八的时期还要更甚，还要更坏”。“台湾今天有十万大兵驻扎，人民都在刺刀尖下过日子，饿死的人天天到处都可以看得见，所以台湾同胞都有离异的心思，愿意某国或者是日本来统治，或者是托管”。对此，12 月 4 日，魏道明在台湾省参议会作施政报告，指出这些言论“污蔑本省的同胞，想脱离祖国，愿意受外国的统治”，“这是一种国际政治的阴谋，目的是在企图分割台湾，使台湾脱离祖国”。他强调：“台湾的问题，是早已确定了。就国际的立场来说，开罗会议宣言已经指明。”“就事理上来说，凡是失去的物品，应当归还原主。”“再就人情来说，台湾的光复是这次我国抗战几千万军民流血所换来的。这几千万死难的军民，早已确定了台湾重归祖国，就是今天六百余万台省同胞的意志，也早说决定了。台湾是中国的一省。综合这上述几项的理由，台湾将来在对日和会中，决不能成为问题，如果发生任何问题，这不仅是台省 600 余万人准备流血的事件，而是中国四万万五千万人流血的事件。”①魏道明从国际法的角度来阐述台湾回归祖国的正当性，论证了即将召开的对日和会改变不了台湾属于中国的事实。

针对外传“台湾人思独立”，台湾省参议员代表黄纯青予以驳斥：“第一、台湾民族永远是中华民国民族。我六百三十万省民祖先自三百年前明末清初时代，随民族英雄郑延平起义来取台湾，遂往台湾，而闽粤民是自中原南迁而来，非闽粤土人也，以言语证之。”“第二、台湾土地永远是中华民国土地。”“证据最确者照《马关条约》，台湾是由中国割让日本也，照开罗会议决议，台湾原璧归赵也。”“照事实言之，民国三十四年十月二十五日，台湾之河山，已经由敌人之手还我矣。由此观之，台湾土地永远是中华民国土地也明矣。”“第三、台湾全省民绝对不愿脱离中国而独立。台湾全省绝对无独立思想，绝对不愿脱离中国而独立，以过去历史证之。”“台湾省民全无独立思想。不意最近大吕宋公报造谣，有台湾民族自决之言论，何其谬也，台湾民族永远是中国民族，台湾土地永远是中国土地，彼虽造谣，吾人付之一笑而已。”②

广大台胞坚决反对“台独”。12 月 19 日，台南市参议会严正声明：“国内外少数别其用心者时作荒谬言论，企图离间，以遂其政治野心与国际阴谋。我全省 650 万同胞不胜发指。……台湾乃中华民国疆土，台胞本炎黄世胄，与祖国

① 《魏道明施政总报告》，载《台湾训练半月刊》第 5 卷第 6 期，第 2—4 页。

② 《参议员代表黄纯青闭幕典礼答词》，载《台湾省参议会第一届第四次大会特辑》，台北：1947 年，第 35—36 页。

不能分离。台胞无人不与政府在安定中协力建设,以臻大同之治。"①

从历史事实上看,台湾是中国的一部分;从国际法的角度看,1945 年 10 月台湾光复,是在履行《开罗宣言》、《波茨坦公告》的安排;广大台胞对"托管"、"独立",坚决反对,坚持台湾是中国一部分的立场。

五　通货膨胀剧烈

战后大陆通货膨胀剧烈,至 1948 年 8 月 19 日,趸售物价竟较 1937 年(1 至 6 月平均数)上涨 55890 倍。法币丧失作为货币的功能,国民政府于 8 月 19 日实施币制改革,发行金圆券,其单位价值为纯金 0.2217 公毫,并规定以法币 300 万元交换金圆券 1 元。金圆券的发行额规定为 2 亿元,而金圆券须有 40%的发行准备,以黄金、白银及外汇抵充。各种商品的价格冻结于 8 月 19 日的水准上,非经当局的核准不得变更。私人不得持有黄金、白银及外汇,持有者须向有关机构兑换为金圆券。

币制改革初期,由于南京国民政府的管制,上海物价尚能维持于限价以内。黄金、外汇不允许人民持有,只好结售给中央银行。中央银行购入的黄金、白银及外汇约 1.7 亿美元。10 月中旬,上海爆发抢购风潮,限价崩溃。10 月底,通货膨胀又趋猖獗,只得放弃物价管制。因军费支出浩繁,金圆券的发行迅速增加,几达最高限额的 8 倍。恶性通货膨胀在政治、经济、社会等方面造成严重影响,民众对纸币完全不信任,法币崩溃。借发行金圆券重建货币制度不久亦告失败。纸币的发行已不可能,中央银行只得恢复银币的使用,银币成为本位币。

大陆的剧烈通货膨胀必然影响台湾金融。台币政策是否有效,关键在于台币汇率的浮动。1947 年 4 月 24 日,汇率自 1 比 35 提高至 1 比 40,无奈上海物价继续猛涨,微提汇率不能防止上海涨风侵袭。台湾物价遭受刺激上涨,上海来台货物价格低于上海甚多,货物则倒流上海。

至 10 月底,台币对法币汇率已作多次调整,由 1 比 40,跃至 1 比 72,一定程度上缓和物价上涨,却无法阻断来自大陆的通货膨胀。同时,台湾重建需大笔资金,不得不多发钞票,加剧物价涨势。民众预期物价上涨的心理强烈,通货膨胀难以平抑。

1948 年 8 月 20 日至 21 日,台湾各金融机关奉令停业。21 日,省政府公告有关财政经济紧急处分令的各项办法,以及台币对金圆券汇率暨台省人民金银、外币收兑办法。新汇率为金圆券 1 元对台币 1835 元。

---

① 《台湾省台南市参议会重申台湾为中国疆土致国民政府代电》,载《台湾光复和光复后五年省情》(上),第 351 页。

收兑金银外币，因台湾省无中央银行分行，8 月 23 日起，暂由台湾银行代为收兑。同日，台湾省国大代表、立法委员、监察委员联谊会召开币制改革座谈会，“希望中央在台湾安定的大原则之下，对台币政策予以考虑；台币对法币（金圆券）汇率，行政院规定为一八三五元，不甚合理，应请行政院重行订定，合理提高台币价值”①。

12 月 11 日，台湾银行发行台币 1 万元券。这些币券最初由设在上海的中央印制厂印制，以后改在台湾自行印制。由于物价急剧上升，台币原有面额过小，不能适应，币券面值不断扩大，最后建议发行 10 万元券，幸只停留在储备阶段，不久予以销毁。

台币的功能在使台湾能有一道防洪堤，隔绝大陆通货膨胀的影响。形式上独立通货的维持很难真正发挥防洪堤的作用。台币发行初期，台币对法币维持固定的汇率关系，通过贸易与投资，大陆的通货膨胀蔓延至台湾。法币是国币，台币仅为一种地方货币。法币的快速贬值动摇了台币的地位，也减低了民众对台币的信心。台币最终步法币后尘，趋于崩溃。1945 年 12 月的上海物价，较战前的 1937 年上半年，已上涨 884 倍。1948 年 6 月与 1945 年 12 月相较，上涨 1000 倍。1948 年 8 月与 1945 年 12 月比较，法币发行的增幅接近 585 倍，而物价涨幅接近 5331 倍。台湾以 1937 年上半年为基期 100，至 1945 年，达 2393.6，上涨了 22.93 倍。1946 年的涨幅近 3 倍，1949 年上半年达 34 倍。不过，台湾的通货膨胀仍较大陆为轻。

台湾未能避免通货膨胀的成因十分复杂。1945 年底，台湾各银行放款总额为台币 19.22 亿元。1946 年底，增为 81.8 亿元。1947 年底，再增为 391.6 亿元。1948 年起，台币价值因物价大幅上升而大跌，至年底放款总额竟达 4340 亿元。1948 年下半年至 1949 年 6 月，发生恶性通货膨胀。全体银行对公营事业及政府机构的放款逐年大幅度增加，其中大部分时间放款大于存款，信用过度泛滥。台湾行政收支，因有南京国民政府在台军政费的垫支，本身税收不充分，财政负担相当沉重。政府收入方面，租税是主要的来源之一，台湾税课收入占财政总收入的百分比，1946 年低至 19.45%，自 1947 年至 1949 年在 45%至 50%间。大部分政府开支依赖银行的垫借款。台湾正在发生通货膨胀，大陆流入的资金多为货币形态，不法奸商在市场上兴风作浪，囤积居奇，加剧台湾通货膨胀。还有台币与法币的汇率，等等。

陈仪因“二二八事件”而辞职，魏道明任内无大过，但通货膨胀剧烈，最为台

---

① 《中央银行驻台湾代表办公处报告全国币制改革对台湾之影响》，载《台湾光复和光复后五年省情》（下），第 449 页。

胞诟病。许多台胞开始怀念陈仪任内相对涨幅不太大的经济环境。就施政能力而言，陈仪独断专行，有的放矢，敢做敢为。魏道明擅于调和，易为各派所接受，却无力扼阻台湾恶性通货膨胀，缺乏力挽狂澜之术。

从陈仪离台到魏道明治台，南京国民政府的对台政策发生了相当大程度的调整，以顾及台湾社会的现实，争取台籍精英的支持，缓和民怨，稳固后方的统治。南京国民政府虽然改长官公署为台湾省政府，兑现了部分台胞的诉求，但其对“二二八事件”的定性是错误的，用军事手段来平息“二二八事件”是粗暴的，对台籍精英编造的罪名是草率的，对“二二八事件”的善后是被迫的，未对造成流血惨案的主要责任人陈仪、柯远芬等人予以严厉处罚，未立即全部释放“二二八事件”人犯，未组团彻查“二二八事件”真相，来抚平受难者家属的创伤。

广大台胞在枪口下，敢怒而不敢言。收复台湾，是要使台胞心向祖国。尽管南京国民政府收复了台湾的土地、财富，却没有收复台湾的人心。广大台胞从对南京国民政府的热烈欢迎，到失望之情溢于言表，进而奋起反抗，在高压政治下归于沉默。这不能不说是蒋介石政权在收复台湾过程中最大的败笔。因政权危在旦夕，白崇禧等人的善后治本措施很大程度上无法落实，加上两岸长期对峙，“二二八事件”造成的伤痛未能因时日的流逝而淡化。

六　国民党在大陆的失败与退守台湾

抗日战争胜利后，中国出现了和平与发展的契机。从重庆谈判、政协会议，到停战协议、军事调处，战争得以暂时停止。但蒋介石政权不顾民心望治，崇拜权力，迷信武力，对解放区发动了全面进攻。内战爆发，全国人民直接或间接地陷于战火之中。在国统区，国民党接收舞弊，贪赃枉法，很快失去了民心；庞大的战争消耗了大量人力、物力、财力，通货膨胀剧烈；战略战术失误，精锐部队不断被歼，军事优势丧失殆尽。农村社会矛盾加剧，饥民遍野。城市动荡不安，工人罢工、学生罢课、教师罢教，市民骚动，经济危机，民营工商业奄奄一息。国统区的大大小小民变不断，特别是在边疆地区，这些都在动摇着国民党的统治。

1948 年底，随着中国人民解放军取得三大战役的胜利，蒋介石在大陆的统治面临崩溃的命运。他选择台湾作为退路，宣布下野前，于 12 月 29 日匆忙任命陈诚为台湾省政府主席。已在台湾养痾待命的陈诚随即取代魏道明接管省政府事务。

蒋介石认为，美苏矛盾不可调和，第三次世界大战一触即发。退往台湾，解放军海空军能力不够，凭借宽达 200 公里、风高浪险的台湾海峡，他仍会东山再起。蒋介石急令保存较为完整的海空军移防台湾，美国援华的军火改向驶往基隆，将中央银行的金条、银元、美金运往台北。

1949年1月21日，蒋介石宣布下野，返回奉化。代总统李宗仁等人要求蒋介石出国，不再过问政事，遭到拒绝。蒋介石不断召见国民党军政要人，对陈诚、孙立人好言安抚，派宋子文赴台湾。闻美国插手“台独”，蒋介石令外交部长王世杰在台北发表谈话：“台湾自1941年中国对日宣战宣言废除《马关条约》起，即在法理上回归中国，决不是地位未定的军事占领区，国人要提防外国帝国主义直接或间接控制台湾的企图。”

4月24日，人民解放军解放南京，宣告了国民党反动统治的覆灭。蒋介石离开奉化，直赴上海，徘徊于舟山群岛，5月17日直飞澎湖马公海军基地。不久，陈诚、孙立人等高级将领赴马公，面见蒋介石。26日，蒋介石宿于高雄。6月20日，蒋介石获悉：“盟总对于台湾军事颇为顾虑，并有将台湾由我移交盟国或联合国暂管之拟议”，认为“英美恐我不能固守台湾，为共匪夺取而入于俄国势力范围，使其西太平洋海岛防线发生缺口，亟谋由我交还美国管理，……故对美应有坚决表示，余必死守台湾，确保领土，决不能交还盟国；如彼愿助我力量共同防御，则不拒绝。”[①]他急电麦克阿瑟：“台湾移归盟国或联合国暂管之拟议，实际上为中国政府无法接受之办法。因为此种办法，违反中国国民心理，尤与中正本人自开罗会议，争回台、澎之一贯努力与立场，根本相反。”[②]

蒋介石于6月底赴台北，建立“总裁办公室”，坐镇指挥。又访问菲律宾、南朝鲜，以防万一退出台湾后，在菲律宾或南朝鲜建立“流亡政府”，继续周旋。在盟军驻日本最高指挥官麦克阿瑟将军的支持下，蒋介石派彭孟缉到日本，征召退役军人赴台协防。日本战犯根本博等人相继偷渡来台。他们亲历二次世界大战，具有丰富的实战经验，擅长海岛防御，帮助蒋介石筹划布防。

台湾易守难攻，中共没有海空军，短期内难以实现对台湾的解放。而蒋介石要想反攻大陆绝非易事，他设想国民党军队能够在华南或西南地区抵挡一段时间，等待第三次世界大战的爆发，扭转危局。但是，国民党残兵败将一触即溃，望风而逃。10月15日，人民解放军解放广州。11月30日，解放重庆。12月8日，“国民政府”由成都迁往台北。

李宗仁赴美后，没有遵守一个月后返国的诺言。1950年2月，台“监察院”提请“国民大会”弹劾李宗仁。24日，“立法院”通过一项决议，请求蒋介石复行职权。3月1日，蒋介石复行“总统”之职。阎锡山“内阁”辞职，陈诚出任“行政院长”，台湾形成“蒋陈体制”。

---

① 《危急存亡之秋》，载《蒋经国先生全集》第一册，台北：“行政院新闻局”，1992年版，第446页。

② 《危急存亡之秋》，载《蒋经国先生全集》第一册，第447页。

为防止蒋介石“建都重庆，割据西南”，毛泽东下令二野、三野、四野乘胜追击，消灭国民党军队的有生力量。三野挺进江浙，直逼福建。人民解放军摧枯拉朽，所向披靡，攻无不克，战无不胜。毛泽东于1949年10月1日宣告中华人民共和国成立，承接中华民国的领土与主权。

10月，叶飞兵团解放福建大部地区，攻占厦门岛。25日，人民解放军1万人进攻金门岛，遭到胡琏兵团的拼死还击，全军覆没，为解放战争以来最大的一次失利。11月初，人民解放军进攻浙东的登步岛，同样失利。毛泽东闻讯十分焦虑，命令停止进攻东南沿海诸岛，要求各部队总结经验教训。

美国高度重视台湾，想把它与大陆分离开，遏制共产主义的扩展。蒋介石则想利用美国的力量，反攻大陆。为避免卷入中国内战的泥淖，美国决定“弃蒋保台”，嘱意孙立人与前上海市长吴国桢。蒋介石任命孙立人为台湾防卫司令、吴国桢为台湾省主席，争取美援。国民党内派系混杂，孙立人、吴国桢行事处处受到掣肘，难以贯彻美国的对台政策。

1950年4月，人民解放军解放海南岛，5万国民党军队逃往台湾。5月12日，蒋介石撤退驻防在舟山群岛的15万军队，使台湾的防御力量加强。

金门失利后，毛泽东委托粟裕筹划台湾战役。粟裕等人经过反复论证，在美国不出兵干涉的前提下，决定调集50万大军攻台，首先攻克东南沿海小岛，扫清外围。鉴于舟山群岛的国民党军队撤防，人民解放军无制空、制海权，船只缺乏，闽浙一带土匪蜂起，加上自然灾害，后勤供给十分困难，在1950年夏发动台湾战役成功的把握不大。因此，中共中央拟将台湾战役推迟到1951年春以后实施。

1950年6月25日，朝鲜战争爆发。北方军队势如破竹，汉城危在旦夕。27日上午，美国总统杜鲁门召集国会领袖，向他们通报最近几天局势和将要做出的决定，获得一致赞同。随后，杜鲁门宣布：“对朝鲜的攻击已无可怀疑地说明，共产主义已不限于使用颠覆手段来征服独立国家，而且立即会使用武装的进攻与战争。……在这些情况下，共产党部队的占领台湾，将直接威胁太平洋地区的安全，及在该地区执行合法而必要职务的美国部队。因此，我已命令第七舰队阻止对台湾的任何进攻。作为这一行动的应有结果，我已要求台湾的中国政府停止对大陆的一切空海攻击。第七舰队将监督此事的实行。台湾未来地位的决定必须等待太平洋安全的恢复，对日和约的签订、或经由联合国的考虑。”①在美国的军事干涉下，蒋介石对台湾的控制稳定了下来。

---

① 《杜鲁门关于武装侵略朝鲜和台湾的声明》，载《台湾问题文献资料选编》，北京：人民出版社，1994年版，第864—865页。

蒋介石集团于1949年4月至1950年4月间，向台湾撤退军政人员、抢运物资等。先后三批实际运去台湾的黄金共277.5万市两、银元1520万元以及大量美元、外汇等等，使得新台币的改革得以成功，扼制了剧烈的通货膨胀[①]。陆海空军等约60万军人，多为身强力壮的青年男子，退役后成为丰厚的劳动力资源。70万大陆移民中，有三分之二是具有特殊技术、专门职业的壮年男子，接受过西式教育，具有丰富的行政经验或科研能力，妇孺仅占极少数。江浙资本家带去大量的资金和机器设备。130万大陆新移民的匆忙到来，给仅3.6万平方公里、人口近700万的台湾带来新的发展契机，无意中填补由于遣返日本人所产生的管理缺口、技术缺口、劳力缺口。美援解决台湾经济发展所需的外汇和市场。这些因素为台湾经济发展带来新的契机。

① 《人民日报》，1990年1月8日，第六版。